希汉英对照

尼各马可伦理学
I.1–III.5

〔古希腊〕亚里士多德 著

廖申白 译注

商务印书馆
The Commercial Press

图书在版编目（CIP）数据

尼各马可伦理学. I.1—III.5：希腊文、汉文、英文 /（古希腊）亚里士多德著；廖申白译注. —北京：商务印书馆，2023
ISBN 978-7-100-20874-1

Ⅰ.①尼⋯　Ⅱ.①亚⋯②廖⋯　Ⅲ.①亚里士多德（Aristotle 前384—前322）—伦理学—研究—希、汉、英　Ⅳ.①B502.233 ②B82-091.984

中国版本图书馆CIP数据核字（2022）第048072号

权利保留，侵权必究。

希汉英对照
尼各马可伦理学
I.1—III.5

〔古希腊〕亚里士多德　著
廖申白　译注

商务印书馆出版
（北京王府井大街36号　邮政编码100710）
商务印书馆发行
北京通州皇家印刷厂印刷
ISBN 978-7-100-20874-1

2023年6月第1版　　开本 710×1000　1/16
2023年6月北京第1次印刷　印张 31¾

定价：168.00元

前　言

1

在将这份《尼各马可伦理学 I.1—III.5》详注稿提交商务印书馆时，感慨良多。

2005年春季，在给学生们开设《尼各马可伦理学》课程的同时，我开始与几名同学对照着几个英译本逐句地研读《尼各马可伦理学》洛布（Loeb）本希腊语文本。开始时没有明确计划是读完全书还是读到某个地方，只是确定了要一句一句细细地读。后来发现读的进度很慢，才确定要读到第I卷第5章。正是这件事后来推动了我决定，把计划要阅读完的第I卷到第III卷第5章的部分做出一个正文以希汉英三语对照，包含详细语法注释与内容注释的本子。

从2005年春直到2012年夏，这项阅读活动历时七年。最初参加的是当时跟随我学习的几个博士生——刘须宽、杨瑾、李丽丽、刘飞。以后，陆续加入的有徐申、李伟哲、陈玮、仇彦斌、吴民、林航、郦平、刘静、门丽霞、于江霞、解红勋、张朝栋、何博超、任继琼、靳松、陈小珍、王江伟、卢明静、冯乐等先后跟随我学习的硕士生、博士生、博士后和访问学者。一些跟随其他老师学习的外哲、马哲、宗教学的同学也或长或短地参加过阅读。陆续加入的还有文学院青年教师杨俊杰，文学院博士生唐卫平与其他两位同学，历史学院的蒋一曼同学，中国社会科学院外文所的唐卉副研究员，和当时在陈中梅研究员门下攻读外国文学博士学位的李川。后来，刚刚从德国访学回来的人民大学哲学院的吕纯山博士，也加入读书小组的活动。算起来，先后加入过的同学和年轻同事约有三十人。

新加入的同学和年轻同事，大都是在跟随雷立柏老师读过一年古希腊语课程之后加入进来的，他们都要经过一段时间，通过他们自己努力预习，跟上小组的阅读活动。杨俊杰、何博超、唐卉、李川都已经在古希腊文本方面做了很多阅读，他们带着他们的阅读经验与理解加入进来，提高了读书小组的阅读水平，也给阅读小组带来了新的眼界。

我们采取逐句阅读洛布文本的方式。英、德译本方面，大家有所分工，每个人手边都备着一两个自己熟悉的译本。最初我和大家一起读，一起分析句子，查对各自手边的译本。后来发展到下次要阅读的内容先由几个人准备。每个人负责一小段文本。来阅读时先由准备者逐句做语法分析,说清楚句子的类型、结构、语态、语气,句子是否完整,对重要短语的也做同样的分析,文本校勘方面提出的问题,涉及的主要概念,等等。然后大家讨论,对照各个译本译者对该句的理解,比较不同译者在理解上、翻译上的区别等,最后确定对句子的一种基本的理解,以平实的、接近希腊语原始语法结构的方式给出一个英语表达,并对照我的商务版中译文找出其中表达上的错误与缺欠。这个阅读过程是研究性质的,我们常常有很好的讨论,但也常常有争论。意见相持不下的重要之处,我就记在我当时使用的那份复印本上,好日后考虑做注释时在脚注里加以说明。这些都对尔后的注释工作帮助很大。

以这种方式,我们读得很慢,以通常的观点来说也许是太慢了。开始几年每周进行两次,每次一两个小时,后来因为大家的时间难于安排,改成每周一次。有时,当大家发现对于所阅读的句子有相当不同的理解与解释文本的方式,且大家在判断这些不同解释方式方面意见不一时,一次竟只能读洛布本一页甚至半页。在那几年中,我们仿佛在文本中一行行地"爬行"。所以直到2012年夏天我们才依照计划读完第 III 卷第 5 章。但是,大家都感到那样地对每个句子深耙细疏远比自己粗粗地放过去收获大得多。每当我们结束一次阅读讨论活动时,每个人都感受到一种由于在长久困扰自己的一些重要伦理学问题上调动了自己的哲学思考,有了新的收获而产生的纯净的愉悦。仿佛是,理解的概念与明智这种亚里士多德所阐释的实践智慧概念在我们的思想中"发出"光来,使我们日常沉溺其中而无所省察的事情瞬间显现得清晰了许多。

2

为什么花这么长的时间来读《尼各马可伦理学》希腊文本?第一个原因与我在商务印书馆出版的《尼各马可伦理学》译注本有关。我2002年开始在北师大给本科生讲《尼各马可伦理学》概要,给研究生逐章讲其中的思想(通常只讲到第 II 卷)。2003 年我在商务印书馆出了《尼各马可伦理学》译注本。尽管得到不少同事和同学的肯定,这个译本并不让我满意。首先,它的确有一些错误。有些是词与短语的漏译,有些则是语态、语气上掌握的不对。其次,一些表达不够精确,转达其思想不够深入。这包括对上下文联系的把握不够准确,一些术语的思想表达的不够好,还有一些句子的结构、形式或上下文连接关系呈现得不够好,等等。所以，每当有同学或同事与我谈起这本书，谈到他／她正在阅读它，对于我来说最重要的就是要告诉他／她这里面还有一些错误，如果可能，要对照希腊文本或至少一些西文译本和其他中译本。部分错误我在2009年徐奕春编辑为这本书的新印刷本重排新版时做了订正。徐申编辑接手后又在2017年版上做了部分订正，主要是在第Ⅵ卷。卢明静编辑2019年接手后，又在几次重印时做了局部订正。但这都很不够。我仍然希望能够全面地对那个译本进行订正，以便这个中译本能以与它的卓越的原著更相称的形式留在中文学术文献之中。

所以事实上，是我需要和我的同事和学生一道来细读《尼各马可伦理学》。"三个臭皮匠赛过诸葛亮"，某种意义上在严肃的学术文本研读上这个道理也对。人多注意的方面就多，每个人理解的方式与角度也有差别，目标又是同一个，这样就可以相互启发和借鉴。读书时每个人把着一两个英译本或德译本，仔细研判译者对所讨论的句子或短语的语法结构的理解和对其中表达的思想的理解。这对准确把握文本句子的这两个要素极有帮助，对于我甄别商务本译文疏忽了的问题有很大帮助。所以，现在提交的这份第Ⅰ卷至第Ⅲ卷第5章详注稿可以说是我和读书小组共同对《尼各马可伦理学》这个部分所作的一次迄今最严格的订正。

第二个原因也仍然是我个人的。我在对读希腊文本与不同英译本方面的一个主要困惑来自一些英译本对重要术语的"灵活译法"，虽然我慢慢地熟悉了不同英译者翻译亚里士多德同一个术语的种种"灵活"方式，我常常在读一段英译文时仍会感到需要去对证希腊文本，弄清楚亚里士多德的某一个词希腊文上是什么形式的。我完全理解那种偏重"达"和"雅"的方式，理解对于英译者捕捉希腊语原义不是问题。但是我认为对母语是汉语的读者这将是个问题。这个质疑与我在对西文学术文本的汉语翻译上主张"信以求达"这一基本要求有关。和一些其他同事的看法相同，我主张首先确保"信"，在此基础上力求"达"。至于"雅"则要作为一种境界来追求，而不能因"雅"而损失"达"，更不可损失"信"。我现在仍然持这种看法。所以我在商务本中已力求保持重要术语的译法一致。这的确是困难的，因为必须考虑一个词的词源来自名词还是动词，来自动词还必须考虑它主动被动态以及派生出来的不定式、分词、形容词以及名词化的短语的种种意思。所以，你必须考虑选取的汉语词汇既合乎汉语的通常表达方式，又可以做词性上的转换。

所以，这也是我需要与年轻同事和学生一道来做的一个尝试。除了中文表达方面，我还想试试看，我们能不能在尽力吸收各重要英译本的卓越成就的同时，通过逐句判读来形成一个既能靠近文本的语言结构，同时又能保持其重要术语的基本形式的比较平实的英译文。如果我们能够形成它，它显然将能帮助一个懂英语的中文读者，使他能利用来去了解那个希腊文语句的语法形式，这对于他尽可能去利用所提供的语法注释将是有帮助的。显然，这一"附加"的努力绝非意在与那些著名的英译本"竞争"，而仅仅是想为懂英语的中文读者提供一个可能有帮助的"中介"。我没有把握判断这个努力是否有价值。这一权力应该保留给这个详注本未来的中文读者。

阅读2003年版《尼各马可伦理学》的读者现在可以对照这个本子的中文部分来阅读。至少，它可能造成的误导应当少于2003年版。大家将发现，我在这个本子里改变了一些术语、短语的汉语表达方式。最重要的例子是"道德""道德的"被修改为"伦理""伦理的"。还有一些其他的修改，不再一一列举。

我需要由此谈到一件重要的事。在这个阅读活动中，我和部分参与过阅读并已经在近些年从事希腊哲学与伦理学方面的教学与研究工作的同学和同事形成了一个想法：对于亚里士多德的《尼各马可伦理学》以及少数其他极为重要的哲学著作（例如《形而上学》）应当以分卷本的方式来做深度的学术思想性的注释，这些注释将不仅对学者从事研究，而且对一般阅读者（包括没有学习过希腊语的读者）了解文本的希腊语言的根据以及了解它的思想内容有所帮助。我们共同认为，这项工作将具有它的独特价值。它们将与亚里士多德的这些著作的通译本或通译注释本构成某种配合，并且，如果它们在深度阐释亚里士多德伦理学所包含的那些重要论题、论证以及它们的复杂的相互关联方面，在这些论题、论证与他的形而上学、他的灵魂论的深层关联方面，以及在这些思想与他的前人，尤其是与苏格拉底和柏拉图的有关思想的联系方面，做出一些阐释，这些阐释将对阅读者有比较大的帮助。假如做得好，有所建树，这样的工作将不仅对文本所包含的思想做出一些阐释，而且能够展开与亚里士多德的伦理学思想的深入讨论，而通译本或通译注释本则可能使许多这样的讨论被掩盖起来。

3

一个间接些的但也许更重要的原因是：我发现我自己还需要更深入一些地阅读这本书，哪怕只是它的最基础的部分，不仅为了教学，而且为了更深入地了解它的思想内容和更深入地思考，尤其是，思考它与这位哲学家的形而上学思想的关系。我在2003年出版《尼各马可伦理学》译注本的序言中曾建议青年读者要"反复读几遍"像《尼各马可伦理学》这样的伦理学著作。事实上这同样也适用于我自己,这个阅读我一直在继续,退休之后仍然在继续。因为,翻译注释这部著作的经历让我体会到,翻译一部像这样的经典著作绝不是理解、领会和思考它的思想内容的活动的终结点,它所表达的思想需要缜密地思索和研究。因此,如果一个人自己想去深入地阅读与思考一份经典文本,如果他有幸已经来到人生的中年甚至更高的年纪,并且保持着阅读与思索伦理学的哲学的兴趣,那么,最能让他受益的应当莫过于与同样有阅读思考兴趣的学生一道来阅读这样的著作了。而如果你想与有兴趣的学生一起读,你就必须先读,只有这样你才有资格带着"后读者"一起读这样的著作,才在与"后读者"一起读的过程中有与你"先读"时不同的新的理解与收获,例如,你会注意到一些先前没有想到过的问题是怎样提出来的。我自己是"先读"的,所以可以算是有资格和学生们一起读。我认为自己是在所有参与者中受益最多的,不仅因为我参与的时间最长,而且因为我从参与的年轻同事和同学们的讨论中获得了许多新信息和许多新的理解。

这也就是我在那几年与大家读《尼各马可伦理学》,以及在后来与后续参加的学生一道读《形而上学》和《论灵魂》的切实体会。亚里士多德的伦理学与他的形而上学的关系一直是纠缠着我的一个问题。在与大家一起阅读《尼各马可伦理学》的期间,我就决定要花些时间好好读读《形而上学》与《论灵魂》,努力弄清楚这个关系,形成我自己的一个明确的看法。在2012年结束了对第Ⅰ卷至第Ⅲ卷第5章的研读之后,读书小组,那时许多人已经离校,又有了一些新成员,开始读《形而上学》第Ⅴ和第Ⅵ卷,后来,在新来师大工作的田书峰主持下大家又一起读《论灵魂》第Ⅱ卷。这些阅读为我继续思考这个问题做了一些必要准备。正是通过阅读《形而上学》《论灵魂》再回过来读《尼各马可伦理学》,我才更清楚地理解了《尼各马可伦理学》与那两部著作的联系。

我又要回过来说这个详注本。因为这个本子的最初草本是几位同学帮助整理的。2011年前后,陈玮、仇彦斌帮助我把《尼各马可伦理学》第Ⅰ和第Ⅱ卷文本整理成第一个希中英三栏对照文本,并在脚注中给出对我们讨论过的重要语词(尤其是动词)的用法的说明。2012—2013年,何博超帮助我把第Ⅲ卷第1-5章文本做成同样的三栏对照文本,同样给出重要语词的说明,并给出了部分句子的简要说明,以及按照我们讨论时谈到的,对一些重要不同校勘,对一些重要不同解释的说明。三位同学帮助把我的商务版文字放在中栏,以方便中文读者。希腊文放在左栏,我们讨论中确定的英译文放右栏,逐段对照。感谢这三位同学的帮助,使我手里有了一个可以继续注释工作的本子。

从 2015 年退休到 2019 年,我在这个本子上一边在注释《尼各马可伦理学》第 I 卷到第 III 卷第 5 章,一边就在反复读《形而上学》与《论灵魂》的一些部分。其间也翻译了《形而上学》的某些片断,整理了一些笔记。这个反复对读的过程的确让我有些心得,这些心得的主要内容表达在我新近撰写的一部关于"亚里士多德伦理学"的文稿之中。也许,现在能较好地概括这些心得的几个重要之点的是我为新近一篇文字所作的如下摘要——

> 基于对个别是者的"那个'是'(τό ὄν)"与它的"实是(ἡ οὐσία)"两个核心概念的阐释,亚里士多德构建起他的"是"的形而上学或"第一哲学"。他欲表明,即使对于柏拉图欲排除的个别可感是者,说"'是'是'非是'生成的原因"也比说"'非是'是'是'的原因"要更合理。这一形而上学的核心问题是要说明,我们如何可以从个别可感是者的"原理-实是"与"时间-实是"来说明其"非是"。按照亚里士多德,范畴论构成对个别可感是者的"原理-实是"的说明,而对其"时间-实是"则需要借助对"能-实现"的"是"来阐明。但这后一种阐明必须说明其承载者如何地从"潜在地'是'"成为"实现地'是'"的。这一"生成"借助"实现"对于"能"而言是运动,对于承载者而言是使"现实"的"实是"这两方面的"优越性"得到支持。通过阐明一个人的"是其所是"的善与他的"能-实现"的生成运动"所为"的最终的善是同一的,这种形而上学开出了通向其伦理学的道路。

从 2005 年春开始与年轻同事和学生一道阅读《尼各马可伦理学》,到和大家一起并我自己继续细读《形而上学》《论灵魂》,并在此过程中注释其第 I 卷到第 III 卷第 5 章,无疑是我的哲学之路的一段重要经历。

4

为什么对《尼各马可伦理学》的阅读结束在第 III 卷第 5 章呢?

一个直接的原因是负面的:已经临近退休,我不可能一直有条件与大家继续那样地阅读,直到读完全书 10 卷,更没有可能在此之后完成繁重的勘校希腊语文本,做出详细的语法注释,勘校和整理英译文和中译文,并做出必要但比较详细的思想内容注释的工作。

但结束于第Ⅲ卷第5章这一安排又恰好可以与一个可以说是内属于亚里士多德《尼各马可伦理学》的一个重要因素相契合:在灵魂论范围内来说明一个人"能-实现"他作为一个人的那种最终的善,他的要基于其"时间-实是"来阐明的那个善,第Ⅰ卷至第Ⅲ卷第5章恰好构成了一个相对独立的部分。《尼各马可伦理学》在这种意义上可以划分为四个部分。(1)伦理学基本原理:包括第Ⅰ卷、第Ⅱ卷和第Ⅲ卷第1—5章。第Ⅰ卷阐述伦理学的第一原理——幸福即目的善。第Ⅱ卷阐述伦理学的第二原理——德性。第Ⅲ卷第1—5章阐述德性内涵的意愿性原理。(2)德性与合德性的生活:涵盖第Ⅲ卷第6—12章、第Ⅳ—Ⅴ卷、第Ⅵ卷、第Ⅶ卷第1—10章、第Ⅷ—Ⅸ卷。第Ⅲ卷第6章至第Ⅴ卷,讨论伦理德性和合伦理德性的生活。第Ⅵ卷讨论理智德性和合理智德性的生活。第Ⅶ卷讨论中间性的品性。第Ⅷ—Ⅸ卷讨论合德性生活的友爱。(3)伴随合德性的实现活动的快乐,包括两个子部分:第Ⅶ卷第11—14章,第Ⅹ卷第1—5章。第一个子部分表明快乐伴随着灵魂的具体的实现活动,并因此是某种善,尽管不是我们着眼于人一生的实践的生命活动所说的那个目的善。第二个子部分表明快乐由于所伴随的实现活动的不同而在种类上不同,每种快乐都完善着它所伴随的那种实现活动。(4)沉思的生活,一个人的最完全意义的"实现"或幸福:包含第Ⅹ卷第6—9章。第6—8章讨论沉思的生活。第9章是从沉思的伦理学到作为立法学的政治学的引论。

所以在这种意义上,第Ⅰ卷至第Ⅲ卷第5章部分是全书的基础。构成全书的重心的"合德性的生活"部分,与作为全书的最高峰的"沉思的生活"部分,都以这个原理部分为基础,都是基于它的进一步展开;两个部分的快乐论,则是向着这个二阶的合德性的实现活动的善来说明伴随着这样的实现活动的快乐的性质。这个原理部分事实上构成了后面两个部分,尤其是"沉思地过伦理的(政治的)生活"部分的一个引言。

这样地理解,我把我目前的翻译并详细注释《尼各马可伦理学》的工作结束在第Ⅲ卷第5章就有了一个正当的理由:既然后面各卷的深入注释都将是非常繁重的工作,我可以把第一阶段的工作就结束在这里。我们或可期待将有其他学者、研究者以他们认为适合的方式继续工作,分卷地对《尼各马可伦理学》做深度的注释与翻译工作。我相信,会有同道投入这项工作,因为它自身具有学术的、思想的价值。我也相信,认真地完成的这项工作将构成对《尼各马可伦理学》的严肃学术讨论的良好平台。

5

　　这个详注本希望对中文读者阅读《尼各马可伦理学》有所帮助。我尤其希望它将对在校大学生有这样的帮助。

　　因为，无论是读文科的还是读理科、工科的，无论是读了一些希腊文的还是没有读过希腊文的，他们之中很多人都可能在大学期间听说过亚里士多德《尼各马可伦理学》这本书，知道这是一本重要的书，有的人或许还听到过某些有关的哲学讲座、伦理学讲座，因而可能自己买过一本，有时候会来读一读。但我遇到的许多学生都告诉我，他们哪怕要初步读进去都会遭遇很大困难。我也曾对许多同学说，读这本书是会碰到困难，因为许多理解要在他们随后的生活实践中来学习和理解，但我认为他们在大学期间先读一遍《尼各马可伦理学》是很重要的，因为一个人要拥有一种伦理学并以它来思考地生活是很重要的，对有机会上了大学的人就更重要，因为有一种伦理学就是一个人的基本教养的一个重要部分，这个基础应该在读大学时打下。关于一个人的基本教养，我们中国人有几千年的文化。这种文化是我们的教养的重要根源。儒学关于"人（仁）之道"与内心的"良知"的教导是我们最重要的教养的来源。这些教导会与礼俗文化相互影响地发生作用，但它绝不会等同于礼俗文化。要充分理解儒学给予我们的教养，我们就要学习哲学、学习伦理学。学习哲学地理解儒家给予我们的教养，又要借助好的哲学思考来启发我们。读亚里士多德的《尼各马可伦理学》就是我们需要的这样一种启发。读这本书应该从读大学开始。

　　但是我认为我们先读了这本书的人，尤其我们作为教师，应当对后读的学生们提供一些帮助，让他们在初读时少经历一些困难，或让他们即使仍然不免经历一些困难，也因为得到这些帮助而不致因遭遇根本的挫折而放弃。我认为第一个可能的帮助是让他们能借助对语言的理解而接近这部著作的表达方式。大学生具有的语言知识，不论他们是否读了希腊语，将能帮助他们。如果他们看清楚那些句子在怎样地做表达，他们就能够朝它们表达的思想走近一步。如果我们在这方面做得比较好，对他们的帮助就会比较大。我认为另一个可能的帮助是让他们初步理解在所读的句子里哲学家亚里士多德在做些什么，在以那种方式表达什么。如果他们了解了那种表达方式，又能把这位哲学家所说明的那些要点弄明白，他们肯定就又前进了一步。如果他们还能按照"内容注释"里的提示去看看前面那些有关的文句，在对照对那些句子的注释弄明白亚里士多德在那里又做了些什么,这个进步就会更大,就会对他们帮助更大。我认为,我们不仅应该如实地告诉学生,像这样的著作一个人一生需要反复地读、多读几遍,而且应该给他们一些具体的帮助。这个详注本的页下"语言注释"与书尾的"内容注释"就是为了向他们提供这两种帮助的。

6

我需要对这部 I.1–III.5 详注本的呈现形式做简要的说明。

正文以句子为单元,以希腊文、中文、英文三栏对照形式逐段给出。在分段上详注本尊重洛布版希腊文本。除少数地方之外,在标点上也基本上尊重洛布本,在个别地方采纳拜沃特(I. Bywater)文本。在语句的校勘上尊重洛布本英译者莱克汉姆(H. Rackham)。有些没有遵从他的校勘的部分都给出了说明。在语词的校勘上也尊重莱克汉姆。有些没有遵从他而采纳了他给出参照的其他抄本校勘的也都给出了说明。

页下脚注属于语言注释范畴,依数字排序,注释序号置于希腊文栏中。语言注释包括句子分析、语词分析与短语分析三个主要部分。(1)句子分析。a)句型。区分简单句、并列句、复合句;区分省略句、完整句;区分人称句、无人称句。b)语气、语态。语气上区分一般句、虚拟句、疑问句、祈使句等;语态上依动词区分主动、中被动。c)句子结构。区分主系、主系表、主谓、主谓宾。d)从句。在主句分析之后,分析从句,但有时依从语序,先分析位置在前的从句。分析方式同上。(2)语词分析。名词区分性数格,形容词同;动词区分时态、语态、数、人称,分词同。(3)短语分析。区分名词性短语,尤其是属格短语、不定式短语,分词短语,副介词短语。名词性短语给出性数格;属格短语给出性数,包含分词的属格短语给出原语句意;不定式短语、分词短语,分析方式同句子分析;副介词短语说明其形式、意义,并指明它限定的句子部分。

"内容注释"属于思想注释范畴,依英文字母排序,注释号置于中文栏中,每章单独排,至于全书正文之后。内容注释包括三种。(1)术语注释。给出亚里士多德的通常用法意义和与所在文本的思想关联。(2)参照注释。给出所参照的文本的位置。(3)句子思想内容注释。给出 a)文句与上下文讨论的一般关系;b)亚里士多德在该句中所表达的要点;并给出 c)各要点的思想内容的分析。

虽然做了努力,因能力有限,我的工作仍然可能挂一漏万,一定还会有错误。

我诚恳期待认真的读者帮助找到那些应当改正的错误与缺点,以期日后有机会改进。

感谢商务印书馆的同仁。他们认为虽有那个全译本,单出这个详注本仍然是对读者、对研究者有帮助的。这种学术眼光让我非常敬佩。感谢哲社编辑室的同仁。这样一本形式上没有先例的书从选题论证、策划到编辑都已经给编辑室带来许多琐碎的事情。他们着眼于学术发展的眼光和担当的态度让我深受鼓舞。感谢本书的责任编辑卢明静。承担这件工作无疑将让她经受长时间的工作压力,不仅希腊文、英文的校勘要花费很多时间,未来会发现的大大小小的错误与缺点都需要记录、积累并适时修订。她出于对学术出版事业的热忱甘愿投入这项工作,这让我十分感动。我深知,没有商务印书馆同仁的这种见识、理解、支持和准备长时间付出辛苦的准备,这本书的出版是不可能的。我在此向商务印书馆同仁表达我由衷的感谢。

廖申白

2022 年 4 月 7 日识于

北京师范大学励耘 10 楼寓所

目录

卷 I

1 3
2 7
3 12
4 19
5 27
6 34
7 51
8 74
9 89
10 98
11 117
12 123
13 130

卷 II

1 149
2 160
3 170
4 181
5 189
6 196
7 216
8 237
9 247

卷 III

1 259
2 289
3 301
4 318
5 324

内容注释

卷 I	353	2	419
1	353	3	422
2	358	4	426
3	360	5	428
4	364	6	432
5	370	7	438
6	375	8	445
7	386	9	447
8	394	卷 III 1—5	451
9	399	1	451
10	402	2	460
11	405	3	464
12	407	4	469
13	410	5	471
卷 II	415		
1	415		

附录一　亚里士多德著作古抄本的主要系列 478
附录二　《尼各马可伦理学》主要现代校订本与古抄本的关系 481
附录三　本书所参照的校订、注释、翻译文本与其他一些可见到的译本 483
名称索引 487
术语索引 488

卷 I

1

Πᾶσα τέχνη καὶ πᾶσα μέθοδος, ὁμοίως δὲ πρᾶξίς τε καὶ προαίρεσις, ἀγαθοῦ τινὸς ἐφίεσθαι δοκεῖ.① διὸ καλῶς ἀπεφήναντο τἀγαθὸν οὗ πάντ' ἐφίεται.② (διαφορὰ δέ τις φαίνεται τῶν τελῶν·③ τὰ μὲν γάρ εἰσιν ἐνέργειαι, τὰ δὲ παρ' αὐτὰς ἔργα τινά.④ ὧν δ' εἰσὶ

所有技艺与所有研究,同样地,[所有]实践与选择,看来都指向某种善[a];所以有人高尚地把那个善称为所有事物所指向的那个东西[b]。(但是在那些完善的事物之中也显露出某种区别;因为,有一些是实现,另一些则[是]在它们以外的某些活动[c];在后者之中有一些目的是在实践

All techniques and all inquiries, and likewise [all] practices and choices, seem to aim at some good; hence some people have nobly named the good [as that] at which all things aim. (But certain difference is found among the final things; for, some [of them] are en-activities, others [are] some activi-

---

① 简单句。主语 Πᾶσα τέχνη καὶ πᾶσα μέθοδος, ὁμοίως δὲ πρᾶξίς τε καὶ προαίρεσις,所有技艺与所有研究,同样地,[所有]实践与选择,名词短语,阴性单数主格。τέχνη,技艺、技术;μέθοδος,研究;πρᾶξίς,实践;προαίρεσις,选择。πᾶσα,所有的,形容词,阴性单数主格,限定这四个主格名词。ὁμοίως,同样地,副词,连接第二组名词——实践与选择。动词是 δοκεῖ,看来……,现在时,单数第三人称。其宾语是 ἐφίεσθαι,指向,动词 ἐφίημι 的中被动不定式。它的宾语是 ἀγαθοῦ τινὸς,某种善,名词短语,中性单数属格。

② διὸ,因此,连词;承接上句引出结论。简单句。主谓语是 ἀπεφήναντο,有人把……解说为……,动词 ἀποφαίνω 的不定过去时中动语态,复数第三人称。它引出的直接宾语是 τἀγαθὸν,那个善,名词,中性单数宾格。另一个是间接宾语,由引导一个从句的属格关系代词 οὗ 的前置词引导,由于希腊语的言说习惯被省略。在这个从句中 οὗ 做宾语。主语是 πάντ',所有事物,代词,中性复数主格。动词为 ἐφίεται,指向,ἐφίημι 的现在时中动,单数第三人称。καλῶς,很好地,副词,限定 ἀπεφήναντο。

③ 复合句。这里是主句。主语为 διαφορὰ τις,某种区别,名词短语,阴性单数主格。διαφορὰ,区别、不同。τις,某种,不定代词。谓语为 φαίνεται,显露,现在时中被动,单数第三人称。τῶν τελῶν,那些完善的事物,为补足语,是中性名词 τέλος(目的、完成)的复数属格形式,表示"在那些完善事物之中"。δέ 是小品词,有轻微的转折语气。

④ 这里是原因从句。τὰ μὲν...τὰ δὲ... 式的对比结构的并列句。第一句的主语是 τὰ μὲν,有些,冠词引导的名词性短语,中性复数主格。系动词是 εἰσιν,是,单数第三人称。表语是 ἐνέργειαι,实现,名词,阴性复数主格。第二句的主语是 τὰ δὲ,另一些,中性复数主格。系动词

τέλη τινὰ παρὰ τὰς πράξεις,① ἐν τούτοις βελτίω πέφυκε τῶν ἐνεργειῶν τὰ ἔργα.②)

之外的,在这种情况下,这些活动自然地比那些实现更能造成[那些目的]ᵈ。)

ties beyond them; among the latter some ends exist beyond practices, in these cases these activities naturally bring forth [the ends] better than those en-activities.)

πολλῶν δὲ πράξεων οὐσῶν καὶ τεχνῶν καὶ ἐπιστημῶν πολλὰ γίνεται καὶ τὰ τέλη.③ ἰατρικῆς μὲν γὰρ ὑγίεια, ναυπηγικῆς δὲ πλοῖον, στρατηγικῆς δὲ νίκη, οἰκονομικῆς δὲ πλοῦτος.④

但[由于]存在多种实践、技艺和科学,那些目的也就变得很多;因为,医术的[目的是]健康,造船术的[目的是]船舶,战术的[是]取胜,理财术的[是]财富。

[But as] there are many practices, techniques, and sciences, the ends [become] many; for while [the end] of medicine [is] health, [that] of ship-building [is] a ship, [that] of strategy a victory, and [that] of economy wealth.

省略。表语是 ἔργα τινά, 某些活动, 名词短语, 中性复数主格。ἔργα, 活动, 名词, 中性复数主格。τινά, 不定代词, 中性复数主格, 限定 ἔργα。παρ' αὐτὰς, 在它们(指上面说的实现活动)之外的, 介宾短语, 限定 ἔργα τινά。παρ'(παρά), 在……之外的, 介词。αὐτὰς, 它们, 代词, 阴性复数宾格, 做 παρ' 的宾语。

① 从上句 τὰ δὲ 部分引出的非限定性定语从句, 由属格关系代词 ὧν (这里, 相当于"后者之中")引导。并列句。这里是第一句。主语是 τέλη τινά, 一些目的, 名词短语, 中性复数主格。系动词是 εἰσί, 是, 此处, 存在于, 复数第三人称。表语是 παρὰ τὰς πράξεις, 在那些实践(指那些实现活动)之外, 介词短语。

② 这里是第二句。主语是上文的 ἔργα τινά, 这些活动, 名词短语, 中性复数主格。动词是 πέφυκε, 自然地就能造成……, 动词 φύω 的完成时, 单数第三人称。其逻辑宾语是上文的 τέλη τινά。βελτίω, 更好中性形容词 ἀγαθόν 的比较级, 在此起副词作用。τῶν ἐνεργειῶν, 那些实现, 名词短语, 中性复数属格, 用作被比较的对象。ἐν τούτοις, 在这种情况下, 介词短语, 限定 πέφυκε。

③ 简单句。开首部分为一个属格独立式短语 πολλῶν πράξεων οὐσῶν καὶ τεχνῶν καὶ ἐπιστημῶν, [由于]实践、技艺和科学是许多的, 表伴随情况。短语的逻辑主语是 πράξεων, 实践, πρᾶξις 的复数属格; τεχνῶν, 技艺, τέχνη 的复数属格; ἐπιστημῶν, 科学, ἐπιστήμη 的复数属格。逻辑系动词是 οὐσῶν, 是, 系动词 εἰμί 的复数属格分词。逻辑表语是 πολλῶν, 很多。

句子主语是 τὰ τέλη, 那些目的, 名词短语, 中性复数主格。动词为 γίνεται, 变得, 动词 γίγνομαι(产生、成为、是)的现在时, 单数第三人称。表语是 πολλά, 很多, 形容词, 中性复数主格。

④ 承接上句的原因从句, 进行举例说明。共四个分句。主语都是[τέλος], 省略。保留限定主语的四个属格名词: ἰατρικῆς, 医术; ναυπηγικῆς, 造船术; στρατηγικῆς, 战术; οἰκονομικῆς, 理财术, 阴性单数。系动词省略。表语分别是四个主格名词: ὑγίεια, 健康, 阴性单数; πλοῖον, 船, 中性

ὅσαι δ' εἰσὶ τῶν τοιούτων ὑπὸ μίαν τινὰ δύναμιν①—καθάπερ ὑπὸ τὴν ἱππικὴν ἡ χαλινοποιικὴ καὶ ὅσαι ἄλλαι τῶν ἱππικῶν ὀργάνων εἰσίν,② αὕτη δὲ καὶ πᾶσα πολεμικὴ πρᾶξις ὑπὸ τὴν στρατηγικήν,③ τὸν αὐτὸν δὲ τρόπον ἄλλαι ὑφ' ἑτέρας④—ἐν ἁπάσαις δὲ τὰ τῶν ἀρχιτεκτονικῶν τέλη	不过，在这样一些事物中，许多事物属于某一种能力——就像制作马勒和所有其他马具的[能力]都从属于骑术，而这个与所有的军事实践又从属于战略，以同样的方式，其他的[能力]又从属于另一些[能力]ᵖ，——在所有这些场合，所有目的当中那些主导技艺的[目的]就比那些从属于它们的	But among such things many are under one capacity— just as [the capacities] of making bride and all other sorts of horse-riding equipments are under horsemanship, and this and all military practice under strategy, in the same way others under other [capacity], — in all these cases [the ends] of the master technique

---

单数；νίκη，胜利，阴性单数；πλοῦτος，财富，阳性单数。

① 并列句。这里是第一句。主语是 ὅσαι，许多，关系代词，阴性主格复数。τῶν τοιούτων，在这样一些事物(指上文中提到的 πράξεων καὶ τεχνῶν καὶ ἐπιστημῶν) 中，代词短语，阴性复数属格，限定 ὅσαι。系动词是 εἰσί，是，复数第三人称。表语是 ὑπὸ μίαν τινὰ δύναμιν，属于同一种能力，介词短语。μίαν τινὰ δύναμιν，某一种能力，阴性单数宾格，做介词 ὑπὸ (在……之下)的宾语。δύναμιν，能力，名词，阴性单数宾格。

② 这里插入了一个很长的方式从句，由三个作为例证的并列部分构成，副词连词 καθάπερ (就如)引导这个并列结构。这里是第一个部分。主语为 χαλινοποιικὴ καὶ ὅσαι ἄλλαι τῶν ἱππικῶν ὀργάνων，制作马勒和所有其他马具的[能力]。χαλινοποιικὴ，制作马勒的，动形词，阳性或中性单数主格，为 Kb 本所采用，Rackham 本(H. Rackham(trans.)，*Aristotle: The Nicomachean Ethics*，London, William Heinemann, 1926) 遵循 Bekker 本首重此本，Bekker 所参其他五种版本文本此处皆为 χαλινοποιητικὴ，这是一个合成词，后半部分 ποιητικὴ 为动形词，意义为 "要被制作的"。参阅 J.A. Stewart，*Notes on the Nicomachean Ethics of Aristotle*，2 vol., Oxford, Clarendon, vol. I, p.10。ὅσαι ἄλλαι τῶν ἱππικῶν ὀργάνω，所有其他马具的，代词短语，中性复数属格。ὅσαι ἄλλαι，所有其他的，代词短语，阴性复数主格。τῶν ἱππικῶν ὀργάνων，马具，名词短语，阴性复数属格，限定 ὅσαι ἄλλαι。ἱππικῶν，马，名词，阴性复数属格。系动词是 εἰσίν，是，复数第三人称。表语是 ὑπὸ τὴν ἱππικὴν，属于骑术的，介词短语。

③ 这里是第二个部分。主语是 αὕτη δὲ καὶ πᾶσα πολεμικὴ πρᾶξις，这个与所有军事实践；名词短语，阴性单数主格。αὕτη，这个，指示代词，指骑术的目的。πᾶσα πολεμικὴ πρᾶξις，所有其他军事实践，名词短语。πολεμικὴ，军事的，形容词，阴性单数主格，限定 πρᾶξις (实践)。系动词省略。表语是 ὑπὸ τὴν στρατηγικήν，属于战略的。

④ 这里是第三个部分。主语是 ἄλλαι，其他的[能力]，代词，阴性复数主格。系动词省略。表语为 ὑφ' ἑτέρας，从属于另一些[目的]，介词短语。τὸν αὐτὸν δὲ τρόπον，以同样的方式，名词短语，阳性单数宾格，用作副词短语，限定被省略的系动词。

πάντων ἐστὶν αἱρετώτε-
ρα τῶν ὑπ' αὐτά·① τού-
των γὰρ χάριν κἀκεῖνα
διώκεται.② (διαφέρει
δ' οὐδὲν τὰς ἐνεργείας
αὐτὰς εἶναι τὰ τέλη τῶν
πράξεων ἢ παρὰ ταύτας
ἄλλο τι,③ καθάπερ ἐπὶ
τῶν λεχθεισῶν ἐπιστη-
μῶν.④)

[目的]更被人追求；因为，后面这些[目的]是因前者之故才被人追寻的[f]。（而在这里，是实现本身还是在这些实现以外的其他某个东西是实践的目的并没有什么差别，刚刚提到的那些科学的情形就是这样[g]。）

among all ends are more pursued than those under them; for those under are seeked for the grace of the former. (Yet here it makes no difference [whether] the en-activities themselves or some other thing beyond them are the ends of practices, as in the mentioned sciences.)

① 这里是在三个并列插成分构成的插入语之后的第二句。复合句。这里是主句。主语是 τὰ τῶν ἀρχιτεκτονικῶν τέλη πάντων，所有目的当中那些主导技艺的[目的]，名词性短语，中性复数主语。τὰ，那些[目的]，冠词，中性复数主格，此处充任前置代词，冠领整个短语。τῶν ἀρχιτεκτονικῶν，主导的技艺的，形容词短语，中性复数属格，限定 τὰ，为形容词 ἀρχιτεκτονικός（占主导地位的）的复数属格形式；τέλη πάντων，所有目的，名词短语，阴性复数属格，限定 τῶν ἀρχιτεκτονικῶν。ἐν ἁπάσαις，在所有这些场合，介词短语，限定整个主语短语。主语为系动词是 ἐστὶν，是，复数第三人称。表语是 αἱρετώτερα，更被人欲求的，形容词比较级。τῶν ὑπ' αὐτά，比那些从属于它们的[目的]，名词性短语，作为主语短语的比照项，限定 αἱρετώτερα。
② 上面主句的原因从句，γὰρ（因为）示意连接前文说明原因。主语为 κἀκεῖνα（καὶ ἐκεῖνα 的合拼），这些，代词，中性复数主格。动词是 διώκεται，被追求，动词 διώκω 的现在时被动式，单数第三人称。χάριν τούτων，因前者之故，副词短语，限定 διώκεται。χάριν，好处，名词，阴性单数宾格，引申义是"因……的缘故"，要求支配属格名词或代词，通常用作副词性短语。
③ 复合句。这里是主句。无人称动词句。主谓语是 διαφέρει，区别，现在时，单数第三人称。οὐδέν，没有什么，否定性代词，作副词限定 διαφέρει。逻辑主语是一个给被省略的介词做宾语的宾格名词性的不定式短语。宾格形式的不定式短语的逻辑主语是……ἢ……（……还是……）选择并列结构的双主语。第一个是 τὰς ἐνεργείας αὐτὰς，实现本身，名词性短语，阴性复数宾格。τὰς ἐνεργείας，实现，名词短语，阴性复数宾格。αὐτὰς，本身，反身代词，阴性复数宾格，指 τὰς ἐνεργείας（实现），此处做副词使用。ἢ，还是……，选择性的关系副词。第二个是 παρὰ ταύτας ἄλλο τι，在它们之外的其他某个东西。ἄλλο τι，其他某个东西，代词短语，中性单数宾格。παρὰ ταύτας，在它们之外的，介词短语，限定 ἄλλο τι。ταύτας，它们，指示代词，指 τὰς ἐνεργείας。不定式是 εἶναι，是。表语是 τὰ τέλη τῶν πράξεων，那些实践的目的，名词性短语，中性复数宾格。τὰ τέλη，那些目的，名词短语。τῶν πράξεων，实践，名词短语，阴性或中性复数属格，限定 τὰ τέλη。
④ 上述主格的方式从句的省略部分。καθάπερ，就像……，关系副词，引出方式从句。从句的主语与动词依习惯省略。ἐπὶ τῶν λεχθεισῶν ἐπιστημῶν，[像]刚刚提到的那些科学那样，介词短语，限定省略的主语或动词。τῶν λεχθεισῶν ἐπιστημῶν，刚刚提到的那些科学，名词性短语，阴性或中性复数属格，指上文提到的医术、造船术、战略术、理财术。τῶν ἐπιστημῶν，那些科学，名词，阴性或中性复数属格。λεχθεισῶν，刚刚提到的，动词 λέγω（说）的不定过去时被动分词，复数属格，限定 τῶν ἐπιστημῶν。

2

Εἰ δή τι τέλος ἐστὶ τῶν πρακτῶν ὃ δι' αὐτὸ βουλόμεθα, τἆλλα δὲ διὰ τοῦτο,① καὶ μὴ πάντα δι' ἕτερον αἱρούμεθα② (πρόεισι γὰρ οὕτω γ' εἰς ἄπειρον, ὥστ' εἶναι κενὴν καὶ ματαίαν τὴν ὄρεξιν③), δῆλον ὡς τοῦτ' ἂν εἴη τἀγαθὸν

而如果那些实践都有某一目的，我们因其自身之故而愿意得到它，[我们愿意得到]别的事物都因为它，[如果]我们并非追求所有的事物都为着某一别的事物（因为，这显然将陷入无限，因而那种欲求也就成了空洞的和无结

Yet if there is some end in practices, which we wish for its own sake, and [we wish] other things for it, and [if] we would not pursue everything for the sake of something else (for in that way it would go on to the infinite, so that the

---

① 复合句。这里是其条件从句，由 εἰ（如果）引入，δή 示意语气的转折。并列句。这里是第一个部分。这个部分又呈现为复合句。其主句的主语是 τι τέλος，某种目的，名词短语，中性单数主格。系动词是 ἐστὶ，是，此处相当于，有。表语是 τῶν πρακτῶν，那些实践，名词，阴性复数属格。τι τέλος 引出非限定性关系从句。此关系从句又呈并列句形式。第一个关系从句由关系代词 ὃ（它，关系代词，中性单数宾格，指前面的 τέλος）引导。此从句的主谓语是 βουλόμεθα，我们愿意……，现在时，复数第一人称，ὃ 做它的宾语。δι' αὐτὸ，因其自身之故，介词短语，限定 βουλόμεθα。αὐτὸ，自身，反身代词，指 τέλος，中性单数宾格，做介词 δι'（因……，由于……）的宾语。第二个关系从句的主谓语同第一句，省略。其宾语是 τἆλλα，别的事物，名词性代词短语，中性复数宾格。διὰ τοῦτο，因为它，介词短语，限定 βουλόμεθα。τοῦτο，它，指示代词，指 τέλος，中性单数宾格。

② 这里是并列的条件从句的第二个部分。καὶ，连词，示意与第一个部分相承接。这个部分也呈现为复合句。主句的主谓语是 μὴ αἱρούμεθα，我们不是追求……；αἱρούμεθα，我们追求……，动词 αἱρέω 的现在时形式，复数第一人称。其宾语是 πάντα，所有事物，代词，中性复数宾格。δι' ἕτερον，为着某一别的事物，介词短语，限定 μὴ αἱρούμεθα。

③ 从条件从句第二部分上述主语引出的原因从句，γὰρ 示意承接上文说明原因。主谓语是 πρόεισι，这[将]走向，现在时，单数第三人称，逻辑主语即上面的主句所表之义。εἰς ἄπειρον，向着无限，介词短语，限定 πρόεισι。οὕτω，这样，副词，限定 πρόεισι。ἄπειρον，无限的，形容词，阳性单数宾格。ἄπειρον 引出有副词 ὥστ'（就像）引导的宾格不定式短语 ὥστ' εἶναι κενὴν καὶ ματαίαν τὴν ὄρεξιν，因而欲求也就成了空洞的和无结果的，对 εἰς ἄπειρον 做进一步说明。短语的逻辑主语是 τὴν ὄρεξιν，那种欲求，名词，阴性单数宾格。不定式是 εἶναι，是。表语是 κενὴν καὶ ματαίαν，空洞的和无结果的，形容词短语。κενὴν，空洞的，形容词；ματαίαν，无结果的，形容词，阴性单数宾格。

καὶ τὸ ἄριστον.①

ἆρ᾽ οὖν καὶ πρὸς τὸν βίον ἡ γνῶσις αὐτοῦ μεγάλην ἔχει ῥοπήν,② καὶ καθάπερ τοξόται σκοπὸν ἔχοντες,③ μᾶλ-
25 λον ἂν τυγχάνοιμεν τοῦ δέοντος;④ εἰ δ᾽ οὕτω, πειρατέον τύπῳ γε περι-λαβεῖν αὐτὸ τί ποτ᾽ ἐστὶ καὶ τίνος τῶν ἐπιστη-μῶν ἢ δυνάμεων.⑤

果的ª），那么显然，这就是那个善和那个最好的[东西]ᵇ。

那么，关于它的知识岂不对生活有重大的影响，因而，就像射手们有一个标记[帮助]一样，我们有所需要的这个东西，岂不更能获得它？如若这样，我们就应当至少概略地弄清它本身在什么时候是个什么，以及[它是]属于哪一种科学或能力ᶜ。

longing would be futile and in vain), then obviously this must be the good and the best thing. Is not, then, the knowledge of it of great importance for the life, and, just as shooters with a mark [to aim at], wouldn't we better attain it with the knowledge needed? If this is so, we must investigate in outline what it is at a certain time and to which of the sciences or capacities [it belongs].

---

① 这里是这个长复合句的主句。δῆλον ὡς，那么显然，副词短语，此处起承接作用。主语为 τοῦτ᾽，这，指示代词，指 τι τέλος，中性单数主格。系动词是 εἴη，是，祈愿式，单数第三人称。表语是 τἀγαθὸν καὶ τὸ ἄριστον，那个善和最高的[那个]善，名词短语，中性单数主格。

② 由 οὖν（那么）承接上文，引出由 ἆρ᾽（岂不）引导的并列疑问句。这里是第一句。主语是 ἡ γνῶσις αὐτοῦ，关于这种善的知识，名词短语，阴性单数主格。ἡ γνῶσις，知识，名词。αὐτοῦ，它，指示代词，指 τἀγαθὸν καὶ τὸ ἄριστον，中性单数属格，限定 ἡ γνῶσις。动词是 ἔχει，有，现在时，单数第三人称。其宾语是 μεγάλην ῥοπήν，重大的影响，名词短语，阴性单数名词宾格。ῥοπήν，关键点，在此引申为"影响"，名词。μεγάλην，重大的，形容词，阴性单数宾格，限定 ῥοπήν。πρὸς τὸν βίον，对于生活，介词短语，限定 ἔχει。

③ 这是一个插入语，呈现为由副词 καθάπερ（正如）引入的分词短语。主语是 τοξόται，射手，名词，阳性复数主格。分词是 ἔχοντες，有，来自动词 ἔχω，复数主格。宾语是 σκοπόν，标记，靶子，名词，阳性单数宾格。

④ 这里是并列疑问句第二句。主谓语是 ἂν τυγχάνοιμεν，我们能获得……，祈愿式，复数第一人称。其逻辑宾语是上面的 ἡ γνῶσις，知识，在此处当为宾语，省略。τοῦ δέοντος，所需要的东西，名词，中性单数属格，限定动词逻辑主语（我们）的性质，意义是，有所需的这个东西（指关于善的知识）的帮助。小品词 ἂν 表明祈愿语气，此处表可能性。μᾶλλον，更，副词，限定 τυγχάνοιμεν。

⑤ 复合句。条件从句呈现为一个惯用语短语，εἰ δ᾽ οὕτω，如若这样，δ᾽ 示意语气的轻微转折。主句是动词 πειρατέον（来自动词 πειράω，必须去……）引导的无人称句，表明后面所表达的内容是一种要求。这种形式也可以以复数第一人称主语形式解释。后跟动词不定式 περιλαβεῖν，弄清，抓住，περιλαμβάνω 的不定过去时不定式。τύπῳ，概略地，名词与格，作副词作用，限定 περιλαβεῖν。περιλαβεῖν 的宾语是两个惯用方式表达的宾语从句。第一句是 αὐτὸ τί ποτ᾽

δόξειε δ' ἂν τῆς κυριωτάτης καὶ μάλιστα ἀρχιτεκτονικῆς.①	看起来，它属于那门最具主导性的，尤其是，属于那门最首要的[科学或能力]。	It would seem to belong to the most authoritative and, especially, the primest [science or capacity].
τοιαύτη δ' ἡ πολιτικὴ φαίνεται·② τίνας γὰρ εἶναι χρεὼν τῶν ἐπιστημῶν ἐν ταῖς πόλεσι, καὶ ποίας ἑκάστους μανθάνειν καὶ μέχρι τίνος, αὕτη διατάσσει·③ ὁρῶμεν δὲ καὶ τὰς ἐντιμοτάτας τῶν δυνάμεων	而政治学ᵈ似乎就是这样的事物；因为，它规定在城邦中应当有哪些科学，每部分[公民]应当学习哪些科学，以及[学习]到何种程度；而且，我们也看到，那些最受尊敬的能力都是在它之下，如战术、理财术和修	Yet politics seems to be such a thing; for, it orders what sort of the sciences [are] to exist in the states, and what sciences every class of citizens [are] to learn and up to what point; and, we see [that] the most honoured capac-

094b 位于左侧边栏

ἐστι，它本身在什么时候是个什么。从句的逻辑主语是 αὐτό，它本身，代词，中性单数宾格。系动词是 ἐστί，是，单数第三人称。表语是 τί，一个什么，不定疑问代词，中性单数宾格。τί ἐστι 是亚里士多德的习惯使用的从句，意义是"是个什么"。ποτ'，在某个时候，不定疑问副词，限定 ἐστί。

περιλαβεῖν 的第二个宾语从句的主语与系动词同第一句，省略。表语是 τίνος，哪一种，不定疑问代词，中性单数属格。τῶν ἐπιστημῶν ἢ δυνάμεων，那些科学或能力，名词短语，阴性复数属格，限定 τίνος。τῶν ἐπιστημῶν，那些科学；ἢ δυνάμεων，或能力，名词，阴性复数属格。

① 简单句。主谓语是 δόξειε，它看起来是……，不定过去时祈愿语气，单数第三人称，与小品词 ἂν 一起表示一种可能性。表语是 τῆς κυριωτάτης καὶ ἀρχιτεκτονικῆς，属于最主导性的和最首要的[科学与能力]，名词性短语，阴性单数属格。κυριωτάτης，最重要的，形容词最高级 μάλιστα，尤其是，副词，限定 ἀρχιτεκτονικῆς。

② 简单句。δ' 示意语气的轻微转折。主语是 ἡ πολιτικὴ，政治学，名词，阴性单数主格。系动词是 φαίνεται，显得是……，现在时，单数第三人称。表语是 τοιαύτη，这样一个事物，代词，阴性单数主格。

③ 由上句引出的原因从句，由 γὰρ 引导。并列句。这里是第一句。主语是 αὕτη，它，代词，阴性单数主格，指政治学。动词是 διατάσσει，规定……，现在时，单数第三人称。其宾语是前面两个不定式短语。第一个不定式短语是 τίνας εἶναι χρεὼν τῶν ἐπιστημῶν ἐν ταῖς πόλεσι，在城邦中应当有哪些科学。εἶναι，此处的意义是有，存在，不定式。其逻辑主语为 τίνας，哪些，不定代词，阴性复数宾格。τῶν ἐπιστημῶν，科学，名词，阴性复数属格，限定 τίνας。χρεών，应当，要，必须，副词，限定 εἶναι。ἐν ταῖς πόλεσι，在城邦中，介词短语，限定 εἶναι。第二个不定式短语是 ποίας ἑκάστους μανθάνειν καὶ μέχρι τίνος，每部分[公民]应当学习哪些科学，以及[学习]到何种程度。μανθάνειν，学习，现在时不定式。其逻辑主语是 ἑκάστους，每部分[公民]，代词，阳性复数宾格。μανθάνειν 引出逻辑宾语 ποίας，哪些[科学]，不定代词，阴性复数宾格。μέχρι τίνος，[学习]到什么程度，副词短语，限定不定式动宾结构 ποίας μανθάνειν。

ὑπὸ ταύτην οὔσας, οἷον στρατηγικὴν οἰκονομικὴν ῥητορικήν.① χρωμένης δὴ ταύτης ταῖς λοιπαῖς πρακτικαῖς τῶν ἐπιστημῶν,② 5 ἔτι δὲ νομοθετούσης τί δεῖ πράττειν καὶ τίνων ἀπέχεσθαι,③ τὸ ταύτης τέλος περιέχοι ἂν τὰ τῶν ἄλλων, ὥστε τοῦτ᾽ ἂν εἴη τἀνθρώπινον ἀγαθόν.④

辞术。既然它运用其他实践的科学,既然[它]又把[人们]该做什么和避开什么制定为法律,这门[科学]的目的就必定包含着所有其他科学的目的,仿佛这个目的就是人的那个善°。

ities are under it, for instance, strategy, economy, and oratory. Since [it] employs the rest of the practical sciences and, since [it] legislates in what people ought to do and ought to refrain from doing, the end of this [science] must include the ends of all others, as if this end were the goodness of man.

---

① 这里是第二句。简单句。主谓语是 ὁρῶμεν,我们看到……,现在时,复数第一人称。其宾语是 τὰς ἐντιμοτάτας τῶν δυνάμεων ὑπὸ ταύτην οὔσας,那些最受尊敬的能力都是在它之下的,分词短语。οὔσας (来自 εἰμί),是,分词,阴性复数宾格。其逻辑主语是 τὰς ἐντιμοτάτας τῶν δυνάμεων,那些最受尊敬的能力,名词性短语,阴性复数宾格。τὰς ἐντιμοτάτας,那些最受尊敬的,名词性形容词短语。τῶν δυνάμεων,能力,名词,阴性复数属格,限定 τὰς ἐντιμοτάτας。οὔσας 的表语是 ὑπὸ ταύτην,在它(指政治学)之下,介词短语。ταύτην,它,代词,此处指 ἡ πολιτική(政治学)。τὰς ἐντιμοτάτας τῶν δυνάμεων 引出一个插入语,οἷον στρατηγικὴν οἰκονομικὴν ῥητορικήν,如战术、理财术和修辞术。οἷον,例如,不定代词,宾格,用如副词。στρατηγικήν,战术;οἰκονομικήν,理财术;ῥητορικήν,修辞术,名词,阴性单数宾格,与 τὰς ἐντιμοτάτας 同格位。

② 这是一个独立属格分词短语,表环境状况。短语分为两个并列部分。这里是第一部分。χρωμένης,使用,运用,来自 χράω(利用、使用),现在时分词,阴性单数属格。其逻辑主语是 ταύτης,它,代词,指 ἡ πολιτική,阴性单数属格。χρωμένης 的逻辑宾语是 ταῖς λοιπαῖς πρακτικαῖς τῶν ἐπιστημῶν,其他实践的科学,名词性短语,阴性复数与格,与格为 χρωμένης 所要求。λοιπαῖς πρακτικαῖς,其他实践的,名词短语,阴性复数与格,πρακτική(实践的)为 Bywater 本所加。τῶν ἐπιστημῶν,科学,名词,阴性复数属格,限定 λοιπαῖς πρακτικαῖς。

③ 这里是独立属格短语的第二部分,ἔτι,同时,此外,副词,示意语前面的部分并接。νομοθετούσης,把……制定为法律,来自 νομοθετέω(立法、制定法律),阴性单数属格。其逻辑主语是省略掉的 ταύτης,它,指政治学。νομοθετούσης 引出一个宾语从句 τί δεῖ πράττειν καὶ τίνων ἀπέχεσθαι,[人们]该做什么和避开什么。从句是 δεῖ(该,必须)无人称句。δεῖ 引出两个不定式宾语短语。第一个是 τί πράττειν,做什么。πράττειν,做,不定式。τί,不定疑问代词,中性单数宾格,做 πράττειν 的宾语。第二个是 τίνων ἀπέχεσθαι,避开什么。ἀπέχεσθαι,避开,不定式。τίνων,不定疑问代词,中性复数属格,做 ἀπέχεσθαι 的间接性宾语。

④ 复合句。主句的主语为 τὸ ταύτης τέλος,这门[科学]的目的,名词短语,中性单数主格。τὸ τέλος,目的,名词,中性单数主格。动词是 περιέχοι ἂν,必定包含,现在时祈愿语气,单数第三人

I.2

εἰ γὰρ καὶ ταὐτόν ἐστιν ἑνὶ καὶ πόλει, μεῖζόν γε καὶ τελειότερον τὸ τῆς πόλεως φαίνεται καὶ λαβεῖν καὶ σῴζειν.① ἀγαπητὸν μὲν γὰρ καὶ ἑνὶ μόνῳ, κάλλιον δὲ καὶ θειότερον ἔθνει καὶ πόλεσιν.② ἡ μὲν οὖν μέθοδος τούτων ἐφίεται, πολιτική τις οὖσα.③

因为,如果[那个善]对于个人和城邦都是同样的,城邦的那个善似乎就是所要获得和保持的更大、更完满的善;因为,仅为一个人[获得和保持那个善]诚然可喜,为民族和城邦[获得和保持它]则更高尚、更神圣。因此,这种研究,作为某种政治学,就指向这些[f]。

For, if that goodness is the same for one person and for state, the goodness of the state seems to be the greater and more perfect to attain and preserve; for, [though it is] dear [to attain and preserve that good] solely for one person, [it is] nobler and more divine to do so for the nation and states. Therefore, this research, being some sort of politics, aims at these.

称。其宾语是 τὰ τῶν ἄλλων,其他科学的目的,名词性短语,中性复数宾格。τὰ,冠词,在这里指 τὰ τέλη,目的,中性复数。

方式从句由 ὥστε(仿佛)引入。主语是 τοῦτ',这个[目的],代词,中性单数主格。系动词是 ἂν εἴη,是,现在时祈愿语气,单数第三人称。表语是 τἀνθρώπινον ἀγαθόν,第一个词是 τὸ ἀνθρώπινον 的缩合,人的那个善,名词性短语,中性单数主格。τὸ ἀγαθόν,那个善,名词性短语,中性单数主格。ἀνθρώπινον,人的,形容词,阳性单数主格,限定 τὸ ἀγαθόν。

① 由上句引出的原因从句。复合句。条件从句的主谓语是 ἐστιν,[这个善,即 τἀνθρώπινον ἀγαθόν]是,现在时,单数第三人称。表语是 ταὐτόν,τὸ αὐτόν 的缩合,同样的,名词短语,中性单数主格。ἑνὶ καὶ πόλει,个人和城邦,名词短语,阳性单数与格,用作被比照者,限定 τἀνθρώπινον ἀγαθόν。主句的主语是 τὸ τῆς πόλεως,城邦的那个[善],名词性短语,冠词+属格短语形式,中性单数主格。τὸ 在这里指代 τὸ τέλος。动词是 φαίνεται,似乎是,现在时中被动,单数第三人称。表语是 μεῖζόν γε καὶ τελειότερον,更大、更完满的,形容词短语,比较级,中性单数主格。μεῖζόν γε καὶ τελειότερον 引出两个动词不定式:λαβεῖν καὶ σῴζειν,所要获得和保持的,作为补语。

② 由上述原因从句主句引出的原因从句。并列句。μὲν...δὲ... 结构示意两句构成对照。两者的逻辑主语是 τὸ λαβεῖν καὶ σῴζειν τὸ ἀγαθόν,获得和保持这个善,系动词是 ἐστιν,是,均被省略掉。第一句剩余两个成分。一个是 ἑνὶ μόνῳ,仅为一个人,与格数词性短语,限定被省略的逻辑主语。ἑνί,一个人,数词,阳性单数与格。μόνῳ,仅仅,唯一,形容词,阳性单数与格,限定 ἑνί。另一个是表语 ἀγαπητόν,可喜的,形容词,阳性单数主格。第二句的剩余部分也有两个,一个是 ἔθνει καὶ πόλεσιν,民族与城邦,与格名词短语,对照于上面的 ἑνὶ μόνῳ。ἔθνει,民族,名词,中性单数与格。πόλεσιν,城邦,名词,阴性复数与格。另一个是 κάλλιον δὲ καὶ θειότερον,更高尚、更神圣的,形容词比较级,中性单数主格,对照于上面的 ἀγαπητόν。

③ 简单句。οὖν 示意据上面的讨论引出结论。主语是 ἡ μέθοδος,这种研究,名词,阴性单数主格。动词是 ἐφίεται,指向,来自 ἐφίημι,现在时中动,单数第三人称。其间接性宾语是 τούτων,这些,指示代词,指上文所指事物,其所指在此处不十分清晰,见内容注释有关部分,阴性或中性复数属格。πολιτική τις οὖσα,作为某种政治学,分词短语插入语,作为 ἡ μέθοδος 的进一步说明。οὖσα,是,此处,作为,现在时分词,阴性主格。其逻辑主语是 ἡ μέθοδος;逻辑表语是 πολιτική τις,

3

Λέγοιτο δ' ἂν ἱκανῶς εἰ κατὰ τὴν ὑποκειμένην ὕλην διασαφηθείη·① τὸ γὰρ ἀκριβὲς οὐχ ὁμοίως ἐν ἅπασιν τοῖς λόγοις ἐπιζητητέον, ὥσπερ οὐδ' ἐν τοῖς δημιουργουμένοις.② τὰ δὲ καλὰ καὶ τὰ δίκαια, περὶ ὧν ἡ πολιτικὴ σκοπεῖται, πολλὴν ἔχει διαφορὰν καὶ πλάνην, ὥστε δοκεῖν νόμῳ μόνον εἶναι, φύσει δὲ μή.③

15

［我们的讨论］如果依据其载体的题材［所容有的程度］做出了阐述，就谈得足够了；因为，不能在所有讨论中寻求同样的确定性，正如在技艺制品方面不能如此一样。政治学所研究的那些高尚的事情ᵃ与正义的事情具有许多差别和许多不确定性，所以显得是只出于约定，而不出于自然的。

[Our discussion] would be held good enough if the issues are differentiated [to the degree] the subject-matter [of politics] admits; for the precision must not be expected alike in all discourses, any more than in the products of craft. The noble things and the just things, of which the politics examines, have many differences

---

某种政治学。

① 复合句。主句的主谓语是 Λέγοιτο ἂν,［我们的讨论］就［被］谈得……,祈愿语气被动语态,单数第三人称。ἱκανῶς,足够了,副词,限定 Λέγοιτο ἂν。条件从句由 εἰ（如果）引入。主语空缺,据下文,当为这门科学(指政治学)容有的确定性。动词是 διασαφηθείη,得到阐明,不定过去时被动语态,单数第三人称。κατὰ τὴν ὑποκειμένην ὕλην,依据其承载者的题材,介词短语,限定被省略的主语。τὴν ὑποκειμένην ὕλην,其承载者的题材,名词短语,阴性单属宾格,给介词 κατὰ（依照……,以……）做宾语。τὴν ὕλην,题材,质料,名词,阴性单数宾格。ὑποκειμένην,承载者的,放在下面的,分词,中动,阴性单数宾格,限定 τὴν ὕλην。

② 从上句引出的原因从句。复合句。主句是由动词形容词 ἐπιζητητέον... οὐχ ὁμοίως（不能同样地去寻求……）引导的无人称句子。动形词 ἐπιζητητέον 的宾语是 τὸ ἀκριβὲς,确定性,名词,中性单数宾格。ἐν ἅπασιν τοῖς λόγοις,在所有讨论中,介词短语,限定 ἐπιζητητέον。连接副词 ὥσπερ（正如）引入方式从句。从句的结构同于主句,动形词及其宾语省略。保留部分为两个成分。一个是 ἐν τοῖς δημιουργουμένοις,在技艺制品方面,介词短语,限定被省略的 ἐπιζητητέον。τοῖς δημιουργουμένοις,技艺制品,名词性短语,中性复数与格。δημιουργουμένοις,制作手艺品,当手艺人,动词 δημιουργέω 的分词,中被动复数与格,做介词的间接性宾语。第二个是否定词 οὐδ',示意也不能。

③ 并列句。第一句主语是 τὰ δὲ καλὰ καὶ τὰ δίκαια,那些高尚的事情和正义的事情,名词

		and uncertainties, so that [they] seem to be merely out of norm, not out of nature.
τοιαύτην δέ τινα πλάνην ἔχει καὶ τἀγαθὰ, διὰ τὸ πολλοῖς συμβαίνειν βλάβας ἀπ᾽ αὐτῶν·① ἤδη γάρ τινες ἀπώλοντο διὰ πλοῦτον, ἕτεροι δὲ δι᾽ ἀνδρείαν.②	但那些善事物也同样表现出某种这样的不确定性，因为它们也由于其自身而于许多人有害；因为迄今就有人因富有而毁灭，因勇敢而丧命ᵇ。	Yet the goods exhibits some same uncertainties, for they themselves bring injuries to many people; for so far some people have been ruined by wealth, while others by courage.
ἀγαπητὸν οὖν περὶ τοιούτων καὶ ἐκ τοιούτων	所以，当就这样的题材并根据这类题材来谈论	Therefore, [we should be] content with showing

---

性短语,中性复数主格。动词是 ἔχει,具有,单数第三人称,为中性复数主语所要求。其宾语是 πολλὴν διαφορὰν καὶ πλάνην,许多差别和不确定性,名词短语,阴性单数宾格。περὶ ὧν ἡ πολιτικὴ σκοπεῖται 是一个由关系代词 ὧν 引导的非限定性关系从句,做插入语。περὶ ὧν,关于它们的,介词短语,引出从句。ὧν,它们,关系代词,中性复数属格,指 τὰ δὲ καλὰ καὶ τὰ δίκαι,做介词 περὶ 的间接性宾语。从句的主语是 ἡ πολιτική,政治学,名词,阴性单数主格。动词是 σκοπεῖται,研究,现在时中被动,单数第三人称。

第二句由小品词 ὥστε (所以) 加上不定式 δοκεῖν (显得是) 构成,呈现为不定式短语。δοκεῖν 引出一个并列的不定式宾语结构 νόμῳ μόνον εἶναι, φύσει δὲ μή,是只出于约定,而不出于自然的。εἶναι,是,不定式。νόμῳ,出于约定的;φύσει,出于自然的,名词,阴性单数与格,做不定式 εἶναι 的表语。

① 复合句。这里是主句。主语为 τἀγαθα (τὰ ἀγαθά 的合拼),那些善事物,名词短语,中性复数主格。动词为 ἔχει,有,现在时,单数第三人称。其宾语 τοιαύτην δέ τινα πλάνην,某种这样的不确定性,名词性短语,阴性单数宾格。τινα πλάνην,某种不确定性。τοιαύτην,这样的,指示代词,限定 τινα πλάνην。διὰ τὸ πολλοῖς συμβαίνειν βλάβας ἀπ᾽ αὐτῶν,因为它们也常常由于其自身而于许多人有害,介词短语,补充说明主句。διὰ,因为,由于,此处相当于介词。τὸ πολλοῖς συμβαίνειν,常常于许多人有……,名词性不定式短语,中性单数宾格,做 διὰ 的宾语。συμβαίνειν,有……,带给,不定式。它引出两个宾语,即间接的与格宾语 πολλοῖς (于许多人),和直接宾语 βλάβας (害处),名词,阴性复数宾格。ἀπ᾽ αὐτῶν,由于其自身,介词短语,限定 συμβαίνειν。

② 这里是原因从句。副词 ἤδη (迄今) 引入整个句子。并列句。第一句主语是 τινες,有人,不定代词,阳性复数主格。动词是 ἀπώλοντο,毁灭,不定过去时中被动,复数第三人称。διὰ πλοῦτον,因财富,介词短语,限定 ἀπώλοντο。第二句主语是 ἕτεροι,又有人,不定代词,阳性复数主格。动词同第一句,省略。δι᾽ ἀνδρείαν 因勇敢,介词短语,限定被省略的 ἀπώλοντο。ἀνδρείαν,勇敢,名词,阴性单数宾格。

20 λέγοντας παχυλῶς καὶ τύπῳ τἀληθὲς ἐνδείκνυ-σθαι, καὶ περὶ τῶν ὡς ἐπὶ τὸ πολὺ καὶ ἐκ τοι-ούτων λέγοντας τοιαῦτα καὶ συμπεραίνεσθαι.①	时, [我们就只能]满足于粗略地、概要地表明那种真实; 当把它们作为在大多数情况下如此的事情并根据这类题材来谈论时, 也[只能满足于]推出这同样性质的东西。	the truth roughly and in outline when we discourse on and about such subject-matters, and [be content], in discoursing on and about them as things for the most part so, with concluding at the same sort of things.
τὸν αὐτὸν δὴ τρόπον καὶ ἀποδέχεσθαι χρεὼν ἕκαστον τῶν λεγομέ-νων·② πεπαιδευμένου	对这样地谈论的每一点, 都需要以这同样的方式去领会; 因为, 一个有教养的人[的特点],	It is necessary to conceive in the same manner every point thus discoursed; for, [the mark] of an edu-

---

① 由形容词 ἀγαπητὸν+ 不定式形式构成的无人称句。ἀγαπητὸν, 感到满意的, 形容词, 阳性单数宾格。此结构可以复数第一人称主语形式表达为, 我们满足于……。

ἀγατητὸν 引出两个不定式短语作补语。需分别加以说明。第一个是 παχυλῶς καὶ τύπῳ τἀληθὲς ἐνδείκνυσθαι, 大略地和概要地说明那种真实。ἐνδείκνυσθαι, 说明, 不定式。τἀληθὲς = τὸ + ἀληθὲς, 那种真实, 名词性形容词, 中性单数宾格, 做 ἐνδείκνυσθαι 的宾语。παχυλῶς, 大略地; τύπῳ, 概要地, 副词, 限定 ἐνδείκνυσθαι。这个不定式短语带一个很长的分词短语 περὶ τοιούτων καὶ ἐκ τοιοίτων λέγοντας, 当就这样的题材和根据这类题材来谈论时, 表明伴随情况。λέγοντας, 说, 谈论, 分词。περὶ τοιούτων καὶ ἐκ τοιοίτων, 就这样的题材并根据这类题材, 并列介词短语, 限定 λέγοντας。περὶ τοιούτων, 就这样的题材; ἐκ τοιοίτων, 根据这类题材, 介词短语。

第二个不定式短语是 τοιαῦτα καὶ συμπεραίνεσθαι, 推出这同样一些性质的东西。συμπεραίνεσθαι, 推出, 不定式。τοιαῦτα, 这同样一些东西, 代词, 中性复数宾格, 做 συμπεραίνεσθαι 的宾语。这个不定式短语也带一个很长的分词短语, περὶ τῶν ὡς ἐπὶ τὸ πολὺ καὶ ἐκ τοιούτων λέγοντας, 当把它们作为在大多数情况下如此的事情并根据这类题材来谈论时, 表明伴随情况。λέγοντας, 谈论, 分词。περὶ τῶν ὡς ἐπὶ τὸ πολὺ καὶ ἐκ τοιούτων, 把它们作为在大多数情况下如此的事情并根据这类题材, 并列介词短语, 限定 λέγοντας。περὶ τῶν ὡς ἐπὶ τὸ πολὺ, 把它们作为在大多数情况下如此的事情, 介词短语。τῶν ὡς ἐπὶ τὸ πολὺ, 作为在大多数情况下如此的事情, 名词性短语, 中性复数属格, 做介词 περὶ 的间接性宾语。ἐκ τοιούτων, 根据这类题材, 与上述介词短语并列的介词短语。

② 由分词 χρεὼν+ 不定式构成的无人称句。χρεὼν (来自 χρεώ), 必须这样去, 分词, 中性中动, 逻辑主语仍然可以解释为我们。ἀποδέχεσθαι (来自 ἀποδέχομαι), 领会, 不定式。其宾语是 ἕκαστον τῶν λεγομένων, 这样地谈论的每一点, 代词短语, 阳性单数宾格。ἕκαστον, 每一点, 代词。τῶν λεγομένων, 这样地谈论的, 名词性分词短语, 中性复数属格。τὸν αὐτὸν δὴ τρόπον, 以这同样的方式, 名词性短语, 阳性单数宾格, 可以理解为省略的介词的介词宾语, 用作副词, 限定 ἀποδέχεσθαι。

γὰρ ἐστιν ἐπὶ τοσοῦτον τἀκριβὲς ἐπιζητεῖν καθ' ἕκαστον γένος ἐφ' ὅσον ἡ τοῦ πράγματος φύσις ἐπιδέχεται·① παραπλήσιον γὰρ φαίνεται μαθηματικοῦ τε πιθανολογοῦντος ἀποδέχεσθαι καὶ ῥητορικὸν ἀποδείξεις ἀπαιτεῖν.②

Ἕκαστος δὲ κρίνει καλῶς ἃ γινώσκει, καὶ τούτων ἐστὶν ἀγαθὸς

就是在每种事物中探究那件实践事务自然所容有的那种确定性；因为，容许一个数学家只提出一个大致的说法，与要求一位修辞学家做出严格的证明，都同样显得 [不合理]ᶜ。

然而一个人对他所知道的事物才判断得好，并在这些事物上是一个

cated man is to search in each sort of things such exactness upto the extent that the nature of practical affair admits; for, it seems almost the same absurd to admit of the plausible words from a mathematician and to require demonstrations from a rhetorician.

Yet every man judges well what he knows, and on these things he

---

① 从上句引出的原因从句。主语是 πεπαιδευμένου（来自 παιδεύω），有教养的人，完成时分词，阳性单数属格，指有教养的人的特点。系动词是 ἐστιν，是，单数第三人称。表语是由 ἐπιζητεῖν（来自 ἐπιζητέω，探究）引导的不定式短语，构成句子的整个剩余部分。这个不定式短语带有两个介词短语作为基本限定。一个是 ἐπὶ τοσοῦτον τἀκριβὲς，对那样一种确定性。τἀκριβὲς=τὸ+ἀκριβὲς，那种确定性，名词性形容词，中性单数宾格。另一个是 καθ' ἕκαστον γένος，在每种事物中。前一个介词短语引出了一个平行结构的介词短语作为进一步的说明。这个平行的介词短语由 ἐφ' ὅσον（只到……的程度）引入。ὅσον，如此的，关系副词，从关系代词演变而来，做介词 ἐφ' 的宾语。ὅσον 引入一个关系从句，ἡ τοῦ πράγματος φύσις ἐπιδέχεται，那件实践事务的自然所容有的。从句的主语是 ἡ τοῦ πράγματος φύσις，那件实践事务的自然，名词性短语，阴性单数主格。ἡ φύσις，自然，本性，名词。τοῦ πράγματος，那件实践事务的，名词，阳性单数属格，限定 ἡ φύσις。从句的动词是 ἐπιδέχεται，容有，现在时，单数第三人称。

② 从上面原因从句引出的进一步的原因从句。逻辑主语是由两个不定式短语构成。第一个是 μαθηματικοῦ τε πιθανολογοῦντος ἀποδέχεσθαι，容许一个数学家只提出一个大致的说法。ἀποδέχεσθαι（来自 ἀποδέχομαι），容许，不定式。其间接性的宾语是 μαθηματικοῦ πιθανολογοῦντος，数学家只提出一个大致的说法，属格短语。μαθηματικοῦ，数学家，名词，阳性单数属格。πιθανολογοῦντος，只提出一个大致的说法，分词，阳性单数属格。

第二个是 ῥητορικὸν ἀποδείξεις ἀπαιτεῖν，要求一位修辞学家做出严格的证明。ἀπαιτεῖν（来自 ἀπαιτέω），要求，不定式。它引出两个宾语或一宾一补，ῥητορικὸν ἀποδείξεις 修辞学家做出严格的证明。ῥητορικὸν，修辞学家，名词，阳性单数宾格。ἀποδείξεις，证明，名词，阴性复数宾格。句子的动词是 φαίνεται（来自 φαίνω），显得，现在时中动，单数第三人称。表语是 παραπλήσιον，同样，意思是同样地不合理，形容词，中性单数主格。

1095a κριτής.① καθ' ἕκαστον μὲν ἄρα ὁ πεπαιδευμένος, ἁπλῶς δ' ὁ περὶ πᾶν πεπαιδευμένος.②

διὸ τῆς πολιτικῆς οὐκ ἔστιν οἰκεῖος ἀκροατὴς ὁ νέος·③ ἄπειρος γὰρ τῶν κατὰ τὸν βίον πράξεων, οἱ λόγοι δ' ἐκ τούτων καὶ περὶ τούτων.④ ἔτι δὲ τοῖς πάθεσιν ἀκολουθητικὸς ὢν

好判断者。所以,[在某种事情上]受过教育的人在某种事情上[是一个好判断者],在所有事情上受过教育的人则在总体上[是一个好判断者]。

因此,青年人不是政治学的适合听讲者;因为,他对生活的实践事务还缺少经验,而[政治学的]那些逻各斯[d]都是出于和关于这些事情的。此外,由于跟从那些感受性的东西[e],他听讲很

is a good judge. A man educated in something [is] thus [a good judge on that thing], and a man educated all-round [is a good judge all-round].

Hence young man is not a proper hearer on political science; for he lacks the experience on the practical affairs concerned with life, and the *logoi* are out of and about these things. Moreover, following those

---

① 简单句。主语是 Ἕκαστος,每个人,代词,阳性单数主格。动词有两个。第一个是 κρίνει,判断,现在时,单数第三人称。其宾语是 ἃ γινώσκει,他所知道的事物,关系代词 ἃ 引导的从句,由于其先行词被省略而成为宾语从句。καλῶς,好,副词,限定 κρίνει。第二个是系动词 ἐστὶν,是,现在时。表语是 ἀγαθὸς κριτής,好的判断者,κριτής,法官,判断者,名词,阳性单数主格。τούτων,这些事物,代词,中性复数属格,限定 ἐστὶν。
② 这是省略系表结构 ἐστὶν ἀγαθὸς κριτής(是好判断者)的两个句子,ἄρα(所以)示意承接上文,μὲν...δ'... 示意两句构成对照。第一句的主语是 ὁ πεπαιδευμένος,受过教育的人,名词性分词短语,阳性单数主格。据上下文,这当指在某种事情上受过教育的人。καθ' ἕκαστον,在某种事情上,介词短语,限定被省略的 ἐστὶν ἀγαθὸς κριτής。第二句的主语是 ὁ περὶ πᾶν πεπαιδευμένος,在所有事情上受过教育的人,阳性单数主格。ἁπλῶς,在总体上,副词,限定 ἐστὶν ἀγαθὸς κριτής。
③ 简单句,διὸ 示意承接上文引出结论。主语是 ὁ νέος,青年人,名词短语,阳性单数主格。系动词是 οὐκ ἔστιν,不是,单数第三人称。表语是 οἰκεῖος ἀκροατής,适合的听讲者,名词短语,阳性单数主格。ἀκροατής,听讲者,名词。οἰκεῖος,适合的,形容词,阳性单数主格,限定 ἀκροατής。τῆς πολιτικῆς,政治学的,名词,阴性单数属格,限定 οἰκεῖος ἀκροατής。
④ 从上句引出的原因从句。并列句。第一句的逻辑主语同上句,省略。系动词 ἐστὶν 省略。表语是 ἄπειρος,缺少经验,形容词,阳性单数主格。τῶν κατὰ τὸν βίον πράξεων,对于生活的实践事务,名词性短语,中性或阴性复数属格,限定 ἄπειρος。τῶν πράξεων,实践事务,名词,中性或阴性复数属格。κατὰ τὸν βίον,对于生活的,介词短语,限定 τῶν πράξεων。
第二句的主语为 οἱ λόγοι,[政治学的]那些逻各斯,名词,阳性复数主格。系动词 εἰσὶ 省略。表语为两个介词短语。ἐκ τούτων,出于这些事情;περὶ τούτων,关于这些事情。τούτων,这些事情,代词,指 τῶν κατὰ τὸν βίον πράξεων。

ματαίως ἀκούσεται καὶ ἀνωφελῶς, ἐπειδὴ τὸ τέλος ἐστὶν οὐ γνῶσις ἀλλὰ πρᾶξις.① διαφέρει δ' οὐδὲν νέος τὴν ἡλικίαν ἢ τὸ ἦθος νεαρός,② οὐ γὰρ παρὰ τὸν χρόνον ἡ ἔλλειψις, ἀλλὰ διὰ τὸ κατὰ πάθος ζῆν καὶ διώκειν ἕκαστα·③ τοῖς γὰρ τοιούτοις ἀνόνητος ἡ γνῶσις γίνεται, καθά-

着急，而且，既然[政治学的]目的不是知识而是实践，也没有帮助。[他是由于]在年纪上年轻还是[由于]在伦理习性上稚嫩，这没有什么不同，因为，他的缺点不在于[少经历了]岁月，而在于按照感受性去生活和追求每种事物ʳ；因为对于这样的人，知识变得没有帮助，就像对于不

affections, he hears rashly and uselessly, since the end [of politics] is not knowledge but practice. It makes no difference whether [he is] young in age or immature in the ethic, for the defect [is] not about age, but to live and pursue everything in accordance with affection; since for such peo-

---

① 复合句。ἔτι 示意是接续上文对另一原因的说明。主句的主谓语是 ἀκούσεται, 他(指 ὁ νέος, 青年人)听讲, 将来时中动, 单数第三人称。ματαίως, 很急切地, 副词, 限定 ἀκούσεται。ὢν τοῖς πάθεσιν ἀκολουθητικὸς, 由于跟从那些感受性的东西, 分词短语, 阳性单数主格, 表伴随情况。ὢν, 是, 分词。其表语是 τοῖς πάθεσιν ἀκολουθητικὸς, 跟从那些感受性的东西, 形容词短语。ἀκολουθητικὸς, 跟从的, 形容词, 阳性单数主格。τοῖς πάθεσιν, 那些感受性的东西, 名词短语, 中性复数与格, 限定 ἀκολουθητικὸς。πάθεσιν, 感受性的东西, 名词, 中性复数与格。在句子主干部分, καὶ ἀνωφελῶς, 而且, 也没有帮助, 副词, 与上面的 ματαίως 并列, 限定 ἀκούσεται, 相当于只保留了状语的并列句。ἀνωφελῶς 引出一个解释性的原因从句, 由副词连词 ἐπειδὴ (既然) 引入。主语是 τὸ τέλος, 目的, 指政治学的目的, 名词, 中性单数主格。系动词是 ἐστὶν, 是。表语是 οὐ γνῶσις ἀλλὰ πρᾶξις, 不是知识而是实践。γνῶσις, 知识, 名词, 阴性单数主格。πρᾶξις, 实践, 名词, 阴性单数主格。

② 简单句。由否定性动词 διαφέρει οὐδὲν (没有什么不同) 构成的无人称形式句。逻辑主语是 νέος τὴν ἡλικίαν ἢ τὸ ἦθος νεαρός, (他, 指青年人)[是由于]在年龄上年轻还是[由于]在习性上幼稚, 是一个省略形式的主语从句。νέος, 年轻的, 形容词, 阳性单数主格, 做省略的系动词的表语。τὴν ἡλικίαν, 在年龄上, 名词, 阴性单数宾格, 限定 νέος。νεαρός, 稚嫩, 不成熟, 形容词, 阳性单数主格。τὸ ἦθος, 习性, 伦理习性, 习俗, 名词, 中性单数宾格, 限定 νεαρός。

③ 从上句引出的原因从句。主语 ἡ ἔλλειψις, 他的缺点, 名词, 阴性单数主格。系动词 ἐστὶν, 是, 省略。表语是 οὐ παρὰ τὸν χρόνον, ... ἀλλὰ διὰ τὸ κατὰ πάθος ζῆν καὶ διώκειν ἕκαστα, 不在于[少经历了]岁月, 而在于按照感受性去生活和追求每种事物, 并列介词短语。οὐ παρὰ τὸν χρόνον, 不在于[少经历了]岁月。τὸν χρόνον, 岁月, 时光, 名词, 阳性单数宾格, 做介词 παρὰ 的宾语。ἀλλὰ διὰ τὸ κατὰ πάθος ζῆν καὶ διώκειν ἕκαστα, 而在于按照感受性去生活和追求每种事物。τὸ κατὰ πάθος ζῆν, 按照感受性去生活, 名词性短语, 中性单数宾格, 做介词 διὰ 的宾语。ζῆν, 去生活, 现在时不定式。κατὰ πάθος, 按照感受性, 介词短语, 限定 ζῆν。διώκειν, 去追求, 现在时不定式。ἕκαστα, 每种事物, 不定代词, 中性复数宾格, 做 διώκειν 的宾语。

περ τοῖς ἀκρατέσιν.①
τοῖς δὲ κατὰ λόγον τὰς ὀρέξεις ποιουμένοις καὶ πράττουσι πολυωφελὲς ἂν εἴη τὸ περὶ τούτων εἰδέναι.②

καὶ περὶ μὲν ἀκροατοῦ, καὶ πῶς ἀποδεκτέον, καὶ τί προτιθέμεθα, πεφροιμιάσθω τοσαῦτα.③

自制者那样。但是,对于那些使其欲求合于逻各斯并[按此而]实践的人,知道了这些就可能大有帮助ᵍ。

关于听讲者,关于必须怎样领会[所听的内容],以及我们要研究些什么,这样一些[开场白],就说到这里ʰ。

ple knowledge becomes useless, just as for the incontinent. But for those [who] have fashioned their longings with *logos* and practice accordingly, to know about these matters will be of great benefit.

Let these remarks, then, of the hearer, of [the way] how to perceive [the contents], and of what we will go on [to study], be our introduction.

---

① 从上述原因从句引出的进一步的原因从句。主语是 ἡ γνῶσις,知识,名词,阴性单数主格。系动词是 γίνεται,变得,单数第三人称。表语是 ἀνόνητος,没有帮助的,形容词,阴性单数主格。τοῖς τοιούτος,对于这样的人们,名词性短语,复数阳性与格,限定 ἀνόνητος γίνεται。κατάπερ τοῖς ἀκρατέσιν,就像对于不自制者那样,插入语。κατάπερ,就像,正如,关系副词。τοῖς ἀκρατέσιν,不自制者,名词性形容词短语,阳性复数与格。

② 简单句。开首部分为一独立属格短语,表明伴随情况,τοῖς δὲ κατὰ λόγον τὰς ὀρέξεις ποιουμένοις καὶ πράττουσι,对那些使其欲求合于逻各斯并[按此而]实践的人,阳性复数与格。κατὰ λόγον τὰς ὀρέξεις ποιουμένοις,使其欲求合于逻各斯的人。ποιουμένοις,使得……,中动分词,阳性复数与格。其宾语是 τὰς ὀρέξεις,欲求,名词,阴性复数宾格。πράττουσι,[按此而]实践,主动分词,阳性复数与格。句子的主语是 τὸ περὶ τούτων εἰδέναι,知道了这些,名词性不定式短语,中性单数主格。εἰδέναι,知道了,不定式,来自动词 οἶδα(知道)。系动词是 εἴη ἄν,可能是,祈愿语气,单数第三人称。πολυωφελές,大有帮助的,形容词,中性单数主格。

③ 命令式简单句。主谓语是 πεφροιμιάσθω(来自 φροιμιάζομαι),就说到这里,完成时,第三人称单数。其宾语是 τοσαῦτα,这样一些[开场白],关系代词,中性复数宾格。τοσαῦτα 引出三个进一步说明的成分,被放置于句首。περὶ μὲν ἀκροατοῦ,关于听者,介词短语。καὶ πῶς ἀποδεκτέον,关于应当怎样领会[所听的内容],副词性短语,方式从句的省略后保留部分。ἀποδεκτέον,必须……领会,动形词。πῶς,怎样生,副词。καὶ τί προτιθέμεθα,以及我们要研究些什么,宾语从句,前面省略了与 τοσαῦτα 平行的关系代词。προτιθέμεθα,我们研究,动词,现在时,复数第一人称。τί,什么,疑问代词,中性单数宾格,作 προτιθέμεθα 的宾语。

4

Λέγωμεν δ' ἀναλαβόντες, ἐπειδὴ πᾶσα γνῶσις καὶ προαίρεσις ἀγαθοῦ τινὸς ὀρέγεται, τί ἐστὶν οὗ λέγομεν τὴν πολιτικὴν ἐφίεσθαι καὶ τί τὸ πάντων ἀκρότατον τῶν πρακτῶν ἀγαθῶν.① ὀνόματι μὲν οὖν σχεδὸν ὑπὸ τῶν πλείστων ὁμολογεῖται·② τὴν γὰρ

我们就从[这个问题]开始谈,既然所有的知识与选择都欲求某种善,我们说政治学指向的那个东西是什么,所有实践的善之中的那个最高的善是什么。当然,它的名称几乎得到了大多数人认同;因为,多数人和那些杰出的人[a]都说[它就是]幸福[b],

Let us start by talking about this, what it is that we pronounce politics to aim at, since all knowledge and choice longs for some good, and what the highest of all the practicable goods [is]. [Its] name, surely, is almost agreed by most people; for both

---

① 简单句。主谓语是 Λέγωμεν,我们来谈谈,现在时,复数第一人称。ἀναλαβόντες(来自 ἀναλαμβάνω),从……开始,分词,不定过去时,阳性复数主格,表伴随情况。

由分词 ἀναλαβόντες 引出两个并列的疑问句。第一个句子的主语是[τὸ] οὗ λέγομεν τὴν πολιτικὴν ἐφίεσθαι,我们说政治学所指向的那个东西,名词性短语,中性单数宾格,前置词 τὸ 省略。οὗ,那个东西,代词,阳性或中性单数属格,引导一个定语从句,限定被省略的 τὸ,并在从句中作动词不定式 ἐφίεσθαι 的宾语。这个定语从句的主谓语是 λέγομεν,我们说,现在时,复数第一人称。其宾语是 τὴν πολιτικὴν,政治学,名词,阴性单数宾格。宾语补语是 ἐφίεσθαι,指向,不定式。不定式结构 οὗ ...ἐφίεσθαι 引出一个状语从句来做补充说明,由连系副词 ἐπειδὴ(既然)引导。从句的主语是 πᾶσα γνῶσις καὶ προαίρεσις,所有知识与选择,名词短语,阴性单数主格。动词是 ὀρέγεται,欲求,现在时,单数第三人称。其间接性的宾语是 ἀγαθοῦ τινὸς,某种善,名词性形容词短语,中性单数属格。

这个句子的谓语是系动词 ἐστὶν,是,单数第三人称。表语是 τί,什么,不定疑问代词,单数第三人称。

第二个句子的主语是 τὸ πάντων ἀκρότατον τῶν πρακτῶν ἀγαθῶν,所有实践的善之中的那个最高的善,名词性短语,中性单数宾格。τὸ ἀκρότατον,那个最高的善,形容词最高级,中性单数宾格。πάντων τῶν πρακτῶν ἀγαθῶν,所有实践的善的,名词短语,中性复数属格,限定 τὸ ἀκρότατον。系动词同第一句,省略。表语是 τί,什么,不定疑问代词,单数第三人称。

② 简单句。与格被施动者 + ὑπὸ(连接施动者)结构。实际主语是 ὀνόματι,名称,名词,中性单数与格。动词是 ὁμολογεῖται,得到认同,现在时中被动,单数第三人称。σχεδὸν,几乎,限定 ὁμολογεῖται。ὑπὸ τῶν πλείστων,被大多数人,介词短语,限定 ὁμολογεῖται。πλείστων,大多数人,形容词最高级,阳性复数属格。

εὐδαιμονίαν καὶ οἱ πολ-
λοὶ καὶ οἱ χαρίεντες λέ-
γουσιν, τὸ δ᾽ εὖ ζῆν καὶ
τὸ εὖ πράττειν ταὐτὸν
ὑπολαμβάνουσι τῷ εὐ-
δαιμονεῖν.①
περὶ δὲ τῆς εὐδαιμονί-
ας, τί ἐστιν, ἀμφισβη-
τοῦσι, καὶ οὐχ ὁμοίως
οἱ πολλοὶ τοῖς σοφοῖς
ἀποδιδόασιν.② οἱ μὲν
γὰρ τῶν ἐναργῶν τι καὶ
φανερῶν, οἷον ἡδονὴν ἢ
πλοῦτον ἢ τιμήν,③ ἄλ-

并且，他们都认为"过得
好"和"做得好"ᶜ，也就
是在幸福地生活ᵈ。

但是，关于那个幸福，他
们就争论它是什么，并
且，多数人以不同于那
些聪明人的方式提出意
见。因为，有些人 [争论
说它是] 某个明显的、可
见的东西，如快乐、财富
或荣誉，不同的人 [把它

the majority and people
of refinement call [it]
happiness, and they take
"to live well" and "to
do well" the same as "to
live happily".

Yet of happiness, they
dispute what it is, and the
majority renders not in
the same way as the wise.
For, some [take it to be]
something obvious and
visible, such as pleasure
or wealth or honor, differ-

---

① 并列句。第一句的主语是 οἱ πολλοὶ καὶ οἱ χαρίεντες，多数人和那些杰出的人，名词性短语，阳性复数主格。动词是 λέγουσιν，说，现在时，复数第三人称。其直接宾语是被省略掉的 τὸ ἀκρότατον（那个最高的善），其间接性宾语是宾格 τὴν εὐδαιμονίαν，幸福，名词，阴性单数宾格。

第二句的主语同第一句。动词是 ὑπολαμβάνουσι，他们认为，现在时，复数第三人称。其宾语是 τὸ εὖ ζῆν καὶ τὸ εὖ πράττειν，过得好和做得好，名词性短语。τὸ εὖ ζῆν，过得好，冠词 + 不定式名词性短语，中性单数宾格，ζῆν，过，生活，不定式。εὖ，好，副词，限定 ζῆν。τὸ εὖ πράττειν，做得好，结构同于 τὸ εὖ ζῆν。ταὐτὸν，相同的，此处做副词用。其间接性宾语或宾语补足语是 τῷ εὐδαιμονεῖν，在幸福地生活，冠词 + 不定式名词性短语，中性单数与格。εὐδαιμονεῖν，幸福地生活，不定式，由 εὖ（好）和 δαιμονεῖν（像神那样地生活，以神性的[神赐的]东西生活）合成，原本的意义是"很好地以神赐的东西生活"。

② 并列句。第一句的主谓语是 ἀμφισβητοῦσι，他们争论，现在时，复数第三人称。其宾语是一个从句，τί ἐστιν，它是个什么。περὶ δὲ τῆς εὐδαιμονίας，关于那个幸福，介词短语，限定 ἀμφισβητοῦσι。

第二句的主语是 οἱ πολλοί，多数人，阳性复数主格。动词 ἀποδιδόασιν，提出意见，现在时，复数第三人称。οὐχ ὁμοίως τοῖς σοφοῖς，以不同于那些聪明人的方式，副词短语，限定 ἀποδιδόασιν。τοῖς σοφοῖς，那些聪明人，名词，复数阳性与格，限定 οὐχ ὁμοίως（以不同于……的方式）。

③ 从上述第二句引出的原因从句。这里 οἱ μὲν... 与后面的 ἔνιοι δ᾽... 构成对比结构。这里是这个原因从句开始的部分。主语是 οἱ，有些人，冠词，指代多数人，阳性复数主格。动词 ἀμφισβητοῦσι（争论说）和宾语（τῆς εὐδαιμονίας，那个幸福）省略。宾语补足语是 τῶν ἐναργῶν τι καὶ φανερῶν，某个明显的、可见的东西，名词性不定代词短语，中性单数宾格。τι，某个东西；ἐναργῶν，明显的，形容词，中性复数属格；φανερῶν，可见的，形容词，中性复数属格，限定 τι。οἷον ἡδονὴν ἢ πλοῦτον ἢ τιμήν，如快乐、财富和荣誉，插入语，作为示例。

λοι δ' ἄλλο— πολλάκις δὲ καὶ ὁ αὐτὸς ἕτερον·① νοσήσας μὲν γὰρ ὑγίειαν, πενόμενος δὲ πλοῦτον.② συνειδότες δ' ἑαυτοῖς ἄγνοιαν τοὺς μέγα τι καὶ ὑπὲρ αὑτοὺς λέγοντας θαυμάζουσιν·③ ἔνιοι δ' ᾤοντο παρὰ τὰ πολλὰ ταῦτα ἀγαθὰ ἄλλο τι καθ' αὑτὸ εἶναι, ὃ καὶ τούτοις πᾶσιν αἴτιόν ἐστι τοῦ εἶναι

看作]不同的东西——[甚至]同一个人也[把它说成]另一不同的东西:在生病时[说它是]健康,在穷困时[说它是]财富。在意识到自己的无知时,他们又惊异于那些提出某种宏大的、远远高出他们自身的事物的人;而另一些人则提出,在这多种善事物之外,还存在另一种作为自身的善,它是

ent people [take it to be] a different thing — very often the same man [takes it to be] the other thing; for when he is sick, the health, when in hardworking, the wealth. Realizing their own ignorance, they marvel at [those who are] announcing something great and beyond themselves; yet some others were supposing some other good,

① 对上述对多数人表达意见的方式的进一步说明。并列短语。第一个短语是 ἄλλοι δ' ἄλλο,不同的人[把它当做]不同的东西,代词短语,可看作一个省略的比较句的保留部分。主语是 ἄλλοι,不同的人,代词,阳性复数主格。省略的宾语的补语是 ἄλλο,不同的,代词,中性单数宾格。
第二个短语是 πολλάκις δὲ καὶ ὁ αὐτὸς ἕτερον,同一个人也常常[把它说成]另一个不同的东西,说明同上述。主语是 ὁ αὐτός,同一个人,阳性单数主格。省略的宾语的补语是 ἕτερον,另一个不同的东西,中性单数宾格。πολλάκις,经常,副词,限定省略的动词。

② 对上述第二个短语的原因的进一步解释。并列短语结构,两个部分呈 μὲν... δὲ... 对比结构。第一个部分是 νοσήσας μὲν ὑγίειαν,在生病时[说它是]健康。第二个短语是 πενόμενος δὲ πλοῦτον,在穷困时[说它是]财富,语法解释同上述两个短语。νοσήσας,生病,中动分词,阳性单数主格。ὑγίειαν,健康,名词,阴性单数宾格。πενόμενος,穷困,中动分词,阳性单数主格。πλοῦτον,财富,名词,阳性单数宾格。

③ 简单句。开首部分是一个完成时分词短语,表伴随情况,συνειδότες δ' ἑαυτοῖς ἄγνοιαν,在意识到自己的无知时,阳性复数主格。συνειδότες(来自 συνείδω),意识到,分词。其宾语是 ἄγνοιαν,无知,名词,阴性宾格。ἑαυτοῖς,自己的,代词,阳性复数与格,限定 ἄγνοιαν。
句子的主谓语是 θαυμάζουσιν(来自 θαυμάζω),他们对……感到惊异,现在时,复数第三人称。其宾语是 τοὺς μέγα τι καὶ ὑπὲρ αὑτοὺς λέγοντας,那些提出某种宏大的、远远高出他们自身的事物的人,名词性短语,阳性复数宾格。τοὺς λέγοντας,那些提出……的人,冠词+分词名词性短语,阳性复数宾格。λέγοντας,提出……的,现在时主动态分词。其宾语是 μέγα τι καὶ ὑπὲρ αὑτούς,某种宏大的、远高出他们自身的事物,名词性不定代词短语,中性单数宾格。μέγα,宏大的,形容词,中性单数宾格;ὑπὲρ αὑτούς,远高出他们(指那些意识到自己的无知的人)自身的,介词短语,限定不定代词 τι。

ἀγαθά.①	这些事物是善的原因ᵉ。	beyond these many goods, to exist by itself, which is the cause for all these goods to be good.
ἁπάσας μὲν οὖν ἐξετάζειν τὰς δόξας ματαιότερον ἴσως ἐστίν, ἱκανὸν δὲ τὰς μάλιστα ἐπιπολαζούσας ἢ δοκούσας ἔχειν τινὰ λόγον.②	所以，去考察所有这些意见似乎没有帮助，[考察]那些最流行的、看上去有某种逻各斯的意见就足够了。	Hence it is perhaps no help to investigate [all] these opinions, rather, it is sufficient [to do with] the most prevalent or those which seem to have some *logos*.
Μὴ λανθανέτω δ' ἡμᾶς	但我们也不要忽略，	But let us not overlook that

---

① 复合句。ἔνιοι δ' 示意与前面（第 20 页注③）的 οἱ μὲν... 构成对照。主句的主语是 ἔνιοι，另一些人，代词，阳性复数主格。动词是 ᾤοντο（来自 οἴομαι），提出，不定过去时中动语态，复数第三人称。其宾语是 ἄλλο τι，另一种[善]，中性单数宾格。宾语补语是 εἶναι καθ' αὑτό，作为自身而存在，不定式短语。καθ' αὑτό，作为自身，介词短语，限定不定式 εἶναι。παρὰ τὰ πολλὰ ταῦτα ἀγαθὰ，在这多种善事物之外，介词短语，限定句子的动宾结构 ᾤοντο ἄλλο τι。

从 ἄλλο τι 引出一个非限定性关系从句，ὃ καὶ τούτοις πᾶσιν αἴτιόν ἐστι τοῦ εἶναι ἀγαθά，它是这些事物是善的原因。从句的主语是 ὃ（指 ἄλλο τι），中性单数主格。系动词是 ἐστι，是，单数第三人称。表语是 αἴτιον 原因，名词，中性单数主格。τούτοις πᾶσιν τοῦ εἶναι ἀγαθά，所有这些事物是善的，与格 + 属格不定式结构，限定 αἴτιόν ἐστι（是……原因）。τούτοις πᾶσιν，所有这些事物，名词性短语，阴性复数与格。τοῦ εἶναι ἀγαθά [它们]是善的，名词性属格不定式短语，限定 τούτοις πᾶσιν。τοῦ，它们，冠词，指 τούτοις πᾶσιν，在短语中做 εἶναι ἀγαθά 的实际主语。

② 并列句。οὖν 示意是承接上文引出结论。μὲν...δὲ... 示意两句首句构成对比结构。第一句的主语是 ἁπάσας ἐξετάζειν τὰς δόξας，去考察所有这些意见，不定式短语。ἐξετάζειν（来自 ἐξετάζω），考察，不定式。其宾语是 ἁπάσας τὰς δόξας，名词短语，阴性复数宾格。系动词是 ἐστίν，是，单数第三人称。表语是 ματαιότερον，更加没有帮助的，形容词比较级，中性单数主格。ἴσως，似乎，副词，限定 ἐστίν。

第二句的主语是省略了 ἐξετάζειν 的不定式短语，τὰς μάλιστα ἐπιπολαζούσας ἢ δοκούσας ἔχειν τινὰ λόγον，那些最流行的、看上去多少有些逻各斯的意见，做被省略的不定式 ἐξετάζειν 的宾语。τὰς，那些，冠词，统领整个短语，使它获得名词属性。μάλιστα ἐπιπολαζούσας，最流行的，分词短语，阴性复数宾格；δοκούσας ἔχειν τινὰ λόγον，看上去多少有些逻各斯的，分词短语，共同限定冠词 τὰς。ἐπιπολαζούσας（来自 ἐπιπολαζω），流行的，分词，阴性复数宾格。μάλιστα，最，副词，限定 ἐπιπολαζούσας。δοκούσας（来自 δοκέω），看上去，分词，阴性复数宾格。它引出一个不定式短语，ἔχειν τινὰ λόγον，有某种逻各斯的，作为补足语。τινὰ λόγον，某种逻各斯，名词性短语，阳性单数宾格，做不定式 ἔχειν 的宾语。句子的系动词省略。表语是 ἱκανὸν，足够的，形容词，中性单数主格。

ὅτι διαφέρουσιν οἱ ἀπὸ τῶν ἀρχῶν λόγοι καὶ οἱ ἐπὶ τὰς ἀρχάς.①	本原ᶠ出发的讨论与朝向本原的讨论是彼此不同的。	discourses from the first principles and those up to them differs each other.
εὖ γὰρ καὶ Πλάτων ἠπόρει τοῦτο, καὶ ἐζήτει πότερον ἀπὸ τῶν ἀρχῶν ἢ ἐπὶ τὰς ἀρχάς ἐστιν ἡ ὁδός, ὥσπερ ἐν τῷ σταδίῳ ἀπὸ τῶν ἀθλοθετῶν ἐπὶ τὸ πέρας ἢ ἀνάπαλιν.②	因为，柏拉图正确地提出了这一点，并且问，道路是从本原出发的，还是朝向本原的，就像在跑道上，是从裁判员那里到终点，还是相反的ᵍ。	For, Plato finely raises this point, and asks if the road is from the first principles or toward them, just as in the race-course from the judges to the end or the reverse.
ἀρκτέον μὲν οὖν ἀπὸ τῶν γνωρίμων.③ ταῦτα	所以，我们必须从已知的东西出发。但已知的	Therefore, we must start from the known. But the

---

① 复合句。主句呈第三人称单数命令式，λανθανέτω（λανθάνω），让……不被不注意。ἡμᾶς，我们，代词，复数第一人称宾格，在这里是此命令句的逻辑主语。λανθανέτω 的宾语是 ὅτι 引导的从句。从句的主语是两个并列短语。一个是 οἱ ἀπὸ τῶν ἀρχῶν λόγοι，从本原出发的讨论，名词性短语，阳性复数主格。οἱ λόγοι，此处，讨论，名词，阳性复数主格。ἀπὸ τῶν ἀρχῶν，从本原出发的，介词短语，限定 οἱ λόγοι。τῶν ἀρχῶν，本原，名词，阴性复数属格，做介词 ἀπὸ 的间接性宾语。第二个是 οἱ ἐπὶ τὰς ἀρχάς，朝向本原的［讨论］，冠词+介词短语名词性短语，阳性复数主格。ἐπὶ τὰς ἀρχάς，朝向本原的，介词短语，限定 οἱ [λόγοι]。τὰς ἀρχάς，本原，名词，阴性复数宾格，做介词 ἐπὶ 的宾语。从句的动词是 διαφέρουσιν（διαφέρω），彼此不同的，现在时，复数第三人称。

② 从上句引出的原因从句。连动结构简单句。主语是 Πλάτων，柏拉图。动词有两个。第一个是 ἠπόρει（来自 ἀπορέω），提出（质疑），未完成时，单数第三人称。其宾语为 τοῦτο，这一点，代词，中性单数宾格。εὖ，很好地，副词，限定 ἠπόρει。

第二个动词是 ἐζήτει（来自 ζητέω），问，探究，未完成时，单数第三人称。ἐζήτει 引出一个宾语从句。或许为表达的方便，亚里士多德使这个句子直接呈现为主语形式的名词从句。从句的主语是 ἡ ὁδός，道路，名词，阴性单数主格。系动词是 ἐστιν，是，现在时，单数第三人称。表语呈现为 πότερον...ἢ...（是……还是……）形式的两个并列介词短语。第一个部分是 ἀπὸ τῶν ἀρχῶν，从本原出发；第二个部分是 ἐπὶ τὰς ἀρχάς，朝向本原，介词短语。两个介词短语的语法构成同于上句中的相同部分。

接续的部分是一个从由关系副词 ὥσπερ（就像）引入的与上述并列介词短语表语结构相同的比较的并列介词短语。第一个部分是 ἀπὸ τῶν ἀθλοθετῶν ἐπὶ τὸ πέρας，从裁判员那里到终点。ἀπὸ τῶν ἀθλοθετῶν，从裁判员那里。ἐπὶ τὸ πέρας，到终点。ἀθλοθετῶν，裁判员，名词，阳性复数属格。τὸ πέρας，终点，名词，中性单数宾格。第二个部分仅保留一个副词，ἀνάπαλιν，相反，即从另一端跑向裁判员。ἐν τῷ σταδίῳ，在赛跑时，介词短语，限定整个短语。σταδίῳ，跑道，名词，中性单数与格。

③ 简单句。οὖν（所以）示意此处在承接上文引出结论。由动形词引导的无人称句。

δὲ διττῶς, τὰ μὲν γὰρ ἡμῖν τὰ δ᾽ ἁπλῶς.① ἴσως οὖν ἡμῖν γε ἀρκτέον ἀπὸ τῶν ἡμῖν γνωρίμων.② διὸ δεῖ τοῖς ἔθεσιν ἦχθαι καλῶς τὸν
5 περὶ καλῶν καὶ δικαίων καὶ ὅλως τῶν πολιτικῶν ἀκουσόμενον ἱκανῶς.③

东西[是]在两种意义上的,因为有些[是]对我们而言的,有些[是]一般而言的;因此,我们也许必须从对我们而言是已知的东西出发。所以,要充分聆听有关高尚的和正义的事情以及总体地说[有关]政治的事情,一个人就必须先通过习惯获得高尚的

known [goes] two ways, for some [the known] for us, some simply; thus we should, perhaps, begin from the known for us. Therefore, to fully hear the noble and just [things] and, in general, the political affairs, one got to have had a noble upbringing with his habits.

ἀρκτέον,必须……出发,此处亦可译为,我们必须……出发。ἀπὸ τῶν γνωρίμων,从已知的东西,介词短语,限定 ἀρκτέον。τῶν γνωρίμων,已知的东西,名词性短语,做介词 ἀπὸ 的间接性宾语。γνωρίμων,已知的,形容词,中性复数属格。

① 省略复合句。主句的主语是 ταῦτα,它们,代词,指 τῶν γνωρίμων,中性复数主格。系表结构(是已知的)被省略。表语部分只保留有副词 διττῶς,在两种意义上的。διττῶς 引出一个 τὰ μὲν…τὰ δ᾽… 的对比结构的方式从句,从句的系动词与表语也被省略。第一个部分是 τὰ μὲν γὰρ ἡμῖν,有些[是]对我们而言的。τὰ μὲν,有些,名词性短语,中性复数主格,这是保留的主语部分。ἡμῖν,我们,代词,复数第一人称与格,限定被省略的系表结构。第二个部分是 τὰ δ᾽ ἁπλῶς,有些[是]一般而言的。τὰ δ᾽,有些,与 τὰ μὲν 相对比,保留的主语。ἁπλῶς,一般而言的,副词,限定被省略的系表结构。

② 简单句。οὖν(所以)示意此处在基于上述区分引出结论。仍然是由动形词 ἀρκτέον 引导的无人称句。ἀρκτέον,必须……出发,此处亦可译为,我们必须……出发。ἴσως,也许,副词,限定 ἀρκτέον。ἀπὸ τῶν ἡμῖν γνωρίμων 从对我们而言是已知的东西,介词短语,做 ἀρκτέον 的补足语。τῶν ἡμῖν γνωρίμοις,对我们而言已知的东西,名词性短语,做介词 ἀπὸ 的间接性宾语。ἡμῖν,我们,复数与格,对我们而言,限定 τῶν γνωρίμων,已知的东西。句首处的 ἡμῖν γε,对于我们,表达一种强调。ἡμῖν,我们,复数与格。γε,语气小品词,此处无实义。

③ 简单句。διὸ 示意在基于上述区分引出结论。动词 δεῖ(来自 δέω)无人称句。δεῖ,必须,无人称动词,现在时,单数第三人称。δεῖ 常见引出不定式宾语。在此,它引出的宾语不定式短语是 τοῖς ἔθεσιν ἦχθαι καλῶς,通过习惯高尚地获得了教养。ἦχθαι καλῶς,高尚地获得了教养。ἦχθαι (来自 ἄγω),获得了教养,不定过去时被动不定式。τοῖς ἔθεσιν,习惯,名词性短语,中性复数与格,限定 ἦχθαι καλῶς。ἔθεσιν (来自 ἔθω),分词,复数与格。

这个宾语不定式短语的逻辑主语是一个很长的宾格名词性短语,τὸν περὶ καλῶν καὶ δικαίων καὶ ὅλως τῶν πολιτικῶν ἀκουσόμενον ἱκανῶς,这个要充分聆听有关高尚的与正义的事情以及总的说[有关]政治的事务的人,名词性短语,阳性单数宾格。这个短语亦可解释为不定式短语的状语,即对这样一个人来说。τὸν,这个,冠词,阳性单数宾格,统领整个短语。ἀκουσόμενον ἱκανῶς,要充分聆听的,分词短语,将来时中动,阳性单数宾格。ἱκανῶς,充分地,副词,限定 ἀκουσόμενον。ἀκουσόμενον ἱκανῶς 引出两个介词短语补足语。第一个是 περὶ καλῶν καὶ δικαίων,有关高尚的与正义的事情。第二个是 ὅλως [περὶ] τῶν πολιτικῶν,总的说[有关]政治的事务。

I.4　　　　　　　　　　　　　　　25

ἀρχὴ γὰρ τὸ ὅτι·① καὶ 教养。
εἰ τοῦτο φαίνοιτο ἀρ- 因为，事实ʰ[就是]一个 For, a known fact [is] a
κούντως, οὐδὲν προσ- 本原；如果事实足够明 first principle; and if it
δεήσει τοῦ διότι.② ὁ δὲ 白，就不需再去问它从 appears clear enough,
τοιοῦτος ἢ ἔχει ἢ λάβοι 何而来。而且，这样一 nothing will be asked
ἂν ἀρχὰς ῥᾳδίως.③ ᾧ 个人要么获有，要么很 about the wherefore.
δὲ μηδέτερον ὑπάρχει 容易领会这些[本原]。 And such a man has or
τούτων, ἀκουσάτω τῶν 而对这两条哪一条都不 can easily acquire these
Ἡσιόδου·④ 占的人，让他去听听赫 [first principles]. But
　　　　　　　　　　 西俄德ⁱ的[话]吧: for him who has started
　　　　　　　　　　　　　　　　　　　　 with neither of these, let
　　　　　　　　　　　　　　　　　　　　 him listen to [the words]
　　　　　　　　　　　　　　　　　　　　 of Hesiod:

οὗτος μὲν πανάριστος 自己能思考所有事情 Supreme [is] the man
ὃς αὐτὸς πάντα νο- 的人最优等， who thinks [well]

---

　① 从上句引出的原因从句。主语是 τὸ ὅτι，这个那件事情，事实，名词性短语，中性单数主格。ὅτι，那件事情，ὅτι 是一个省略了内容的主语从句的关系代词引导词，此处的意义相当于，那件事情是怎样的。系动词省略。表语是 ἀρχή，[一个]本原，名词，阴性单数主格。

　② 复合句。条件从句的主语为 τοῦτο，这，代词，中性单数主格。动词 φαίνοιτο（来自 φαίνω），显得，祈愿语气中动，单数第三人称。ἀρκούντως，足够明白，副词，限定 φαίνοιτο。主句的主谓语是 οὐδὲν προσδεήσει（来自 προσδέομαι），[一个人]就不需再去问，将来时，单数第三人称。προσδεήσει 支配一个属格短语 τοῦ διότι，它(指那个事实)从何而来，冠词+连词名词性短语，中性单数属格。διότι，从何而来，因何原因，连词，是被省略了句子基本结构的宾语从句的疑问副词，限定冠词 τοῦ。

　③ 简单句。主语是 ὁ τοιοῦτος，这样一个人，阳性单数主格。动词有两个，呈 ἤ…ἤ…（要么……要么……）选择并列结构。第一个是 ἔχει，获有，现在时，单数第三人称。第二个是 λάβοι ῥᾳδίως，很容易领会，祈愿语气不定过去时，单数第三人称。λάβοι，抓住，此处适合说，领会。ῥᾳδίως，很容易地，副词，限定 λάβοι。两个动词的宾语都是 ἀρχάς，本原，名词，阴性复数宾格。

　④ 简单句。命令式，呈命令式动词+与格形式间接性宾语+加直接宾语结构。命令式动词是 ἀκουσάτω，让……去听……，现在时，单数第三人称。其与格形式的间接性宾语是一个从句，ᾧ δὲ μηδέτερον ὑπάρχει τούτων，那种对这两条哪一条都不占的人，名词性短语，阳性单数与格。ᾧ，那种人，关系代词，阳性单数与格，引导宾语从句，并从句中做逻辑主语。从句的动词是 ὑπάρχει，开始，开始获有，现在时，单数第三人称。其宾语是 μηδέτερον τούτων，对这两条哪一条都不占的，否定性不定代词短语，中性单数宾格。μηδέτερον，两者皆不，否定性代词。τούτων，对于这两条，指上文中 ἢ ἔχει ἢ λάβοι（要么获有……要么领会……）。命令式动词 ἀκουσάτω 的直接宾语是一个省略了前置冠词 τὰ 的短语，τῶν Ἡσιόδου，赫西俄德的话，属格短语，限定被省略的 τὰ。

10 ἤσῃ,① ἐσθλὸς δ᾽ αὖ κἀκεῖ-νος ὃς εὖ εἰπόντι πίθηται·② ὃς δέ κε μήτ᾽ αὐτὸς νοέῃ μήτ᾽ ἄλλου ἀκούων ἐν θυμῷ βάλληται, ὁ δ᾽ αὖτ᾽ ἀχρήϊος ἀνήρ.③	肯听人劝的人也还好； 那种自己什么都不能思考又不真心去听从别人的人[最]没用ʲ。	everything himself, Still sound [is] he who [listens to] advices; He who thinks [well] nothing himself while listens noth-ing to another, [is] an useless man.

① 赫西俄德的诗句部分。这里是第一句。主语是 οὗτος, 那个人, 指示代词, 阳性单数主格。系动词省略。表语是 πανάριστος, 最优等, 形容词最高级, 阳性单数主格。关系代词 ὅς (指这个人) 引导一个关系从句, 限定 οὗτος。从句的主语是 ὅς, 他, 阳性单数主格。αὐτός, 自己, 反身代词, 强调 ὅς。动词是 νοήσῃ, 思考[得清楚], 虚拟语气不定过去时主动式, 单数第三人称。其宾语是 πάντα, 一切, 所有事情, 形容词, 中性复数宾格。

② 这里是第二句。主语是 κἀκεῖνος (καὶ+ἐκεῖνος), 那个人, 代词, 阳性单数主格。系动词省略。表语是 ἐσθλὸς δ᾽ αὖ, 也还行, 形容词短语, 阳性单数主格。ἐσθλὸς, 行的, 不错的, 形容词。αὖ, 还, 副词, 限定 ἐσθλὸς。关系代词 ὅς (指代那个人) 引导一个关系从句, 限定 κἀκεῖνος。从句的主语是 ὅς, 阳性单数主格。动词是 πίθηται (来自 πείθω), 听从, 虚拟语气不定过去时, 中被动语态, 单数第三人称。其间接性宾语是 εἰπόντι, 劝者, 分词, 阳性单数与格。εὖ, 副词, 限定 πίθηται。

③ 这里是第三句。复合句。关系从句由关系代词 ὅς 引导。主语是 ὅς, 那个人, 阳性单数主格。动词结构有两个。一个是 μήτ᾽ αὐτὸς νοέῃ, 自己什么也想不[清楚]。νοέῃ, 想, 思考, 动词, 现在时虚拟语气, 单数第三人称。αὐτός, 自己, 反身代词, 起强调作用。第二个是 κε μήτ᾽ ἄλλου ἀκούων ἐν θυμῷ βάλληται, 又不能真心地去倾听别人。βάλληται, 投入, 此处的意思去……, 动词, 现在时虚拟语气中被动, 单数第三人称。其宾语是 ἄλλου ἀκούων, 倾听别人, 分词, 阳性单数主格。ἐν θυμῷ, 真心地, 介词短语, 限定 βάλληται。

主句的主语 ὁ δ᾽ αὖτ᾽, 这个人, 代词短语, 指关系从句所说明的这样的人, 阳性单数主格。系动词省略。表语是 ἀχρήϊος ἀνήρ, 没用的人。ἀχρήϊος, 没用的, 形容词, 阳性单数主格单数。ἀνήρ, 人, 名词, 阳性单数主格。

5

Ἡμεῖς δὲ λέγωμεν ὅθεν παρεξέβημεν.① τὸ γὰρ ἀγαθὸν καὶ τὴν εὐδαιμονίαν οὐκ ἀλόγως ἐοίκασιν ἐκ τῶν βίων ὑπολαμβάνειν οἱ μὲν πολλοὶ καὶ φορτικώτατοι τὴν ἡδονήν.② διὸ καὶ τὸν βίον ἀγαπῶσι τὸν ἀπολαυστικόν③— τρεῖς γάρ εἰσι μάλιστα οἱ προὔχοντες, ὅ τε νῦν εἰρημένος καὶ ὁ πολιτικὸς καὶ τρίτος ὁ θεωρητικός.④

我们从前面岔开的地方ᵃ[接着]说。因为，多数人和最平庸的人根据他们的生活，也不无逻各斯地，把快乐就看作善和幸福；所以他们喜欢过享乐的生活——因为，有三种最显著的[生活]：刚刚提到的那种生活、政治的生活和第三种，沉思的生活。

We start from where we digressed. For, the majority and the vulgarest seem to take pleasure the goodness and happiness according to their lives, not without any *logos*; therefore, they like the life of enjoyment—for the most prominent [lives] are three: the just mentioned one, the political, and the third, the contemplative life.

---

① 复合句。主句的主语是 Ἡμεῖς，我们，人称代词，复数第一人称主格。动词是 λέγωμεν，说，虚拟语气，复数第一人称。ὅθεν，从那个地方，关系副词，引导关系从句，并在从句中做状语。从句的主谓语是 παρεξέβημεν（来自 παρεκβαίνω），我们岔开了的，不定过去时，复数第一人称。

② 从上句引出的原因从句。主语是 οἱ μὲν πολλοὶ καὶ φορτικώτατοι，多数人和最平庸的人，名词性短语，阳性复数主格。φορτικώτατοι，最平庸的，形容词最高级，阳性复数主格。动词是 ἐοίκασιν，看来，现在时，复数第三人称。其宾语是 ὑπολαμβάνειν，把……看作……，不定式。οὐκ ἀλόγως，不无逻各斯[道理]地，否定性副词短语，限定 ὑπολαμβάνειν。ἐκ τῶν βίων，出于，此处，根据他们的生活，介词短语，也限定 ὑπολαμβάνειν。不定式 ὑπολαμβάνειν 的直接宾语是 τὸ ἀγαθὸν καὶ τὴν εὐδαιμονίαν，那个善和那个幸福，名词短语。τὸ ἀγαθόν，那个善，名词，中性单数宾格。τὴν εὐδαιμονίαν，那个幸福，名词，阴性单数宾格。其间接宾语或宾语补语是 τὴν ἡδονήν，快乐，名词，阴性单数宾格。

③ 上句的延伸部分。διὸ 引出另一点观察。主语同上句。动词是 ἀγαπῶσι（ἀγαπάω），喜欢，虚拟语气，复数第三人称。其宾语是 τὸν βίον τὸν ἀπολαυστικόν，享乐的生活，名词性短语，阳性单数宾格。τὸν βίον，生活，名词，阳性单数宾格。τὸν ἀπολαυστικόν，那种享乐的，名词性形容词短语，阳性单数宾格，限定 τὸν βίον。

④ 从上述原因从句引出的进一步的原因从句。主语是 οἱ προὔχοντες，主要的[生活]，名词性分词短语，阳性复数主格。προὔχοντες，分词（来自 προέχω），放在前面，突出，动词，阳性复数主格。系动词是 εἰσι，是，复数第三人称。表语是 τρεῖς，三种，三个，数词，阳性复数主格。μάλιστα，

οἱ μὲν οὖν πολλοὶ παντελῶς ἀνδραποδώδεις φαίνονται βοσκημάτων βίον προαιρούμενοι,① τυγχάνουσι δὲ λόγου διὰ τὸ πολλοὺς τῶν ἐν ταῖς ἐξουσίαις ὁμοιοπαθεῖν Σαρδαναπάλλῳ.② οἱ δὲ χαρίεντες καὶ πρακτικοὶ τιμήν·③ τοῦ γὰρ πολιτικοῦ βίου σχεδὸν	所以,多数人显然完全是奴性的,他们选择过动物式的生活,但他们也抓住了一点道理,因为在那些有权力的人们之中,许多人也有和撒旦那帕罗一样的口味[b]。那些杰出的、积极实践的人则[选择]荣誉[c];因为这个差不多[就是]政	Therefore, the majority seems totally slavish, choosing a life of beasts, yet they grasp some ground, since among those in high positions many share the same taste with Sardanapallus. Men of refinement and practice, however, [choose] honor; for this

---

最,此处相当于,最明显的是,副词。τρεῖς 引出一个分述的同位语结构,ὅ τε νῦν εἰρημένος καὶ ὁ πολιτικὸς καὶ τρίτος ὁ θεωρητικός,刚刚提到的那种生活、政治的生活,和第三种,沉思的生活。ὅ τε νῦν εἰρημένος,刚刚提到的那种生活,名词性分词短语。ὅ,那种[生活],关系代词,中性单数主格,引导短语。εἰρημένος(来自 εἴρω),提到,说,中被动分词,阳性单数主格。ὁ πολιτικὸς,那种政治的[生活],名词性短语,阳性单数主格。τρίτος,第三种,序数词,阳性单数主格。ὁ θεωρητικός,那种沉思的,名词性形容词短语,阳性单数主格。

① 连动结构简单句。οἱ μὲν… 与后面的 οἱ δὲ… 构成对比结构。主语是 οἱ πολλοὶ,多数人,阳性复数主格。第一个动词是系动词 φαίνονται(来自 φαίνω),显得是,现在时中动,复数第三人称复数。表语是 ἀνδραποδώδεις(ἀνδραποδώδης),奴性的,形容词,阳性复数主格。παντελῶς,完全地,副词,限定系表结构。βοσκημάτων βίον προαιρούμενοι,选择过动物式的生活,分词短语,表伴随情况。προαιρούμενοι(来自 προαιρέω),选择,分词,阳性复数主格。其宾语是 βοσκημάτων βίον,动物式的生活,名词短语,阳性单数宾格。βοσκημάτων,动物,名词,中性复数属格,限定 βίον(生活)。

② 句子的第二个动词是 τυγχάνουσι(τυγχάνω),碰到,抓住一点,现在时,复数第三人称。其间接性宾语是 λόγου,此处,理由,道理,名词,阳性单数属格。介词 διὰ 引导一个表示原因的介词短语补语,限定 τυγχάνουσι λόγου。τὸ πολλοὺς τῶν ἐν ταῖς ἐξουσίαις ὁμοιοπαθεῖν Σαρδαναπάλλῳ,上层人士中间也有许多人有撒旦那帕罗那样的口味,冠词+分词短语结构的名词性分词短语,中性单数宾格,作介词 διὰ 的宾语。ὁμοιοπαθεῖν(来自 ὁμοιοπαθέω),有和……一样的口味,不定式。其逻辑主语是 πολλούς,许多人,阳性复数宾格。τῶν ἐν ταῖς ἐξουσίαις,那些有权力的人们,冠词+介词短语结构名词性短语,阳性复数属格,限定 πολλούς。ἐν ταῖς ἐξουσίαις,有权力的,介词短语,限定 τῶν(那些人)。ἐξουσίαις,权力,名词,阴性复数与格。不定式 ὁμοιοπαθεῖν 的间接性宾语是 Σαρδαναπάλλῳ,与撒旦那帕罗一样的,人名,阳性单数与格。

③ 与上面的 οἱ μὲν… 句构成对照的句子。省略复合句。主句保留了两个部分,呈现为分词短语形式。一个是主语 οἱ χαρίεντες καὶ πρακτικοί,杰出的、积极行动的人,与前面的多数人对照,名词性短语,阳性复数主格。另一个是 τιμήν,荣誉,名词,阴性单数宾格,与前面 βοσκημάτων βίον(动物式的生活)对照,做被省略的分词 προαιροῦσι(选择)的宾语。

τοῦτο τέλος.①	治的生活的目的。	[is] almost the end of political life.
φαίνεται δ' ἐπιπολαι-ότερον εἶναι τοῦ ζη-τουμένου·② δοκεῖ γὰρ ἐν τοῖς τιμῶσι μᾶλλον εἶναι ἢ ἐν τῷ τιμωμένῳ, τἀγαθὸν δὲ οἰκεῖόν τι καὶ δυσαφαίρετον εἶναι μαντευόμεθα.③ ἔτι δ' ἐοίκασι τὴν τιμὴν διώ-κειν ἵνα πιστεύσωσιν ἑαυτοὺς ἀγαθοὺς εἶ-ναι·④ ζητοῦσι γοῦν ὑπὸ	然而，作为我们所寻求的东西，[荣誉]显得太肤浅；因为它似乎在于给予者而不是在于接受者，而我们把那个善预示为某种属于一个人自己的、不易被[从他那里]拿走的东西。此外，他们似乎是为确证他们自己是好人而追求荣誉；至少是，他们寻求被明智的人，且当着那	But [honor] seems to be too superficial to be what we are seeking; for it seems to depend more on the givers than on the rev-eiver, whereas the good we divine to be something of one's own and not easily taken [from him]. Moreover, they seem to chase the honor in order that they could assure

25

---

① 原因从句由 γὰρ 引入，结构完整。主语是 τοῦτο，这个，指荣誉，中性单数主格。系动词 ἐστὶν 省略。表语是 τέλος，目的，名词，中性单数主格。τοῦ πολιτικοῦ βίου，政治的生活，名词短语，阳性单性属格，限定 τέλος。σχεδόν，差不多，几乎，副词，限定系动词 ἐστιν。

② 简单句。主语为 ἡ τιμή，荣誉，名词，阴性单数宾格。动词是 φαίνεται，显得，现在时中动，单数第三人称。表语是 εἶναι（是……）引导的不定式短语。εἶναι 的表语是 ἐπιπολαιότερον，太肤浅的，更加肤浅的，形容词比较级，中性单数主格。τοῦ ζητουμένου，我们所寻求的东西，名词性分词短语，中性单数属格，作为被比较的对象。

③ 原因从句。复合句。第一句的主谓语是 δοκεῖ，它（指 ἡ τιμή）似乎，现在时，单数第三人称。其表语是动 εἶναι（是……）不定式短语。εἶναι 的表语是介词短语 ἐν τοῖς τιμῶσι μᾶλλον ἢ ἐν τῷ τιμωμένῳ，在于给予者而不是在于接受者，副词短语 μᾶλλον...ἢ...（在于……而不是在于……）比较结构。μᾶλλον，更加，ἢ引导被比较对象。τιμῶσι 是动词 τιμάω（尊敬）的主动阳性复数与格分词，意义是表达尊敬的人，给出荣誉的人。τιμωμένῳ 是中被动单数与格分词，意义是受到尊敬的人，接受荣誉的人。

第二句的主谓语是 μαντευόμεθα（μαντευόμαι），我们把……预示为……，现在时，复数第一人称。其宾语是 τἀγαθὸν，那个善，名词性短语，中性单数宾格。宾语补语是 εἶναι（是……）引导的不定式短语。εἶναι 的表语是 οἰκεῖόν τι καὶ δυσαφαίρετον，某种属于一个人自己的和不易被[从他那里]拿走的东西。οἰκεῖόν，属于一个人自己的，形容词，中性单数宾格；δυσαφαίρετον，不易[从他那里]拿走的，形容词，中性单数宾格，共同限定 τι（某种东西）。

④ 上述原因从句的延伸并列句。副词 ἔτι（此外）示意此种联系。主谓语是为 ἐοίκασι（来自 ἐοίκε），他们似乎是……，现在时，复数第三人称。其表语是 διώκειν（διωκέω，追求）引导的不定式短语，τὴν τιμὴν 是它的宾语。连词 ἵνα（以便）引导一个目的从句，从句的主谓语是 πιστεύσωσιν（πιστεύω），他们确证……，将来时，复数第三人称。其直接宾语是 ἑαυτοὺς，他们自

τῶν φρονίμων τιμᾶσθαι καὶ παρ' οἷς γινώσκονται, καὶ ἐπ' ἀρετῇ.①

δῆλον οὖν ὅτι κατά γε τούτους ἡ ἀρετὴ κρείττων.② τάχα δὲ καὶ μᾶλλον ἄν τις τέλος τοῦ πολιτικοῦ βίου ταύτην ὑπολάβοι.③ φαίνεται δὲ ἀτελεστέρα καὶ αὕτη.④ δοκεῖ γὰρ ἐνδέχεσθαι καὶ καθεύδειν ἔχοντα

些认识[他们]的人,并且[是]基于德性[d],授予荣誉。

所以显然,按这些人的看法,德性也[是]更好的;人们甚至可以把它当作政治生活的目的。但是,[甚至]这个也似乎[是]不那么完善的;因为,有德性似乎也容许一生都去睡觉或不去实行,以及,除去这些,

themselves to be good; at any rate they seek to be honored by men of practical wisdom, facing those who know [them], and for [the sake of] virtue.

Therefore, it is obvious that according to these people indeed virtue [is] better; one might perhaps even further suppose this to be [the] end of political life. But [even] this seems not that final; for having virtue seems to

---

己,反身代词,阳性复数宾格。其间接宾语或宾语补语是 εἶναι ἀγαθούς,是好人,不定式短语。

① 上句的并连部分。语气词 γοῦν(至少是)示意让步地承接上句。主谓语是 ζητοῦσι (ζητέω),他们寻求,现在时,复数第三人称。其宾语是 τιμᾶσθαι (τιμάω),……授予荣誉,被动式不定式。τιμᾶσθαι 有三个并列的介词短语限定。第一个是 ὑπὸ τῶν φρονίμων,被明智的人。第二个是 παρ' οἷς γινώσκονται,从认识[他们]的人那里。关系代词 οἷς 引导一个关系从句,经由介词 παρ'(从……那里),限定先行词 τῶν(那些人)。从句的动词是 γιγνώσκονται (γιγνώσκω),知道,现在时,被动第三人称,其逻辑主语是他们自身,主动者是 τῶν(那些人),即被那些认识他们的人。第三个是 καὶ ἐπ' ἀρετῇ,并且基于德性,即出于德性这个原因。

② 简单句。οὖν 示意承接上文引出结论。形容词 δῆλον(显然)引导的形式主语句。ὅτι (那)引导的从句是事实上的主语。从句的主语是 ἡ ἀρετή,德性,名词,阴性单数主格。系动词 ἐστί 省略。表语是 κρείττων,更好的,形容词比较级,阴性单数主格。κατὰ τούτους,按照这些人,介词短语,限定省略系动词的系表结构。γε,小品词,加强语气,至少。

③ 简单句。主语是 τις,一个人,不定代词,阳性单数主格。动词是 ὑπολάβοι (ὑπολαμβάνω),把……当作……,祈愿语气不定过去时,单数第三人称。其直接宾语是 ταύτην,它,指示代词,指 ἡ ἀρετή,阴性单数宾格。其间接宾语是 τέλος,目的,中性单数宾格。τοῦ πολιτικοῦ βίου,政治生活的,名词短语,中性单数属格,限定 τέλος。τάχα,可以,副词,限定 ὑπολάβοι。μᾶλλον,甚至,副词,限定 τάχα。

④ 简单句。δὲ 示意转折承接前文。主语是 αὕτη,这个,指示代词,指 ἡ ἀρετή,阴性单数主格。动词是 φαίνεται (φαίνω),似乎是……,现在时中动,单数第三人称。表语是 ἀτελεστέρα (ἀτέλεστος),不完善的,形容词比较级,阴性单数主格。

τὴν ἀρετὴν ἢ ἀπρακτεῖν διὰ βίου, καὶ πρὸς τούτοις κακοπαθεῖν καὶ ἀτυχεῖν τὰ μέγιστα· ① τὸν δ' οὕτω ζῶντα οὐδεὶς ἂν εὐδαιμονίσειεν, εἰ μὴ θέσιν διαφυλάττων. ②

καὶ περὶ μὲν τούτων ἅλις· ἱκανῶς γὰρ καὶ ἐν τοῖς ἐγκυκλίοις εἴρηται περὶ αὐτῶν. ③ τρίτος δ' ἐστὶν ὁ θεωρητικός, ὑπὲρ οὗ τὴν ἐπίσκεψιν ἐν τοῖς ἑπο-

容许去经受和遭遇那些最大的厄运；而没有人会把这样地生活着的人称作幸福的，如果不是在维护一个命题的话。

关于这些事情就[说到]这里；因为关于它们[所说的这些]在普通讨论中已经被谈得很多了ᵉ。
第三种是沉思的[生活]，关于它，我们将在后面做考察ᶠ。

allow to be asleep or not to practice throughout a life; and, beyond these, to undergo and suffer the greatest misfortunes; but no one would call the man living so happy, unless he were maintaining a thesis.

Enough for these matters; as sufficient has been also talked of about them in the ordinary discussions.
The third is the contemplative [life], of which we shall make the inves-

---

① 原因从句。并列句。这里是第一句。δοκεῖ（δοκέω，似乎……，现在时，单数第三人称）引导的无人称句。δοκεῖ 引出一个不定式短语做宾语，ἐνδέχεσθαι（ἐνδέχομαι，容许，现在时中被动态不定式。ἔχοντα τὴν ἀρετήν, 有德性, 分词短语, 阳性单数宾格, 限定 ἐνδέχεσθαι, 表伴随情况。ἐνδέχεσθαι 引出两组不定式短语作宾语。第一组是 καθεύδειν ἢ ἀπρακτεῖν διὰ βίου, 一生都去睡觉或不去实行, 现在时主动态不定式。καθεύδειν, 去睡觉；ἀπρακτεῖν, 不去实行。διὰ βίου, 一生, 介词短语, 限定 καθεύδειν 和 ἀπρακτεῖν。
第二组是 κακοπαθεῖν καὶ ἀτυχεῖν τὰ μέγιστα, 去经受和不幸地遭遇那些最大的厄运。κακοπαθεῖν, 去经受；ἀτυχεῖν, 去遭受。τὰ μέγιστα, 那些最大的厄运, 名词短语, 中性复数宾格, 做两个不定式的宾语。πρὸς τούτοις, 除去这些, 介词短语, 限定 κακοπαθεῖν καὶ ἀτυχεῖν。
② 这里是第二句。复合句。主句的主语是 οὐδεὶς, 没有人, 否定性代词, 阳性单数主格。动词是 εὐδαιμονίσειεν, 把……称为幸福的, 将来时祈愿语气, 单数第三人称。宾语是 τὸν δ' οὕτω ζῶντα, 这样地生活的人, 名词性分词短语, 阳性单数宾格。εἰ 引导条件从句。主语和谓语动词省略。保留的是阳性单数主格分词 μὴ διαφυλάττων（不是在维护）及其宾语 θέσιν（一个命题）。
③ 复合句。主句是一个省略句。保留的成分是用作状语的介词短语 περὶ μὲν τούτων（关于这些事情），和用来限定被省略的动词的副词 ἅλις（足够）。
原因从句的逻辑主语是[τὸ]περὶ μὲν τούτων, 关于它们[所谈的这些]。περὶ μὲν τούτων, 关于它们, 介词短语, 限定被省略的前置冠词 τὸ。动词是 εἴρηται（εἴρω），被谈得, 现在时被动式, 单数第三人称。ἱκανῶς, 很多了, 副词, 限定 εἴρηται。ἐν τοῖς ἐγκυκλίοις, 在普通讨论中, 介词短语, 限定 ἱκανῶς εἴρηται。ἐγκυκλίοις, 普通讨论, 形容词, 中性复数与格。

5 μένοις ποιησόμεθα.①
ὁ δὲ χρηματιστὴς βίαιός τίς ἐστιν, καὶ ὁ πλοῦτος δῆλον ὅτι οὐ τὸ ζητούμενον ἀγαθόν·② χρήσιμον γὰρ καὶ ἄλλου χάριν.③

διὸ μᾶλλον τὰ πρότερον λεχθέντα τέλη τις ἂν ὑπολάβοι·④ δι᾽ αὑτὰ γὰρ ἀγαπᾶται.⑤ φαίνεται δ᾽ οὐδ᾽ ἐκεῖνα· καί-

牟利的[生活]是一种受到强迫的生活；而且，财富显然不是所寻求的那个善；因为，[它只是]有用的，并且是因某种其他事物的缘故[g]。

因此，人们也许更愿意把前面提到的那些事物当作目的；因为它们是因其自身而为我们所喜爱。但是，[甚至]这些

tigation afterwards. [The life of] the tradesman is a kind of compulsory [life]; and, it is obvious that wealth is not the good seeked; for [it is only] useful and for the sake of something else. Therefore, one might rather suppose the aforementioned things to be ends; for they are approved for the sake of

---

① 复合句。主句的主语是 τρίτος，第三种，序数词，阳性单数主格。系动词 ἐστιν 省略。表语是 ὁ θεωρητικός，沉思的[生活]，名词性形容词短语，阳性单数主格。
关系从句由 ὑπὲρ οὗ（关于那种生活）引导。οὗ，那种[生活]，关系代词，做介词 ὑπέρ（关于……）的间接性宾语，引导从句。从句的主谓语是 ποιησόμεθα，我们将做……，将来时，复数第一人称。其宾语是 τὴν ἐπίσκεψιν，考察，名词，阴性单数宾格。ἐν τοῖς ἑπομένοις，在后面的（指《尼各马可伦理学》第 V 卷中）讨论中，介词短语，限定 ποιησόμεθα。τοῖς ἑπομένοις，后面的，中动分词，来自动词 ἕπω（跟随），阳性复数与格，做介词 ἐν 的间接性宾语。

② 并列句。第一句的主语是 ὁ χρηματιστὴς，牟利的生活，名词，阳性单数主格。系动词是 ἐστιν，是，现在时，单数第三人称。表语是 βίαιός τίς，某种受到强迫的生活，形容词短语，阳性单数主格。βίαιός，受到强迫的，形容词。
第二句是 δῆλον ὅτι...（……是明显的）句式。ὅτι 从句中的主语是 ὁ πλοῦτος，财富，名词，阳性单数主格。系动词省略。表语是 τὸ ζητούμενον ἀγαθόν，所追求的善，名词短语，中性单数主格。

③ 省略的原因从句。保留两个并列的结构。χρήσιμον，有用的，形容词，保留的表语部分，中性单数主格。ἄλλου χάριν，因某种其他事物的缘故，副词短语，限定省略了系动词的系表结构。

④ 简单句。διὸ 示意从上文引出结论。主语是 τις，一个人，不定代词，阳性单数主格。动词是 ὑπολάβοι（ὑπολαμβάνω），把……当作……，不定过去时祈愿语气，单数第三人称。μᾶλλον，更，副词，限定 ὑπολάβοι。ὑπολάβοι 的直接宾语是 τὰ πρότερον λεχθέντα，前面提到的那些事物，冠词＋分词短语名词性短语，中性复数宾格。πρότερον λεχθέντα，前面提到的，分词短语，表伴随情况。λεχθέντα，提到过的，谈过的，不定过去时分词。πρότερον，在前面，副词，限定 λεχθέντα。其间接宾语或宾语补语是 τέλη，目的，名词，中性复数宾格。

⑤ 原因从句。主谓语是 ἀγαπᾶται（ἀγαπάω），它们被[我们]喜爱，现在时被动式，复数第三人称。δι᾽ αὑτὰ，因其自身，介词短语，限定 ἀγαπᾶται。αὑτὰ，自身，反身代词，中性复数宾格。

	τοι πολλοὶ λόγοι πρὸς αὐτὰ καταβέβληνται.①	也显得不是目的；尽管[人们]已经给出许多逻各斯支持它们。所以，让我们先把这些放在一边ʰ。	themselves. But [even] these appear not [to be the end]; although many *logoi* have been proposed for them. Let these, therefore, be left aside.
10	ταῦτα μὲν οὖν ἀφείσθω.②		

---

① 复合句。主句的主语是 ἐκεῖνα，这些，指示代词，中性复数主格。动词是 φαίνεται οὐδ᾽，显得不是……，现在时，复数第三人称单数。表语 τέλη 省略。

连词 καίτοι（尽管）引入让步从句。主语是 πολλοὶ λόγοι，许多逻各斯，名词，阳性复数主格。动词是 καταβέβληνται（καταβάλλω），被[人们]给出，完成时被动，复数第三人称。πρὸς αὐτὰ，支持它们，介词短语，限定 καταβέβληνται。

② 简单句。主动词是 ἀφείσθω（ἀφίημι），让……被放到一边，现在时被动命令式，单数第三人称。其宾语是 ταῦτα，这些问题，指示代词，中性复数宾格。

6

Τὸ δὲ καθόλον βέλτιον ἴσως ἐπισκέψασθαι καὶ διαπορῆσαι πῶς λέγεται,① καίπερ προσάντους τῆς τοιαύτης ζητήσεως γινομένης διὰ τὸ φίλους ἄνδρας εἰσαγαγεῖν τὰ εἴδη.② δόξειε δ' ἂν ἴσως βέλτιον εἶναι, καὶ δεῖν ἐπὶ σωτηρίᾳ
15 γε τῆς ἀληθείας καὶ τὰ οἰκεῖα ἀναιρεῖν, ἄλλως τε καὶ φιλοσόφους

比较好的是,先去探究那个总体上的[善],澄清它[是]怎样被[人们]谈论的,尽管这种寻求由于[我们的]亲密朋友引进了那些形式[a]而变得困难。但是看起来[这样做]还是比较好,并且,我们应该去维护真,去舍弃我们个人的东西,尤其[是因为我们]是爱智慧者;因为,虽然两者都是[我们

It is better to examine the absolute [good] and to sort out how it is discussed, although such a search becomes difficult by [the fact that it is] our dear friends to introduce the forms. Yet it would seem to be better [to do so], perhaps, and we ought to save the truth and to get rid of our personal things, especial-

---

① 复合句。主句是形容词 βέλτιον(较好的)引出的无人称句,或可看作一个省略系动词的系表结构句。βέλτιον 的或系表结构的实际主语是两个并列的不定式短语。第一个不定式是 ἐπισκέψασθαι(来自 ἐπισκοπέω),探究,中动不定过去时的不定式。其宾语是 τὸ καθόλον [ἀγαθόν],那个总体上的[善],[ἀγαθόν] 在这里被省略,名词性短语,中性单数宾格。τὸ [ἀγαθόν],那个[善],名词短语,中性单数宾格。καθόλον,总体上的,副词,来源于中性单数宾格形容词,这里在本义上使用,限定 τὸ [ἀγαθόν]。

第二个不定式是 διαπορῆσαι(来自 διαπορέω),澄清困惑,不定过去时不定式。其宾语是方式从句 πῶς λέγεται,它(指那个善自身)是怎样被讨论的。λέγεται,被讨论,现在时被动式,单数第三人称。其逻辑主语是 τὸ καθόλον。

② 属格分词独立式结构短语,表伴随情况。连接词 καίπερ 示意短语与前文的让步关系。γινομένης(γίγνομαι),变得,分词,阴性单数属格。γινομένης 的逻辑主语是 τῆς τοιαύτης ζητήσεως,这样一种寻求,名词短语,阴性单数属格。γινομένης 的表语是 προσάντους (προσάντης),困难的、吃力的,形容词,阴性单数属格。

διὰ τὸ φίλους ἄνδρας εἰσαγαγεῖν τὰ εἴδη,由于[我们的]亲密的朋友引进了那些形式,介词短语,做上述属格分词短语的状语。τὸ φίλους ἄνδρας εἰσαγαγεῖν τὰ εἴδη,[我们的]亲密的朋友们引进了那些形式,名词性不定式短语,中性单数宾格,做介词的宾语。εἰσαγαγεῖν(来自 εἰσάγω),引进,不定式。其逻辑主语是 φίλους ἄνδρας,亲密的朋友们,名词性短语,阳性复数属格。其宾语是 τὰ εἴδη,那些形式,名词,中性复数宾格。

ὄντας·① ἀμφοῖν γὰρ ὄντοιν φίλοιν ὅσιον προτιμᾶν τὴν ἀλήθειαν.②

οἱ δὴ κομίσαντες τὴν δόξαν ταύτην οὐκ ἐποίουν ἰδέας ἐν οἷς③ τὸ πρότερον καὶ ὕστερον ἔλεγον④ (διόπερ οὐδὲ τῶν ἀριθμῶν ἰδέαν κα-

者都是[我们的]所爱，荣耀真[却是]虔敬的ᵇ。

提出这一意见的人们不在他们[可以]谈论有先后次序的那些事物中提出型式ᶜ（所以他们不提出数目的型式）。

ly [for us] being lovers of *sophia*; for though both are dear [to us], [it is] pious to honor the truth.

Those [who] introduced this opinion were not proposing ideas on [those things] in which they were talking of priority and posteriority (hence

---

① 简单句。句子的逻辑主语是前面所说的要做的事——"先去探究那个总体上的[善]，澄清它[是]怎样被[人们]谈论的"。动词是 δόξειε，看起来……，祈愿语气，单数第三人称。其宾语是三个不定式短语。第一个不定式短语是 βέλτιον εἶναι，是比较好的，不定式短语。εἶναι，是，不定式。其表语是 βέλτιον，比较好的，形容词，中性单数主格。ἴσως，似乎，副词，限定 εἶναι。

第二个不定式短语是 δεῖν ἐπὶ σωτηρίᾳ γε τῆς ἀληθείας，应该去维护真。δεῖν，应该去……，不定式。它引出一个介词短语状语限定它，ἐπὶ σωτηρίᾳ γε τῆς ἀληθείας，维护真。σωτηρίᾳ，维护，名词，阴性单数与格。τῆς ἀληθείας，真，真实；阴性单数属格，限定 σωτηρίᾳ。

第三个不定式短语是 τὰ οἰκεῖα ἀναιρεῖν，去舍弃我们个人的东西。ἀναιρεῖν（来自 ἀναιρέω），去失去，不定式。其宾语是 τὰ οἰκεῖα，我们个人的东西，名词，中性复数宾格。

第二、第三个不定式短语引出一个状性短语 ἄλλως τε καὶ φιλοσόφους ὄντας，尤其[是因为我们]是爱智慧者，独立分词短语，表伴随情况，做状语。φιλοσόφους ὄντας，[我们]是爱智慧者，分词短语，阳性复数宾格。ὄντας，是，现在时分词。φιλοσόφους，爱智慧者，名词，ἄλλως τε καὶ，尤其，首先，副词短语，限定 φιλοσόφους ὄντας。

② ἀμφοῖν γὰρ ὄντοιν φίλοιν 是一个双数的属格分词独立式。ὄντοιν，是，εἰμί 的中性双数属格分词。其逻辑主语是 ἀμφοῖν，两者，数词，阳性双数属格。ὄντοιν 的表语是 φίλοιν，所珍视、所喜爱的，形容词，阳性双数属格。句子的逻辑主语是 προτιμᾶν τὴν ἀλήθειαν，荣耀真，不定式短语。προτιμᾶν（来自 προτιμάω），荣耀，不定式。其宾语是 τὴν ἀλήθειαν，真，名词，阴性单数宾格。句子的系动词省略。表语是 ὅσιον，神圣的，形容词，中性单数主格。

③ οἷς，那些，关系代词，中性复数与格。关于这个词在此处的语法作用，有两种主要见解。一种是，οἷς 在此处是指前面的 ἰδέας，后者是它的省略了的先行词。另一种是，οἷς 是比 ἰδέας 更大的一类事物的范围，前面省略了先行词 τῷ。多数英译者取后一种解释。此处取后一种解释。

④ 复合句。主句的主语是 οἱ κομίσαντες τὴν δόξαν ταύτην，提出这个意见的人们，名词性短语，阳性复数主格。κομίσαντες（κομίζω），提出、给出，分词，不定过去时主动态，阳性复数主格。其宾语是 τὴν δόξαν ταύτην，这个意见，名词短语，阴性宾格单数。句子的动词是 οὐκ ἐποίουν（ποιέω），不提出，未完成时，复数第三人称。其宾语是 ἰδέας，型式，名词，阴性复数宾格。

ἐν οἷς，在那些事物中，介词短语，引导一个关系从句。关系从句的主语与主句相同。动词是 ἔλεγον（λέγω），可以说，可以谈论，未完成时，复数第三人称。其宾语是 τὸ πρότερον καὶ ὕστερον，有先后次序的，名词性短语，中性单数宾格。

τεσκεύαζον①).

τὸ δ' ἀγαθὸν λέγεται καὶ ἐν τῷ τί ἐστι καὶ ἐν τῷ ποιῷ καὶ ἐν τῷ πρός τι·② τὸ δὲ καθ' αὑτὸ καὶ ἡ οὐσία πρότερον τῇ φύσει τοῦ πρός τι③ (παραφυάδι γὰρ τοῦτ' ἔοικε καὶ συμβεβηκότι τοῦ ὄντος),④ ὥστ' οὐκ ἂν εἴη κοινή τις ἐπὶ τούτοις ἰδέα.⑤

但是,他们却在[事物的]所是^d方面、性质方面和关系方面来讨论那个善;然而[事物的]本身所是和它的实是^e自然就优先于相关于它的东西(因为,这样的东西似乎是那个"是者"的派生物或偶性^f),所以,不可能有某一个型式是同时适合这些的^g。

they did not even furnish an idea of numbers). But the good is talked of in what-it-is, in what-[it-is-in]-quality, and in what-[it-is]-related to; yet the what-[it-is] by itself and the substance is prior by nature to that which is related to a thing (for this latter seems like a by-product and coincident of the being), thus there could not be any idea

---

① 上句延伸的部分。διόπερ(所以)示意承接上文。主谓语是 οὐδὲ κατεσκεύαζον(κατασκεύαζω),他们不提出,未完成时,复数第三人称。其宾语是 ἰδέαν,型式,名词,阴性单数宾格。阳性名词短语。τῶν ἀριθμῶν,数目的,名词,阳性复数属格,限定 ἰδέαν。

② 并列句。δ' 示意转折承接上文。这里是第一句。主语为 τὸ ἀγαθὸν,那个善,中性单数主格。动词是 λέγεται(λέγω),被说,被讨论,现在时被动语态,单数第三人称。它引出三个 ἐν 形式的介词短语作方式状语。第一个是 ἐν τῷ τί ἐστι,在事物的所是方面。τῷ τί ἐστι,事物的所是,冠词+定语关系从句名词性短语,中性单数与格,作介词的间接性宾语。τί ἐστι,所是,是什么,关系从句,限定前置冠词 τῷ。第二个是 ἐν τῷ ποιῷ,在性质方面。τῷ ποιῷ,性质方面,名词性短语,中性单数与格,作介词的间接性宾语。ποιῷ,怎样的,疑问词,限定 τῷ。第三个是 ἐν τῷ πρός τι,在关系方面,介词短语。τῷ πρός τι,关系方面,冠词+介词短语名词性短语,中性单数与格,作介词 ἐν 的间接性宾语。πρός τι,与某物的关系的,介词短语,限定 τῷ。

③ 这里是第二句。δὲ 示意转折承接第一句。主语是 τὸ δὲ καθ' αὑτὸ καὶ ἡ οὐσία,[事物的]本身所是与它的实是,名词性短语,中性单数主格。τὸ δὲ καθ' αὑτὸ,[事物的]本身所是,冠词+介词短语名词性主语,中性单数主格。ἡ οὐσία,它的实是,阴性单数主格。系动词省略。表语是 πρότερον,优先于……的,形容词比较级,中性单数主格。τοῦ πρός τι,相关于它的东西,冠词+介词短语名词性短语,中性单数属格,做 πρότερον 的参比项。πρός τι,相关于它的,介词短语,限定前置冠词 τοῦ。τῇ φύσει,自然,名词,阴性单数与格,此处作状语,限定省略系动词的系表结构。

④ 原因从句。主语是指示代词 τοῦτ',这,指 τοῦ πρός τι。动词是 ἔοικε,看起来是……,单数第三人称。其间接性的宾语有两个。一个是 παραφυάδι,派生物,名词,中性单数与格。第二个是 συμβεβηκότι,偶性,动词 συμβαίνω 的完成时分词,中性单数与格。τοῦ ὄντος,那个"是",名词性分词短语,中性单数属格,限定 παραφυάδι 和 συμβεβηκότι。

⑤ 上述第二主句的延伸部分。ὥστ' 示意承接上文引出结论。主语是 τις ἰδέα,某一个型式。系动词是 οὐκ ἂν εἴη,不可能是,祈愿语气,单数第三人称。表语是 κοινή ἐπὶ τούτοις,同时适合这些的,形容词短语,阴性单数主格。ἐπὶ τούτοις,对于这些,介词短语,限定 κοινή。

ἔτι ἐπεὶ τἀγαθὸν ἰσαχῶς λέγεται τῷ ὄντι① (καὶ γὰρ ἐν τῷ τί λέγεται, οἷον ὁ θεὸς καὶ ὁ νοῦς, καὶ ἐν τῷ ποιῷ αἱ ἀρεταί, καὶ ἐν τῷ ποσῷ τὸ μέτριον, καὶ ἐν τῷ πρός τι τὸ χρήσιμον, καὶ ἐν χρόνῳ καιρός, καὶ ἐν τόπῳ δίαιτα καὶ ἕτερα τοιαῦτα),② δῆλον ὡς οὐκ ἂν εἴη κοινόν τι καθόλου καὶ ἕν·③ οὐ γὰρ ἂν ἐλέγετ' ἐν πάσαις ταῖς κατηγορίαις, ἀλλ' ἐν μιᾷ μόνῃ.④

其次，既然那个善也以谈论"是"的方式来谈论（因为，它既在所是方面，如神或努斯；也在性质方面，如德性；数量方面，如适中；关系方面，如有用；时间方面，如时机；地点方面，如住所，等等，被谈论），它显然就不会是某个总体的共享事物，也不会是一；因为［否则］，它就不会在所有范畴，而只能在某一个范畴中被述说ʰ。

common for these. Again, since the good is talked of in the same way as being (for, it is talked of in what-it-is, as God and *nous*; and in what-[it-is]-in quality, virtues; and in what-[it-is]-in quantity, the mean; and in what-[it-is]-related to, the useful; and in what-[it-is]-of-time, opportunity; and in what-[it-is]-of-place, habitance, and so on), clearly it could not be something com-

---

① 副词 ἔτι（其次）引入一个长句。复合句。这里是让步从句。ἐπεὶ，既然，副词，引导从句。主语是 τἀγαθὸν，那个善，名词，中性单数主格。动词是 λέγεται，被讨论，现在时被动语态，单数第三人称。ἰσαχῶς，以同样的方式，副词，限定 λέγεται。τῷ ὄντι，"是"的，冠词＋分词名词性短语，做被比较项，中性单数与格，限定 λέγεται。ὄντι，是，现在时分词。

② 括号内这个部分是对上一句的补充说明。主动词同样是 λέγεται。后面跟六个由介词 ἐν 引导的介词短语作方式状语，并分别举例。第一个是 ἐν τῷ τί，在所是方面。οἷον，例如，关系副词。引出两个例子，ὁ θεὸς，神；和 ὁ νοῦς，努斯。第二个是 ἐν τῷ ποιῷ，在性质方面。例子是 αἱ ἀρεταί，德性。第三个是 ἐν τῷ ποσῷ，在数量方面。例子是 τὸ μέτριον，适中。第四个是 ἐν τῷ πρός τι，在关系方面。例子是 τὸ χρήσιμον，有用。第五个是 ἐν χρόνῳ，在时间方面。例子是 καιρός，时机。第六个是 ἐν τόπῳ，在地点方面。例子是 δίαιτα，居所。καὶ ἕτερα τοιαῦτα，余类同。

③ 这里是主句。形容词短语 δῆλον ὡς（那么显然）引导的无人称句。句子的主语仍然是前面从句的主语，即 τἀγαθὸν，那个善。动词是 οὐκ ἂν εἴη（εἰμί），不可能是，祈愿语气，单数第三人称。表语有两个。一个是 κοινόν τι καθόλου，某个总体的共享事物，不定代词短语。另一个是 ἕν，一，数词。κοινόν τι，某个共享的事物，不定代词短语，中性单数主格。κοινόν，共享的，形容词，中性单数主格，限定不定代词 τι。καθόλου，总体的，属于总体的，形容词，中性单数主格，限定 κοινόν τι。

④ 原因从句。逻辑主语还是 τἀγαθὸν，那个善。动词是 οὐ ἂν ἐλέγετ'，不会被说、被讨论，未完成时被动语态，单数第三人称。ἐν πάσαις ταῖς κατηγορίαις，在所有范畴，介词短语，限定 οὐ ἂν ἐλέγετ'。ἀλλ' ἐν μιᾷ μόνῃ，而只能在某一个范畴中，并列介词短语，限定 οὐ ἂν ἐλέγετ'，连词 ἀλλ'

ἔτι δ' τῶν κατὰ μίαν ἰδέαν μία καὶ ἐπιστήμη, καὶ τῶν ἀγαθῶν ἁπάντων ἦν ἂν μία τις ἐπιστήμη·① νῦν δ' εἰσὶ πολλαὶ καὶ τῶν ὑπὸ μίαν κατηγορίαν, οἷον καιροῦ, ἐν πολέμῳ μὲν γὰρ στρατηγικὴ ἐν νόσῳ δ' ἰατρική, καὶ τοῦ μετρίου ἐν τροφῇ μὲν ἰατρικὴ ἐν πόνοις δὲ γυμναστική.②

第三，对于依据同一个型式［而是］的事物有一门科学［来研究］，对于所有的善事物也本应当有某一门科学［来研究］；但现在，对于同一范畴的［善事物］都有许多［科学］，例如，对于时机，在战争上，是战术学，在疾病上，则是医学；对于适中，在食物上，是医学，在锻炼上，则是体育i。

mon and absolute, and [neither could it be] one; for [otherwise], it would not be talked of in all categories, but in only one [category].

Again, since [there is] one science for the things under one idea, [there should be] some single science for all good things; but now there are many [sciences] for the good things under one category, for instance, for opportunity, in war, strategy, whereas in disease, medicine; and for the mean, in food, medicine, whereas in exercises, gymnastics.

（而是）表转折。μιᾷ μόνῃ，某一个范畴，名词性短语，阴性单数与格，做介词 ἐν 的间接性宾语。

① ἔτι 此处相当于"第三"，引入另一个很长的并列句。这里是第一句。它自身也是一个并列句。第一个分句的主语是 μία ἐπιστήμη，一门科学，名词短语，阴性单数主格。系动词省略。表语是 τῶν κατὰ μίαν ἰδέαν，对于依据同一个型式［而是］的事物的，名词性短语，中性复数属格。κατὰ μίαν ἰδέαν，依据同一型式，介词短语，限定前置冠词 τῶν。第二个分句的主语是 μία τις ἐπιστήμη，某一门科学，名词短语，阴性单数主格。系动词是 ἦν ἄν，本应当有，未完成时，单数第三人称。表语是 τῶν ἀγαθῶν ἁπάντων，对于所有的善事物的，名词性短语，中性复数属格。

② 这里是第二句。δ' 示意语气的转折。主语是 πολλαί，许多的［科学］，形容词，阴性复数主格。系动词是 εἰσί，是，复数第三人称。表语是 τῶν ὑπὸ μίαν κατηγορίαν，对于同一个范畴的［善事物］，名词性短语，中性复数属格。

οἷον 引入两个省略的示例句，每句只保留了彼此相异的部分，且有两个成分相互对照。第一句是，καιροῦ，关于时机。καιροῦ，时机，名词，阳性单数属格。ἐν πολέμῳ，在战争上，介词短语，限定 καιροῦ。πολέμῳ，战争，名词，阳性单数与格。στρατηγική，战术，名词，阴性单数主格。ἐν νόσῳ，在疾病上，名词，阴性单数与格。ἰατρική，医术，名词，阴性单数主格。

第二句是 τοῦ μετρίου，对于适中，名词性短语，中性单数属格。μετρίου，适度，适中，形容词，

ἀπορήσειε δ' ἄν τις τί ποτε καὶ βούλονται λέγειν αὐτοέκαστον,① εἴπερ ἔν τε αὐτοανθρώπῳ καὶ ἐν ἀνθρώπῳ εἷς καὶ ὁ αὐτὸς λόγος ἐστὶν ὁ τοῦ ἀνθρώπου·② ᾗ γὰρ ἄνθρωπος, οὐδὲν διοίσουσιν·③ εἰ δ' οὕτως, οὐδ' ᾗ ἀγαθόν.④

此外，有人还会困惑，他们怎么竟会去谈论事物自身呢，既然以"人自身"和以"人"来说的逻各斯是一个且同一个逻各斯；因为，就人而言，它们没有什么区别；如若这样，就善而言，[它们]也没有[什么区别]。

And, one might question why they would like to talk of a-thing-itself, since the *logos* of the man in terms of man-himself and in terms of a man is one and the same; for so far as man [is concerned], they will not differ; yet if so, neither [will they differ] so far as good [is concerned].

ἀλλὰ μὴν οὐδὲ τῷ ἀίδιον εἶναι μᾶλλον ἀγαθὸν ἔσται, εἴπερ μηδὲ λευ-

但是，[善]也不会因为它是永恒的就更加善，如果[持续]长时间的

But nor will [the good] be more a good by its being eternal, if [a white thing]

中性单数属格。ἐν τροφῇ, 在食物上, 介词短语, 限定 τοῦ μετρίου。τροφῇ, 食物, 名词, 阴性单数与格。ἐν πόνοις, 在锻炼上, 介词短语, 限定 τοῦ μετρίου。πόνοις, 锻炼, 名词, 阳性复数与格形式。γυμναστική, 体育, 名词, 阴性单数主格。

① 复合句。主句的主语是 τις, 某人。动词是 ἀπορήσειε（ἀπορέω），困惑, 不定过去时祈愿语气, 单数第三人称。τί ποτε, 怎么会, 疑问副词, 引导 ἀπορήσειε 的宾语从句。从句的主谓语是 βούλονται（βούλομαι），他们愿意, 他们要, 现在时中动, 复数第三人称。其宾语是 λέγειν, 去谈论, 不定式。其宾语是 αὐτοέκαστον, 事物自身, 反身代词, 中性单数宾格。

② 上句的让步条件句。主语是 ὁ τοῦ ἀνθρώπου, 关于人的[逻各斯], 名词性短语, 阳性单数主格。τοῦ ἀνθρώπου, 人, 名词短语, 阳性单数属格, 限定前置冠词 ὁ。ἔν τε αὐτοανθρώπῳ καὶ ἀνθρώπῳ, 以"人自身"和以"人"来说的, 介词短语, 限定主语。系动词是 ἐστὶν, 是。表语是 εἷς καὶ ὁ αὐτὸς λόγος, 一个且同一个逻各斯。

③ 原因从句。缩略的复合句。缩略的从句部分是 ᾗ ἄνθρωπος, 就那个人[就是那条逻各斯所说出的东西]而言。ᾗ, 就……而言, 副词化关系代词, 引导省略了谓述部分的方式从句。ἄνθρωπος, 人, 名词, 阳性单数主格, 从句保留的主语。主句主谓语是 οὐδὲν διοίσουσιν,[它们]没有区别。它们, 指借助"一个人自身"来说出和借助"一个人"来说出这两者。διοίσουσιν（διαφέρω），区别, 将来时, 复数第三人称。

④ 复合句。从句部分是 εἰ δ' οὕτως, 而如若这样。主句部分是上面原因从句的复合句形式的进一步缩略了的类推句。其从句部分与上句形式相同, ᾗ ἀγαθόν, 就善[是如此]而言。ᾗ 与上句中的 ᾗ 一样。ἀγαθόν, 善, 名词, 中性单数主格, 与上句中的 ἄνθρωπος 作用相同。其主句部分只保留否定词 οὐδ', 也没有。διοίσουσιν 被省略。

κότερον τὸ πολυχρόνιον τοῦ ἐφημέρου.①	[白]并不比一天的[白]更白的话。	lasting a long time [is] no whiter than that [lasting only] one day.
Πιθανώτερον δ' ἐοίκασιν οἱ Πυθαγόρειοι λέγειν περὶ αὐτοῦ, τιθέντες ἐν τῇ τῶν ἀγαθῶν συστοιχίᾳ τὸ ἕν·② οἷς δὴ καὶ Σπεύσιππος ἐπακολουθῆσαι δοκεῖ.③ ἀλλὰ περὶ μὲν τούτων ἄλλος ἔστω λόγος.④	毕达戈拉斯学派对这点似乎说得更有说服力,[他们]把数目一放到在善事物一栏;而斯彪西波似乎是在追随他们。但是关于这些问题在别的地方再谈罢j。	The Pythagoreans seem to talk of this point more persuasively, as they places one in the column of the goods; whom Speusippus seems to follow indeed. But of these issues let it be another discussion.
Τοῖς δὲ λεχθεῖσιν ἀμφισβήτησίς τις ὑπο-	不过,对于上面所谈的出现了一种争论,因	Yet on what [has been] discussed some

---

① 这是一个复合句。主句的主语(善)被省略掉。系动词是 ἔσται (εἰμί),是,将来时,单数第三人称。表语是 μᾶλλον ἀγαθόν,更加善。μᾶλλον 是副词 μάλα(十分、非常)的比较级。τῷ ἀίδιον εἶναι,由于它是永恒的,名词性不定式短语,中性单数与格,在此作状语。εἶναι,是,不定式。其表语是 ἀίδιον,永恒的,形容词,中性单数主格。
条件从句由 εἴπερ(如果)引入。主语是 τὸ πολυχρόνιον,[持续]长时间的[白],名词性形容词短语,中心词"白的"省略,中性单数主格。系动词省略。表语是 λευκότερον,更白的,形容词比较级,中性单数主格。τοῦ ἐφημέρου,[持续]一天的[白],名词性形容词短语,中性单数属格,用做被比较项。

② 简单句。主语是 οἱ Πυθαγόρειοι,毕达戈拉斯学派。动词是 ἐοίκασιν (ἐοίκε),看起来……,复数第三人称。其宾语是 λέγειν,说,不定式。περὶ αὐτοῦ,关于这,介词短语,限定 λέγειν。πιθανώτερον (πιθανός),更有说服力的,形容词比较级,中性单数宾格,作宾语补足语。πιθανώτερον 与 Πυθαγόρειοι 一词前面的读音相近,亚里士多德或许在以此方式表达一种幽默。
跟随的部分是一个分词短语,表伴随情况。τιθέντες (τίθημι),把……放在……,分词,阳性复数主格。其逻辑主语是上面提到的 οἱ Πυθαγόρειοι。其宾语是 τὸ ἕν,数目一,名词性短语,中性单数宾格。ἐν τῇ τῶν ἀγάθων συστοιχίᾳ,在善事物一栏,介词短语,做宾语补语。τῇ συστοιχίᾳ,序列,栏,名词,阴性单数与格。做介词 ἐν 的间接性宾语。τῶν ἀγάθων,善的事物,名词性短语,中性单数属格,限定 τῇ συστοιχίᾳ。

③ 从上面的分词短语引出的关系从句,由 οἷς 引导。主语是 Σπεύσιππος,斯彪西波。动词是 δοκεῖ,看起来……,现在时,单数第三人称。其宾语是 ἐπακολουθῆσαι (ἐπακολουθέω),在追随,不定式。其间接性的宾语是 οἷς,他们,关系代词,指 οἱ Πυθαγόρειοι。

④ 命令式简单句。ἀλλά 表明语气的转折。περὶ τούτων,关于这些问题,介词短语,作状语。ἄλλος λόγος,另一个讨论,名词性短语,阳性中性主格。ἔστω (εἰμί),是,命令式单数第三人称。

φαίνεται διὰ τὸ μὴ περὶ παντὸς ἀγαθοῦ τοὺς λόγους εἰρῆσθαι,① λέ-
10 γεσθαι δὲ καθ' ἓν εἶδος τὰ καθ' αὑτὰ διωκόμενα καὶ ἀγαπώμενα,② τὰ δὲ ποιητικὰ τούτων ἢ φυλακτικά πως ἢ τῶν ἐναντίων κωλυτικὰ διὰ ταῦτα λέγεσθαι καὶ τρόπον ἄλλον.③

为,所提出的那些逻各斯并不是对于所有善事物的,那些因其自身之故而被我们追寻和珍爱的事物是依据一个形式被称为[善]的,而那些以某种方式产生或保持它们,或制止它们的对立面的事物,则是因它们之故并以另一种方式而被称为

dispute occurs, since the proposed *logoi* were not [meant] for all goods, the things chased and cherished for themselves were called [good] in accordance with a sole form, whereas the things productive or preservative of them somehow, or pre-

① 简单句。主句的主语是 τις ἀμφισβήτησίς,一种争论意见,名词性短语,阴性单数主格。动词是 ὑποφαίνεται (ὑποφαίνω),提出来,出现,现在时中动,单数第三人称。τοῖς λεχθεῖσιν,对于上面所谈的,名词性短语,阳或中性复数与格。λεχθεῖσιν,所谈的,分词,不定过去时被动,中性复数与格。

διὰ τὸ μὴ περὶ παντὸς ἀγαθοῦ τοὺς λόγους εἰρῆσθαι,由于那些并不是关于所有善的逻各斯被给出,转意为,所提出的那些逻各斯并不是对于所有善的,介词短语,作表原因的状语。διὰ,由于,介词,这种用法通指向对原因的某种说明。τὸ μὴ περὶ παντὸς ἀγαθοῦ τοὺς λόγους εἰρῆσθαι,那些并不是关于所有善的逻各斯被给出,名词性不定式短语,单数中性宾格,做介词的宾语。τὸ εἰρῆσθαι,被说出,被给出,名词性不定式短语。εἰρῆσθαι,不定式,虚拟语气中动。逻辑主语是τοὺς λόγους,那些逻各斯,名词,阳性复数宾格。μὴ περὶ παντὸς ἀγαθοῦ,不是关于所有善的,介词短语,修饰 τοὺς λόγους。

② 由上述不定式短语中 μὴ περὶ παντὸς ἀγαθοῦ(不是关于所有的善的)这一成分引出的解释性说明,由 τὰ...τὰ δὲ... 对照并列不定式短语构成。第一个短语的不定式是 λέγεσθαι,被称为[善的],被动不定式。其逻辑主语是 τὰ καθ' αὑτὰ διωκόμενα καὶ ἀγαπώμενα,那些因其自身之故而被我们追寻和珍爱的事物,名词性分词短语短语,中性复数宾格。διωκόμενα (διωκέω),追寻,中被动分词,中性复数宾格。ἀγαπώμενα (ἀγαπάω),珍爱,中被动分词,中性复数宾格。καθ' αὑτὰ,因其自身之故,介词短语,限定上述两个分词。καθ' ἓν εἶδος,根据唯一一个形式,介词短语,限定 λέγεσθαι。

③ 这里是第二个短语。不定式是 λέγεσθαι,被称为[善]的,被动不定式。其逻辑主语有两个,一个是 τὰ δὲ ποιητικὰ τούτων ἢ φυλακτικά πως,以某种方式产生或保持它们的事物,名词性形容词短语,中性复数宾格。ποιητικὰ,产生[它们]的,形容词,中性复数宾格。φυλακτικά,保持[它们]的,形容词中性复数宾格。πως,以某种方式,副词,限定上述两个形容词。另一个是 τὰ τῶν ἐναντίων κωλυτικὰ,那些制止它们的对立者的事物,名词性形容词短语,中性复数宾格。κωλυτικὰ,防止的,形容词,中性复数宾格。τῶν ἐναντίων,对立者,名词,中性复数属格,限定 κωλυτικὰ。διὰ ταῦτα,因它们(指因其自身之故而被我们追寻和珍爱的事物)之故,介词短语,和 τρόπον ἄλλον,以另一种方式,副词性短语,限定动词不定式 λέγεσθαι。

δῆλον οὖν ὅτι διττῶς λέγοιτ' ἂν τἀγαθά, καὶ τὰ μὲν καθ' αὑτά, θάτερα δὲ διὰ ταῦτα·① χωρίσαντες οὖν ἀπὸ τῶν ὠφελίμων τὰ καθ' αὑτὰ σκεψώμεθα εἰ λέγεται κατὰ μίαν ἰδέαν.②

καθ' αὑτὰ δὲ ποῖα θείη τις ἄν;③ ἢ ὅσα καὶ μονούμενα διώκεται, οἷον

那么显然,那些善事物是以两种方式被这样述说的:一些是依据自身,另一些则依据这些事物;所以,我们应当考察那些依据自身[而被称为善]的事物——[把它们]与那些有用的事物区分开,——是否是依据一个型式被这样说的。

一个人会把哪些事物归于依据自身[而被称为善]的[事物]呢?是[善]的。

ventive of their opposites, were called [good] for [the sake of] these things and in some other way. It is clear, then, that the goods would be called [so] in two ways, some for themselves, whereas others for these things; therefore, we should consider if the [things called good] for themselves, separating [them] from the useful, are talked of in accordance with a sole idea.

But what sort [of things] would one put into [the things called good] for

---

① 复合句。οὖν(那么)示意从上文引出结论。形容词 δῆλον(清楚的)省略系动词的无人称句。实际主语是 ὅτι 引导的一个主语从句。从句的主语是 τἀγαθά,那些善事物,名词,中性复数主格。动词是 λέγοιτ'(λέγω),说,讨论,被动语态祈愿语气,单数第三人称。διττῶς,用两种方式,副词,限定 λέγοιτ'。διττῶς 引出 τὰ μὲν…θάτερα δὲ… 对照结构的宾格名词性短语作补足语。τὰ μὲν καθ' αὑτά,一些[是]依据自身,中性复数宾格。θάτερα δὲ διὰ ταῦτα,另一些则是依据这些事物,中性复数宾格。θάτερα,另一些,不定代词,中性复数宾格。

② 复合句。οὖν 示意在继续引出结论。主句的主谓语是 σκεψώμεθα,我们应当考察,将来时虚拟语气,复数第一人称。宾语为 εἰ 引导的宾语从句。从句之前插入了 χωρίσαντες ἀπὸ τῶν ὠφελίμων,[把它们]与那些有用的事物区分开,独立分词短语,表伴随状况。χωρίσαντες,分开,不定过去时分词,复数阳性主格。其逻辑主语是我们。其宾语是后面的 τὰ καθ' αὑτά。ἀπὸ τῶν ὠφελίμων,与那些有用的事物,介词短语,限定分词 χωρίσαντες。宾语从句的主语是 τὰ καθ' αὑτά,那些依据自身[而被称为善]的事物,名词性短语,中性复数主格。动词是 λέγεται,被说的,被动语态,单数第三人称。κατὰ μίαν ἰδέαν,依据一个型式,介词短语,限定 λέγεται。

③ 疑问句。主语是 τις,一个人,不定代词,阳性主格单数。动词是 θείη(τίθημι),会把……归于……,不定过去时祈愿语气,单数第三人称。宾语是 ποῖα,哪些事物,疑问代词,中性复数宾格。καθ' αὑτά,依据自身[而被称为善]的事物,介词短语,限定被省略的 τῶν ἀγαθῶν,作 θείη 的间接宾语或宾语补语。

τὸ φρονεῖν καὶ ὁρᾶν καὶ ἡδοναί τινες καὶ τιμαί;① ταῦτα γὰρ εἰ καὶ δι' ἄλλο τι διώκομεν, ὅμως τῶν καθ' αὑτὰ ἀγαθῶν θείη τις ἄν.② ἢ οὐδ' ἄλλο οὐδὲν πλὴν τῆς ἰδέας;③ ὥστε μάταιον ἔσται τὸ εἶδος.④ εἰ δὲ καὶ ταῦτ' ἐστὶ τῶν καθ' αὑτά, τὸν τἀγαθοῦ λόγον ἐν ἅπασιν αὐτοῖς τὸν αὐτὸν ἐμφαίνεσθαι δεήσει, καθάπερ ἐν χιόνι καὶ ψιμυθίῳ τὸν τῆς

那些只因它自身而被人们追求的事物，例如思考和看到，以及某些快乐和荣誉吗？因为，尽管我们也因其他事物而追求它们，一个人还是会把它们算作依据自身［而被称为］善的事物。还是，除了那个型式之外便别无它物［是善］？那样的话，这个形式就将是没有意义的。而如若［所提到的］那些事物也属于依据自身［而是善］的事物，关

themselves? Are they those things people seek after for the sake of their distinction, as to thinking and to seeing, and as certain pleasures and honors? For even if we pursue them for something else, one would still put [them] into the things [called] good for themselves. Or, nothing else [is called good], but the idea? Then the form will be meaningless. But

---

① 从 ποῖα 引出的 ἤ...ἤ...（是……，还是……）并列疑问句。主语与疑问动词同上句。这里是第一句，是一个宾语从句。从句的主语是 ὅσα，那些，那样一些，关系代词，中性复数宾格。动词是 διώκεται，被人们追求，现在时被动语态，单数第三人称。μονούμενα，只因它自身，中动分词，中性复数宾格，表伴随情况或原因。由关系副词 οἷον（例如）引出一个状语短语，给出例证。有两个部分。第一个部分是 τὸ φρονεῖν καὶ ὁρᾶν，思考和看到，名词性不定式短语，中性单数主格。φρονεῖν，思考，现在时不定式。ὁρᾶν，看到，现在时不定式。καί（以及）连接第二个部分 ἡδοναί τινες καὶ τιμαί，某些快乐和荣誉，名词短语，阴性复数主格。

② 从这个疑问句引出的原因从句。复合句。条件从句由 εἰ 引入。主谓语是 διώκομεν，我们追求，现在时，复数第一人称。其宾语是 ταῦτα，这些事物，代词，中性复数宾格。δι' ἄλλο τι，由于其他某个事物，介词短语，限定 διώκομεν。主句的主语是 τις，一个人，不定代词，阳性单数主格。动词是 θείη，会把……归于……，不定过去时祈愿语气，单数第三人称。其直接宾语是 ταῦτα，此处省略。其间接宾语或宾语补语是 τῶν καθ' αὑτὰ ἀγαθῶν，因自身［而被称为善］的事物，中性复数属格，限定 ταῦτα。ὅμως，同样，副词，限定 θείη。

③ 并列疑问句的第二句。主语是 οὐδ' ἄλλο οὐδὲν，别无他物，中性单数主格。句子的谓述结构省略，据上文，应当是"被称为善的"。πλὴν τῆς ἰδέας，除了那个型式，介词短语，限定省略了的谓述结构。

④ 从这个问句引出的一个结论。ὥστε，那么，那样的话，副词，示意承接并引出看法。主语是 τὸ εἶδος，这个形式，亚里士多德在这里刻意换成了他与柏拉图都使用的 εἶδος（形式）这个词。动词是 ἔσται（εἰμί），是，将来时，单数第三人称。表语是 μάταιον，无意义的，中性单数形容词。

λευκότητος.① 于那个善的逻各斯就必须把它自身显现在所有这些事物中，就如关于白的[逻各斯要显现]于白雪与白铅中一样。 if the things [mentioned] are among the things [good] for themselves, the *logos* about the good will have to manifest itself in all [these things], just as the *logos* of the white in snow and white lead.

τιμῆς δὲ καὶ φρονήσεως καὶ ἡδονῆς ἕτεροι καὶ διαφέροντες οἱ λόγοι ταύτῃ ᾗ ἀγαθά.② οὐκ ἔστιν ἄρα τὸ ἀγαθὸν κοινόν τι κατὰ μίαν ἰδέαν.③ 然而，讲荣誉、明智与快乐是善的那些逻各斯则每个都是个别的、不同的。所以，那个善并不是依据一个型式而是某种共同的东西ᵏ。 But the *logoi* about honor, practical wisdom, and pleasure about the manner of their being good are particular and different. Therefore, the good is not something

25

---

① 复合句。δὲ καὶ 示意连接有语气的转折。连词 εἰ（如果）引导一个条件句。主语是 ταῦτ᾽，那些事物，指示代词，中性复数主格，指上面提及的那些事物（实践智慧、视觉、快乐、荣誉）。系动词是 ἐστὶ，是，现在时，单数第三人称。表语是 τῶν καθ᾽ αὑτά，属于因自身[而被称为善]的事物。

主句是 δεήσει（来自 δεῖ，需要、必须），无人称句，将来时，单数第三人称单数。δεήσει 的宾语是 ἐμφαίνεσθαι，去显现，中动不定式。不定式的逻辑主语是 τὸν τἀγαθοῦ λόγον，关于那个善的逻各斯，名词短语，阳性单数宾格。ἐμφαίνεσθαι 的宾语是 τὸν αὐτὸν，它自身，代词，阳性单数宾格。ἐν ἅπασιν αὐτοῖς，在所有这些事物中，介词短语，限定 ἐμφαίνεσθαι。

关系副词 καθάπερ（就像）引导一个结构相同的 ἐμφαίνεσθαι 不定式短语，作为对宾语的补充说明。ἐμφαίνεσθαι 此处省略。其逻辑主语是 τὸν τῆς λευκότητος，白的概念，名词短语，阳性单数宾格。τῆς λευκότητος，白，名词，阴性单数属格，限定前置冠词 τὸν。ἐν χιόνι καὶ ψιμυθίῳ，在白雪和白铅中，介词短语，限定省略了的 ἐμφαίνεσθαι。χιόνι，白雪，名词，阴性单数与格。ψιμυθίῳ，白铅，名词，中性单数与格。

② 复合句。δὲ 示意语气的转折。主句的主语是 οἱ λόγοι，那些逻各斯，名词，阳性复数主格。τιμῆς καὶ φρονήσεως καὶ ἡδονῆς，关于荣誉、明智和快乐，名词短语，阴性单数属格，限定 οἱ λόγοι。系动词省略。表语是 ἕτεροι，个别的，不定代词，阳性复数主格。διαφέροντες，不同的，分词，阳性复数主格。ταύτῃ ᾗ ἀγαθά，在它[是]善的这点上，与格短语，限定省略了的系表结构。ταύτῃ，它，代词，阴性单数与格，此处用做副词，并引导与格短语。关系代词 ᾗ 引导关系从句 ᾗ ἀγαθά，那个事物[是]善的，限定 ταύτῃ。ᾗ，那个，关系代词，指 ταύτῃ，性数格同于 ταύτῃ。从句的系动词省略。表语是 ἀγαθά，善的，形容词，阴性单数主格。

③ 简单句。ἄρα，所以，连接副词，承上文引出结论。主语是 τὸ ἀγαθὸν，那个善，名词性短语，

common accordant with a single idea.

Ἀλλὰ πῶς δὴ λέγεται;① οὐ γὰρ ἔοικε τοῖς γε ἀπὸ τύχης ὁμωνύμοις.② ἀλλ᾽ ἄρά γε τῷ ἀφ᾽ ἑνὸς εἶναι;③ ἢ πρὸς ἓν ἅπαντα συντελεῖν;④ ἢ μᾶλλον κατ᾽ ἀναλογίαν;⑤ ὡς γὰρ ἐν σώματι ὄψις, ἐν ψυχῇ νοῦς, καὶ ἄλλο δὴ ἐν ἄλλῳ.⑥

但是,[那个善]是怎样被[用来]说[这些事物]的呢?因为看起来,这些事物并不是碰巧而具有这个共同名称的。但是,[是]由于[它们都]出于一?还是,[由于]它们都朝向一?还是,更适合说,[它们是]依据类比[而具有这

But how is [the good] applied to [these things]? For, it does not seem [that] these things [have] this same name by chance. But, is it [because they come] from one? Or, [they go] toward one? Or, better, [they have this same

中性单数主格。系动词是 ἔστιν,是。表语是 κοινόν τι,某个共同的东西,不定代词短语,中性单数主格。κατὰ μίαν ἰδέαν,根据一个单独的型式,介词短语,限定系表结构。

① 疑问句。πῶς,怎样,疑问副词,引导问句。动词是 λέγεται(λέγω),被说,被应用到,单数第三人称,被动语态。其逻辑主语是 τὸ ἀγαθόν,那个善。λέγεται 的间接宾语省略,根据下文,应是荣誉等三种事物。

② 上述疑问句引出的原因从句。形式主语句式。οὐ γὰρ ἔοικε,因为它看起来并不是[这样]。ἔοικε,看起来是……,单数第三人称。τοῖς ἀπὸ τύχης ὁμωνύμοις,碰巧而具有这同一个名称的事物,名词性短语,中性复数与格,用作状语,但功能相当于省略了系动词的主语从句——"这些事物是碰巧而具有这同一个名称的"。τοῖς ὁμωνύμοις,具有这同一个名称的事物,名词性短语,中性复数与格。ἀπὸ τύχης,碰巧地,介词短语,限定 τοῖς ὁμωνύμοις。

③ 由 οὐ...τοῖς ἀπὸ τύχης ὁμωνύμοις 引出的省略了的并列疑问句。ἀλλ᾽ 示意承接上文转而设问。这里是第一句。疑问小品词 ἆρα 和小品词 γε 有加强语气的意味。句子的形式主语动词 ἔοικε 省略。保留的部分是 τῷ ἀφ᾽ ἑνὸς εἶναι,由于[它们都]是出于一,名词性不定式短语,中性单数与格,语法功能同于上述 τοῖς... 短语,并与之构成对照。τῷ εἶναι,由于[它们都]是……,名词性不定式。ἀφ᾽ ἑνός,出于同一个事物,介词短语,做不定式 εἶναι 的表语。

④ 这里是第二句。ἤ,还是,接续上文。保留的部分是 πρὸς ἓν ἅπαντα συντελεῖν,[由于]它们都朝向一,省略前置冠词 τῷ 的不定式短语,与上句的不定式短语相对照。[τῷ] συντελεῖν,朝向,现在时主动不定式。ἅπαντα,所有事物,中性复数宾格名词,作动词不定式的逻辑主语。πρὸς ἕν,朝向一,介词短语,限定 συντελεῖν。

⑤ 第二个问句的延伸部分。μᾶλλον,更适合说,副词,示意递进。κατ᾽ ἀναλογίαν,根据类比,介词短语,限定被省略的前置冠词 τῷ。

⑥ 从上文 κατ᾽ ἀναλογίαν 引出的方式从句,由 ὡς(就像)引入,作为对原因的解释,由三个省略了系动词的并列句构成。第一句是 ἐν σώματι ὄψις,视觉在身体之中。ὄψις,视觉,名词,阴性单数主格。σώματι,身体,名词,阴性单数与格。ἐν ψυχῇ νοῦς,努斯在灵魂之中。νοῦς,努斯,名词,阳性单数主格。ψυχῇ,灵魂,名词,阴性单数与格。第三句是 ἄλλο δὴ ἐν ἄλλῳ,另一事物在其

一共名]呢？因为，就像视觉在身体中，努斯[1]在灵魂中，另一事物也在其他某个事物之中[m]。

name] by analogy? For, in the way sight [is] in body, *nous* [is] in soul, and another thing in something else.

ἀλλ᾽ ἴσως ταῦτα μὲν ἀφετέον τὸ νῦν·① ἐξακριβοῦν γὰρ ὑπὲρ αὐτῶν ἄλλης ἂν εἴη φιλοσοφίας οἰκειότερον.② ὁμοίως δὲ καὶ περὶ τῆς ἰδέας.③ εἰ γὰρ καὶ ἔστιν ἕν τι τὸ κοινῇ κατηγορούμενον ἀγαθὸν ἢ χωριστὸν αὐτό τι καθ᾽ αὑτό,④ δῆλον ὡς οὐκ ἂν

不过，我们也许暂时得把这些问题放在一边；因为要把这些问题弄清楚更适合于哲学的另一部分。然而关于那个[善]型式也[是]这样；因为，如果有某一个[善]，它以共同的方式述说[其他事物]的[善]，或者，把某个自身依据自身而分离开来，它也

However, these issues have to be left aside for the time being perhaps; for clarifying these issues would be more appropriate to another branch of philosophy. Yet it is likewise with the idea; for if there is some one [goodness] commonly predicating the good-

---

他某个事物之中。

① 简单句。动形词 ἀφετέον 无人称句。ἀφετέον（ἀφίημι），要把……放到一边，动词形容词。其宾语是 ταῦτα，这些[问题]，名词性短语，中性复数宾格。τὸ νῦν，现在，暂时，名词短语，用做副词。ἴσως，也许，副词，限定 ἀφετέον。

② 原因从句。简单句。主语是 ἐξακριβοῦν ὑπὲρ αὐτῶν，把这些问题弄清楚，主动分词短语。ἐξακριβοῦν（ἐξακριβόω），弄清楚，主动分词，中性单数主格。ὑπὲρ αὐτῶν，把这些问题，介词短语，限定 ἐξακριβοῦν。系动词是 εἴη，是，祈愿语气，单数第三人称。表语是 οἰκειότερον，更加适合的，形容词比较级，中性单数主格。ἄλλης φιλοσοφίας，哲学的另一部分，名词短语，阴性单数属格，作表语补语。

③ 省略简单句。δὲ 示意转折承接前文。περὶ τῆς ἰδέας，关于那个型式，此处指善型式，介词短语，与上句中的 ὑπὲρ αὐτῶν 平行，限定省略了的 ἐξακριβοῦν。τῆς ἰδέας，那个[善]型式，名词，阴性单数属格，做介词的间接性宾语。ὁμοίως，同样，副词，据上文，意义是也属于哲学的另一部分。

④ 原因从句。复合句。这里是 εἰ 引导的条件从句部分。系动词是 ἔστιν，无人称形式，此处表示有……，单数第三人称。表语是 ἕν τι，某一个[善]，不定代词短语，中性单数主格，此处仍然指那个善型式，中性单数主格。

ἕν τι 引出一个由 τὸ 引导的并列结构的同位语短语。第一个部分是 τὸ κοινῇ κατηγορούμενον ἀγαθὸν，那个以共同的方式述说[其他事物]的善，名词性短语，中性单数主格，构成对于 ἕν τι 的进一步说明。τὸ ἀγαθὸν，那个善，中性单数主格，指的是前面谈及的那个[善]型式（阴性）。κοινῇ

εἴη πρακτὸν οὐδὲ κτη- τὸν ἀνθρώπῳ.① νῦν δὲ τοιοῦτόν τι ζητεῖται.②

显然不会是人可以实行的和可以获得的；而[后面]这样一种[善]恰恰就是[我们]现在正在寻求的。

ness [of other things], or separating some itself as itself, clearly it would not be practical or attainable for man; but such a [good] is now [what we are] pursuing.

τάχα δὲ τῳ δόξειεν ἂν βέλτιον εἶναι γνωρίζειν αὐτὸ πρὸς τὰ κτητὰ καὶ πρακτὰ τῶν ἀγαθῶν.③ οἷον γὰρ παράδειγμα τοῦτ᾽ ἔχοντες μᾶλλον εἰσόμεθα καὶ τὰ ἡμῖν

但对有的人来说，认识[善]本身对于[获得]那些可获得和可实行的善事物还是更好；因为，比方说有了这个[善作为]模型，我们就更能看清那些相对于我们的善

But for some people to know the [good] itself might seem to be better for achieving those attainable and practicable goods; since, for instance, having this [good

97a

κατηγορούμενον，以共同的方式述说[其他事物]的，分词短语，中性单数主格，限定 τὸ ἀγαθὸν。κοινῇ，共同的，形容词，阴性单数与格，此处作副词，限定 κατηγορούμενον。

第二个部分的完整形式是[τὸ]χωριστὸν αὐτό τι καθ᾽ αὑτό[ἀγαθόν]，把某个自身依据自身分离开来的[善]，中性单数主格，重复的 τὸ ἀγαθὸν 省略。χωριστόν，把……分离开来的，分词，中性单数主格。其宾语是 αὐτό τι，某个自身，代词短语，中性单数宾格。καθ᾽ αὑτό，作为自身，介词短语，限定 χωριστὸν。

① 这里是原因从句的主句部分。δῆλον ὡς（很显然）无人称句。οὐκ ἂν εἴη πρακτὸν οὐδὲ κτητὸν ἀνθρώπῳ 是实际的主语。其逻辑主语是条件从句中的 ἕν τι 即 τὸ ἀγαθὸν，中性单数主格。οὐκ 表示否定。系动词是 οὐκ ἂν εἴη，也不会是，祈愿语气，单数第三人称。表语是 πρακτὸν，可以实行的，形容词，中性单数主格；和 κτητὸν，可以获得的，形容词，中性单性主格。ἀνθρώπῳ，人，名词，阳性单数与格，限定 πρακτὸν 和 κτητὸν。

② 上述原因从句主句的延伸部分，δὲ 示意转折承接上句。主语是 τοιοῦτόν τι，这样的一个[善]，指上文所说的 πρακτὸν οὐδὲ κτητὸν ἀνθρώπῳ，人可以实行的和可以获得的[善]，代词短语，中性单数主格。动词是 ζητεῖται，寻求，现在时中动态，单数第三人称。νῦν，现在，副词。

③ 简单句。δέ 示意转折承接上句。句子的主语是 γνωρίζειν αὐτό，认识它(指那个分离的善型式)，不定式短语。动词是 δόξειεν ἄν，看起来是……，祈愿语气，单数第三人称。τῳ，对有的人来说，不定代词，阳性单数与格，限定 δόξειεν ἄν。δόξειεν ἄν 引出一个不定式短语做宾语 βέλτιον εἶναι。εἶναι，是，不定式。其表语是 βέλτιον，更好的，形容词比较级，中性单数主格。τάχα，可能，副词，作状语，限定 βέλτιον εἶναι。πρὸς τὰ κτητὰ καὶ πρακτὰ τῶν ἀγαθῶν，对于[获得]那些可实行、可获得的善事物，介词短语，限定 βέλτιον εἶναι。τὰ κτητὰ καὶ πρακτὰ，可实行、可获得的事物，名词性短语，中性复数宾格。τῶν ἀγαθῶν，属于善的，名词，中性复数属格，限定 τὰ κτητὰ καὶ πρακτά。

ἀγαθά, κἂν εἰδῶμεν, ἐπιτευξόμεθα αὐτῶν.①

πιθανότητα μὲν οὖν τινα ἔχει ὁ λόγος, ἔοικε δὲ ταῖς ἐπιστήμαις διαφωνεῖν.② πᾶσαι γὰρ ἀγαθοῦ τινος ἐφιέμεναι καὶ τὸ ἐνδεὲς ἐπιζητοῦσαι παραλείπουσι τὴν γνῶσιν αὐτοῦ.③ καίτοι

事物,而假如我们看清[它们],我们就将获得它们。

所以,这条逻各斯有些说服力,但它似乎不符合那些科学;因为,所有那些[科学],尽管都指向某种善并探求所缺少的东西,却把关于这个[善]的知识放在一边;而且,如此重大的一种

as] an example, we will see better the goods for us, and if we saw [them] well, we will attain them. Therefore, this piece of *logos* has some persuasibilities, but it seems to differ with those sciences; for all those [sciences], though aiming at something good and searching for the deficient, leave aside the knowledge of [the

---

① 原因从句。οἷον,例如,比方说,副词,用作插入语。并列句。第一句的主谓语是主要结构是εἰσόμεθα,我们看清……,现在时,复数第一人称。其宾语是καὶ τὰ ἡμῖν ἀγαθά,那些相对于我们的善事物,名词性短语,中性复数宾格。小品词καὶ 在此处无实义。μᾶλλον,更,副词,限定εἰσόμεθα。παράδειγμα τοῦτ᾽ ἔχοντες,有这个[善作为]模型,分词短语,表伴随情况。ἔχοντες (ἔχω),有……,分词,阳性复数主格,逻辑主语为我们。其宾语是τοῦτ᾽,这个[善],指示代词,仍然指柏拉图的那个分离的善自身,中性单数宾格。παράδειγμα,模型,名词,中性单数宾格,作τοῦτ᾽的宾语补语。

第二句是一个复合句。条件从句是κἂν εἰδῶμεν,而假如我们看清[它们]。κἂν是καὶ与ἂν的缩合,起连接作用,并表示句子的虚拟语气。εἰδῶμεν,我们看清,虚拟语气,复数第一人称。逻辑宾语为τὰ ἡμῖν ἀγαθά,此处省略。主句是ἐπιτευξόμεθα αὐτῶν,我们就将获得它们。主谓语是ἐπιτευξόμεθα(ἐπιτεύχω),我们将获得……,复数第一人称。它支配属格形式的间接性宾语αὐτῶν,它们,指示代词,指那些相对于我们的善事物。

② 转折并列句。第一句由οὖν(所以)承接上文。主语是ὁ λόγος,那条逻各斯,名词,阳性单数主格。动词是ἔχει,有,单数第三人称。其宾语是τινα πιθανότητα,一些说服力,名词短语,中性复数宾格。

第二句的主谓语是ἔοικε,它(那条逻各斯)似乎……,现在时,单数第三人称。其表语是动词不定式διαφωνεῖν(διαφωνέω),与……不一致。不定式支配一个与格宾语ταῖς ἐπιστήμαις,那些科学,名词,阴性复数与格。

③ 上面第二句引出的进一步的原因从句。主语是πᾶσαι ἐπιστήμαι,所有那些科学,名词短语,阴性主格复数。这个主语引出两个分词短语限定语。一个是ἀγαθοῦ τινος ἐφιέμεναι,指向某种善。ἐφιέμεναι(ἐφίημι),指向,分词;τινὸς ἀγαθοῦ,某种善,名词短语,单数中性属格,作ἐφιέμεναι的间接性宾语。另一个是τὸ ἐνδεὲς ἐπιζητοῦσαι,探求所缺少的东西。πιζητοῦσαι(ἐπιζητέω),探求,分词;τὸ ἐνδεὲς,所缺少的东西,名词短语,中性单数,作ἐπιζητοῦσαι的宾语。句子的动词是παραλείπουσι(παραλείπω),把……留下,放在一边,现在时,复数第三人称。其宾语是τὴν γνῶσιν,那种知识,名词,阴性单数宾格。αὐτοῦ,这个,在此处,[善]自身,代词,中性单数

βοήθημα τηλικοῦτον τοὺς τεχνίτας ἅπαντας ἀγνοεῖν καὶ μηδ' ἐπιζητεῖν οὐκ εὔλογον.①	帮助所有的技匠却都不知道、也不去探求，也不合道理。	good] itself; and, it [is] not reasonable [to assert that] all the craftsmen do not know and do not search for so great an aid.
ἄπορον δὲ καὶ τί ὠφεληθήσεται ὑφάντης ἢ τέκτων πρὸς τὴν αὐτοῦ τέχνην εἰδὼς αὐτὸ τὸ ἀγαθόν, ἢ πῶς ἰατρικώτερος ἢ στρατηγικώτερος ἔσται ὁ τὴν ἰδέαν αὐτὴν τεθεαμένος.②	但也很难说清，[某个]织工或木匠将[通过]看清那个善本身对他自己在技艺方面会有什么帮助，或者，那个注视这个型式本身的人如何就将是一个更好的医生或将军。因为，一个医生似	Yet, it [is] hard [to say] what help [some] weaver or carpenter will gain in his technique [by] seeing well the good itself, or, how the man gazing at this idea will be a better doctor or general. For,

属格，限定 τὴν γνῶσιν。

① 简单句。καίτοι，不过，小品词，起承接作用。οὐκ εὔλογον 无人称句。可看作省略系动词的系表结构句。表语是 οὐκ εὔλογον，不合理的，形容词短语，中性单数主格。实际主语由两个动词不定式短语构成。一个是 βοήθημα τηλικοῦτον τοὺς τεχνίτας ἅπαντας ἀγνοεῖν，所有的技匠都不知道、也不去探求如此重大的一种帮助。τοὺς τεχνίτας ἅπαντας，所有技匠，名词性短语，阳性复数宾格，不定式的逻辑主语。ἀγνοεῖν（ἀγνοέω），不知道，不定式。βοήθημα τηλικοῦτον，如此重大的一种帮助，名词短语，中性单数宾格，动词不定式的宾语。另一个是 μηδ' ἐπιζητεῖν，不去探求。ἐπιζητεῖν（来自 ἐπιζητέω），探求，不定式。不定式的逻辑主语与宾语与前者同，省略。

② 简单句，通过 καὶ 与上句并接。ἄπορον（困难的）无人称句，也可像上句一样看作省略掉系动词的系表结构句。ἄπορον，困难的，很难说清的，形容词，中性单数主格。实际主语由两个从句构成。一个是 τί ὠφεληθήσεται ὑφάντης ἢ τέκτων πρὸς τὴν αὐτοῦ τέχνην εἰδὼς αὐτὸ τὸ ἀγαθόν，一个织工或木匠将通过看清那个善本身在自己的技艺上得到什么帮助。句子的逻辑主语是 τις，某个人，阳性单数主格，省略。ὑφάντης ἢ τέκτων，织工或木匠们，名词短语，阳性单数、复数属格，限定 τις。动词是 ὠφεληθήσεται，将会得到……，被动语态将来时，单数第三人称。其宾语是 τί，什么，疑问代词，中性单数宾格。εἰδὼς αὐτὸ τὸ ἀγαθόν，[通过]看清那个善本身，分词短语，阳性单数主格。αὐτὸ τὸ ἀγαθόν，Mb 本作 τὸ αὐτὸ αὐτόν；Kb 本作 τὸ αὐτὸ τὸ τοῦτο ἀγαθόν，此处依据莱克汉姆本（Rackham［1924］，24）。εἰδὼς，看清，分词，阳性单数主格。其逻辑主语是省略掉的 τις。其宾语是 αὐτὸ τὸ ἀγαθόν，那个善本身，名词短语，中性单数宾格。πρὸς τὴν αὐτοῦ τέχνην，在这种技术上，介词短语，限定动词 ὠφεληθήσεται。

另一个实际主语从句是 πῶς ἰατρικώτερος ἢ στρατηγικώτερος ἔσται ὁ τὴν ἰδέαν αὐτὴν τεθεαμένος，那个注视这个[善]型式的人如何就是一个更好的医生或将军。πῶς，疑问副词，引导从句。句子的主语是 ὁ τὴν ἰδέαν αὐτὴν τεθεαμένος，那个注视这个型式本身的人，名词性分词短语，阳性单数主格。τεθεαμένος，放置，此处宜解为注视，完成时中动分词，阳性单数主格。其宾语是 τὴν ἰδέαν αὐτὴν，那个型式本身，名词短语，阴性单数宾格。句子的系动词是 ἔσται，是，将来时，

φαίνεται μὲν γὰρ οὐδὲ τὴν ὑγίειαν οὕτως ἐπισκοπεῖν ὁ ἰατρός, ἀλλὰ τὴν ἀνθρώπου, μᾶλλον δ᾽ ἴσως τὴν τοῦδε· ① καθ᾽ ἕκαστον γὰρ ἰατρεύει.② καὶ περὶ μὲν τούτων ἐπὶ τοσοῦτον εἰρήσθω.③

乎不是以那种方式考察健康,而是[考察]人的,不过也许更适合[说],这个人的[健康];因为他按每一个人[的情况]来医治。关于这些问题[的内容]就谈到这里罢ⁿ。

the doctor seems not to consider the health in this way, but the health of man, perhaps better, of this [man]; for he cures according to each individual. And let these issues be stated to this point.

单数第三人称。表语是 ἰατρικώτερος,更好的医生,形容词比较级;和 στρατηγικώτερος,更好的将军,形容词比较级,阳性单数主格。

① 进一步的原因从句。并列句。第一句的主语是 ὁ ἰατρός,医生,名词,阳性单数主格。系动词是 φαίνεται,显得是……,现在时,单数第三人称。表语是 οὐδὲ τὴν ὑγίειαν οὕτως ἐπισκοπεῖν,不是以那种方式考察健康,动词不定式短语。ἐπισκοπεῖν,考察,不定式。其宾语是 τὴν ὑγίειαν,健康,名词,阴性单数宾格。οὕτως,那样地,副词。

第二句由 ἀλλὰ 引导,表示转折。省略句。主语与动词与上句同,被省略。表语部分动词不定式 ἐπισκοπεῖν 也被省略。保留的是其宾语 τὴν ἀνθρώπου,人的[健康],名词短语,阴性单数宾格。宾语 τὴν ἀνθρώπου 又引出了一个进一步限定的并列宾语 τὴν τοῦδε,这个人的[健康];以及一个插入语,μᾶλλον δ᾽ ἴσως,不过也许更适合[说],起加强语气作用。

② 由 τὴν τοῦδε γὰρ 引出的一个原因解释。主谓语是 ἰατρεύει,他治疗,现在时,单数第三人称。καθ᾽ ἕκαστον,按照每一个人[的情况],介词短语,限定 ἰατρεύει。

③ 命令句。动词是 εἰρήσθω(εἰρήσομαι),谈,过去式中被动命令式,单数第三人称。ἐπὶ τοσοῦτον,就到这里,介词短语。περὶ τούτων,关于这些问题的[内容],介词短语,限定 εἰρήσθω。

7

Πάλιν δ' ἐπανέλ-
θωμεν ἐπὶ τὸ ζητούμε-
νον ἀγαθόν, τί ποτ' ἂν
εἴη.① φαίνεται μὲν γὰρ
ἄλλο ἐν ἄλλῃ πράξει
καὶ τέχνῃ·② ἄλλο γὰρ ἐν
ἰατρικῇ καὶ στρατηγικῇ,
καὶ ταῖς λοιπαῖς ὁμοί-
ως.③ τί οὖν ἑκάστης
τἀγαθόν;④ ἢ οὗ χάριν

我们再回到所寻求的那个善,不论它可能是怎样的。因为,它看来[在一种]实践与技艺上是一个东西,在另一种实践与技艺上[又是]另一个;因为,[它]在医术上[是一个东西],在战术上[又是]另一个,余类同。那么,在每一

Again we should return back to the good being sought, whatever it might be. For it seems [to be one thing in one] practice and technique [and] another in another; for [it is one] in medicine and another in strategy, and likewise in the rest.

---

① 复合句。第一句的主动词是 ἐπανέλθωμεν (ἐπανέρχομαι),回返,不定过去时虚拟语气,主动语态,复数第一人称。πάλιν,再一次,副词,做状语。ἐπὶ τὸ ζητούμενον ἀγαθόν,到所寻求的那个善,介词短语,补充限定 ἐπανέλθωμεν。τὸ ζητούμενον ἀγαθόν,所寻求的那个善,名词性短语,中性单数宾格,作介词 ἐπί 的宾语。ζητούμενον,所寻求的,被动式分词,中性单数宾格,限定 τὸ ἀγαθόν (那个善)。

第二句为系表结构。主语是 τὸ ζητούμενον ἀγαθόν,此处省略。系动词是 ἂν εἴη,可能是,祈愿语气,单数第三人称。表语是 τί ποτ',什么样的,怎么会的,疑问副词短语。

② 原因从句。主语为 τὸ ζητούμενον ἀγαθόν,善,省略。系动词是 φαίνεται (φαίνω),显得,看来是,现在时,单数第三人称。表语是 ἄλλο ἐν ἄλλῃ πράξει καὶ τέχνῃ,直接的意思是,在另一种实践与技艺中就是另一个东西,是 "[在一种]实践与技艺上[是一个东西],在另一种上又[是另外一个]" 的缩合形式。ἄλλο,另一个东西,关系代词。ἐν ἄλλῃ πράξει καὶ τέχνῃ,在另一种实践或技艺中,介词短语,限定 ἄλλο。ἄλλῃ,另一个,阴性单数与格。πράξει,实践,阴性单数与格。τέχνῃ,技艺,阴性单数与格。

③ ἄλλο ἐν ἄλλῃ πράξει καὶ τέχνῃ 引出的进一步的原因从句。复合句。第一句省略了主语与系动词,省略的部分同上句。表语是 ἄλλο ἐν ἰατρικῇ καὶ στρατηγικῇ,在医术上[是一个东西],在战术上[又是]另一个,结构同于上句的相应短语。ἰατρικῇ,医术,名词,阴性单数与格。στρατηγικῇ,战术,名词,阴性单数与格。第二句是 καὶ ταῖς λοιπαῖς ὁμοίως,余类同,省略句。ταῖς λοιπαῖς,其余的,名词短语,阴性复数与格。ὁμοίως,同样,副词。

④ 疑问句。主语是 ἑκάστης τἀγαθόν,每一种[实践与技艺]上的那个善,名词性短语,中性单数主格。ἑκάστης,在每一种[实践与技艺]上的,代词,阴性单数属格。系动词省略。表语是 τί,什么,疑问代词中性单数主格。

τὰ λοιπὰ πράττεται;[①] τοῦτο δ' ἐν ἰατρικῇ μὲν ὑγίεια, ἐν στρατηγικῇ δὲ νίκη, ἐν οἰκοδομικῇ δ' οἰκία, ἐν ἄλλῳ δ' ἄλλο, ἐν ἁπάσῃ δὲ πράξει καὶ προαιρέσει τὸ τέλος·[②] τούτου γὰρ ἕνεκα τὰ λοιπὰ πράττουσι πάντες.[③]

ὥστ' εἴ τι τῶν πρακτῶν ἁπάντων ἐστὶ τέλος, τοῦτ' ἂν εἴη τὸ πρακτὸν ἀγαθόν, εἰ δὲ πλείω, ταῦτα.[④] μετα-

种[实践和技艺]上的那个善是什么？或许，[它就是]一个人做其他事情所为着的[那个]？在医术上这[就是]健康，而在战术上[是]胜利，在建筑术上[是]房屋，在另一事情上[是]另一个东西，在每种实践和选择上[都是]那个目的；因为，所有人做其他事情都是为着那个[a]。

所以，如果有某个东西是属于所有实践的目的，这就是那个可实行的善，而如果不止一个，这些[就是可实行的

Then what is the good in every [practice and technique]? Or, [is it that] for which one does all other things? In medicine this [is] health, whereas in strategy victory, in house-building a house, in another case another thing, in every practice and choice the end; for, [it is] for that [end] all people do other things.

Hence if something is an end for all practices, this would be the practicable good, if more than one, these [would be the prac-

---

① 省略形式的疑问句。主语 ἑκάστης τἀγαθόν、系动词，以及表语 τί，均省略。保留的部分是 τἀγαθόν 的关系从句 οὗ χάριν τὰ λοιπὰ πράττεται，[一个人]做其他事情所为着的[那个]。关系从句的主谓语是 πράττεται（πράττω，一个人做……，单数第三人称。其宾语是 τὰ λοιπὰ，其他的事情，名词短语，中性复数宾格。οὗ χάριν，为着那个，副词化短语，限定 τὰ λοιπὰ πράττεται。χάριν，为着，副词，支配属格关系代词宾格 οὗ。οὗ，那个，关系代词，中性单数属格，指 τἀγαθόν，并引导关系从句。在这个从句中，οὗ 通过引导从句的方式被强调。

② 并列的五个句子作为对上句的补充说明。主语是 τοῦτο，这个，指示代词，指 τἀγαθόν，中性单数主格。系动词 εἰμί 省略。表语为五个中性单数主格名词：ὑγίεια（健康）、νίκη（胜利）、οἰκία（房子）、ἄλλο（其他）、τὸ τέλος（目的）。五个介词短语 ἐν ἰατρικῇ（在医术中）、ἐν στρατηγικῇ（在战术中）、ἐν οἰκοδομῇ（在建筑术中）、ἐν ἄλλῳ（在其他当中）、ἐν ἁπάσῃ δὲ πράξει καὶ προαιρέσει（在所有的实践和选择中）作状语，分别限定这五个主格名词。在"在医术上这就是健康"与"在战术上[是]胜利"之间以 μέν...δέ... 连接结构示意一种对照。

③ 原因从句。简单句。主语是 πάντες，所有人，形容词，阳性复数主格。动词是 πράττουσι，做，实践，现在时，复数第三人称。宾语是 τὰ λοιπὰ，其他的事情，名词，中性复数宾格。ἕνεκα τούτου，为了那个，介词短语，作目的状语。

④ 并列句。ὥστ'（所以）示意承接上文引出结论。两个句子都是复合句。第一句由连词 εἰ（如果）引导条件句。主语是 τι，某个，不定代词，中性单数主格。系动词是 ἐστὶ。表语是 τέλος,

I.7

βαίνων δὴ ὁ λόγος εἰς ταὐτὸν ἀφῖκται·① τοῦτο δ' ἔτι μᾶλλον διασα-
25 φῆσαι πειρατέον. ②

ἐπεὶ δὴ πλείω φαίνε-
ται τὰ τέλη, τούτων
δ' αἱρούμεθά τινα δι'
ἕτερα, οἷον πλοῦτον,
αὐλοὺς καὶ ὅλως τὰ
ὄργανα, δῆλον ὡς οὐκ
ἔστι πάντα τέλεια·③ τὸ

善]。[从这里]继续前进，那条逻各斯就达到了同样一点；但是，还需要把它进一步说清楚[b]。

现在，既然目的不止一个，在它们之中我们借助一些，如财富、长笛，总而言之工具，去追求另一些，那么显然，并非所有[目的]都是完善的[c]；但那个最好的[东

ticable goods]. Indeed, going here on the *logos* comes to the same point; but it is necessary to verify this till clearer.

Now since there are more than one ends, of them we pursue some *via* others, like wealth, flutes, and generally, the instruments; it is clear that not all [ends] are final; but

---

目的。τῶν πρακτῶν ἁπάντων，属于所有的实践的，名词短语，中性复数属格，限定 τέλος。主句的主语是 τοῦτ᾽，这个，代词，中性单数主格，指 τι。系动词是 ἂν εἴη，可能就是，祈愿语气，单数第三人称。表语是 τὸ πρακτὸν ἀγαθόν，那个可实行的善，名词短语，中性单数主格。
第二句是省略句。条件从句是 εἰ δὲ πλείω，如果不止一个。πλείω，多个的，不止一个的，形容词，中性单数主格。主句只保留了主语部分 ταῦτα，这些[就是可实行的善]，中性复数主格。
① 简单句。μεταβαίνων（μεταβαίνω），[从这里]继续前进，分词，阳性主格单数，表伴随状语。主语是 ὁ λόγος，那条逻各斯，名词，阳性单数主格。动词是 ἀφῖκται（ἀφικνέομαι），达到，不定过去时中被动，单数第一人称。εἰς ταὐτόν，达到同样一点，朝向这一点，介词短语，限定 ἀφῖκται。
② 简单句。δ᾽ 示意转折承接上句。动形词 πειρατέον（必须试着去……）无人称句。πειρατέον 带出不定式宾语 ἔτι μᾶλλον διασαφῆσαι，把它进一步说清楚，不定过去时。διασαφῆσαι（διασαφέω），说明、解释。其宾语是 τοῦτο，这个。μᾶλλον，更加，副词，限定 διασαφῆσαι。ἔτι，还，副词，起连接作用。
③ 复合句。让步条件从句。ἐπεὶ，既然，连词，引导这个条件从句。从句的主语是 τὰ τέλη，目的，名词，中性复数主格。动词是 φαίνεται（φαίνω），显得是……，单数第三人称。表语是 πλείω，多个的，不止一个的，形容词，中性单数主格。这个从句引出一含有定语从句的插入短语 τούτων δ᾽ αἱρούμεθά τινα δι᾽ ἕτερα，在它们之中我们借助一些去追求另一些。τούτων，指 τὰ τέλη。αἱρούμεθα，我们追求，动词，复数第一人称现在时。其宾语是 τινα，一些，代词，中性复数宾格。δι᾽ ἕτερα，借助另一些，介词短语，限定 αἱρούμεθά τινα。直译为：我们借助另一些去追求一些。由 ἕτερα（另一些）引出一个副词化的插入短语，作为示例，οἷον πλοῦτον, αὐλοὺς καὶ ὅλως τὰ ὄργανα，如财富、长笛，总而言之工具。πλοῦτον，财富，名词，阳性单数宾格。αὐλοὺς，笛子，名词，阳性复数宾格。ὄργανα，工具，名词，中性复数宾格。ὅλως，总而言之，副词。
主句是 δῆλον 无人称句。δῆλον，清楚的，形容词，此处可视为省略了系动词的主句表语，也可视为在作为副词限定全句。接续的整个句子是实际主语。主语是 πάντα，所有[目的]，形容词，中性单数主格。系动词是 οὐκ ἔστι，并不是。表语是 τέλεια，完善的，形容词，中性复数主格。ὡς，那么，副词连词。

δ' ἄριστον τέλειόν τι φαίνεται.①

ὥστ' εἰ μέν ἐστιν ἕν τι μόνον τέλειον, τοῦτ' ἂν εἴη τὸ ζητούμενον, εἰ δὲ πλείω, τὸ τελειότατον τούτων.② τελειότερον δὲ λέγομεν τὸ καθ' αὑτὸ διωκτὸν τοῦ δι' ἕτερον καὶ τὸ μηδέποτε δι' ἄλλο αἱρετὸν τῶν καὶ καθ' αὑτὰ καὶ δι' τοῦθ' αἱρετῶν, ③ καὶ ἁπλῶς

西］看来是某种完善的东西。

所以，如果唯有一个事物是完善的，这可能就是所寻求的那个目的，而如果［有］多个事物［是完善的］，［就是］它们之中最完善的那个。同时我们说，那些因自身而被追寻的东西比那些因它物而被追寻的东西更完善，那些从不因它物而值得追求的东西

the best thing seems to be something final. Therefore, if one thing is something final alone, this would be the end being sought, if many, the most final one among them. Meanwhile, we talk of the thing chased for its own sake [as something] more final than the thing chased for another thing, and the thing never

---

① 简单句。δ' 表示语气的转折。主语是 τὸ ἄριστον, 那个最好的事物，名词性形容词最高级短语，中性单数主格。动词是 φαίνεται（φαίνω），似乎是……，单数第三人称。表语是 τέλειόν τι, 某个完善的东西。

② 并列复合句，由连词 ὥστ'（所以）承接上文。μέν...δὲ... 表明两句之间构成某种对照。第一个复合句的条件句的主语是 ἕν, 一个事物，数词，中性单数主格。系动词是 ἐστιν, 单数第三人称。表语是 τι μόνον τέλειον, 唯一一个完善的事物，形容词短语，中性单数主格。μόνον, 唯一的，形容词，中性单数主格。τέλειον, 完善的，形容词，中性单数主格。主句的主语是 τοῦτ', 这个，指示代词，代指 ἕν, 中性单数主格。系动词是 ἂν εἴη, 可能就是，祈愿语气，单数第三人称。表语是 τὸ ζητούμενον, 所寻求的那个目的，被动分词短语，中性单数主格。

第二个复合句为省略式。条件句省略了系表结构，保留了主语部分，εἰ δὲ πλείω, 而如果［有］几个事物［是完善的］。主句也仅保留了主语部分。τὸ τελειότατον τούτων,［就是］它们之中最完善的那个, 直译当是：它们之中最完善的那个［可能就是所寻求的那个目的］。τελειότατον, 最完善的，形容词最高级，中性单数主格。

③ 简单句。主谓语是 λέγομεν（λέγω），我们说，现在时，复数第一人称。它引出三个宾语+补语的结构。第一个宾语是 τὸ καθ' αὑτὸ διωκτὸν, 因自身而被追寻的东西，形容词短语，中性单数宾格。τὸ διωκτὸν, 被追寻的东西, καθ' αὑτὸ, 因自身，介词短语，限定 διωκτὸν, 被追寻的，形容词，中性单数宾格。其补语是 τελειότερον, 更完善的，中性单数比较级形容词，中性单数宾格。τοῦ δι' ἑτέρου, 因它物［而被追寻］的东西，名词性短语，中性单数属格，是与宾语进行比较的对象。δι' ἑτέρου, 因另一事物，因它物，介词短语，限定前置冠词 τοῦ。

第二个宾语是 τὸ μηδέποτε δι' ἄλλο αἱρετὸν, 从不因它物而值得追求的东西，名词性短语，中性单数宾格。μηδέποτε, 从不。αἱρετὸν, 值得追求的，形容词，中性单数宾格。τελειότερον 也是第二个宾语补足语。复数属格短语 τῶν καὶ καθ' αὑτὰ καὶ δι' τοῦθ' αἱρετῶν, 那些既因自身又因这个事物而值得追求的东西，是与宾语进行比较的对象，名词性短语，中性复数属格。τῶν... αἱρετῶν, 那些值得追求的东西，名词性短语，中性复数属格。αἱρετῶν, 值得追求的，形容词，中性复数属格。

I.7

δὴ τέλειον τὸ καθ' αὑτὸ αἱρετὸν ἀεὶ καὶ μηδέποτε δι' ἄλλο.①

τοιοῦτον δ' ἡ εὐδαιμονία μάλιστ' εἶναι δοκεῖ·② ταύτην γὰρ αἱρούμεθα ἀεὶ δι' αὐτὴν καὶ οὐδέποτε δι' ἄλλο,③ τιμὴν δὲ καὶ ἡδονὴν καὶ νοῦν καὶ πᾶσαν ἀρετὴν αἱρούμεθα μὲν καὶ δι' αὐτά④ (μηθενὸς γὰρ

又比那些既因自身又因这个事物而值得追求的东西[更完善]，那个始终因其自身而从不因它物而值得追求的东西则绝对完善。

幸福看起来最是这样一种事物；因为，我们永远只是因它自身而从不因其他事物而追求它，而荣誉、快乐、努斯和所有德性，我们固然因它们自身之故而追求它们(因为[即使]不带来结果我们也会追求它们

pursuable for the sake of another thing [more final] than those pursuable both for their own sake and for this thing, and the thing always pursuable for its own sake and never for another thing simply final. Happiness seems to be mostly such a thing; for, we always pursue happiness for its own sake and never [pursue it] for another thing, whereas honor, pleasure, *nous*, and every virtue, although we indeed pursue for

---

καί...καί...，既……又……，连词。καθ' αὑτά，因自身，介词短语，限定 αἱρετόν。διὰ τοῦθ'，因这个事物，介词短语，限定 αἱρετόν。τοῦθ'，这个事物，代词短语，指那个从不因它物值得追求的东西，中性单数属格。第三个宾语见下注。

① 第三个宾语是 τὸ καθ' αὑτὸ αἱρετὸν ἀεὶ καὶ μηδέποτε δι' ἄλλο，那个总是因其自身而从不因它物而值得追求的东西，名词性短语，中性单数宾格。τὸ...αἱρετόν，值得追求的东西，名词性短语，中性单数宾格。καθ' αὑτὸ...ἀεί，始终因其自身，介词短语，限定 αἱρετόν。μηδέποτε δι' ἄλλο，从不因他物，否定性介词短语，限定 αἱρετόν。这个宾语的补语是 ἁπλῶς τέλειον，绝对完善的，形容词短语，中性复数宾格。ἁπλῶς，绝对地，总体地，副词，限定 τέλειον（完善的）。

② 简单句。主语是 ἡ εὐδαιμονία，幸福，名词，阴性单数主格。动词是 δοκεῖ，看起来……，现在时，单数第三人称。其宾语是 εἶναι τοιοῦτον，是这样一个事物，不定式短语。τοιοῦτον，这样一个事物，形容词，中性单数主格。μάλιστ'，最，副词，限定 εἶναι τοιοῦτον。

③ 原因从句。γάρ，因为，连接上文给出原因的说明。转折并列句，这里是第一句。主谓语是 αἱρούμεθα（αἱρέω），我们追求，现在时，复数第一人称。其宾语是 ταύτην，它，它自身，指示代词，指幸福，阴性单数宾格。ἀεί，总是，始终，副词，限定 αἱρούμεθα。δι' αὐτήν，因它自身，介宾短语，限定 αἱρούμεθα。οὐδέποτε δι' ἄλλο，从不因其他事物，否定性介词短语，限定 αἱρούμεθα。δι' ἄλλο，因其他事物，介宾短语。

④ 这里是转折承接的第二句。它自身也是一个转折并列句。μέν καί... δέ καί... 对照结构。这里是第一句。主谓语是 αἱρούμεθα，我们追求，现在时，复数第一人称。其宾语是 τιμὴν δὲ καὶ

ἀποβαίνοντος ἑλοίμεθ' ἂν ἕκαστον αὐτῶν①), αἱρούμεθα δὲ καὶ τῆς εὐδαιμονίας χάριν, διὰ τούτων ὑπολαμβάνο-
5 ντες εὐδαιμονήσειν.② τὴν δ' εὐδαιμονίαν οὐδεὶς αἱρεῖται τούτων χάριν, οὐδ' ὅλως δι' ἄλ-λο.③

Φαίνεται δὲ καὶ ἐκ τῆς αὐταρκείας τὸ αὐτὸ συμβαίνειν.④ τὸ γὰρ τέ-

之中的每一个），但我们也为幸福之故而追求它们，认为借助它们我们将会幸福；然而，却没有一个人是为着这些事物，或者总体地说，为着它物，而追求幸福ᵈ。

从自足的方面［考察］也似乎会得出同样的结论。因为，那个完善的

their own sake (for [even if] nothing resulted, we would still pursue each of them), we also pursue [them] for happiness, supposing that with them we will be happy, but no one pursues happiness for these things, nor, in general, for another thing.

The same conclusion appears to result out of [the examination of]

ἡδονὴν καὶ νοῦν καὶ πᾶσαν ἀρετὴν，荣誉、快乐、努斯和所有德性。τιμήν，荣誉，名词，阴性单数宾格。ἡδονήν，快乐，名词，阴性单数宾格。νοῦν，努斯，名词，阳性单数宾格。πᾶσαν ἀρετήν，所有德性，名词短语，阴性单数宾格。δι' αὐτά，因它们自身。

① 括起的部分是上文中 δι' αὐτά 短语引出的一个原因解释从句。μηθενὸς ἀποβαίνοντος，［即使］不带来结果，属格分词独立式，作条件状语。μηθενός，没有什么东西，代词，阳性单数属格。ἀποβαίνοντος，带来结果，分词，阳性单数属格。从句的主谓语是 ἑλοίμεθ'（来自 αἱρέω），我们追求，不定过去时祈愿语气，复数第一人称。其宾语是 ἕκαστον αὐτῶν，它们中的每一个。

② 这里是第二句。δὲ καὶ 与上文的 μέν καὶ 对应，表语气的转折。主谓语是 αἱρούμεθα，我们追求，现在时，复数第一人称。其宾语是上面提到的荣誉等四种事物，省略。χάριν τῆς εὐδαιμονίας，为幸福之故，副词性短语，限定 αἱρούμεθα。

这是一个分词独立式，表伴随情况。ὑπολαμβάνοντες（ὑπολαμβάνω），我们认为，主动态分词，阳性复数主格。其宾语是 εὐδαιμονήσειν，变得幸福，将来时动词不定式。διὰ τούτων，由于它们（指荣誉等四种事物），介词短语，限定 εὐδαιμονήσειν。

③ 简单句。δ' 示意转折承接上文。主语是 οὐδείς，没有人，代词，阳性单数主格。动词是 αἱρεῖται（αἱρέω），追求，现在时，单数第三人称。其宾语是 τὴν εὐδαιμονίαν，那个幸福，名词，阴性单数宾格。χάριν τούτων，为着这些事物，副词短语，限定 τὴν εὐδαιμονίαν αἱρεῖται。χάριν τούτων 引出一个并列的否定性介词短语 οὐδ' ὅλως δι' ἄλλο，或者总体地说，为着它物。ὅλως，总体地说，副词。δι' ἄλλο，为着它物，介词短语。

④ 简单句。φαίνεται 无人称句。φαίνεται，显得是……，现在时，单数第三人称。其宾语是 τὸ αὐτὸ συμβαίνειν，得出同样的［结论］，冠词＋不定式名词性短语。τὸ συμβαίνειν，得出，冠词＋不定式。συμβαίνειν，得出……，不定式。αὐτό，这一点，同样的结论，名词性短语，中性单数宾格，作不定式 συμβαίνειν 的宾语。ἐκ τῆς αὐταρκείας，从自足的方面［考察］，介词短语，限定 φαίνεται。τῆς αὐταρκείας，自足，名词，阴性单数属格，作介词 ἐκ 的间接性宾语。

λειον ἀγαθὸν αὔταρκες εἶναι δοκεῖ.①

τὸ δ' αὔταρκες λέγομεν οὐκ αὐτῷ μόνῳ, τῷ ζῶντι βίον μονώτην, ἀλλὰ καὶ γονεῦσι καὶ τέκνοις καὶ γυναικὶ καὶ ὅλως τοῖς φίλοις καὶ πολίταις,② ἐπειδὴ φύσει πολιτικὸν ὁ ἄνθρωπος.③ τούτων δὲ ληπτέος ὅρος τις·④ ἐπεκτείνοντι γὰρ ἐπὶ τοὺς γονεῖς καὶ τοὺς ἀπογόνους καὶ τῶν

善看来是自足的。

但是，我们谈到的不是一个人自己的，即他过着孤独的生活的自足，而是指［他的］有父母、儿女、妻子，以及广言之有朋友和同邦人［的生活］的［自足］，既然人在自然上就是政治性的ᵉ。但是，关于这些事情又必须有一个限制；因为，［如果要］扩展到一个人的父母、后代，以及朋友

self-sufficiency. For the final good seems to be self-sufficient.

But [by self-sufficiency] we do not mean the self-sufficiency for a man alone, living a life of isolation, but [the self-sufficiency for one living a life] with parents, children, wife and in general, [with] friends and fellow citizens, since human being [is] by nature political. But some

---

① 原因从句。主语是 τὸ τέλειον ἀγαθόν，那个完善的善，名词性短语，中性单数主格。动词是 δοκεῖ，看起来……，现在时，单数第三人称。其宾语是 εἶναι αὔταρκες，是自足的，不定式短语。αὔταρκες，自足的，形容词，中性单数宾格，做不定式 εἶναι 的表语。

② 简单句。主谓语是 λέγομεν，我们说，我们谈论，现在时，复数第一人称。其宾语是 τὸ αὔταρκες，自足，名词，中性单数宾格。这个动宾结构引出一个 οὐκ…ἀλλὰ… 对照并列结构的与格短语补语。第一个短语是 οὐκαὐτῷ μόνῳ，不是一个人自己的，名词短语，单数阳性与格。αὐτῷ μόνῳ 引出一个同位语短语 τῷ ζῶντιβίον μονώτην，即他着孤独的生活的，分词短语，阳性单数与格，作进一步说明。ζῶντι，过着，主动分词，阳性单数与格。其宾语是 βίον μονώτην，孤独的生活，名词，阳性单数宾格。μονώτην，孤独，名词，阳性单数宾格，限定 βίον（生活）。第二个短语是 ἀλλὰ καὶ [τὸ αὔταρκες] γονεῦσι καὶ τέκνοις καὶ γυναικὶ καὶ ὅλως τοῖς φίλοις καὶ πολίταις，而是［他的］有父母、儿女、妻子，以及广言之有朋友和同邦人［的生活］的［自足］，短语的主语仍然是上文中的[τὸ αὔταρκες（自足）]。γονεῦσι，父母，名词，阳性复数与格。τέκνοις，儿女，名词，中性复数与格。γυναικί，妻子，名词，阴性单数与格。τοῖς φίλοις καὶ πολίταις，朋友和同邦人，名词短语，阳性复数与格。这一组与格名词短语限定 [τὸ αὔταρκες]。

③ 让步从句。ἐπειδή，既然，连词，引导从句。主语是 ὁ ἄνθρωπος，人，名词，阳性单数主格。φύσει，自然，名词，阴性单数与格，这里用作副词。系动词省略。表语是 πολιτικόν，政治性的，形容词，中性单数主格。

④ 简单句。δὲ 示意语气的转折。主语是 ὅρος τις，某个限制，名词，阳性单数主格。τούτων，这些事情，指示代词，中性复数属格，限定 ὅρος τις。系动词省略。表语是 ληπτέος，必须被接受，形容词，阳性单数主格。

φίλων τοὺς φίλους εἰς ἄπειρον πρόεισιν.①	的朋友，[这些事情]就将走向无限。	limit has to be assumed on these things; for [with life] extending to parents, descendants, and friend's friends, [these things] will fall into infinite.
15 ἀλλὰ τοῦτο μὲν εἰσαῦθις ἐπισκεπτέον,② τὸ δ' αὔταρκες τίθεμεν ὃ μονούμενον αἱρετὸν ποιεῖ τὸν βίον καὶ μηδενὸς ἐνδεᾶ.③ τοιοῦτον δὲ τὴν	不过，这个问题应当留到后面ᶠ去探究，我们[现在]把仅由于自身便使得生活值得[去]追求且无所缺乏的事物看作自足的；而我们认为幸	But this point ought to be considered later on, [now] we take that thing as self-sufficient which alone makes life pursuable lacking in nothing;

---

① 原因从句。开始的部分是一个与格分词短语，表伴随情况。ἐπεκτείνοντι（ἐπεκτείνω），扩展，主动分词，阳性单数与格。ἐπὶ，到，介词，引导一个包含三个宾语的介宾短语，作与格分词的补足语。三个宾语分别是：τοὺς γονεῖς，父母，阳性复数。莱索（Rassow）认为此处应当加上τῶν γόνεων，指亚里士多德所表达的意思是"父母的父母"。一些译者采取这种意见。另一些译者，如罗斯（Ross）、莱克汉姆（Rackham），在此处直接译为 ancestors（祖先）。今从前解。τοὺς ἀπογόνους，后代，形容词，阳性复数；τῶν φίλων τοὺς φίλους，朋友的朋友；其中 τῶν φίλων，朋友，阳性复数属格，修饰阳性复数宾格的 τοὺς φίλους（朋友）。

句子主干呈 πρόεισιν 无人称句形式。πρόεισιν（πρόειμι），走向，现在时，复数第三人称。εἰς ἄπειρον，朝向无限，介宾短语，限定 πρόεισιν。ἄπειρον，无穷，名词，中性单数宾格，作介词 εἰς 的宾语。

② 并列句。μὲν...δ'... 结构表明对照。ἀλλὰ，不过，转折衔接上文。这里是第一句。动形词 ἐπισκεπτέον（应当去探究）无人称句。其宾语是 τοῦτο，这个问题，指示代词，中性单数宾格。μὲν εἰσαῦθις，留到后面，副词短语，限定 ἐπισκεπτέον。

③ 这里是第二句。主谓语为 τίθεμεν，我们把……看作，现在时复数第一人称。它支配两个宾语。它的直接宾语是[τὸ] ὃ μονούμενον αἱρετὸν ποιεῖ τὸν βίον καὶ μηδενὸς ἐνδεᾶ，仅由于自身便使得生活值得追求且无所缺乏的事物，冠词+定语从句名词性短语，中性单数宾格，前置冠词[τὸ]省略。ὃ μονούμενον αἱρετὸν ποιεῖ τὸν βίον καὶ μηδενὸς ἐνδεᾶ，它仅由于自身便使得生活值得追求且无所缺乏，定语关系从句。从句的主语是 ὃ，它，关系代词，指代省略了的[τὸ]，并引导定语关系从句，中性单数主格。动词是 ποιεῖ，使得，现在时，单数第三人称。其宾语是 τὸν βίον，生活，名词，中性单数宾格。μονούμενον，仅由于自身，中动分词，从动词 μονόω（过孤独的生活）变化而来，单数第三人称，表伴随状况。动宾结构 ποιεῖ τὸν βίον 引出两个宾语补语。第一个是 αἱρετόν，值得[去]追求，动形词，中性单数宾格。第二个是 καὶ μηδενὸς ἐνδεᾶ，且无所缺乏。ἐνδεᾶ，缺乏，名词，阴性单数宾格。μηδενὸς，无所……，否定词，中性单数属格，限定 ἐνδεᾶ。

τίθεμεν 的间接宾语或宾语补语是 τὸ αὔταρκες，自足的事物，中性单数宾格。第二个是由被

εὐδαιμονίαν οἰόμεθα εἶ-ναι.① ἔτι δὲ πάντων αἱρετω-τάτην μὴ συναριθμου-μένην② — συναριθ-μουμένην γὰρ δῆλον ὡς αἱρετωτέραν μετὰ τοῦ ἐλαχίστου τῶν ἀγαθῶν,③ ὑπεροχὴ γὰρ ἀγαθῶν γίνεται τὸ προστιθέμενον, ἀγαθῶν δὲ τὸ μεῖζον αἱρετώτε-ρον ἀεί.④ τέλειον δή τι

福就是这样的事物。

不仅如此,[我们还认为幸福是]所有事物中最值得追求的事物,而不是位列于那些事物中的一个——因为显然,[如果我们当它是]位列于那些事物中的一个,[我们就把它当作]加上最小一点善就更值得追求的事物了,因为,那增添上去的东西成为善事物

yet we think happiness to be such a thing. Furthermore, [we take happiness to be] the most pursuable thing among all things, not one among a number of things — for obviously, [if we took it as] one among a number of things [we would have taken it as] something more pursuable with the smallest part of the good

---

省略的 τὸ 引导的关系从句构成。

① 这里是第二句。δὲ 表明语气的转折。主动词是 οἰόμεθα,我们认为,现在时,复数第一人称。οἰόμεθα 支配宾语与宾语补语。宾语是 τὴν εὐδαιμονίαν,那个幸福,名词,阴性单数宾格。补语是 εἶναι τοιοῦτον,就是这样的事物,不定式短语。

② 上面并列第二部分的递进延伸部分。ἔτι(此外)示意此种并接关系。句子省略了 τὴν εὐδαιμονίαν οἰόμεθα…,我们还认为幸福是……。保留的部分是 τὴν εὐδαιμονίαν 的宾语补语 πάντων αἱρετωτάτην,所有事物中最值得追求的事物,名词短语,阴性单数宾格。αἱρετωτάτην,最值得追求的,动词形容词最高级,阴性单数宾格。πάντων,所有事物,代词,中性复数属格。μὴ συναριθμουμένην,而不是位列于那些事物中的一个,否定性分词短语,作 τὴν εὐδαιμονίαν 的另一个补语。συναριθμουμένην(συναριθμέω),位列于那些(此处,值得追求的)事物中的一种,分词,阴性单数宾格。

③ 由宾语补语 μὴ συναριθμουμένην 引出的原因说明。δῆλον(显然)无人称句。也可解释为省略系动词表语为 δῆλον 的句子。以此解释,实际主语是一个省略复合句。条件从句连接词 εἰ,以及条件句与主句的同于上句的主谓宾结构,即 τὴν εὐδαιμονίαν οἰόμεθα…,均省略。条件从句保留的仅是宾语 τὴν εὐδαιμονίαν 的补语,συναριθμουμένην,位列于那些事物中的一个,分词,阴性单数宾格。主句保留的部分同样是此宾语补语 αἱρετωτέραν,比较值得追求的,动词形容词比较级,阴性单数宾格。μετὰ τοῦ ἐλαχίστου τῶν ἀγαθῶν,加上最小的一点善,介宾短语,限定主句的被省略的系动词 + 表语 αἱρετωτέραν 结构。τοῦ ἐλαχίστου,最小的,最少的,形容词最高级,中性单数属格,做介词 μετὰ 的间接性宾语。τῶν ἀγαθῶν,善,名词,中性复数属格,限定 τοῦ ἐλαχίστου。

④ 由上句中 αἱρετωτέραν μετὰ τοῦ ἐλαχίστου τῶν ἀγαθῶν(加上最小一点善就比较值得追求)引出的进一步的原因说明。转折并列句。第一句的主语是 τὸ προστιθέμενον,那增添上去的东西,名词性分词短语,中性单数主格。系动词是 γίνεται,成为,现在时,单数第三人称。表语是 ὑπεροχὴ,突出出来的部分,名词,阴性单数主格。ἀγαθῶν,善事物,中性复数属格,限定 ὑπεροχὴ。

第二句主语是 ἀγαθῶν δὲ τὸ μεῖζον,较大的善,名词短语,中性单数主格。τὸ μεῖζον,较大的,

φαίνεται καὶ αὔταρκες
ἡ εὐδαιμονία, τῶν πρα-
κτῶν οὖσα τέλος.①

Ἀλλ' ἴσως τὴν μὲν
εὐδαιμονίαν τὸ ἄριστον
λέγειν ὁμολογούμενόν
τι φαίνεται,② ποθεῖ-
ται δ' ἐναργέστερον τί
ἐστιν ἔτι λεχθῆναι.③

中突出出来的部分，而较大的善总是更值得追求。而幸福，作为实践的目的，似乎[是]某种完善的和自足的事物ᵍ。

但也许，说幸福就是那个最好的[东西]显得是老生常谈，它的所是还需要更清楚地说出来。也许，如果把人的那种活动弄清楚了，

added, for this increase becomes the protruding part of the good, and a larger good is always more pursuable. Yet happiness seems [to be] something final and self-sufficient, being [the] end of the practices.

But to talk of happiness as the best thing perhaps appears to be a platitude, what it is needs to be spoken out more clearly. This perhaps would have

---

形容词比较级，中性单数主格。ἀγαθῶν,善事物,名词,中性复数属格,限定τὸ μεῖζον。系动词省略。表语是αἱρετώτερον,更值得追求的,动形容词比较级,中性单数主格。ἀεί,总是,副词,限定省略系动词的系表结构。

① 简单句。δή 示意语气上的转折。主语是ἡ εὐδαιμονία,那个幸福。系动词是φαίνεται,似乎是,现在时,中动语态,单数第三人称。表语是τέλειον τι καὶ αὔταρκες,某种完善和自足的事物,不定代词短语,中性单属主格。τέλειον,完善的,形容词；αὔταρκες,自足的,形容词,中性单数主格,限定不定代词τι。τῶν πρακτῶν οὖσα τέλος,是实践的目的,分词短语,表伴随情况。οὖσα,是,作为,分词,阴性单数主格。其表语是τέλος,目的,名词,中性单数主格。τῶν πρακτῶν,实践,名词,中性复数属格,限定τέλος。

② 并列句。Ἀλλ' 示意转折承接前文。μὲν…δ'… 结构表明两句构成对照。这里是第一句。ἴσως,也许,副词,起引导作用。主语是τὴν μὲν εὐδαιμονίαν τὸ ἄριστον λέγειν,说幸福就是最高的那个善,不定式短语。λέγειν,说,不定式。其直接宾语是τὴν εὐδαιμονίαν,幸福,名词,阴性单数宾格。其间接宾语或补语是τὸ ἄριστον,那个最好的东西,名词性短语,中性单数宾格。是宾语补足语。句子的系动词是φαίνεται,显得是。表语是ὁμολογούμενόν τι,某种老生常谈,不定代词短语,中性单数主格。τι,某种,不定代词。ὁμολογούμενόν,老生常谈,现在时分词,中性单数主格,限定τι。

③ 这里是第二句。主语是一个主语从句τί ἐστιν,它的所是,它所是的那个。动词是ποθεῖται (ποθέω),需要,现在时,中被动语态,单数第三人称。其宾语是ἐναργέστερον ἔτι λεχθῆναι,更清楚地说出来,不定式短语。λεχθῆναι (λέγω),说,不定式,不定过去时被动语态。ἐναργέστερον,更加清楚的,形容词,此处起副词作用,中性单数宾格。ἔτι,还,此外,副词。

25 τάχα δὴ γένοιτ' ἂν τοῦτ', εἰ ληφθείη τὸ ἔργον τοῦ ἀνθρώπου.①
ὥσπερ γὰρ αὐλητῇ καὶ ἀγαλματοποιῷ καὶ παντὶ τεχνίτῃ, καὶ ὅλως ὧν ἔστιν ἔργον τι καὶ πρᾶξις, ἐν τῷ ἔργῳ δοκεῖ τἀγαθὸν εἶναι καὶ τὸ εὖ,②
οὕτω δόξειεν ἂν καὶ ἀνθρώπῳ, εἴπερ ἔστι τι ἔργον αὐτοῦ.③

这一点就会变得[更清楚]。因为，正如对于一个吹笛手、一个木匠或所有工匠，总而言之，对那些具有某种活动和实践的事物来说，那个善和那个好看来就存在于那种活动之中，对于人也似乎同样，既然他有一种属于他自身的活动。

become so if the activity of human being had been understood. For just as for a flute-player, a sculptor, and all craftsman, and generally for all [things] that have an activity and practice, the goodness and that well-ness seem to exist in that activity, and [this] would seem likewise for man, since he has an activity of his own.

---

① 复合句。主句的主语是 τοῦτ'，这一点，只是代词，中性单数主格。动词是 γένοιτ'（γίγνομαι），变得，不定过去时祈愿语气，单数第三人称。表语省略，据上文，应当是 ἐναργέστερον（更清楚）。τάχα，也许，副词，表示可能性。
条件从句由 εἰ（如果）引导。主语是 τὸ ἔργον τοῦ ἀνθρώπου，人的那种活动。τὸ ἔργον，那种活动，名词，中性单数主格。τοῦ ἀνθρώπου，人的，名词，阳性单数属格，限定 τὸ ἔργον。动词是 ληφθείη（λαμβάνω），被抓住，被理解，不定过去时被动语态，祈愿语气，单数第三人称。

② 原因从句。简单句。在前半部分，副词 ὥσπερ（正如），引导一个与格名词短语，作为句子的状语。这个与格短语分为两个部分。第一个部分是 αὐλητῇ καὶ ἀγαλματοποιῷ καὶ παντὶ τεχνίτῃ，对于一个吹笛手、一个木匠或任何一个匠师。αὐλητῇ，吹笛手，阳性单数与格。ἀγαλματοποιῷ，木匠，阳性单数与格。παντὶ τεχνίτῃ，所有工匠，阳性单数与格。第二个部分是第一个部分的延伸：καὶ ὅλως [τοῖς] ὧν ἔστιν ἔργον τι καὶ πρᾶξις（脚注中此类[ ]的内容为注者所加，后同。），总而言之，对于那些有某种活动或实践的事物来说。καὶ ὅλως，总而言之，副词，起承接作用。ὧν，那些事物，关系代词，指省略了的前置与格冠词 τοῖς（那些事物），并引导一个关系从句，限定 τοῖς，中性复数属格。从句为 ἐστὶν（有）无人称句。系动词是 ἐστὶν，有，现在时，单数第三人称。表语是 ἔργον τι καὶ πρᾶξις，某种活动和实践，名词短语，中性单数主格。
句子的主语是 τἀγαθὸν καὶ τὸ εὖ，那个善和那个好，名词性短语。τἀγαθὸν，那个善，名词，中性单数主格。τὸ εὖ，那个好，冠词+副词名词性短语，中性单数主格。εὖ 是幸福一词的副词前缀，在此处第一次被放置在中性冠词 τὸ 之后做名词性的使用。τὸ εὖ 也就是前文[1095a20] τὸ εὖ ζῆν καὶ τὸ εὖ πράττειν（过得好和做得好）的缩略。动词是 δοκεῖ，看来就……，现在时，单数第三人称。其宾语是不定式短语 εἶναι ἐν τῷ ἔργῳ，存在于那种活动之中。εἶναι，存在于，不定式。ἐν τῷ ἔργῳ，那种活动之中，介词短语，限定 εἶναι。

③ 复合句。主句的动词是 δόξειεν，似乎是……，将来时，祈愿语气，单数第三人称，逻辑主语是 τἀγαθὸν καὶ τὸ εὖ。表语是 οὕτω，同样，副词。ἀνθρώπῳ，对于人，名词，阳性单数与格，用作副词。
从句由 εἴπερ（既然）引入。逻辑主语是上文的 ἀνθρώπῳ。系动词是 ἔστι，有，现在时，单数

πότερον οὖν τέκτονος μὲν καὶ σκυτέως ἔστιν ἔργα τινὰ καὶ πράξεις, ἀνθρώπου δ᾽ οὐδέν ἐστιν, ἀλλ᾽ ἀργὸν πέ-
30 φυκεν;[①] ἢ καθάπερ ὀφθαλμοῦ καὶ χειρὸς καὶ ποδὸς καὶ ὅλως ἑκάστου τῶν μορίων φαίνεταί τι ἔργον, οὕτω καὶ ἀνθρώπου παρὰ πάντα ταῦτα θείη τις ἂν ἔργον τι;[②] τί οὖν δὴ τοῦτ᾽ ἂν εἴη ποτέ;[③]

那么,是有属于木匠和鞋匠的某些活动与实践,却没有属于人的,人根据自然就是不活动的? 还是,正如看来有属于眼、手、足, 总的说来有属于[身体的]每一个小部分的一种活动,同样地,某个事物也已经安置了一种不同于所有这些[活动]的属于人的活动? 那么,这种[活动]可能是什么[h]?

[Is it], then, [that] of a carpenter and a shoe-maker there are some activities and practices, whereas of man there is none, man is by nature inactive? Or [that], just as of eye, hand, and foot, and generally of each portion [of the body], there seems to be some sort of activity, someone may likewise have placed some activity of man apart from all these [activities]? Then, what could this be?

第三人称。表语是 τι ἔργον αὐτοῦ, 某种属于他的活动。τι ἔργον, 某种活动, 名词短语, 中性单数主格。αὐτοῦ, 属于他(指 ἀνθρώπῳ)的, 指示代词, 阳性单数属格。

① 这是一个 πότερον... ἤ...(是……还是……?)结构的选择疑问句。οὖν(那么)承接上文引出问句。这里是第一句。这一句里又包含 μέν...δ᾽... 结构的两个对照并列句。前一句的主语是 τέκτονος καὶ σκυτέως, 属于木匠和鞋匠的, 属格名词短语。τέκτονος, 木匠, 阳性单数属格; σκυτέως, 鞋匠, 阳性单数属格。系动词是 ἔστιν, 有, 现在时, 单数第三人称。表语是 ἔργα τινὰ καὶ πράξεις, 某些活动与实践, 名词短语。ἔργα τινὰ, 某些活动, 中性复数主格。πράξεις, 实践, 名词, 阴性复数主格。

后一句的主语是 ἀνθρώπου, 属于人的, 系动词是 ἐστιν, 表语是 οὐδέν, 没有, 无。这个部分引出一个插入语 ἀλλ᾽ ἀργὸν πέφυκεν, 但是[他]根据自然就是不活动的, 起进一步说明的作用。在这个插入语中, 逻辑主语仍然是前面的 ἀνθρώπου, 属于人的。动词是 πέφυκεν(φύω), 根据自然就是……, 完成时, 单数第三人称。表语是 ἀργόν, 不活动的, 形容词, 中性单数主格。

② 这里是选择问句的后一个问句。复合句。καθάπερ 引入方式从句。结构与上句的相同。主语是属格短语 ὀφθαλμοῦ καὶ χειρὸς καὶ ποδὸς καὶ ὅλως ἑκάστου τῶν μορίων, 属于眼、手、足和总的说来属于[身体的]每一个小部分的。ὀφθαλμοῦ, 眼睛, 阳性单数属格。χειρὸς, 手, 阴性单数属格。ποδὸς, 足, 阳性单数属格。ἑκάστου τῶν μορίων, 每一个小部分, 形容词短语, 中性单数属格。系动词是 φαίνεται(φαίνω), 似乎有……。表语是 τι ἔργον, 一种活动。

副词 οὕτω(同样)引导问句的主句。主语是 τις, 某人, 某个事物, 阳性单数主格。动词是 θείη(τίθημι), 放置, 不定过去时祈愿语气, 单数第三人称。宾语是 τι ἔργον, 某种活动, 中性单数宾格。介词短语 παρὰ πάντα ταῦτα, 不同于所有这些活动的, 限定 τι ἔργον。ἀνθρώπου, 人的, 名词, 阳性单数属格, 限定 τι ἔργον。

③ 这是一个接续的问句。οὖν δὴ, 那么, 承接连系副词。主语是 τοῦτ᾽, 这种[活动], 中性单

I.7

τὸ μὲν γὰρ ζῆν κοινὸν εἶναι φαίνεται καὶ τοῖς φυτοῖς, ζητεῖται δὲ τὸ ἴδιον.① ἀφοριστέον ἄρα τὴν θρεπτικὴν καὶ αὐ- ξητικὴν ζωήν.②	因为，生命显然也为植物所有，而我们仍然在寻求[人的]那种固有的[活动]；所以，我们必须把那个营养的和生长的生命[活动]放在一边。	For, living seems to be common even with plants, whereas we are seeking the innate [activity of man]; therefore, it is necessary to leave aside the life of nutrition and growth.
ἑπομένη δὲ αἰσθητική τις ἂν εἴη· φαίνεται δὲ καὶ αὕτη κοινὴ καὶ ἵππῳ καὶ βοῒ καὶ παντὶ ζῴῳ.③	下一个就是感觉的[生命]；但是这显然也为马、牛和所有动物所共有[i]。	The following would be a [life] of perception; but this seems to be common with horses, oxen, and even all creatures.
λείπεται δὴ πρακτική	所以，剩下的是那个有	There remains, therefore,

098a (左栏标记)

数主格。系动词是 ἂν εἴη，可能是，祈愿语气，单数第三人称。表语是 τί，什么，不定代词，中性单数主格。小品词 ποτέ，何时，怎样，此处无实义，起加强语气作用。

① γὰρ（因为）引导对提出上面的问题的一个解释，由两个句子组成，两句之间也由 μὲν... δ'... 构成一个对比结构。第一句的主语是 τὸ ζῆν，生命，名词性不定式短语，来自动词 ζάω，生长、活，中性单数主格。动词是 φαίνεται，显然是，单数第三人称。表语是 εἶναι κοινὸν τοῖς φυτοῖς，是与植物共同的，不定式短语。κοινὸν，共同的、共有的，形容词，中性单数主格，做不定式系词 εἶναι 的表语。τοῖς φυτοῖς，植物、生物，中性复数与格，限定 κοινόν。

第二句的主语是 τὸ ἴδιον，那种固有的、独特的[活动]。动词是 ζητεῖται（ζητέω），寻求，现在时被动语态，单数第三人称。两句分别地表明了提出这种[活动]可能是什么这个追问的两个不同的原因。

② 动形词 ἀφοριστέον（必须搁置）无人称句。ἄρα，所以，连词，表明在提出结论。ἀφοριστέον 引出宾语 τὴν θρεπτικὴν καὶ αὐξητικὴν ζωήν，营养的和生长的生命，名词短语。θρεπτικὴν，营养的，阴性单数宾格。αὐξητικὴν，生长，阴性单数宾格。二者共同限定 ζωήν，生命，名词，阴性单数宾格。

③ 接续提出第二个结论。并列句。第一句主语是 ἑπομένη（ἕπομαι），接下来的，分词，阴性单数主格。系动词是 ἂν εἴη，可能是，祈愿语气，单数第三人称。表语是 αἰσθητική τις，某种感觉的[生命]，不定代词短语，阴性单数主格。τις，某种[生命]，不定代词，阴性单数主格。αἰσθητική，感觉的，形容词，阴性单数主格，限定 τις。

第二句主语是 αὕτη，这，指示代词，指 αἰσθητική τις，阴性单数主格。系动词是 φαίνεται，显然是，单数第三人称。表语是 κοινὴ ἵππῳ καὶ βοῒ καὶ παντὶ ζῴῳ，为马、牛和所有动物所共有，与格形容词词短语。κοινή，共有的，形容词，阴性单数与格。ἵππῳ，马，阳性单数与格。βοῒ，牛，阳性单数与格。παντὶ ζῴῳ，所有动物，中性单数与格。后三者限定 κοινή。

τις τοῦ λόγον ἔχοντος① (τούτου δὲ τὸ μὲν ὡς ἐπιπειθὲς λόγῳ, τὸ δ᾽ ὡς ἔχον καὶ διανοούμενον②)· διττῶς δὲ καὶ ταύτης λεγομένης τὴν κατ᾽ ἐνέργειαν θετέον·③ κυριώτερον γὰρ αὕτη

逻各斯的部分的实践的[生命](而这个有[逻各斯],一个是在听从逻各斯的意义上[有],另一个则是在获有并理智地思考的意义上[有]);[由于]这个[实践的生命]被[人们]以两种方

some practical life of the part having *logos* (yet of this "having *logos*", one [is "having"] as obedient to *logos*, whereas the other [is "having"] in the way of acquiring [*logos*] and thinking intelligent-

---

① 继两步排除之后引出第三个肯定性的结论。主语是 πρακτική τις,一种实践的[生命],名词短语,阴性单数主格。动词是 λείπεται,剩下、留下,现在时被动语态,单数第三人称。τοῦ λόγον ἔχοντος,那个有逻各斯的部分的,名词性短语,中性单数属格,限定 πρακτική τις。τοῦ ἔχοντος,那个有……的部分,名词化分词,中性单数属格。ἔχοντος,有,分词,中性单数属格。它引出宾语 λόγον,逻各斯,名词,阳性单数宾格。

② 括号内的部分是 τούτου 引出的这两个名词性短语通常被由括号括起。格兰特(Grant[1885],I, 449, n12)认为它是后人所加。τούτου,这个,即这个"有逻各斯",由 τοῦ λόγον ἔχοντος 引出的同位语,指示代词,指 τοῦ λόγον ἔχοντος(那个有逻各斯的部分的)的那个分词 ἔχοντος,中性单数属格。从 τούτου 引出 τὸ μὲν... τὸ δ᾽...(一个……另一个)对照结构的两个名词性短语,作为对于 τούτου 的进一步的说明。

第一个短语是 τὸ μὲν ὡς ἐπιπειθὲς λόγῳ,一个是在听从逻各斯的意义上[有逻各斯],冠词+副词短语名词性短语,中性单数主格。一个部分是在听从逻各斯的意义上[有逻各斯]。ὡς ἐπιπειθὲς λόγῳ,在听从逻各斯的意义上[有逻各斯],副词短语,可以看作是一个省略式的方式从句,限制前置冠词 τὸ。ὡς,以……方式,在……意义上,副词。ἐπιπειθὲς λόγῳ,听从逻各斯的,形容词短语,限定 ὡς。ἐπιπειθὲς,听从的,形容词,中性单数主格。λόγῳ,逻各斯,名词,阳性单数与格,作 ἐπιπειθὲς 的补足语。

第二个短语是 τὸ ὡς ἔχον καὶ διανοούμενον,另一个是在获有[逻各斯]并去理智地思考的意义上[有逻各斯],冠词+副词短语名词性短语,中性单数主格。ὡς ἔχον καὶ διανοούμενον,在获有[逻各斯]并去理智地思考的意义上[有逻各斯],副词短语,限制前置冠词 τὸ。ὡς,以……方式,在……意义上,副词。ἔχον καὶ διανοούμενον,获有[逻各斯]并去理智地思考,并列分词短语,限定 ὡς。ἔχον,获有,现在时分词,中性单数主格。其逻辑宾语是 λόγον,省略。διανοούμενον,去理智地思考,现在时分词,中性单数主格,理智地思考。

③ 省略式复合句。第一个部分是一个属格独立式,相当于原因从句的省略式,διττῶς ταύτης λεγομένης,[由于]这个[实践的]生命被[人们]以两种方式谈论。διττῶς,以两种方式,副词。ταύτης,这个,阴性单数属格,指 πρακτική τις。λεγομένης,被谈论,中被动分词,阴性单数属格。

主句是动形词 θετέον 无人称句。θετέον(τίθημι),应当把……当作……,动形词,表示要求。θετέον 的直接宾语当为上面短语中 ταύτης 的所指,即 πρακτική τις,省略。其间接宾语或补足语是 τὴν κατ᾽ ἐνέργειαν,当作实现活动意义上的那个[生命],名词性短语,阴性单数宾格。τὴν,那个,据整个上文,当指 1098a2 的 τήν... ζωήν,那个……生命,阴性单数宾格。κατ᾽ ἐνέργειαν,依据实现来说明的,介词短语,限定 τήν... ζωήν。

δοκεῖ λέγεσθαι.①	式谈论，我们应当把它当作那种依据实现来说明的[生命]；因为，它看来更主要地要[这样地]来谈ʲ。	ly); [but since] this [practical] life [is] talked of in two ways, we should take it as the [life] in the sense of en-activity; for it seems more dominantly to be talked of [in this way].
εἰ δὴ ἐστὶν ἔργον ἀνθρώπου ψυχῆς ἐνέργεια κατὰ λόγον ἢ μὴ ἄνευ λόγου,② τὸ δ' αὐτό φαμεν ἔργον εἶναι τῷ γένει τοῦδε καὶ τοῦδε σπουδαίου③ (ὥσπερ κιθαριστοῦ καὶ σπουδαίου κιθαριστοῦ, καὶ ἁπλῶς δὴ τοῦτ' ἐπὶ πάντων④)	所以，如果人的活动是灵魂的依照逻各斯的或不无逻各斯的实现，我们[在这里]说的这个人的活动与这个认真的ᵏ人的活动(比如，[这个]竖琴手的活动与[这个]认真的竖琴手的活动，概言之，所有事情上的那个活动)在属上是同	If, then, the activity of man is some en-activity of soul with or not-without *logos*, and herewith we take activity of this man and this serious man (just as [activity] of [this] harpist and [this] serious harpist, and generally the activity of all classes) to be the same in

---

① 原因从句。简单句。主语是 αὕτη，它，代词，指 πρακτική τις，阴性单数主格。动词是 δοκεῖ，看来是，现在时，单数第三人称。其宾语是 λέγεσθαι，被谈论，不定式，现在时被动语态。κυριώτερον，更主要的，形容词比较级，来自 κυριός (权威性的、主导的)，中性单数宾格，此处用作副词。

② 这是由三个 εἰ (如果) 条件句和一个结论句构成的长句。这里是第一个条件句。主语是 ἔργον ἀνθρώπου，人的活动，名词，中性单数主格。系动词是 ἐστὶν，是。表语是 ψυχῆς ἐνέργεια，灵魂的实现，名词短语，阴性单数主格。ἐνέργεια，实现，名词，阴性单数主格。ψυχῆς，灵魂的，名词，阴性单数属格，限定 ἐνέργεια。κατὰ λόγον ἢ μὴ ἄνευ λόγου 按照逻各斯或不无逻各斯，介词短语，限定 ψυχῆς ἐνέργεια。

③ 这里是从这个条件句引申的解释。主谓语是 φαμεν...，我们说……，现在时，复数第一人称。宾语是 ἔργον ... τοῦδε καὶ τοῦδε σπουδαίου，这个人的与这个认真的人的活动，名词短语，中性单数宾格。ἔργον，活动，名词，中性单数宾格。τοῦδε καὶ τοῦδε σπουδαίου，这个人的与这个认真的人的，名词性短语，阳性单数属格，限定 ἔργον。补语是 εἶναι τὸ αὐτό τῷ γένει，在属上是同一个，不定式短语。τὸ αὐτό，同一个，名词短语，中性单数主格，在文本中 τὸ αὐτό 被前置于句首。τῷ γένει，在属上，名词，中性单数与格，作副词，限定 εἶναι τὸ αὐτό。

④ 括号内是由上面部分中的属格短语 τοῦδε καὶ τοῦδε σπουδαίου 引出的插入同位语(由关系副词 ὥσπερ 引导)，κιθαριστοῦ καὶ σπουδαίου κιθαριστοῦ，一个竖琴手的和一个认真的竖琴手的，属格名词短语，对其做举例说明，所限定的 ἔργον 被省略。κιθαριστοῦ，竖琴手，阳性单数属格。

| προστιθεμένης τῆς κατ' ἀρετὴν ὑπεροχῆς πρὸς τὸ ἔργον① (κιθαριστοῦ μὲν γὰρ κιθαρίζειν, σπουδαίου δὲ τὸ εὖ)·② εἰ δὴ οὕτως, ἀνθρώπου δὲ τίθεμεν ἔργον ζωήν τινα,③ ταύτην δὲ ψυχῆς ἐνέργειαν καὶ πράξεις μετὰ λόγου,④ σπουδαίου δ' ἀνδρὸς εὖ ταῦτα καὶ καλῶς,⑤ | 一个,[后者中]有这个依照德性来说明的优越加到活动之上(因为,一个竖琴手的[活动是]演奏竖琴,一个认真的竖琴手的[是竖琴演奏上的]那个好)';如果这样,且[如果]我们把人的活动看作某种生命,把这[生命]看作灵魂的伴随着逻各斯的ᵐ实现与实践,把认真的人的[生 | genesis, with this excellency as virtue added to the activity (for a harpist's [activity is] to play harp, whereas a serious harpist's, [play with] that well-ness); but if so, and [if herewith] we take the activity of man to be certain form of life, and [take] this [life] to be the en-activity and practices of [the] soul with *logos*, |

σπουδαίου,严肃的,形容词,阳性单数属格。ἁπλῶς,总之,副词。τοῦτ' ἐπὶ πάντων,所有事情上的这个[活动]。τοῦτ',这个,代词,此处指这个活动。ἐπὶ πάντων,在所有事情上的。

① 这里是由上面 τοῦδε σπουδαίου (这个认真的人) 和括号中 σπουδαίου κιθαριστοῦ (认真的竖琴手) 引出的一个属格分词独立式,προστιθεμένης τῆς κατ' ἀρετὴν ὑπεροχῆς,有这个依循德性来说明的优越加到那个活动之上,表达认真的人,认真的竖琴手的情况。προστιθεμένης (προστίθημι),加在上面,分词,中被动语态,阴性单数属格。其逻辑主语是 τῆς κατ' ἀρετὴν ὑπεροχῆς,这个依照德性来说明的优越,阴性格短语。ὑπεροχῆς,优越,名词,阴性单数属格。πρὸς τὸ ἔργον,[加]到那个活动之上,介词短语,限定分词 προστιθεμένης。

② 上述属格分词独立式引出的原因从句。μὲν...δὲ... 结构的省略式并例句。两句的共同主语 τὸ ἔργον 与共同的系动词 ἐστὶν 被省略。第一句的主语的保留部分是 κιθαριστοῦ,竖琴手,阳性单数属格,限定被省略的 τὸ ἔργον。表语是 τὸ κιθαρίζειν,演奏竖琴,名词性不定式短语。第二句的主语的保留部分是 σπουδαίου,严肃的[竖琴手的],形容词,阳性单数属格,限定被省略的 τὸ ἔργον。表语是 τὸ εὖ,[竖琴演奏上的]那个好,名词性副词短语。

③ 从 εἰ δὴ οὕτως (而如果这样) 开始了第二个条件句。这是一个长句。主谓语是 τίθεμεν,我们认为,我们把……看作……,现在时,复数第一人称。其宾语结构呈现四个相互接续、结构相同的。以下分开说明。

在第一个部分,τίθεμεν 的直接宾语是 ἀνθρώπου ἔργον,人的活动,名词短语,中性单数宾格。其间接宾语或宾语补语是 ζωήν τινα,某种生命,名词短语,阴性单数宾格。

④ 第二部分的直接宾语是 ταύτην,这,代词,指生命,阴性单数宾格。宾语补语是 ψυχῆς ἐνέργειαν καὶ πράξεις μετὰ λόγου,灵魂的伴随着逻各斯的实现与实践,名词性短语,阴性宾格。ἐνέργειαν,实现,名词,阴性单数宾格。πράξεις,实践,阴性复数宾格。μετὰ λόγου,有逻各斯的,介词短语,限定 ἐνέργειαν καὶ πράξεις。

⑤ 第三部分的直接宾语仍然是 ταύτην (指生命),省略。σπουδαίου ἀνδρὸς,严肃的人的,阳性单数属格,限定被省略的 ταύτην。宾语补语是 εὖ ταῦτα καὶ καλῶς,在这些事情上的[那个]好和高尚,副词短语。εὖ,[那个]好,副词。καλῶς,高尚,副词。ταῦτα,这些事情,指示代词,指

15 ἕκαστον δ' εὖ κατὰ τὴν οἰκείαν ἀρετὴν ἀποτελεῖται·① εἰ δὴ οὕτω, τὸ ἀνθρώπινον ἀγαθὸν ψυχῆς ἐνέργεια γίνεται κατ' ἀρετήν, εἰ δὲ πλείους αἱ ἀρεταί, κατὰ τὴν ἀρίστην καὶ τελειοτάτην.②

命]看作在这些事情上的[那个]好和高尚,看作在每件事上以依照恰当的德性的方式完成时才获得的[那个]好ⁿ;而如果这样,人的善就成为灵魂的依照德性的实现,如果德性[有]多种,就成为依照那种最好、最完善的德性的实现°。

and [meanwhile we take the life] of a serious man [to be the] well-ness and nobly-ness [on] these [matters], [which] is achieved in everything when done in accordance with the proper virtue; but if so, the goodness of man turns out to be en-activity of soul in accordance with virtue, if [there are] several virtues, in accordance with the best and the most final one.

ἔτι δ' ἐν βίῳ τελείῳ·③

然而还有,在整个一生

Yet, in addition, in a com-

ψυχῆς ἐνέργειαν καὶ πράξεις μετὰ λόγου, 中性复数宾格, 此处副词化, 限定 εὖ καὶ καλῶς, 好和高尚。

① 第四个部分是由第三部分的宾语补语 εὖ ταῦτα 引出的一个同位语。εὖ, [那个]好, 副词, 第三部分的 εὖ 的同位语。ἕκαστον, 每件事, 形容词, 中性单数宾格, 这里作副词, 限定 εὖ。

由 εὖ 引出一个方式从句, κατὰ τὴν οἰκείαν ἀρετὴν ἀποτελεῖται, 在以依据恰当的德性的方式完成时才获得的, 前面省略了关系副词连接词。从句的逻辑主语是[τὸ]εὖ, 名词化的副词短语,[那个]好, 中性单数主格, 此处省略。动词是 ἀποτελεῖται (ἀποτελέω), 完成, 实现, 中被动语态, 现在时, 单数第三人称。κατὰ τὴν οἰκείαν ἀρετήν, 以依照恰当的德性的方式, 介词短语, 限定 ἀποτελεῖται。τὴν ἀρετήν, 德性, 名词, 阴性单数宾格, 做介词 κατὰ 的宾语。οἰκείαν, 家庭的、合适的, 此处意义为恰当的, 形容词, 阴性单数宾格, 限定 τὴν ἀρετήν。

② 这里是第三个条件句和接续的结论句。并列复合句, 每句含一个条件句和一个结论句。第一个复合句的条件句是 εἰ δὴ οὕτω, 而如果这样, 省略式。主句的主语是 τὸ ἀνθρώπινον ἀγαθόν, 人的善, 名词, 中性单数主格。系动词是 γίνεται, 成为, 现在时, 单数第三人称。表语是 ψυχῆς ἐνέργεια, 灵魂的实现, 名词, 阴性单数主格。κατ' ἀρετήν, 依照德性的, 介宾短语, 限定 ψυχῆς ἐνέργεια。

第二个复合句由上句中 κατ' ἀρετήν 短语引出。其从句为 εἰ δὲ πλείους αἱ ἀρεταί, 如果有多种德性。主语是 αἱ ἀρεταί, 德性, 阴性复数主格。系动词省略。表语是 πλείους, 多种的, 形容词, 阴性复数主格。主句与上句的主句结构相同, 省略式。保留的部分是与 κατ' ἀρετήν 相应的部分 κατὰ τὴν ἀρίστην καὶ τελειοτάτην, 依照那种最好、最完善的[德性], 介词短语, 限定省略的 ψυχῆς ἐνέργεια。τὴν, 冠词, 此处省略了 ἀρετήν (德性)。ἀρίστην, 最好的, 形容词最高级, 阴性单数宾格, 限定 τὴν ἀρετήν。τελειοτάτην (τέλειος), 最完善的, 形容词最高级, 阴性单数宾格, 限定 τὴν ἀρετήν。

③ 上述并列复合句的两个主句中的 κατ' ἀρετήν 短语引出的另一副词性的限定短语, ἐν βίῳ

μία γὰρ χελιδὼν ἔαρ οὐ ποιεῖ, οὐδὲ μία ἡμέρα· ① οὕτω δὲ οὐδὲ μακάριον καὶ εὐδαίμονα μία ἡμέρα οὐδ᾽ ὀλίγος χρόνος. ②

20 Περιγεγράφθω μὲν οὖν τἀγαθὸν ταύτῃ· ③ δεῖ γὰρ ἴσως ὑποτυπῶσαι πρῶτον, εἶθ᾽ ὕστερον ἀναγράψαι. ④ δόξειε δ᾽ ἂν παντὸς εἶναι προαγαγεῖν καὶ διαρθρῶσαι τὰ καλῶς ἔχοντα τῇ περιγραφῇ, ⑤

中；因为，一只燕子造不成春天，一个好天气也[造]不[成]；同样，一天或一段时间也[造]不[成]至福ᵖ和幸福ᵠ。

这样，就让那个善以这种方式得到一个概要的说明；因为，也许必须先勾画一个略图，然后再添加细节。但是，基于作为概述已经高尚地说出的东西接着去说明、去充实[其内容]似乎是属于所有的人[的

plete life; for, one swallow does not make spring, nor does one [fine] day; likewise, neither a mere day nor a short time makes blessedness and happiness.

Let the good, therefore, be outlined in this way; for, perhaps, it is necessary to sketch it first, and then fill in later on. But to carry on and to articulate what has been nobly outlined would seem to be [a work]

τελείῳ，在整个一生中，介词短语。βίῳ，一生，名词，阳性单数与格，做介词的间接性宾语。τελείῳ，整个的，完整的，形容词，阳性单数与格，限定 βίῳ。ἔτι，还有，副词，示意承接上文简略地补充。

① 原因从句。这里是第一个部分。并列否定句，呈现 οὐ… οὐδὲ…（既不……也不……）形式。第一句的主语是 μία χελιδὼν，一只燕子，名词短语，阴性单数主格。动词是 οὐ ποιεῖ，造不出，现在时，单数第三人称。宾语是 ἔαρ，春天，名词，中性单数宾格。
第二句的主语是 μία ἡμέρα，一天，此处指一个好天气，名词短语，阴性主格单数。动词与宾语同于第一句，省略。

② 这里是第二个部分，是接续上面第二个否定性短句的一个推展。οὕτω，同样，副词，起承接作用。主语是 μία ἡμέρα，一天，名词，阴性单数主格，和 ὀλίγος χρόνος，一段时间，名词，阳性单数主格。动词 οὐ ποιεῖ 省略。宾语是 μακάριον καὶ εὐδαίμονα，至福和幸福，名词化的形容词短。μακάριον，至福，中性单数宾格。εὐδαίμονα，幸福，中性复数宾格。

③ 结论句。οὖν，因此，这样，连接词。命令句。主语是 τἀγαθὸν，那个善，名词，中性单数宾格。动词是 περιγεγράφθω（περιγράφω），得到概要的说明，完成时中被动语态，命令式，单数第三人称。ταύτῃ，这个，以这种方式，指示代词，中性单数与格，此处作副词使用。

④ 原因从句。γὰρ ἴσως，因为也许，承接上句。δεῖ 无人称句，意义是，必须去……。δεῖ 支配两个不定式宾语短语。第一个是 ὑποτυπῶσαι πρῶτον，先勾画一个略图。ὑποτυπῶσαι（ὑποτυπόω），勾画略图，不定过去时不定式。πρῶτον，首先，副词，限定 ὑποτυπῶσαι。第二个是 εἶθ᾽ ὕστερον ἀναγράψαι，然后再添加细节。ἀναγράψαι（ἀναγράφω），添加细节，不定过去时不定式。ὕστερον，然后，副词。εἶθ᾽ 是副词 εἶτα（随即）语音化合后的形式。

⑤ 并列句。这里是第一句。δόξειε 无人称句。δόξειε，似乎是……，祈愿语气，单数第三人称。其实际主语是两个不定式，προαγαγεῖν καὶ διαρθρῶσαι，去说、去充实[内容]。προαγαγεῖν 来

καὶ ὁ χρόνος τῶν τοιού-
των εὑρετὴς ἢ συνεργὸς
ἀγαθὸς εἶναι·① ὅθεν καὶ
τῶν τεχνῶν γεγόνασιν
αἱ ἐπιδόσεις·② παντὸς
γὰρ προσθεῖναι τὸ ἐλ-
λεῖπον.③

μεμνῆσθαι δὲ καὶ τῶν
προειρημένων χρή,④
καὶ τὴν ἀκρίβειαν μὴ
ὁμοίως ἐν ἅπασιν ἐπιζη-
τεῖν,⑤ ἀλλ᾽ ἐν ἑκάστοις

事情], 而时间则在这些事情上是一个好的发现者和参与者; 技艺方面的进步就是这样地实现的; 因为, 去填充所空缺的东西[是]属于所有人[的事情]。

同时, 必须记住前面「所说过的话, 且不去在所有事情上寻求同样的确定性, 而在每种事情上[只]依据那种质料载体

blong to everyone, and time is a good inventor or partner on these matters; the advances of techniques have come about in this way; for, to add what is lacking [is] a task belong to everyone. And, it is necessary to keep in mind the previously made points, and not to seek for the exactness in the same way in

---

自动词 προάγω, 推进, 接着说, 加强体不定式。διαρθρῶσαι 来自动词 διαρθρόω, 充实, 讲清楚, 过去时不定式。两个不定式引出一个分词短语 τὰ καλῶς ἔχοντα, 已经高尚地说出的东西, 中性复数宾格, 表条件和伴随情况。τῇ περιγραφῇ, 作为概述, 名词性短语, 阴性单数与格, 限定分此词短语。δόξειε 的宾语是 εἶναι παντός, 是所有的人[的事情], 不定式短语。

① 这里是第二句, 是上句 εἶναι παντός 的一个同位的 εἶναι 不定式宾语。εἶναι 的逻辑主语是 ὁ χρόνος, 时间, 名词, 阳性单数主格。其表语是 εὑρετὴς ἢ συνεργὸς ἀγαθὸς, 一个好的发现者和参与者。εὑρετής, 发现者, 名词, 阳性单数主格。συνεργός, 参与者, 名词, 阳性单数主格。τῶν τοιούτων, 这些事情, 指示代词短语, 指上句中的 προαγαγεῖν καὶ διαρθρῶσαι, 中性复数属格, 限定 εὑρετὴς ἢ συνεργὸς ἀγαθὸς。

② 简单句。ὅθεν, 这样地, 关系副词。主语是 αἱ ἐπιδόσεις, 进步, 名词, 复数阴性主格。τῶν τεχνῶν, 技艺, 名词, 阴性复数属格, 限定 αἱ ἐπιδόσεις。动词是 γεγόνασιν, 产生, 实现, 完成时, 复数第三人称。

③ 原因从句。主语是动词不定式短语 προσθεῖναι τὸ ἐλλεῖπον, 要去填充其中的空缺。προσθεῖναι, 填补, 是动词 προστίθημι 的不定过去时的不定式。其宾语是 τὸ ἐλλεῖπον, 所空缺的东西, 名词化的分词短语。ἐλλεῖπον, 分词, 来自 ἐλλείπω, 缺乏, 中性单数宾格。系动词省略。表语是 παντός, 属于所有人的。

④ 简单句。χρή+ 动词不定式无人称句, 表示 "必须要去做……"。χρή, 必须去……, 命定地就要……, 无人称动词, 通常以动词不定式为宾语, 因通常直接承接上句, 也可被看作副词性质的连接词。χρή 在此处共引出两个不定式短语作宾语。第一个是 μεμνῆσθαι δὲ καὶ τῶν προειρημένων, 记住前面所说过的话。μεμνῆσθαι 是动词 μιμνήσκω（记住）的完成时不定式。τῶν προειρημένων, 前面所说过的话, 复数属格名词性短语, 做 μεμνῆσθαι 的间接性宾语。προειρημένων, 分词, 来自动词 προερέω, 前面说过, 完成时中被动语态。

⑤ χρή 引出的第二个不定式宾语短语是 τὴν ἀκρίβειαν μὴ ὁμοίως ἐν ἅπασιν ἐπιζητεῖν, 不去在所有事情上寻求同样的确定性。ἐπιζητεῖν, 去寻求, 不定式, 现在时主动语态。其宾语是 τὴν

κατὰ τὴν ὑποκειμένην ὕλην καὶ ἐπὶ τοσοῦτον ἐφ' ὅσον οἰκεῖον τῇ μεθόδῳ.①

来寻求其[确定性],并[寻求]到尽可能适合那种研究方法的程度。

everything, but [to seek] in everything [the exactness] in accordance with the subject-matter and up to the degree most appropriate to the method.

καὶ γὰρ τέκτων καὶ γεωμέτρης διαφερόντως ἐπιζητοῦσι τὴν ὀρθήν.② ὁ μὲν γὰρ ἐφ' ὅσον χρησίμη πρὸς τὸ ἔργον, ὁ δὲ τί ἐστιν ἢ ποῖόν τι, θεατὴς γὰρ τἀληθοῦς.③

因为,木匠与几何学家以不同方式探究直角;因为,一个只要[研究]到尽可能对那种活动有用,另一个则要[探究直角]是什么、有什么性质,因为[他是]真理

For, a carpenter and a geometrician seek for the right angle but in different ways; for the former [does so] in so far as [this is] useful for that activity, whereas the latter [seeks

---

ἀκρίβειαν,那种精确性,名词,阴性单数宾格。μὴ ὁμοίως,不去同样地,副词短语,限定 ἐπιζητεῖν。ἐν ἅπασιν,在所有事情上,介词短语,限定 ἐπιζητεῖν。

① 由上述第二个不定式宾语短语中的介词短语 ἐν ἅπασιν 和否定性副词短语 μὴ ὁμοίως 引出的对照成份,复杂介词短语,限定省略的动宾结构 ἐπιζητεῖντὴν ἀκρίβειαν,连词 ἀλλ' 表示语气的转折。共有三个介词短语组成。第一个介词短语是 ἐν ἑκάστοις,在每种事情上,与上句中 ἐν ἅπασιν 相对。

第二个介词短语是 κατὰ τὴν ὑποκειμένην ὕλην,依据那种质料载体,与上句中的 ὁμοίως 相对照 τὴν ὑποκειμένην ὕλην,那种质料载体,名词性短语,阴性单数宾格,做介词 κατά(依据)的宾语。ὑποκειμένην,承载的,动词 ὑπόκειμαι(放在下面的)的中动语态分词,阴性单数宾格,表 ὕλην(质料)的状态。

第三个介词短语是 ἐπὶ τοσοῦτον ἐφ' ὅσον οἰκεῖον τῇ μεθόδῳ,到适合那种研究方法的程度,是第二个介词短语 κατὰ τὴν ὑποκειμένην ὕλην 的引申,自身又是一个复杂介词短语。ἐπὶ τοσοῦτον οἰκεῖον,到适合……的程度,是此介词短语的主要部分。τοσοῦτον οἰκεῖον,适合……的程度,形容词短语,阴性单数与格。这个短语引出介词短语限定它,ἐφ' ὅσον,尽可能地,阿提卡方言的一个固定的副词短语。τῇ μεθόδῳ,那种研究方法,名词,阴性单数与格,限定 οἰκεῖον(适合)。

② 原因从句。καὶ γὰρ,因为,起承接和引出例证的作用。主语是 τέκτων καὶ γεωμέτρης,木匠和几何学家,名词短语,阳性复数主格。动词是 ἐπιζητοῦσι,探求,研究,现在时,复数第三人称。其宾语是 τὴν ὀρθήν,直角,名词,阴性单数。διαφερόντως,不同地,副词。

③ 进一步的原因从句。ὁ μὲν…ὁ δὲ… 对照结构并列句。省略式。第一句的主语是 ὁ μὲν,一个,指木匠,阳性单数主格。动宾结构 ἐπιζητοῦσι τὴν ὀρθήν(研究直角)同上句,省略。宾语补语是 ἐφ' ὅσον χρησίμη,到如此有用的程度,介词短语。ὅσον χρησίμη,如此有用,形容词短语,中性单数宾格,作介词 ἐφ' 的宾语。χρησίμη,有用,形容词,中性单数宾格。ὅσον χρησίμη 引出一个介宾短语限定语 πρὸς τὸ ἔργον,对于那种活动。τὸ ἔργον,那种活动,名词,中性单数宾格,作介词 πρὸς 的宾语。

τὸν αὐτὸν δὴ τρόπον καὶ ἐν τοῖς ἄλλοις ποιητέον, ὅπως μὴ τὰ πάρεργα τῶν ἔργων πλείω γίγνηται.①

的观照者。而且,我们在其他事情上也应当这样去做,这样,那些派生的活动ˢ就不会变得更重要。

for] what it is or what sort of thing [it is], for [he is] a spectator of the truth. And, we ought to do the same on all other matters as well, so that those subordinate activities will not overbalance.

οὐκ ἀπαιτητέον δ' οὐδὲ τὴν αἰτίαν ἐν ἅπασιν ὁμοίως,② ἀλλ' ἱκανὸν ἔν τισι τὸ ὅτι δειχθῆναι καλῶς, οἷον καὶ περὶ τὰς ἀρχάς·③ τὸ δ' ὅτι

同时,我们也不应当要求在所有事情上以相同的方式[找出]原因,毋宁说,在一种事情上那个事实被高尚地给清楚,就如在[那些]与本

Again, we should not demand the cause in the same way on all matters, rather, it is enough to [have] the "that" nobly established in a case,

---

第二句的主语是 ὁ δέ,另一个,指几何学家。动宾结构省略。省略的动宾结构引出两个补语从句。一个是 τί ἐστιν,它是什么,指直角的所是。其主语是 τί,它,不定代词,中性单数宾格。系动词是,是,现在时,单数第三人称。另一个是 ποῖόν τι,它性质如何。主语是 τι。系动词省略。表语是 ποῖόν,性质如何。

接续的部分 θεατὴς γὰρ τἀληθοῦς,因为[他属于]真的观照者,是一个属格独立式插入语,表明原因。句子的逻辑主语与系动词被省略,θεατὴς τἀληθοῦς 是保留的表语。τἀληθοῦς,真理,名词,中性单数属格。θεατὴς,观察者,名词,阳性单数主格。

① 复合句。主句为动形词 ποιητέον 无人称句。ποιητέον,应当、必须去做,在此处,逻辑主语适合被理解复数第一人称。τὸν αὐτὸν τρόπον,以这相同方式,名词短语,阳性单数宾格,限定 ποιητέον。ἐν τοῖς ἄλλοις,在其他事情上,介词短语,限定 ποιητέον。

ὅπως,这样,副词,引导目的从句。主语是 τὰ πάρεργα τῶν ἔργων,那些派生的活动,名词短语,中性复数主格。τὰ πάρεργα,派生的东西,名词,中性复数主格。τῶν ἔργων,那些活动,那些工作,名词,中性复数属格,限定 τὰ πάρεργα。动词是 γίγνηται,变得,成为。表语是 πλείω,更重要的,形容词比较级。

② 转折并列句。这里是第一句。否定的动形词 οὐκ ἀπαιτητέον 无人称句。οὐκ ἀπαιτητέον,不应当要求……。其宾语是 τὴν αἰτίαν,原因,名词,阴性宾格单数。ἐν ἅπασιν,在所有事情上,介宾短语,表示范围。ὁμοίως,以相同方式,同样地。

③ 这里是第二句。ἀλλ' 表明句子的转折。副词性形容词 ἱκανὸν(足够)无人称句。句子的实际主语是 τὸ ὅτι δειχθῆναι καλῶς,那个"事情"被高尚地给清楚,不定式短语,中性单数主格。δειχθῆναι,给清楚,不定式,不定过去时被动语态。其逻辑主语是 τὸ ὅτι,那个事实,关系代词短语,中性单数主格。ὅτι 本身是关系代词,通常引导一个句子。亚里士多德在此把它用做所说的一件事情的所是的一个语言符号。καλῶς,高尚地,限定 δειχθῆναι。ἔν τισι,在一种事情上,介词短

πρῶτον καὶ ἀρχή.①
τῶν ἀρχῶν δ' αἱ μὲν
ἐπαγωγῇ θεωροῦνται,
αἱ δ' αἰσθήσει, αἱ δ'
ἐθισμῷ τινί, καὶ ἄλλαι
δ' ἄλλως·② μετιέναι δὴ
πειρατέον ἑκάστας ᾗ
5 πεφύκασιν, καὶ σπουδα-
στέον ὅπως διορισθῶσι
καλῶς·③ μεγάλην γὰρ
ἔχουσι ῥοπὴν πρὸς τὰ
ἑπόμενα·④ δοκεῖ γὰρ
πλεῖον ἢ ἥμισυ παντὸς

原有关[的事物上]那样，就已经足够；而那个事实[就是]最初的东西和本原。在那些本原中，有的通过归纳而获得，有的则通过感觉，有的通过习惯，其余的通过别的方式；所以，我们必须努力地以[它们]自然地成为[那样]的方式说明每种[本原]，并且认真地以某种方式把[它们]高尚地界定好；因

such as [those related] to the first principles; yet the "that" [is] something primary and [a] first principle. Of the first principles some are acquired by induction, some by perception, some by habits, and others in other ways; therefore, we must try to figure out all first principles in the way they

---

语，限定 δειχθῆναι。ἔν τισι 引出一个作为示例的短语 οἷον καὶ περὶ τὰς ἀρχάς，就如在[那些]与本原有关[的事物上]那样，插入语。περὶ τὰς ἀρχάς，与本原有关的，介词短语。

① 上述第二句的延伸。δ' 示意语气的转折。简单句。主语是 τὸ ὅτι，那个事实，名词性短语，中性单数主格。系动词省略。表语是 πρῶτον，最初的东西，和 ἀρχή，一个本原。

② 并列句，由四个相互对照的句子构成。省略式。复数属格阴性名词 τῶν ἀρχῶν，在那些本原中，名词，阴性属格，限定后随的四个句在的主语。第一句的主语是 αἱ μὲν，有的，名词性短语，阴性复数主格。动词是 θεωροῦνται（θεωρέω），获得，被动语态，复数第三人称。ἐπαγωγῇ，归纳，名词，阴性单数与格，起副词作用，限定 θεωροῦνται。第二句的主语是 αἱ δ'，有的，阴性复数主格。动词相同，省略。αἰσθήσει，感觉，名词，阴性单数与格，起副词作用。第三句的主语也是 αἱ δ'。动词省略。ἐθισμῷ，习惯，名词，阳性单数与格，起副词作用。第四句的主语是 ἄλλαι δ'，其他的……，名词性短语，阴性复数主格。ἄλλως，通过别的方式，副词，限定 θεωροῦνται。

③ 并列句。第一句是由动形词+不定式构成的无人称句。πειρατέον（πειράω），[我们]必须努力……，动形词，此处可以复数第一人称表达。其宾语是 μετιέναι，做出说明，不定式。其间接性的宾语是 ἑκάστας，每种[本原]，形容词，阴性复数宾格。与格关系代词 ᾗ（阴性单数）引导一个状语从句，并在从句中作状语，表示"以那种方式"。从句的主谓语是 πεφύκασιν，它们自然成为那个的，复数第三人称。

由 καὶ 接下去的也是一个由动形词 σπουδαστέον（认真的）无人称句。句子的逻辑主语是上文中的 ἑκάστας，每种[本原]。动词是 διορισθῶσι，界定，不定过去时被动语态，复数第三人称。ὅπως，以某种方式，副词；和 καλῶς，高尚地，副词，限定 διορισθῶσι。

④ 原因从句。逻辑主语是 ἑκάστας，每种[本原]，此处省略。动词是 ἔχουσι（ἔχω），有、获有，现在时，复数第三人称。其宾语是 μεγάλην ῥοπήν，至关重要，名词短语，阴性单数宾格。μεγάλην，重大的，形容词，阴性单数宾格。ῥοπήν，关键作用，原意是关键时刻，阴性单数宾格。πρὸς τὰ ἑπόμενα，对于这些后面的讨论而言，介宾短语，限定 μεγάλην ῥοπήν。ἑπόμενα，跟随，分词，来自动词 ἕπω，中动语态，中性复数宾格。

εἶναι ἡ ἀρχή, καὶ πολλὰ συμφανῆ γίνεσθαι δι' αὐτῆς τῶν ζητουμένων.①

为,[它们]对于尔后的步骤至关重要;因为,本原似乎比整个事情的一半还要重要,许多要寻求的问题都将由于它而得以澄清¹。

have been born out; and must take care to have them nobly defined in some way; for they have great importance for the following steps; for the first principle seems to be more than half of the whole thing, and many of the points we seeked will become clear in virtue of it.

---

① 进一步的原因解释。并列句。第一句的主语是 ἡ ἀρχή, 本原, 阴性单数主格。动词是 δοκεῖ, 似乎……, 单数第三人称。宾语是 εἶναι πλεῖον ἢ ἥμισυ παντὸς, 是比整个事情的一半还要重要, 不定式短语。πλεῖον, 更重要, 还要重要, 形容词 μεγάς (大的) 比较级, 中性单数主格。ἢ, 比, 关系副词。ἥμισυ παντὸς, 整个事情的一半, 阴性单数属格, 作的被比较项。ἥμισυ, 一半, 形容词, 阴性单数属格。παντὸς, 整个[事情], 代词, 中性单数属格, 限定 ἥμισυ。

第二句的主语是 πολλὰ τῶν ζητουμένων, 许多要寻求的问题, 名词短语, 中性复数主格。τῶν ζητουμένων, 寻求, 分词, 中性复数属格, 限定 πολλὰ (许多问题)。动词是 γίνεσθαι, 变得, 单数第三人称。表语是 συμφανῆ, 清楚明白的, 形容词, 中性复数主格。δι' αὐτῆς, 由于它, 介词短语, 表示原因。αὐτῆς, 它, 指 ἡ ἀρχή, 那个本原。

8

Σκεπτέον δὴ περὶ αὐτῆς οὐ μόνον ἐκ τοῦ συμπεράσματος καὶ ἐξ ὧν ὁ λόγος, ἀλλὰ καὶ ἐκ τῶν λεγομένων περὶ αὐτῆς.[①] τῷ μὲν γὰρ ἀληθεῖ πάντα συνᾴδει τὰ ὑπάρχοντα, τῷ δὲ ψευδεῖ ταχὺ διαφωνεῖ [τἀληθές].[②]

但是对于它[a],我们不应仅仅根据那个结论和据以引出我们的说法的那些要点来加以考察,还应当根据对于它的[其他]那些说法;因为,所有那些事实都会与那个真实吻合,而那个真实立即就会与虚假的东西冲突[b]。

But of this [first principle], we should not only examine it on the conclusion and on the [points] through which our *logos* comes, but also on the [other] sayings about it; for all these facts harmonize with the truth, but the truth soon clashes with the false.

[①] 动词形容词 Σκεπτέον(去考察……)无人称句。动形词 Σκεπτέον 的直接宾语被省略。περὶ αὐτῆς,对于它,介词短语,修饰被省略的宾语。αὐτῆς,它,指 ἡ ἀρχή(那个本原[1098b7],即幸福或那个善),代词,阴性单数属格。

通过 οὐ μόνον...ἀλλὰ...(不仅……还……)的连接结构,句子接着引出由介词 ἐκ 引导的表示方式的三个介词短语。第一个介词短语是 ἐκ τοῦ συμπεράσματος,根据那个结论。τοῦ συμπεράσματος,那个结论,名词,阳性单数属格,作介词 ἐκ 的间接性宾语。

第二个介词短语是 ἐξ ὧν ὁ λόγος,根据据以引出我们的说法的那些要点。ὧν,那些要点,英译者通常解为那些前提,关系代词,中性复数属格,作介词的间接性宾语。ὁ λόγος,那条逻各斯,此处,我们的说法,指上文中对"幸福是灵魂……的实现"的界定或说明,名词短语,阳性单数主格。

第三个介词短语是 ἐκ τῶν λεγομένων περὶ αὐτῆς,根据对于它的那些说法。τῶν λεγομένων,[其他]那些说法,分词短语,中动语态,中性复数属格。περὶ αὐτῆς,关于它的,介词短语,限定 τῶν λεγομένων。作者认为不仅要有前两方面的根据,而且要有第三方面的根据。

[②] 原因从句。并列句。两个子句通过 τῷ μὲν...τῷ δὲ... 结构表明一种对照。第一句的主语是 πάντα τὰ ὑπάρχοντα,所有那些事实,名词性短语,中性复数主格。τὰ ὑπάρχοντα,那些开始的东西,此处,那些事实,冠词+分词名词性短语,中性复数主格。ὑπάρχοντα,开始的东西,此处,事实,现在时分词,中性复数主格。πάντα,所有的,形容词,中性复数主格,限定 τὰ ὑπάρχοντα。动词是 συνᾴδει,相吻合,现在时,单数第三人称。其宾语是 τῷ ἀληθεῖ,真实,名词短语,中性单数与格。

第二句的主语是 τἀληθές,真实,为莱索(Rassow)本所加,名词,中性单数主格。动词是 διαφωνεῖ(διαφωνέω),不一致,单数第三人称。其宾语是 τῷ ψευδεῖ,虚假的东西,名词,中性单数与格。ταχύ,立即,副词,限定 διαφωνεῖ。

— νενεμημένων δὴ τῶν ἀγαθῶν τριχῇ, καὶ τῶν μὲν ἐκτὸς λεγομένων τῶν δὲ περὶ ψυχὴν καὶ σῶμα,① τὰ περὶ ψυχὴν κυριώτατα λέγομεν καὶ μάλιστα ἀγαθά.②

τὰς δὲ πράξεις καὶ τὰς ἐνεργείας τὰς ψυχικὰς περὶ ψυχὴν τίθεμεν·③ ὥστε καλῶς ἂν λέγοιτο κατά γε ταύτην τὴν δόξαν παλαιὰν οὖσαν καὶ ὁμολογουμένην ὑπὸ τῶν φιλοσοφούντων.④

——善的事物已被分为三类:一些被称为外在的善,另一些则[被称为]相关于灵魂的和身体的善,我们说,相关于灵魂的善是最重要的和最善的事物。

可是,我们把灵魂的实践与实现也归于相关于灵魂的;所以,[那个本原]应当是被高尚地谈论的,至少是符合这同一条既古老又被爱智慧者共同接受的意见。并且,[它也被讲得]正确,

—The goods have been divided into three classes, and some of the goods are called external, some goods related to soul and body, and we call the goods related to soul the most dominant and the truest goods.

Yet we take the practices and the en-activities of soul [to be something] related to soul; hence [this first principle] must have been nobly discoursed according to this opinion [which is both] long-go-

---

① 属格分词独立式。νενεμημένων,划分,分词,完成时中动语态,中性复数属格。其逻辑主语是τῶν ἀγαθῶν,善的事物。τριχῇ,三个部分,副词,限定νενεμημένων。下面是两个并列的属格短语,对这三类善进行解释。第一个是τῶν μὲν ἐκτὸς λεγομένων,一些被称为外在的善,名词性短语,中性复数属格。λεγομένων,被称为,中动式分词,中性复数属格。ἐκτὸς,外在的,副词,限定λεγομένων。第二个是τῶν δὲ περὶ ψυχὴν καὶ σῶμα,另一些则[被称为]相关于灵魂的善和身体的善,名词性短语,中性复数属格,短语中省略了λεγομένων。περὶ ψυχὴν καὶ σῶμα,关于灵魂和身体的,介词短语,限定λεγομένων。

② 简单句。主谓语是λέγομεν,我们认为……。其宾语是τὰ περὶ ψυχὴν,相关于灵魂的善,名词性短语,中性复数宾格。κυριώτατα καὶ μάλιστα ἀγαθά,最重要和最好的善事物,形容词短语,中性复数宾格,作宾语补足语。κυριώτατα,最重要的,形容词最高级。μάλιστα ἀγαθά,最善的事物,形容词短语,中性复数宾格。μάλιστα,最,副词最高级,限定ἀγαθά(善的事物)。

③ 简单句。主谓语是τίθεμεν,我们把……归于……。其宾语是τὰς πράξεις καὶ τὰς ἐνεργείας τὰς ψυχικάς,灵魂的实践和实现活动,名词短语,阴性复数宾格。ψυχικάς,灵魂的,形容词,阴性复数宾格。περὶ ψυχήν,相关于关于灵魂的,介词短语,作宾语补足语。ψυχήν,灵魂,名词,阴性单数宾格,做介词περί的宾语。

④ 简单句。ὥστε示意承接上句引出一个结论。句子的逻辑主语是前面的αὐτῆς,它,指所说的那个本原。动词是ἂν λέγοιτο,被说、被谈论,祈愿语气,单数第三人称。καλῶς,高尚地,副词,限定ἂν λέγοιτο。κατά γε ταύτην τὴν δόξαν,至少是符合这同一条意见,介词短语,限定ἂν

ὀρθῶς δὲ καὶ ὅτι πρά-ξεις τινὲς λέγονται καὶ ἐνέργειαι τὸ τέλος.① οὕτω γὰρ τῶν περὶ ψυ-χὴν ἀγαθῶν γίνεται, καὶ οὐ τῶν ἐκτός.②	[因为]某些实践与实现就是被[我们]当作那个目的来谈论的;因为这样,它就成为属于灵魂的善,而不属于外在的[善]。	ing and agreed upon by philosophers. And, [it is also discoursed] rightly [in] that certain practices and en-activities are talked [as] the end; for in this way it falls among the goods of soul, not among external [goods].
20　συνάδει δὲ τῷ λόγῳ καὶ τὸ εὖ ζῆν καὶ τὸ εὖ πράτ-τειν τὸν εὐδαίμονα.③ σχεδὸν γὰρ εὐζωΐα τις εἴρηται καὶ εὐπραξία.④	而且,它也合于幸福的人都过得好和做得好那条逻各斯;因为[幸福]大致地被说成是某种好生活和好实践。	Again, it accords with the *logos* [that] happy man lives well and does well, for [happiness] is approximately called

λέγοιτο。ταύτην τὴν δόξαν,这同一条意见,名词性短语,阴性单数宾格,作介词κατά的宾语。ταύτην τὴν δόξαν引出两个分词短语限定语:οὖσαν παλαιὰν,是古老的;和ὁμολογουμένην ὑπὸ τῶν φιλοσοφούντων,被爱智慧者共同接受的,阴性单数宾格。οὖσαν,是,分词,阴性单数宾格。παλαιὰν,古老的,形容词,阴性单数宾格。ὁμολογουμένην,共同接受的,是动词ὁμολογέω(一致、同意)的分词,中动语态,阴性单数宾格。τῶν φιλοσοφούντων,爱智慧的人,φιλοσοφέω(爱智慧)的分词,阳性复数属格,作介词的间接性宾语。

① 省略式复合句。主句的逻辑主语(αὐτῆς,那个本原)和动词(ἂν λέγοιτο)同上句,省略。保留部分是ὀρθῶς,正确,副词,限定省略的动词ἂν λέγοιτο。原因从句引导词γὰρ省略。ὅτι引导一个名词从句,对原因做出说明。从句的主语是πράξεις τινὲς,某些实践,名词短语,阴性复数主格;和ἐνέργειαι,实现,名词,阴性复数主格。动词是λέγονται,被[我们]当作,现在时被动语态,复数第三人称。τὸ τέλος,目的,名词,中性单数主格,做主语补足语。

② 进一步的原因从句。οὕτω γὰρ,因为这样,承接语。主语仍然是ἡ ἀρχή(那个本原)。动词是γίνεται,成为,现在时,单数第三人称。γίνεται引出两个属格短语作间接性的宾语。一个是τῶν περὶ ψυχὴν ἀγαθῶν,属于相关于灵魂的善,名词性短语。τῶν ἀγαθῶν,善事物,名词,中性复数属格。περὶ ψυχήν,相关于灵魂的,介词短语,限定τῶν ἀγαθῶν。第二个是οὐ τῶν ἐκτός,而不属于外在的善,名词性短语,中性复数属格,省略了ἀγαθῶν。ἐκτός,副词,限定被省略的ἀγαθῶν。

③ 简单句。主语仍然是ἡ ἀρχή(那个本原)。动词是συνάδει(συνάδω),合乎,符合,单数第三人称。其间接性的宾语是τῷ λόγῳ,那条逻各斯,名词,阳性单数与格。其直接宾语是一个从句。从句的引导词ὅτι省略。从句的主语是τὸν εὐδαίμονα,幸福的人,阳性单数宾格。系动词省略。表语是τὸ εὖ ζῆν καὶ τὸ εὖ πράττειν,过得好和做得好,并列冠词+不定式名词化短语,中性单数宾格。τὸ εὖ ζῆν,过得好;τὸ εὖ πράττειν,做得好,中性单数宾格。

④ 原因从句。逻辑主语是幸福,阴性单数主格。动词是εἴρηται(εἴρω),说,被动语态,单数

φαίνεται δὲ καὶ τὰ ἐπι-
ζητούμενα περὶ τὴν
εὐδαιμονίαν ἅπανθ᾽
ὑπάρχειν τῷ λεχθέντι.①
τοῖς μὲν γὰρ ἀρετή, τοῖς
δὲ φρόνησις, ἄλλοις δὲ
σοφία τις εἶναι δοκεῖ.②
τοῖς δὲ ταῦτα ἢ τούτων
25 τι μεθ᾽ ἡδονῆς ἢ οὐκ
ἄνευ ἡδονῆς·③ ἕτεροι
δὲ καὶ τὴν ἐκτὸς εὐετη-
ρίαν συμπαραλαμβά-
νουσιν.④ τούτων δὲ τὰ

此外，人们所寻求的所有相关于幸福的事物看来也都包含在所谈到的那些要点之中了。因为，对有些人它看来是德性，对有些人是明智，对另一些人是某种智慧；对有些人是这些或其中的某一种再加上快乐或不无快乐；但另外一些人则把外在的运气也加进来。这些意见之中，有的是许多过去的人的

some kind of good life and good practice. And, all the things being sought in relation to happiness appear to be included in what we have discoursed. For to some people [it] seems to be virtue, to some, practical wisdom, and to some else, some wisdom; for some people [it is] these things or some of these with pleasure or not without pleasure; but another

---

第三人称。τις εὐζωΐα καὶ εὐπραξία，某种好生活和好实践，名词短语，阴性单数主格，做主语补足语。σχεδόν，大致地，差不多，副词，限定εἴρηται。

① 简单句。主语是 τὰ ἐπιζητούμενα ἅπανθ᾽，所寻求的所有事物，名词性分词短语，中动语态，中性复数主格。περὶ τὴν εὐδαιμονίαν，相关于幸福的，介宾短语，限定 τὰ ἐπιζητούμενα ἅπανθ᾽。动词是 φαίνεται，看来……，单数第三人称。宾语是动词不定式短语 ὑπάρχειν τῷ λεχθέντι，都包含在 [关于它] 所谈到的那些之中了。ὑπάρχειν，包含在，不定式，要求与格宾语。τῷ λεχθέντι，[关于它] 所谈的那些，名词性短语，中性单数与格。τῷ，那些，冠词，中性单数与格，引领短语，并做λεχθέντι 分词的间接性宾语。λεχθέντι，所谈的，分词，不定过去时，被动语态，中性单数与格。

② 从这一句起，由 τοῖς μέν...、τοῖς δέ...、ἕτεροι δέ... 引导三个并列的短语，表达三组不同的人们的意见。在第一个句子中，也包含了一个同样的内部结构，表达在第一组人之中的三种有差别的意见。句子的主语仍然是 ἡ ἀρχή（那个本原）。主动词是 δοκεῖ εἶναι，看来是……。三个并列子句的表语分别是 ἀρετή、φρόνησις、σοφία τις，德性、明智、某种智慧，名词，阴性单数主格。

③ 第二句紧承上句，表达与上面一组人不同的第二组人的意见。主语与动词同上与上句同，省略。表语是 ταῦτα ἢ τούτων τι μεθ᾽ ἡδονῆς，这些或其中的某一种再加上快乐。ταῦτα，这些，代词，中性复数主格。τούτων τι，其中的某一种，不定代词短语，中性单数主格。μεθ᾽ ἡδονῆς，加上快乐，介词短语，限定 τούτων τι。这个介词短语引出否定性的并列介词短语 ἢ οὐκ ἄνευ ἡδονῆς，或不无快乐。ἤ，或，选择性连词。ἄνευ，无……。

④ 第三句的主语是 ἕτεροι，另外一些人，形容词，阳性复数主格。动词是 συμπαραλαμβάνουσιν（συμπαραλαμβάνω），加进来，现在时，复数第三人称。宾语是 τὴν ἐκτὸς εὐετηρίαν，外在的运气。εὐετηρίαν，运气，名词，阴性单数宾格。

μὲν πολλοὶ καὶ παλαιοὶ λέγουσιν, τὰ δὲ ὀλίγοι καὶ ἔνδοξοι ἄνδρες·① οὐδετέρους δὲ τούτων εὔλογον διαμαρτάνειν τοῖς ὅλοις, ἀλλ᾽ ἕν γέ τι ἢ καὶ τὰ πλεῖστα κατορθοῦν.②

意见，有的是少数有名望的人的意见；恰当地说，这其中每一组人都不大可能全错，宁可说，[每一组人]要么至少在某一点上，要么在主要方面，是对的[d]。

group of people include also external good fortune. Among these views, some [are what] many people of the past say, some [are what] a few distinguished men [say]; [it is] well-said [that] neither of these two groups totally goes wrong, rather, [each of them] are right either at least one point, or at some main aspects.

30 τοῖς μὲν οὖν λέγουσι τὴν ἀρετὴν ἢ ἀρετήν τινα συνῳδός ἐστιν ὁ λόγος·③ ταύτης γάρ

所以，我们的逻各斯是与那些说[它是]德性或某种德性的人们[的意见]一致的；因为，依照

Our *logos*, therefore, is in agreement with those who says [that it is] virtue or some virtue; for,

---

① 这是一个 τὰ μὲν...τὰ δὲ... 的两个对照结构中性复数名词性短语。复数属格代词 τούτων，在这些意见之中，限定它们。每个短语结构由 τὰ 表示那样一些意见，由一个从句构成对它的说明。第一个短语中的从句的主语是 πολλοὶ καὶ παλαιοὶ，许多过去的人。πολλοὶ，许多人，形容词，阳性复数主格。παλαιοὶ，过去的人，形容词，阳性复数主格。两词连用可以指同一批人。动词是 λέγουσιν，说，讲，现在时，复数第三人称。
第二个短语中的从句的主语是 ὀλίγοι καὶ ἔνδοξοι ἄνδρες，少数有名望的人，谓语动词被省略。ὀλίγοι，少数的，形容词，阳性复数主格。ἔνδοξοι，有名望的，阳性复数主格。两者也指同一批人。ἄνδρες，人，名词，阳性复数主格。
② 并列句。第一句形容词 εὔλογον 无人称句。εὔλογον，说得很好的，形容词，中性单数主格，可视为主句省略了系动词的表语。句子的逻辑主语为 οὐδετέρους τούτων διαματάνειν τοῖς ὅλοις，这其中每一组人都不大可能全错，不定式短语。οὐδετέρους τούτων，这两类人中没有一个。οὐδετέρους，没有一个，形容词，阳性复数宾格。διαματάνειν，出错，不定式，现在时主动语态。τοῖς ὅλοις，整个地，复数与格。
第二句的主语还是上述两类人，谓语动词是 κατορθοῦν，是对的，现在时，双数第三人称。ἕν τι，在某一点上，和 τὰ πλεῖστα，在主要方面，介词短语，限定 κατορθοῦν。小品词 γέ（甚至）表示强调。
③ 简单句。主语是 ὁ λόγος，我们的逻各斯，指第7章对那个善或那个最高的善的说明，阳性单数主格。系动词是 ἐστιν，是，现在时，单数第三人称。表语是 συνῳδός τοῖς λέγουσι...，与那

ἐστιν ἡ κατ' αὐτὴν ἐνέργεια.①	德性的实现是属于德性自身的。	the en-activity in accordance with virtue belongs to virtue.
διαφέρει δὲ ἴσως οὐ μικρὸν ἐν κτήσει ἢ χρήσει τὸ ἄριστον ὑπολαμβάνειν, καὶ ἐν ἕξει ἢ ἐνεργείᾳ.② τὴν μὲν γὰρ ἕξιν ἐνδέχεται μηδὲν ἀγαθὸν ἀποτελεῖν <ἐν> ὑπάρχουσαν, οἷον τῷ καθεύδοντι ἢ καὶ ἄλλως πως ἐξηργηκότι, τὴν δ' ἐνέργειαν οὐχ οἷόν τε·③	但是，认为那个最好的［东西］是在于拥有还是在于运用，在于品性°还是在于实现，也许区别不小。因为，品性在开始时可能还没有完成任何善，就像［一个人］在睡觉或以某种其他方式无所事事时那样，而实现则不像这样；因为，它出于必然就要去做，并	But perhaps, it makes no small difference whether to take the best thing [to be] in possession or in use, in character or in en-activity. For it is possible for character to have completed no good at the beginning, as [when one is] in sleeping or, in some other way,

99a

些说……的人们一致的，形容词短语，阳性复数与格，限定前面省略了的阳性单数主格的代词先行词。συνῳδός，一致的，形容词，阳性复数与格。τοῖς λέγουσι...，那些说……的人们，与格分词短语，主动语态，阳性复数，限定 συνῳδός。τὴν ἀρετὴν ἢ ἀρετήν τινα，德性或某种德性，名词短语，阴性单数宾格，作分词 λέγουσι 的省略了宾语与系动词的宾语从句的表语，或者，在从句不使用系动词的情况下，省略了宾语补语。

① 上句的原因从句。主语是 ἡ κατ' αὐτὴν ἐνέργεια，依循德性的实现，名词短语，阴性单数主格。κατ' αὐτήν，合乎德性的，介词短语，限定 ἡ ἐνέργεια（实现）。系动词是 ἐστιν，是。表语是 ταύτης，它自身，指示代词，指 ἡ ἀρετή，阴性单数属格。

② 简单句。δὲ 示意语气的转折。句子的逻辑主语是 ὑπολαμβάνειν（认为……）及其宾语构成的不定式短语。其宾语是 τὸ ἄριστον，那个最好的东西，中性单数宾格。τὸ ἄριστον 引出两个并列的介词短语作补语。一个是 ἐν κτήσει ἢ χρήσει，在于拥有还是在于运用。κτήσει，拥有；χρήσει，运用；名词，阴性单数与格。另一个是 ἐν ἕξει ἢ ἐνεργείᾳ，在于品性还是在于实现。ἕξει，品性；ἐνεργείᾳ，实现，名词，阴性单数与格。谓语动词是 διαφέρει，区别，单数第三人称，ἴσως οὐ μικρὸν，也许还不小，副词短语，限定 διαφέρει。

③ 原因从句。并列句。第一句是动词 ἐνδέχεται 无人称句。复合句。主句的动词是无人称动词 ἐνδέχεται（ἐνδέχομαι），它是可能的。句子的逻辑主语是不定式短语 τὴν ἕξιν... μηδὲν ἀποτελεῖν ἀγαθόν... <ἐν> ὑπάρχουσαν，那种品性在开始时还没有完成任何善，不定式短语。μηδὲν ἀποτελεῖν，没有完成，动词不定式。τὴν ἕξιν，那种品性，不定式的逻辑主语，宾格阴性单数。<ἐν> ὑπάρχουσαν（ὑπάρχω），< ἐν > 开始时，分词短语，宾格，限定 μηδὲν ἀποτελεῖν，<ἐν> 为理查兹（Richards）本所加，加上之后的变化是构成一个介词短语。

οἷον 引导方式状语从句，补充说明主句。οἷον，就像，关系副词，起连接作用。τῷ καθεύδοντι，在睡觉时，冠词+分词名词性短语，中性单数与格。ἐξηργηκότι（ἐξαργέω），无所事事，完成时分

πράξει γὰρ ἐξ ἀνάγκης, καὶ εὖ πράξει.①	且将很好地去做。	idling, yet [for] en-activity, [it is] not [possible] as this; for, out of necessity, it will practise, and will practise well.
ὥσπερ δ' Ὀλυμπίασιν οὐχ οἱ κάλλιστοι καὶ ἰσχυρότατοι στεφανοῦ- 5 νται ἀλλ' οἱ ἀγωνιζόμε-νοι② (τούτων γάρ τινες νικῶσιν③), οὕτω καὶ τῶν ἐν τῷ βίῳ καλῶν κἀγαθῶν οἱ πράττοντες ὀρθῶς ἐπήβολοι γίνο-νται.④	正如在奥林匹克运动会上获得桂冠的不是最漂亮、最强壮的人, 而是竞赛者(因为是他们之中的一些人获胜了), 同样, 在生活中获得高尚与善的是那些做得正确的人。ᶠ	Just as at Olympic Games not the most handsome and strongest, but competitors, are crowned (for some among them win the games), likewise in the life those who practice rightly become the owner of the noble and good things.

词, 中性单数与格, 表伴随状态。ἄλλως πως, 以某种其他方式, 副词短语, 限定 ἐξηργηκότι。

第二句自 τὴν δ' ἐνέργειαν 起, 与第一句的主句平行, 构成对照, 省略了相同的成分。τὴν δ' ἐνέργειαν, 那种实现, 与第一句的 τὴν μὲν ἕξιν 形成对照。οὐχ οἷόν τε, 不像这样, 为第一句中从句的平行对照结构。

① 上述并列句的原因从句。主语是前面提到的 τὴν ἐνέργειαν, 实现, 名词短语, 阴性单数主格形式, 省略。连动结构句。第一个动词是 πράξει (πράσσω), 将实践, 将去做, 将来时, 单数第三人称。其逻辑主语为前面的 ἐξ ἀνάγκης, 出于必然, 介词短语, 限定 πράξει。第二个动词是 εὖ πράξει, 将很好地去做。εὖ, 很好地, 副词, 限定 πράξει。

② 与下句构成并列句。Ὀλυμπίασιν, 在奥林匹克运动会上, 单数与格名词, 做状语。主语是 οὐχ οἱ κάλλιστοι καὶ ἰσχυρότατοι... ἀλλ' οἱ ἀγωνιζόμενοι, 不是最漂亮和最强壮的人, 而是竞赛者, 名词短语, 阳性复数主格。κάλλιστοι, 最漂亮的, 形容词 κάλος 的最高级, 阳性复数主格。ἰσχυρότατοι, 最强壮的, 形容词 ἰσχυρός 的最高级, 阳性复数主格。ἀγωνιζόμενοι, 竞赛者, 动词 ἀγωνίζομαι (竞争) 的中动语态分词, 阳性复数主格。ἀλλ', 而是, 表示转折。谓语动词 στεφανοῦνται (στεφανόω), 获得桂冠, 中动, 复数第三人称。

③ 由 ἀλλ' οἱ ἀγωνιζόμενοι 引出的一个原因从句插入语。主语为 τινες τούτων, 他们之中的一些人。τούτων, 他们, 指 οἱ ἀγωνιζόμενοι。动词是 νικῶσιν (νικάω), 获胜, 现在时, 复数第三人称。

④ 与上句并列。οὕτω, 同样, 副词, 起并接作用。主语是 οἱ πράττοντες ὀρθῶς, 那些做得正确的人, 名词性短语, 阳性复数主格。πράττοντες, 做, 实践, 分词。ὀρθῶς, 正确地, 限定 πράττοντες。系动词是 γίγνονται (γίγνομαι), 成为……, 系动词, 现在时, 复数第三人称。表语是 ἐπήβολοι (ἐπήβολος), 拥有……的, 形容词, 阳性复数主格。τῶν ἐν τῷ βίῳ καλῶν κἀγαθῶν, 在生活中的高尚和善的事物, 名词性短语, 中性复数属格, 限定 ἐπήβολοι。τῶν καλῶν κἀγαθῶν, 高尚和善的事

ἔστι δὲ καὶ ὁ βίος αὐτῶν καθ' αὑτὸν ἡδύς.① τὸ μὲν γὰρ ἥδεσθαι τῶν ψυχικῶν.② ἑκάστῳ δ' ἐστὶν ἡδὺ πρὸς ὃ λέγεται φιλοτοιοῦτος,③ οἷον ἵππος μὲν τῷ φιλίππῳ, θέαμα δὲ τῷ φιλοθεώρῳ, τὸν αὐτὸν δὲ τρόπον καὶ τὰ δίκαια τῷ φιλοδικαίῳ καὶ ὅλως τὰ κατ' ἀρετὴν τῷ φιλαρέτῳ.④ τοῖς μὲν οὖν πολλοῖς τὰ ἡδέα μά-

但是，他们的生命自身也令人快乐。因为，感受快乐[是]与灵魂相关的。每个人据说与之友爱的那个[事物]都让他感到快乐，例如，马对于友爱马的人[是快乐的]，景观则对于爱观景的人[是快乐的]，同样，正义的事情则对于友爱正义的人，且总体地说，依照德性做出的事情对于友爱德性的人[是快乐的]；所以对许多人来

But their life is by itself pleasant. For feeling pleasure [is an activity] related to the soul. To each man [that] of which he is said to be a lover is pleasant, for instance, a horse [is pleasant] for a lover of horse, whereas a scene for a lover of sight-seeing, and in the same way the just things [are pleasant] for a lover of justice, and in general things con-

物，名词性短语，中性复数属格。κἀγαθῶν=καὶ+ἀγαθῶν。ἐν τῷ βίῳ，在生活中，介词短语，限定 τῶν καλῶν κἀγαθῶν。

① 简单句。主语是 ὁ βίος，那种生活。αὐτῶν，他们的，代词，阳性复数属格，限定 ὁ βίος。系动词是 ἔστι，是。表语是 ἡδύς，令人快乐，形容词，阳性单数主格。καθ' αὑτὸν，根据它自身，介宾短语，限定 ἔστι ἡδύς。

② 原因从句。省略系动词的名词性句。主语是 τὸ μὲν ἥδεσθαι，感受快乐，名词性动词不定式短语，中性单数主格。表语是 τῶν ψυχικῶν，和灵魂相关的，名词短语，阴性或中性复数属格。ψυχικῶν，和灵魂相关的，形容词，阴或中复数属格形式。

③ 复合句。ἑκάστῳ，对一个人来说，阳性单数与格形容词，做状语。主语是[τὸ]πρὸς ὃ λέγεται φιλοτοιοῦτος，据说他友爱的[那个事物]，冠词+定语关系从句名词性短语，前置冠词[τὸ]省略。πρὸς ὃ λέγεται φιλοτοιοῦτος，据说他友爱的那个，定语关系从句，限定前者冠词[τὸ]。从句的的主谓语是 λέγεται（λέγω），他据说是……，现在时中被动语态，单数第三人称。φιλοτοιοῦτος，友爱的，形容词，阳性单数主格，表语。πρὸς ὅ，对于那事物的，介词短语，限定 λέγεται。ὅ，那事物，关系代词，指被省略的[τὸ]，并引导关系从句。全句的系动词 ἐστὶν，是。表语是 ἡδύ，令他快乐的，形容词，中性单数主格。

④ 由 ἑκάστῳ 引出的例证说明，μὲν... δὲ... 示意对照结构。οἷον，例如。共含四个分句。第一个的主语是 ἵππος，马，阳性单数主格。τῷ φιλίππῳ，对于友爱马的人，阳性单数与格，与 ἑκάστῳ 对应。谓述部分 ἐστὶν ἡδύ 与主句同，在这里及以下平行结构中均被省略。第二个分句的主语是 θέαμα，景观，中性单数主格形式。τῷ φιλοθεώρῳ，对于友爱观赏者，阳性单数与格。第三个分句的主语是 τὰ δίκαια，正义的事情。τῷ φιλοδικαίῳ，对于友爱正义者。τὸν αὐτὸν δὲ τρόπον，以同样方式，名词短语，阳性单数宾格，做状语。第四个分句的主语是 τὰ κατ' ἀρετὴν，合德性的事情，中性复数主格。τῷ φιλαρέτῳ，对于友爱德性的人。καὶ ὅλως，且总体上。阳性单数与格，做状语。

χεται, διὰ τὸ μὴ φύσει τοιαῦτ' εἶναι, τοῖς δὲ φιλοκάλοις ἐστὶν ἡδέα τὰ φύσει ἡδέα·① τοιαῦται δ' αἱ κατ' ἀρετὴν πράξεις·② ὥστε καὶ τούτοις εἰσὶν ἡδεῖαι καὶ καθ' αὑτάς.③

15 οὐδὲν δὴ προσδεῖται τῆς ἡδονῆς ὁ βίος αὐτῶν ὥσπερ περιάπτου τινός, ἀλλ' ἔχει τὴν ἡδονὴν ἐν ἑαυτῷ.④ πρὸς τοῖς εἰρη-

说，快乐会相互冲突，因为它们并非自然地就是那样的，而对友爱高尚事物的人来说，快乐自然地就是快乐的；而那些依照德性的实践[也是]这样的；所以[这样的事物]是快乐的，并且是因它们自身的缘故。

而且，这些人的生命中也不需要某种另外附加的快乐，而是自身就拥有快乐。因为，除了我们所说过的，不喜欢做高尚

forming with virtue for a lover of virtue; for many, therefore, the pleasures conflict each other, for pleasures are not by nature that sort of things, whereas for lovers of noble things the pleasures are by nature pleasures; yet the practices in accordance with virtue [are] that sort of things; hence [these things] are pleasant and for the sake of themselves.

And, the life of these people will never need things as additional pleasures, but has pleasure in itself. For beside

① 并列句，μὲν... δὲ... 对照结构。第一句的主语是 τὰ ἡδέα，快乐，名词短语，中性复数主格。动词是 μάχεται（μάχομαι），冲突，中动语态，单数第三人称。διὰ τὸ μὴ φύσει τοιαῦτ' εἶναι，因为它们并非自然地就是那样的，介宾短语，限定 μάχεται。διὰ，因为，介词。τὸ μὴ φύσει τοιαῦτ' εἶναι，并非自然地就是那样的，不定式短语，作名词使用，中性单数宾格。φύσει，自然，名词，阴性单数与格，作副词用，限定后面的不定式。τὸ...τοιαῦτ' εἶναι，是那样的，名词化不定式结构，做 διὰ 的宾语。τοῖς πολλοῖς，对许多人而言，代词短语，阳性复数与格，做句子状语。
第二句的主语是 τὰ φύσει ἡδέα，自然的快乐，自然地就让人快乐的快乐，名词性短语，中性复数主格。系动词是 ἐστὶν，是，单数第三人称。表语是 ἡδέα，快乐的。τοῖς φιλοκάλοις，对于友爱好高尚事物的人来说，名词短语，阳性复数与格，做状语。
② 简单句。主语是 αἱ κατ' ἀρετὴν πράξεις，合乎德性的实践活动，阴性复数主格。系动词被省略。表语是 τοιαῦται，这样的事物，代词，阴性复数主格。
③ 简单句。ὥστε，所以，副词，承接上句。句子的主语同上句，省略。系动词是 εἰσὶν。表语是 ἡδεῖαι 快乐的，形容词，阴性复数主格。καθ' αὑτάς，因其自身的缘故，介词短语，限定 εἰσὶν ἡδεῖαι。τούτοις，对于这些人而言，代词，阳性复数与格，作状语。
④ 简单句。主语是 ὁ βίος，生命，阳性单数主格。αὐτῶν，这些人的，代词，阳性复数属格，

μένοις γὰρ οὐδ' ἐστὶν
ἀγαθὸς ὁ μὴ χαίρων
ταῖς καλαῖς πράξεσιν·①
οὔτε γὰρ δίκαιον οὐδεὶς
ἂν εἴποι τὸν μὴ χαίρο-
ντα τῷ δικαιοπραγεῖν,
οὔτ' ἐλευθέριον τὸν μὴ
χαίροντα ταῖς ἐλευθε-
ρίοις πράξεσιν, ὁμοίως
δὲ καὶ ἐπὶ τῶν ἄλλων·②
20 εἰ δ' οὕτω, καθ' αὑτὰς
ἂν εἶεν αἱ κατ' ἀρετὴν
πράξεις ἡδεῖαι.③

事情的人就不是好人；因为，没有人会称一个不喜欢做正义事情的人为正义的；也没有[人会称一个]不喜欢做慷慨事情的人为慷慨的，其他亦可类推；如若这样，合德性的实践就必定自身就令人快乐。

what has been said, the man who does not en-joy doing noble things is not good; for, no one would call a man just if he does not enjoy doing just things, nor [would one call a man] liberal if the latter does not enjoy doing liberal things; and likewise with all other cases; if so, the practices in accordance with vir-

---

限定 ὁ βίος。动词是 προσδεῖται（来自 προσδέω），需要，中动语态，单数第三人称。宾语是 τῆς ἡδονῆς，快乐，名词，阴性单数属格。ὥσπερ，比如，关系副词。περιάπτου τινός，某种另外附加的快乐。περιάπτου，另外附加的快乐，名词，中性单数属格。ἔχει，拥有，连动词，单数第三人称。宾语是 τὴν ἡδονὴν，快乐，名词，阴性单数属格。ἐν ἑαυτῷ，在自身之中，介词短语，限定 ἔχει。

① 原因从句。简单句。主语是 ὁ μὴ χαίρων ταῖς καλαῖς πράξεσιν，不喜欢做高尚的事的人，名词短语，阳性单数主格。μὴ χαίρων，不喜欢……，分词短语，主动语态，阳性单数主格。其间接性宾语是 ταῖς καλαῖς πράξεσιν，做高尚的事，名词短语，阴性复数与格。动词是 οὐδ' ἐστὶν，就不是。表语是 ἀγαθός，好人，形容词，阳性单数主格。πρὸς τοῖς εἰρημένοις，除我们所说过的，介词短语，做状语。τοῖς εἰρημένοις，我们所说过的，名词性分词短语，阳性复数与格，作介词 πρός 的间接性宾语。εἰρημένοις，分词，来自动词 ἐρέω（说），完成时，阳性复数与格。

② 进一步的原因从句。并列句。οὔτε...οὔτ'... 构成一个"既不……也不……"的结构。第一句的主语是 οὐδείς，没有人。动词是 ἂν εἴποι，称……为……，说……是……，祈愿语气，单数第三人称。其直接宾语是 τὸν μὴ χαίροντα τῷ δικαιοπραγεῖν，一个不喜欢做正义的事情的人，名词性分词短语，单数阳性宾格。μὴ χαίροντα，不喜欢，分词，阳性单数宾格。其间接性宾语是 τῷ δικαιοπραγεῖν，做正义的事，冠词 + 不定式短语，阳性单数与格，作分词 χαίροντα 的宾语。δικαιοπραγεῖν，做正义的事，不定式，来自动词 δικαιοπραγέω，主动语态。ἂν εἴποι 的间接宾语或宾语补足是 δίκαιον，正义的，形容词，阳性单数宾格。第二句的结构相同。主语仍然是 οὐδείς，谓语动词也是 ἂν εἴποι，均被省略。其直接宾语是 τὸν μὴ χαίροντα ταῖς ἐλευθερίοις πράξεσιν，不喜欢做慷慨的事情的人，与上句的 τὸν μὴ χαίροντα τῷ δικαιοπραγεῖν 对应。其间接宾语或宾语补足是 ἐλευθέριον，慷慨的，形容词，阳性单数宾格。ὁμοίως δὲ καὶ ἐπὶ τῶν ἄλλων，其他亦可类推，由上述并列句引出的关于其他例证的推定。ὁμοίως，同样地，副词。ἐπὶ τῶν ἄλλων，关于其他事情，介词短语。动词省略。

③ 复合句。从句为省略式。εἰ δ' οὕτω，如果这样，主要结构省略。主句的主语是 αἱ κατ' ἀρετὴν πράξεις，依照德性的实践，名词短语，阴性复数主格。κατ' ἀρετὴν，依照德性的，介词短语，

—ἀλλὰ μὴν καὶ ἀγαθαί γε καὶ καλαί, καὶ μάλιστα τούτων ἕκαστον, εἴπερ καλῶς κρίνει περὶ αὐτῶν ὁ σπουδαῖος· κρίνει δ' ὡς εἴπομεν.[①]

ἄριστον ἄρα καὶ κάλλιστον καὶ ἥδιστον ἡ εὐδαιμονία, καὶ οὐ διώρισται ταῦτα κατὰ τὸ Δηλιακὸν ἐπίγραμμα[②] —

——但它们也的确是善的和高尚的,且在这每一个特性上都在最大程度上[是这样],既然认真的人高尚地对它们进行判断;而他就像我们所说过的那样地判断。

所以,幸福是最好的、最高尚的和最令人快乐的,这些特性不是相互分离的,像提洛岛的铭文[所说的那样]——

tue must be by themselves pleasant.
—But [they are] also indeed good and noble, and [be so] in each of them in the highest degree, since the serious man nobly judges about these matters; yet he does judge as we have said.

Therefore, happiness is the best, the noblest, and the most pleasant, and these qualities do not differ from each other

---

限定 αἱ πράξεις(实践)。动词是 ἂν εἶεν,是,祈愿语气,复数第三人称。其表语是 ἡδεῖαι,快乐的。καθ' αὑτάς,因其自身缘故,介词短语,限定 ἂν εἶεν。

① 并列句省略式。第一句的主语与系动词同上句,省略。μὴν,真的、确实,小品词。表语是 ἀγαθαί γε καὶ καλαί,善的和高尚的。

第二句是复合句。主句的主语与系表结构同第一句,省略。μάλιστα τούτων ἕκαστον,在这每一个特性上都在最大程度上,副词短语,限定省略系动词的系表结构。μάλιστα,在最大程度上,副词最高级,限定省略的系表结构。τούτων ἕκαστον,在这每一个[性质]上,代词短语,中性单数宾格,此处副词化,限定 μάλιστα。τούτων,这些,代词,中性复数属格,限定 ἕκαστον(每一个),指上面谈到的实现那个善的活动是合德性的、快乐的和善的这三种性质。

连词 εἴπερ(既然……)引出让步条件句。主语是 ὁ σπουδαῖος,认真的人,名词,阳性单数主格。动词是 κρίνει,判断,单数第三人称。περὶ αὐτῶν,对于它们,介词短语,限定 κρίνει。καλῶς,高尚地,副词,限定 κρίνει。

此从句又引出并列对照句。主语仍为 ὁ σπουδαῖος,省略。动词是 κρίνει,同于前条件句。由 κρίνει 引出方式状语从句 ὡς εἴπομεν,像我们所说的那样地。εἴπομεν,我们说过的,复数第一人称。

② 并列句。第一句的主语是 ἡ εὐδαιμονία,幸福,名词,阴性单数主格。系动词省略。表语是 ἄριστον καὶ κάλλιστον καὶ ἥδιστον,最好、最高尚和最令人快乐的,形容词最高级短语,中性单数主格。ἄρα,所以,小品词。

第二句与第一句对照。主语是 ταῦτα,这些,指上述三种性质的事物。动词是 διώρισται,相互分别,中动语态,单数第三人称。κατὰ τὸ Δηλιακὸν ἐπίγραμμα,像提洛岛上的铭文[所说的那样],介词短语,限定 διώρισται。τὸ Δηλιακὸν ἐπίγραμμα,提洛岛的铭文,名词短语,中性单数宾格。

I.8

κάλλιστον τὸ δικαιό- τατον, λῷστον δ᾽ ὑγιαίνειν, ἥδιστον δὲ πέφυχ᾽ οὗ τις ἐρᾷ τὸ τυ- χεῖν —,①	最正义的最高尚， 健康最良好， 实现心之所欲最 快乐——，	[as] the inscription at Delos [says]— the noblest [is] the justest, the most beneficial [is to be] healthy, the pleasantest [is] brought about with obtaining what one desires ——,
ἅπαντα γὰρ ὑπάρχει ταῦτα ταῖς ἀρίσταις ἐνεργείαις·② ταύτας δέ, ἢ μίαν τούτων τὴν ἀρί-στην, φαμὲν εἶναι τὴν εὐδαιμονίαν.③	因为，所有这些性质都包含在这些最好的实现之中；而我们说幸福就是这些或其中那种最好的 [实现]ᵍ。	for, all these qualities belong to the best en-activities; and we say happiness to be these [en-activities] or the best one of them.

---

① 并列句。第一句的主语是 τὸ δικαιότατον，最正义的。系动词省略。表语是 κάλλιστον，最高尚的。
　　第二句的主语是 ὑγιαίνειν，生活健康，不定式短语。表语是 λῷστον，最好的，形容词，来自 λωῖων，更好的，是后者的最高级形式。
　　第三句的主语是 οὗ τις ἐρᾷ τὸ τυχεῖν，实现心之所欲，名词化不定式短语。τυχεῖν 不定式，实现……，前加冠词 τὸ 而名词化。οὗ τις ἐρᾷ，心之所欲，做 τυχεῖν 的宾语从句。或者，也可以把不定式 τυχεῖν 的宾语看作一个被省略了的先行代词 τινος，把 οὗ τις ἐρᾷ 看作 τινος 的定语从句。从句的主语是 τις，某人。从句的动词是 ἐρᾷ，欲求，来自 ἔραμαι，虚拟语气，单数第三人称。宾语是 οὗ，关系代词，阳性单数属格。第三句的动词是 πέφυχ᾽，来自 φύω，自然就是，完成时，单数第三人称。表语是 ἥδιστον，最令人快乐的。
② 原因从句。简单句。主语是 ἅπαντα ταῦτα，所有这些性质，中性复数主格。动词是 ὑπάρχει，包含在……，从属于……，现在时，单数第三人称。其间接宾语是 ταῖς ἀρίσταις ἐνεργείαις，[在] 最好的实现之中，名词短语，阴性复数与格。ἀρίσταις，最好，形容词最高级，限定 ταῖς ἐνεργείαις（实现）。
③ 简单句，与上句并列。主谓语是 φαμὲν，我们说，现在时，复数第一人称。宾语是 τὴν εὐδαιμονίαν，幸福，阴性单数宾格。εἶναι，是，不定式，引出短语，给 τὴν εὐδαιμονίαν 做补语。εἶναι 有两个表语。一个是 ταύτας，这些 [实现]，代词，阴性复数宾格。另一个是 μίαν τούτων τὴν ἀρίστην，其中的一种最好的实现。μίαν τὴν ἀρίστην，那一种最好的，名词性短语，阴性单数宾格。

—— φαίνεται δ' ὅμως καὶ τῶν ἐκτὸς ἀγαθῶν προσδεομένη, καθάπερ εἴπομεν.① ἀδύνατον γὰρ ἢ οὐ ῥᾴδιον τὰ καλὰ πράττειν ἀχορήγητον ὄντα.②

1099b πολλὰ μὲν γὰρ πράττεται, καθάπερ δι' ὀργάνων, διὰ φίλων καὶ πλούτου καὶ πολιτικῆς δυνάμεως·③ ἐνίων δὲ τητώμενοι ῥυπαίνουσι τὸ μακάριον, οἷον εὐγενείας εὐτεκνίας κάλλους·④ οὐ πάνυ γὰρ εὐ-

——不过,如所说过的,[幸福]也显然是需要外在善的;因为,没有可支配手段的供应就不能或不容易去做高尚的事情。

因为,许多事情都需要借助手段,通过朋友帮助、使用钱财或运用政治能力,才能做成;而对某些其他东西的剥夺,如高贵出身、好子女和健美,也将损害那种至福;因为,一个身材丑陋、出身卑贱、没有子女

—— Yet [happiness] seems to require external goods, as we said; for, it is impossible or not easy to do those noble things being unequipped.

For, many things are done with instruments, with friends, wealth, and political power; yet being deprived of some other things, such as good birth, good children, and bodily beauty, also spoil the blessedness; for, a

---

τούτων,它们之中的,代词,阴性复数属格。

① 简单句。ὅμως,不过,连接副词。主语是[ἡ εὐδαιμονία],幸福,阴性单数主格,省略。系动词是φαίνεται,显然是,单数第三人称。表语是 τῶν ἐκτὸς ἀγαθῶν προσδεομένη,需要这些外在善的,分词短语,阴性中动主格。προσδεομένη,需要……的,分词,来自动词προσδέω,需要。其间接性的宾语是 τῶν ἐκτὸς ἀγαθῶν ὅμως,这些外在的善,中性复数属格。καθάπερ εἴπομεν,如所说过的,插入语。καθάπερ,正如,连接副词。εἴπομεν,所说过的,根于动词εἴπω,说过,复数第一人称。

② 原因从句。简单句。由两个中性形容词 ἀδύνατον(不可能的)和 οὐ ῥᾴδιον(不容易的)构成的无人称句,ἀδύνατον 和 οὐ ῥᾴδιον 可以被看作句子的省略了系动词的表语。句子的逻辑主语是 τὰ καλὰ πράττειν ἀχορήγητον ὄντα,去做高尚的事情而没有可支配手段的供应,名词性不定式短语,中性复数。τὰ καλὰ πράττειν,去做高尚的事情,冠词+不定式。其宾语是 τὰ καλὰ,高尚的事情,中性复数宾格。ὄντα ἀχορήγητον,是没有[可支配手段的]供应的,分词短语,表伴随情况,限定 τὰ καλὰ πράττειν。ἀχορήγητον,没有供应的,形容词,阳性单数宾格。

③ 进一步的原因从句。并列句。μὲν...δὲ... 结构示意转折对照。这里是第一句。主语是 πολλὰ,许多事情,中性复数主格。动词为 πράττεται,被做,做到,被动语态,单数第三人称。καθάπερ δι' ὀργάνων,借助手段,介词短语,限定 πράττεται。καθάπερ,小品词,在此无实义。ὀργάνων,手段,工具,名词,中性复数属格,做介词 δι' 的间接性宾语。δι' ὀργάνων 引出同位介词短语作进一步说明。介词 διὰ 引出三个属格宾语:φίλων,朋友,阳性复数;πλούτου,财富,中性单数,πολιτικῆς δυνάμεως,政治的权力,阴性单数属格,表明需要借助的三种手段。

④ 这里是第二句。主语是 ἐνίων τητώμενοι,对某些其他东西的剥夺,分词短语,阳性复数主格。τητώμενοι,剥夺,分词,阳性中被动语态。ἐνίων,某些东西,代词,中性复数属格,做 τητώμενοι。动词是 ῥυπαίνουσι,损害,复数第三人称。宾语是 τὸ μακάριον,福祉,名词,中性单数

δαιμονικὸς ὁ τὴν ἰδέαν παναίσχης ἢ δυσγενὴς ἢ μονώτης καὶ ἄτεκνος,① ἔτι δ᾽ ἴσως ἧττον, εἴ τῳ πάγκακοι παῖδες εἶεν ἢ φίλοι, ἢ ἀγαθοὶ ὄντες τεθνᾶσιν.②

καθάπερ οὖν εἴπομεν, ἔοικε προσδεῖσθαι καὶ τῆς τοιαύτης εὐημερίας·③ ὅθεν εἰς ταὐτὸ τάττουσιν ἔνιοι τὴν εὐτυχίαν τῇ εὐδαιμονίᾳ

或孤独的人,在观念上绝不是幸福的,如果与他相伴的子女或朋友是极坏的,或者虽然是很好的却亡故了,他也许就更不可能[幸福]ʰ。

所以,如所说过的,[幸福]看起来还需要这样的"好天气"ⁱ;因此,有些人就把好运(而另一些人则把德性ʲ) 当作幸福ᵏ。

man of utterly repulsive in appearance or ill-birth, childless or solitary, is not at all happy in the conception, and perhaps less likely, if with him the children or friends were thoroughly bad, or were good but died.

Therefore, as we said, [happiness] seems to require such kind of "good day" in addition; thus in this respect, some take good fortune [whereas

---

宾格。οἷον,例如,关系副词,引导三个例证作为插入语,补充说明 ἐνίων。εὐγενείας,高贵出身,名词,阴性单数属格。εὐτεκνίας,好的子女,名词,阴性单数属格。κάλλους,这里指身体的健美,名词,中性单数属格。

① 原因从句。简单句。主语是 ὁ παναίσχης ἢ δυσγενὴς ἢ μονώτης καὶ ἄτεκνοκ,一个身材丑陋或出身卑贱,或没有子女或孤独的人,名词短语,阳性单数主格。παναίσχης,身材丑陋的,δυσγενής,出身卑贱的,ἄτεκνος,没有子女的人,形容词,阳性单数主格。μονώτης,孤独的人,名词,阳性单数主格。系动词省略。表语是 οὐ πάνυ εὐδαιμονικός,绝不是幸福的。πάνυ,绝对,完全,副词。τὴν ἰδέαν,那个理念,此处,那种幸福观念,名词短语,阴性单性宾格,用作副词短语,限定省略了系动词的系表结构。

② 承接上句的并列句。副词 ἔτι(又,再)表明与上句的并列关系。主句的主系表结构同于上句,省略。保留的部分是 ἴσως ἧττον,也许就更不可能[幸福]。从这个部分引出主句的条件句。εἴ τῳ,如果对于他来说。εἴ,如果,引导条件句。τῳ,对于他,指前面提到的那个身材丑陋等等的人,冠词,阳性单数与格,作条件句的状语。条件句的主语是 παῖδες,子女,和 φίλοι,朋友,名词,阳性复数主格。系动词是 εἶεν,是,祈愿语气,复数第三人称。表语是 πάγκακοι,极坏的,形容词,复数阳性主格。

这个条件句引出另一并列的条件句。主语同于前句,省略。ἀγαθοὶ ὄντες,是好的,分词短语,阳性复数主格,表被省略的主语的伴随情况。动词是 τεθνᾶσιν,亡故了,完成时,复数第三人称。

③ 简单句,通过 οὖν(所以)承接前文。καθάπερ εἴπομεν,如所说的,插入语。主句是简单句。逻辑主语是 ἡ εὐδαιμονία,幸福,省略。谓语动词是 ἔοικε,看起来……,第三人称单数。后接 προσδεῖσθαι τῆς τοιαύτης εὐημερίας,需要这样的"好天气",不定式短语。προσδεῖσθαι,需要,不定式。τοιαύτης,这样的,形容词,阴性单数属格。εὐημερίας,"好天气",名词,阴性单数属格。

[ἕτεροι δὲ τὴν ἀρετή-
ν].①

some others, virtue] to be happiness.

① 并列句。ὅθεν,因此,连系副词,承接上文。第一句的主语是 ἔνιοι,有些人,阳性复数主格。动词是 τάττουσιν,来自动词 τάττω,原义是安排、指派,此处的意义是把……当作……,复数第三人称。直接宾语是 τὴν εὐτυχίαν,好运,名词,阴性单数宾格。间接宾语是 τῇ εὐδαιμονίᾳ,幸福,阴性单数与格。[ἕτεροι δὲ τὴν ἀρετήν]部分为吉法纽司(Gifannius)本所加,见莱克汉姆(Rackham [1924], 44, n.1)。此结构与第一句的 ἔνιοι τὴν εὐτυχίαν 相对照。主语为 ἕτεροι,另一些人。动词省略。直接宾语是 τὴν ἀρετήν,德性,阴性单数宾格。间接宾语相同,省略。εἰς ταὐτὸ,在这方面,介词短语,限定全句。

9

Ὅθεν καὶ ἀπορεῖται πότερόν ἐστι μαθητὸν ἢ ἐθιστὸν ἢ ἄλλως πως ἀσκητόν, ἢ κατά τινα θείαν μοῖραν ἢ καὶ διὰ τύχην παραγίνεται.①

εἰ μὲν οὖν καὶ ἄλλο τι ἐστὶ θεῶν δώρημα ἀνθρώποις,② εὔλογον καὶ τὴν εὐδαιμονίαν θεόσδοτον εἶναι,③ καὶ μά-

从这里就产生了一个问题，[幸福]是学得的、习惯养成的或者以其他某种训练方式获得的，还是依照某个神性的部分或凭运气来安排的ᵃ。

因此，如果有某种东西是神给予人的礼物，幸福是神给予的礼物[就是]一个好的说法，且最好说，[它是神给予的]

From this comes [the question] whether [happiness] is [acquired] by learning, by habituating or some other training, or whether it will be arranged by some divine allotment or by fortune. Therefore, if something is a gift from gods to human beings, it is reasonable to say [that] happiness is a god providence,

---

① 复合句。ὅθεν，从这里，关系副词，引导全句。全句的主语是一个主语从句，随后分析。全句的动词是 ἀπορεῖται，……产生了，提出来了，中动，单数第三人称。
主语从句的逻辑主语是 ἡ εὐδαιμονία，幸福，名词短语，阴性单数主格，省略。被省略的 ἡ εὐδαιμονία 引出两个动词，以 πότερόν...ἢ...（是……还是……）对照并列结构构成选择疑问句。第一个部分的动词是 ἐστι，是，系动词，现在时，单数第三人称。它引出 ...ἢ...ἢ... 并列选择结构的三个表语。第一个是 μαθητὸν，学得的，形容词，中性单数主格。第二个是 ἐθιστὸν，习惯养成的，被动态分词，中性单数主格。第三个是 ἀσκητόν，训练而获得的，形容词，中性单数主格。
第二个部分的动词是 παραγίνεται，安排，将来时中被动，单数第三人称。动词 παραγίνεται 有...ἢ... 结构的两个选择性的介词短语来限定它。一个是 κατά τινα θείαν μοῖραν，依照某个神性的部分。τινα θείαν μοῖραν，某个神性的部分，名词性短语，阴性单数宾格，做介词 κατά（依照）的宾语。τινα μοῖραν，某个部分，名词短语，阴性单数宾格。θείαν，神性的，名词性短语，阴性单数宾格，限定 τινα μοῖραν。另一个是 διὰ τύχην，凭运气。τύχην，运气，名词，阴性单数宾格，做介词 διὰ（听凭）的宾语。
② 复合句。这里是条件句。主语是 ἄλλο τι，某种东西。动词是 ἐστι，是。表语 θεῶν δώρημα ἀνθρώποις，神给予人的礼物。θεῶν，众神的，形容词，阳性复数属格。δώρημα，礼物，名词，中性单数主格。ἀνθρώποις，人，名词，阳性复数与格，表明被给予者，限定 δώρημα。
③ 这里是主句。并列句。这里是第一句。εὔλογον 无人称句。εὔλογον，好的说法，形容词，中性单数宾格，可视为主句省略系动词的表语。句子的逻辑主语为一个宾格不定式短语 τὴν

λιστα τῶν ἀνθρωπίνων ὅσῳ βέλτιστον.①	如此好的礼物，[是]属于人的最好的东西。	and especially [that it is] so good [a god providence] as [to be] the best thing of human beings.
ἀλλὰ τοῦτο μὲν ἴσως ἄλλης ἂν εἴη σκέψεως οἰκειότερον,② φαίνεται δέ, κἂν εἰ μὴ θεόπεμπτός ἐστιν ἀλλὰ δι' 15 ἀρετὴν καί τινα μάθησιν ἢ ἄσκησιν παραγίνεται, τῶν θειοτάτων εἶναι·③ τὸ γὰρ τῆς ἀρετῆς	但这个问题也许更适合于另一项研究ᵇ，不过，即使[幸福]不是神送来的，而是凭德性和某种学习或训练安排的，它看来也属于最为神圣的事物；因为，德性的报偿与目的似乎是最好的[东西]，是某种神圣的和	But this topic would perhaps be more proper to another inquiry, yet even if [happiness] is not god-given but comes by virtue and some learning [or] training, it still seems to be among the most godlike things; for,

---

εὐδαιμονίαν θεόσδοτον εἶναι，幸福是神给予的。εὐδαιμονίαν，幸福，名词，阴性单数宾格。εἶναι，是，不定式。θεόσδοτον，神给予的，形容词，阴性单数宾格。

① 这里是第二句。省略式的 εὔλογον 无人称句。μάλιστα，最，尤其，副词，限定省略了的 εὔλογον。句子逻辑主语是 τῶν ἀνθρωπίνων ὅσῳ βέλτιστον，如此好的东西以致[是]属于人的最好的事物，与格形容词短语，限定此处被省略的 τὴν εὐδαιμονίαν θεόσδοτον εἶναι。ὅσῳ，如此好的……，形容词，中性单数与格，限定此处省略了的不定式系表结构 θεόσδοτον εἶναι。βέλτιστον，最好的事物，形容词最高级，中性单数主格。τῶν ἀνθρωπίνων，人，名词短语，阳性复数属格，限定 βέλτιστον。

② 简单句。ἀλλὰ，但，是，示意与前一句构成转折。此处的 μὲν... 与下一句的 δέ... 示意对照结构。主语是 τοῦτο，这个问题，指示代词，指幸福是神赐的东西这个论题，中性单数主格。动词是 ἂν εἴη，是，祈愿语气，单数第三人称。表语是 οἰκειότερον，更合适的，形容词比较级，中性单数主格。ἄλλης...σκέψεως，另一项研究，名词短语，阴性单数属格，限定 οἰκειότερον。

③ 复合句。δέ 示意语气转折。主句的主语仍然是 ἡ εὐδαιμονία，幸福，省略。动词是 φαίνεται，看来是……，单数第三人称。其宾语是不定式短语 τῶν θειοτάτων εἶναι，是属于最为神圣的事物的，进一步说明 φαίνεται。θειοτάτων，属于最为神圣的事物，形容词，中性复数属格，做不定式 εἶναι 的表语。

κἂν εἰ，即使……，引出虚拟语气条件句。κἂν 是 καὶ ἂν 的拼合。逻辑主语仍是 ἡ εὐδαιμονία。后面引出 μὴ...ἀλλὰ...（不是……而是……）对照并列的连动动词结构。值得注意，两部分的动词并未以虚拟语气给出。在第一个部分，动词是 μὴ ἐστιν，不是，系动词否定形式，现在时，单数第三人称。其表语是 θεόπεμπτός，神送来的，形容词，阴性单数主格。

在第二个部分，动词是 παραγίνεται，安排，与 1099b11 处使用的动词相同，将来时中被动，单数第三人称。παραγίνεται 有一个介词短语 δι'（听凭……）来限定它。δι' 引出两个并列的宾语短语。一个是 ἀρετὴν，德性，名词，阴性单数宾格。另一个是 τινα μάθησιν ἢ ἄσκησιν，某种学习或训练，名词短语，阴性单数宾格。

ἆθλον καὶ τέλος ἄρι-
στον εἶναι φαίνεται καὶ
θεῖόν τι καὶ μακάριον.①

εἴη δ' ἂν καὶ πολύκοινο-
ν·② δυνατὸν γὰρ ὑπάρ-
ξαι πᾶσι τοῖς μὴ πεπη-
ρωμένοις πρὸς ἀρετὴν
διά τινος μαθήσεως
καὶ ἐπιμελείας.③ εἰ δ'
ἐστὶν οὕτω βέλτιον ἢ
διὰ τύχην εὐδαιμονεῖν,
εὔλογον ἔχειν οὕτως,④
εἴπερ τὰ κατὰ φύσιν, ὡς

至福的东西°。

但是，[幸福]又可以是
许多人都享有的；因为，
所有未丧失接近德性的
能力的人都能通过某种
学习或关心而开始获得
[它]。而且，如果以这
种方式获得幸福比凭运
气[获得]更好，这样去
获得[它就是]一个好的
说法，既然依据自然[而

the prize and end of vir-
tue seems to be the best,
something divine and
blissful.

Yet [happiness] would
be common for many
people; for, [it would
be] possible for all those
who are not deprived of
their capacity with re-
gard to virtue to come to
have [happiness] through
some learning and atten-
tion. And, if it is better

---

① 原因从句。简单句。主语是 τὸ ἆθλον...καὶ τέλος，报偿与目的，名词短语，中性单数主格。动词是 φαίνεται εἶναι，似乎是……。表语是 ἄριστον...θεῖόν τι καὶ μακάριον，最好的东西，某种神性的和至福的东西。ἄριστον，最好的。θεῖόν τι，某种神性的事物，中性单数主格。μακάριον，至福的，形容词，中性单数主格。

② 简单句。δ' 表明这里有轻微的语气上的转折。主语仍为被省略的幸福。动词是 ἂν εἴη，可以是，祈愿语气，单数第三人称。表语是 πολύκοινον，许多人都享有的，合成形容词，由 πολύς（许多人）和 κοινόν（共同）构成，中性单数主格。

③ 原因从句。简单句。形容词 δυνατὸν 引导的无人称句。δυνατὸν，……是能……的，形容词，单数中性主格，可视为省略系动词的主句的表语。实际主语是 ὑπάρξαι πᾶσι τοῖς μὴ πεπηρωμένοις πρὸς ἀρετὴν，所有未丧失接近德性的能力的人开始获得[幸福]，与格名词短语＋不定式。πᾶσι τοῖς，所有那些，代词短语，阳性复数与格。μὴ πεπηρωμένοις πρὸς ἀρετήν，未丧失接近德性的能力的人，名词短语，阳性复数与格。πεπηρωμένοις，丧失能力的人，中动分词，完成时，阳性复数与格。πρὸς ἀρετήν，接近德性，介词短语，限定 πεπηρωμένοις。ὑπάρξαι，开始获得，ὑπάρχω 的过去时不定式。διά τινος μαθήσεως καὶ ἐπιμελείας，通过某种学习或关心，介词短语，限定 ὑπάρξαι。τινος μαθήσεως，某种学习，名词短语，阴性单数属格。ἐπιμελείας，关心，名词，阴性单数属格。

④ 复合句。εἰ 引导一个条件从句。主语是 οὕτω...εὐδαιμονεῖν，以这种方式幸福，不定式短语。εὐδαιμονεῖν，幸福，不定式。οὕτω，以这种方式，副词。系动词是 ἐστίν，是，单数第三人称。表语是 βέλτιον ἤ...，比……更好。βέλτιον，更好，形容词比较级。διὰ τύχην，通过运气，介词短语，与前一种方式，即通过某种学习和关心，构成对比。

主句为 εὔλογον 无人称句。εὔλογον，好的说法，形容词，引出无人称句，可视为省略系动词的主句的表语。实际主语是 ἔχειν οὕτως，这样地获得，不定式短语。ἔχειν，获得。逻辑宾语为幸福，省略。

οἷόν τε κάλλιστα εἴχειν, οὕτω πέφυκεν,① ὁμοίως δὲ καὶ τὰ κατὰ τέχνην καὶ πᾶσαν αἰτίαν, καὶ μάλιστα <τὰ> κατὰ τὴν ἀρίστην.② τὸ δὲ μέγιστον καὶ κάλλιστον ἐπιτρέψαι τύχῃ λίαν πλημμελὲς ἂν εἴη③.

生成]的事物,然而同样地,依据技艺以及所有原因,尤其是依据那种最好的原因[而生成]的事物,若以这样的最好方式存在,都是被这样地造成的;而且,把最重大、最高尚的[事物]托付给运气将是极其错误的[d]。

to be happy in this way than by fortune, it is reasonable to have [it] this way, since the things in accordance with nature, yet likewise the things in accordance with technique and every cause, especially things in accordance with the best

---

① 这里是上句中的主句的另一让步条件句。由连系副词εἴπερ(既然)引导。从句的主语是 τὰ κατὰ φύσιν,依据自然[而生成]的事物,名词性介词短语,中性复数主格。ὡς οἷόν τε κάλλιστα εἴχειν,若以这样最好方式存在,插入语,不定式短语。其逻辑主语是上文的τὰ κατὰ φύσιν。不定式是εἴχειν,存在,现在时。ὡς οἷόν τε κάλλιστα,以这样最好方式,副词短语,限定εἴχειν。ὡς...κάλλιστα,以……最好方式,副词短语。κάλλιστα,最高尚的,最好方式,形容词最高级,做副词使用,受副词 ὡς 支配。οἷόν τε,这样地,关系副词短语,限定 κάλλιστα。οἷόν,这样地,关系副词,指前面的 κατὰ φύσιν,κατὰ τέχνην καὶ πᾶσαν αἰτίαν(依据自然,依据技艺和所有原因),引导此插入语。τε,小名词,起加强语气作用。

从句的动词是πέφυκεν,是被这样地造成的,动词φύω的完成时,单数第三人称。οὕτω,这样地,副词,限定πέφυκεν。

② 关系副词 ὁμοίως δὲ (然而同样地)引入 τὰ κατὰ φύσιν 的两个同位名词性短语,τε…καί,表明这两个短语与前一短语 τὰ κατὰ φύσιν 的同位并列关系。这两个短语也是并列的,但以副词 μάλιστα(尤其)连接,表明对后者的强调。第一个短语是 τὰ κατὰ τέχνην καὶ πᾶσαν αἰτίαν,依据技艺以及所有原因[而生成]的事物。κατὰ τέχνην καὶ πᾶσαν αἰτίαν 依据技艺和所有原因,介词短语,限定 τὰ。τέχνην,技艺,名词,阴性单数宾格;πᾶσαν αἰτίαν,所有原因,名词短语,阴性单数宾格,做介词 κατὰ 的宾语。

第二个并列同位名词短语是 <τὰ> κατὰ τὴν ἀρίστην,依据那种最好的原因[而生成]的事物。κατὰ τὴν ἀρίστην,依据最好的原因。限定前面的 <τὰ>。这里的 <τὰ> 是吉芬纽斯(Gifanius)本出于补全语法结构目的而添加的。ἀρίστην,最好的,形容词,阴性单数宾格。

这两个短语与前面的 τὰ κατὰ φύσιν 一道构成这个从句的主语。其谓述部分都是 οὕτω πέφυκεν。

③ 这里是前面主句,即 εὔλογον ἔχειν οὕτως (这样去获得[它就是]一个好的说法)的转折并列句。简单句。主语是 τὸ δὲ μέγιστον καὶ κάλλιστον ἐπιτρέψαι τύχῃ,把最重大、最高尚的事物托付给运气,名词化不定式短语,中性单数主格。τὸ…ἐπιτρέψαι,托付,冠词+不定式名词化短语。ἐπιτρέψαι,托付,过去时不定式。其宾语是 μέγιστον καὶ κάλλιστον μέγιστον,最重大、最高尚的[事物],形容词最高级短语,中性单数宾格。τύχῃ,运气,名词,阴性与格单数,做 ἐπιτρέψαι 的间接宾语。系动词是 εἴη,是,祈愿语气,单数第三人称。表语是 λίαν πλημμελὲς,极其错误的。πλημμελὲς,错误的,形容词,中性单数主格。λίαν,极其,副词,限定 πλημμελὲς。

[cause], if [they mean] to exist in the best way, have been brought out in this way; and, to entrust the greatest and noblest [thing] to fortune would be extremely wrong.

συμφανὲς δ᾽ ἐστὶ καὶ ἐκ
25 τοῦ λόγου τὸ ζητούμε-
νον.① εἴρηται γὰρ ψυ-
χῆς ἐνέργεια [κατ᾽ ἀρε-
τὴ] ποιά τις.② τῶν δὲ
λοιπῶν ἀγαθῶν τὰ μὲν
ὑπάρχειν ἀναγκαῖον,
τὰ δὲ συνεργὰ καὶ χρή-
σιμα πέφυκεν ὀργανι-
κῶς.③

此外，根据那个说明，我们所寻求的东西总体上也是清晰的。因为，[它]已经被说成是灵魂的某种性质的[依照德性的]实现；而在其他善事物当中，一些[是]由于必然而要具有的事物，另一些则是一道起作用的和作为手段而生

And, what is being sought is also obvious from our *logos*; for, it has been discoursed as some sort of en-activity of soul [in accordance with virtue]; and of the rest goods, some [are discoursed as] things to exist out of necessity, while

---

① 简单句。主语是 τὸ ζητούμενον，我们所寻求的东西，指前文所说的那个本原或幸福，名词化分词短语，中性单数主格。ζητούμενον，寻求的，动词 ζητέω 的中被动分词，中性单数主格。系动词是 ἐστι，是，单数第三人称。表语是 συμφανὲς，总体清晰的，形容词，中性单数主格。ἐκ τοῦ λογοῦ，按照那个说明，介词短语，限定 ἐστὶ συμφανὲς。τοῦ λογου，那条逻各斯，此处，那个说明，指第 7 章对"那个善"或本原的那个论证说明。

② 上句的原因从句。γὰρ，因为，引导从句。主谓语是 εἴρηται，它(τὸ ζητούμενον)已经被说成是，过去时被动态，单数第三人称。表语是 ψυχῆς ἐνέργεια [κατ᾽ ἀρετὴ] ποιά τις，灵魂的某种性质[依照德性]的实现，名词性短语，阴性单数主格。ἐνέργεια，实现，名词，阴性单数主格。ποία τις，某种性质的，形容词短语，阴性单数主格。ψυχῆς，灵魂的，名词，阴性单数属格，限定 ἐνέργεια。[κατ᾽ ἀρετὴ (依照德性的)]为伯尼特(Burnet)本所添加。

③ 从上文 ψυχῆς ἐνέργεια 引出的两个同位语短语。τῶν λοιπῶν ἀγαθῶν，在其它的善事物当中，属格名词短语，中性复数属格，限定两个同位语短语。λοιπῶν，其他的。τὰ μὲν...τὰ δὲ... 示意它们的对照关系。第一个同位语短语是 τὰ μὲν ὑπάρχειν ἀναγκαῖον，一些[是]由于必然而要具有的事物，名词性短语，中性复数主格。τὰ，一些[事物]，中性复数主格。ὑπάρχειν ἀναγκαῖον，由于必然而要具有的，不定式短语，限定 τὰ。ὑπάρχειν，不定式，此处的意义是，要具有的。ἀναγκαῖον，由于必然性的，形容词，单数中性宾格，这里作副词，限定 ὑπάρχειν。

第二个同位语短语是 τὰ δὲ συνεργὰ καὶ χρήσιμα，另一些[则是]一道起作用的和有用的事物，名词性短语，中性复数主格。συνεργὰ，一道起作用的，形容词，中性复数主格。χρήσιμα，有用

成的有用的事物。

ὁμολογούμενα δὲ ταῦτ' ἂν εἴη καὶ τοῖς ἐν ἀρχῇ.① τὸ γὰρ τῆς πολιτικῆς τέλος ἄριστον ἐτίθε- μεν,② αὕτη δὲ πλείστην ἐπιμέλειαν ποιεῖται τοῦ ποιούς τινας καὶ ἀγα- θοὺς τοὺς πολίτας ποιῆ- σαι καὶ πρακτικοὺς τῶν καλῶν.③
εἰκότως οὖν οὔτε βοῦν οὔτε ἵππον οὔτε ἄλλο

并且,这些还会与[我们]一开始说过的话一致;因为,我们[在那里]说过,政治学的目的[是]那个最好的[东西],它最关切造成具有某种品性的、好的和倾向于做高尚的事情的公民。
所以很自然地,我们不说一头牛、一匹马或一

others co-operatives and the useful things coming into being as instruments. And, these discourses would be consistent with our remarks at outset; for we said [there] that the end of politics [is] the best thing, [as] it cares earnestly to make citizens to have certain character, to be good, and apt to do noble things.
Therefore, naturally, we do not call an ox or

的,形容词,中性复数主格。χρήσιμα引出一个关系定语从句。主语为关系代词,省略。动词是πέφυκεν,生成,完成时,单数第三人称。ὀργανικῶς,作为手段,副词,限定πέφυκεν。
① 简单句。主语是ταῦτ',这些,指示代词,中性复数主格。动词是ἂν εἴη,是,祈愿语气,现在时,单数第三人称。表语是ὁμολογούμενα,一致的,中被动分词,中性复数主格。τοῖς ἐν ἀρχῇ,[我们]一开始说过的话,名词性短语,中性复数与格。τοῖς,那些,冠词,指第7章对那个善的说明,中性复数与格。ἐν ἀρχῇ,在一开始,介词短语,限定τοῖς。
② γὰρ(因为)引导原因从句。简单句。主谓语是ἐτίθεμεν,我们说过,未完成时,复数第一人称。宾语是τὸ τῆς πολιτικῆς τέλος,政治学的目的,名词短语,中性单数宾格。τὸ τέλος,目的,名词,中性单数宾格。τῆς πολιτικῆς,政治学的,形容词短语,阴性单数与格,限定τὸ τέλος。ἄριστον,最好的,形容词最高级,中性单数宾格,τὸ τέλος的补语。
③ 简单句,对上述原因从句的进一步说明。主语是αὕτη,它,代词,指政治学,阴性单数主格。动词是ποιεῖται,造成,中被动,现在时,单数第三人称。πλείστην ἐπιμέλειαν,最关切地,副词化名词短语,单数阴性宾格,限定ποιεῖται。πλείστην,最大程度,名词,阴性单数宾格。ἐπιμέλειαν,关切,名词,阴性单数宾格。ποιεῖται的宾语是τοῦ…ποιῆσαι,产生……,属格不定式短语。ποιῆσαι,产生……,过去时不定式,其意义与造成有叠重。不定式ποιῆσαι直接引出宾语τοὺς πολίτας,公民,名词,阳性复数宾格。ποιῆσαι同时又引出三个并列的宾语补语:ποιούς τινας καὶ ἀγαθοὺς καὶ πρακτικοὺς τῶν καλῶν,具有某种品性的、好的和倾向于做高尚的事情的公民,名词性短语,阳性复数宾格。ποιούς τινας,具有某种品性的,形容词短语,阳性复数宾格。ἀγαθοὺς,好的,形容词,阳性复数宾格。πρακτικοὺς τῶν καλῶν,倾向于做高尚的事的,形容词短语,阳性复数宾格。πρακτικοὺς,倾向于做……的,形容词。τῶν καλῶν,高尚的[事],形容词,阳性复数属格,限定πρακτικοὺς。

τῶν ζῴων οὐδὲν εὐδαίμον λέγομεν.① οὐδὲν γὰρ αὐτῶν οἷόν τε κοινωνῆσαι τοιαύτης ἐνεργείας.② διὰ ταύτην δὲ τὴν αἰτίαν οὐδὲ παῖς εὐδαίμων ἐστίν.③ οὔπω γὰρ πρακτικὸς τῶν τοιούτων διὰ τὴν ἡλικίαν.④ οἱ δὲ λεγόμενοι διὰ τὴν ἐλπίδα μακαρίζονται.⑤ δεῖ γάρ, ὥσπερ εἴπομεν, καὶ ἀρετῆς τε-

个其他动物幸福；因为它们中没有一个[能]分享这样的实现。由于这一原因，儿童也不属于幸福之列；因为，他由于年龄尚小还不能实践这样的[实现]；那些说儿童幸福的人是出于那种希望而宣称儿童是至福的。因为[幸福]，如所说过的[f]，需要完善的德性和完整的生命。

horse or any other animal happy; for none of them [were able to] share in such an en-activity. For this same cause nor is a child happy; for he [is] not capable of such [en-activities] owing to that age; those who call a child happy are pronouncing his bliss out of the wish. For, as we said, [happiness] requires

---

① 简单句，以 οὖν（所以）承接上句。主谓语是 λέγομεν，我们说，复数第一人称。宾语是 οὔτε βοῦν οὔτε ἵππον οὔτε ἄλλο τῶν ζῴων，(不说)一头牛、一匹马或一个其他的动物，否定性名词性短语。οὔτε…οὔτε…οὔτε…，并列否定，置于三个宾语前，语义上是否定动词 λέγομεν。βοῦν，牛，名词，阴性单数宾格。ἵππον，马，名词，阳性单数宾格。ἄλλο τῶν ζῴων，某种其他动物，名词，中性单数宾格。οὐδὲν εὔδαιμον，字面意义是不幸福；需要注意的是，古希腊语中没有双重否定，因此这里尽管同时有 οὐδὲν 和 οὔτε，但否定只在前面一层。εἰκότως，自然地，副词，限定整个句子。

② 原因从句。主语是 οὐδὲν αὐτῶν，它们中没有一个，代词短语，中性单数主格。系动词 ἐστι 省略。表语是 οἷόν τε κοινωνῆσαι τοιαύτης ἐνεργείας，分享这样的实现，不定式短语。κοινωνῆσαι，分享，参与，过去时不定式。其间接性的宾语是 τοιαύτης ἐνεργείας，这样的实现，名词短语，阴性单数属格。οἷόν，像……，关系副词，限定 τοιαύτης ἐνεργείας。

③ 简单句。介词短语 διὰ ταύτην τὴν αἰτίαν，由于这一原因，介词短语，承接前文。ταύτην，这一，指示代词，表示强调。τὴν αἰτίαν，原因，名词短语，阴性单数宾格，给介词 διὰ 做宾语。主语是 παῖς，儿童，阳性单数主格。系动词是 οὐδὲ ἐστίν，不是，单数第三人称现在时。表语是 εὐδαίμων，属于幸福之列的。

④ 原因从句。主语仍然是 παῖς。系动词同上，省略。οὔπω，还不能，否定副词。表语是 πρακτικὸς τῶν τοιούτων，从事这样的[实现活动]。τῶν τοιούτων，这样的，代词短语，指的是高尚的。διὰ τὴν ἡλικίαν，由于那个年龄，介词短语，限定系动词的系表结构。ἡλικίαν，年龄，名词，阴性单数宾格，做 διὰ 的宾语。

⑤ 简单句。主语是 οἱ λεγόμενοι，那些说儿童[幸福]的人，中被动分词，阳性复数主格。动词是 μακαρίζονται，宣称……是至福的，现在时中被动，复数第三人称。διὰ τὴν ἐλπίδα，[出于]那种希望，介词短语，限定 μακαρίζονται。τὴν ἐλπίδα，那种希望，名词短语，阴性单数宾格，做 διὰ 的宾语。

λείας καὶ βίου τελείου.①

πολλαὶ γὰρ μεταβολαὶ γίνονται καὶ παντοῖαι τύχαι κατὰ τὸν βίον,② καὶ ἐνδέχεται τὸν μάλιστ᾽ εὐθενοῦντα μεγάλαις συμφοραῖς περιπεσεῖν ἐπὶ γήρως, καθάπερ ἐν τοῖς ἡρωϊκοῖς περὶ Πριάμου μυθεύεται·③ τὸν δὲ τοιαύταις χρησάμενον τύχαις καὶ τελευτήσαντα ἀθλίως οὐδεὶς εὐ-

因为,许多变化和各种机缘都可能伴随着生命发生,并且,最幸运的人都有可能在步入老年时遭遇巨大灾难,就像史诗中关于普利阿摩斯[g]的故事所讲述的那样;但没有人会说一个遭遇了这样的运气并可怜地走到生命终点的人幸福[h]。

complete virtue and a complete life. For many changes and all sorts of chances emerge throughout the life, and it is possible for the most flourishing man to fall into great disasters in old age, just as [what] is told about Priam in epics; yet no one calls one happy who had met with such fortuness and went to his end miserably.

---

① 原因从句。句子的逻辑主语是幸福。动词是 δεῖ,需要,要求,动词 δέω 的无人称形式,要求属格形式的间接性宾语。ἀρετῆς τελείας καὶ βίου τελείου,完善的德性和完整的生命,属格短语,给 δεῖ 做宾语。ἀρετῆς τελείας,完善的德性,名词短语,阴性单数。βίου τελείου,完整的生命,整个人生,名词短语,阳性单数。ὥσπερ εἴπομεν,如所说过的,插入语。εἴπομεν,所说过的,动词,过去时,复数第一人称。

② 从上个原因从句引出的进一步的原因说明。简单句。主语是 πολλαὶ γὰρ μεταβολαὶ καὶ παντοῖαι τύχαι,许多变化和各种机缘,名词短语。πολλαὶ μεταβολαί,许多变化,阴性复数主格。παντοῖαι τύχαι,各种机缘,阴性复数主格。动词是 γίνονται,发生,复数第一人称。κατὰ τὸν βίον,随着生命,介词短语,限定 γίνονται。κατά,随着,介词,此处后面要求宾格。τὸν βίον,生命,名词短语,阳性单数宾格。

③ 复合句。主句是动词 ἐνδέχεται 无人称句。ἐνδέχεται,是可能的,单数第三人称。主语是不定式短语 τὸν μάλιστ᾽ εὐθενοῦντα μεγάλαις συμφοραῖς περιπεσεῖν ἐπὶ γήρως,最幸运的人在步入老年时遭遇巨大灾难。περιπεσεῖν,遭遇,过去时不定式。其逻辑主语是 τὸν μάλιστ᾽ εὐθενοῦντα,最幸运的人,名词性分词短语,阳性单数宾格。εὐθενοῦντα,幸运,中被动分词,阳性单数宾格。περιπεσεῖν 的宾语是 μεγάλαις συμφοραῖς,巨大灾难。συμφοραῖς,灾难,名词,阴性复数与格。ἐπὶ γήρως,在步入晚年时,介词短语,限定 περιπεσεῖν。

καθάπερ,就像,连接副词,引出方式从句。逻辑主语为关于普利阿摩斯的事情,句中省去。μυθεύεται,所讲述,中被动,第三人称单数。ἐν τοῖς ἡρωϊκοῖς,在史诗中,介词短语,限定 μυθεύεται。ἡρωϊκοῖς,史诗的,形容词,中性复数与格,做介词 ἐν 的间接性宾语。περὶ Πριάμου,关于普利阿摩斯,介词短语,限定 μυθεύεται。

δαιμονίζει.①

---

① 简单句。δὲ 示意语气上的轻微转折。主语是 οὐδείς，没有人，否定性代词，阳性单数主格。动词是 εὐδαιμονίζει，说……幸福，现在时，单数第三人称。宾语是 τὸν τοιαύταις χρησάμενον τύχαις καὶ τελευτήσαντα ἀθλίως，遭遇了这样的运气并且可怜地走到生命尽头的人。τὸν χρησάμενον，遭遇了……的人，分词短语，中被动过去时，阳性单数宾格。τοιαύταις τύχαις，这样的运气，名词短语，阴性复数与格，做 χρησάμενον 的间接宾语。τελευτήσαντα，走到生命的尽头，过去时中被动分词，阳性单数宾格。ἀθλίως，可怜地，副词，限定 τελευτήσαντα。

10

Πότερον οὖν οὐδ' ἄλλον οὐδένα ἀνθρώπων εὐδαιμονιστέον ἕως ἂν ζῇ, κατὰ Σόλωνα δὲ χρεὼν "τέλος ὁρᾶν";①

εἰ δὲ δὴ καὶ θετέον οὕτως, ἆρά γε καὶ ἔστιν εὐδαίμων τότε ἐπειδὰν ἀποθάνῃ;② ἢ τοῦτό γε παντελῶς ἄτοπον, ἄλ-

那么，只要一个人还活着，就没有人可以被称为幸福的，而是，[人们应当]跟随梭伦，宣布要"看到最后"ª？

如果[我们]真要这样看[这件事]，一个人在一旦死去时就真的属于幸福之列了？还是，这种说法完全[是]荒谬的，尤

Should no one, then, be called happy as far as he is alive, but rather, [one should go] with Solon, announcing [that we have] "to see the end"?

And if [we] put [it] this way, will he really be among the happy at the time when he died? Or, [is] this entirely absurd,

---

① 疑问句。πότερον...ἤ...（是……还是……？）结构的选择疑问句。这里是πότερον...部分。这一句中又包含两个分句。这里实第一个分句。复合句。主句是形容词εὐδαιμονιστέον 无人称句。εὐδαιμονιστέον，可称作是幸福的，动形词，阳性单数宾格。其逻辑主语是 ἄλλον οὐδένα ἀνθρώπων，没有任何一个人，否定性代词短语，阳性单数宾格。ἄλλον οὐδένα，没有任何一个，否定性代词。ἀνθρώπων 人，名词，阳性复数属格，限定 ἄλλον οὐδένα。οὐδ'，不，此处起加强语气作用。ἕως，只要，副词，引出状语从句。从句的动词是 ζῇ，[他]活着，虚拟语气，单数第三人称。逻辑主语"他"指前面的 ἄλλον οὐδένα。

介词短语 κατὰ Σόλωνα δέ，而是跟随梭伦，引导一个独立分词短语结构，表伴随情况，并作短语中分词的状语。δέ 表明与前面主句部分的转折连接。Σόλωνα，梭伦，人名，宾格，作介词 κατὰ 的宾语。分词短语是 χρεὼν "τέλος ὁρᾶν"，宣布要"看到最后"。χρεών，宣布，分词，阳性单数主格。其逻辑主语为某人，可泛义地解释为人们，阳性单数主格。其宾语是 τέλος ὁρᾶν，要看到最后，不定式短语。ὁρᾶν，要看，不定式。τέλος，目的，此处的意义是终结，最后，名词，中性单数宾格。

② 第一个疑问句的第二个分句，小品词 δὲ δή（真的）在这里表明从第一分句的语气上的转折。复合句。条件从句由 εἰ（如果）引导。动形词结构 θετέον οὕτως（这样看［这件事］）无人称句。θετέον，此处意义是看，对待，动形词。逻其辑主语可以复数第一人称形式表达。

主句的主谓语是 ἔστιν，他（仍指上文的 ἄλλον οὐδένα）是，单数第三人称。表语是 εὐδαίμων，属幸福之列的，形容词，阳性复数属格。τότε，在……时，关系副词，引导状语从句，并在从句中作状语。从句的基本结构是 ἐπειδὰν ἀποθάνῃ，他一旦死去。ἀποθάνῃ，死去，虚拟语气，单数第三人称。ἐπειδάν，一旦，副词，限定 ἀποθάνῃ。ἆρά γε，真的，小品词，起加强疑问作用。ἆρά 语气比 ἆρα 更强。

I.10

λως τε καὶ τοῖς λέγου-
σιν ἡμῖν ἐνέργειάν τινα
τὴν εὐδαιμονίαν;①

15 εἰ δὲ μὴ λέγομεν τὸν
τεθνεῶτα εὐδαίμονα,
μηδὲ Σόλων τοῦτο
βούλεται,② ἀλλ᾽ ὅτι τη-
νικαῦτα ἄν τις ἀσφαλῶς
μακαρίσειεν ἄνθρωπον
ὡς ἐκτὸς ἤδη τῶν κα-
κῶν ὄντα καὶ τῶν δυ-
στυχημάτων,③ ἔχει μὲν

其是对于我们这些说幸福[是]一种实现的人?

然而，如果我们并不是说一个死去的人[是]幸福的，并且梭伦的话也不是这个意思，而是说，只有到那时人们才能可靠地说[他]是至福的，因为[他]已经远离那些恶与不幸，这也有一些争论；因为，恶的东西

especially for us saying [that] happiness [is] some sort en-activity?

Yet, if we do not say [that] the dead is happy, and Solon's words does not mean this, but that at that time someone could safely call a man blessed, as being at last beyond evils and misfortunes, this too admits

---

① 这里是 ἦ... 部分的问句。ἦ所引导的部分在亚里士多德这里通常是所强调的和他更倾向的部分。简单句。主语是τοῦτο，这种说法，中性单数主格。系动词省略。表语是παντελῶς ἄτοπον，完全荒谬的。ἄτοπον，荒谬的。ἄλλως τε καὶ τοῖς λέγουσιν ἡμῖν...，尤其对于我们这些说……的人，与格分词短语构成的复杂状语，限定主句省略系动词的系表结构。τοῖς λέγουσιν ἡμῖν，对于我们这些说……的人，与格分词短语。τοῖς，对于这些，冠词，引导短语，阳性复数与格。ἡμῖν，我们，代词，复数第一人称与格。λέγουσιν，说……，分词，现在时，复数与格。ἄλλως τε，尤其，副词短语，限定τοῖς λέγουσιν ἡμῖν。

分词 λέγουσιν 引出一个宾语从句 ἐνέργειάν τινα τὴν εὐδαιμονίαν，幸福[是]一种实现。从句的逻辑主语 τὴν εὐδαιμονίαν，幸福，名词，阴性单数宾格。系动词省略。表语是 ἐνέργειάν，实现，名词，阴性单数宾格。

② 复合句。δὲ 示意这个长句与上句构成转折并列。这里是这个长句的条件从句前半部分。这个部分又由两个子部分。第一个部分的主谓语是 μὴ λέγομεν，[我们]不是说，现在时，第一人称复数。宾语是 τὸν τεθνεῶτα，一个死去的人，名词化分词短语，做λέγομεν的宾语。τεθνεῶτα，分词，完成时，阳性单数宾格。补语是 εὐδαίμονα，幸福的，形容词，阳性单数宾格。第二个部分的主语是 Σόλων，梭伦。动词是 βούλεται，想，意思是，单数第三人称。宾语是 τοῦτο，这个意思，指示代词，中性单数宾格。

③ 这里是条件从句的后半部分。主语是 τις，一个人，此处相当于人们。动词是 μακαρίσειεν，说……是至福的。μακαρίσειεν，说……是至福的，祈愿语气，单数第三人称。宾语是 ἄνθρωπον，那个人，名词，阳性单数宾格。τηνικαῦτα，只有到那时，副词，限定 μακαρίσειεν。ἀσφαλῶς，可靠地，副词，限定 μακαρίσειεν。

ὡς，因为，由于，连接副词，引出这个部分的原因短语。原因短语呈现为一个独立分词短语 ἐκτὸς ἤδη τῶν κακῶν ὄντα καὶ τῶν δυστυχημάτων，[他]已经是远离那些恶与不幸的。ὄντα，是，动词 εἰμί 的分词，阳性单数宾格，与 τηνικαῦτα 一致。ἐκτὸς，远离的，形容词，后面要求属格名词表分离。ἤδη，已经，副词，限定 ἐκτὸς。κακῶν，恶，名词，阴性复数属格。δυστυχημάτων，不幸，名词，中性复数属格。

καὶ τοῦτ' ἀμφισβήτησίν τινα.① δοκεῖ γὰρ εἶναί τι τῷ τεθνεῶτι καὶ κακὸν καὶ ἀγαθόν, εἴπερ καὶ τῷ ζῶντι <μὲν> μὴ αἰσθανομένῳ δέ,② οἷον τιμαὶ καὶ ἀτιμίαι καὶ τέκνων καὶ ὅλως ἀπογόνων εὐπραξίαι τε καὶ δυστυχίαι.③

ἀπορίαν δὲ καὶ ταῦτα παρέχει④ τῷ γὰρ μακαρίως βεβιωκότι μέχρι γήρως καὶ τελευτήσαντι κατὰ λόγον ἐνδέχεται πολλὰς μεταβολὰς συμβαίνειν περὶ τοὺς

和善的东西似乎都会伴随已故者,就如会伴随活着而不能知觉的人一样,例如荣誉与耻辱,以及子女或一般地说后人的好行为与不幸。

但是,这些话也带来一个困难;因为,对于一个有福地到晚年都过得好,并且依照逻各斯走到生命尽头的人,许多变故仍然可能降临在他后人的身上:他们之中

some dispute; for, something both bad and good seems to [be] with the dead, just as with one alive yet without perception, such as honors and dishonors, and good practices and misfortunes of children and, generally, of descendants.

But these discourses bring up a difficulty; for, even for a man who has lived blessedly until very old age and ended his life in accordance with *logos*, many re-

---

① 复合句的结论句。主语是 τοῦτο,这,指示代词,中性单数主格。动词是 ἔχει,有,单数第三人称。其宾语是 ἀμφισβήτησίν τινα,一些争论,名词短语,阴性单数宾格。

② 上文结论的原因句。主语是 τι κακὸν καὶ ἀγαθόν,某种恶的东西和善的东西,不定代词短语,中性单数主格。动词是 δοκεῖ,看来会,单数第三人称。τῷ τεθνεῶτι,伴随已故者,名词性分词短语,阳性单数与格。τεθνεῶτι,已故者,完成时分词。

εἴπερ...,就如......,连词,引出 τῷ 的具体例证。τῷ ζῶντι <μὲν> μὴ αἰσθανομένῳ δέ,伴随活着而不能知觉的人,与格短语,功用与前面的与格短语相同。<μὲν> 为理查兹抄本所添加,是语法结构上的补足。ζῶντι,活着的,分词,阳性单数与格。μὴ αἰσθανομένῳ,不能知觉,没有知觉,分词短语,阳性单数与格,表表随状况。

③ 由句子的主语 τι κακὸν καὶ ἀγαθόν 引出的例证,由 οἷον(例如)引导。τιμαὶ καὶ ἀτιμίαι,荣誉与耻辱,名词短语,阴性复数主格。τέκνων καὶ ὅλως ἀπογόνων εὐπραξίαι τε καὶ δυστυχίαι,以及子女或一般地说后人的好行为与不幸。εὐπραξίαι,好行为,名词,阴性复数主格。δυστυχίαι,不幸,名词,阴性复数主格。τέκνων,子女,名词中性复数属格;ἀπογόνων,后代的,形容词,中性复数属格,限定 εὐπραξίαι τε καὶ δυστυχίαι。ὅλως,一般地说,副词,限定 ἀπογόνων。

④ 简单句,δὲ 表明与上句构成转折。主语是 ταῦτα,这些话,中性复数主格。动词是 παρέχει,带来,单数第三人称。宾语是 ἀπορίαν,一个困难,名词,阴性单数宾格。

ἐκγόνους,① καὶ τοὺς
μὲν αὐτῶν ἀγαθοὺς εἶ-
ναι καὶ τυχεῖν βίου τοῦ
κατ' ἀξίαν, τοὺς δ' ἐξ
ἐναντίας.② δῆλον δ' ὅτι
καὶ τοῖς ἀποστήμασι
πρὸς τοὺς γονεῖς πα-
ντοδαπῶς ἔχειν αὐτοὺς
ἐνδέχεται.③

的一些人可能是好人并
且恰好得到应得的生
活，另一些则可能相反；
而那些[后人]同这对祖
先本身的间隔也显然可
能有远近的不同。

verses may befall onto
his descendants, with
some of them to be good
and to fortunately attain
the life as they deserve,
whereas some others,
[the life] of the opposite;
it [is] clear that those
descendents may have
various distances to the
ancestors.

---

① 由上句 παρέχει ἀπορίαν 引出的原因句。简单句。动词 ἐνδέχεται 无人称句。ἐνδέχεται，是可能的，中动现在时，单数第三人称。其逻辑主语是 πολλὰς μεταβολὰς συμβαίνειν περὶ τοὺς ἐκγόνους，许多变故降临在他的后人身上，不定式短语。συμβαίνειν，降临，不定式。其逻辑主语是 πολλὰς μεταβολάς，许多变故，名词短语，阴性复数宾格。περὶ τοὺς ἐκγόνους，在后人身上，介词短语，限定 συμβαίνειν。τοὺς ἐκγόνους，他的后人，名词短语，阳性复数宾格，作 περί 的宾语。

句子引出一个很长的与格短语作为限定，需要单独说明。τῷ μακαρίως βεβιωκότι μέχρι γήρως καὶ τελευτήσαντι κατὰ λόγον，对于一个有福地到晚年都过得好，并且依循着逻各斯走到生命尽头的人，名词性并列分词短语，阳性单数与格。βεβιωκότι，过得好的，分词，完成时，阳性单数与格。μακαρίως，有福地，副词，限定 βεβιωκότι。μέχρι γήρως，直到晚年，副词短语，限定 βεβιωκότι。γήρως，晚年，名词，中性单数属格。τελευτήσαντι，走到生命尽头的，分词，过去时，阳性单数与格。κατὰ λόγον，依循逻各斯，介词短语，限定 τελευτήσαντι。

② 由上面 τοὺς ἐκγόνους（他的后人）引出的同位语短语。τοὺς μὲν αὐτῶν，他们之中的一些人，名词短语，阳性复数宾格。τοὺς μέν，一些人，冠词，阳性复数宾格。αὐτῶν，他们之中的，代词，阳性复数属格，限定 τούς。ἀγαθοὺς εἶναι，是好的，不定式短语。καὶ τυχεῖν βίου τοῦ κατ' ἀξίαν，并且得到应得的生活，不定式短语。两个短语一道补充说明 τοὺς μέν。τυχεῖν，恰好得到，不定式。其宾语是 βίου，生活，名词，阳性单数属格。τοῦ κατ' ἀξίαν，那种应得的生活，βίου 的同位语，阳性单数属格，做 τυχεῖν 的间接性宾语。ἀξίαν，应得，名词，阴性单数宾格，做介词 κατ' 的宾语。τοὺς δ' ἐξ ἐναντίας，另一些人则相反，τοὺς δ'，另一些人，表明与前一种人对照，阳性复数宾格。ἐξ ἐναντίας，相反，介词短语。ἐναντίας，相反，形容词，阴性单数属格。

③ 复合句。主句为 δῆλον ὅτι（那件事[是]显然的）无人称句。ὅτι，那件事，即下文所要谈到的事实。δῆλον，显然的，形容词做表语。在此句的汉译中可以把 δῆλον 做副词化处理。ὅτι 引出主语从句。从句的主语是 παντοδαπῶς ἔχειν，有远近的不同，不定式短语。其逻辑主语是 τοῖς ἀποστήμασι πρὸς τοὺς γονεῖς...αὐτούς，那些[后人]同这对先祖本身的间隔，名词性短语。τοῖς ἀποστήμασι，那些[后人]，名词短语，中性复数与格。πρὸς τοὺς γονεῖς...αὐτούς，同这对先祖本身的，介词短语，限定 ἀποστήμασι（间隔）。τοὺς γονεῖς，这对先祖，名词，阳性复数宾格，作介词 πρός 的宾语。

ἄτοπον δὴ γίνοιτ᾽ ἂν εἰ-συμμεταβάλλοι καὶ ὁ τεθνεὼς καὶ γίνοιτο ὁτὲ μὲν εὐδαίμων πάλιν δ᾽ ἄθλιος.① ἄτοπον δὲ καὶ τὸ μηδὲν μηδ᾽ ἐπί τινα χρόνον συνικνεῖσθαι τὰ τῶν ἐκγόνων τοῖς γονεῦσιν.②	然而,如果那个已故者要随着[这些变故]一起变化,变得有时幸福,有时又很可怜,那就会变得荒谬;而[如果]截止到一个特定时间,没有任何东西把后人的那些[变故]加到祖先身上,[那]也很荒谬ᵇ。	But it would be strange if [the ancestors] should vary with [all these changes] and become sometimes happy and sometimes miserable; yet [it would also be] absurd [if] nothing upto some certain time will posit those [changes] of the descendants on the accestors.
ἀλλ᾽ ἐπανιτέον ἐπὶ τὸ πρότερον ἀπορηθέν.③ τάχα γὰρ ἂν θεωρηθείη καὶ τὸ νῦν ἐπιζητού-	但是,让我们回到前一个难题ᶜ;因为,我们正在探究的问题也许能够从[对]那个难题[的讨论]	But let's go back to the former problem; for, perhaps, what are now being sought would get some

30

---

① 复合句,且与下句并列。主句为形式主语句。动词是γίνοιτο,变得,祈愿语气,单数第三人称。表语是ἄτοπον,荒谬的,形容词。
条件从句由εἰ(如果)引入。从句的主语是ὁ τεθνεὼς,那个死去的人,分词短语。τεθνεὼς,死去,分词,阳性单数主格。动词有两个,一个是συμμεταβάλλοι,随着[这些变故]一起变化,祈愿语气,单数第三人称。另一个是γίνοιτο,会变得,祈愿语气,单数第三人称。γίνοιτο引出两个表语ὁτὲ μὲν εὐδαίμων πάλιν δ᾽ ἄθλιος,有时幸福,有时又很可怜。μὲν...δ᾽... 表明两者对照。ὁτὲ,有时。εὐδαίμων,幸福的,形容词,中性单数主格。ἄθλιος,可怜的,形容词,阳性单数主格。πάλιν,反过来,副词,限定ἄθλιος。

② 与上句并列且结构相同。δὲ表明两句构成某种对照。主句只保留了ἄτοπον,[那也变得]很荒谬。条件从句的引导词εἰ(如果)省略。从句的主语是τὸ μηδὲν,没有任何东西,否定性名词,中性单数主格。μηδ᾽与前面的μηδὲν构成加强否定结构。ἐπί τινα χρόνον 截止到一个时间的,介词短语,限定τὸ μηδὲν。动词是συνικνεῖσθαι,把......加到......上,中被动,单数第三人称。其宾语是τὰ τῶν ἐκγόνων,后人的那些[变故],名词性短语。τὰ,那些[变故],冠词,中性复数格。τῶν ἐκγόνων,后人的,属格短语,限定τὰ。其间接宾语或宾语补语是τοῖς γονεῦσιν,祖先,名词,阳性复数与格。

③ 祈使语气句。动形词ἐπανιτέον无人称句。ἐπανιτέον,[让我们,我们必须]回过来,动形词,来自动词ἐπ-άν-ειμι。ἐπὶ τὸ πρότερον ἀπορηθέν,到前一个问题,介词短语,限定ἐπανιτέον。τὸ πρότερον ἀπορηθέν,前一个问题,名词短语,中性单数宾格。πρότερον,前一个,形容词,中性单数宾格。ἀπορηθέν,问题,疑难,ἀπορέω的过去时被动态分词,中性单数宾格。

μενον ἐξ ἐκείνου.① εἰ
δὴ τὸ τέλος ὁρᾶν δεῖ
καὶ τότε μακαρίζειν
ἕκαστον οὐχ ὡς ὄντα
μακάριον ἀλλ᾿ ὅτι
πρότερον ἦν,② πῶς οὐκ
ἄτοπον εἰ,③ ὅτ᾿ ἐστὶν
εὐδαίμων, μὴ ἀληθεύ-
σεται κατ᾿ αὐτοῦ τὸ
35 ὑπάρχον,④ διὰ τὸ μὴ

获得启发。但如果［要］
"看到最后"，要［直到］
那个时候，即不是当一个
人还是至福的时候，而是
到了他曾经是那样的时
候，才说他是至福的，［这
岂］不荒谬，如果他是幸
福的，而他获得的东西却
不被看作对于他是真实
的，由于［人们］因那些

light from [the discussion
of] that question. But
if [we have] "to see the
end", and to say a man
blessed until a certain
time, not the time when
he is blessed but the time
when he had previously
been [so], [is] this not
strange, if that he is hap-

---

① 原因从句，以 γὰρ（因为）承接上句。主语是 τὸ νῦν ἐπιζητούμεον，我们正在考虑的问题，名词性分词短语，中性单数主格。ἐπιζητούμεον，探究，分词，现在时中被动。νῦν，现在，副词。动词是 θεωρηθείη，或许能……获得启发，动词 θεωρέω 的过去时被动态，祈愿语气，单数第三人称。ἐξ ἐκείνου，从［对］那个问题［的讨论］，介词短语，限定 θεωρηθείη。ἐκείνου，那一个，指示代词，中性单数属格。τάχα，也许，副词，做状语。

② 反问句。δὴ 表明语气的转折。由一个条件从句，一个疑问主句，和一个进一步的条件从句构成。这个部分是第一个条件从句。动词 δεῖ 无人称句。δεῖ，要，必须，现在时，第三人称单数。δεῖ 引出两个不定式短语做宾语。一个是 τὸ τέλος ὁρᾶν，要"看到最后"，这是指前面引的梭伦的话。ὁρᾶν，看到，现在时主动不定式。τὸ τέλος，最后，终点，名词短语，做 ὁρᾶν 的宾语。另一个是 μακαρίζειν ἕκαστον，说一个人至福。μακαρίζειν，说……是至福的，现在时主动不定式。ἕκαστον，一个人，阳性单数宾格，做 μακαρίζειν 的宾语。τότε，［直到］那个时候，副词，限定 μακαρίζειν 不定式短语。τότε 引出两个限定的成分。一个是 οὐχ ὡς ὄντα μακάριον，不是当［一个人］是至福的时候，副词短语。ὡς，当……，关系连词。ὄντα，[一个人]是，分词，阳性单数宾格。μακάριον，至福的，形容词，阳性单数宾格，作 ὄντα 的表语。第二个限定成分是 ἀλλ᾿ ὅτι πρότερον ἦν，而是在他曾经是那样的时候。ἀλλ᾿ 与前面的 οὐχ 并列，示意对照，后面省略了 ὡς。ὅτι 引导状语从句。从句的主语同前面。动词是 ἦν，是，动词 εἰμί 的过去时，单数第三人称。πρότερον，曾经，副词，限定 ἦν。

③ 反问句的主句。主语与系动词省略。问句的表语部分是 πῶς οὐκ ἄτοπον εἰ,［这］岂不荒谬，如果［……］。ἄτοπον，荒谬，奇怪，形容词。πῶς οὐκ，岂不，否定性疑问副词，引导问句。εἰ，如果，接后面的第二条件从句。

④ 这个条件从句与前面的条件从句相互补充。复合句。在开始的部分，ὅτ᾿ 引入一个插入语从句 ἐστὶν εὐδαίμων，他（指前面提到的幸福的人）是幸福的。从句的主谓语是 ἐστὶν，他是，单数第三人称。表语是 εὐδαίμων，幸福的，形容词，中性单数属格。

接上句尾 εἰ（如果）引导的条件从句的主语是 τὸ ὑπάρχον，他获得的东西，名词短语，中性单数主格。ὑπάρχον，获得的，分词，现在时，中性单数主格。动词是 μὴ ἀληθεύσεται，不被［人们］看作是真的。ἀληθεύσεται，被……看作是真的，将来时中被动，单数第三人称。κατ᾿ αὐτοῦ，对于他，依据本身来说，介词短语，限定 ἀληθεύσεται。αὐτοῦ，本身，代词，阳性单数属格。

βούλεσθαι τοὺς ζῶντας εὐδαιμονίζειν[①] διὰ τὰς μεταβολὰς καὶ διὰ τὸ μόνιμόν τι τὴν εὐδαιμονίαν ὑπειληφέναι καὶ μηδαμῶς εὐμετάβολον,[②] τὰς δὲ τύχας πολλάκις ἀνακυκλεῖσθαι περὶ τοὺς αὐτούς;[③]

变化,因[人们]已经认为幸福[是]某种恒久的和不易变化的事物,不想把这些部分的生命称作幸福的,但也由于那些运气常常对于同一些人变得相反?

py, yet what he acquires is not regarded as the truth for him, because of people's unwillingness to call these lives happy due to those changes and [people's] belief [that] the happiness [is] something enduring and not easily changable, but also because fortunes very often turn opposite for the same people?

---

① 由 μὴ ἀληθεύσεται 引出的表示原因的介词短语。διὰ τὸ μὴ βούλεσθαι τοὺς ζῶντας εὐδαιμονίζειν,因[人们]不想把这些部分的生命称作幸福的。τὸ μὴ βούλεσθαι,不想,名词化不定式短语,逻辑主语是人们。βούλομαι,想,愿意,不定式,现在时中被动。其宾语是 εὐδαιμονίζειν,把……称作幸福的,不定式,现在时主动式。其宾语是 τοὺς ζῶντας,这些部分的生命,名词性分词短语,阳性复数宾格。ζῶντας,生命,分词,现在时,阳性复数宾格。

② 由这个短语中的 μὴ βούλεσθαι 引出两个并列的进一步的原因短语。这里是第一个。这个部分又由两个并接的短语构成,两者相互说明。第一个是 διὰ τὰς μεταβολὰς,因那些变化。διὰ,由于,介词。其宾语是 τὰς μεταβολὰς,那些变化,名词短语,阴性复数宾格。μεταβολὰς,变化,名词,阴性复数宾格。

第二个是 διὰ τὸ μόνιμόν τι τὴν εὐδαιμονίαν ὑπειληφέναι καὶ μηδαμῶς εὐμετάβολον,因[人们]已经认为幸福[是]某种永恒的和不易变化的事物。διὰ,由于。τὸ...ὑπειληφέναι,[人们]已经认为……,名词性不定式短语,做 διὰ 的宾语。ὑπειληφέναι...,已经认为……,不定式,完成时主动形式。其宾语是一个从句,μόνιμόν τι τὴν εὐδαιμονίαν καὶ μηδαμῶς εὐμετάβολον,幸福[是]某种永恒的和不易变化的事物。从句的主语是 τὴν εὐδαιμονίαν,幸福,名词,阴性单数宾格。系动词省略。表语是 μόνιμόν τι καὶ μηδαμῶς εὐμετάβολον,某种永恒的和不易变化的事物,不定代词短语,中性单数宾格。τι,某种事物,不定代词,中性单数宾格。μόνιμον 永恒的,形容词,中性单数宾格,限定 τι。μηδαμῶς εὐμετάβολον,不易变化的,形容词短语,中性单数宾格,限定 τι。εὐμετάβολον,容易变化的,形容词,中性单数宾格。μηδαμῶς,不易,副词,限定 εὐμετάβολον。

③ 由上文 μὴ βούλεσθαι 引出的两个并列原因短语中的第二个短语。διὰ(由于)省略。其宾语是 τὰς τύχας,那些运气,名词,阴性复数宾格。πολλάκις ἀνακυκλεῖσθαι,常常变得相反,不定式短语,做 τὰς τύχας 的补语。ἀνακυκλεῖσθαι,变得相反,不定式,现在时中被动。πολλάκις,常常,副词,限定 ἀνακυκλεῖσθαι。περὶ τοὺς αὐτούς,对于同一些人,介词短语,限定 πολλάκις ἀνακυκλεῖσθαι。τοὺς αὐτούς,同一些人,代词短语,阳性复数宾格,做 περὶ 的宾语。这个反问句到这里结束。

δῆλον γὰρ ὡς εἰ συ-	因为事情很明显，如果	For it is clear that if we
5 νακολουθοίημεν ταῖς	我们要被那些运气引	are guided by fortunes,
τύχαις, τὸν αὐτὸν εὐ-	导，我们就常常要此时	we will often call a man
δαίμονα καὶ πάλιν ἄθλι-	说一个人幸福，彼时又	happy now and misera-
ον ἐροῦμεν πολλάκις,	说他可怜，就会把那个	ble the other time, pre-
"χαμαιλέοντά" τινα	幸福的人当成一个"变	senting the happy man
τὸν εὐδαίμονα ἀποφαί-	色龙"和福祸不定的	to be some "chameleon"
νοντες "καὶ σαθρῶς	造物"。要么，跟随那些	and "insecurely based".
ἰδρυμένον".① ἢ τὸ μὲν	运气从来就不正确？因	Or, is it never right to
ταῖς τύχαις ἐπακολου-	为，那个好或坏不在于	follow fortunes? For, the
θεῖν οὐδαμῶς ὀρθόν;②	那些运气，而人的生命	well-ness or badli-ness
οὐ γὰρ ἐν ταύταις τὸ	才需要它们，像我们说	[is] not [based] on for-
εὖ ἢ κακῶς, ἀλλὰ	过的ᵈ，但依照德性的	tunes, [it is] rather that
προσδεῖται τούτων ὁ	实现是幸福的主导[因	the human life needs
ἀνθρώπινος βίος, κα-	素]，相反的东西则[是]	them, as we said, but the
θάπερ εἴπομεν,③ κύριαι	那个相反者的[主导	en-activities in accord-

---

① 从上句中[διὰ] τὰς δὲ τύχας πολλάκις ἀνακυλεῖσθαι περὶ τοὺς αὐτούς（[由于]那些运气常常对于同一些人变得相反）引出的原因从句。γὰρ 示意与上句承接。δῆλον ὡς 无人称句。δῆλον，很明显，形容词，中性单数主格。句子的实际主语是一个复合句。εἰ 引导其条件从句。主谓语是 συνακολουθοίημεν，我们要被……引导，过去时中被动，祈愿语气，复数第一人称。其间接性的宾语是 ταῖς τύχαις，那些运气，名词短语，阴性复数与格。

实际主语的主句的主谓语是 ἐροῦμεν，我们说，动词，现在时，复数第一人称。其宾语是 τὸν αὐτόν，同一个人，阳性单数宾格。补语是 εὐδαίμονα καὶ ἄθλιον，幸福和可怜，形容词短语，阳性单数宾格。πάλιν，又回过来……，副词，限定 ἐροῦμεν。πολλάκις，常常，副词，限定 ἐροῦμεν。

接续的部分是动词 ἐροῦμεν 引出的一个分词短语，表伴随状况。ἀποφαίνοντες，[我们就会]把……当成……，分词，阳性复数主格。其宾语是 τὸν εὐδαίμονα，那个幸福的人，阳性单数宾格。后面跟随两个补语。第一个是 "χαμαιλέοντά" τινα，一个 "变色龙"，引语出处不详。χαμαιλέοντα，变色龙，名词，阳性单数宾格。另一个是 "καὶ σαθρῶς ἰδρυμένον"，"和祸福不定的造物"，引语出处不详。ἰδρυμένον，造物，分词，中被动，阳性单数宾格。σαθρῶς，祸福不定，副词，限定 ἰδρυμένον。

② 从上句引出的一个反问句。ἢ（要么）示意转折引出反问。主语是 τὸ μὲν ταῖς τύχαις ἐπακολουθεῖν，跟随运气，名词化的不定式短语。τὸ ἐπακολουθεῖν，跟随，不定式短语。其宾语是 ταῖς τύχαις，那些运气，名词短语，阴性复数。系动词省略。表语是 οὐδαμῶς ὀρθόν，从来就不正确。ὀρθόν，正确，形容词，中性单数主格。οὐδαμῶς，从来就不，否定性副词，限定 ὀρθόν。

③ 从上述反问句引出的原因解释，γὰρ（因为）示意承接上句。并列了 οὐ…ἀλλὰ…（不是……而是……）表明其转折关系。第一句的主语是 τὸ εὖ ἢ κακῶς，那个好还是坏，名词化副词

δ' εἰσὶν αἱ κατ' ἀρετὴν ἐνέργειαι τῆς εὐδαιμονίας, αἱ δ' ἐναντίαι τοῦ ἐναντίου.①

μαρτυρεῖ δὲ τῷ λόγῳ καὶ τὸ νῦν διαπορηθέν.② περὶ οὐδὲν γὰρ οὕτως ὑπάρχει τῶν ἀνθρωπίνων ἔργων βεβαιότης ὡς περὶ τὰς ἐνεργείας τὰς κατ' ἀρετήν.③ μονιμώτεραι

因素]ᵉ。

现在厘清的困难也印证了我们的说法。因为，从人的任何活动中都不能像从德性亦即依照德性的实现中那样地产出稳定性质；因为，这些[实现]似乎比科学更持久；而在这些[实现]本

ance with virtue are determinate for happiness, whereas the contraries for the contrary.

The difficulty now [addressed] echoes with our *logos*. For, from none of human activities comes such stable quality as from en-activities in accordance with virtue; for, these [en-activities] seem to be

---

短语，中性单数主格。系动词省略。表语是 οὐ ἐν ταύταις，不在于那些运气。ἐν ταύταις，在于那些运气，介词短语。ταύταις，那些，代词，指 ταῖς τύχαις，那些运气，阴性复数与格，做介词的间接性的宾语。

第二句的主语是 ὁ ἀνθρώπινος βίος，人的生命，名词短语，阳性单数主格。动词是 προσδεῖται，需要，中动态，单数第三人称。τούτων，它们，代词，同样指 ταῖς τύχαις，阴性复数属格，做 προσδεῖται 的间接性的宾语。

καθάπερ εἴπομεν，像我们说过的，插入语，联系上面第二句的内容。εἴπομεν，我们说过，过去时，复数第一人称。

① 转折并列句。第一句的主语是 αἱ κατ' ἀρετὴν ἐνέργεια，依循德性的实现，名词短语，阴性复数主格。系动词是 εἰσίν，复数第三人称。表语是 κύριαι τῆς εὐδαιμονίας，幸福的主导[因素]，形容词短语，阴性复数主格。κύριαι，主导的[因素]，形容词，阴性复数主格。τῆς εὐδαιμονίας，幸福，名词，阴性单数属格，作为被支配者限定 κύριαι。

第二句的主语是 αἱ δ' ἐναντίαι，相反的活动，名词性形容词短语，阴性复数主格。ἐναντίαι，相反的，形容词，阴性复数主格。系动词同前，省略。表语是 τοῦ ἐναντίου，相反者的，名词性形容词短语，中性单数属格；相反即与 τῆς εὐδαιμονίας（幸福的）相反。κύριαι 在这里省略。

② 简单句。主语是 τὸ νῦν διαπορηθέν，现在厘清的难题，名词性分词短语，中性单属主格。διαπορηθέν，厘清难题，分词，过去被动态，中性单数主格。动词是 μαρτυρεῖ，印证，现在时，单数第三人称。其间接性的宾语是 τῷ λόγῳ，我们的说法，名词短语，阳性单数与格。

③ 从上句引出的原因解释。简单句。动词 ὑπάρχει 无人称句。ὑπάρχει，产生，现在时，单数第三人称。其逻辑主语是 βεβαιότης，稳定性质，名词，阴性单数主格。关系副词…οὕτως…ὡς（……像……那样地）引出两个作为对照的介词短语共同构成对这一主谓结构的限定。第一个是 περὶ οὐδὲν… τῶν ἀνθρωπίνων ἔργων，从任何人的活动中。οὐδὲν，任何东西，否定性代词，中性单数宾格，做介 περὶ 词的宾语。τῶν ἀνθρωπίνων ἔργων，人的活动，名词短语，阳性复数属格，限定 οὐδὲν。第二个是 περὶ τὰς ἐνεργείας τὰς κατ' ἀρετήν，从德性亦即依照德性的实现中。τὰς ἐνεργείας τὰς κατ' ἀρετήν，实现亦即依循德性的[实现]，同位语结构的名词短语，做介词 περὶ 的

I.10

15 γὰρ καὶ τῶν ἐπιστημῶν αὗται δοκοῦσιν εἶναι·① τούτων δ' αὐτῶν αἱ τιμιώταται μονιμώτεραι διὰ τὸ μάλιστα καὶ συνεχέστατα [κατα] ζῆν ἐν αὐταῖς τοὺς μακαρίους·② τοῦτο γὰρ ἔοικεν αἰτίῳ τοῦ μὴ γίγνεσθαι περὶ αὐτὰ λήθην.③

身之中，那些最受尊敬的[德性的实现]就更加持久，因为那些至福的人都把生命最大程度和最持久地用在它们上；因为这似乎就是[人们]对于这些不会遗忘的原因ᶠ。

more stable than sciences; and the [en-activities of the] most respectable [virtues] are even more stable, since those blessed spend their lives in them to the greatest degree and most continuously; for this seems to be the cause [why people] will not lose their memory about these [en-actitivities].

宾语。τὰς ἐνεργείας，实现，名词短语，阴性单数宾格。τὰς κατ' ἀρετὴν，依循德性的[实现]，名词短语，阴性复数宾格，以同位语的方式强调 τὰς ἐνεργείας。

① 上面的原因解释引出的进一步的原因解释。并列句。这里是第一句。主语是 αὗται，这些，代词，指 τὰς κατ' ἀρετὴν ἐνεργείας，阴性复数主格。动词是 δοκοῦσιν，看起来，现在时，复数第三人称。δοκοῦσιν 引出不定式短语宾语 εἶναι μονιμώτεραι，是更持久的。μονιμώτεραι，更持久的，形容词比较级，阴性复数主格，做不定式 εἶναι（是）的表语。μονιμώτεραι 引出一个比较的属格名词短语 τῶν ἐπιστημῶν，那些科学，阴性复数属格。

② 这里是后句。主语是 αἱ τιμιώταται，那些最受尊敬的，形容词最高级，阴性复数主格。τούτων δ' αὐτῶν，在这些[实现活动]自身中，代词短语，中性复数属格，限定 αἱ τιμιώταται。τούτων，这些[实现活动]；αὐτῶν，自身，反身代词。不定式同前，省略。表语是 μονιμώτεραι，更持久。

[εἶναι] μονιμώτεραι（[是]更持久的）引出一个介词短语来限定。διὰ τὸ μάλιστα καὶ συνεχέστατα [κατα] ζῆν ἐν αὐταῖς τοὺς μακαρίους，因为那些至福的人都把生命最大程度和最持久地用在它们上。διὰ，因为，由于。τὸ ζῆν...，把生命用……，名词性不定式短语，中性单数宾格，做 διὰ 的宾语。ζῆν，把生命用……，生活，不定式。ζῆν 的逻辑主语是 τοὺς μακαρίους，那些至福的人，名词性形容词短语，阳性复数主格。μάλιστα καὶ συνεχέστατα，最大程度和最持久地，形容词最高级，中性复数宾格，此处作副词。[κατα]疑为其它抄本所衍生。ἐν αὐταῖς，在它们上，介词短语，限定 ζῆν。

③ 从 διὰ τὸ... 引出的进一步的原因解释。简单句。主语是 τοῦτο，这，代词，中性单数主格。动词是 ἔοικεν，似乎是，完成时，单数第三人称。其间接性的宾语是 αἰτίῳ τοῦ μὴ γίγνεσθαι λήθην，不会遗忘的原因，与格形容词短语。αἰτίῳ，是……原因，形容词，阳性单数与格。τοῦ μὴ γίγνεσθαι...λήθην，[人们]不会遗忘，名词性不定式短语，阳性单数属格，限定 αἰτίῳ。μὴ γίγνεσθαι...λήθην，不会遗忘，否定不定式。γίγνεσθαι，成为，产生，不定式。λήθην，遗忘，名词，阴性单数宾格，作不定式 γίγεσθαι 的逻辑主语。περὶ αὐτὰ，对于这些[最受尊敬的实现活动]，介词短语，限定 γίγνεσθαι。αὐτὰ，疑为 αὐτὰς 的误写，此处暂按 αὐτὰς（这些）解，即指上文所说的最受尊敬的实现活动，阴性复数宾格，做 περὶ 的宾语。

ὑπάρξει δὴ τὸ ζητούμενον τῷ εὐδαίμονι, καὶ ἔσται διὰ βίου τοιοῦτος.① ἀεὶ γὰρ ἢ μάλιστα πάντων πράξει καὶ θεωρήσει τὰ κατ' ἀρετήν.② καὶ τὰς τύχας οἴσει κάλλιστα καὶ πάντη πάντως ἐμμελῶς ὅ γ' "ὡς ἀληθῶς ἀγαθὸς" καὶ "τετράγωνος ἄνευ ψόγου."③

而在幸福的人那里将存在我们在寻求的这种[稳定性质]，而且，他将在一生中都是这样一个人；因为，他将总是或在大部分时候做和思考那些合乎德性的事情。同时，他也将最高尚地，以在所有方面都优雅的方式，就是说，"像[一个]真正好"且"公正得无可指责[的]""[人]那样"^{g}，对待那些运气。

Yet with the happy man will exist the thing we are seeking, and he will be such a happy man throughout his life; for, he will always or for the most part practise and contemplate the things in conformity with virtue. And, he will bear the fortunes in the noblest manner and gracefully in every aspest as well, that

---

① 并列句。δὴ 表明转折承接上句。第一句的主语是 τὸ ζητούμενον，那个[我们在]寻求的事物，冠词+分词名词性短语。τὸ ζητούμενον 指上文中正在讨论的依循德性的实现的稳定性(βεβαιότης)。ζητούμενον，[我们]在寻求的，分词，中被动，中性单数主格。动词是 ὑπάρξει，[开始]存在于，将来时，单数第三人称。τῷ εὐδαίμονι，幸福的人，名词短语，阳性单数与格，限定 ὑπάρξει，它事实上是这一动词的逻辑主语。

第二句的主谓语是 ἔσται，他将是，将来时，单数第三人称。表语是 τοιοῦτος，这样一个人，阳性单数主格。διὰ βίου，在一生中，介词短语，限定 ἔσται。βίου，一生，名词，阳性单数属格，做 διὰ 的间接性宾语。

② 从上句引出的原因解释，γὰρ 表明这种关联。主谓语为连动结构。第一个动词是 πράξει，他将做事；第二个是 θεωρήσει，他将思考，将来时，单数第三人称。其共同宾语是 τὰ κατ' ἀρετήν，依循德性的事情，名词性介词短语，中性复数宾格。τὰ，那些事情，冠词，此处起指代作用，中性复数宾格。κατ' ἀρετήν，合乎德性的，介词短语，限定 τὰ。ἀεὶ，总是，副词，限定两个动词。ἢ，或者。μάλιστα πάντων，在大部分时候，副词短语，限定两个动词。μάλιστα，最大程度，副词最高级。πάντων，在所有情况中，形容词，中性复数属格，限定 μάλιστα。

③ 简单句。主谓语是 οἴσει，他对待，将来时，单数第三人称。宾语是 τὰς τύχας，那些运气，名词短语，阴性复数宾格。κάλλιστα，最高尚地，形容词最高级，这里用作副词，限定 οἴσει。πάντη πάντως ἐμμελῶς，以在所有方面都优雅的方式，副词短语，限定 οἴσει。ἐμμελῶς，优雅，副词，限定 οἴσει。πάντη，在所有方面，副词，限定 ἐμμελῶς。

短语 πάντη πάντως ἐμμελῶς 引出两个并列的同位状语。一个是 "ὡς ἀληθῶς ἀγαθὸς"，像一个真正的好人那样，引用语。ὡς，像……，关系副词。ἀληθῶς ἀγαθὸς，真正的好人，名词短语，阳性单数主格。第二个是 "τετράγωνος ἄνευ ψόγου"，公正得无可指责，引用语，与 ἀληθῶς ἀγαθὸς 平行并列。τετράγωνος，四方的，公正的，形容词，阳性单数主格。ἄνευ ψόγου，无可指责，阳性属格短语，此处副词化，限定 τετράγωνος。ἄνευ，无，否定性副词。ψόγου，指责，名词，阳性单数属格。ὅ γ'= ὅ γε，也就是，即是，插入语。

I.10   109

| | | is, "as [a person] truly good" and "foursquare beyond reproach". |

πολλῶν δὲ γινομένων κατὰ τύχην καὶ διαφερόντων μεγέθει καὶ μικρότητι,① τὰ μὲν μικρὰ τῶν εὐτυχημάτων, ὁμοίως δὲ καὶ τῶν ἀντικειμένων, δῆλον ὡς οὐ ποιεῖ ῥοπὴν τῆς ζωῆς,②
25 τὰ δὲ μεγάλα καὶ πολλὰ γιγνόμενα μὲν εὖ μακαριώτερον τὸν βίον ποιήσει③ (καὶ γὰρ αὐτὰ

在许多因运气而发生，且大小不同的事物中，那些好运——那些相反者也同样——之中的微不足道者，显然不足以改变生活，而那些重大［运气］以及许多以好的方式发生的事情将使那个生命分外有福（因为，它们自身ʰ使［生命］锦上添花，且对它们的运用也成为高尚的和认真

Among the many things happened with fortune and differing in great or small extent, those small pieces of good fortunes, and likewise the opposite, clearly will not produce turning in the life, whereas those great [fortunes] and many things coming finely will make the life more blessed (for

---

① 从这里开始一个长句。这里是其属格分词短语，表伴随情况。由两个并列的分词短语构成。第一个是 πολλῶν γινομένων κατὰ τύχην, 很多因运气而发生的。γινομένων, 发生, 分词, 中性复数属格。κατὰ τύχην, 因运气, 介词短语, 限定 γινομένων。第二个是 διαφερόντων μεγέθει καὶ μικρότητι, 大小不同的。διαφερόντων, 不同, 分词, 中性复数属格。μεγέθει καὶ μικρότητι, 大的和小的, 形容词短语, 单数与格, 此处副词化。

② 从这里开始一个长陈述句。整个长句为 δῆλον (显然的) 无人称句。分两个部分，两部分呈 τὰ μὲν...τὰ δὲ... 对照关系。这里是其第一部分。实际主语从句的主语是 τὰ μὲν μικρά, 那些微小的, 名词性形容词短语, 中性复数主格。τῶν εὐτυχημάτων, 属于好运的, 属格名词短语, 限定 τὰ μικρά。εὐτυχημάτων, 好运, 名词, 中性复数属格。ὁμοίως δὲ καὶ τῶν ἀντικειμένων, 那些相反者也同样, 插入语。ὁμοίως, 同样。ἀντικειμένων, 相反者, 指坏运气, 分词, 中性复数属格。动词是 οὐ ποιεῖ, 不带来, 不造成, 单数第三人称。宾语是 ῥοπὴν τῆς ζωῆς, 生活的改变, 名词短语。ῥοπήν, 改变, 名词, 阴性单数宾格。τῆς ζωῆς, 生活的, 名词短语, 阴性单数属格, 限定 ῥοπήν。

③ δῆλον 无人称长陈述句的第二部分。τὰ δὲ... 构成与第一部分的对照。这又是一个 μὲν... δὲ... 对照结构的并列句。
这里是 μὲν... 部分。实际主语从句的主语是 τὰ δὲ...μεγάλα καὶ πολλὰ γιγνόμενα μὲν εὖ, 那些重大的［运气］以及许多以好的方式发生的事情, 冠词 + 形容词、分词名词性短语, 中性复数主格。τὰ μεγάλα, 那些重大的［运气］, 冠词 + 形容词名词性短语, 中性复数主格。μεγάλα, 重大的［运气］, 形容词。［τὰ］πολλὰ γιγνόμενα, 许多发生的事情, 冠词 + 分词名词性短语, 中性复数主格。γιγνόμενα, 发生的事情, 分词, 中性复数主格。μὲν εὖ, 以好的方式, 副词短语, 限定［τὰ］πολλὰ γιγνόμενα。μέν, 此处是语气词, 与第二个部分的 δέ 相对照。
动词是 ποιήσει, 使得, 造成, 将来时, 单数第三人称。其宾语是 τὸν βίον, 那个生命, 名词, 阳

συνεπικοσμεῖν πέφυ-κεν, καὶ ἡ χρῆσις αὐτῶν καλὴ καὶ σπουδαία γίγνεται①), ἀνάπαλιν δὲ συμβαίνοντα θλίβει καὶ λυμαίνεται τὸ μα-κάριον·② λύπας τε γὰρ ἐπιφέρει καὶ ἐμποδίζει πολλαῖς ἐνεργείαις.③	的[事情]),然而以相反方式发生的事情则损害和毁灭那个至福;因为,它们[给生命]带来痛苦,并阻碍许多实现ⁱ。	they themselves help to adorn [life], and the uti-lization of them becomes noble and serious), but things coming reversely will damage and mar the blessedness; for they bring pain [to life] and hinder many en-activi-ties.
30 ὅμως δὲ καὶ ἐν τούτοις διαλάμπει τὸ καλόν,④ ἐπειδὰν φέρῃ τις εὐκόλως πολλὰς καὶ μεγάλας ἀτυχίας, μὴ	不过,即使在这样的事情上,当一个人不是由于麻木,而是[因为]他出身高贵和大度,平静地承受许多重大的不幸	Nevertheless, even in these things, whenever someone peacefully en-dures many great mis-fortunes, not because of

---

性单数宾格。补语是 μακαριώτερον,分外有福,形容词比较级,阳性单数宾格。

① 括号中的部分疑为某些抄本所加,对原因做进一步解释。并列句。前一句的主语是 αὐτά,它们自身,代词,指上文中的 τὰ μεγάλα,中性复数主格。动词是 πέφυκεν,使得,完成时,第三人称单数。其直接宾语是 τὸν βίον,省略。其宾语补语是 συνεπικοσμεῖν,锦上添花,不定式。后句的主语是 ἡ χρῆσις αὐτῶν,对它们的运用,名词短语,阴性单数主格。χρῆσις,运用,名词。αὐτῶν,对它们的,代词,指 αὐτά,即 τὰ δὲ μεγάλα,中性复数属格,限定 χρῆσις。动词是 γίγνεται,成为,单数第三人称。表语是 καλὴ καὶ σπουδαία,高尚的和认真的,形容词,阴性单数主格。

② 这里是这个长句的 δὲ... 部分。主语是 ἀνάπαλιν δὲ συμβαίνοντα,以相反方式发生的事情。συμβαίνοντα,发生的事情,分词,中性复数主格。ἀνάπαλιν,相反地,副词,限定 συμβαίνοντα。动词是 θλίβει 与 λυμαίνεται。θλίβει,损害,单数第三人称。λυμαίνεται,毁灭,单数第三人称。其共同宾语是 τὸ μακάριον,那个至福。

③ 从上句 θλίβει καὶ λυμαίνεται τὸ μακάριον 部分引出的原因句。转折并列句。这里是第一句。主语仍然是 ἀνάπαλιν συμβαίνοντα(以相反方式发生的事情),省略。有两个谓语动词。第一个是 λύπας ἐπιφέρει,带来痛苦。ἐπιφέρει,带来,单数第三人称。λύπας,痛苦,名词,阴性复数宾格,作 ἐπιφέρει 的宾语。第二个是 ἐμποδίζει πολλαῖς ἐνεργείαις,阻碍许多实现。ἐμποδίζει,阻碍,动词,单数第三人称。其间接性的宾语是 πολλαῖς ἐνεργείαις,许多实现,名词短语,阴性复数与格。

④ 这里是第二句。δὲ 示意与第一句转折并接。主语是 τὸ καλόν,高尚,名词,中性单数主格。动词是 διαλάμπει,闪烁光辉,现在时,单数第三人称。ὅμως,即使,副词。ἐν τούτοις,在这样的事情中,介词短语,限定 διαλάμπει。τούτοις,这样的事情,代词,指 ἀνάπαλιν συμβαίνοντα,中性复数与格。

δι' ἀναλγησίαν, ἀλλὰ γεννάδας ὢν καὶ μεγαλόψυχος.① εἰ δ' εἰσὶν αἱ ἐνέργειαι κύριαι τῆς ζωῆς, καθάπερ εἴπομεν, οὐδεὶς ἂν γένοιτο τῶν μακαρίων ἄθλιος.②

οὐδέποτε γὰρ πράξει τὰ μισητὰ καὶ φαῦλα.③ τὸν γὰρ ὡς ἀληθῶς ἀγαθὸν καὶ ἔμφρονα πάσας οἰόμεθα τὰς τύχας εὐσχημόνως φέρειν καὶ ἐκ τῶν ὑπαρχόντων ἀεὶ

时,高尚也闪烁着光辉。而如果那些实现对于生命是主导性的东西,如所说过的,就没有一个享得至福的人会变得可怜。

因为,他从不做令人憎恶的和卑贱的事;因为,我们可以指望那个真正好并且有头脑的人以优雅的方式承受所有运气,并总是以他拥有的东西去做最高尚的事,

insensibility, but because of his being well-born and great-souled, the nobility shines through. Yet if those en-activities are dominant for the life, as we said, none of the blessed men could become miserable.

For, he will never do the hateful and base things; for we can trust that truly good and sensible man to bear all the fortunes with grace and always to do the noblest

---

① 由连接副词 ἐπειδὰν（一当）引导的状语从句,进一步说明 ἐν τούτοις。主语为 τις,一个人,阳性单数主格。动词是 φέρῃ,承受,虚拟语气,单数第三人称。εὐκόλως,平静地,副词,限定 φέρῃ。其宾语是 πολλὰς καὶ μεγάλας ἀτυχίας,许多重大的不幸,名词短语。ἀτυχίας,不幸,名词,阴性复数宾格。句子的动宾结构引出 μή...ἀλλά...（不是……而是……）对照结构的两个限定短语。一个是 μὴ δι' ἀναλγησίαν,不是由于麻木,否定性的介词短语。ἀναλγησίαν,麻木,名词,阴性单数宾格,做介词 δι' 的宾语。另一个是 ἀλλὰ γεννάδας ὢν καὶ μεγαλόψυχος,而是［因为］他是出身高贵的和大度的,属格分词短语,表对照情况。ὢν,他是,分词,阳性单数主格。它引出两个表语。一个是 γεννάδας,出身高贵,名词,阳性单数主格。另一个是 μεγαλόψυχος,大度的,形容词,阳性单数主格。

② 复合句。条件从句的主语是 αἱ ἐνέργειαι,那些实现,名词短语,阴性复数主格。动词是 εἰσὶν,是,单数第三人称。表语是 κύριαι,主导性的东西,形容词,阴性复数主格。τῆς ζωῆς,对于生命,名词短语,阴性单数与格。主句的主语是 οὐδεὶς τῶν μακαρίων,没有一个享得至福的人,否定性代词短语,阳性单数主格。οὐδεὶς,没有一个,否定性代词。τῶν μακαρίων,享得至福的人,名词短语,阳性复数属格,限定 οὐδείς。动词是 γένοιτο,会变得,祈愿语气,单数第三人称。表语是 ἄθλιος,可怜的,形容词,阳性单数主格。καθάπερ εἴπομεν,如所说过的,插入语。

③ 上句的原因从句。简单句。主谓语是 οὐδέποτε πράξει,他从来不会去做,现在时,单数第三人称。宾语是 τὰ μισητὰ καὶ φαῦλα,令人憎恶的和卑贱的事,名词性形容词短语,中性复数宾格。μισητά,令人憎恶的,形容词。φαῦλα,卑贱的,形容词。

τὰ κάλλιστα πράττειν,① καθάπερ καὶ στρατηγὸν ἀγαθὸν τῷ παρόντι στρατοπέδῳ χρῆσθαι πολεμικώτατα ② καὶ σκυτοτόμον ἐκ τῶν δοθέντων σκυτῶν κάλλιστον ὑπόδημα ποιεῖν,③ 5 τὸν αὐτὸν δὲ τρόπον καὶ τοὺς ἄλλους τεχνίτας ἅπαντας.④ εἰ δ' οὕτως, ἄθλιος μὲν οὐδέποτε γένοιτ' ἂν ὁ	就像[我们可以指望]一个好将军以最好的方式调度他手中的军队,一个鞋匠以他被给予的皮革造出最好的鞋,并且以同样方式[指望]其他所有匠师那样。 如若这样,那个幸福的人就永远不会变得可	things with his belongings, as [we trust] a good general to make the best use of the army at his disposal, and a shoemaker to make the most beautiful shoe out of the given pieces of leather, and in the same way all other craftsmen. Yet if so, the happy man would never become

---

① 从上面的原因句引出的进一步的原因解释。主谓语是 οἰόμεθα,我们可以指望,现在时,复数第一人称。宾语是 τὸν ἀληθῶς ἀγαθὸν καὶ ἔμφρονα,那个真正好并且有头脑的人,名词性形容词短语,阳性单数宾格。ἔμφρονα,有头脑的,形容词。动词 οἰόμεθα 引出两个不定式短语作为宾语的补语。一个是 φέρειν...,去承受……。其宾语是 πάσας τὰς τύχας,所有运气,名词短语,阴性复数宾格。εὐσχημόνως,优雅地,副词,限定 φέρειν。另一个是 ἀεὶ πράττειν...,总是去做……。ἀεί,总是,副词,限定 πράττειν (去做……)。其宾语是 τὰ κάλλιστα,最高尚的事,名词性形容词短语,中性复数宾格。ἐκ τῶν ὑπαρχόντων,以他拥有的东西,介词短语,限定 πράττειν。ὑπαρχόντων,开始成为的、开始具有的,ὑπάρχω 的分词,中性复数属格。在希腊语中,τὰ ὑπαρχόντα 常常表示现有的情况,故此罗斯本将之译为 circumstances(Ross [1925, 1980],17)。而另一方面,ὑπάρχω 的本意是指最初,因此爱尔温本将之译为 from his resources(Irwin [1985],14)。兼顾这两点,τὰ ὑπαρχόντα 是指一个人从生命起始到目前所拥有的东西。

② 对上面原因句的类比说明,由 καθάπερ (正如)引入。分为三个部分,逻辑主语都与前面句子中的 τὸν ἀληθῶς ἀγαθὸν καὶ ἔμφρονα (那个真正好并且有头脑的人)同格,作为 οἰόμεθα (我们可以指望)的宾语。第一个部分的逻辑主语是 στρατηγὸν ἀγαθὸν,好将军,阳性单数宾格。补语是 χρῆσθαι,调度,不定式。其宾语是 τῷ παρόντι στρατοπέδῳ,他手中的军队,名词短语,中性单数与格。παρόντι,在手边的,分词,中性单数与格。πολεμικώτατα,最好的,形容词最高级,中性复数宾格,这里做状语,限定 χρῆσθαι。

③ 第二个部分。逻辑主语是 σκυτοτόμον,鞋匠,阳性单数宾格。补语是 κάλλιστον ὑπόδημα ποιεῖν,造出做好的鞋,不定式短语。κάλλιστον ὑπόδημα,最好的鞋子,单数宾格,做 ποιεῖν (造出)的宾语。ἐκ τῶν δοθέντων σκυτῶν,以他被给予的皮子,δοθέντων,被给予的,分词,过去被动式,中性复数属格。σκυτῶν,皮子,名词,中性复数属格。

④ 类比说明的第三部分。逻辑主语是 τοὺς ἄλλους τεχνίτας ἅπαντας,其他所有匠师,名词短语,阳性复数宾格。τὸν αὐτὸν τρόπον,以同样方式,名词短语,阳性单数宾格,此处做状语。τρόπον,方式,名词。

εὐδαίμων· οὐ μὴν μακάριός γε ἂν Πριαμικαῖς τύχαις περιπέσῃ.① οὐδὲ δὴ ποικίλος γε καὶ εὐμετάβολος·② οὔτε γὰρ ἐκ τῆς εὐδαιμονίας κινηθήσεται ῥᾳδίως, οὐδ᾽ ὑπὸ τῶν τυχόντων ἀτυχημάτων ἀλλ᾽ ὑπὸ μεγάλων καὶ πολλῶν,③ ἔκ τε τῶν τοιούτων οὐκ ἂν γένοιτο πάλιν εὐδαίμων ἐν ὀλίγῳ χρόνῳ,④ ἀλλ᾽

怜;[尽管]他要是遭遇了普利阿摩斯的运气也不[是]至福的。但[那个幸福的人]也不会成为多变和易变[的人];因为,他不会轻易地,不会因偶然的不幸,而只会因重大的和许多[不幸],被带离幸福,他也不会在短时间内[走]出这样的[不幸]并重新变得幸福,但是[他可以]在很长、很完整的一段

miserable; though he wouldn't become blessed should he suffer the fortunes of Priam. But nor [would that happy man become] variable and liable to change; because he will not be easily moved from the happiness, not by the casually misfortunes but by great and many [misfortunes], nor would he become happy

---

① 由两个复合句组成的并列句。第一个复合句的条件句是 εἰ δ᾽ οὕτως,如果这样,省略式。δ᾽ 表明转折。主句的主语是 ὁ εὐδαίμων,那个幸福的人,名词性形容词短语,阳性单数主格。谓语是 οὐδέποτε γένοιτ᾽ ἂν...,永远不会变得……。γένοιτ᾽,变得,动词,不定过去时祈愿式,中被动,单数第三人称。表语是 ἄθλιος,可怜的,阳性单数主格。

第二个复合句的主句为 οὐ μὴν μακάριός γε,他当然也不[是]至福的,省略式。系动词省略。表语是 οὐ μακάριός,至福的,形容词,阳性单数主格。μήν,当然,小品词,加强语气。γε,尽管,语气小品词,加强 οὐ μακάριός (不是至福的)。从句的主谓语是 ἂν περιπέσῃ,要是他遭遇,不定过去时虚拟式,主动态,单数第三人称。宾语是 Πριαμικαῖς τύχαις,普利阿摩斯的运气,名词性短语,阴性复数与格。

② 简单句。δή 示意转折承接。逻辑主语是 ὁ εὐδαίμων,那个幸福的人,省略。系动词省略,只保留否定词 οὐδὲ (不)。表语是 ποικίλος γε καὶ εὐμετάβολος,多变和易变的,形容词短语,阳性单数主格。

③ 从这里开始由 γὰρ 引入了一个很长的原因句,由两个并列部分构成。这里是第一部分。主谓语是 οὔτε κινηθήσεται,他不会被带[离],被动语态将来时,单数第三人称。ἐκ τῆς εὐδαιμονίας,离开幸福,介词短语,限定 κινηθήσεται。τῆς εὐδαιμονίας,幸福,名词,阴性单数属格,做介词 ἐκ 的间接性宾语。ῥᾳδίως,轻易地,副词,限定 κινηθήσεται。

从 οὔτε κινηθήσεται 引出两个对照的并列介词短语, οὐδ᾽...ἀλλ᾽... (不是……而是……) 表明结构上的对照,作为进一步的说明。一个是 οὐδ᾽ ὑπὸ τῶν τυχόντων ἀτυχημάτων,不会因偶然的不幸。τῶν τυχόντων ἀτυχημάτων,偶然的不幸,名词短语,中性复数属格,做介词 ὑπὸ 的间接性宾语。τυχόντων,偶然的,分词,不定过去时,中性复数属格。ἀτυχημάτων,不幸,名词,中性复数属格。另一个是 ἀλλ᾽ ὑπὸ μεγάλων καὶ πολλῶν,而只会因重大的和许多[不幸]。μεγάλων καὶ πολλῶν,重大的和许多的,形容词短语,中性复数属格,限定省略掉的 ἀτυχημάτων (不幸),做介词 ὑπὸ 的间接性宾语。

④ 这里是第二部分。转折并列句。这里是第一句。主谓语是 οὐκ ἂν γένοιτο πάλιν,他不

εἴπερ, ἐν πολλῷ τινὶ καὶ τελείῳ, μεγάλων καὶ καλῶν ἐν αὐτῷ γενόμενος ἐπήβολος.①

τί οὖν κωλύει λέγειν εὐδαίμονα τὸν κατ' ἀρετὴν τελείαν ἐνεργοῦντα καὶ τοῖς ἐκτὸς ἀγαθοῖς ἱκανῶς κεχορηγημένον, μὴ τὸν τυχόντα χρόνον ἀλλὰ τέλειον βίον;② ἢ προσθετέον καὶ

15

时间之后[重新变得幸福],如果他已经在此期间做出了重大而高尚的事情ʲ。

那么,人们为什么拒绝说一个依照完满的德性而实现着,并且不是只在偶然的时间里,而是在一生中都享有充分提供的外在善的人,是幸福的? 或许,既然将来的事对我们来说是不可

again out of such [misfortunes] in short time, but [he could become so] through a long and complete period of time, if he [has] become acquired of great and noble things again in this period.

Why will, then, [one] refuse to call the man en-activizing in conformity with complete virtue and meanwhile sufficiently equipped with the external goods, not in any casually

---

会重新变得……,不定过去时祈愿式,中被动,单数第三人称。πάλιν,重新,副词,限定 οὐκ ἂν γένοιτο(不会变得)。表语是 εὐδαίμων,幸福的,形容词,阳性单数主格。ἔκ τε τῶν τοιούτων,[走]出这样的不幸,介词短语,限定 γένοιτο。ἐν ὀλίγῳ χρόνῳ,在短时间内,介词短语,限定 γένοιτο。ὀλίγῳ χρόνῳ,短时间,名词性短语。χρόνῳ,时间,名词,阳性单数与格。ὀλίγῳ,短的,形容词,阳性单数与格,限定 χρόνῳ。

① 这里是第二句,ἀλλ' 示意从第一句的转折。省略式复合句。主句的基本结构同第一句,即 ἂν γένοιτο πάλιν εὐδαίμων,他会重新变得幸福,省略。ἀλλ' 引导主句被保留的状语部分,转折针对上句的 ἐν ὀλίγῳ χρόνῳ。在这里得到强调的是 ἐν πολλῷ τινὶ καὶ τελείῳ,在很长、很完整的一段时间之后,介词短语。τινὶ,一段时间,不定代词。πολλῷ καὶ τελείῳ,很长、很完整的,形容词,阳性单数与格,限定 τινὶ。条件句部分呈现为一个分词短语,仍由 εἴπερ(如果……)引入。逻辑主语同第一句,即 ὁ εὐδαίμων(那个幸福的人),省略。系动词弱化为分词 γενόμενος,已经变得,不定过去时中动,阳性单数主格。其表语是 ἐπήβολος,获得了……的,形容词,阳性单数主格。μεγάλων καὶ καλῶν,重大而高尚的事物,形容词复数属格,限定 ἐπήβολος。ἐν αὐτῷ,在此期间,介词短语,限定 γενόμενος。

② 反问句,意在肯定。由疑问词 τί(为什么?)引入。主谓语是 κωλύει,一个人拒绝,现在时,单数第三人称,相当于泛指"一个人"或我们。宾语是 λέγειν,说……是……,不定式。λέγειν 引出两个宾语和补语。其宾语是 τὸν κατ' ἀρετὴν τελείαν ἐνεργοῦντα,那个依循完满的德性而实现着的人,名词性分词短语,阳性单数宾格。ἐνεργοῦντα,实现着的,分词,阳性单数宾格。κατ'

βιωσόμενον οὕτω καὶ
τελευτήσοντα κατὰ λό-
γον;[①] ἐπειδὴ τὸ μέλλον
ἀφανὲς ἡμῖν ἐστίν, τὴν
εὐδαιμονίαν δὲ τέλος
καὶ τέλειον τίθεμεν
πάντῃ πάντως.[②] εἰ δ᾽
οὕτω, μακαρίους ἐροῦ-
μεν τῶν ζώντων οἷς
ὑπάρχει καὶ ὑπάρξει τὰ
λεχθέντα,[③] μακαρίους

见的,而我们主张幸福是目的且在所有方面都完满的,还需要再加上"这样地生活下去"和"依循逻各斯走到生命的尽头"?而如若这样,我们就将宣布,在活着的人们中间,那些开始享有并将继续享有我们所说的那些事物的人［是］至福的,不过,［是］

grasped period of time but in a whole life, happy? Or, since the future happenings are invisible to us, and we take happiness to be [the] end and complete in every aspect, [should we] add "to live on in that way" and "to die in accordance with *logos*"? Yet if

---

ἀρετὴν τελείαν,依循完满的德性的,介词短语,限定 ἐνεργοῦντα。补语是 εὐδαίμονα,幸福的,形容词,阳性单数宾格。

宾格名词性短语 τὸν… 引出一个与格形式的限定语 τοῖς ἐκτὸς ἀγαθοῖς ἱκανῶς κεχορηγημένον,享有充分提供的外在善的,名词短语,阳性复数与格。τοῖς ἐκτὸς ἀγαθοῖς,那些外在善,名词性短语,中性复数与格。ἐκτός,从外部,副词,此处起形容词作用,限定 ἀγαθοῖς (善)。ἱκανῶς κεχορηγημένον,被充分提供的,分词短语,限定 τοῖς ἐκτὸς ἀγαθοῖς。κεχορηγημένον,提供,分词,完成时中被动,阳性单数宾格。μὴ τὸν τυχόντα χρόνον ἀλλὰ τέλειον βίον,不是在偶然的时间里而是在一生中,引用语,名词短语,阴性单数宾格,用作时间状语,限定 ἐνεργοῦντα。τὸν τυχόντα χρόνον,在偶然的时间里,名词短语,阳性单数宾格。χρόνον,时间,名词,阳性单数宾格。τυχόντα,偶然获得的,分词,阳性单数宾格,限定 χρόνον。τέλειον βίον,在一生中,名词短语,阳性单数宾格。

① 进一步的反问句。动形词 προσθετέον (需要再加上……) 无人称句。προσθετέον 引出两个宾语短语。第一个是 βιωσόμενον οὕτω,这样地生活下去,分词短语,将来时,阳性单数宾格。第二个是 τελευτήσοντα κατὰ λόγον,依循逻各斯地走到生命的尽头,分词短语,阳性单数宾格。τελευτήσοντα,走到生命的尽头,分词,将来时,阳性单数宾格。κατὰ λόγον,依循逻各斯地,介词短语,限定 τελευτήσοντα。

② 上述反问句的让步条件从句,由 ἐπει (既然) 引导。δὴ 表明语气的转折。转折并列句。第一句的主语是 τὸ μέλλον,将来的事,名词性短语,中性单数主格。μέλλον,将要发生,μέλλω 的分词,中性单数主格。动词是 ἐστίν,是,单数第三人称。表语是 ἀφανές,不可见的,形容词,中性单数主格。ἡμῖν,我们,代词,复数宾格,此处用做副词。

第二句由 δέ 示意构成对照。主谓语是 τίθεμεν…,我们主张……,现在时,复数第一人称。其宾语是 τὴν εὐδαιμονίαν,幸福,名词,阴性单数宾格。τίθεμεν 引出两个宾语补语。第一个是 τέλος,目的,中性单数宾格。另一个是 τέλειον πάντῃ πάντως,在所有方面都完满的,形容词短语,中性单数宾格。τέλειον,完满的,形容词。πάντῃ πάντως,在所有方面,副词性短语,限定 τέλειον。

③ 复合句。条件从句为省略式的 εἰ δ᾽ οὕτω,如若这样。主句的主谓语是 ἐροῦμεν,我们将宣

δ' ὡς ἀνθρώπους.① καὶ περὶ μὲν τούτων ἐπὶ τοσοῦτον διωρίσθω.②

作为人［而是］至福的ᵏ。对于这些问题就辨析到这里罢。

so, we shall pronounce those of the living who come to possess and will possess the things we mentioned blessed, yet blessed as human beings. Of these questions, let it be enough to differentiate up to this point.

布,现在时,复数第一人称。其直接宾语当为阳性复数宾格关系代词,省略。τῶν ζώντων,活着的人们,阳性复数属格短语,限定被省略的直接宾语。ζώντων,活着的,分词,阳性复数属格。被省略的直接宾语的补语是 μακαρίους,至福的,形容词,阳性复数宾格。

被省略的宾语引出一个定语从句,由关系代词 οἷς 引导。οἷς,那些人,关系代词,阳性复数与格,做从句的逻辑主语。动词是 ὑπάρχει καὶ ὑπάρξει,开始享有并将继续享有,现在时,单数第三人称。ὑπάρχει,开始享有,现在时;ὑπάρξει,将继续享有,将来时,单数第三人称。它们共同的宾语是 τὰ λεχθέντα,我们所说到的那些事物,名词性分词短语,中性复数宾格。λεχθέντα,所说到的,分词,不定过去时被动态,中性复数宾格。

① 从 μακαρίους 引出的一个补缀的同位语 δ' ὡς ἀνθρώπους,不过,［是］作为人的。δ' 示意转折口气。ὡς ἀνθρώπους,作为人的,关系副词短语,限定前面的 μακαρίους。ἀνθρώπους,人,阳性复数宾格。

② 祈使句。动词是 διωρίσθω,辨析,不定过去时,第三人称单数命令式。περὶ μὲν τούτων,对于这些问题,介词短语,限定 διωρίσθω。ἐπὶ τοσοῦτον,到这里,介词短语,限定 διωρίσθω。

11

Τὰς δὲ τῶν ἀπογόνων τύχας καὶ τῶν φίλων ἁπάντων τὸ μὲν μηδοτιοῦν συμβάλλεσθαι λίαν ἄφιλον φαίνεται καὶ ταῖς δόξαις ἐναντίον.①

πολλῶν δὲ καὶ παντοίας ἐχόντων διαφορὰς τῶν συμβαινόντων καὶ τῶν μὲν μᾶλλον συνικουμένων τῶν δ' ἧττον,② καθ' ἕκαστον

然而,[关于已故者]完全不受后人或所有朋友的运气的影响[的观念]又似乎太过绝情,并且与那些意见对立[b]。

但是,偶然因素有许多种,并且有很多区别,一些作用大些,另一些则小些,逐一地详加讨论看来将是旷日持久、永无终结的,总括地、概要

However, the idea [that the blessedness of the dead is] not to be influenced by the fortunes of descendants and all the friends seems too unfriendly and opposite to the opinions.

But [since accidents are] of many sorts and of various differences, some effecting more while others less, it seems to be a long and

---

① 简单句。主语是 τὸ μὲν μηδοτιοῦν συμβάλλεσθαι,[关于已故者]完全不受……影响[的观念],名词性不定式短语,中性单数主格。συμβάλλεσθαι,受……影响,不定式,现在时中被动。其逻辑主语是前面谈到的已故的人。μηδοτιοῦν,完全不,μηδὲ ὁτιοῦν 的缩写形式,否定性副词。συμβάλλεσθαι 的宾语是 τὰς δὲ τῶν ἀπογόνων τύχας καὶ τῶν φίλων ἁπάντων,后人和所有朋友的运气,名词短语,阴性复数宾格。τὰς τύχας,运气,名词,阴性复数宾格。τῶν ἀπογόνων,后人,名词,阴性复数属格;τῶν φίλων ἁπάντων,所有朋友,名词短语,阳性复数属格,两者一起限定 τὰς τύχας。动词是 φαίνεται,似乎,现在时中被动,单数第三人称。λίαν,太过,的确,副词,限定 φαίνεται。φαίνεται 引出两个表语。一个是 ἄφιλον,绝情的,不友好的,形容词,中性单数主格。另一个 ἐναντίον,对立的,形容词,中性单数主格。ταῖς δόξαις,意见,名词,阴性复数与格,限定 ἐναντίον。

② 省略了先行词 τὰς τύχας 的属格分词独立式,限定后面的整个句子。分词是 ἐχόντων,有,中性复数属格。其逻辑主语是 τῶν συμβαινόντων,偶性因素,中性复数属格。ἐχόντων 引出两个逻辑表语。一个是 πολλῶν,很多种,中性复数属格。另一个是 παντοίας διαφορὰς,各种区别,名词短语,中性复数属格。παντοίας διαφορὰς 引出两个 μέν...δ'...对照结构的同位短语作进一步说明。一个是 καὶ τῶν μὲν μᾶλλον συνικουμένων,一些作用大些,属格分词短语,中性复数属格。分词是 συνικουμένων,起作用,中被动,中性复数属格。μᾶλλον,大些,副词,限定 συνικουμένων。另一个是 τῶν δ' ἧττον,另一些则小些,分词省略,性数格相同。

μὲν διαιρεῖν μακρὸν καὶ ἀπέραντον φαίνεται,① καθόλου δὲ λεχθὲν καὶ τύπῳ τάχ᾽ ἂν ἱκανῶς ἔχοι.②

εἰ δή, καθάπερ καὶ τῶν περὶ αὐτὸν ἀτυχημάτων τὰ μὲν ἔχει τι βρῖθος καὶ ῥοπὴν πρὸς τὸν βίον τὰ δ᾽ ἐλαφροτέροις ἔοικεν,③ οὕτω καὶ τὰ περὶ τοὺς φίλους ὁμοίως

地谈谈[它们]也许就足够了ᶜ。

那么,如果正如在那些与我们自己有关的不幸中有的对生命有重大影响和改变,有的则看起来较轻些,与所有朋友有关的类似[不幸]也同样如此,[如果]每一种

endless task to distinguish everything in detail, [to] discuss [these matters] roughly and in outline would perhaps be [good] enough.

If, then, as some of the misfortunes related to ourselves exercise some heavy influence and crucial turn on the life, whereas some others lighter, the same are the

---

① 并列句。μέν...δέ... 对照结构。这里是第一句。主语是 καθ᾽ ἕκαστον μὲν διαιρεῖν, 逐一地详加讨论,不定式短语。διαιρεῖν, 详加讨论,剖析,不定式,现在时。καθ᾽ ἕκαστον, 逐一地,介词短语,限定 διαιρεῖν。系动词是 φαίνεται, 看来是,中动,单数第三人称。表语是 μακρὸν καὶ ἀπέραντον, 旷日持久、永无终结的,形容词短语,中性单数主格。μακρὸν, 旷日持久的。ἀπέραντον, 永无终结的。

② 这里是第二句。主语是 καθόλου δὲ λεχθὲν καὶ τύπῳ, 总括地、概要地谈谈,分词短语。分词是 λεχθέν, 谈,说,不定过去时被动式,中性单数主格。καθόλου, 总括地,副词,限定 λεχθέν。τύπῳ, 概要,名词,阳性单数与格,作副词用,限定 λεχθέν。动词是 ἂν ἔχοι, 也许就是,祈愿语气,单数第三人称。表语是 ἱκανῶς, 足够了,副词。τάχ᾽, 也许,副词,限定 ἱκανῶς。

③ 这是一个长句,由两个并列条件从句与一个主句构成。
这里是第一个条件从句,由 εἰ δή 引导。复合句。由一个方式状语从句和条件句主句构成。
这里是其方式状语从句,由 καθάπερ(正如)引入。省略式 τὰ μέν...τὰ δ᾽... 对照结构并列句。第一个分句是 τὰ μὲν ἔχει τι βρῖθος καὶ ῥοπὴν πρὸς τὸν βίον, 有的对生命有重大影响和改变。主语是 τὰ μέν..., 有的,名词性短语,中性复数主格。τῶν περὶ αὐτὸν ἀτυχημάτων, 那些与我们自己有关的不幸,名词性短语,中性复数属格,限定 τὰ μέν。τῶν ἀτυχημάτων, 那些不幸,名词短语,中性复数属格。περὶ αὐτόν, 与我们自己有关的,介词短语,限定 τῶν ἀτυχημάτων。动词是 ἔχει, 有,发生影响,现在时,单数第三人称。宾语是 τι βρῖθος καὶ ῥοπήν, 一些重大的影响和改变,名词短语,中性单数宾格。τι, 一些,不定代词,中性单数宾格。βρῖθος, 重大影响,名词,中性单数宾格。ῥοπήν, 改变,名词,阴性单数宾格。πρὸς τὸν βίον, 对于生命,介词短语,限定 ἔχει。
第二个分句是 τὰ δ᾽ ἐλαφροτέροις ἔοικεν, 有的则看起来较轻些。主语是 τὰ δ᾽, 有的,名词性短语,中兴复数主格。系动词是 ἔοικεν, 看起来,单数第三人称。表语是 ἐλαφροτέροις, 较轻些,形容词,阳性复数与格。

ἅπαντας,① διαφέρει
δὲ τῶν παθῶν ἕκαστον
περὶ ζῶντας ἢ τελευτή-
σαντας συμβαίνειν πολὺ
μᾶλλον ἢ τὰ παράνομα
καὶ δεινὰ προϋπάρχειν
ἐν ταῖς τραγῳδίαις ἢ
πράττεσθαι,② συλλο-
γιστέον δὴ καὶ ταύτην
τὴν διαφοράν,③ <ἔτι>

不幸对于活着的还是已故的[朋友]发生的[影响和改变]区别很大,远远大于[是]在悲剧中已经发生了的那些罪行和可怕事情还是正在被表现的[那类事情]之间的那种区别,我们就应当考虑这个区别,而且,也许还更[应当考虑]对已

misfortunes of friends of all degrees, and [if] it makes a difference whether [the influence and turn of] each of the calamities happens to the living [friends] or the dead [ones], much greater than whether illegal deeds and horrors have

---

① 这里是第一个条件从句中的主句。主语是 τὰ περὶ τοὺς φίλους ἅπαντας ὁμοίως,与所有朋友有关的那些类似[不幸],名词性短语,中性复数主格。τὰ ὁμοίως 应做 τὰ ὁμοίως ἀτυχήματα,那些类似[不幸],ἀτυχήματα 省略。περὶ τοὺς φίλους ἅπαντας,与所有朋友有关的,介宾短语,限定 τὰ。τοὺς φίλους,朋友,阳性复数宾格。ἅπαντας,所有的,形容词,阳性复数宾格,限定前面的 τοὺς φίλους。动词是 ἔχει,同于方式从句,省略。οὕτω,这样,副词,限定省略了的 ἔχει。

② 从 διαφέρει 开始的这个句子当读做这个长句的省略了 εἰ 的第二个条件从句,两个条件句之间有递进关系。主语是[τὰ] τῶν παθῶν ἕκαστον συμβαίνειν,每一种不幸……发生的[重大影响与改变],冠词+不定式短语名词化短语。短语前面省略了[τὰ],中性复数主格。省略的[τὰ] 当指上文所说的 βρῖθος (重大影响) 和 ῥοπὴν (改变)。συμβαίνειν,发生,现在时不定式,限定省略的 τὰ。其逻辑主语是 τῶν παθῶν ἕκαστον,每一种不幸,名词性短语,中性复数属格。τῶν παθῶν,不幸,名词短语。ἕκαστον,每一种,形容词,中性单数宾格,做名词用。περὶ ζῶντας ἢ τελευτήσαντας,对于活着的还是已故的[朋友],介宾短语,限定[τὰ] συμβαίνειν。ζῶντας,活着的,分词,现在时,阳性复数宾格。ἢ,还是,连词。τελευτήσαντας,已故的,分词,不定过去时,阳性复数宾格,与 ζῶντας 一道做 περὶ 的宾语。从句的动词是 διαφέρει,区别很大,现在时,单数第三人称。

πολὺ μᾶλλον 远远大过,副词短语,限定 διαφέρει。μᾶλλον,大过,副词比较级。μᾶλλον 引出名词性短语,ἢ τὰ παράνομα καὶ δεινὰ προϋπάρχειν ἐν ταῖς τραγῳδίαις ἢ πράττεσθαι,在那些悲剧中[是]已经发生过了的那些罪行和可怕事情,还是正在被表现的[那类事情]之间的那种区别,名词性短语,中性复数主格。短语前面的 ἢ 示意与前面一组[τὰ]……事物间的区别比较。短语中间的 ἢ 则示意短语的两个名词性短语之间的比较。第一个名词性短语是 τὰ παράνομα καὶ δεινὰ προϋπάρχειν,那些已经发生了的罪行和可怕事情,名词性不定式短语,中性复数主格。προϋπάρχειν,已经发生了的,不定式,现在时。其逻辑主语是 τὰ παράνομα καὶ δεινὰ,那些罪行和可怕事情,名词性短语,中性复数主格。ἐν ταῖς τραγῳδίαις,在那些悲剧中,介宾短语,限定 προϋπάρχειν。第二个名词性短语是[τὰ] πράττεσθαι,那些正在被表现的,冠词+不定式名词性短语,前面省略了[τὰ],只保留了中被动不定式 πράττεσθαι (正在被表现的),中性复数主格。

③ 这里是这个长句的主句。动形词 συλλογιστέον (应当考虑) 无人称句。其逻辑主语可视为我们或一个人。其支配的宾语是 ταύτην τὴν διαφοράν,这个区别,名词短语,阴性单数宾格。ταύτην,这同一个,代词,阴性单数宾格,起强调作用。

μᾶλλον δ' ἴσως τὸ δι-
απορεῖσθαι περὶ τοὺς
κεκμηκότας εἴ τινος
ἀγαθοῦ κοινωνοῦσιν ἢ
τῶν ἀντικειμένων.① ἔοι-
κε γὰρ ἐκ τούτων, εἰ καὶ
διικνεῖται πρὸς αὐτοὺς
ὁτιοῦν εἴτ' ἀγαθὸν εἴτε
τοὐναντίον, ἀφαυρόν
τι καὶ μικρὸν ἢ ἁπλῶς
ἢ ἐκείνοις εἶναι,② εἰ δὲ
μή, τοσοῦτόν γε καὶ
τοιοῦτον ὥστε μὴ ποι-

故者的那种怀疑,[即]
他们是否真能分享某些
善或相反的东西;因为,
根据这些考虑,即使有
或者善或者相反的东西
的确对于他们有影响,
不论是什么,它也要么
总体上要么对这些已故
者是某种不重要的因素
且微不足道,即便不是
这样,它也在程度与性
质上不足以使那些不是
[幸福]的人幸福,[或

taken place in those trag-
edies or are en-acted, we
must take into account
this difference and, still
more, perhaps, [take into
account] the doubt about
the dead, [i.e.,] whether
they participate some
good or the opposite;
for, from these consider-
ations, even if anything
whatever, either good or
the opposite, penetrates

---

① 主句的延伸并列句,<ἔτι> 为理查兹抄本所加。ἔτι,还,副词连词。复合句。主句的主谓语同前。μᾶλλον δ' ἴσως,也许更[应当考虑],副词短语,限定省略的συλλογιστέον。省略的主句动词词 συλλογιστέον(应当考虑)引出两部分宾语。一个是 τὸ διαπορεῖσθαι περὶ τοὺς κεκμηκότας,那种对已故者的怀疑,冠词 + 不定式名词性短语,中性单数宾格。διαπορεῖσθαι,怀疑,不定式,现在时中被动。περὶ τοὺς κεκμηκότας,对已故者的,介词短语,限定 διαπορεῖσθαι。κεκμηκότας,已故的,分词,完成时,阳性复数宾格。

另一个是 εἴ τινος ἀγαθοῦ κοινωνοῦσιν ἢ τῶν ἀντικειμένων,他们是否真能分享某些善或相反的东西,与第一个宾语短语同位的宾语从句,对第一个宾语做进一步的说明。主谓语是 εἰ κοινωνοῦσιν,他们是否能分享,现在时,复数第三人称。有两个间接性宾语。一个是 τινος ἀγαθοῦ,某种善,中性单数属格。另一个是 ἢ τῶν ἀντικειμένων,或相反的东西,名词性分词短语,中性复数属格。ἀντικειμένων,相反的,分词,被动式,中性复数属格。

② 上述长句的原因从句,由两个并列复合句构成。这里是第一个复合句。让步条件从句的主语是 εἴτ' ἀγαθὸν εἴτε τοὐναντίον,或者善或者相反的东西,名词化形容词短语,中性单数主格。εἴτ'...εἴτε...,或者……或者……。τοὐναντίον,相反的东西,τὸ ἐναντίον 的缩写。动词是 διικνεῖται,的确有影响,现在时被动式,单数第三人称。πρὸς αὐτοὺς,对于他们,介词短语,限定 διικνεῖται。ὁτιοῦν,不论是什么,不定代词,插入语。

主句的主语同于从句,即 εἴτ' ἀγαθὸν εἴτε τοὐναντίον。动词是 ἔοικε,看起来是,单数第三人称。ἐκ τούτων,根据这些考虑,介词短语,限定主句动词 ἔοικε。其宾语是 εἶναι ἀφαυρόν τι καὶ μικρόν,是某种不很重要的因素且微不足道,不定式短语。εἶναι,是,不定式。ἀφαυρόντι καὶ μικρόν,某种不重要和微不足道的因素,不定代词短语,中性单数主格,做 εἶναι 的表语。ἀφαυρόν,不重要的; μικρόν,微不足道的,形容词,中性单数宾格。ἢ ἁπλῶς ἢ ἐκείνοις,要么总体上要么对这些人,并列副词短语,限定 εἶναι。ἁπλῶς,总体上,副词。ἐκείνοις,这些人,指示代词,阳性复数与格。

εἶν εὐδαίμονας τοὺς μὴ ὄντας μηδὲ τοὺς ὄντας ἀφαιρεῖσθαι τὸ μακάριον.①

者]使那些是[幸福]的人被剥夺掉那份至福ᵈ。

to the dead, it seems to be something insignificant and tiny either as a whole or in relation to them, yet even if [this is] not so, it [seems] not [to be] in such degree and kind as to make those not being [happy] happy [or] those being [happy] deprived of the blessedness.

συμβάλλεσθαι μὲν οὖν τι φαίνονται τοῖς κεκμηκόσίν αἱ εὐπραξίαι τῶν φίλων, ὁμοίως δὲ καὶ αἱ δυσπραξίαι, τοιαῦτα δὲ καὶ τηλικαῦτα ὥστε μήτε τοὺς εὐδαίμονας μὴ εὐδαίμονας ποιεῖν

因此，朋友的好实践，但那些坏行为也同样，看起来对已故者有些影响，但是只具这样的性质和只到这样的程度——既不足以使幸福的人不幸，也不能造成其他某种这类事情ᵉ。

Therefore, the good practices of friends, but likewise the bad behaviors, seem to have some influence on the dead, but of such kinds and upto such degrees as neither to make the hap-

---

① 这里是第二个复合句。让步条件从句为省略形式的 εἰ δὲ μή，而且即便不是这样，即，即便某种或者善或者相反的东西具有的影响不是不很重要的和微不足道的。主句的主语仍然是上句中的 εἴτ' ἀγαθὸν εἴτε τοὐναντίον，或者善或者相反的东西，此处省略。动词也仍然是 ἔοικε，看起来是，省略。

省略的动词 ἔοικε 引出两个不定式短语宾语。第一个是 ὥστε μὴ ποιεῖν εὐδαίμονας τοὺς μὴ ὄντας，不足以使那些不是[幸福]的人幸福。ὥστε μὴ，不足以。ποιεῖν，使，不定式。其宾语是 τοὺς μὴ ὄντας，那些不是[幸福]的人，名词性分词短语，阳性复数宾格。其间接宾语或宾语补语是 εὐδαίμονας，幸福，形容词，阳性复数宾格。

第二个是 [ὥστε μὴ ποιεῖν] μηδὲ τοὺς ὄντας ἀφαιρεῖσθαι τὸ μακάριον，不足以使那些是[幸福]的人被剥夺掉那份至福，[ὥστε μὴ ποιεῖν] 省略。其宾语是 τοὺς ὄντας，那些是[幸福]的人，名词性分词短语，阳性复数宾格。其间接宾语或补语是 τὸ μακάριον，那份至福，名词短语，中性单数宾格。ἀφαιρεῖσθαι，剥夺，分词，现在时被动式。τοσοῦτόν γε καὶ τοιοῦτον，在程度与性质上，指示代词短语，中性单数主宾格，在此作副词，限定 ποιεῖν 不定式短语。

μήτ᾽ ἄλλο τῶν τοιούτων μηδέν.①

py men unhappy, nor [to make] anything else of such things.

---

① 转折并列句。οὖν，因此，连系副词，承接上句。第一句的主语是 αἱ εὐπραξίαι τῶν φίλων，朋友的好实践，名词性短语。αἱ εὐπραξίαι，好实践，名词短语，阴性复数主格。τῶν φίλων，朋友的，形容词，阴性复数属格，限定 αἱ εὐπραξίαι。αἱ εὐπραξίαι 引出一个同格位的插入语 ὁμοίως δὲ καὶ αἱ δυσπραξίαι，但那些坏行为也同样。αἱ δυσπραξίαι，那些坏行为，名词短语，阴性复数主格。动词是 φαίνονται，看起来，现在时，复数第三人称。其宾语是 συμβάλλεσθαι，有影响，不定式，现在时中被动。τι，一些，不定代词，作 συμβάλλεσθαι 的宾语。τοῖς κεκμηκοσίν，已故者，分词，阳性复数与格，做不定式 συμβάλλεσθαι 的间接性宾语。

第二句为省略式，只保留的进一步补充说明不定式 συμβάλλεσθαι 的状语部分 τοιαῦτα δὲ καὶ τηλικαῦτα，但只具这样的性质，只到这样的程度，形容词短语，中性复数宾格，δὲ 示意转折地承接前面的部分。τοιαῦτα，这样的性质，形容词，中性复数宾格。τηλικαῦτα，这样的程度，形容词，中性复数宾格。

τοιαῦτα δὲ καὶ τηλικαῦτα 引出一个做进一步说明的副词短语 ὥστε μήτε τοὺς εὐδαίμονας μὴ εὐδαίμονας ποιεῖν，既不足以使幸福的人不幸，副词性不定式短语。μήτε…μήτ᾽…，既不……又不……。μήτε τοὺς εὐδαίμονας μὴ εὐδαίμονας ποιεῖν，既不能使幸福的人不幸，不定式短语，限定 ὥστε。ποιεῖν，使得，不定式。其宾语是 τοὺς εὐδαίμονας，幸福的人，名词性形容词短语，阳性复数宾格。其补语是 μὴ εὐδαίμονας。μήτ᾽ ἄλλο τῶν τοιούτων [ποιεῖν]，也不能造成其他某种这类事情，不定时短语，限定 ὥστε，不定式 ποιεῖν 省略。ἄλλο，其他某种，形容词，中性单数宾格。τῶν τοιούτων，这类的事情，名词性形容词短语，中性复数属格，限定 ἄλλο。μηδέν，否定副词，加强否定语气。

12

Διωρισμένων δὲ τούτων ἐπισκεψώμεθα περὶ τῆς εὐδαιμονίας πότερα τῶν ἐπαινετῶν ἐστὶν ἢ μᾶλλον τῶν τιμίων· δῆλον γὰρ ὅτι τῶν γε δυνάμεων οὐκ ἔστιν.①

φαίνεται δὴ πᾶν τὸ ἐπαινετὸν τῷ ποιόν τι εἶναι καὶ πρός τί πως ἔχειν ἐπαινεῖσθαι·② τὸν γὰρ δίκαιον καὶ τὸν ἀνδρεῖον καὶ ὅλως τὸν

在厘清这些问题之后,让我们来思考幸福究竟是属于可称赞的事物,还是更属于荣耀的事物[a];因为,[它]显然不属于那些有能力的事物[b]。

所有可称赞的事物,看来都是由于它是某种性质的并同某个事物有某种关系,才受到称赞;因为,我们称赞正义的人,勇敢的人,总之,[称赞]

With these questions defined, let us consider whether happiness belongs to the praised or rather the honored; for, it is clear that [it] is not merely among the things with capacities.

All praise-worthy things seem to be praised for being of a certain kind and standing in relation to something; for we praise the just man and

---

① 复合句。主句的主谓语是 ἐπισκεψώμεθα,让我们来思考,不定过去时虚拟式,复数第一人称。περὶ τῆς εὐδαιμονίας,关于幸福,介词短语,限定 ἐπισκεψώμεθα。宾语是由 πότερα... ἢ...(究竟是……还是……)引导的宾语从句。从句的主谓语 ἐστίν,它(指 εὐδαιμονία)是。谓述语是 πότερα τῶν ἐπαινετῶν ἢ μᾶλλον τῶν τιμίων,属于所称赞的事物还是更属于荣耀的事物。τῶν ἐπαινετῶν,所称赞的事物,名词短语,阴性复数属格。τῶν τιμίων,荣耀的事物,阴性复数属格。句首的 Διωρισμένων δὲ τούτων(在厘清这些问题之后)是独立属格分词短语,表伴随情况。Διωρισμένων,厘清,分词,完成时中动,阳性复数属格,逻辑主语为我们。τούτων,这些问题,中性复数属格。

接续的部分是由 δῆλον γὰρ(因为显然)引出的原因从句。δῆλον 无人称句。实际主语从句的主谓语是 ἔστιν,它(即幸福)是。表语是 τῶν δυνάμεων,具有能力的事物,名词性短语,阴性复数属格。

② 复合句。这里是主句。主语是 πᾶν τὸ ἐπαινετόν,所有可称赞的事物,名词性代词短语,中性单数主格。πᾶν,所有的。动词是 φαίνεται,看起来是,单数第三人称。宾语是 ἐπαινεῖσθαι,受到称赞,不定式,现在时中被动。τῷ ποιόν τι εἶναι καὶ πρός τί πως ἔχειν,由于它是某种性质的并同某个事物有某种关系,名词性不定式短语,中性单数与格,限定 ἐπαινεῖσθαι。它包含两个并列的不定式短语。一个是 τῷ ποιόν τι εἶναι,由于它具有某种性质。ποιόν τι,某种性质。另一个是 τῷ πρός τί πως ἔχειν,由于它同某个事物有某种关系。

15 ἀγαθὸν καὶ τὴν ἀρετὴν ἐπαινοῦμεν διὰ τὰς πράξεις καὶ τὰ ἔργα,① καὶ τὸν ἰσχυρὸν καὶ τὸν δρομικὸν καὶ τῶν ἄλλων ἕκαστον τῷ ποιόν τινα πεφυκέναι καὶ ἔχειν πως πρὸς ἀγαθόν τι καὶ σπουδαῖον.②	好人和德性，是由于那些实践和那些活动，[称赞]强壮的人，善跑的人和每一种其他的人，是由于他因自然原因而具有某些性质并与某种善的和严肃的事物具有某种联系。	the brave man, and in general, the good man and virtue, because of the practices and the activities, and [we praise] the strong man, the swift runner, and man of other sorts, because of his possessing something by nature and holding some relation with something good and serious.
δῆλον δὲ τοῦτο καὶ ἐκ τῶν περὶ τοὺς θεοὺς ἐπαίνων·③ γελοῖοι γὰρ	这一点从那些对众神的称赞来看也很明显；因为，[那些称赞]显得可	This is also clear out of the praises to gods; for [the praises] seems ridic-

---

① 原因从句，γὰρ 示意承接前面。主谓语是 ἐπαινοῦμεν，我们称赞，现在时，复数第一人称。它引出两组宾语。第一组宾语是 τὸν δίκαιον καὶ τὸν ἀνδρεῖον，正义的人和勇敢的人，名词性形容词短语，中性单数宾格。καὶ ὅλως，总之，副词短语，引出上述宾语的一个同位短语 τὸν ἀγαθὸν καὶ τὴν ἀρετὴν，好人和德性，名词性形容词短语，中性单数宾格。διὰ τὰς πράξεις καὶ τὰ ἔργα，由于那些实践和那些活动，介词短语，限定 ἐπαινοῦμεν。τὰς πράξεις，那些实践，名词短语，阴性复数宾格；τὰ ἔργα，那些活动，名词短语，中性复数宾格，做介词 διὰ 的宾语。

② 这里是由主谓语 ἐπαινοῦμεν（我们称赞）引出的第二组宾语。τὸν ἰσχυρὸν καὶ τὸν δρομικὸν καὶ τῶν ἄλλων ἕκαστον，强壮的人，善跑者和每一种其他的人，名词性形容词短语。τὸν ἰσχυρὸν，强壮的人；τὸν δρομικὸν，善跑的人，名词性短语，阳性单数宾格。τῶν ἄλλων ἕκαστον，每一种其他的人，名词性短语阳性单数宾格。ἕκαστον，每一种人，代词，阳性单数宾格。τῶν ἄλλων，其他的，代词短语，阳性复数属格，限定 ἕκαστον。中性单数与格冠词 τῷ 引出两个并列的不定式短语，做 ἐπαινοῦμεν 的原因状语。第一个是 ποιόν τινα πεφυκέναι，因自然原因而具有某些性质。πεφυκέναι，因自然原因而具有，不定式。其宾语是 ποιόν τινα，某些性质，形容词短语，中性复数宾格。第二个是 ἔχειν πως πρὸς ἀγαθόν τι καὶ σπουδαῖον，与某种善的和严肃的事物具有某种联系。ἔχειν，具有，不定式。πως πρός...，与……有某种联系。ἀγαθόν τι καὶ σπουδαῖον，某种善的和严肃的事物，形容词短语，中性单数宾格，做介词 πρός 的宾语。

③ 复合句。这里是主句部分。主语是 τοῦτο，这一点，代词，中性单数主格。动词是 ἐστὶν，省略。表语是 δῆλον，很明显。ἐκ τῶν περὶ τοὺς θεοὺς ἐπαίνων，从那些对众神的称赞来看，介词短语，限定省略系动词的系表结构。τῶν ἐπαίνων，那些称赞，名词短语，阳性复数属格，做 ἐκ 的间接性宾语。περὶ τοὺς θεοὺς，对众神的，介词短语，限定 τῶν ἐπαίνων。

φαίνονται πρὸς ἡμᾶς ἀναφερόμενοι, τοῦτο δὲ συμβαίνει διὰ τὸ γίνεσθαι τοὺς ἐπαίνους δι' ἀναφορᾶς, ὥσπερ εἴπομεν.①

εἰ δ' ἐστὶν ὁ ἔπαινος τῶν τοιούτων, δῆλον ὅτι τῶν ἀρίστων οὐκ ἔστιν ἔπαινος, ἀλλὰ μεῖζόν τι καὶ βέλτιον, καθάπερ καὶ φαίνεται.② τούς τε γὰρ θεοὺς μακαρίζομεν καὶ εὐδαιμονίζομεν καὶ τῶν

笑,[既然众神在]对照我们被指说,但是这件事情的确在发生,因为,如已说过的,那些称赞[要]借助参照才成其为[称赞]。

而如果称赞属于这样性质的事物,属于最好的事物的就显然不是称赞,而是某种更大更好的东西,就像它显现的那样;因为,我们把众神称为至福的或幸福的,也把在人类中那些最像神的人称为至福的;关

ulous [for gods'] being referred to us, but this does happen, because the praises come with some references, as we said.

Yet if the praise is for such sorts of things, it is clear that what belongs to the best is not praise, but something greater and better, as it appears; for, we call gods as blessed and happy, and we call the most godlike men

---

① 这里是原因从句,由 γὰρ 承接主句。转折并列句。第一句的逻辑主语是主句中的 τῶν ἐπαίνων, 称赞,名词,阳性复数属格。动词是 φαίνονται, 显得是,现在时,复数第三人称。表语是γελοῖοι, 可笑, 形容词,阳性复数主格。πρὸς ἡμᾶς ἀναφερόμενοι, [众神在]对照我们来被指说,独立分词结构,表明伴随情况。ἀναφερόμενοι, 被指说,分词,被动式,阳性复数主格。πρὸς ἡμᾶς, 对照我们,介词短语,限定 ἀναφερόμενοι。

第二句转折承接第一句。主语是 τοῦτο, 这件事情,指 πρὸς ἡμᾶς ἀναφερόμενοι, 代词,中性单数主格。动词是 συμβαίνει, 在发生,现在时,单数第三人称。从 συμβαίνει 引出了用于说明原因的介词短语 διὰ τὸ γίνεσθαι τοὺς ἐπαίνους δι' ἀναφορᾶς,因为那些称赞[总要]借助参照。τὸ γίνεσθαι, 成为, 名词性不定式短语,做 διὰ 的宾语。γίνεσθαι, 不定式,现在时,中被动。τοὺς ἐπαίνους, 那些称赞,名词短语,阳性复数宾格,这里作不定式 γίνεσθαι 的逻辑主语。δι' ἀναφορᾶς,借助参照物,介词短语,做 γίνεσθαι 的表语。ἀναφορᾶς, 参照物,名词,阴性复数宾格,做介词 δι' 的宾语。ὥσπερ εἴπομεν, 如已说过的,插入语。

② 复合句, δ' 示意转折承接前句。条件从句的主语是 ὁ ἔπαινος, 称赞,名词短语,阳性单数主格。系动词是 ἐστίν, 是, 现在时,单数第三人称。表语是 τῶν τοιούτων, 这样性质的事物,名词性形容词短语,阳性复数属格。

主句呈现为 δῆλον (显然的)无人称句。关系代词 ὅτι 引导事实上的主语从句。从句的主语是 οὐκ ἔπαινος, ἀλλὰ μεῖζόν τι καὶ βέλτιον,不是称赞,而是某种更大更好的东西。τι,某物,不定代词,中性单数主格。μεῖζόν καὶ βέλτιον,更大更好的,形容词比较级短语,中性单数主格。系动词是 ἐστίν,是。表语是 τῶν ἀρίστων,[属于]最好的事物,形容词短语。ἀρίστων,最好的,形容词最高级,中性复数属格。καθάπερ καὶ φαίνεται,像它显现的那样,它即 τι (某物),插入语。φαίνεται,显现,动词,现在时,单数第三人称单数。

ἀνδρῶν τοὺς θειοτάτους μακαρίζομεν.① ὁμοίως δὲ καὶ τῶν ἀγαθῶν·② οὐδεὶς γὰρ τὴν εὐδαιμονίαν ἐπαινεῖ καθάπερ τὸ δίκαιον, ἀλλ᾽ ὡς θειότερόν τι καὶ βέλτιον μακαρίζει.③ δοκεῖ δὲ καὶ Εὔδοξος καλῶς συνηγορῆσαι περὶ τῶν ἀριστείων τῇ ἡδονῇ·④ τὸ γὰρ μὴ ἐπαινεῖσθαι τῶν ἀγαθῶν οὖσαν μηνύειν ᾤετο ὅτι κρεῖττόν

于善的事物也同样; 因为, 人们不会像[称赞]正义的事情那样称赞幸福, 而是把[它]称为像某种更似神的、更好的东西那样至福的。欧多克索也似乎高尚地在为快乐在最好的奖赏之中争得[地位]; 因为他相信, [快乐]是属于善的事物的却又得不到称赞这件事表明, 它比得到称赞的那些事物更强大, 神和那个善就是这

as blessed; and likewise with the good things; for, one will not praise happiness as [he praises] the just things, but rather call [it as] blessed as something more godlike and better. Yet Eudoxus seems to have nobly claimed of the pleasure for [a position] among the highest prizes; for he believes [that pleasure's] not being praised while

---

① 承接上句的对原因的解释。并列句。这里是第一句。主谓语是动词 μακαρίζομεν, 我们把……称为至福的, 和 εὐδαιμονίζομεν, 我们把……称为幸福的, 现在时, 复数第一人称。其宾语是 τοὺς θεοὺς, 众神, 名词, 阳性复数宾格。καὶ (也) 连接后半句。主谓语是 μακαρίζομεν, 我们把……称为至福的。宾语是动词 τοὺς θειοτάτους, 那些最像神的人。θειοτάτους, 最像神的人, 形容词 θεῖος 的最高级, 阳性复数宾格。τῶν ἀνδρῶν, 人、人类, 阳性复数属格, 限定 τοὺς θειοτάτους。

② 这里是第二句。主语省略, 当指最善的事物。系动词省略。表语是 ὁμοίως, 同样, 副词。τῶν ἀγαθῶν, 善的事物, 名词短语, 中性复数属格。

③ 从第二句引出的原因从句。γὰρ 示意承接。转折并列句。首句的主语是 οὐδεὶς, 没有人, 此处为代词, 阳性单数主格。动词是 ἐπαινεῖ, 称赞, 现在时, 单数第三人称。宾语是 τὴν εὐδαιμονίαν, 幸福, 名词, 阴性单数宾格。关系副词 καθάπερ 引导一个省略了动词的方式从句, 只保留了动词的宾语 τὸ δίκαιον, 正义的事物, 名词性形容词短语, 中性单数宾格。次句由 ἀλλ᾽ 引入, 示意转折对照。主谓语是 μακαρίζει, 他 (指首句中的 "没有人" 所指的人) 把……称为至福的, 现在时, 单数第三人称。宾语仍然是 τὴν εὐδαιμονίαν, 省略。ὡς θειότερόν τι καὶ βέλτιον, 像某种更似神的、更好的东西那样, 关系副词短语, 限定 μακαρίζει。ὡς, 像……那样, 关系副词, 引导短语。θειότερον τι καὶ βέλτιον, 某种更似神的、更好的东西, 形容词短语, 比较级, 中性单数宾格, 与前面的 τὸ δίκαιον 同格位。τι, 某物, 不定代词, 中性单数宾格。

④ 简单句。主语是 Εὔδοξος, 欧多克索。动词是 δοκεῖ, 似乎, 现在时, 第三人称单数。宾语是 συνηγορῆσαι, 为……争得[地位]、争辩, 过去时不定式。συνηγορῆσαι 引出间接性宾语 τῇ ἡδονῇ, 快乐, 名词, 阴性单数与格。περὶ τῶν ἀριστείων, 在最好的奖赏中, 介词短语, 做 τῇ ἡδονῇ 的补语。τῶν ἀριστείων, 最好的奖赏, 名词短语。做 περὶ 的间接宾语。ἀριστείων, 最好的奖赏, 名词, 中性复数属格。

ἐστι τῶν ἐπαινετῶν,① τοιοῦτον δ' εἶναι τὸν θεὸν καὶ τἀγαθόν, πρὸς ταῦτα γὰρ καὶ τἆλλα ἀναφέρεσθαι.②

样的事物,因为其他事物都要参照它们来被指说ᵈ。

being one of the good things shows that [it] is superior to the things praised, and [he takes] the god and the good to be such [superior] things, for to them all other things refer.

ὁ μὲν γὰρ ἔπαινος τῆς ἀρετῆς, πρακτικοὶ γὰρ τῶν καλῶν ἀπὸ ταύτης· τὰ δ' ἐγκώμια τῶν ἔργων, ὁμοίως καὶ σωματικῶν καὶ τῶν ψυχικῶν.③

因为,称赞[是]对于德性的,因为人由于它而倾向去做高尚的事;而赞誉则[是]对于成就的,身体的与灵魂的都同样ᵉ。

For, the praise [is] to virtue, for because of it men do noble things; whereas encomia is to the achievements, of bodies and of souls alike.

---

① 上句引出的原因从句。并列句。这里是第一句。复合句。主句的主语仍然是 Εὔδοξος。动词是 ᾤετο,相信,过去时中动,第三人称单数。其宾语是 τὸ μὴ ἐπαινεῖσθαι,[快乐]得不到称赞,名词性不定式短语,中性单数宾格。ἐπαινεῖσθαι,得到称赞,不定式,现在时中动。τῶν ἀγαθῶν οὖσαν,是属于善的事物,分词短语,限定 μὴ ἐπαινεῖσθαι,表伴随情况。οὖσαν,是,分词,阴性单数宾格。τῶν ἀγαθῶν,善的事物,此处阴性复数属格,限定 οὖσαν。
宾语补语是 μηνύειν,表明,不定式,现在时。μηνύειν 引出宾语从句,由 ὅτι 引导。主谓语是 ἐστι,[快乐]是,单数第三人称。表语是 κρεῖττον,更强大的,更有能力的,形容词比较级,阳性单数宾格。τῶν ἐπαινετῶν,得到称赞的那些事物,中性复数属格,用作被比较项。
② 这里是接连的第二句。主谓语同第一句,即 ᾤετο(他相信),省略。宾语是 τὸν θεὸν καὶ τἀγαθόν,神和那个善。补语是 τοιοῦτον εἶναι,就是这样的事物,不定式短语。τοιοῦτον,这样的事物,代词,中性单数宾格,做 εἶναι 的表语。
τοιοῦτον εἶναι 引出一个说明其原因的不定式短语,由 γὰρ 承接。ἀναφέρεσθαι,参照……来被指说,中被动不定式。其逻辑主语是 τἆλλα,其他事物,代词,中性复数宾格。ἀναφέρεσθαι 的宾语是 ταῦτα,它们,代词,中性复数宾格,指 τὸν θεὸν καὶ τἀγαθόν。
③ 从上述原因从句引出的进一步的原因解释。并列句,ὁ μὲν... τὰ δ'... 示意两个部分构成对照。第一句为复合句。主句的主语是 ὁ ἔπαινος,称赞,阳性单数主语。系动词省略。表语是 τῆς ἀρετῆς,德性,名词短语,阴性单数属格。主语引出省略形式的原因从句。从句的逻辑主语是人,阳性复数主格,省略。系动词省略。表语是 πρακτικοί,倾向去做,形容词,阳性复数主格。τῶν καλῶν,高尚的事,名词短语,中性复数属格,限定 πρακτικοί。ἀπὸ ταύτης,由于它的缘故,介词短语,限定省略系动词的系表结构。
第二句的主语是 τὰ ἐγκώμια,赞誉,短语,中性复数主格。系动词省略。表语是 τῶν ἔργων,活动,成就,此处指成就,名词短语,中性复数属格。从 τῶν ἔργων 引出了同位语短语 σωματικῶν

35 1102a	ἀλλὰ ταῦτα μὲν ἴσως οἰκειότερον ἐξακριβοῦν τοῖς περὶ τὰ ἐγκώμια πεπονημένοις,① ἡμῖν δὲ δῆλον ἐκ τῶν εἰρημένων ὅτι ἐστὶν ἡ εὐδαιμονία τῶν τιμίων καὶ τελείων.②	但是,探讨这些问题也许更适合于那些从事赞誉研究的人们,对我们来说,从上面所说的下述事实已经很明显:幸福属于荣耀的、完善的事物。	However, to examine these points [is] perhaps more proper [a task] for those who have done research work on encomia, and for us, it is clear from what has been said that happiness is among the [things] honored and completed.
	ἔοικε δ' οὕτως ἔχειν καὶ διὰ τὸ εἶναι ἀρχή·③ ταύτης γὰρ χάριν τὰ λοιπὰ πάντα πάντες πράττομεν,④ τὴν ἀρχὴν	从[幸福]是一个本原来看也是这样;因为,我们所有人都由于它而做所有其他事情,而善事物的那个本原,那个原因,	Yet [happiness] seems to be so [when considered] from its being a first principle; for, we everyone do all the rest

---

καὶ τῶν ψυχικῶν,身体的[成就]与灵魂的[成就],中性复数属格。σωματικῶν,身体的,形容词。τῶν ψυχικῶν,灵魂的,形容词。ὁμοίως,都同样,副词,限定 σωματικῶν καὶ τῶν ψυχικῶν。

① 由 ἀλλὰ 引出的转折句。简单句。主语是 ταῦτα ἐξακριβοῦν,探讨这些问题,不定式短语。ἐξακριβοῦν,探讨,弄清楚,不定式,现在时。其宾语是 ταῦτα,这些问题,代词,中性复数宾格。系动词省略。表语是 οἰκειότερον,更适合……的,形容词比较级,中性单数。ἴσως,也许,副词。τοῖς πεπονημένοις,那些从事研究的人们,分词短语。πεπονημένοις,从事研究,分词,完成时,阳性复数与格。περὶ τὰ ἐγκώμια,对于那些赞誉,介词短语,限定 πεπονημένοις。

② 上句的并列句。复合句。主句为形容词 δῆλον(显然的)无人称句。实际主语是下面将分析的主语从句。δῆλον 引出两个限定语。一个是 ἡμῖν,我们,复数第一人称与格,此处做副词。另一个是 ἐκ τῶν εἰρημένων,从上面所说的,介词短语。εἰρημένων,所说的,分词,完成时中被动分词,中性复数属格。
主语从句由 ὅτι 引导。主语是 ἡ εὐδαιμονία,幸福,名词短语,阴性单数主格。系动词是 ἐστὶν,是,单数第三人称。表语是 τῶν τιμίων καὶ τελείων,属于那些荣耀的、完善的事物的,名词短语,中性复数属格。

③ 简单句。主谓语是 ἔοικε,它(指幸福)看来,完成时,单数第三人称。其宾语是 οὕτως ἔχειν,是这样的,不定式短语。διὰ τὸ εἶναι ἀρχή,从[幸福]是一个本原这一点[来审视],介词短语,限定 οὕτως ἔχειν。τὸ εἶναιἀρχή,是一个本原,名词性不定式短语,中性单数宾格,做 διὰ 的宾语。ἀρχή,本原,名词,做不定式 εἶναι(是)的表语。

④ 承接上句的原因从句。并列句。这里是第一句。主谓语是 πάντες πράττομεν,我们所有人做……,现在时,复数第一人称。πράττομεν,我们做。πάντες,所有人,每一个人,关系代词,此处做副词,限定 πράττομεν。其宾语是 τὰ λοιπὰ πάντα,所有其他事情,名词性代词短语。中性复数

I.12

δὲ καὶ τὸ αἴτιον τῶν ἀγαθῶν τίμιόν τι καὶ θεῖον τίθεμεν.①

我们就看作是某种荣耀的和神圣的东西ᶠ。

things for happiness, yet the first principle and cause of the good things we regard as something honorable and divine.

宾格。ταύτης χάριν，都由于它，名词性短语，阴性单数属格，做副词短语用。ταύτης，它，代词，阴性单数属格。χάριν，由于……，宾格名词，起介词作用，但受跟随的属格名词支配。

① 这里是第二句。简单句。主谓语是 τίθεμεν，我们看作是，现在时，复数第一人称。宾语是 τὴν ἀρχὴν καὶ τὸ αἴτιον，那个本原，那个原因，名词短语。τὴν ἀρχὴν，那个本原，阴性单数宾格。τὸ αἴτιον，那个原因，中性单数宾格。τῶν ἀγαθῶν，善事物，名词短语，中性复数属格，限定 τὴν ἀρχὴν καὶ τὸ αἴτιον。补语是 τίμιόν τι καὶ θεῖον，某种荣耀的和神圣的东西，名词性短语，中性单数宾格。τίμιον καὶ θεῖον，荣耀的和神性的，形容词短语，中性单数宾格。τι，某种东西，不定代词，限定 τίμιον καὶ θεῖον，并使其名词化。

13

Ἐπεὶ δ᾽ ἐστὶν ἡ εὐδαιμονία ψυχῆς ἐνέργειά τις κατ᾽ ἀρετὴν τελείαν, περὶ ἀρετῆς ἐπισκεπτέον·① τάχα γὰρ οὕτως ἂν βέλτιον καὶ περὶ τῆς εὐδαιμονίας θεωρήσαιμεν.②

δοκεῖ δὲ καὶ ὁ κατ᾽ ἀλήθειαν πολιτικὸς περὶ ταύτην μάλιστα πεπονῆσθαι·③ βούλεται γὰρ τοὺς πολίτας ἀγαθοὺς ποιεῖν καὶ τῶν νόμων

既然幸福是灵魂的某种依照完善的德性的实现，对于德性就必须加以考察；因为这样，我们对于幸福也许就能思考得更清楚。

真正的政治家看来最操心这个；因为，他愿意使公民好并遵守法律（这类［政治家］的典范，我们有克里特的和斯巴达的立法者们，以及，如果

Since happiness is some en-activity of soul in accordance with complete virtue, it is necessary to look into virtue; for perhaps in this way we would think of happiness better.

The true statesman seems to have made the greatest efforts in this; for he wishes to make the citizens good and obedient to the laws (as an exam-

---

① 复合句。ἐπεὶ δ᾽（既然……）引导让步从句。从句的主语是 ἡ εὐδαιμονία，幸福，名词，阴性单数主格。系动词是 ἐστὶν，是，单数第三人称。表语是 ψυχῆς ἐνέργεια τις，灵魂的某种实现，名词短语，阴性单数主格。ψυχῆς ἐνέργεια，灵魂的实现。ψυχῆς，灵魂，名词，阴性单数属格，限定 ἐνέργεια（实现）。τις，某种，不定代词，阴性单数主格，限定 ἐνέργεια。κατ᾽ ἀρετὴν τελείαν，依照完善的德性的，介词短语，限定 ἐνέργεια。

主句是动形词 ἐπισκεπτέον 无人称句。ἐπισκεπτέον，必须考察，动形词，来自动词 ἐπισκέπτομαι，中性单数主格。περὶ ἀρετῆς，对于德性，介词短语，限定 ἐπισκεπτέον。ἀρετῆς，德性，名词阴性单数属格，做借此的间接性宾语。

② 上面一句的原因从句。主谓语是 ἂν θεωρήσαιμεν，我们能思考，过去时，祈愿语气，复数第一人称。περὶ τῆς εὐδαιμονίας，对于幸福，介词短语，限定 θεωρήσαιμεν。τάχα，也许，副词；οὕτως，这样，副词，限定 θεωρήσαιμεν。βέλτιον，更好的，形容词比较级，中性单数宾格，这里作副词，限定 θεωρήσαιμεν。

③ 简单句。主语是 ὁ κατ᾽ ἀλήθειαν πολιτικός，真正的政治家，名词性短语，阳性单数主格。ὁ πολιτικός，政治家。κατ᾽ ἀλήθειαν，真正的，合乎真实的，介词短语，限定 πολιτικός。ἀλήθειαν，真实，名词，阴性单数宾格，做介词 κατ᾽ 的宾语。动词是 δοκεῖ，看来是，单数第三人称。其宾语是 ταύτην μάλιστα πεπονῆσθαι，最操心这个，不定式短语。πεπονῆσθαι，操心，不定式，完成时中被动，其宾语是 ταύτην，这个，阴性单数宾格，指 ἀρετῆς。μάλιστα，最，副词最高级，限定 πεπονῆσθαι。

ὑπηκόους① (παράδειγμα δὲ τούτων ἔχομεν τοὺς Κρητῶν καὶ Λακεδαιμονίων νομοθέτας, καὶ εἴ τινες ἕτεροι τοιοῦτοι γεγένηνται②)· εἰ δὲ τῆς πολιτικῆς ἐστὶν ἡ σκέψις αὕτη, δῆλον ὅτι γίνοιτ᾽ ἂν ἡ ζήτησις κατὰ τὴν ἐξ ἀρχῆς προαίρεσιν.③

περὶ ἀρετῆς δὲ ἐπισκεπτέον ἀνθρωπίνης δῆλον

曾经存在过某些其他这类[立法者]的话);而如果这种研究自身属于政治学,那么显然,我们的寻求就应当按照从一开始[就做出]的选择来进行。

但显然,所要考察的是人的德性;因为,我们在

ple of them, we have the legislators of the Cretes and the Spartans, and, if there had been some other legislators of this kind); and, if this study belongs to politics, it is obvious that the search would go in conformity with the choice [made] at the very beginning.

But it is clear that we are looking into human

---

① 上句的原因从句。主谓语是 βούλεται, 他愿意, 单数第三人称。宾语是 τοὺς πολίτας ἀγαθοὺς ποιεῖν καὶ τῶν νόμων ὑπηκόους, 使公民好并且遵守法律, 不定式短语。ποιεῖν, 使得, 不定式。其宾语是 τοὺς πολίτας, 公民, 阳性复数。补语有两个。一个是 ἀγαθοὺς, 好, 阳性复数宾格。另一个是 τῶν νόμων ὑπηκόους, 遵守法律, 形容词短语, 阳性复数宾格。ὑπηκόους, 守法律的, 形容词, 阳性复数宾格。τῶν νόμων, 法律, 名词短语, 中性复数属格, 限定 ὑπηκόους。

② 并列句。第一句的主谓语是 ἔχομεν, 我们有, 复数第一人称。其宾语是 τοὺς νομοθέτας, 立法者们, 名词, 阳性复数宾格。Κρητῶν καὶ Λακεδαιμονίων, 克里特的和斯巴达的, 名词短语, 阳性复数属格, 限定 τοὺς νομοθέτας。παράδειγμα τούτων, 这类[政治家]的典范, 名词短语, 中性单数宾格, 用做副词短语, 限定 ἔχομεν。παράδειγμα, 典范, 名词, 中性单数宾格。
第二句是一个省略了主句的条件从句。从句的主语是 τινες ἕτεροι τοιοῦτοι, 某些其他这类[政治家], 代词短语, 阳性复数主格。τινες, 某些, 不定代词, 阳性复数主格。ἕτεροι τοιοῦτοι, 其他这类[政治家], 名词短语, 阳性复数主格。动词是 γεγένηνται, 曾经存在过, 完成时, 复数第三人称。παράδειγμα, 典范, 名词。

③ 复合句。εἰ δὲ (而如果) 引导条件从句。从句的主语是 ἡ σκέψις αὕτη, 这种研究自身, 名词短语, 阴性单数主格。ἡ σκέψις, 这种研究, 名词。αὕτη, 自身, 反身代词。系动词是 ἐστὶν, 是, 单数第三人称。表语是 τῆς πολιτικῆς, 政治学, 名词, 阴性单数属格, 限定前面省略了的主格定冠词。
主句是由 δῆλον (……是显然的) 引导的无人称句。关系代词 ὅτι (那个) 引导实际的主语从句。主语是 ἡ ζήτησις, 这种寻求, 相当于说 "我们的寻求", 名词, 阴性单数主格。动词是 γίνοιτ᾽ ἂν, 应当……来进行, 祈愿语气, 单数第三人称。表语是 κατὰ τὴν ἐξ ἀρχῆς προαίρεσιν, 按照从一开始[就做出]的选择, 介词短语, 限定 γίνοιτ᾽。τὴν προαίρεσιν, 选择, 名词, 阴性单数宾格, 做介词 κατὰ (按照……) 的宾语。ἐξ ἀρχῆς, 从一开始, 介词短语, 限定。ἀρχῆς, 本原, 开端, 名词, 阴性单数属格, 做介词 ἐξ 的间接性宾语。

ὅτι·① καὶ γὰρ τἀγαθὸν ἀνθρώπινον ἐζητοῦμεν καὶ τὴν εὐδαιμονίαν ἀνθρωπίνην.② ἀρετὴν δὲ λέγομεν ἀνθρωπίνην οὐ τὴν τοῦ σώματος ἀλλὰ τὴν τῆς ψυχῆς· καὶ τὴν εὐδαιμονίαν δὲ ψυχῆς ἐνέργειαν λέγομεν.③

εἰ δὲ ταῦθ᾽ οὕτως ἔχει, δῆλον ὅτι δεῖ τὸν πολιτικὸν εἰδέναι πως τὰ περὶ ψυχῆς,④ ὥσπερ

寻求人的善和人的幸福。但是，我们所说的人的德性不是身体的德性，而是灵魂的德性；且我们所说的幸福是灵魂的实现ᵃ。

如果这些事情是这样的，那么，政治家显然就必须以各种方式去了解有关灵魂的事情，就好

virtue; because we are searching human good and human happiness. But we do not call human virtue virtue of the body but virtue of the soul; and we call happiness en-activity of the soul.

And if these things appear so, it is clear that statesman should know the things about soul in

---

① 省略复合句。主句是由 δῆλον（……是显然的）引导的无人称句。关系代词 ὅτι（那个）引导实际的主语从句。从句是动形词 ἐπισκεπτέον（要考察的，中性单性主格）引导的无人称句。动形词 ἐπισκεπτέον 引出介词短语 περὶ ἀρετῆς… ἀνθρωπίνης，关于人的德性，做间接性宾语。ἀρετῆς… ἀνθρωπίνης，人的德性，名词短语，阴性单数属格，做介词 περὶ 的间接性宾语。ἀνθρωπίνης，人的，形容词，阴性单数属格，限定 ἀρετῆς（德性）。

② 上句的原因从句。主谓语是 ἐζητοῦμεν，我们在寻求，未完成时，复数第一人称。宾语是 τἀγαθὸν ἀνθρώπινον καὶ τὴν εὐδαιμονίαν ἀνθρωπίνην，人的善和人的幸福。τἀγαθὸν ἀνθρώπινον，人的善，名词短语，中性单数宾格。τὴν εὐδαιμονίαν ἀνθρωπίνην，人的幸福，名词短语，阴性单数宾格。

③ 并列句。第一句的主谓语是 λέγομεν，我们说，现在时，复数第一人称。其宾语是 ἀρετὴν ἀνθρωπίνην，人的德性，名词短语，阴性单数宾格。补语是 οὐ τὴν τοῦ σώματος ἀλλὰ τὴν τῆς ψυχῆς，不是身体的德性，而是灵魂的德性。τὴν τοῦ σώματος，身体的德性，名词短语，单数阴性宾格。τὴν 即 τὴν ἀρετὴν，德性，名词，阴性单数宾格。τοῦ σώματος，身体，名词短语，中性单数属格，限定 τὴν。τὴν τῆς ψυχῆς，灵魂的德性。τὴν 同前解。τῆς ψυχῆς，灵魂，名词短语，阴性单数属格，限定 τὴν。

第二句的主谓语相同。宾语是 τὴν εὐδαιμονίαν，幸福，名词短语，阴性单数宾格。补语是 ψυχῆς ἐνέργειαν，灵魂的实现，名词短语，阴性单数宾格。ψυχῆς，灵魂，名词，阴性单数属格，限定 ἐνέργειαν。

④ 复合句。εἰ 引导条件从句。主语是 ταῦθ᾽，这些事情，代词，中性复数主格。动词是 ἔχει，获有，单数第三人称。表语是 οὕτως，这样地，副词。

主句是由 δῆλον（……是显然的）无人称句。关系代词 ὅτι（那个）引导实际的主语从句。从句是 δεῖ（要，必须）无人称句。以宾语形式呈现的逻辑主语是 τὸν πολιτικὸν，政治家，阳性单数宾格。δεῖ 的宾语是 εἰδέναι，了解，不定式。εἰδέναι 的宾语是 τὰ περὶ ψυχῆς，有关灵魂的事情，冠词+介词短语名词性短语，中性复数宾格。πως，以各种方式，副词，限定 εἰδέναι。

καὶ τὸν ὀφθαλμοὺς θεραπεύσοντα καὶ πᾶν <τὸ> σῶμα,① καὶ μᾶλλον ὅσῳ τιμωτέρα καὶ βελτίων ἡ πολιτικὴ τῆς ἰατρικῆς·② τῶν δ' ἰατρῶν οἱ χαρίεντες πολλὰ πραγματεύονται περὶ τὴν τοῦ σώματος γνῶσιν.③

θεωρητέον δὴ καὶ τῷ πολιτικῷ περὶ ψυχῆς, θεωρητέον δὲ τούτων χάριν,④ καὶ ἐφ' ὅσον

像，要治疗眼睛的人[要了解]整个身体的事情，而且[政治家]更要如此，因为政治学比医学更荣耀、更好；而那些教养良好的医生总是很下功夫去[获得]关于身体的知识。

所以，政治家也应当对灵魂进行思考，不过，应当为着[上述]这些事情来思考，并[思考]到足

whatever ways, just as he who is going to cure the eye [should know] the whole body, and even more so as politics [is] more honorable and better than medicine; yet the better educated among physicians spend much time in [acquiring] knowledge for the body. Hence statesman should think about soul, yet should think [of it] for the sake of these things,

---

① 上述主句的方式状语从句，由 ὥσπερ（就好像）引入，结构同主句。以宾语形式呈现的逻辑主语是 τὸν ὀφθαλμαοὺς θεραπεύσοντα，治疗眼睛的人。θεραπεύσοντα，治疗……的人，分词，将来时，阳性单数宾格。ὀφθαλμούς，眼睛，名词，做 θεραπεύσοντα 的宾语。δεῖ 及其相同的宾语不定式 εἰδέναι 省略。εἰδέναι 宾语是 πᾶν <τὸ> σῶμα，整个身体，名词短语，中性单数宾格，<τὸ> 为莱姆索尔（Ramsauer）本所加。

② 上述主句引出的递进并列句。复合句。主句为省略句，只保留强调的副词状语 μᾶλλον ὅσῳ，更要如此。ὅσῳ，如此，关系副词。μᾶλλον，更要，副词，限定 ὅσῳ。ὅσῳ 引出比较从句 τιμωτέρα καὶ βελτίων ἡ πολιτικὴ τῆς ἰατρικῆς，政治学比医学更荣耀、更好。主语是 ἡ πολιτική，政治学，阴性单数主格。系动词省略。表语是 τιμωτέρα καὶ βελτίων，更荣耀、更好，形容词比较级短语，中性复数主格。τῆς ἰατρικῆς，医学，名词短语，阴性单数属格，作为被比较的部分。

③ 上述并列句的延伸部分。简单句。主语是 τῶν δ' ἰατρῶν οἱ χαρίεντες，那些教养良好的医生。οἱ χαρίεντες，教养良好的人，名词短语，阳性复数主格，限定 οἱ χαρίεντες。τῶν δ' ἰατρῶν，医生，名词短语，阳性复数属格，限定 οἱ χαρίεντες。动词是 πραγματεύονται，下功夫去[获得]，复数第三人称。περὶ τὴν τοῦ σώματος γνῶσιν，关于身体的知识，介词短语，限定 πραγματεύονται。πολλά，总是，副词，限定 πραγματεύονται。

④ 动形词 θεωρητέον（应当思考）无人称句。并列句。第一句的逻辑主语是 τῷ πολιτικῷ，政治家，阳性单数与格。περὶ ψυχῆς，对灵魂，介词短语，构成 θεωρητέον 的间接性的宾语。

第二句结构相同，省略了 τῷ πολιτικῷ。δὲ 示意语气的转折。τούτων χάριν，为着这些事情，指灵魂的实现活动，介词短语，限定 θεωρητέον。χάριν，外部的美好事物，阴性单数宾格，此处做副词，作用相当于介词。其间接宾语是 τούτων，这些事情，中性复数属格。

25	ἱκανῶς ἔχει πρὸς τὰ ζητούμενα.① τὸ γὰρ ἐπὶ πλεῖον ἐξακριβοῦν ἐργωδέστερον ἴσως ἐστὶ τῶν προκειμένων.②	以适合所寻求的那些事物的程度；因为，更深入地弄清楚[灵魂]也许比眼前的思考更劳神ᵇ。	and up to such an extent as enough as is [good] for the things being sought; for, clarifying [the soul] till further is perhaps more laborious than the present thinking.
	λέγεται δὲ περὶ αὐτῆς καὶ ἐν τοῖς ἐξωτερικοῖς λόγοις ἀρκούντως ἔνια, καὶ χρηστέον αὐτοῖς·③ οἷον τὸ μὲν ἄλογον αὐτῆς εἶναι, τὸ δὲ λόγον ἔχον④ (ταῦτα δὲ πότε-	而关于灵魂的一些要点在那些外围课程讨论ᶜ中已经谈得很充分了，这些应该采用；例如，属于灵魂的一个部分是反逻各斯的，另一个部分则有逻各斯（它们是像	Yet some points concerned with soul have been addressed at length within the exoteric discourses, and these should be used; for example, one part of it is against *logos*,

---

① 上述第二句的状语部分的引申。ἐφ᾽ ὅσον，到……的程度，介词短语，限定 θεωρητέον。ἱκανῶς，足以，关系副词，引出状语从句。从句为形式主语句，主谓语是 ἔχει，它具有，此处的意义相当于，它适合，现在时，单数第三人称。表语是 πρὸς τὰ ζητούμενα，对于所寻求的那些事物，介词短语，限定 ἔχει。τὰ ζητούμενα，所寻求的那些事物，名词性分词短语。ζητούμενα，所寻求的，分词，中被动，中性复数宾格。

② 上述并列句的原因从句。主语是 τὸ γὰρ ἐπὶ πλεῖον ἐξακριβοῦν，更深入地弄清楚[灵魂]，名词性分词短语，中性单数主格。ἐξακριβοῦν，弄清楚，分词，现在时，中性单数主格。ἐπὶ πλεῖον，更深入地，介词短语，限定 ἐξακριβοῦν。系动词是 ἐστὶ，是，单数第三人称。表语是 ἐργωδέστερον，更劳神的，形容词 ἐργώδης（劳神的、辛苦的）比较级，中性单数主格。τῶν προκειμένων，眼下的思考，名词性分词短语，中性复数属格，作与 τὸ ἐξακριβοῦν 进行比较的对象。προκειμένων，眼下的事情，分词，中性复数属格。

③ 并列句。这里是第一句。主语是 ἔνια，一些要点，不定代词，中性复数主格。περὶ αὐτῆς，关于这个的，即关于灵魂的，介词短语，限定 ἔνια。动词是 λέγεται，已经谈得，单数第三人称。ἀρκούντως，很充分了，副词，限定 λέγεται。ἐν τοῖς ἐξωτερικοῖς λόγοις，在那些外围课程讨论中，介词短语，限定 λέγεται。τοῖς ἐξωτερικοῖς λόγοις，那些外围课程的讨论，名词性短语。ἐξωτερικοῖς，外围课程的，形容词，中性复数与格。

第二句是动形词 χρηστέον 无人称句。χρηστέον，应当采用，动形词。其逻辑主语是 αὐτοῖς，这些[要点]，代词，指 ἔνια，中性复数与格。

④ 上面第二句的延伸。从 αὐτοῖς 引出的两个证例，τὸ μὲν...τὸ δὲ...（一个……另一个……）对照结构。一个是 τὸ μὲν ἄλογον αὐτῆς εἶναι，属于它的一个部分是反逻各斯的，名词性不定式短语，中性单数主格。τὸ μὲν，一个部分，中性单数主格。αὐτῆς，它，指 ψυχῆς，阴性单数属格。εἶναι，是，不定式。其表语是 ἄλογον，反逻各斯的，中性单数主格。另一个是 τὸ δὲ，另一个部分。ἔχον，

30 ρον διώρισται καθάπερ
τὰ τοῦ σώματος μόρια
καὶ πᾶν τὸ μεριστόν,
ἢ τῷ λόγῳ δύο ἐστὶν
ἀχώριστα πεφυκότα
καθάπερ ἐν τῇ περιφε-
ρείᾳ τὸ κυρτὸν καὶ τὸ
κοῖλον,① οὐθὲν δια-
φέρει πρὸς τὸ παρόν②).

τοῦ ἀλόγου δὲ τὸ μὲν
ἔοικε κοινῷ καὶ φυτι-
κῷ,③ λέγω δὲ τὸ αἴτιον
τοῦ τρέφεσθαι καὶ αὐ-

身体的部分或所有能被分成部分的事物那样地被分开,还是只在说明上是两个,而在自然上不可分,就像圆弧上的凸面和凹面那样,对目前的讨论并不重要)ᵈ。

然而在那个反逻各斯的部分,又有一个子部分看来[是]共有的、植物性的,我说的是营养和

while the other has *logos* (whether these two are divided as the portions of the body and all the divisible things, or [as] two in *logos* but indivisible in nature, as the convex and concave of the curve, makes no difference for our present disussion).

Yet of the part against *logos* one element seems [to be] common and vegetative, I mean the

---

有,分词,现在时,中性单数主格。其宾语是 λόγον,逻各斯,名词,阳性单数宾格。

① 复合句。主语从句呈现 πότερον...ἤ...(是......还是......)并列句形式。在 πότερον... 部分,主语是 ταῦτα,它们,代词,指上面所说的 τὸ μὲν...τὸ δὲ... 两个部分,中性复数主格。动词是 διώρισται,被分开,完成时被动,单数第三人称。καθάπερ τὰ τοῦ σώματος μόρια καὶ πᾶν τὸ μεριστόν,像身体的部分和所有能分成部分的事物那样地,副词短语,限定 διώρισται。καθάπερ,像……,连接副词。τὰ τοῦ σώματος μόρια,身体的部分,名词短语,中性复数主格。μόρια,部分,名词,中性复数主格。πᾶν τὸ μεριστόν,所有能分成部分的事物,名词短语,中性单数主格。μεριστόν,能被分成部分的,形容词,中性单数主格。

在 ἤ... 部分,主语同于前一部分,省略。系动词是 ἐστίν,是,单数第三人称。表语是 δύο,二、两个,数词。τῷ λόγῳ,说明,概念,名词短语,阳性单数与格,限定系表结构。ἀχώριστα περιφερείᾳ,而自然上不可分,分词短语,表伴随情况。περιφερείᾳ,在自然上是,分词,完成时,中性复数主格。其表语是 ἀχώριστα,不可分的,形容词,中性复数主格。καθάπερ... τὸ κυρτὸν καὶ τὸ κοῖλον,就像凸面和凹面那样,副词短语,限定 ἀχώριστα περιφερείᾳ。τὸ κυρτὸν καὶ τὸ κοῖλον,凸面和凹面,名词性形容词短语,中性单数主格。ἐν τῇ περιφερείᾳ,圆弧上的,介词短语,限定 τὸ κυρτὸν καὶ τὸ κοῖλον。

② 这里是主句的基本结构部分。上面分析的两个并列的主语从句构成主语。动词是 οὐθὲν διαφέρει,不重要,并无不同,现在时,单数第三人称。πρὸς τὸ παρόν,对目前的讨论,介词短语,限定 διαφέρει。παρόν,所讨论的,现在时分词,中性单数宾格。

③ 简单句。主语是 τὸ μὲν,一个子部分,这里指在 τοῦ ἀλόγου(那个反逻各斯的部分)之下的一个子部分,名词性短语,中性单数主格。系动词是 ἔοικε,看来是,现在时,单数第三人称。表语是 κοινῷ καὶ φυτικῷ,共有的、植物性的,形容词短语,中性单数与格。

1102b ξεσθαι·① τὴν τοιαύτην γὰρ δύναμιν τῆς ψυχῆς ἐν ἅπασι τοῖς τρεφομένοις θείη τις ἄν, καὶ ἐν τοῖς ἐμβρύοις,② τὴν αὐτὴν δὲ ταύτην καὶ ἐν τοῖς τελείοις,③ εὐλογώτερον γὰρ ἢ ἄλλην τινά.④	生长的那个原因；因为，一个人可能把灵魂的这种能力指定给所有发育的生物，以及胚胎，也把这同一种能力[指定给]那些发育充分的生命物，因为这样说才更好，而不是[把]一种不同的能力[指定给它们]。	cause of nutrition and growth; for, one would assign this capacity of the soul to all those nourishment taking organisms, and those embryos as well, and [assign] this same capacity to those grown things, for [it is] better [to say so] than [to assign] another capacity [to them].
ταύτης μὲν οὖν κοινή τις ἀρετὴ καὶ οὐκ ἀν-	所以，这种能力的某种德性看来[是]共有的，	Therefore, a certain virtue of this capacity seems to

① 接续前句，简单句。主谓语是 λέγω，我说的是，现在时，单数第一人称。其宾语是 τὸ αἴτιον τοῦ τρέφεσθαι καὶ αὔξεσθαι，营养和生长的那个原因，名词性短语，中性单数宾格。τὸ αἴτιον，那个原因，名词短语。τοῦ τρέφεσθαι καὶ αὔξεσθαι，营养和生长的，名词性不定式短语，中性单数属格，限定 τὸ αἴτιον。τρέφεσθαι，营养，不定式，中动。αὔξεσθαι，生长，不定式，中动。

② 接续上句最后部分的原因从句。连动结构。分为两个部分。这里是第一个部分。简单句。主语是 τις，一个人，阳性单数主格。动词是 θείη ἄν，把……指定给……，τίθημι 的过去时祈愿语气，单数第三人称。其宾语是 τὴν τοιαύτην δύναμιν τῆς ψυχῆς，灵魂的这种能力，名词短语，阴性单数宾格。τὴν δύναμιν，这种能力。τοιαύτην，这种性质的，起强调作用。补语有二。一个是 ἐν ἅπασι τοῖς τρεφομένοις，给所有那些发育的生物，介词短语。τρεφομένοις，发育的事物，中动分词，中性复数与格，做介词 ἐν 的间接性宾语。另一个是 ἐν τοῖς ἐμβρύοις，给那些胚胎，介词短语。ἐμβρύοις，胚胎，中性复数与格，做介词 ἐν 的间接性宾语。

③ 原因从句的第二个部分。主语与动词同前。宾语是 τὴν αὐτὴν δὲ ταύτην，这同一种能力，名词性短语，阴性单数宾格。ταύτην，那个，指示代词，指 δύναμιν，阴性单数宾格。补语是 ἐν τοῖς τελείοις，给那些发育充分的事物，介词短语。τελείοις，最终的，这里指发育充分的，形容词，中性复数与格，做介词 ἐν 的间接性宾语。

④ 第二个部分的进一步的原因从句，γὰρ 示意这种连接。省略并列句。第一句的逻辑主语是 θείη τις ἄν τὴν αὐτὴν δὲ ταύτην καὶ ἐν τοῖς τελείοις，一个人把这同一种能力指定给那些发育充分的事物。系动词省略。保留的部分是表语 εὐλογώτερον，说得更好的，动形词的比较级。ἤ，而不是，关系连词，引入省略形式的第二句。其逻辑主语是［θείη τις ἄν］ἄλλην τινά［ἐν τοῖς τελείοις］，把另一种能力指定给那些发育充分的事物，结构同于第一句的逻辑主语。保留的部分仅仅是 ἄλλην τινά，一种不同的能力，名词性短语，阴性单数宾格。其余部分省略。

θρωπίνη φαίνεται·① δοκεῖ γὰρ ἐν τοῖς ὕπνοις ἐνεργεῖν μάλιστα τὸ μόριον τοῦτο καὶ ἡ δύναμις αὕτη,② ὁ δ᾽ ἀγαθὸς καὶ κακὸς ἥκιστα διάδηλοι καθ᾽ ὕπνον③ (ὅθεν φασίν οὐδὲν διαφέρειν τὸ ἥμισυ τοῦ βίου τοὺς εὐδαίμονας τῶν ἀθλίων④).

συμβαίνει δὲ τοῦτο εἰκότως·⑤ ἀργία γάρ ἐστιν ὁ ὕπνος τῆς ψυχῆς

而非人[独有]的；因为，这个部分和这种能力本身似乎在睡眠中实现得最充分，而好人同坏人则在睡眠时区别最小（所以人们说，在生命的一半时间里，没有任何东西能把幸福的人与可怜的人区别开来）。

这种看法很自然地会产生；因为，睡眠是灵魂的不活动状态，[灵魂要]

be common and not [peculiarly] human; for this very part and this capacity itself seem to en-act most obviously in sleeps, yet the good man and bad man [are] the least distinct in sleep (hence people say [that there is] nothing to differ the happy man from the miserable in half of the life).

And this happens naturally; for, sleep is the inactivity state of soul, in

---

① 简单句。主语是 τις ἀρετή, 某种德性, 名词短语, 阴性单数主格。ταύτης, 这种能力的, 代词, 指 δύναμις, 阴性单数属格, 限定 τις ἀρετή。动词是 φαίνεται..., 看来是......, 第三人称单数。表语是 κοινή, 共有的, 形容词, 阴性单数主格。οὐκ ἀνθρωπίνη, 而非人[专有]的。ἀνθρωπίνη, 人的, 形容词, 阴性单数主格。

② 原因从句。并列句。这里是第一句。主语 τὸ μόριον τοῦτο καὶ ἡ δύναμις αὕτη, 这个部分和这种能力本身。τὸ μόριον τοῦτο, 这个部分, 名词短语, 中性单数主格。ἡ δύναμις αὕτη, 这种能力本身, 名词短语, 阴性单数主格。动词是 δοκεῖ, 看起来, 单数第三人称。宾语是 ἐνεργεῖν μάλιστα, 实现得最充分, 不定式短语。ἐνεργεῖν, 实现, 不定式。μάλιστα, 最充分, 副词最高级, 限定 ἐνεργεῖν。ἐν τοῖς ὕπνοις, 在睡眠中, 介词短语, 限定 ἐνεργεῖν。ὕπνοις, 睡眠, 名词, 中性复数与格, 做介词 ἐν 的间接性宾语。

③ 这里是第二句。主语是 ὁ δ᾽ ἀγαθὸς καὶ κακός, 好人与坏人, 名词性短语, 阳性单数主格。系动词省略。表语是 ἥκιστα διάδηλοι, 区别最小。διάδηλοι, 区别, 形容词, 阳性复数主格。ἥκιστα, 最小, 形容词最高级, 中性复数宾格, 作副词用。καθ᾽ ὕπνον, 在睡眠时, 介词短语, 限定省略系动词的系表结构。ὕπνον, 睡眠, 名词, 阳性单数宾格, 做 καθ᾽ 的宾语。

④ 复合句。ὅθεν, 所以, 关系副词, 承接前句。主句主谓语是 φασίν, 人们说, 复数第三人称。宾语是 τοὺς εὐδαίμονας, 幸福的人, 名词短语, 阳性复数宾格。τῶν ἀθλίων, 可怜的人, 名词短语, 阳性复数属格, 作为与幸福的人对照限定前者。补语是 οὐδὲν διαφέρειν, 没有区别, 否定不定式。τὸ ἥμισυ τοῦ βίου, 生命的一半时间, 名词性短语, 中性单数宾格, 做省略的介词 ἐν 的宾语, 限定 οὐδὲν διαφέρειν。ἥμισυ, 一半的, 形容词, 中性单数宾格。

⑤ 简单句。主语是 τοῦτο, 这种看法, 代词, 中性单数主格。动词是 συμβαίνει, 发生, 单数第三人称。εἰκότως, 很自然地, 副词, 限定 συμβαίνει。

ἣ λέγεται σπουδαία καὶ φαύλη, πλὴν εἴ πῃ κατὰ μικρὸν διικνοῦνταί τινες τῶν κινήσεων① καὶ ταύτῃ βελτίω γίνεται τὰ φαντάσματα τῶν ἐπιεικῶν ἢ τῶν τυχόντων.② ἀλλὰ περὶ μὲν τούτων ἅλις,③ καὶ τὸ θρεπτικὸν ἐατέον, ἐπειδὴ τῆς ἀνθρωπικῆς ἀρετῆς ἄμοιρον πέφυκεν.④

借助睡眠被说成认真的和不经心的,就除非某些运动以某种极轻微的程度深入进来,并且由于这一点,公道的人的梦境变得比做事碰运气的人的更好。但是,关于这些问题[说这些]就足够了,这个营养的部分应当放过去,既然它自然地不是人的德性的部分ᵉ。

reference to which [soul] will be called serious and wanton only when some of the movements slightly get through it, and with this the dreams of those reasonable men become better than [those] of the ordinary. But enough about these issues, and the nutritive part should be omitted, since it by nature has no share in human virtue.

---

① 原因从句。复合句。主句的主语是 ὁ ὕπνος, 睡眠, 名词, 阳性单数主格。系动词是 ἐστιν, 是, 现在时, 单数第三人称。表语是 ἀργία...τῆς ψυχῆς, 灵魂的不活动状态, 名词短语, 阴性单数主格。ἀργία, ἀ-εργός 的合拼, 不活动, 名词, 阴性单数主格。关系代词 ᾗ 引入 ἀργία 的定语从句。复合句。定语从句的主句的逻辑主语是前面的 τῆς ψυχῆς。动词是 λέγεται, 要被说成, 现在时被动, 单数第三人称。补语是 σπουδαία καὶ φαύλη, 认真的和不经心的, 形容词短语, 阴性单数宾格。ᾗ, 它, 指 ἀργία（不活动状态）, 关系代词, 阴性单数与格, 在主句中做状语, 意义是, 借助于它。

πλὴν εἰ, 除非, 连系副词, 承接上面, 引入定语从句中的让步条件从句。复合句。其主句的主语是 τινες τῶν κινήσεων, [身体的]某些运动, 名词性短语, 阳性复数主格。τῶν κινήσεων, 运动, 名词, 阴性复数属格, 限定 τινες。动词是 διικνοῦνται, 深入进来, 现在时, 复数第三人称。πῃ, 以某种方式, 副词, 限定 διικνοῦνται。κατὰ μικρὸν, 极小程度地, 介词短语, 限定 πῃ。

② 上述让步条件从句的结果状语从句, 由 ταύτῃ 引导。ταύτῃ, 这一点, 指示代词, 阴性单数与格, 引导从句, 并在从句中做状语。状语从句的主语是 τὰ φαντάσματα τῶν ἐπιεικῶν, 公道的人的梦, 名词性短语, 中性复数主格。φαντάσματα, 梦境, 名词, 中性复数主格 τῶν ἐπιεικῶν, 公道的人的, 形容词短语, 阳性复数属格。动词是 γίνεται, 变得, 现在时, 单数第三人称。表语是 βελτίω, 更好的, 形容词比较级。ἢ, 在此处的意义是"比", 关系副词, 引出被比较项。τῶν τυχόντων, 做事碰运气的人的, 名词性分词短语, 阳性复数属格。τυχόντων, 分词, 做事碰运气的, 阳性复数属格。

③ 省略句, ἀλλὰ 示意语气的转折。περὶ μὲν τούτων, 关于这些问题, 介词短语, 限定被省略的动词。ἅλις, 足够了, 副词, 保留的状语。

④ 省略复合句。主句是动形词 ἐατέον（应当放过去）无人称句。ἐατέον 的逻辑宾语是 τὸ θρεπτικὸν, 这个营养的部分, 名词性的形容词短语, 中性单数宾格。

ἐπειδὴ, 既然, 副连词, 引导让步从句。逻辑主语是前面的 τὸ θρεπτικὸν。系动词是 πέφυκεν, 自然就是……, 完成时, 单数第三人称。表语是 ἄμοιρον, 并非一个部分, 否定性形容词, 中性单数主格。τῆς ἀνθρωπικῆς ἀρετῆς, 人的德性的, 名词性短语, 阴性单数属格, 限定 ἄμοιρον。

ἔοικε δὲ καὶ ἄλλη τις φύσις τῆς ψυχῆς ἄλογος εἶναι, μετέχουσα μέντοι τῇ λόγου.① τοῦ γὰρ ἐγκρατοῦς καὶ ἀκρατοῦς τὸν <μὲν> λόγον καὶ τῆς ψυχῆς τὸ λόγον ἔχον ἐπαινοῦμεν② (ὀρθῶς γὰρ καὶ ἐπὶ τὰ βέλτιστα παρακαλεῖ③), φαίνεται δ᾽ ἐν αὐτοῖς καὶ ἄλλο τι παρὰ τὸν λόγον πεφυκός, ὃ μάχεται καὶ ἀντιτείνει τῷ λόγῳ.④

而灵魂的另一个自然本性看来是反逻各斯，然而又以某种方式分有逻各斯的。因为，在自制者和不自制者中，我们都称赞逻各斯和灵魂的有逻各斯的部分（因为，它正确地并朝向那些最好的事物召唤［他们］），但是在他们那里似乎还有另一个自然地生长在逻各斯之外的因素，它反对、抵抗着逻各斯。

But another nature of the soul seems to be *alogos*, yet in a way sharing in *logos*. For among the continent and the incontinent we praise the *logos* and [the part] of the soul having *logos* (for it calls them aright and towards the best things), yet in them there is also another element growing by nature beside *logos*, which opposes and resists *logos*.

---

① 简单句。δὲ 示意从讨论植物性部分的语气的转折。ἄλλη τις φύσις τῆς ψυχῆς, 灵魂的另一个自然本性, 名词性短语, 阴性单数主格。ἄλλη τις φύσις, 另一种自然本性, 名词短语。动词是 ἔοικε, 看来, 单数第三人称。其宾语是 εἶναι, 是, 不定式。其表语是 ἄλογος, 反逻各斯的, 形容词, 阴性单数主格。μετέχουσα μέντοι τῇ λόγου, 然而又分有逻各斯, 分词短语, 表伴随情况。μετέχουσα, 分有, 分词, 阴性单数主格。其宾语是 λόγου, 逻各斯, 名词, 阳性单数属格。τῇ, 以某种方式, 副词, 限定 μετέχουσα。μέντοι, 然而, 副词, 表语气的转折。

② 原因从句。主谓语是 ἐπαινοῦμεν, 我们称赞, 现在时, 复数第一人称。宾语是 τὸν <μὲν> λόγον καὶ τῆς ψυχῆς τὸ λόγον ἔχον, 逻各斯和灵魂的有逻各斯的部分, 名词性短语, 阳性单数宾格。τὸν <μὲν> λόγον, 逻各斯, 名词, 阳性单数宾格, <μὲν> 为理查兹本所加。τῆς ψυχῆς τὸ λόγον ἔχον, 灵魂的有逻各斯的部分, 名词短语, 阳性单数宾格。τὸ ἔχον, 有……的, 分词短语, 中性单数宾格。τοῦ ἐγκρατοῦς καὶ ἀκρατοῦς, 在自制者和不自制者身上, 名词性短语, 阳性单数属格, 限定 ἐπαινοῦμεν。

③ 进一步的原因从句。主谓语是 παρακαλεῖ, 它召唤, 现在时, 单数第三人称。ὀρθῶς, 正确地, 副词, 限定 παρακαλεῖ。ἐπὶ τὰ βέλτιστα, 朝向最好的事物, 介词短语, 限定 παρακαλεῖ。

④ 复合句。主句的主语是 ἄλλο τι, 另一个因素, 不定代词短语, 中性单数主格。动词是 φαίνεται, 似乎还有, 中动现在时, 单数第三人称。ἐν αὐτοῖς, 在他们那里, 介词短语, 限定 φαίνεται。αὐτοῖς, 他们, 指自制者和不自制者, 代词, 阳性复数与格。παρὰ τὸν λόγον πεφυκός, 自然地生长在逻各斯之外的, 分词短语, 中性单数主格。πεφυκός, 自然地生长, 分词, 完成时, 中性单数主格。ὃ, 关系代词, 指 ἄλλο τι, 引出定语从句, 在从句中作主语。动词是 μάχεται καὶ ἀντιτείνει, 反对和抵抗, 现在时, 单数第三人称。其间接性的宾语是 τῷ λόγῳ, 那个逻各斯, 名词短语, 阳性单数

ἀτεχνῶς γὰρ καθάπερ τὰ παραλελυμένα τοῦ σώματος μόρια εἰς τὰ δεξιὰ προαιρουμένων κινῆσαι τοὐναντίον εἰς τὰ ἀριστερὰ παραφέρεται,① καὶ ἐπὶ τῆς ψυχῆς οὕτως·② ἐπὶ τἀναντία γὰρ αἱ ὁρμαὶ τῶν ἀκρατῶν.③ ἀλλ' ἐν τοῖς σώμασι μὲν ὁρῶμεν τὸ παραφερόμενον, ἐπὶ δὲ τῆς ψυχῆς οὐχ ὁρῶμεν.④ ἴσως δ' οὐδὲν	因为，完全就像身体的麻痹部分[的情况]，当要向右移动时，它们偏偏错误地转向左边，灵魂中的情形[也是]这样；因为，不自制者的冲动[错误地移]向相反的方向。但是，在身体上我们看得到这种错误的转向，在灵魂中我们则看不到；然而[这里的错误]也许并不亚于[身体上的]，并且在灵魂中，我们应当认为有一个在	For, just as the paralysed parts of body, while people choose to move to the right, they swerve wrongly on to the left, and so [is the case] with soul; for the impulses of the incontinent [move wrongly] to the contrary directions. But we see the wrong-turning in bodies, whereas in soul we don't see; yet [it is] perhaps no less the case

---

与格。

① 原因从句。句首部分 ἀτεχνῶς καθάπερ τὰ παραλελυμένα τοῦ σώματος μόρια，完全就像身体的麻痹的部分的情形，副词短语作状语。ἀτεχνῶς，完全，副词，引导短语，限定整个句子。καθάπερ，就像，关系副词。τὰ παραλελυμένα τοῦ σώματος μόρια，身体的麻痹的部分，名词性短语，中性复数主格。τὰ μόρια，部分，名词短语。τοῦ σώματος，身体的，名词性短语，中性单数属格，限定 τὰ μόρια。παραλελυμένα，麻痹的，分词，完成时被动，限定 τὰ μόρια。

跟随的部分 εἰς τὰ δεξιὰ προαιρουμένων κινῆσαι，当(人们[指肢体麻痹者])选择向右移动时，独立分词短语，表伴随状况。προαιρουμένων，选择……，想……，分词，现在时中动，复数属格。其宾语是 κινῆσαι，移动，中动不定式。εἰς τὰ δεξιὰ，向右，介词短语，限定 κινῆσαι。

句子的主要结构是 εἰς τὰ ἀριστερὰ παραφέρεται，它们偏偏错误地转向左边。παραφέρεται，错误地转向，动词，现在时中动，单数第三人称。εἰς τὰ ἀριστερὰ，向左，介词短语，限定 παραφέρεται。τοὐναντίον，即 τὸ ἐναντίον，相反的，用作副词，表示动作的方向。

② 这里是上面长句的省略了句子主要结构的并列句，καὶ 并接上句。ἐπὶ τῆς ψυχῆς οὕτως，灵魂中的情形[也是]这样。

③ 上句最后部分的原因从句。主语是 αἱ ὁρμαὶ τῶν ἀκρατῶν，不自制者的冲动，名词短语，阴性复数主格。αἱ ὁρμαὶ，冲动，名词。动词 παραφερένται (转向)省略。ἐπὶ τἀναντία，向相反的方向，介词短语，限定省略的动词。

④ 并列句。μὲν...δὲ... 结构示意它们构成对照。第一句的主谓语是 ὁρῶμεν，我们看得到，虚拟语气，复数第一人称。宾语是 τὸ παραφερόμενον，错误转向，名词性分词短语，中被动，中性单数。ἐν τοῖς σώμασι，在身体上，介词短语，限定 ὁρῶμεν。

第二句的主谓语相同，但为否定式，οὐχ ὁρῶμεν，我们看不到。ἐπὶ δὲ τῆς ψυχῆς，而在灵魂那里，介词短语，限定 οὐχ ὁρῶμεν。

ἧττον καὶ ἐν τῇ ψυχῇ νομιστέον εἶναί τι παρὰ τὸν λόγον, ἐναντιούμενον τούτῳ καὶ ἀντιβαῖνον① (πῶς δ᾽ ἕτερον, οὐδὲν διαφέρει②).	逻各斯之外的东西,反对和抵抗着它(这另一个[是]怎样的,这并无不同)。	and we should assume [that there is] something in soul beside *logos*, going against and resisting *logos* (but how this part is makes no difference here).
λόγου δὲ καὶ τοῦτο φαίνεται μετέχειν, ὥσπερ εἴπομεν·③ πειθαρχεῖ γοῦν τῷ λόγῳ τὸ τοῦ ἐγκρατοῦς, ἔτι δ᾽ ἴσως εὐηκοώτερόν ἐστι τὸ τοῦ σώφρονος καὶ ἀνδρείου,④ πάντα	然而这个部分,如所说过的ᵉ,看来又分有逻各斯;在自制者那里它至少还服从逻各斯,在节制者或勇敢者身上它也许就更听从逻各斯,因为在所有事情上它与逻各斯说的都一样。然而	But this part seems to participate in *logos*, as we said; among the continent it at any rate obeys *logos*, and among the temperate and brave it is perhaps more obedient, for it speaks the same

25

---

① 并列句。第一句为省略句。指示代词与系动词省略。保留的部分是比较性的副词短语 οὐδὲν ἧττον,并不亚于……,比照的方面是身体方面的错误转向。ἴσως,也许,副词,限定 οὐδὲν ἧττον。
第二句是动形词 νομιστέον (应当认为) 无人称句。鉴于前面的讨论,逻辑主语可理解为我们。其宾语是 εἶναί,存在,不定式。其表语是 τι,某个东西,不定代词,中性单数主格。παρὰ τὸν λόγον,在逻各斯之外的,介词短语,限定 εἶναί。ἐναντιούμενον τούτῳ καὶ ἀντιβαῖνον,反对和抵抗着它(指 τὸν λόγον),独立分词短语,中性单数主格,逻辑主语是前面的 τι。ἐναντιούμενον,反对,分词,中性单数主格。ἀντιβαῖνον,抵抗,分词,中性单数主格。
② 省略复合句。主语从句主语是 ἕτερον,这另一个,形容词,中性单数主格。系动词省略。表语是 πῶς,怎样地,副词。主句的动词是 οὐδὲν διαφέρει,并无不同,现在时,单数第三人称。
③ 括号前的句子的转折并列句。简单句。主语是 τοῦτο,这个部分,中性单数主格。动词是 φαίνεται,看来,现在时,单数第三人称。其宾语是 μετέχειν,分有,不定式。μετέχειν 的宾语是 λόγου,逻各斯,阳性单数属格。ὥσπερ εἴπομεν,如所说过的,插入语。
④ 并列句。第一句的主语是 τὸ τοῦ ἐγκρατοῦς,在自制者那里的这个部分,名词性短语,中性单数主格。τὸ,定冠词,在这里表示这个部分。τοῦ ἐγκρατοῦς,自制的,名词性形容词短语,阳性单数属格,限定 τὸ。动词是 πειθαρχεῖ,服从,现在时,单数第三人称。宾语是 τῷ λόγῳ,逻各斯,阳或中性单数与格。γοῦν,至少,副词,限定 πειθαρχεῖ。
第二句的主语是 τὸ τοῦ σώφρονος καὶ ἀνδρείου,在节制者和勇敢者那里的这个部分,形式同于 τὸ τοῦ ἐγκρατοῦς。系动词是 ἐστι,是,单数第三人称。表语是 εὐηκοώτερον,更听话的,形容词比较级,中性单数主格。ἔτι δ᾽ ἴσως,也许就,副词短语,限定 ἐστι。

γὰρ ὁμοφωνεῖ τῷ λό-
γῳ.① φαίνεται δὴ καὶ τὸ
ἄλογον διττόν·② τὸ μὲν
γὰρ φυτικὸν οὐδαμῶς
κοινωνεῖν λόγου, τὸ δ᾽
30 ἐπιθυμητικὸν καὶ ὅλως
ὀρεκτικὸν μετέχει πως,
ᾗ κατήκοόν ἐστιν αὐτοῦ
καὶ πειθαρχικόν③ (οὕτω
δὴ καὶ τοῦ πατρὸς καὶ
τῶν φίλων φαμὲν ἔχειν
λόγον, καὶ οὐχ ὥσπερ
τῶν μαθηματικῶν④). ὅτι

这个反逻各斯的部分看来是两重性的；因为，那个植物性的部分一点儿也不参与逻各斯，另一个，即欲望以及一般意义的欲求的部分，则以某种方式，即以[一个人]是听从它的和服从的那种方式，分有[逻各斯]（以这种方式，我们说[一个人]有父亲的和朋友的逻各斯ᶠ，而不是[有]像数学那样的[逻

with *logos* on all matters. Yet the *alogos* part appears to be two folds; for the vegetative never shares in *logos*, whereas the division of desire and longing in general participates in [*logos*] in some way, as it is amenable and obedient [to *logos*] (in the way we say to have *logos* of father and friends, not the way to have *logos* of

---

① 从上述并列句第二句引出的原因从句。主谓语是 ὁμοφωνεῖ，它(指在节制者和勇敢者那里的这个部分)与……说得一样，现在时，单数第三人称。其间接性宾语是 τῷ λόγῳ，逻各斯，名词，阳性单数与格。πάντα，所有事情，形容词，中性复数宾语，此处做副词用，限定 ὁμοφωνεῖ。

② 简单句。δὴ 示意语气上的转折。主语是 τὸ ἄλογον，这个反逻各斯的部分，名词性短语，中性单数主格。动词是 φαίνεται，看来是，现在时，单数第三人称。表语是 διττόν，两重性的，形容词，中性单数主格。

③ 原因从句。并列句。μὲν...δ᾽... 结构示意它们构成对照。第一句的主语是 τὸ μὲν φυτικόν，那个植物性的部分，名词性短语，中性单数主格。动词是 οὐδαμῶς κοινωνεῖ，一点也不参与，现在时，单数第三人称。其宾语是 λόγου，逻各斯，阳性单数属格。

第二句的主语是 τὸ δ᾽ ἐπιθυμητικὸν καὶ ὅλως ὀρεκτικόν，那个欲望和一般意义的欲求的部分，名词性短语，中性单数主格。τὸ，那个部分。ἐπιθυμητικόν，欲望的，形容词，中性单数主格。ὅλως ὀρεκτικόν，一般意义的欲求的，形容词短语，中性单数主格。ὀρεκτικόν，欲求的，形容词。ὅλως，一般地说，副词，限定 ὀρεκτικόν。动词是 μετέχει πως，以某种方式分有，现在时，单数第三人称。πως，以某种方式，副词，限定 μετέχει（分有）。

由 πως 引出同位状语从句，ᾗ κατήκοόν ἐστιν αὐτοῦ καὶ πειθαρχικόν，以那种[一个人]是听从它的和服从的方式。ᾗ，以那种方式，关系代词，阴性单数与格，做从句的状语。从句主谓语是 ἐστιν，[一个人]是，单数第三人称。表语是 κατήκοόν ἐστιν αὐτοῦ καὶ πειθαρχικόν，听从它(指逻各斯)和服从的，形容词短语，中性单数主格。αὐτοῦ，它，指 λόγου，指示代词，阳性单数属格，做 κατήκοόν（听从的）的间接性宾语。πειθαρχικόν，服从的，形容词，中性单数主格。

④ 对上面 ᾗ 从句做进一步解说的同位状语从句。οὕτω，以这种方式，关系副词，引出状语从句，并在从句中做状语。复合句。第一句的主谓语是 φαμέν，我们说，现在时，复数第一人称。直接宾语当为某个人，省略。宾语补语是 ἔχειν λόγον，有逻各斯，不定式短语。λόγον 引出一个属格名词性短语 τοῦ πατρὸς καὶ τῶν φίλων，父亲的和朋友的，作为限定语。πατρός，父亲，阳性单数属格。τῶν φίλων，朋友的，形容词短语，阳性复数属格。

δὲ πείθεταί πως ὑπὸ λόγου τὸ ἄλογον, μηνύει καὶ ἡ νουθέτησις καὶ πᾶσα ἐπιτίμησίς τε καὶ παράκλησις.①

3a εἰ δὲ χρὴ καὶ τοῦτο φάναι λόγον ἔχειν, διττὸν ἔσται καὶ τὸ λόγον ἔχον,② τὸ μὲν κυρίως καὶ ἐν αὑτῷ, τὸ δ' ὥσπερ τοῦ πατρὸς ἀκουστικόν [τι].③

各斯]）。劝诫、所有的指责以及激励都表明，反逻各斯的部分在以某种方式被逻各斯说服[g]。

但是，如果必须表明这个部分是有逻各斯的，那么有逻各斯的部分 [就也] 是两重性的，一个部分在严格意义上和在自身中 [有]，另一个部分则是像听从父亲那样地 [有][h]。

mathematicians). The advice, and all reproof and exhortation shows that the *alogos* part is in some way persuaded by *logos*. But if [we] must present this part as having *logos*, the *logos*-having part will be also twofold, one section as [having *logos*] strictly and in itself, whereas the other as listening to father.

后一部分的主谓语相同，省略，οὐχ 示意句式为否定。ὥσπερ τῶν μαθηματικῶν，像数学的那样的[逻各斯]，副词短语，限定省略了的前置定冠词 ἔχειν λόγον（有逻各斯）。ὥσπερ，此处，像……那样的，关系副词 τῶν μαθηματικῶν，数学的，形容词短语，中性复数属格，限定省略了的 λόγον。

① 复合句。主句的主语是 ἡ νουθέτησις καὶ πᾶσα ἐπιτίμησίς τε καὶ παράκλησις，劝诫、所有的指责以及激励，并列名词短语，阴性单数主格。νουθέτησις，劝诫；πᾶσα ἐπιτίμησις，所有的指责；παράκλησις，激励，名词，阴性单数主格。动词是 μηνύει，表明，现在时，单数第三人称。μηνύει 引出一个宾语从句，由关系代词 ὅτι（那，那个）引导。从句的主语是 τὸ ἄλογον，那个反逻各斯的部分，名词短语，中性单数主格。动词是 πείθεται，被说服，现在时被动态，单数第三人称。πως，以某种方式，副词，限定 πείθεται。ὑπὸ λόγου，被逻各斯，介词短语，限定 πείθεται。

② 复合句。条件从句为 χρή（必须……）无人称句。其宾语是 φάναι…，表明……，不定式短语。φάναι 的宾语是 τοῦτο，这个部分，代词，中性单数宾格。补语是 λόγον ἔχειν，有逻各斯，不定式短语。

主句的主语是 τὸ λόγον ἔχον，有逻各斯的部分，名词性短语，中性单数主格。系动词是 ἔσται，是，将来是，单数第三人称。表语是 διττόν，两重性的，形容词，中性单数主格。

③ 上句主句 ἔσται διττόν 引出的进一步解释。并列名词性短语。μὲν…δὲ… 结构示意它们构成对照。第一个是 τὸ μὲν κυρίως καὶ ἐν αὑτῷ，一个部分在严格意义上和在自身中 [有]，名词性短语，省略了分词结构 λόγον ἔχον（有逻各斯）。κυρίως，在严格意义上，副词；ἐν αὑτῷ，在自身中，介词短语，共同限定省略了的分词 ἔχον。

第二个是 τὸ δ' ὥσπερ τοῦ πατρὸς ἀκουστικόν [τι]，另一个则 [是] 像听从父亲那样地 [有]，省略结构解释同上。ὥσπερ τοῦ πατρὸς ἀκουστικόν，像听从父亲那样地，关系副词短语，表方式，限定省略了的 λόγον ἔχον（有逻各斯）。τοῦ πατρὸς ἀκουστικόν，听从父亲的，名词性形容词短语。ἀκουστικόν，听从的，与上文 κατήκοον 近义。τοῦ πατρός，父亲，名词短语，阳性单数属格，做动形词 ἀκουστικόν 的间接性宾语。

διορίζεται δὲ καὶ ἡ ἀρετὴ κατὰ τὴν διαφορὰν ταύτην·① λέγομεν γὰρ
5 αὐτῶν τὰς μὲν διανοητικὰς τὰς δὲ ἠθικάς, σοφίαν μὲν καὶ σύνεσιν καὶ φρόνησιν διανοητικάς, ἐλευθεριότητα δὲ καὶ σωφροσύνην ἠθικάς.② λέγοντες γὰρ περὶ τοῦ ἤθους οὐ λέγομεν ὅτι σοφὸς ἢ συνετὸς ἀλλ᾽ ὅτι πρᾶος ἢ σώφρων·③ ἐπαινοῦμεν

德性也依据这个区别来区分；因为，我们把它们当中的一些称为理智的[德性]，而把另一些称为伦理习性的[德性]，[把]智慧、理解和明智[称为]理智的[德性]，而[把]慷慨与节制[称为]伦理习性的[德性]。因为，当我们说到[一个人的]伦理习性ⁱ的[德性]时我们不说[他是]智慧的或理解的，而是说[他是]温和的或节制

Yet the virtue is differentiated according to this division; for among them we call some intellectual while others ethical, and [we call] wisdom, understanding and practical wisdom intellectual [virtues], wheras liberality and temperance ethical [virtues]. For in speaking of [a man about his] ethical attribute we don't say

---

① 简单句。主语是 ἡ ἀρετὴ，德性，名词单数主格。动词是 διορίζεται，区分，现在时，中被动，单数第三人称。κατὰ τὴν διαφορὰν ταύτην，依据这个区别，介词短语，限定 διορίζεται。τὴν διαφορὰν，区别，名词短语，阴性单数宾格，做介词 κατὰ 的宾语。

② 原因从句。简单句。主谓语是 λέγομεν，我们把……称为……，现在时，复数第一人称。它引出两组宾语，并以 μὲν...δὲ... 结构示意每对之内的两个的对照关系，且两组宾语中又各自包含直接宾语与间接宾语或宾语补语。第一组是 αὐτῶν τὰς μὲν διανοητικὰς τὰς δὲ ἠθικάς，[把]它们当中的一些[称为]理智的[德性]，[把]另一些[称为]伦理的[德性]，名词短语，阴性单数宾格。两个相互对照的直接宾语是 τὰς μὲν 与 τὰς δὲ，一些，另一些，名词性短语，阴性复数宾格。αὐτῶν，它们，指德性，代词，阴性复数属格，限定 τὰς μὲν 与 τὰς δὲ。两个相互对照的间接性宾语是 διανοητικάς，理智的，形容词，阴性单数宾格，和 ἠθικάς，伦理的，形容词，阴性单数宾格。

第二组是对第一组的举例解释：σοφίαν μὲν καὶ σύνεσιν καὶ φρόνησιν διανοητικάς，ἐλευθεριότητα δὲ καὶ σωφροσύνην ἠθικάς，[把]智慧、理解和明智[称为]理智的[德性]，[把]慷慨与节制[称为]伦理的[德性]，名词短语，阴性单数宾格。其中包含两组相互对照的直接宾语。第一组：σοφίαν μὲν καὶ σύνεσιν καὶ φρόνησιν，智慧、理解和明智，名词短语。σοφίαν，智慧；σύνεσιν，理解；φρόνησιν，明智；阴性单数宾格。第二组：ἐλευθεριότητα δὲ καὶ σωφροσύνην，慷慨与节制，名词短语。ἐλευθεριότητα，慷慨，性单数宾格。σωφροσύνην，节制，阴性单数宾格。两个相互对照的间接宾语是 διανοητικάς（理智的）和 ἠθικάς（伦理的）与第一组中的两个间接宾语相同。

③ 上述第二组区分的原因从句。连动结构。开首部分，λέγοντες περὶ τοῦ ἤθους，在我们说到[一个人的]伦理习性时，独立分词短语，表明论说的语境。λέγοντες，我们说到，分词，现在时，阳性复数第一人称。περὶ τοῦ ἤθους，关于[一个人的]伦理习性，介词短语，限定 λέγοντες。τοῦ ἤθους，伦理习性，名词短语，中性单数属格，做介词 περὶ 的间接性宾语。ἤθους，伦理习性，名词，中性单数属格。

δὲ καὶ τὸν σοφὸν κατὰ τὴν ἕξιν, τῶν ἕξεων δὲ τὰς ἐπαινετὰς ἀρετὰς λέγομεν.①

的；而我们称赞一个智慧的人则[是]依据那种品性，但在他的品性之中，我们[只]把值得称赞的[品性]称为德性^j。

that [he is] wise or intelligent but that [he is] gentle or temperate; yet we praise the wise according to his character, but among his characters we take [only] the praiseworthy as virtues.

句子的主谓语是 οὐ λέγομεν..., ἀλλ'..., 我们不说……, 而说……, 现在时, 复数第三人称。在 οὐ λέγομεν... 部分，宾语从句是 ὅτι σοφὸς ἢ συνετὸς,[他是]智慧的或理解的, 从句的系动词省略。σοφὸς ἢ συνετὸς, 智慧的或理解的, 形容词短语, 阳性单数主格。在 ἀλλ'... 部分, 宾语从句是 ὅτι πρᾶος ἢ σώφρων,[他是]温和的或节制的, 系动词省略。πρᾶος ἢ σώφρων, 温和的或节制的, 形容词短语, 阳性单数主格。

① 并列句。δὲ 示意语气的转折。第一句的主谓语是 ἐπαινοῦμεν, 我们称赞, 现在时, 复数第一人称。宾语是 τὸν σοφὸν, 智慧的人, 名词短语, 阳性单数宾格。κατὰ τὴν ἕξιν, 依据他的品性, 介词短语, 限定 ἐπαινοῦμεν。τὴν ἕξιν, 他的品性, 指智慧的品性, 名词短语, 阴性单数宾格, 做介词 κατὰ 的宾语。

第二句的主谓语是 λέγομεν, 我们把……称为……, 现在时, 复数第三人称。宾语是 τὰς ἐπαινετὰς, 值得称赞的, 名词性短语, 阴性复数宾格。τῶν ἕξεων, 品性, 名词短语, 阴性复数属格, 限定 τὰς ἐπαινετὰς。间接宾语是 ἀρετάς, 德性, 名词, 阴性复数宾格。

巻 II

II

1

Διττῆς δὴ τῆς ἀρετῆς οὔσης, τῆς μὲν διανοητικῆς τῆς δὲ ἠθικῆς,① ἡ μὲν διανοητικὴ τὸ πλεῖον ἐκ διδασκαλίας ἔχει καὶ τὴν γένεσιν καὶ τὴν αὔξησιν,② διόπερ ἐμπειρίας δεῖται καὶ χρόνου,③ ἡ δ᾽ ἠθικὴ ἐξ ἔθους περιγίνεται,④ ὅθεν καὶ τοὔνομα ἔσχηκε μικρὸν παρεκκλῖνον ἀπὸ τοῦ ἔθους.⑤

那么，德性就是两种：理智的和伦理习性的ª，理智的[德性]主要通过教导生成和生长，所以需要经验和时间；伦理习性的[德性]则借助习惯生长并获得力量，因此，它也从"习惯"这个词借助微小演变ᵇ而得名ᶜ。

Virtue, then, being of two senses, the intellectual and the ethical, the intellectual for the most part owes its generation and growth to teaching, thus requires experience and time; the ethical grows and gets its strengths via habit, and then has derived its name with a slight variation from habit.

---

① 属格独立分词短语。逻辑主语是 τῆς ἀρετῆς，德性，名词，阴性单数属格。分词是 οὔσης，是，现在时，阴性单数属格。表语是 Διττῆς，两种意义上的，两重的，形容词，阴性单数属格。δὴ，语气词，可译作那么。接着举出它们各自的名称。第一个是 τῆς μὲν διανοητικῆς，理智的，名词短语，阴性单数属格。第二个是 τῆς δὲ ἠθικῆς，伦理习性的，阴性单数属格。μὲν...δὲ... 示意两者的对照。

② 并列句。μὲν...δὲ... 结构示意对照。这里是第一句。主语是 ἡ μὲν διανοητικὴ，理智的[德性]，名词性短语，阴性单数主格。动词是 ἔχει，获有，获得，现在时，单数第三人称。其宾语是 τὴν γένεσιν καὶ τὴν αὔξησιν，发生和发展，名词短语，阴性单数宾格。γένεσιν，产生。αὔξησιν，发展。τὸ πλεῖον ἐκ διδασκαλίας，主要通过教导，状语短语。ἐκ διδασκαλίας，通过教导，介词短语，限定 ἔχει。διδασκαλίας，教导，名词，阴性单数属格，做介词 ἐκ 的间接性宾语。τὸ πλεῖον，主要的，更多的，名词性形容词短语，中性单数宾格，这里做副词短语，限定 ἐκ διδασκαλίας。

③ 第一句引出的结论句。διόπερ，所以，连词。主语同前文，即 ἡ διανοητικὴ [理智的德性]。动词是 δεῖται，需要，现在时中动，单数第三人称。其宾语有二。一个是 ἐμπειρίας，经验，名词，阴性单数属格。另一个是 χρόνου，时间，名词，阳性单数属格。

④ 这里是第二句。主语是 ἡ δ᾽ ἠθική，伦理习性的[德性]。动词是 περιγίνεται，生长并获得力量，现在时中动，单数第三人称。ἐξ ἔθους，借助习惯，介词短语，限定 περιγίνεται。ἔθους，习惯，名词，中性单数属格，做介词 ἐξ（通过）的间接性宾语。

⑤ 第二句的延伸句。ὅθεν，因此，连接副词。主谓语是 ἔσχηκε，它获得，完成时，单数第三

ἐξ οὗ καὶ δῆλον ὅτι οὐδεμία τῶν ἠθικῶν ἀρετῶν φύσει ἡμῖν ἐγγίνεται·① οὐθὲν γὰρ τῶν φύσει ὄντων ἄλλως ἐθίζεται, ② οἷον ὁ λίθος φύσει κάτω φερόμενος οὐκ ἂν ἐθισθείη ἄνω φέρεσθαι, οὐδ' ἂν μυριάκις αὐτὸν ἐθίζῃ τις ἄνω ῥίπτων,③ οὐδὲ τὸ

那么显然,在伦理习性的德性中没有一种[是]由自然在我们身上[造成]的;因为,由自然造成的是者[d]没有一个能由于习惯变得别样,例如,石头由于自然而下落,不能被习惯改变成向上运动,一个人即使把它向上抛一万次也不能使它习惯于这样;火也不可

Hence it is clear that none of the ethical virtues engenders in us by nature; for none of the natural beings [can] be habitualized in another way, for instatnce, moving downward by nature, a stone could not be habituated to move upward, not even if one would habitualize

---

人称。其宾语是 τοὔνομα,其名称,τό ὄνομα 的合拼,名词,中性单数宾格。μικρὸν παρεκκλῖνον,微小的变化,分词短语,中性单数宾格,此处做副词用,限定 ἔσχηκε。παρεκκλῖνον,变化,变动,分词,现在时,中性单数宾格。μικρόν,微小的,形容词,中性单数宾格,限定 παρεκκλῖνον。ἀπὸ τοῦ ἔθους,从"习惯"这个词,介词短语,限定 ἔσχηκε。τοῦ ἔθους,习惯,名词短语,中性单数属格,做介词 ἀπό(此处,借助)的间接性宾语。ἔθους,习性,名词,中性单数属格。

① 简单句。承接上文引出结论。ἐξ οὗ,因此。οὗ,那个,关系代词,中性单数属格,由介词 ἐξ 引入,构成固定用法,意为因此。δῆλον(显然的)无人称句。实际主语是由 ὅτι(那个)引导的主语从句。从句的主语是 οὐδεμία,没有一种,否定性代词,阴性单数主格。τῶν ἠθικῶν ἀρετῶν,伦理习性的德性,名词短语,阴性复数属格,限定 οὐδεμία。ἠθικῶν,伦理习性的,形容词,阴性复数属格,限定 τῶν ἀρετῶν(德性)。动词是 ἐγγίνεται,造成,现在时中动,单数第三人称。ἡμῖν,我们,代词,复数与格,意为在我们身上,限定 ἐγγίνεται。φύσει,自然,名词,阴性单数与格,此处表示施动者,限定 ἐγγίνεται。

② 原因从句。主语是 οὐθέν,没有一个,否定性代词,中性单数主格。τῶν φύσει ὄντων,由自然造就的东西,名词性分词短语,中性复数属格,限定 οὐθέν。τῶν ὄντων,是者,事物,东西,分词短语。ὄντων,εἰμί 的分词,中性复数属格。动词是 ἐθίζεται,习惯成为,现在时中被动,单数第三人称。ἄλλως,另一样的,副词,限定 ἐθίζεται。

③ 原因从句的示例。οἷον,例如,关系代词,中性宾格,此处做连系副词,引出两个例证和一个推论。这里是第一个。并列句。第一句的主语是 ὁ λίθος,石头,名词,阳性单数主格。系动词是 οὐκ ἂν ἐθισθείη,不能被习惯改变成……,ἐθίζω 的不定过去时,单数第三人称,祈愿式被动。ἄν 语气词。表语是 ἄνω φέρεσθαι,向上运动的,不定式短语,现在时中动。φέρεσθαι,运动的,不定式。ἄνω,向上,副词,限定 φέρεσθαι。φύσει κάτω φερόμενος,由于自然而下落,分词短语,阳性单数主格。φερόμενος,运动,动词 φέρω 的现在分词。κάτω,向下,副词,限定 φερόμενος。φύσει,自然,名词,阴性单数宾格,做副词用,限定 κάτω φερόμενος。

第二句的主语是 τις,一个人,不定代词,阳性单数主格。动词是 οὐδ' ἂν αὐτὸν ἐθίζῃ,不能使它习惯于这样。ἐθίζῃ,使……习惯于,动词,现在时,虚拟式,单数第三人称。其宾语是 αὐτόν,它,代词,指石头,阳性单数宾格。μυριάκις … ἄνω ῥίπτων,上抛一万次,分词短语,表伴随情况。其逻

πῦρ κάτω,① οὐδ' ἄλλο οὐδὲν τῶν ἄλλως πεφυκότων ἄλλως ἂν ἐθισθείη.②	能向下，在其他的以一种自然的方式生长的事物之中也没有一个能被习惯改变成别样。	it by throwing it upward ten thousand times, nor [could] the fire [be habitualized to move] downward, nor could anything else grown by nature in one way be habitalized in another way.
οὔτ' ἄρα φύσει οὔτε παρὰ φύσιν ἐγγίνονται αἱ ἀρεταί,③ ἀλλὰ πεφυκόσι μὲν ἡμῖν δέξασθαι αὐτάς, τελειουμένοις δὲ διὰ τοῦ ἔθους.④	因此，德性既不出于自然，也不反乎自然地生成，相反，我们由于自然本性而接受它们，但通过习惯而完善［它们］°。	The virtues, therefore, engenders neither by nature nor against nature, rather, we [are] by nature to accept them yet complete [them] by habit.

25

辑主语是 τις。ῥίπτων，抛，分词，阳性主格。ἄνω，向上，副词，限定 ῥίπτων。μυριάκις，一万次，数词，用作副词，限定 ῥίπτων。

① 第二个示例。省略句。主语是 τὸ πῦρ，火，名词，中性单数主格。谓语部分省略。只保留否定词 οὐδὲ 和副词 κάτω（向下）。

② 对其他事物的推论。简单句。主语是 ἄλλο οὐδὲν，没有一个，否定性代词，中性单数主格。τῶν ἄλλως πεφυκότων，以一种方式自然生长的事物，名词性分词短语，中性复数属格，限定 ἄλλο οὐδὲν。πεφυκότων，自然生长的事物，φύω 的完成时分词，中性复数属格。ἄλλως，以一种方式，副词，限定 πεφυκότων。动词是 ἂν ἐθισθείη，能够被习惯改变成……，不定过去时，祈愿式被动，单数第三人称。ἄλλως，别样，副词，限定 ἂν ἐθισθείη。

③ ἄρα，因此，连词，承接上句。并列句。这里是第一句。主语是 αἱ ἀρεταί，德性，名词，阴性复数主格。动词是 ἐγγίγνομαι，生成，养成，现在时中动（表主动），复数第三人称。οὔτ' φύσει οὔτε παρὰ φύσιν，既不出于自然也不反乎自然，副词性短语，做状语，限定 ἐγγίγνομαι。οὔτ'…οὔτε…，既不……也不……。φύσει，自然，名词，阴性单数与格，此处做副词用。παρὰ φύσιν，反乎自然，介词短语。παρά，后加宾格时，在……之外而与之对照，可引申为相反，介词。φύσιν，自然，名词，阴性单数宾格，做 παρά 的宾语。

④ 这里是省略形式的第二句。ἀλλά，相反，而是这样的，转折承接第一句。与格＋蜕形动词谓述句。逻辑主语是 ἡμῖν，我们，代词，阳性复数与格。它引出两个蜕变的谓述部分，相互间以 μὲν…δὲ… 结构示意对照。第一个蜕变谓述部分是 δέξασθαι αὐτάς，接受它们，不定式短语，动宾结构。δέξασθαι，接受，动词，不定过去时不定式。其宾语是 αὐτάς，指 αἱ ἀρεταί。πεφυκόσι，自然性质，φύω 的完成时分词，复数与格，此处用作副词，限定 ἡμῖν（我们），意义是，由于自然的性质。第二个蜕形谓述部分是 τελειουμένοις διὰ τοῦ ἔθους，通过习惯而完善［它们］，分词短语，省略了 αὐτάς，它们，表伴随情况。τελειουμένοις，完善，现在时中动分词，阳性复数与格，与 ἡμῖν 一致。

ἔτι ὅσα μὲν φύσει ἡμῖν παραγίνεται,① τὰς δυνάμεις τούτων πρότερον κομιζόμεθα, ὕστερον δὲ τὰς ἐνεργείας ἀποδίδομεν②(ὅπερ ἐπὶ τῶν αἰσθήσεων δῆλον·③ οὐ γὰρ ἐκ τοῦ πολλάκις ἰδεῖν ἢ πολλάκις ἀκοῦσαι τὰς αἰσθήσεις ἐλάβομεν,④ ἀλλ' ἀνάπαλιν ἔχοντες ἐχρησάμεθα, οὐ χρησάμενοι ἔσχομεν⑤)·

其次,那些由于自然而在我们身上产生的东西,我们首先获得对于它们的能力,然后把它们展现在那些实现之中(这就感觉的例子来说[是]明显的;因为,我们不是通过反复看或反复听而获得这些感觉,恰恰相反,我们是拥有了而去运用[它们],而不是运用了而拥有[它们]);然而那些德性,我

Again, of the things engenered in us by nature, we first acquire the capacities of them, and then manifies [them by] the en-activities (this [is] clear in the case of senses; for, we do not grasp senses by seeing many times or hearing many times, but the contrary, we have and [then] use [them], not [that] we use and [then]

διὰ τοῦ ἔθους,通过习惯,介词短语,限定 τελειουμένοις。τοῦ ἔθους,习惯,名词,中性单数属格,做介词 διὰ 的间接性宾语。

① ἔτι,其次,小品词,示意与前文的接续关系。ὅσα μὲν φύσει ἡμῖν παραγίνεται,那些由于自然而在我们身上产生的东西,关系代词短语,中性复数宾格,做全句的前置状语。ὅσα,像那样的那些,关系代词宾格,引导一个定语从句,并在从句中做逻辑主语。从句的谓语是 παραγίνεται,产生,中动,单数第三人称。ἡμῖν,我们,代词,阳性与格,复数第一人称,此处做副词用。

② 简单句。主谓语有二。第一个是 κομιζόμεθα,我们获得,现在时中动,复数第一人称。其宾语是 τὰς δυνάμεις τούτων,对于它们的能力,阴性复数。δυνάμεις,能力,名词,阴性复数宾格。τούτων,它们,指前面的 ὅσα,复数属格,限定 τὰς δυνάμεις。πρότερον,首先,形容词,中性单数宾格,作副词,限定 κομιζόμεθα,与下面的 ὕστερον(然后)对照。第二个是 ἀποδίδομεν,我们展现……,现在时,复数第一人称。其逻辑宾语可以二解。一是 τὰς δυνάμεις,即展现那些能力,二是 τούτων 的所指,即上文的 ὅσα 短语。此处倾向第二解。τὰς ἐνεργείας,通过那些实现活动,名词,阴性复数,此处做状语,限定 ἀποδίδομεν。

③ 省略句。主语是 ὅπερ,这个,关系代词,中性单数主格,指上述的内容。系动词省略。表语是 δῆλον,明显的,形容词,中性单数主格。ἐπὶ τῶν αἰσθήσεων,ἐπὶ 加属格,就感觉的例子来说,介词短语,限定省略系动词的系表结构。αἰσθήσεων,感觉,名词,阴性复数属格,做 ἐπὶ 的间接性宾语。

④ 上句的原因从句。转折并列句。第一句的主谓语是 ἐλάβομεν,我们获得,动词 λαμβάνω 的不定过去时,复数第一人称。宾语是 τὰς αἰσθήσεις,这些感觉,名词,阴性复数。ἐκ τοῦ πολλάκις ἰδεῖν ἢ πολλάκις ἀκοῦσαι,不是通过反复看或反复听,介词 ἐκ 加属格冠词不定式的短语,限定 ἐλάβομεν。τοῦ ἰδεῖν,看,不定式短语,中性单数属格。ἰδεῖν,看,ὁράω 和 εἶδον 的不定过去时不定式。τοῦ ἀκοῦσαι,听,不定式短语,同上。πολλάκις,多次地,副词,限定上述两个不定式。

⑤ 这里是第二句。ἀλλ' ἀνάπαλιν,恰恰相反,转折连接副词。句子有两个谓述复数第一人称的动词和两个表伴随情况的分词,是由两个动词及其分词组成的相反组合。第一个谓述动词是

τὰς δ' ἀρετὰς λαμβάνομεν ἐνεργήσαντες πρότερον, ὥσπερ καὶ ἐπὶ τῶν ἄλλων τεχνῶν.① ἃ γὰρ δεῖ μαθόντας ποιεῖν, ταῦτα ποιοῦντες μανθάνομεν,② οἷον οἰκοδομοῦντες οἰκοδόμοι γίνονται καὶ κιθαρίζοντες κιθαρισταί·③ οὕτω δὲ καὶ τὰ μὲν δίκαια πράττοντες δίκαιοι γινόμεθα, τὰ δὲ σώφρονα σώφρονες, τὰ δ' ἀνδρεῖα ἀνδρεῖοι.④

们则是先去努力实现才获得的,就像在其他技艺上的情形一样;因为,[对于]要学习了才去做的事情,我们是通过做这些事来学会做的,比如,人们通过建造房子而成为建筑师,通过弹奏竖琴而成为竖琴手;同样,我们通过做正义的事而成为正义的人,[做]节制的事而[成为]节制的人,[做]勇敢的事而[成为]勇敢的人。

have [them]); yet we grasp virtues by en-acting them first, just as [we] do with other techniques; for, [of] the things we have to learn to do, we learn by doing them, for instance, [men] become builders by building and harpers by playing the harp; in the same way, we become just by doing the just things, temperate the temperate things, and brave the brave things.

ἐχρησάμεθα,我们运用,χράω 的不定过去时中动。相应的分词 ἔχοντες,拥有,现在时,阳性复数主格。第二个是 οὐ ἔσχομεν,而不是我们拥有,动词来自 ἔχω,获有,不定过去时中动。相应的分词 χρησάμενοι,运用,不定过去时,阳性复数主格。

① 简单句,此处,δ' 与上文 ὅσα μὲν 句中 μὲν 对照。主谓语是 λαμβάνομεν,我们获得,现在时,复数第一人称。宾语是 τὰς ἀρετὰς,那些德性,名词,阴性复数。ἐνεργήσαντες πρότερον,先去努力实现,分词短语,表伴随状况。ἐνεργήσαντες,努力实现,ἐνεργέω 的不定过去时分词,阳性复数主格。ὥσπερ,就像,连系副词,引导状语短语。ἐπὶ τῶν ἄλλων τεχνῶν,在其他技艺上的情形一样,介词短语,限定 ἐνεργήσαντες。τῶν ἄλλων τεχνῶν,其他技艺,名词短语,中性复数属格。

② 复合句。ἃ δεῖ μαθόντας ποιεῖν,对于要学习了才会去做的事情,宾格同位语从句。ἃ,那些(事情),关系代词,中性复数宾格,引导从句,并在从句中做宾语。从句为 δεῖ (要,应当)无人称句形式。δεῖ 的宾语是 ποιεῖν,去做,现在时不定式,其宾语为 ἃ。μαθόντας,学会了,不定过去时分词,阳性复数宾格,表伴随情况。主句的主谓语是 μανθάνομεν,我们学会,现在时,复数第一人称。ποιοῦντες,去做,现在时分词,表伴随情况,阳性复数主格。其宾语是 ταῦτα,那些事情,指 ἃ 从句所指的事情,代词,中性复数宾格。

③ οἷον,比如,承接上句。主谓语是 γίγνομαι,人们成为,现在时,复数第三人称。它连系两个表语。一个是 οἰκοδόμοι,建筑师,名词,阳性复数主格。οἰκοδομοῦντες,建造房子,现在时分词,阳性复数主格,表伴随情况。另一个是 κιθαρισταί,竖琴手,名词,阳性复数主格。κιθαρίζοντες,弹竖琴,现在时分词,阳性复数主格,表伴随情况。

④ οὕτω,同样,副词,续接上文的示例,连同跟随两个小品词 δὴ καὶ,过渡到德性方面的示例。简单句。主谓语是 γινόμεθα,我们成为,复数第一人称主格。γινόμεθα 引出三组结构相同的并列表述语。μὲν...δὲ... 示意它们的对照关系。第一组是 τὰ μὲν δίκαια πράττοντες δίκαιοι,通过做正

μαρτυρεῖ δὲ καὶ τὸ γι-
νόμενον ἐν ταῖς πόλε-
σιν.① οἱ γὰρ νομοθέται
τοὺς πολίτας ἐθίζοντες
ποιοῦσιν ἀγαθούς,②
καὶ τὸ μὲν βούλημα πα-
5 ντὸς νομοθέτου τοῦτ᾽
ἐστίν,③ ὅσοι δὲ μὴ εὖ
αὐτὸ ποιοῦσιν ἁμαρτά-
νουσιν,④ καὶ διαφέρει
τούτῳ πολιτεία πολι-
τείας ἀγαθὴ φαύλης.⑤

但是城邦中所发生的事
也见证了［这一点］；因
为，立法者通过塑造习
惯而使公民变好，并且，
这是所有立法者的愿
望，那些做不好这件事
的立法者则将错失其目
标，好政体就在这点上
区别于坏政体ᶠ。

Yet the fact in the city-states witnesses [this], too; for the lawgivers make the citizens good by habituating them, and this is the wish of all lawgivers, those who fail in doing this well will miss the mark, and it is in this that a good constitution differs from a bad one.

义的事［而成为］正义的人。δίκαιοι, 正义的人，名词，阳性复数主格。τὰ μὲν δίκαια πράττοντες, 通过做正义的事，分词短语，限定 γινόμεθα。πράττοντες, 做，现在时分词，阳性复数主格。第二组是 τὰ δὲ σώφρονα σώφρονες, 通过［做］节制的事［而成为］节制的人。第三组是 τὰ δ᾽ ἀνδρεῖα ἀνδρεῖοι, 通过［做］勇敢的事［而成为］勇敢的人。第二、三组结构同于第一组，省略了分词 πράττοντες。

① 简单句。主语是 τὸ γινόμενον, 所发生的事，名词性分词短语，中性单数主格。γινόμενον, 发生的事，现在时中被动分词，中性单数。ἐν ταῖς πόλεσιν, 在城邦中，介词短语，限定 τὸ γινόμενον。ταῖς πόλις, 城邦，名词，阴性复数与格，做介词 ἐν 的间接宾语。动词是 μαρτυρεῖ, 见证，μαρτυρέω 主动现在时，单数第三人称。宾语省略。

② 上句的原因从句。主语是 οἱ νομοθέται, 立法者，名词，阳性复数主格。动词是 ποιοῦσιν, 使……变得……，现在时，复数第三人称。其宾语是 τοὺς πολίτας, 公民，名词，阳性复数宾格。宾语补语是 ἀγαθούς, 好，形容词，阳性复数宾格。ἐθίζοντες, 塑造习惯，ἐθίζω 的主动分词，阳性复数，表方式。

③ 上面原因从句的并列句，由 καὶ 连接上句。它自身又是并列句。μέν...δέ... 结构示意它们构成对比。第一个子句的主语是 τοῦτ᾽, 这，特指代词，中性单数主格。系动词是 ἐστίν, 是，现在时，单数第三人称。表语是 τὸ βούλημα παντὸς νομοθέτου, 所有立法者的愿望，名词短语，中性单数主格。βούλημα, 愿望，名词，中性单数主格。παντὸς νομοθέτου, 所有立法者，名词短语，阳性单数属格，限定 βούλημα。

④ 这里是第二个子句。复合句。主语从句的主语是 ὅσοι, 那些人［指立法者］，关系代词，引导主语从句，在从句中做主语，并同时在主句中做主语。主语从句的动词是 ποιοῦσιν, 做，现在时，复数第三人称。其宾语是 αὐτὸ, 这点，指上面的 τοῦτ᾽。μὴ εὖ, 不好，没有做好，否定副词短语，限定 ποιοῦσιν。主句的动词是 ἁμαρτάνουσιν, 错失目标，现在时，复数第三人称。

⑤ 第二个子句的延伸部分。简单句。主语是 πολιτεία ἀγαθή, 好政体，名词短语，阴性单数主格。动词是 διαφέρει, 区别于，现在时，单数第三人称单数，接属格间接性宾语。πολιτείας φαύλης, 坏政体，形容词，阴性单数属格。τούτῳ, 在这点上，指示代词，中性单性与格，指前面所说的同样

ἔτι ἐκ τῶν αὐτῶν καὶ διὰ τῶν αὐτῶν καὶ γίνεται πᾶσα ἀρετὴ καὶ φθείρεται, ὁμοίως δὲ καὶ τέχνη·① ἐκ γὰρ τοῦ κιθαρίζειν καὶ οἱ ἀγαθοὶ καὶ κακοὶ γίνονται κιθαρισταί· ἀνάλογον δὲ καὶ οἰκοδόμοι καὶ οἱ λοιποὶ πάντες.② ἐκ μὲν γὰρ τοῦ εὖ οἰκοδομεῖν ἀγαθοὶ οἰκοδόμοι ἔσονται, ἐκ δὲ τοῦ κακῶς κακοί.③ εἰ γὰρ μὴ οὕτως εἶχεν, οὐδὲν ἂν ἔδει τοῦ διδά-

此外，所有德性都因为同一些事物，并通过同一些事物，而生成和毁灭，不过技艺也同样；因为，好琴师与坏琴师都出于操琴；建筑师及所有其他技匠也与此类似；因为，好建筑师是出于好的建筑活动，而蹩脚的［建筑师］则出于蹩脚的［建造活动］。因为，如果事情不是这样，就没有什么事情会与教授者有关了，而是，所有人就已经成了好的或蹩脚的［技匠］了。

Again, all virtue is produced and destroyed by and *via* the same things, yet likewise [every] technique; for good and bad harpers arise out of harping; yet the same is the case of builders and all the rest craftsmen; for good builders will come out of building well, whereas bad out of [buiding] badly. For were it not so, there would have been noth-

---

一点。

① ἔτι，此外，连词。并列句。第一句的主语是 πᾶσα ἀρετή，所有德性，名词短语，阴性单性主格。动词是 γίνεται καὶ φθείρεται，生成和毁灭，现在时被动态，单数第三人称。ἐκ τῶν αὐτῶν καὶ διὰ τῶν αὐτῶν，因为同一些事物，并通过同一些事物，并列介词短语，限定 γίνεται καὶ φθείρεται。αὐτῶν，同一些事物，代词，中性复数属格。第二句的主语是 τέχνη，技艺，名词，阴性单数主格。动词与介词短语同，省略。ὁμοίως δὲ，也同样，副词短语。δὲ，小品词，示意语气的某种转折。

② 上面第二句的原因从句。并列句。第一句的主语是 οἱ ἀγαθοὶ καὶ κακοὶ κιθαρισταί，好的和坏的琴师，名词短语，阳性复数主格。οἱ κιθαρισταί，琴师，名词，阳性复数主格。系动词是 γίνονται，由……而来，现在时中动，复数第三人称。表语是 ἐκ τοῦ κιθαρίζειν，出自操琴，介词短语。τοῦ κιθαρίζειν，操琴，名词性不定式短语，中性单数属格，做介词 ἐκ（出于）的间接性宾语。κιθαρίζειν，操琴，不定式。ἀνάλογον，类比的，类似的，形容词，中性单数宾格，这里作副词用，意思是类比地说，引入第二句。句子的主语是 οἰκοδόμοι καὶ οἱ λοιποὶ πάντες，建筑师与所有其他技匠，名词短语，阳性复数主格。οἰκοδόμοι，建筑师，名词，阳性复数主格。οἱ λοιποὶ πάντες 所有其他技匠，名词短语，阳性复数主格。系动词与相应表语省略。

③ 上面第二句的原因从句。结构仍然是并列句，μὲν...δὲ... 结构示意它们构成对照。第一句的主语是 ἀγαθοὶ οἰκοδόμοι，好建筑师，名词短语，阳性复数主格。动词是 ἔσονται，将是，将来时，复数第三人称。表语是 ἐκ τοῦ εὖ οἰκοδομεῖν，出于好的建筑活动，介词短语。τοῦ οἰκοδομεῖν，建筑活动，名词性不定式短语，做介词 ἐκ 的间接性宾语。εὖ，很好地，优秀地，副词，限定不定式 οἰκοδομεῖν。第二句的主语是 κακοί［οἰκοδόμοι］，蹩脚的［建筑师］，阳性复数主格。系动词省略。表语只保留 ἐκ τοῦ κακῶς，出于蹩脚的［建筑活动］。

ξοντος,① ἀλλὰ πάντες
ἂν ἐγίνοντο ἀγαθοὶ ἢ
κακοί.②

ing to do with teacher,
rather, all men would
have been good or bad
[craftsmen].

οὕτω δὴ καὶ ἐπὶ τῶν
ἀρετῶν ἔχει·③ πράττο-
ντες γὰρ τὰ ἐν τοῖς συ-
15 ναλλάγμασι τοῖς πρὸς
τοὺς ἀνθρώπους γινό-
μεθα οἱ μὲν δίκαιοι οἱ
δὲ ἄδικοι, ④ πράττοντες
δὲ τὰ ἐν τοῖς δεινοῖς καὶ
ἐθιζόμενοι φοβεῖσθαι ἢ

但德性的情形也是这样；
因为，通过在与人相关
的交往中做那些事情，
有人变得正义，有人则
变得不正义，通过在面
对可怕的事情时做那些
事情，并养成感受恐惧
或胆大方面的习惯，有
人成为勇敢者，有人则

But this is also true with
virtues; for, by doing
transactions with people
some become just where-
as some other unjust, and
by doing the things in
face of horrible situations
and by habituating us to
fear or to be confident

---

① 上述原因从句引出的原因从句。再次是并列句。第一句是复合句。条件从句的动词是 εἶχεν，获有，ἔχω 的未完成时，单数第三人称，在此处用作功能动词，逻辑主语是上述的情况。εἶχεν 后面接副词 οὕτως，这样，表状态。主句为省略复合句。主语为 οὐδέν，不存在什么事情，否定性代词，中性单数主格。动词是 ἂν ἔδει，必须，应该，δέω 的未完成时，虚拟语气，单数第三人称，要求属格宾语。其宾语是 τοῦ διδάξοντος，传授者，名词性分词短语，阳性单数属格。διδάξοντος，传授，διδάσκω 的将来时分词，阳性单数属格。
② 这里是第二句。由 ἀλλὰ 承接示意转折。主语是 πάντες，所有人，形容词，阳性复数主格。系动词是 ἂν ἐγίνοντο，已经成了，γίγνομαι 的未完成时，中动表主动，虚拟语气，复数第三人称。表语是 ἀγαθοὶ ἢ κακοί，好的或坏的，形容词，阳性主格复数。
③ 简单句。δὴ 表明语气的某种转折。句子的动词是 ἔχει，获有，功能动词。其逻辑主语是 [τὰ] ἐπὶ τῶν ἀρετῶν，德性中的情况，名词性短语，[τὰ] 此处被省略。ἐπὶ τῶν ἀρετῶν，德性方面的，介词短语，限定省略的 [τὰ]。οὕτω，这样，副词，跟随 ἔχει，表明状态。
④ 上句的原因从句。并列句。这里是第一句。开首是一个分词短语，πράττοντες γὰρ τὰ ἐν τοῖς συναλλάγμασι τοῖς πρὸς τοὺς ἀνθρώπους，通过在那些与人相关的交往中做那些事情，表伴随情况。πράττοντες，做，分词，现在时，阳性复数主格。其宾语是 τὰ（那些事情）引导的短语，τὰ，那些事情，冠词，中性复数宾格。ἐν τοῖς συναλλάγμασι，在那些交往中，介词短语，限定 τὰ。τοῖς συναλλάγμασι，那些交往，名词短语，中性复数与格，做介词 ἐν 的间接性宾语。τοῖς πρὸς τοὺς ἀνθρώπους，那些与人相关的，与格名词短语，τοῖς συναλλάγμασι 的同位语，做进一步说明。πρὸς τοὺς ἀνθρώπους，与人相关的，介词短语，限定 τοῖς。
句子的主干为 μὲν...δὲ... 结构的对照并列句。前句的主语是 οἱ，有的人，阳性复数主格。系动词是 γίγνομαι，成为，变得，中动表主动，现在时，复数第一人称。表语为 δίκαιοι，正义的人，名词，阳性复数主格。后句的主语相同。系动词省略。表语是 ἄδικοι，不正义的人，名词，阳性复数主格。

θαρρεῖν οἱ μὲν ἀνδρεῖοι οἱ δὲ δειλοί·① ὁμοίως δὲ καὶ τὰ περὶ τὰς ἐπιθυμίας ἔχει καὶ τὰ περὶ τὰς ὀργάς·② οἱ μὲν γὰρ σώφρονες καὶ πρᾶοι γίνονται, οἱ δ᾽ ἀκόλαστοι καὶ ὀργίλοι,③ οἱ μὲν ἐκ τοῦ οὑτωσὶ ἐν αὐτοῖς ἀναστρέφεσθαι, οἱ δὲ ἐκ τοῦ οὑτωσί·④ καὶ ἑνὶ

成为懦夫；欲望⁸方面的事情与忿怒方面的事情也同样；因为，有人变得节制和温和，有人则变得放纵和愠怒，前者［是］由于［他们］在那些事情上以那种［节制或温和的］方式去掌握自己，后者则［是］由于他们以那种［放纵的和愠怒的］方式［去掌握

some [become] brave people whereas some other coward; the same are the things with desires and the things with angers; for, some become temperate and gentle, whereas some other intemperate and irascible, the former [become so] because of their behaving

---

① 这里是第二句。开首是与第一句的相应的分词短语。分词短语有两个部分。第一个部分是 πράττοντες δὲ τὰ ἐν τοῖς δεινοῖς，通过在面对可怕的事情时做那些事情。主动分词 πράττοντες 同于上句。其宾语同样是 τὰ，指那些事情。ἐν τοῖς δεινοῖς，在面对可怕的事情时，介词短语，限定 τὰ。δεινοῖς，可怕的，形容词，中性复数与格。第二个部分是 καὶ ἐθιζόμενοι φοβεῖσθαι ἢ θαρρεῖν，并养成感受恐惧或胆大方面的习惯。ἐθιζόμενοι，养成……的习惯，ἐθίζω 的中被动分词，现在时，阳性复数主格，表伴随情况。后面接不定式短语 φοβεῖσθαι ἢ θαρρεῖν，去感受恐惧或胆大。φοβεῖσθαι，感受恐惧，φοβέω 的被动不定式，现在时。θαρρεῖν，胆大，θαρσέω 的主动不定式，现在时。

句子的主干是省略并列句，仍以 μὲν...δὲ... 结构对照。第一句的主语是 οἱ，有的人，阳性复数主格。系动词同于第一句，省略。表语为 ἀνδρεῖοι，勇敢的人，形容词，阳性复数主格。第二句的主语相同。系动词省略。表语是 δειλοί，懦夫、怯懦的人，形容词，阳性复数主格。

② 简单句。主语是 τὰ περὶ τὰς ἐπιθυμίας，欲望方面的事情，和 τὰ περὶ τὰς ὀργάς，忿怒方面的事情，两个短语都是 τὰ περὶ... 结构，以 περὶ 介宾短语限定 τὰ，名词性短语，中性复数主格。τὰς ἐπιθυμίας，欲望，名词，阴性复数宾格；τὰς ὀργάς，忿怒，名词，阴性复数宾格，两个名词都分别给介词 περὶ 做宾语。句子的谓语是 ὁμοίως ἔχει，也同样。ἔχει，获有，此处做功能动词(其他两种用法分别是系动词和及物动词)，现在时，单数第三人称，加副词 ὁμοίως（同样），直接做谓述。

③ 上句的原因从句。μὲν...δὲ... 结构对照并列句。第一句的主语是 οἱ，有人。系动词是 γίνονται，成为、变得。表语是 σώφρονες καὶ πρᾶοι，节制的和温和的，形容词短语，阳性复数主格。第二句的主语相同。系动词省略。表语是 ἀκόλαστοι καὶ ὀργίλοι，放纵的和愠怒的，形容词短语，阳性复数主格。

④ 上面原因从句的同位语并列句，μὲν...δὲ... 对照结构，与上面相应部分同位。并列句。第一句的主语是 οἱ，指上句中前一种人，系表结构同于前面相应部分，省略。ἐκ τοῦ... ἀναστρέφεσθαι，由于那样……掌握自己，介词＋名词化不定式短语，限定被省略的系表结构。τοῦ...ἀναστρέφεσθαι，那样……掌握自己，名词化不定式短语，阳性单数属格。ἀναστρέφεσθαι，掌握自己，不定式，来自动词 ἀναστρέφω，由前缀 ἀνα- 和 στρέφω 组成，现在时，中动表主动。οὑτωσί，以那种［节制的和温和的］方式，副词，限定 ἀναστρέφεσθαι。ἐν αὐτοῖς，在那些事情上，介

δὴ λόγῳ ἐκ τῶν ὁμοίων ἐνεργειῶν αἱ ἕξεις γίνονται.①

自己];一句话,出自那样的实现,品性就变得那样。

themselves in the [temperate and gentle] way on those matters, whereas the latter in the [intemperate and irascible] way; in a word, out of like en-activities comes the like characters.

διὸ δεῖ τὰς ἐνεργείας ποιὰς ἀποδιδόναι·② κατὰ γὰρ τὰς τούτων διαφορὰς ἀκολουθοῦσιν αἱ ἕξεις.③ οὐ μικρὸν οὖν διαφέρει τὸ οὕτως ἢ οὕτως εὐθὺς ἐκ νέων ἐθίζεσθαι,④ ἀλλὰ πά-

因此,我们应当使实现呈现为特定样式的;因为,品性跟随实现上的这些区别而来。因此,从小就这样还是那样地养成习惯区别可不小,而是非常重大,更好[的说法是],[是]全部区别

Hence we must present the en-activities [in] certain manner; for, characters come after the differences of these en-activities. Therefore, it makes no small difference whether to

25

词短语,限定 ἀναστρέφεσθαι。
第二句的主语同样是 οἱ,后者。系表结构同于前面的相应部分,省略。ἐκ τοῦ..., ἐκ τοῦ... ἀναστρέφεσθαι 的省略式,那样……掌握自己。οὑτωσί,以那种[放纵的和愠怒的]方式,与第一句的相同部分在意义上构成对照。
① ἑνὶ λόγῳ,一句话,阳或中性与格名词短语,常用作插入语。简单句。主语是 αἱ ἕξεις,那些品性,指上面提到的那些获得的性质,名词,阴性复数主格。系动词是 γίνονται,成为,变得,现在时,复数第三人称。表语是 ἐκ τῶν ὁμοίων ἐνεργειῶν,出自那样的实现,介词短语,限定 γίνονται。τῶν ὁμοίων ἐνεργειῶν,那样的实现,名词,阴性复数属格,做 ἐκ 的间接性宾语。ὁμοίων,同样的,形容词,阴性复数属格,限定 ἐνεργειῶν。
② διὸ,因此,连词,承接上面的并列原因句引出结论。由 δεῖ(应该,必须)引出的无人称句,隐含的主语是我们。δεῖ 的宾语是 ἀποδιδόναι,使……呈现为……,现在时不定式,来自 ἀποδίδωμι。其宾语是 τὰς ἐνεργείας,那些实现活动,名词,阴性复数宾格。其间接宾语或宾语补语是 ποιὰς,特定样式的,形容词,阴性复数宾格。
③ 上句的原因从句。简单句。主语是 αἱ ἕξεις,那些品性。动词是 ἀκολουθοῦσιν,跟随而来,来自动词 ἀκολουθέω,现在时,复数第三人称。κατὰ τὰς τούτων διαφορὰς,依据实现上的这些区别,介词短语,限定 ἀκολουθοῦσιν。τὰς διαφορὰς,这些区别,名词,阴性复数宾格,做介词 κατὰ 的宾语。τούτων,这些实现上的,代词,阴性复数属格,限定 τὰς διαφορὰς。
④ οὖν,因此,连词,引出结论。主语是 τὸ...ἐθίζεσθαι...,养成……习惯,名词性不定式短语,中性单数主格。ἐθίζεσθαι,不定式,现在时,中被动,来自 ἐθίζω。οὕτως ἢ οὕτως,这样还是那样地,

μπολυ, μᾶλλον δὲ τὸ 所在ʰ。
πᾶν.①

cultivate habits from the childhood in this way or that way, but very big difference, rather, all the difference.

副词短语,限定 ἐθίζεσθαι。ἐκ νέων,从小,介词短语,限定 ἐθίζεσθαι。νέων,小的,形容词,中性复数属格,做介词的间接性宾语。指年轻和年幼之时。εὐθὺς,直接,径直,副词,限定 ἐκ νέων。谓语动词是 διαφέρει,区别,现在时,单数第三人称。οὐ μικρὸν,不小,副词,限定 διαφέρει。μικρὸν,微小,形容词,中性单数宾格,这里做副词用。

① 这里是由 οὐ μικρὸν 引出的对照的并列副词性状语,ἀλλὰ 示意这是一个转折并列句的保留的状语成分。有两个部分。第一个是 πάμπολυ,非常大,副词,由形容词 πάν(所有,中性单数)和形容词 πολύ(许多,中性单数)组成,和 μικρὸν 构成对照。第二个是 τὸ πᾶν,那全部的[区别],名词性短语,中性单数宾格,这里做副词用。μᾶλλον δὲ,然而更好[的说法是],插入语。μᾶλλον,更,形容词,μάλα 的比较级,中性单数宾格,这里做副词用。δὲ,小品词,示意某种转折,这里示意一种比 "十分重大" 更好的说法。

2

Ἐπεὶ οὖν ἡ παροῦσα πραγματεία οὐ θεωρίας ἕνεκά ἐστιν ὥσπερ αἱ ἄλλαι① (οὐ γὰρ ἵν' εἰδῶμεν τί ἐστιν ἡ ἀρετὴ σκεπτόμεθα,② ἀλλ' ἵν' ἀγαθοὶ γενώμεθα,③ ἐπεὶ οὐδὲν ἂν ἦν ὄφελος αὐτῆς④), ἀναγκαῖον ἐπισκέψασθαι τὰ περὶ τὰς πράξεις, πῶς πρακτέον αὐτάς·⑤ αὗται γάρ εἰσι

因此，既然现在在做的事情不像其他事情那样是为着思辨的(因为，我们探究不是为了知道德性是什么，而是为了我们成为好人，既然[否则]在这种研究中就没有什么东西有帮助)ᵇ，就必须去探究实践方面的事情，[探究]在实践上应当怎样去做；因为，如所说过的ᵇ，它们

Since, therefore, the ongoing business is not for the sake of theory as other studies (for, we examine not in order that we could know what virtue is, but that we could become good men, since [otherwise] there would be no help in this examination), it is necessary to examine the matters

---

① 复合句。这里是让步从句。Ἐπεὶ，既然，连词，引导从句。主语是 ἡ παροῦσα πραγματεία，现在在做的事情，名词短语，阴性单数主格。πραγματεία，所做的事情，名词。παροῦσα，现在进行着的，πάρειμι 的现在时分词，阴性单数主格。系动词是 οὐ ἐστιν，不是，现在时，单数第三人称。表语是 θεωρίας ἕνεκά，为着思辨的，介词短语。ἕνεκά，为着……，介词，后置于属格名词。θεωρίας，名词，阴性单数属格。ὥσπερ αἱ ἄλλαι，像那些其他研究那样，介词短语，限定系表结构。

② 括弧里是让步从句的插入的原因从句。复合句。主句主谓语是 σκεπτόμεθα，我们研究，现在时，复数第一人称。οὐ...ἀλλ'...（不是……而是……）结构引出并列目的从句。这里是第一句。οὐ ἵν'，不是为了……，连词，引出目的从句。从句的主谓语是 εἰδῶμεν，我们知道，完成时动词 οἶδα（看到，知道）的虚拟式，复数第一人称。εἰδῶμεν 引出宾语从句 τί ἐστιν ἡ ἀρετή，德性是什么，或，什么是德性。宾语从句的主语是 ἡ ἀρετή，德性。系动词是 ἐστιν，是，单数第三人称。表语是 τί，什么。

③ 这里是第二句。主谓语是 γενώμεθα，我们成为，现在时虚拟式，复数第一人称。表语是 ἀγαθοὶ，好人，形容词，做名词使用，阳性复数主格。

④ 这里是第二句引申的让步从句。ἐπεὶ，既然[否则]，引导第二个让步从句。主语是 οὐδὲν，没有东西，否定代词，中性单数主格。αὐτῆς，它，代词，指上文中 ἡ παροῦσα πραγματεία（现在在做的事情），阴性单数属格，限定 οὐδὲν。系动词是 ἂν ἦν，εἰμί 的未完成时，虚拟语气，单数第三人称。表语是 ὄφελος，帮助，名词，中性单数主格。

⑤ 这里是主句，接括弧前面的让步从句。ἀναγκαῖον（必须）引导的无人称句。逻辑主语是 ἐπισκέψασθαι，去探究……，ἐπισκέπτομαι 的不定过去时中动式不定式。其宾语是 τὰ περὶ τὰς

II.2

κύριαι καὶ τοῦ ποιὰς γενέσθαι τὰς ἕξεις, ① καθάπερ εἰρήκαμεν.②

Τὸ μὲν οὖν κατὰ τὸν ὀρθὸν λόγον πράττειν κοινὸν καὶ ὑποκείσθω③ (ῥηθήσεται δ' ὕστερον περὶ αὐτοῦ, καί τί ἐστιν ὁ ὀρθὸς λόγος, καὶ πῶς ἔχει πρὸς τὰς ἄλλας ἀρετάς④). ἐκεῖνο

主宰着那些品性将成为怎样的ᶜ。

因此,"要按照正确的逻各斯ᵈ去做"先要被作为共同的[看法]确定下来(不过,有关这一点,以及,有关这个正确的逻各斯是什么,以及它与其他德性有怎样的关系[的问题],将以后ᵉ

about practices, [to examine] how to do in these practices; for, they dominate the sort the characters will become, as we have said.

To practice in conformity with the right *logos*, therefore, is common [for us] and must be taken for granted (yet [questions] about it, and, about what the right *logos* is, and how it is relat-

04a

πράξεις, 实践方面的那些事情, 冠词 + 介词短语名词性短语, 中性复数宾格。τὰς πράξεις, 实践, 名词, 中性复数宾格, 做介词 περὶ 的宾语。ἐπισκέψασθαι 还引出一个宾语从句, πῶς πρακτέον αὐτάς, 在实践上应当怎样去做。πρακτέον, 应当去做, πράσσω 的动形词, 无人称, 表主动。πῶς, 怎样, 副词, 限定 πρακτέον。αὐτάς, 这些, 代词, 指 πρᾶξις, 阴性复数宾格, 此处做副词用, 限定 πρακτέον。

① 从上句引出的原因从句。主语是 αὗται, 它们, 代词, 指实践, 中性复数主格。系动词是 εἰσί, 是, 现在时, 复数第三人称。表语是 κύριαι, 主宰者, 名词, 阴性复数主格。τοῦ ποιὰς γενέσθαι τὰς ἕξεις, 品性将成为什么样的, 属格冠词 + 不定式名词性短语, 限定 κύριαι, 属格为它所需要。γενέσθαι, 将成为, 不定式过去时不定式, 中动。其逻辑主语是 τὰς ἕξεις, 品性, 阴性复数宾格。其表语是 ποιάς, 怎样的, 形容词, 阴性复数宾格。逻辑主语与表语呈宾格形式, 示意它们是一宾语从句弱化而来。

② καθάπερ εἰρήκαμεν, 如所说过的, 插入语。εἰρήκαμεν, 所说过的, 动词 ἐρῶ 的完成时, 复数第一人称。

③ μὲν οὖν, 因此, 连词, 引出一个结论。祈使句。逻辑主语是 τὸ...κατὰ τὸν ὀρθὸν λόγον πράττειν, 要按照正确的逻各斯去做, 冠词 + 不定式名词化短语, 中性单数宾格。τὸ...πράττειν, 去做, 不定式。κατὰ τὸν ὀρθὸν λόγον, 按照正确的逻各斯, 介词短语, 限定 πράττειν。τὸν ὀρθὸν λόγον, 正确的逻各斯, 名词短语, 阳性单数宾格, 做介词 κατὰ (按照, 遵循) 的宾语。ὀρθὸν, 正确的, 形容词, 阳性单数宾格, 限定 λόγον。祈使动词是 ὑπόκειμαι, 先要被确定下来, 单数第三人称, 被动。κοινὸν, 共同的[看法], 形容词, 中性单数宾格, 此处用作副词, 意义是, 作为共同的看法。

④ 简单句。主语有三个成分。第一个是 [τὰ] περὶ αὐτοῦ, 有关这一点, 引导冠词省略, 保留介词短语。αὐτοῦ, 这一点, 代词, 指上面的"要按照正确的逻各斯去做"这句话, 中性单数属格, 做介词 περὶ 的间接性宾语。καὶ 连接第二个成分, τί ἐστιν ὁ ὀρθὸς λόγος, 这个正确的逻各斯是什

δὲ προδιομολογείσθω,① ὅτι πᾶς ὁ περὶ τῶν πρακτῶν λόγος τύπῳ καὶ οὐκ ἀκριβῶς ὀφείλει λέγεσθαι,② ὥσπερ καὶ κατ' ἀρχὰς εἴπομεν③ ὅτι κατὰ τὴν ὕλην οἱ λόγοι ἀπαιτητέοι·④ τὰ δ' ἐν ταῖς πράξεσι καὶ τὰ συμφέροντα οὐδὲν 5 ἑστηκὸς ἔχει,⑤ ὥσπερ

再谈）。然而，这一点也要预先确定下来：所有相关于实践的逻各斯只能以概要的、不精确的方式来谈论，就像我们一开始就说过的[f]，那些逻各斯要符合其题材；而实践方面的事情和利益的事情不含有什么确定不变的东西，就像健康方面的事情一样。

ed to other virtues, will be discussed later). But this again must be pressumed beforehand, that *logos* about preactices is bound to be discussed roughly and inaccurately, just as we said at the beginning that the *logoi* [are to accord] with the matter; but the things in

---

么，主语从句。其主语是 ὁ ὀρθὸς λόγος，这个正确的逻各斯。系表结构是 τί ἐστιν，是什么。第三个是 πῶς ἔχει πρὸς τὰς ἄλλας ἀρετάς，它与其它德性有怎样的关系，这是第二个成分的延伸部分。ἔχει πρός...，与……有关联，有关系。

句子的动词是 ῥηθήσεται，将再谈，ἐρῶ 的被动将来时，单数第三人称。ὕστερον，以后，副词，限定 ῥηθήσεται。

① 祈使句。δὲ 示意语气转折。逻辑主语是 ἐκεῖνο，这一点，代词，指跟随的主语从句的内容，中性单数主格。祈使动词是 προδιομολογέομαι，要预先确定下来，被动，单数第三人称。

② ὅτι，那，关系代词，引导 ἐκεῖνο 的同位主语从句。从句的主语是 πᾶς ὁ περὶ τῶν πρακτῶν λόγος，所有相关于实践的逻各斯，名词短语，阳性单数主格。πᾶς，所有的，形容词，阳性单数主格。περὶ τῶν πρακτῶν，相关于实践的，介词短语，限定 ὁ λόγος（逻各斯）。πρακτῶν，实践的，形容词，中性复数属格。动词是 ὀφείλει，必须要，现在时，单数第三人称，后面加不定式。λέγεσθαι，谈，λέγω 的现在时被动不定式。τύπῳ καὶ οὐκ ἀκριβῶς，以概要的和不精确的方式，副词性短语，限定 λέγεσθαι。τύπῳ，概要，名词，阳性单数与格，这里用作副词。οὐκ ἀκριβῶς，不精确地，副词。

③ ὥσπερ（正如）接续上句引出其方式从句。复合句。主句的主谓语是 εἴπομεν，我们说过，εἶπον 的不定过去时，复数第一人称。其宾语从句见下注。κατ' ἀρχὰς，一开始，介词短语，限定 εἴπομεν。ἀρχὰς，开始，名词，阴性复数宾格，做介词 κατ' 的宾语。

④ ὅτι 引出宾语从句。转折并列句。这里是第一句。主语是 οἱ λόγοι，那些逻各斯，名词，阳性复数主格。系动词省略。表语是 ἀπαιτητέοι，被要求……的，动词 ἀπαιτέω 的动形词，阳性复数主格。κατὰ τὴν ὕλην，符合其题材，介词短语，限定 ἀπαιτητέοι。τὴν ὕλην，那种题材，名词，阴性单数宾格，做介词 κατὰ 的宾语。

⑤ 这里是第二句。主语是两个并列的冠词 τὰ 引导的名词性短语。第一个是 τὰ δ' ἐν ταῖς πράξεσι，实践方面的事情，中性复数主格。第二个是 τὰ συμφέροντα，利益的事情，中性复数主格。συμφέροντα，利益的，συμφέρω 的现在分词。系动词是 ἔχει，含有，获有，现在时，单数第三人称。表语是 οὐδὲν，没有什么，否定代词，中性复数主格。ἑστηκὸς，确定不变的，形容词，中性复数主格，限定 οὐδὲν。

οὐδὲ τὰ ὑγιεινά.①

τοιούτου δ' ὄντος τοῦ καθόλου λόγου,② ἔτι μᾶλλον ὁ περὶ τῶν καθ' ἕκαστα λόγος οὐκ ἔχει τἀκριβές·③ οὔτε γὰρ ὑπὸ τέχνην οὔθ' ὑπὸ παραγγελίαν οὐδεμίαν πίπτει,④ δεῖ δ' αὐτοὺς ἀεὶ τοὺς πράττοντας τὰ πρὸς τὸν καιρὸν

而且,[既然]总体上讲的逻各斯是这样的,那种有关具体事情的逻各斯就更不含有这种精确性了;因为那些具体事情既不属于技艺范畴,也完全不属于规则范畴,而实践者必须总是自己去考察那些相关于时机的细节,就如医疗

practices and expediencies have nothing fixed, any more than the things of health. The general *logos* being of this sort, still less has the *logos* about particulars the accuracy; for those particulars do not fall under the case of technique, nor under the case of any precept, yet the practicers themselves always have to

---

① ὥσπερ（就像）引出省略了的方式从句。这个句子省略了成分,补全应当是,οὐδὲ τὰ ὑγιεινά ἑστηκὸς ἔχει,健康也不含有稳定不变的东西。

② 复合句。这里是呈现为独立属格分词短语的省略的条件句。δ' 示意语气的转折。主语是 τοῦ καθόλου λόγου,从总体上讲的逻各斯,阳性单数属格。系动词分词是 ὄντος,是,现在分词,阳性单数属格。表语是 τοιούτου,这样的,同样是阳性单数属格。

③ 这里是主句。ἔτι μᾶλλον,更甚,连接副词,与前面一句比较。主语是 ὁ περὶ τῶν καθ' ἕκαστα λόγος,那种有关具体事情的逻各斯,名词短语,阳性单数主格。ὁ λόγος,那种逻各斯,名词,阳性单数主格。περὶ τῶν καθ' ἕκαστα,有关具体事情的,介词短语,限定 ὁ λόγος。τῶν καθ' ἕκαστα,具体事情的,冠词+介词短语结构,中性复数属格,做介词的间接宾语。καθ' ἕκαστα,依照具体(个别)的,介词短语,限定 τῶν。ἕκαστα,具体,个别,形容词,中性复数宾格,做 καθ' 的宾语。谓语动词为 οὐκ ἔχει,不获有,不含有,现在时,单数第三人称。其宾语是 τἀκριβές,τὸ ἀκριβές 的合拼,这种精确性,形容词,中性单数宾格,加冠词 τὸ 成为名词。

④ 上句的原因从句。转折并列句。这里是第一句。主语是上文中的 ὁ περὶ τῶν καθ' ἕκαστα λόγος,阳性单数主格。罗斯（Ross[1925, 1980], 30;[2011], 25,),爱尔温（Irwin[1985], 20），和绝大多数英译者的理解读作上文中名词短语 ὁ περὶ τῶν καθ' ἕκαστα λόγος 中的［τὰ］τῶν καθ' ἕκαστα,具体的事情,名词性短语,中性复数主格。虽然从语句句法方面看此解读有些勉强,但从上下文来看较为合理。动词是 πίπτει,落入,πίπτω 的现在时,单数第三人称。ὑπὸ...πίπτει 是固定的用法,意义是,属于……的范畴。πίπτει 引出两个 ὑπὸ... 结构,以 οὔτε...οὔθ'...（既不……也不……）并列方式呈现。第一个是 οὔτε ὑπὸ τέχνην,既不属于技艺范畴,否定性的介词短语,限定 πίπτει。τέχνην,技艺,名词,阴性单数宾格,做介词 ὑπὸ 的宾语。第二个是 οὔθ' ὑπὸ παραγγελίαν οὐδεμίαν,也完全不属于规则范畴,性质同上。παραγγελίαν,规则,阴性单数宾格,做介词 ὑπὸ 的宾语。οὐδεμίαν,没有任何,形式上是阴性单数宾格形容词,在这里是否定性副词,起加强语气作用。

σκοπεῖν,① ὥσπερ καὶ ἐπὶ τῆς ἰατρικῆς ἔχει καὶ τῆς κυβερνητικῆς.② ἀλλὰ καίπερ ὄντος τοιούτου τοῦ παρόντος λόγου πειρατέον βοηθεῖν.③

Πρῶτον οὖν τοῦτο θεωρητέον,④ ὅτι τὰ τοιαῦτα πέφυκεν ὑπ' ἐνδείας καὶ ὑπερβολῆς φθείρεσθαι⑤ (δεῖ γὰρ ὑπὲρ τῶν ἀφανῶν τοῖς

上和航海上的情况那样。但是，尽管当下谈到的逻各斯是这样的，我们还是要尽力有所帮助ᵍ。

因此，首先必须来思考这样一点，即这样一些事情自然地倾向于被不及与过度所毁灭（因为，我们必须用可见的东西作为不可见的东

examine the things about the timing, as is the case of medicine and navigation. But although the present *logos* being of this sort, we must do our best to help.

First of all, therefore, we must think of this, that these things naturally tend to be destroyed by deficiency and excess (for, we have

---

① 这里是第二句。δ' 示意语气的转折。这是由 δεῖ（必须）引导的无人称句。逻辑主语是 αὐτοὺς ἀεὶ τοὺς πράττοντας，实践者自己，阳性复数宾格。δεῖ 的宾语是 σκοπεῖν，去考察，不定式，现在时。ἀεὶ，经常，总是，副词，限定 σκοπεῖν。σκοπεῖν 的宾语是 τὰ πρὸς τὸν καιρόν，那些与时机有关的事情，名词性短语，冠词+介词短语结构，中性复数宾格。πρὸς τὸν καιρόν，与时机有关的，介词短语，限定 τὰ。καιρόν，时机，名词，阳性单数宾格。

② 由上句引出的方式从句，由关系副词 ὥσπερ（就如）引入。主谓语是 ἔχει，获有，掌握，此处,[具有]……的情况,现在时，单数第三人称。ἐπὶ τῆς ἰατρικῆς καὶ τῆς κυβερνητικῆς，医疗上和航海上的，介词短语，限定 ἔχει。τῆς ἰατρικῆς，医疗，名词性短语，阴性单数属格，做 ἐπὶ 的间接性宾语。ἰατρικῆς，医疗的，形容词，阴性单数属格，加冠词 τῆς 而名词化。τῆς κυβερνητικῆς，航海，同上。

③ 省略复合句。由 ἀλλὰ 转折承接前句。让步从句由 καίπερ（尽管）引入，呈现为一个属格分词独立短语。逻辑主语是 τοῦ παρόντος λόγου，当下谈到的那种逻各斯，名词短语，样性单数属格。παρόντος，当下谈到的，πάρειμι 的现在分词，阳性单数属格，限定 τοῦ λόγου。ὄντος，是，分词系动词，阳性单数属格。表语是 τοιούτου，这样的，中性单数属格。主句是动形词+不定式 πειρατέον βοηθεῖν 构成的无人称句的省略式。πειρατέον，要尽力，动形词，来自动词 πειράω。其宾语是 βοηθεῖν，做得有所帮助，不定式，来自动词 βοηθέω。

④ οὖν，因此，连词，引出下文。由动形词 θεωρητέον（必须要思考）引出的无人称句。πρῶτον，首先，形容词，中性单数宾格，用作副词，限定 θεωρητέον。θεωρητέον 引出宾语 τοῦτο，这样一点，代词，中性单数宾格。

⑤ ὅτι 引导的 τοῦτο 的同位宾语从句。这里是主句。主语是 τὰ τοιαῦτα，这样一些事情，中性复数宾格。动词是 πέφυκεν，自然地倾向于，φύω 的完成时，单数第三人称。其宾语是 φθείρεσθαι，毁灭，φθείρω 的被动不定式。ὑπ' ἐνδείας καὶ ὑπερβολῆς，被不及和过度，介词短语，限定 φθείρεσθαι。ἐνδείας，不及，名词，阴性单数属格，做介词的间接性宾语。ὑπερβολῆς，过度，同上。

φανεροῖς μαρτυρίοις χρῆσθαι①), ὥσπερ ἐπὶ τῆς ἰσχύος καὶ τῆς ὑγιείας ὁρῶμεν·② τά τε γὰρ ὑπερβάλλοντα γυμνάσια καὶ τὰ ἐλλείποντα φθείρει τὴν ἰσχύν, ③ ὁμοίως δὲ καὶ τὰ ποτὰ καὶ τὰ σιτία πλείω καὶ ἐλάττω γινόμενα φθείρει τὴν ὑγίειαν, ④ τὰ δὲ σύμμετρα καὶ ποιεῖ καὶ αὔξει καὶ σῴζει.⑤ οὕτως οὖν καὶ ἐπὶ σωφροσύνης καὶ ἀνδρείας

西的见证），就像我们在体力上与健康上看到的一样；因为，过度和过少的锻炼都损害体力，同样，饮食过多和过少都损害健康，而适合的［饮食］才造成、增进和保持［它］。

所以，节制、勇敢和其他德性方面情形也同样是

to use the visible [as] witnesses for the invisible), just as we see in the case of strength and health; for, both the excessive and deficient exercises destroy strength, likewise, drinking and eating too much or too little destroys health, whereas the appropriate quantities create, increase, and preserve [it]. The same, then, is the case of temperance, cour-

---

① 括弧里的部分是上句的插入的原因从句。δεῖ（必须）引导的无人称句。δεῖ 后接不定式 χρῆσθαι，用，中动现在时。其间接性的宾语是 τοῖς φανεροῖς，可见的东西，形容词，中性复数与格。μαρτυρίοις，见证，名词，中性复数与格。ὑπὲρ τῶν ἀφανῶν，为那些不可见的事物，介词短语，限定 χρῆσθαι。ἀφανῶν，不可见的，形容词，中性复数属格，做介词 ὑπέρ 的间接性宾语。

② 这里是括弧前的同位语从句引出的方式状语从句，由 ὥσπερ 引导。主谓语是 ὁρῶμεν，我们看到，现在时，复数第一人称。ἐπὶ τῆς ἰσχύος καὶ τῆς ὑγιείας，从体力和健康中，介词短语，限定 ὁρῶμεν。τῆς ἰσχύος，体力，名词，阴性单数属格，做的间接性宾语。τῆς ὑγιείας，健康，同前者。

③ 从上面引出的原因从句。转折并列句。这里是第一句。主语是 τά τε ὑπερβάλλοντα γυμνάσια καὶ τὰ ἐλλείποντα，过度或过少的锻炼，名词短语，中性复数主格。γυμνάσια，锻炼，名词，中性复数主格。ὑπερβάλλοντα，过多地进行，现在时分词，中性复数主格。ἐλλείποντα，过少地进行，现在时分词，中性复数主格。动词是 φθείρει，损害，现在时，单数第三人称。其宾语是 τὴν ἰσχύν，体力，名词阴性单数宾格。

④ 这里是第二句。ὁμοίως，同样，副词，承接上句。主语是 τὰ ποτὰ καὶ τὰ σιτία πλείω καὶ ἐλάττω γινόμενα，饮食过多或过少，名词性分词短语，中性复数主格。γινόμενα，变得，现在时分词，中性复数主格。其主语是 τὰ ποτὰ καὶ τὰ σιτία，饮料和食物，名词短语，中性复数主格。πλείω καὶ ἐλάττω，过多和过少的，形容词短语，中性复数宾格，此处用做副词，限定 γινόμενα。动词是 φθείρει，损害，现在时，单数第三人称。其宾语是 τὴν ὑγίειαν，健康，名词，阴性单数宾格。

⑤ 这里是第二句的延伸部分，并构成它的转折并列句。主语是 τὰ δὲ σύμμετρα，适合的［饮食］，名词性短语，中性复数主格。σύμμετρα，适合的，形容词，中性复数主格。动词是 ποιεῖ καὶ αὔξει καὶ σῴζει，造成、增进和保持，现在时，单数第三人称。它们的宾语是上面提到的 τὴν ὑγίειαν，省略。

ἔχει καὶ τῶν ἄλλων ἀρετῶν·① ὅ τε γὰρ πάντα φεύγων καὶ φοβούμενος καὶ μηδὲν ὑπομένων δειλὸς γίνεται,② ὅ τε μηδὲν ὅλως φοβούμενος ἀλλὰ πρὸς πάντα βαδίζων θρασύς·③ ὁμοίως δὲ καὶ ὁ μὲν πάσης ἡδονῆς ἀπολαύων καὶ μηδεμιᾶς ἀπεχόμενος ἀκόλαστος,④ ὁ δὲ πᾶσαν φεύγων, ὥσπερ οἱ ἄγροικοι, ἀναίσθητός τις.⑤ φθείρεται δὴ ἡ

这样;因为,那个所有事情都躲避、害怕和不能坚持的人,就[成为]懦夫;那个什么都不害怕,所有事情都迎面而上的人,就[成为]莽汉;同样,一个对所有快乐都沉溺,一点儿都不放过的人,就[成为]放纵的人,而一个对所有[快乐]都躲避的人,就如那些乡巴佬那样,就[成为]某种冷漠的人。所以,节制与勇敢都为过度与不及所毁灭,而为

age and other virtues; for, he who escapes, fears, and never endures anything becomes a coward; he who fears nothing at all and steps onward everything [becomes] a rash; and likewise, one who indulges in all pleasures and abstains from nothing [becomes] an intemperate, whereas one who escapes all [pleasures], as those boors [do], [becomes] some insensi-

① 简单句。οὖν 承接上文。句子的谓述结构是 ἐπί... ἔχει,……的情形也是,呈无人称形式。动词是 ἔχει,获有,有……的情形,现在时,单数第三人称。οὕτως,这样,副词,限定 ἔχει。ἐπὶ σωφροσύνης καὶ ἀνδρείας καὶ τῶν ἄλλων ἀρετῶν,节制、勇敢和其他德性方面的,介词短语,限定 ἔχει。σωφροσύνης,节制,名词,阴性单数属格,做介词 ἐπί 的间接性宾语。ἀνδρείας,勇敢,同前者。τῶν ἄλλων ἀρετῶν,其他德性,名词短语,阴性复数属格。
② 并列句。这里是第一句。主语是 ὅ τε γὰρ πάντα φεύγων καὶ φοβούμενος καὶ μηδὲν ὑπομένων,一个所有事情都躲避、害怕和不能坚持的人,名词性短语,阳性单数主格。ὅ,那个人,指示代词,阳性单数主格,引导短语。φεύγων,躲避,主动态分词;φοβούμενος,害怕,φοβέω 的中被动分词;μηδὲν ὑπομένων,不能坚持,主动分词,现在时,阳性单数主格,表 ὅ 的状况。它们的共同宾语是 πάντα,所有事情,代词,中性复数宾格。句子的系动词是 γίνεται,成为,现在时,单数第三人称。表语是 δειλός,懦夫,形容词,阳性单数主格。
③ 这里是第二句。主语是 ὅ τε μηδὲν ὅλως φοβούμενος ἀλλὰ πρὸς πάντα βαδίζων,一个什么都不害怕,所有事情都迎面而上的人,名词性短语,阳性单数主格。ὅ,那个人,同上句。μηδὲν ὅλως φοβούμενος,什么都不害怕,与上句对照;βαδίζων,走向,迎面而上,主动分词,现在时,阳性单数主格。句子的系动词 γίνεται 省略。表语是 θρασύς,莽汉,形容词,阳性单数主格。
④ 承接上句的又一组并列句。ὁ μέν...ὁ δέ... 对照结构。这里是第一句。主语是 ὁ μὲν πάσης ἡδονῆς ἀπολαύων καὶ μηδεμιᾶς ἀπεχόμενος,一个对所有快乐都沉溺,对什么都不节制的人,名词短语,阳性单数主格。ἀπολαύων,沉溺,主动分词;μηδεμιᾶς ἀπεχόμενος,一点儿都不放过,中动分词;现在时,阳性单数主格。它们的共同间接性宾语是 πάσης ἡδονῆς,所有快乐,名词短语,阴性单数属格。句子的系动词省略。表语是 ἀκόλαστος,放纵的人,形容词,阳性单数主格。
⑤ 这里是第二句。主语是 ὁ δὲ πᾶσαν φεύγων,一个对所有[快乐]都躲避的人,名词短语,阳

σωφροσύνη καὶ ἡ ἀν-
δρεία ὑπὸ τῆς ὑπερβο-
λῆς καὶ τῆς ἐλλείψεως,
ὑπὸ δὲ τῆς μεσότητος
σῴζεται.①

Ἀλλ' οὐ μόνον αἱ
γενέσεις καὶ αὐξήσεις
καὶ αἱ φθοραὶ ἐκ τῶν
αὐτῶν καὶ ὑπὸ τῶν
αὐτῶν γίνονται,② ἀλλὰ
καὶ αἱ ἐνέργειαι ἐν
τοῖς αὐτοῖς ἔσονται·③
καὶ γὰρ ἐπὶ τῶν ἄλ-
λων τῶν φανερωτέρων

适度状态所保存[h]。

但是，不仅它们的产生、成长与它们的毁灭都出于这同样一些事情，并且被这同样一些事情[造成]，而且它们的实现也将在于这同样一些事情上；因为，在其他那些较为可见的事物方面，比如在体力方面，

ble man. The temperance and the courage, then, are destroyed by the excess and the deficiency, and preserved by the mean.

But not only their genesis, growths and their destructions come from and by these same things, but their en-activities will also consist in these same things; for [we see] the same in the more visible things, for

---

性单数主格。ὥσπερ οἱ ἄγροικοι，就如那些乡巴佬那样，插入语。οἱ ἄγροικοι，那些乡巴佬，形容词短语，阳性复数主格。系动词 γίνεται 省略。表语是 ἀναίσθητός τις，某种冷漠的或没有感觉的人，形容词短语，阳性主格单数。

① 简单句。主语是 ἡ σωφροσύνη καὶ ἡ ἀνδρεία，节制和勇敢，名词短语，阴性单数主格。动词有两个。第一个是 φθείρεται，毁灭，φθείρω 的被动式，现在时，单数第三人称。跟随的小品词 δή，如苏斯密尔（Susemihl）所指出的，或者当为 δέ，或者后面当加上一个 γάρ 或一个其它的小品词，因为后面跟随的是冠词 ἡ（参见莱克汉姆[1926]，76, n. 2）。ὑπὸ τῆς ὑπερβολῆς καὶ τῆς ἐλλείψεως，被过度与不及，介词短语，限定 φθείρεται。τῆς ὑπερβολῆς，过度；τῆς ἐλλείψεως，不及，名词，阴性单数属格，作介词 ὑπὸ（被……）的间接性宾语。

第二个动词是 σῴζεται，保存，σῴζω 的被动式，现在时，单数第三人称。ὑπὸ τῆς μεσότητος，被适度，介词短语，限定 σῴζεται。μεσότητος，适度状态，名词，阴性单数属格，做介词 ὑπὸ 的间接性宾语。

② 并列句。Ἀλλ' 示意与上文构成转折。οὐ μόνον...ἀλλὰ... 示意这两句的转折并列关系。这里是第一句。主语是 αἱ γενέσεις καὶ αὐξήσεις καὶ αἱ φθοραί，它们的产生、成长与它们的毁灭，名词短语，阴性复数主格。γένεσις，产生；αὔξησις，成长，增大；φθορά，毁灭，名词，阴性复数主格。动词是 γίνομαι，成为，现在时，复数第三人称。它引出两个介词短语作表语。第一个是 ἐκ τῶν αὐτῶν，出于这同样一些事情。τῶν αὐτῶν，这同样一些事情，代词短语，中性复数属格，做介词 ἐκ 的间接性宾语。第二个是 ὑπὸ τῶν αὐτῶν，被这同样一些事情[造成]。结构同第一个。οὐ μόνον，不仅仅，副词短语，限定 γίνονται。

③ 这里是第二句。主语是 αἱ ἐνέργειαι，它们的实现活动，名词，阴性复数主格。动词是 ἔσονται，将是，εἰμί 的将来时，复数第三人称。ἐν τοῖς αὐτοῖς，在这同样一些事情上，介词短语，限定 ἔσονται。αὐτοῖς，同样一些事情，指上面的 αὐτῶν 的所指，中性复数与格。

οὕτως ἔχει, οἷον ἐπὶ τῆς ἰσχύος·① γίνεται γὰρ ἐκ τοῦ πολλὴν τροφὴν λαμβάνειν καὶ πολλοὺς πόνους ὑπομένειν, ② καὶ μάλιστα ἂν δύναιτ᾿ αὐτὰ ποιεῖν ὁ ἰσχυρός.③ οὕτω δ᾿ ἔχει καὶ ἐπὶ τῶν ἀρετῶν·④ ἔκ τε γὰρ τοῦ ἀπέχεσθαι τῶν ἡδονῶν γινόμεθα σώφρονες, καὶ γενόμενοι μάλιστα δυνάμεθα ἀπέχεσθαι αὐτῶν·⑤ ὁμοίως δὲ

也是这样；因为，体力来自多吃食物和多经受劳动，并且有体力的人就最能够做这些事情。

不过，那些德性方面的情况也是这样；因为，我们通过远离那些快乐而成为节制的人，而成为了［这样的人］我们就最能远离它们；在勇敢方面也一样；因为，我们通

instance, in strength; for, one becomes strong by eating much food and enduring much work, and the strong man will be most capable to do these things.

Yet the same is [true] of virtues; for, by abstaining from pleasures we become temperate, and having become [so] we are most able to abstain from them; and likewise

---

① 简单句。καὶ γὰρ, 并且, 连介词, 承接上句, γὰρ 在此处没有实义。动词 ἔχει+ἐπὶ... 无人称谓述结构, 表明在……方面的情况也是如此。ἔχει, 获有, 存有, 现在时, 单数第三人称。ἐπὶ ἄλλων τῶν φανερωτέρων, 在其他那些较为可见的事物方面, 介词短语。φανερωτέρων, 可见的, 形容词比较级, 中性复数属格, 做介词 ἐπὶ 的间接性宾语。οἷον ἐπὶ τῆς ἰσχύος, 比如在体力方面, 插入语。οἷον, 比如, 副词, 引入插入语。ἐπὶ τῆς ἰσχύος, 在体力方面, 介词短语, 限定副词 οἷον。τῆς ἰσχύς, 体力, 名词, 阴性单数属格, 做介词 ἐπὶ 的间接性宾语。οὕτως, 这样, 同样, 副词, 限定 ἔχει + ἐπὶ... 谓述结构。

② 上句引出的原因从句。并列句。这里是第一句。主谓语是 γίνεται, (一个人) 成为 (有体力的), 中动现在时, 单数第三人称。ἐκ τοῦ πολλὴν τροφὴν λαμβάνειν καὶ πολλοὺς πόνους ὑπομένειν, 通过多吃食物和多经受劳动, 介词短语, 限定 γίνεται。τοῦ πολλὴν τροφὴν λαμβάνειν καὶ πολλοὺς πόνους ὑπομένειν, 多吃食物和多经受劳动, 名词化不定式短语。πολλὴν τροφὴν λαμβάνειν, 多吃食物, 不定式短语。λαμβάνειν, 吃, 现在时不定式。其宾语是 πολλὴν τροφὴν, 多的食物, 名词短语, 阴性单数宾格。ὑπομένειν, 经受, 做, 现在时不定式。其宾语是 πολλοὺς πόνους, 多的劳动, 名词短语, 阳性复数宾格。

③ 这里是第二句。主语是 ὁ ἰσχυρός, 有体力的人, 名词性短语, 阳性单数主格。ἰσχυρός, 有体力的, 强壮的, 形容词, 阳性单数主格。动词是 ἂν δύναιτ᾿, 能去……, δύναμαι 的祈愿式中动, 单数第三人称。μάλιστα, 最, 副词最高级, 限定 δύναιτ᾿。δύναιτ᾿ 引出宾语短语 αὐτὰ ποιεῖν, 做这些事情, 不定式短语。ποιεῖν, 做, 现在时不定式。其宾语是 αὐτὰ, 这些事情, 指上面的多吃食物, 多做劳动。

④ 简单句。δ᾿ 示意轻微转折。仍然是 οὕτως ἔχει + ἐπὶ... (……也是这样的) 无人称谓述结构。ἐπὶ τῶν ἀρετῶν, 在那些德性方面, 介词短语, 在 ἔχει 之后构成实存事实谓述。

⑤ 上句的原因从句。并列句。第一句主谓语是 γινόμεθα, 我们成为, 现在时, 阳性复数主

καὶ ἐπὶ τῆς ἀνδρείας·① ἐθιζόμενοι γὰρ καταφρονεῖν τῶν φοβερῶν καὶ ὑπομένειν αὐτὰ γινόμεθα ἀνδρεῖοι,② καὶ γενόμενοι μάλιστα δυνησόμεθα ὑπομένειν τὰ φοβερά.③

过培养自己藐视并经受可怕事情的习惯而成为勇敢的人,而成为了[这样的人]我们就最能经受那些可怕的事情ⁱ。

of courage; for, by being habituated to disdain terrible things and to endure them we become courageous, and having become [so] we are most able to endure terrible things.

格。表语是 σώφρονες,节制的,形容词,阳性复数主格。ἐκ τοῦ ἀπέχεσθαι τῶν ἡδονῶν,通过远离那些快乐,介词短语,限定 γινόμεθα。τοῦ ἀπέχεσθαι τῶν ἡδονῶν,远离那些快乐,名词性不定式短语,中性单数属格,做介词 ἐκ 的间接性宾语。ἀπέχεσθαι,远离,ἀπέχω 的中动现在时不定式。τῶν ἡδονῶν,那些快乐,名词,阴性复数属格,所指在上文中未加明确。

第二句的主语是 γενόμενοι,成为了[这样]的人,γίγνομαι 的不定过去时分词,阳性复数主格。动词是 δυνάμεθα,我们能……,阳性复数主格。它引出不定式宾语短语 ἀπέχεσθαι αὐτῶν,远离它们。αὐτῶν,它们,指上文 τῶν ἡδονῶν,做不定式 ἀπέχεσθαι 的间接性宾语。

① 简单句。δὲ 在此承接上句的转折语气。仍然是 οὕτως ἔχει + ἐπὶ……谓述结构(……也是这样的)无人称谓述结构。ἔχει 省略。ἐπὶ τῆς ἀνδρείας,在勇敢方面,介词短语,在省略的 ἔχει 之后构成实存事实谓述。τῆς ἀνδρείας,勇敢,名词,阴性单数属格,做介词 ἐπὶ 的间接性宾语。

② 上句的原因从句。并列句。这里是第一句。主谓语是 γινόμεθα,我们成为,阳性复数主格。表语是 ἀνδρεῖοι,勇敢的,形容词,阳性复数主格。γινόμεθα 引出一个很长的分词短语 ἐθιζόμενοι γὰρ καταφρονεῖν τῶν φοβερῶν καὶ ὑπομένειν αὐτὰ,通过使我们养成藐视那些可怕事物并经受它们的习惯。ἐθιζόμενοι,使我们养成……习惯,分词,中被动现在时,阳性复数主格。其宾语为两个不定式短语。第一个是 καταφρονεῖν τῶν φοβερῶν,藐视那些可怕事物。καταφρονεῖν,藐视,现在时不定式。τῶν φοβερῶν,那些可怕事物,名词性形容词短语,中性复数属格,做 καταφρονεῖν 的间接性宾语。第二个是 ὑπομένειν αὐτὰ,经受它们。ὑπομένειν,经受,现在时不定式。其宾语是 αὐτὰ,它们,代词,中性复数宾格。

③ 这里是第二句。主谓语是 δυνησόμεθα,我们能,阳性复数主格。μάλιστα,最,副词最高级,限定 δυνησόμεθα。δυνησόμεθα 引出不定式宾语短语 ὑπομένειν τὰ φοβερά,经受那些可怕事物。τὰ φοβερά,那些可怕事物,名词短语,中性复数宾格,做不定式 ὑπομένειν(经受)的宾语。

ⁱ γενόμενοι,成为了[这样的人],γίγνομαι 的不定过去时分词,阳性复数主格,表伴随情况。

3

Σημεῖον δὲ δεῖ ποι-
εῖσθαι τῶν ἕξεων τὴν
ἐπιγινομένην ἡδονὴν
ἢ λύπην τοῖς ἔργοις.④
ὁ μὲν γὰρ ἀπεχόμενος
τῶν σωματικῶν ἡδονῶν
καὶ αὐτῷ τούτῳ χαίρων
σώφρων, ὁ δ' ἀχθόμε-
νος ἀκόλαστος,② καὶ ὁ
μὲν ὑπομένων τὰ δεινὰ
καὶ χαίρων ἢ μὴ λυπού-
μενός γε ἀνδρεῖος, ὁ δὲ
λυπούμενος δειλός.③

然而，跟随着活动的快乐或痛苦必须被看作是品性的表征；因为，远离那些肉体快乐并对这样做感到高兴的人[是]节制的，而[对这样做]感到烦恼的人则[是]放纵的，同时，经受住可怕的事情且[对这样做]感到高兴或不感到痛苦的人[是]勇敢的，而感到痛苦的人则[是]怯懦的。因为，伦理德性是相关于快乐和

Yet pleasure or pain following activities must be taken as a sign of characters; for, he who abstains from bodily pleasures and is glad in doing this [is] temperate, whereas he who is annoyed [at it] intemperate, and, he who endures terrible things and delights or feels no pain [in doing this is] courageous, whereas he who

---

④ δεῖ（应当，必须）引导的无人称句。δεῖ引出不定式 ποιεῖσθαι，……被看作，被动，现在时。其逻辑主语是 τὴν ἐπιγινομένην ἡδονὴν ἢ λύπην τοῖς ἔργοις，跟随着活动的快乐或痛苦，名词短语，阴性单数宾格。τὴν ἡδονὴν ἢ λύπην，快乐或痛苦，名词短语，阴性单数宾格。ἐπιγινομένην…τοῖς ἔργοις，跟随着活动的，分词短语，阴性单数宾格。ἐπιγινομένην，跟随，ἐπιγίγνομαι 的中动现在分词，阴性单数宾格。其间接性的宾语是 τοῖς ἔργοις，活动，名词，中性复数与格。ποιεῖσθαι 的表语是 σημεῖον，表征，名词，中性单数宾格。τῶν ἕξεων，那些品质，名词，阴性复数属格，限定 σημεῖον。

② 上句的原因从句。转折并列句，ὁ μὲν…ὁ δ'…对照结构。第一句的主语是 ὁ μὲν ἀπεχόμενος τῶν σωματικῶν ἡδονῶν καὶ αὐτῷ τούτῳ χαίρων，远离那些肉体快乐且对这样做感到高兴的人，名词性短语，阳性单数主格。ἀπεχόμενος τῶν σωματικῶν ἡδονῶν，远离那些肉体快乐，分词短语，阳性主格。τῶν σωματικῶν ἡδονῶν，那些肉体快乐，名词性短语，阴性复数属格，做分词 ἀπεχόμενος 的间接性宾语。αὐτῷ τούτῳ χαίρων，对这样做感到高兴，分词短语，阳性主格。χαίρων，感到高兴，χαίρω 的现在分词，阳性单数主格。其间接性的宾语是 αὐτῷ τούτῳ，对这样做，代词短语，中性单数与格。句子的系动词省略。表语是 σώφρων，节制的，形容词，阳性单数主格。
第二句是结构相同的省略句，只保留了相区别的部分。ἀχθόμενος，感到烦恼，ἄχθομαι 的现在分词，阳性单数主格。ἀκόλαστος，放纵的，形容词，阳性单数主格。

③ 接续的又一组转折并列句，结构相同。第一句的主语是 ὁ μὲν ὑπομένων τὰ δεινὰ καὶ χαίρων ἢ μὴ λυπούμενος，经受住可怕的事情且[对这样做]感到高兴或不感到痛苦的人，名词性

περὶ ἡδονὰς γὰρ καὶ λύπας ἐστὶν ἡ ἠθικὴ ἀρετή. ①

10 διὰ μὲν γὰρ τὴν ἡδονὴν τὰ φαῦλα πράττομεν, διὰ δὲ τὴν λύπην τῶν καλῶν ἀπεχόμεθα.② διὸ δεῖ ἦχθαί πως εὐθὺς ἐκ νέων, ③ ὡς ὁ Πλάτων φησίν, ④ ὥστε χαίρειν τε καὶ λυπεῖσθαι οἷς δεῖ.⑤ ἡ γὰρ ὀρθὴ παι-

痛苦的ᵃ。

因为，我们由于快乐而去做那些卑贱的事，由于痛苦而远离那些高尚的事。所以，正如柏拉图所说，应当从小就得到引导，以便对那些应该［感到高兴和痛苦］的事物感到高兴和痛苦；因为这就是正确的教育ᵇ。

feels pain coward. For, ethical virtue is related to pleasures and pains. For we do base things because of pleasure, whereas we abstain from noble things because of pain. Hence it is necessary [for one] to be so led right from childhood, as Plato says, as to delight and feel pain at the

---

短语，阳性单数主格。ὑπομένων τὰ δεινά，经受住可怕的事情，分词短语。ὑπομένων，经受住，分词，阳性单数主格。其宾语是 τὰ δεινά，那些可怕的事情，名词，中性复数宾格。μὴ λυπούμενος，不感到痛苦，否定性分词短语，被动式，阳性单数主格。句子的系动词省略。表语是 ἀνδρεῖος，勇敢的，形容词，阳性单数主格。

第二句同样是结构相同的省略句。保留的部分是分词 λυπούμενος，感到痛苦，阳性单数主格。δειλός，怯懦的，形容词，阳性单数主格。

① 上述两组并列句的原因从句。简单句。主语是 ἡ ἠθικὴ ἀρετή，伦理德性，名词短语，阴性单数主格。系动词是 ἐστίν，是，单数第三人称。表语是 περὶ ἡδονὰς καὶ λύπας，相关于快乐和痛苦的，介词短语。ἡδονὰς καὶ λύπας，快乐和痛苦，名词，阴性复数宾格，做介词 περὶ 的宾语。

② 并列句，μέν... δέ... 对照结构。第一句的主谓语是 πράττομεν，我们做，现在时，复数第一人称。宾语是 τὰ φαῦλα，那些卑贱的事，中性复数。διὰ τὴν ἡδονήν，由于快乐，介词短语，限定 πράττομεν。第二句结构相同。主谓语 ἀπεχόμεθα，我们远离。间接性的宾语是 τῶν καλῶν，那些高尚的事。διὰ τὴν λύπην，由于痛苦，介词短语，限定 ἀπεχόμεθα。

③ 简单句，由连词 διό（所以）引导，承接上文引出结论。δεῖ（应该）+ 不定式无人称句。ἦχθαι，得到引导，ἄγω 的完成时不定式，被动。πως，那样地，副词，限定 ἦχθαι。εὐθὺς ἐκ νέων，从小，副词短语，与 πως 同位。εὐθύς，直接，副词。ἐκ νέων，从小，介词短语，限定 εὐθύς。

④ 插入语。ὡς，正如，连词，引导插入的方式从句。ὁ Πλάτων φησίν，柏拉图说的，从句。φησίν，说，φημί 的现在时，单数第三人称。

⑤ 这里是上句的方式状语短语。ὥστε，以便，关系副词，引导从句。χαίρειν，感到高兴，主动不定式；λυπεῖσθαι，感到痛苦，被动不定式。它们的共同的间接性宾语是 οἷς，那些事物，关系代词，中性复数与格，引导一个关系从句 οἷς δεῖ。从句为 δεῖ（应当，必须）无人称动词句，只由动词 δεῖ 构成，意义相当于"对于一个人来说是应该的"，"对于我们来说是应该的"。后面省略了不定式 χαίρειν καὶ λυπεῖσθαι，因为是重复。关系代词 οἷς 引导这个从句，并在从句中做动词 δεῖ 的间接性宾语。

δεία αὕτη ἐστίν.①

—ἔτι δ' εἰ αἱ ἀρεταί εἰσι περὶ πράξεις καὶ πάθη, παντὶ δὲ πάθει καὶ πάσῃ
15 πράξει ἕπεται ἡδονὴ καὶ λύπη,② καὶ διὰ τοῦτ' ἂν εἴη ἡ ἀρετὴ περὶ ἡδονὰς καὶ λύπας.③ —μηνύουσι δὲ καὶ αἱ κολάσεις γινόμεναι διὰ τούτων·④ ἰατρεῖαι γάρ τινές εἰσιν,⑤ αἱ δὲ ἰατρεῖαι διὰ τῶν

——其次，如果德性是相关于实践与感受的，而快乐与痛苦又跟随着所有感受和所有实践，由于这一点德性也是相关于快乐与痛苦的。——然而，快乐和痛苦成为[对它们自身的]惩罚[这一事实]也见证着[这一点]；因为，惩罚是一种治疗，而治疗由

things ought; for this is the right education.

—Again, if virtues are related to practices and feelings, and pleasure and pain follow all feeling and all practice, then for this reason too virtue would be related to pleasure and pain. —Yet punishments which become [themselves] by means of pleasure

---

① 由上面的方式状语短语引出的原因从句。主语是 αὕτη，这，指上文"对应该[感到高兴和痛苦]的事物感到高兴和痛苦"，阴性单数主格。系动词是 ἐστίν，是，单数第三人称。表语是 ὀρθὴ παιδεία，正确的教育，名词短语，阴性单数主格。παιδεία，教育，名词。ὀρθὴ，正确的，形容词，限定 παιδεία。

② ἔτι，其次，示意与上文并立。复合句。这里是条件从句。并列句。第一句的主语是 αἱ ἀρεταί，德性，名词，阴性复数主格。系动词是 εἰσι，是，单数第三人称。表语是 περὶ πράξεις καὶ πάθη，相关于实践与感受的，介词短语。πράξεις，实践，名词，阴性复数宾格。πάθη，感受，名词，πάθος（感受性）的复数形式，中性，主格宾格同形，并非阴性名词主格。
第二句的主语是 ἡδονὴ καὶ λύπη，快乐与痛苦，名词短语，阴性单数主格。动词是 ἕπεται，跟随，来自异态动词 ἕπομαι，单数第三人称。其间接宾语是 παντὶ πάθει καὶ πάσῃ πράξει，所有感受和所有实践，名词短语。παντὶ πάθει，所有感情，名词短语，中性单数与格。πάσῃ πράξει，所有实践，名词短语，阴性单数与格。

③ 这里是主句。διὰ τοῦτ'，由于这一点，介词短语，承接前面的条件句。主语是 ἡ ἀρετὴ，德性，名词，阴性单数主格。系动词是 ἂν εἴη，是，εἰμί 的祈愿式，现在时，单数第三人称。表语是 περὶ ἡδονὰς καὶ λύπας，相关于快乐和痛苦的，介词短语。ἡδονὰς καὶ λύπας，快乐和痛苦，名词短语，阴性单数宾格，做介词 περὶ 的宾语。

④ 简单句。δὲ 示意语气的某种转折。主语是 αἱ κολάσεις，惩罚，名词，阴性复数主格。动词是 μηνύουσι，见证，现在时，复数第三人称。其宾语是 τοῦτ'，省略。γινόμεναι διὰ τούτων，[它们]借助这些而成为[惩罚]，独立分词短语，做 αἱ κολάσεις 的非限定性定语。γινόμεναι，成为，γίγνομαι 的现在时分词，阴性复数主格。διὰ τούτων，借助这些，介词短语，限定 γινόμεναι。τούτων，这些，代词，指代快乐和痛苦，阴性复数属格，做介词 διὰ 的间接性宾语。

⑤ 上句的原因从句。并列句。这里是第一句。主语是 αἱ κολάσεις，惩罚，省略。系动词是 εἰσιν，是，复数第三人称。表语为 ἰατρεῖαι τινές，某种治疗，名词短语，阴性复数主格。

ἐναντίων πεφύκασι γίνεσθαι.①

于自然就是要借助相反物才成为[治疗]的°。

and pain also witness [this]; for [punishments] are some remedies, and remedies naturally become [the remedies] by the contraries.

—ἔτι, ὡς καὶ πρότερον εἴπομεν,② πᾶσα ψυχῆς ἕξις, ὑφ' οἵων πέφυκε γίνεσθαι χείρων καὶ βελτίων, πρὸς ταῦτα καὶ περὶ ταῦτα τὴν φύσιν ἔχει·③ δι' ἡδονὰς δὲ καὶ λύπας φαῦλοι γίνονται,④ τῷ διώκειν ταύτας καὶ

——第三，如我们前面说过的，灵魂的所有品性都具有倾向于和相关于[它]自然会因之变得更好和更坏的那些事物的自然本性；而俗人就是由于快乐与痛苦，由于去追求和躲避它们，[由于去追求和躲避]那

—Again, as we said before, every character of soul has the nature toward and in relation to the things by which [it] is naturally to become worse and better; yet bad men become [bad] by pleasures and

---

① 这里是第二句。δὲ 示意某种转折。主语 αἱ ἰατρεῖαι, 治疗, 名词, 阴性复数主格。动词是 πεφύκασι, 由于自然就是, 现在完成时, 复数第三人称。后接不定式 γίνεσθαι, 成为。其表语是 ἰατρεῖαι τινές（某种治疗），省略。διὰ τῶν ἐναντίων, 借助相反物, 介词短语, 限定省略形式的系表结构。ἐναντίων, 相反物, 代词, 中性复数属格, 做介词 διὰ 的间接性宾语。

② ἔτι, 又, 这里相当于第三, 连接副词。ὡς καὶ πρότερον εἴπομεν, 如我们在前面已说过的, 插入语。πρότερον, 前面, 副词, 有本作 πρῴην, 形容词 πρῷος 的阴性单数宾格。ὡς εἴπομεν, 如已说过的。

③ 复合句。主句的主语是 πᾶσα ψυχῆς ἕξις, 灵魂的所有品性, 名词性短语, 阴性单数主格。πᾶσα ἕξις, 所有品性, 名词短语。ψυχῆς, 灵魂, 名词, 阴性单数属格, 限定 ἕξις。动词是 ἔχει, 获有, 具有, 现在时, 单数第三人称。其宾语是 τὴν φύσιν, 那种自然本性, 名词, 阴性单数宾格。πρὸς ταῦτα, 倾向于那些事物；περὶ ταῦτα, 相关于那些事物；并列介词短语, 限定 τὴν φύσιν。ταῦτα, 那些事物, 代词, 中性复数宾格, 分别作介词 πρὸς 和 περὶ 的宾语。
ταῦτα 引出一个前置的非限定性关系定语从句 ὑφ' οἵων πέφυκε γίνεσθαι χείρων καὶ βελτίων, 由于[它们]（指 ταῦτα）会自然地变得更坏和更好的。ὑφ' οἵων, 由于它们, 介词短语, 引入关系从句, 并在从句中做状语。οἵων, 它们, 关系代词, 指 ταῦτα, 中性复数属格, 做介词 ὑφ' 的间接性宾语。从句的逻辑主语是 πᾶσα ψυχῆς ἕξις, 此处省略。动词是 πέφυκε, 由于自然就会⋯⋯, 现在时完成式, 单数第三人称。其宾语是 γίνεσθαι, 变得, 动词不定式。其表语是 χείρων καὶ βελτίων, 更坏的和更好的, 形容词, κακός（坏的）和 ἀγαθός（好的）的比较级。

④ 从上句引出的并列句。δὲ 示意某种转折。主语是 φαῦλοι, 俗人, 名词, 阳性复数主格。系动词是 γίνονται, 变得（那样）, 现在时, 复数第三人称。表语省略, 据上文当指更坏和更好, 但据下文当指更坏。δι' ἡδονὰς καὶ λύπας, 由于快乐和痛苦, 介词短语, 限定省略表语的系表结构。

φεύγειν① ἢ ἃς μὴ δεῖ ἢ ὅτε οὐ δεῖ ἢ ὡς οὐ δεῖ ἢ ὁσαχῶς ἄλλως ὑπὸ τοῦ λόγου διορίζεται τὰ τοιαῦτα.②

些不应当的快乐和痛苦，或是在不应当的时候，或是以不应当的方式，或是以这类事情由逻各斯来区分的许多其他方式，追求和躲避它们，而变得[那样]的。

pains, in the way to pursue and avoid them, to pursue and advoid [the pleasures and pains] that [they] ought not, or at a moment [they] ought not, or in a way [they] ought not, or in many other ways such matters are specified by *logos*.

25 διὸ καὶ ὁρίζονται τὰς ἀρετὰς ἀπαθείας τινὰς καὶ ἠρεμίας·③ οὐκ εὖ δέ, ὅτι ἁπλῶς λέγουσιν, ἀλλ᾽ οὐχ ὡς δεῖ καὶ ὡς οὐ δεῖ καὶ ὅτε, καὶ ὅσα

因此，有人就把德性界定为某种不动心和宁静；但[他们界定得]不好，[因为]他们[只]从总体上，而没有从应当的和不应当的方式，以及

Hence some define virtues as some apathy and *tranquillia*; [that is] not well-defined, though, [because] they speak absolutely, rather than speak

---

① 上句的与格状语。由与格冠词 τῷ 引导的不定式短语构成，表示原因或方式。τῷ διώκειν ταύτας καὶ φεύγειν，由于去追求和躲避它们，名词性不定式短语，中性单数与格。διώκειν，追求；φεύγειν，躲避；不定式。它们的共同宾语是 ταύτας，它们，代词，指快乐和痛苦，阴性复数宾格。

② 这个部分是由四个 ἢ（要么……）引导的与上面的 τῷ 与格不定式短语同位的四个并列状语短语，每个短语附带一个否定性的无人称动词 δεῖ（应当）定语从句。第一个从句是 ἃς μὴ δεῖ，[由于去追求或躲避]那些不应当[去追求和躲避]的快乐和痛苦。μὴ δεῖ（不应当……）无人称句。μὴ δεῖ 的宾语是不定式短语 διώκειν καὶ φεύγειν（去追求和躲避），省略。这个省略了的不定式短语的宾语是 ἃς，那些（快乐和痛苦），关系代词，阴性复数宾格，ἃς 引导从句。第二个从句是 ὅτε οὐ δεῖ，在不应当的时间，结构相同。ὅτε，在……的时候，关系副词，引导从句，并在从句中做状语。第三个从句是 ὡς οὐ δεῖ，以不应当的方式，结构相同。ὡς，以……的方式，关系副词，引导从句，并在从句中做状语。第四个从句是 ὁσαχῶς ἄλλως，以许多其他的[不应当]的方式，οὐ δεῖ 被省略。ὁσαχῶς，许多的，副词，限定 ἄλλως，其他的[方式]。
由 ἄλλως 引出了限定性的状语从句 ὑπὸ τοῦ λόγου διορίζεται τὰ τοιαῦτα，这类事情由逻各斯来区分的[情况]。从句的主语是 τὰ τοιαῦτα，这类事情，中性复数主格。动词是 διορίζεται，区分，现在时被动，单数第三人称。ὑπὸ τοῦ λόγου，由逻各斯，介词短语，限定 διορίζεται。

③ 简单句。主谓语是 ὁρίζονται，[有些人]界定，ὁρίζω 的现在时中动，复数第三人称。后面引出双宾语或宾语＋宾语补语。宾语是 τὰς ἀρετὰς，德性，名词，阴性复数宾格。宾语或宾语补语是 ἀπαθείας τινὰς καὶ ἠρεμίας，某种不动心和宁静，名词短语，阴性复数宾格。ἀπαθείας，不动心，名词；ἠρεμίας，宁静，名词，阴性复数宾格。

ἄλλα προστίθεται.① [从]时间,[从]所有其他能被加上的事情上来说。所以,德性被我们看作是那个这样的[品性]:它在快乐与痛苦方面能做出最好的行为,恶则[是]那种相反的[品性]ᵈ。

ὑπόκειται ἄρα ἡ ἀρετὴ εἶναι ἡ τοιαύτη περὶ ἡδονὰς καὶ λύπας τῶν βελτίστων πρακτική,② ἡ δὲ κακία τοὐναντίον.③

of a way [one] ought and ought not, and a moment, and all other matters [that can] be added. Virtue, then, is assumed to be such a character as to produce the best practice in relation to pleasures and pains, whereas vice the contrary.

γένοιτο δ' ἂν ἡμῖν καὶ ἐκ τούτων φανερὸν ἔτι περὶ τῶν αὐτῶν.④ τρι-

此外,对于我们,关于这些事情,[这一点]会通过以下[的说明]变得

And for us, about these same things, [this] will become obvious till fur-

---

① 接续的转折并列句。省略复合句。主句保留的是句子的状语部分 οὐκ εὖ,不好,否定性副词,限定被省略的动词 ὁρίζονται。ὅτι 引导并连接一个原因从句。从句的主谓语是 λέγουσιν,他们说,现在时,复数第三人称。动词 λέγουσιν 引出两个平行且相互对照的状语。第一个是 ἁπλῶς,从总体上,副词。第二个是 ἀλλ' οὐχ...(而没有……)引导的,四个并列的否定形式的副词短语。第一个短语是 ὡς δεῖ,从应当的方式。ὡς,以……方式,关系副词。δεῖ (应当)无人称句用做定语从句,限定副词 ὡς。第二个是 καὶ ὡς οὐ δεῖ,从不应当的方式,οὐ δεῖ (不应当)无人称句用做定语从句,限定 ὡς。第三个是 καὶ ὅτε,[从]时间。ὅτε,时间,关系副词。这个短语中省略了 δεῖ 无人称定语从句。第四个是 καὶ ὅσα ἄλλα προστίθεται,以及[从]所有其他能被加上的事情上。ὅσα ἄλλα,从所有其他事情上,代词短语,做副词使用。ὅσα,所有事情,关系代词,引导一个关系定语从句。从句的主谓语是 προστίθεται,能被加上的,现在时被动式,单数第三人称。

② 结论句。并列句。这里是第一句。ἄρα (所以)表明承接上文引出结论。主语是 ἡ ἀρετὴ,德性,名词,阴性单数主格。动词是 ὑπόκειται,被看作是,ὑπόκειμαι 的现在时被动式,单数第三人称。其宾语是 εἶναι,是,不定式。εἶναι 的表语是 ἡ τοιαύτη,那个这样的[品性],名词短语,阴性单数主格。τοιαύτη,这样的[品性],代词。τοιαύτη 引出一个形容词短语 πρακτικὴ τῶν βελτίστων,能做出最好的行为的,做它的补语。πρακτική,能做出……的,形容词,阴性单数主格。它引出一个间接性的宾语 τῶν βελτίστων,最好的,此处指最好的行为,形容词最高级,阴性复数属格。περὶ ἡδονὰς καὶ λύπας,在快乐与痛苦方面,介词短语,限定 πρακτικὴ τῶν βελτίστων。

③ 上句的省略形式的对照并列句。δὲ 示意与上句构成对照。主语是 ἡ κακία,恶,名词,阴性单数主格。动词结构同上句,省略。表语是 τοὐναντίον,那种相反的[品质],τό 和 ἐναντίον 的合写,名词性形容词短语,中性单数主格。

④ 简单句。逻辑主语是 τοῦτο,这一点,代词,指上面的结论,中性单数主格,省略。动词是 γένοιτο,会变得,γίγνομαι 的不定过去时祈愿式,单数第三人称。表语是 φανερὸν,明白,清楚,形容词,中性。ἡμῖν,我们,此处,对于我们,代词,复数第一人称宾格,作副词用。ἔτι περὶ τῶν αὐτῶν,关于这些事情,介词短语,限定系表结构。αὐτῶν,这同样一些,代词,指上述提到的快

ὧν γὰρ ὄντων τῶν εἰς τὰς αἱρέσεις καὶ τριῶν τῶν εἰς τὰς φυγάς, ① καλοῦ συμφέροντος ἡδέος, καὶ (τριῶν) τῶν ἐναντίων, αἰσχροῦ βλαβεροῦ λυπηροῦ, ② περὶ ταῦτα μὲν πάντα ὁ ἀγαθὸς κατορθωτικός ἐστιν ὁ δὲ κακὸς ἁμαρτητικός, μάλιστα δὲ περὶ τὴν ἡδονήν. ③

明白。因为，人们所追求的东西是三种，所躲避的东西也[是]三种，高尚的、有利的和快乐的东西，和那[三个]相反者，卑贱的、有害的和痛苦的东西，在所有这些事情上，好人都做得正确，坏人则做得错误，尤其是在快乐[的事情]上；因为，快乐既为人与动物所共有，又跟随着

ther out of the following account. For, the things people pursue are three and the things people avoid [are] three, the noble, the expedient, and the pleasant, and the (three) contraries, the shameful, the harmful, and the painful, with all these things the good man is correct whereas

---

乐、痛苦，德性和恶等内容。ὅτι 为莱克汉姆本所取，意为此外，进一步。而据莱克汉姆、拜沃特（Bywater）本取 ὅτι，以引出 φανερὸν 的内容，爱尔温（Irwin [1985]，21）也是这样，他因此把 ὅτι 从句的主语理解为德性和恶。此处依莱克汉姆本。ἐκ τούτων，在此处，通过以下[的说明]，介词短语，限定整个句子。τούτων 指下述的内容。

① 从上句引出的原因从句，由 γὰρ（因为）引入。开首部分是两个独立式属格分词短语，表伴随情况。第一个短语是 τριῶν ὄντων τῶν εἰς τὰς αἱρέσεις，人们所追求的事物是三种。逻辑主语是 τῶν εἰς τὰς αἱρέσεις，人们所追求的东西，名词性短语，冠词+介词短语结构，中性复数属格。εἰς τὰς αἱρέσεις，有关人们所追求的东西，介词短语，限定前置冠词 τῶν。τὰς αἱρέσεις，所追求的东西，名词短语，阴性复数宾格，做介词 εἰς 的宾语。分词是 ὄντων，是，现在时，中性复数属格。其表语是 τριῶν，三种，中性复数属格。

第二个短语是 καὶ τριῶν τῶν εἰς τὰς φυγάς，人们所躲避的东西也[是]三种。结构与第一个短语相同，省略了分词 ὄντων。τὰς φυγάς，所躲避的东西，名词短语，阴性复数宾格，做介词的宾语。

② 上述两个属格独立式的延续的两个并列的独立式属格短语，分述这两组事物。第一个短语是 καλοῦ συμφέροντος ἡδέος，高尚的、有利的和快乐的东西，中性单数属格。καλοῦ，高尚的，形容词，阳性单数属格。συμφέροντος，有利的，动词 συμφέρω 的现在分词，中性单数属格。ἡδέος，快乐的，形容词，中性单数属格。

第二个属格短语是 καὶ (τριῶν) τῶν ἐναντίων，和那[三种]相反者。τῶν ἐναντίων，相反的东西，形容词短语，中性复数属格。(τριῶν)，[三种]，为 Coraes 本所加，中性复数属格。τῶν ἐναντίων 引出同位的三个阳性单数属格形容词作为分述：αἰσχροῦ βλαβεροῦ λυπηροῦ，耻辱的、有害的，和痛苦的东西。αἰσχροῦ，耻辱的；βλαβεροῦ，有害的；λυπηροῦ，痛苦的。

③ 原因从句的主句。并列句，μὲν...δὲ... 对照结构。第一句的主语是 ὁ ἀγαθός，好人，阳性单数主格。系动词是 ἐστιν，是，单数第三人称。表语是 κατορθωτικός，κατα+ορθωτικός 的合成，做得对的，形容词，阳性单数主格。περὶ ταῦτα πάντα，在所有这些事情上，介词短语，限定系结构。

κοινή τε γὰρ αὕτη τοῖς ζῴοις, καὶ πᾶσι τοῖς ὑπὸ τὴν αἵρεσιν παρακολουθεῖ.① καὶ γὰρ τὸ καλὸν καὶ τὸ συμφέρον ἡδὺ φαίνεται.②

所有那些被追求的事物；也因为，高尚的和有利的事物也都显得快乐ᵉ。

the bad man wrong, and especially on pleasure; for pleasure [is] common for human being and animals, and follows all things under pursuit; and, both the noble and the expedient things appear pleasant.

—ἔτι δ' ἐκ νηπίου πᾶσιν ἡμῖν συντέθραπται·③ διὸ χαλεπὸν ἀποτρίψασθαι τοῦτο τὸ πάθος ἐγκεχρωσμένον τῷ βίῳ.④ —

——第五，[快乐] 从儿时就伴随我们所有人一起成长；所以 [我们] 很难摆脱掉这个已深深地植根于生命的感受

—Again, [pleasure] has grown up with all of us from childhood; hence [it is] difficult to get rid of this affection, which has

第二句的主语是 ὁ κακὸς，坏人，系动词省略。表语是 ἁμαρτητικός，做得错误。μάλιστα δὲ περὶ τὴν ἡδονήν，尤其是在快乐[的事情]上，插入语，用作状语，限定省略系词的系表结构。μάλιστα，最、尤其，副词。περὶ τὴν ἡδονήν，在快乐的事情上，介词短语，限定 μάλιστα。τὴν ἡδονήν，快乐，名词，阴性单数宾格，做介词 περί 的宾语。

① 从上句引出的原因从句。主语是 αὕτη，它，代词，指快乐，阴性单数主格。连动结构，引出两个动词。第一个动词为系动词，省略。表语是 κοινή，共有的，形容词，阴性单数主格。τοῖς ζῴοις，生命、动物，名词，中性复数与格，限定系表结构。第二个动词是 παρακολουθεῖ，跟随，来自动词 ἀκολουθέω，现在时，单数第三人称。其间接性的宾语是 πᾶσι τοῖς ὑπὸ τὴν αἵρεσιν，所有在被追求的事物，名词性短语，中性复数与格。τοῖς ὑπὸ τὴν αἵρεσιν，那些在被追求的事物，冠词 + 介词短语结构名词性短语，中性复数与格。πᾶσι，所有的，形容词，中性复数与格，限定上述短语。ὑπὸ τὴν αἵρεσιν，在被追求的，介词短语，限定 τοῖς。τὴν αἵρεσιν，追求，名词，阴性单数宾格，做介词 ὑπό 的宾语。

② καὶ γὰρ，也因为，引导另一原因从句。简单句。主语是 τὸ καλὸν καὶ τὸ συμφέρον，高尚的和有利的事物，名词性形容词短语，中性单数主格。系动词是 φαίνεται，显得，现在时，单数第三人称。表语是 ἡδύ，快乐的，形容词，中性单数主格。

③ ἔτι δ'，又，此处相当于，第四，连接副词。逻辑主语仍然是快乐，省略。动词是 συντέθραπται，伴随、随着……一起成长，来自 συντρέφω，完成时，单数第三人称。其宾语是 πᾶσιν ἡμῖν，我们所有的人，名词短语，阳性复数宾格。ἐκ νηπίου，从儿时起，介词短语，限定 συντέθραπται。νηπίου，小的，儿时的，形容词，中性单数属格，做介词 ἐκ 的间接性宾语。

④ 简单句，διὸ 示意承接上句。形容词 χαλεπὸν（困难的）引导的无人称结构，相当于省略了系动词。逻辑主语是 ἀποτρίψασθαι，摆脱掉，动词 ἀποτρίβω 的不定式，中动现在时。ἀποτρίψασθαι 的宾语是 τοῦτο，这个，代词，指接着谈到的感情，中性单数宾格。τοῦτο 引出一个同

κανονίζομεν δὲ καὶ τὰς πράξεις, οἱ μὲν μᾶλλον οἱ δ' ἧττον, ἡδονῇ καὶ λύπῃ.① διὰ τοῦτ' οὖν ἀναγκαῖον εἶναι περὶ ταῦτα τὴν πᾶσαν πραγματείαν·② οὐ γὰρ μικρὸν εἰς τὰς πράξεις εὖ ἢ κακῶς χαίρειν καὶ λυπεῖσθαι.③

——ἔτι δὲ χαλεπώτερον ἡδονῇ μάχεσθαι ἢ θυμῷ,④ καθάπερ φησὶν

性。——而且，我们还以快乐和痛苦去衡量实践，一些人在较大程度上，另一些人则在较小程度上。由于这一点，这整个探讨必然与这些事情相关；因为，在实践上是以好的还是坏的方式高兴和痛苦绝非小事f。

——第六，战胜快乐比战胜激情更难，就像赫拉克利特所说g，而技艺

engrained in the life. —And, we measure practices with pleasure and pain, some to a greater while some others a lesser [degree]. On this ground, therefore, [it is] inevitable for the whole inquiry to be related to these matters; for [it is] of no small significance in practices to delight and pain finely or badly.

—Again, [it is] harder to fight against pleasure than against passion,

---

位语短语 τὸ πάθος ἐγκεχρωσμένον τῷ βίῳ，这个已深深植根于我们的生命的感受性，名词性短语。τὸ πάθος，这种感受性，名词，中性单数宾格。ἐγκεχρωσμένον τῷ βίῳ，已深深植根于我们的生命的，分词短语，限定 τὸ πάθος。ἐγκεχρωσμένον，动词 ἐγχρώζομαι（植根）的现在分词，中性单数宾格。τῷ βίῳ，生命，名词，阳性单数与格。

① 复合句。主句的主谓语是 κανονίζομεν，我们衡量，现在时，复数第一人称。宾语是 τὰς πράξεις，实践，名词，阴性复数宾格。ἡδονῇ καὶ λύπῃ，快乐和痛苦，名词短语，阴性单数与格，用作副词，表手段，限定 κανονίζομεν。κανονίζομεν 引出 μὲν...δὲ... 对照结构的表程度的并列状语从句，οἱ μὲν μᾶλλον οἱ δ' ἧττον，一些人在较大程度上，一些人则在较小程度上。

② διὰ τοῦτ'，由于这一点，介词短语，承接上句引出结论。简单句。形容词 ἀναγκαῖον（必然的）引导的无人称句。ἀναγκαῖον 引出 εἶναι περὶ ταῦτα τὴν πᾶσαν πραγματείαν，这整个研究是相关这些事情的，不定式短语。εἶναι，是，不定式。其表语是 περὶ ταῦτα，与这些事情相关，介词短语。ταῦτα，这些事情，指快乐和痛苦，中性复数宾格，做介词 περὶ 的宾语。τὴν πᾶσαν πραγματείαν，这整个探讨，名词短语，阴性单数宾格，限定系表结果，事实上是这个系表结构的逻辑主语。τὴν πραγματείαν，探讨，名词短语，阴性单数宾格。

③ 上句的原因从句。简单句。主语是 εὖ ἢ κακῶς χαίρειν καὶ λυπεῖσθαι，是以好的还是坏的方式高兴和痛苦，不定式短语。χαίρειν καὶ λυπεῖσθαι，高兴和痛苦，并列不定式。εὖ ἢ κακῶς，以好的还是坏的方式，副词短语，限定 χαίρειν καὶ λυπεῖσθαι。系动词省略。表语是 οὐ μικρὸν，绝非小事，否定性形容词。εἰς τὰς πράξεις，在实践上，介词短语，限定整个句子。

④ 并列句。这里是第一句。比较级形容词 χαλεπώτερον（更难的）引导的无人称句。

Ἡράκλειτος,① περὶ δὲ τὸ χαλεπώτερον ἀεὶ καὶ τέχνη γίνεται καὶ ἀρετή·② καὶ γὰρ τὸ εὖ βέλτιον ἐν τούτῳ.③ ὥστε καὶ διὰ τοῦτο περὶ ἡδονὰς καὶ λύπας πᾶσα ἡ πραγματεία καὶ τῇ ἀρετῇ καὶ τῇ πολιτικῇ·④ ὁ μὲν γὰρ εὖ τούτοις χρώμενος ἀγαθὸς ἔσται, ὁ δὲ κακῶς κακός.⑤

与德性总是变得同更难的事情联系在一起；因为在这样的事情上 [做得] 好 [始终是] 更好。所以也由于这一点，对于德性也对于政治学的整个探讨都与快乐与痛苦相关；因为，一个人在运用这些事情方面 [做得] 好就将是好人，[做得] 坏就 [将是] 坏人。ʰ

just as Heracleites says, and, technique and virtue always come with the harder things; for the well-ness in this sort of things [is always something] better. So and for this reason, the whole inquiry of virtue and political science [is related] to pleasures and pains; for he [who does] well

---

χαλεπώτερον 引出 ἡδονῇ μάχεσθαι ἢ θυμῷ, 战胜快乐比战胜激情……, 不定式短语。μάχεσθαι, 战胜……, 现在时不定式。μάχεσθαι 引出两个间接性宾语，ἡδονῇ ἢ θυμῷ, 快乐或激情, 两者以 … ἢ… 构成比较。ἡδονῇ, 快乐, 名词, 阴性单数与格；θυμῷ, 激情, 名词, 阳性单数与格。

① καθάπερ φησὶν Ἡράκλειτος, 正如赫拉克利特所说, 插入语。Ἡράκλειτος, 赫拉克利特。φησὶν, 说, 现在时, 单数第三人称。

② 这里是第二句。主语是 τέχνη καὶ ἀρετή, 技艺和德性, 名词短语, 阴性单数主格。系动词是 γίνεται, 变得, 现在时, 单数第三人称。ἀεί, 总是, 副词, 限定 γίνεται。表语为 περὶ τὸ χαλεπώτερον, 同更难的事情联系在一起的, 介词短语。τὸ χαλεπώτερον, 更难的事情, 名词性短语, 中性单数宾格, 做介词 περί 的宾语。

③ 上句的原因从句。简单句。主语是 τὸ εὖ... ἐν τούτῳ, 在这样的事情上的这个 [做得] 好, 冠词+副词+限定语名词化短语, 中性单数主格。τὸ εὖ, 这个 [做得] 好, 冠词+副词名词性短语。εὖ, [做得] 好, 副词。ἐν τούτῳ, 在这样的事情上, 介词短语, 限定 τὸ εὖ。系动词省略。表语是 βέλτιον, 更好的, 形容词比较级, 中性单数主格。

④ 简单句。主语为 πᾶσα ἡ πραγματεία, 这整个探讨, 名词短语, 阴性单数主格。καὶ τῇ ἀρετῇ καὶ τῇ πολιτικῇ, 德性与政治学, 名词短语, 阴性单数与格, 限定 πραγματεία。系动词省略。καί…καί…, 既……又……, 连词。表语是 περὶ ἡδονὰς καὶ λύπας, 与快乐和痛苦相关的, 介词短语。

⑤ 上句的原因从句。并列句。μέν…δέ… 对照结构。第一句的主语是 ὁ εὖ τούτοις χρώμενος, 一个在运用这些事情方面做得好的人, 冠词+副词短语形式的名词化短语, 阳性单数主格。εὖ τούτοις χρώμενος, 在运用这些事情方面做得好, 副词短语, 做冠词 ὁ 的实指。τούτοις χρώμενος, 在运用这些事情方面, 分词短语, 限定 εὖ。χρώμενος, 运用, χράομαι 的现在时分词, 阳性单数主格。其间接性宾语是 τούτοις, 这些事情, 代词, 指运用快乐和痛苦来掌握自己的实践方面的事情, 中性复数与格。句子的系动词是 ἔσται, 将是, 单数第三人称。表语是 ἀγαθός, 好(人), 形容词, 阳性单数主格。

第二句为结构相同的省略句。ὁ κακῶς, 做得坏的, 对照第一句的 ὁ εὖ, κακός 对照第一句的 ἀγαθός, 其余部分省略。

ὅτι① μὲν οὖν ἐστὶν ἡ ἀρετὴ περὶ ἡδονὰς καὶ λύπας,② καὶ ὅτι ἐξ ὧν γίνεται, ὑπὸ τούτων καὶ αὔξεται καὶ φθείρεται μὴ ὡσαύτως γινομένων,③ καὶ ὅτι ἐξ ὧν ἐγένετο, περὶ ταῦτα καὶ ἐνεργεῖ,④ εἰρήσθω.

所以，这样说吧：德性相关于快乐和痛苦；它将在哪些事情上生成，也将在那些事情上加强和——要是不这样变化的话——毁灭；并且，它从哪些活动生成，也就实现于那同样一些活动ⁱ。

in using these things will be good, whereas he [who does] badly, bad. Let it be said, then, that virtue is related to pleasures and pains, that it will be strengthened and, if not changing in this way, destroyed by the things out of which it comes into being, and that it en-actualizes in the same [activities] out of which it came into being.

① 总结句。复合句。主句主谓语是置于全句句尾的 εἰρήσθω，这样说吧，ἐρῶ（我说）的完成时命令式。μὲν οὖν，所以，小品词组，承接上文引出全章的结论。

② εἰρήσθω 引出三个 ὅτι 宾语从句。这里是第一个 ὅτι 从句。主语是 ἡ ἀρετή，德性，名词，阴性单数主格。系动词是 ἐστίν，是，单数第三人称。表语是 περὶ ἡδονὰς καὶ λύπας，相关于快乐和痛苦。

③ 第二个 ὅτι 从句。复合句。主句的逻辑主语仍然是 ἡ ἀρετή，省略。动词是 καὶ αὔξεται καὶ φθείρεται，将加强和毁灭，将来时，单数第三人称。φθείρεται 引出一个属格独立式分词短语插入语 μὴ ὡσαύτως γινομένων，要是不这样变化的话。γινομένων，生成，变化，分词，复数属格。μὴ ὡσαύτως，不这样地，否定性副词短语，限定 γινομένων。ὑπὸ τούτων，被那些事情，介词短语，限定 αὔξεται καὶ φθείρεται。τούτων，那些事情，根据前文，应当指快乐与痛苦伴随的活动所追求或躲避的事情，代词，做介词 ὑπό 的间接性的宾语。

τούτων 引出一个非限定性定语从句 ἐξ ὧν γίνεται，[它] 将在那些事情上生成，由关系代词 ὧν 引导。从句的逻辑主语是上句的 ἡ ἀρετή，省略。动词是 γίνεται，将生成，将来时，单数第三人称。介词短语 ἐξ ὧν，在那些事情上，此处，在汉语上作为先叙述部分，那些可以做"哪些"，介词短语，限定 γίνεται。ὧν，那些事情，关系代词，指向 τούτων，中性复数属格，做介词 ἐξ 的间接性的宾语。

④ 第三个 ὅτι 从句。复合句。主句的逻辑主语仍然是 ἡ ἀρετή，省略。动词是 ἐνεργεῖ，实现……，现在时，单数第三人称。περὶ ταῦτα，在那同样一些活动之中，介词短语，限定 ἐνεργεῖ，相当于它的间接性的宾语。ταῦτα，那同样一些活动，指示代词，中性复数宾格，做介词 περί 的宾语。

ταῦτα 引出一个非限定性定语从句 ἐξ ὧν ἐγένετο，[它] 从那些活动中生成，由关系代词 ὧν 引导。从句的逻辑主语仍然是 ἡ ἀρετή，省略。动词是 ἐγένετο，[从……下] 生成，中被动，单数第三人称。ἐξ ὧν，从那些活动中，此处，在汉语上作为先叙述部分，那些可以做"哪些"，介词短语，限定 ἐγένετο。ὧν，那些活动，关系代词，指向 ταῦτα，中性复数属格，做介词 ἐξ 的间接性的宾语。

4

Ἀπορήσειε δ' ἄν τις πῶς λέγομεν ὅτι δεῖ τὰ μὲν δίκαια πράττοντας δικαίους γίνεσθαι, τὰ δὲ σώφρονα σώφρονας·① εἰ γὰρ πράττουσι τὰ δίκαια καὶ σώφρονα, ἤδη εἰσὶ δίκαιοι καὶ σώφρονες,② ὥσπερ εἰ τὰ γραμματικὰ καὶ τὰ μουσικά, γραμματικοὶ καὶ μουσικοί.③

但有人可能困惑,我们在什么意义上[可以]说,做正义的事便成为正义的人,[做]节制的事便[成为]节制的人;因为,如果人们做着正义和节制的事,他们就已经是正义的和节制的人了,就好像,如果[他们做着]合文法的和合乐理的事,[他们就已经是]文法家和乐师了[a]。

Someone, however, might be perplexed how we [can] say that men must do the just things to become just, the temperate things temperate; for, if they do the just and temperate things, they are already just and temperate, just as if they do the grammatical and musical things, [they are

---

① 疑问句。δ' 示意语气的转折。主从句。主句的主语是 τις,有人,阳性单数主格。动词是 ἀπορήσειε ἄν,有疑惑,问,不定过去时,祈愿式,单数第三人称。后接宾语从句。从句由疑问副词 πῶς(在什么意义上)引导。主谓语是 λέγομεν,我们[可以]说,现在时,复数第一人称。
从句的动词 λέγομεν 又引出关系代词 ὅτι(那个)导引的宾语从句。从句为 δεῖ(必须)无人称句,δεῖ 的逻辑主语由两个并列的不定式短语构成,τὰ μὲν...τὰ δὲ... 示意对照结构。第一个不定式短语是 τὰ μὲν δίκαια πράττοντας δικαίους γίνεσθαι,做正义的事便成为正义的人。τὰ μὲν δίκαια πράττοντας,做正义的事,分词短语,阳性复数宾格。πράττοντας,做,现在分词,阳性复数宾格。其宾语是 τὰ δίκαια,正义的事,中性复数宾格。γίνεσθαι,成为,不定式。其表语是 δικαίους,正义的人,阳性复数宾格。第二个不定式短语是 τὰ δὲ σώφρονα σώφρονας,[做]节制的事便[成为]节制的人,结构同于第一个短语,省略了相同成分部分。σώφρονα,节制的事。σώφρονας,节制的人。
② 上句的原因从句。复合句。条件从句由 εἰ 引导。主谓语是 πράττουσι,人们做着,现在时,复数第三人称。其宾语是 τὰ δίκαια καὶ σώφρονα,正义的和节制的事,名词短语,中性复数宾格。主句的主谓语是 εἰσὶ,他们是,现在时,复数第三人称。表语是 δίκαιοι καὶ σώφρονες,正义的和节制的人,形容词短语,阳性复数主格。ἤδη,已经,副词,限定 εἰσὶ。
③ 衍生的方式状语从句。ὥσπερ,就像,连接副词,引导从句。结构同于上句,省略式。从句部分是 εἰ τὰ γραμματικὰ καὶ τὰ μουσικά,如果[他们做着]合文法的和合乐理的事情,省略了与上面的条件句相同的部分。τὰ γραμματικὰ καὶ τὰ μουσικά,合文法的和合乐理的事情,名词性短语,中性复数宾格。γραμματικά,合文法的,形容词;μουσικά,合乐理的,形容词,中性复数宾格。主句

ἢ οὐδ' ἐπὶ τῶν τεχνῶν οὕτως ἔχει; ① ἐνδέχεται γὰρ γραμματικόν τι ποιῆσαι καὶ ἀπὸ τύχης καὶ ἄλλου ὑποθεμένου.② τότε οὖν ἔσται γραμματικός, ἐὰν καὶ γραμματικόν τι ποιή-
25 σῃ καὶ γραμματικῶς·③ τοῦτο δ' ἐστὶ [τὸ] κατὰ τὴν ἐν αὑτῷ γραμματικήν.④

或者,技艺方面的情形并不是这样?因为,[一个人]也可能由于碰巧或别人指点而做出某种合文法的事;所以,一个人将是一个文法家,假如他以合文法的方式做出某种合文法的事,并且,是按照那种在他自身中的文法[做]的ᵇ。

already] grammarians and musicians. Or, is this not true with techniques? For, it is possible to do something grammatical by chance or the guidance of another person; hence someone will be a grammarian if he had done something grammatical grammatically; yet this is the thing [done] in accordance with the grammar within him.

保留的部分是 γραμματικοὶ καὶ μουσικοί,[他们就已经是]文法家和乐师了,形容词短语,阳性复数主格。

① 疑问句,ἢ 示意在提出反问。无人称句。逻辑主语是上句表明的情况。句子呈 ἔχει + ἐπὶ……谓述结构,说明在技艺方面的情况。动词是 ἔχει,获有,现在时,单数第三人称。ἐπὶ τῶν τεχνῶν,在技艺方面的情况,介词短语。τῶν τεχνῶν,技艺,名词,中性复数属格,做介词 ἐπὶ 的间接性的宾语。οὐδ' οὕτως,不是这样,副词,限定 ἔχει ἐπὶ τῶν τεχνῶν 谓述结构。

② 上面反问句的原因从句。动词 ἐνδέχεται (……是可能的)引出的无人称句。实际主语是 γραμματικόν τι ποιῆσαι,[一个人]做出某种合文法的事,不定式短语。ποιῆσαι,做出,不定过去时不定式。其宾语为 γραμματικόν τι,某种合文法的事,形容词短语,中性单数宾格。ἀπὸ τύχης καὶ ἄλλου ὑποθεμένου,由于碰巧或他人指点,介词短语,限定 ποιῆσαι。τύχης,运气,碰巧,名词,阴性单数属格。ἄλλου ὑποθεμένου,他人的指点,分词短语,阳性单数属格。ὑποθεμένου,指点,不定过去时分词,阳性单数属格。

③ 复合句,οὖν(所以)示意承接上文引出结论。τότε,在……时,此处起承接作用。主句的主谓语是 ἔσται,一个人将是,将来时,单数第三人称。表语是 γραμματικός,文法家,形容词,阳性单数主格。ἐὰν,要是,如果,引出条件从句。主谓语是 ποιήσῃ,他做出,不定过去时虚拟式,单数第三人称。其宾语是 γραμματικόν τι,某种合文法的事,形容词短语,中性单数宾格。γραμματικῶς,以合文法的方式,副词,限定 ποιήσῃ。

④ 上句的延伸部分,δ' 示意语气轻微转折。主语是 τοῦτο,这件事,代词,指上句中"以合文法的方式做出某种合文法的事",中性单数主格。系动词是 ἐστί,是,单数第三人称。表语是 τὸ κατὰ τὴν ἐν αὑτῷ γραμματικήν,按照那种在他自身中的文法[做]的,名词性短语,中性单数主格。τὸ,此处,那件事,冠词,引导这个短语。理查兹本加了"[ ]",莱克汉姆本有校勘。κατὰ τὴν ἐν αὑτῷ γραμματικήν,按照那种在他自身中的文法,介词短语,限定 τό。τὴν ἐν αὑτῷ γραμματικήν,

II.4

ἔτι οὐδ' ὅμοιόν ἐστιν ἐπί τε τῶν τεχνῶν καὶ τῶν ἀρετῶν·① τὰ μὲν γὰρ ὑπὸ τῶν τεχνῶν γινόμενα τὸ εὖ ἔχει ἐν αὑτοῖς·② ἀρκεῖ οὖν ταῦτά πως ἔχοντα γενέσθαι·③ τὰ δὲ κατὰ τὰς ἀρετὰς γινόμενα οὐκ ἐὰν αὐτά πως ἔχῃ, δικαίως ἢ σωφρόνως πράττεται,④ ἀλλὰ καὶ ἐὰν ὁ πράττων πῶς

其次，基于技艺的东西也与基于德性的东西不同；因为，由技艺生成的东西获有那个好在它们自身，因而，获有特定性质便足以令它们生成；但是，依照德性生成的东西是被正义地或节制地做出的，并不是因为这些事情好像有某种样式，而是因为做事的人好像有某种样式来做［那些事］，首先，好像他

Again, a thing based on techniques and that on virtues are not the same; for the be-comings [created] by techniques have that well-ness in themselves, thus having certain fashion suffices them to be-come; but the be-comings in accordance with virtues are done justly or temperately not as if they had cer-

---

那种在他自身中的文法，名词性短语，阴性单数宾格，做介词κατὰ（此处，按照）的宾语。τὴν γραμματικήν，那种文法，名词，此处阴性单数宾格。ἐν αὑτῷ，在他自身中的，介词短语，限定 τὴν γραμματικήν。αὑτῷ，他自身，反身代词，指前面说的某人，阳性单数与格。

① 简单句，ἔτι（又，其次）承接上句。实际主语是［τὸ］ἐπί τε τῶν τεχνῶν καὶ τῶν ἀρετῶν，基于技艺的东西与基于德性的东西，介词短语，限定前面省略了的前置冠词 τὸ。系动词是 ἐστιν，是，单数第三人称。表语是 οὐδ' ὅμοιόν，不相同的。ὅμοιόν，相同的，形容词，中性单数主格。

② 从上句引出的原因从句。并列长句。τὰ μὲν...τὰ δὲ... 对照结构。这里是第一句。复合句。主句的主语是 τὰ ὑπὸ τῶν τεχνῶν γινόμενα，由技艺生成的东西，名词性分词短语，中性复数主格。τὰ γινόμενα，生成的东西。γινόμενα，分词，来自动词 γίγνομαι。ὑπὸ τῶν τεχνῶν，由技艺，介词短语，ὑπὸ 加属格表示施动，限定 τὰ γινόμενα。动词是 ἔχει，获有，具有，单数第三人称。其宾语是 τὸ εὖ，那个"做得好"，名词性副词短语，中性单数宾格。ἐν αὑτοῖς，在它们自身，介词短语，限定 ἔχειτὸ εὖ。

③ 从上述主句引出的推论句，οὖν 示意承接引出推论。主语是 πως ἔχοντα，获有某种性质，以某种方式获有某种东西，分词短语。动词是 ἀρκεῖ，足以令……，来自动词 ἀρκέω，单数第三人称。其宾语是 ταῦτά，它们，那同一些事物，指前面的 τὰ ὑπὸ τῶν τεχνῶν γινόμενα，中性复数宾格。其补语是 γενέσθαι，生成，γίγνομαι 的不定过去时不定式。

④ 这里是上述原因从句的第二句。复合句。主句的主语是 τὰ κατὰ τὰς ἀρετὰς γινόμενα，依照德性而生成的东西，名词性分词短语，中性复数主格。τὰ γινόμενα，生成的东西。κατὰ τὰς ἀρετὰς，遵照德性，介词短语，限定 τὰ γινόμενα。动词是 πράττεται，被做出，πράσσω 的被动形式，单数第三人称。δικαίως ἢ σωφρόνως，正义地或节制地，副词短语，限定 πράττεται。

主句引出两个 οὐκ ἐὰν... ἀλλὰ ἐὰν...（不是［因为］好像……而是［因为］好像……）对照结构的虚拟条件句对它做出限定。ἐὰν，好像，εἰ + ἄν，联系词，引导条件句。这里是第一个条件句。句子的主语是 αὐτά，它们（指向 τὰ κατὰ τὰς ἀρετὰς γινόμενα），代词，中兴复数主格。ἔχῃ，[它们] 有……，ἔχω 的现在时，虚拟式，第三人称单数。πως，什么样式，副词，限定 ἔχῃ。

ἔχων πράττῃ,① πρῶτον μὲν ἐὰν εἰδώς, ἔπειτ' ἐὰν προαιρούμενος, καὶ προαιρούμενος δι' αὐτά, τὸ δὲ τρίτον ἐὰν καὶ βεβαίως καὶ ἀμετακινήτως ἔχων πράττῃ.②	知道地，其次，好像他出于选择地，且因那些事情自身之故而出于选择地，并且第三，好像他还是以稳定的和不变的方式地，做［那些事］。	tain fashion, but as if the doer did them having [in himself] certain manner, did them firstly as if he knows, secondly as if he were out of choice, and out of choice for the sake of the things themselves, and thirdly as if he behaved in a stable and unchangeable manner.
1105b ταῦτα δὲ πρὸς μὲν τὸ τὰς ἄλλας τέχνας ἔχειν οὐ συναριθμεῖται, πλὴν	说到对其他的技艺的获有，除了"知道"这一条外，这些条件都不需要；	For the acquirement of other techniques these conditions are not includ-

① 这里是第二个虚拟条件句，因为连续地做了继续说明，需要单独分析。句子的主语是 ὁ πράττων，做事的人，冠词+分词名词性短语，阳性单数主格。πράττων，做事的，πράσσω 的分词，阳性单数主格。动词是 πράττῃ，做［那些事］，πράσσω 的现在时，虚拟式，单数第三人称。πῶς ἔχων，有某种样式，分词短语，表伴随情况。πῶς ἔχων 获有了某种性质地，分词短语，表伴随情况，说明 πράττῃ。ἔχων，获有，分词，ἔχω 的现在分词，阳性单数主格。

② 这第二个虚拟条件句又引出一个同位的虚拟条件句，对其做进一步说明。句子的主语仍然是 ὁ πράττων，做事的人。动词仍然是 πράττῃ，做［那些事］。这个句子中以三个同位的 ἐὰν…ἐὰν…ἐὰν…（好像……好像……好像……）并列连接词引出三个分词短语，以 πρῶτον（首先）、ἔπειτ'（其次）、τὸ τρίτον（第三）分别引出，分述不同的伴随条件。

第一个分词短语。逻辑主语是 ὁ πράττων，做事的人。分词是 εἰδώς，知道的，来自 οἶδα，οἶδα 本就是完成时，因此为完成时分词，阳性单数主格。其宾语省略。按莱克汉姆（Rackham [1926], 84, n.a)，即既知道自己在做什么等等。

第二个分词短语。逻辑主语仍然是 ὁ πράττων，做事的人。分词是 προαιρούμενος，出于选择，προαιρέω 的中动现在，阳性单数主格。分词 προαιρούμενος 引出一个进一步的说明，καὶ προαιρούμενος δι' αὐτά，并且是因那些事情自身之故而出于选择。δι' αὐτά，因那些事情自身之故，介词短语，限定 προαιρούμενος。αὐτά，那些事情，代词，指前面提到的 τὰ κατὰ τὰς ἀρετὰς γινόμενα（依照德性而生成的东西）。

第三个分词短语。逻辑主语仍然是 ὁ πράττων，做事的人。分词短语是 βεβαίως καὶ ἀμετακινήτως ἔχων，以稳定的和不变的方式，表伴随情况。ἔχων，具有……，获有……，以……的方式，分词，阳性单数主格。βεβαίως，稳定地，副词；ἀμετακινήτως，不变地，副词由 ἀ-μετα-κινήτως 三部分构成，限定 ἔχων。

II.4

αὐτὸ τὸ εἰδέναι·① πρὸς
δὲ τὸ τὰς ἀρετὰς τὸ μὲν
εἰδέναι οὐδὲν ἢ μικρὸν
ἰσχύει, ② τὰ δ᾽ ἄλλα
οὐ μικρὸν ἀλλὰ τὸ πᾶν
δύναται, ③ ἅπερ④ ἐκ
τοῦ πολλάκις πράττειν
5 τὰ δίκαια καὶ σώφρονα
περιγίνεται.⑤

而说到对那些德性的
[获有],"知道"则不起
作用或作用很小,而另
外的两条则能起不小的
而是全部的作用,它们
生成于不断地去做那些
正义的和节制的事ᶜ。

ed, except the knowing
itself; while for the ac-
quirement of virtues, the
knowing accounts noth-
ing or little, whereas the
other two, which come
about by repeatedly do-
ing the just and temper-
ate things, play not small
but the whole role.

---

① 并列句。πρὸς μὲν...（说到……）πρὸς δὲ...（而说到……）对照结构。这里是第一句。主语是 ταῦτα, 这些, 代词, 指上述三个条件, 中性复数主格。动词是 οὐ συναριθμεῖται, 不需要, συναριθμέω 的被动第三人称单数。πρὸς μὲν τὸ τὰς ἄλλας τέχνας ἔχειν, 说到对其他技艺的获有, 介词短语, 限定 οὐ συναριθμεῖται。τὸ τὰς ἄλλας τέχνας ἔχειν, 对其他技艺的获有, 名词性不定式短语, 做介词 πρὸς 的宾语。ἔχειν, 获有, 不定式。其宾语是 τὰς ἄλλας τέχνας, 其他技艺, 名词短语, 阴性复数宾格。πλὴν αὐτὸ τὸ εἰδέναι, 除了"知道"这一条之外, 介词短语, 用作插入语。πλήν, 除了, 介词。其宾语有两个, 一个是 τὸ εἰδέναι, "知道", 名词性不定式短语, 中性单数宾格。εἰδέναι, 不定式, οἶδα 的完成时不定式。另一个是 αὐτό, 自身, 此处相当于, 这一条, 与 τὸ εἰδέναι 同位, 代词, 中性单数宾格。

② 这里是第二句。对照并列句, τὸ μὲν...τὰ δ᾽... 对照结构。这里是第一个子句。对照于第一句, 句子从介词短语开始, πρὸς δὲ τὸ τὰς ἀρετάς, 而说到对那些德性的 [获有]。τὸ τὰς ἀρετάς, 对那些德性的 [获有], 名词性不定式短语, 做介词 πρός 的宾语, 不定式 ἔχειν 省略。
句子的主语 τὸ εἰδέναι, "知道", 名词性不定式短语, 中性单数主格。动词是 ἰσχύει, 起作用, 来自动词 ἰσχύω, 单数第三人称。οὐδὲν（不）和 μικρὸν（很小）两个副词限定 ἰσχύει, 意义是, 不起作用或作用很小。

③ 这里是第二个子句。主语是 τὰ ἄλλα, 另外的两条, 名词性短语, 中性复数主格。动词是 δύναται, 能起作用, 来自 δύναμαι, 单数第三人称。οὐ μικρὸν ἀλλὰ τὸ πᾶν, 不小的而是全部的作用, 并列副词短语, οὐ...ἀλλὰ... 对照结构, 限定 δύναμαι。οὐ μικρόν, 不小, 副词; τὸ πᾶν, 全部的, 名词性形容词短语, 中性单数宾格, 用作状语。

④ ἅπερ, 那些（即两条）, 关系代词, 拜沃特（Bywater）校勘。莱克汉姆（Rackham [1926], 84）本做 εἴπερ（如果）。一些英译者, 例如爱尔温（Irwin, 1985）、克里斯普（Crisp, 2000）、罗（Rowe, 2002）、罗斯（Ross, rev. Brown, 2009）、巴特莱特与柯林斯（Bartlett & Collins, 2011）, 都遵循拜本校勘。我们在此依拜沃特本解。

⑤ 从上述第二个子句引出的非限定性定语从句, 由关系代词 ἅπερ 引入。ἅπερ, 那些, 关系代词, 指 τὰ δ᾽ ἄλλα, 那两条, 中性复数主格, 引导定语从句, 并在从句中做主语。动词是 περιγίνεται, 生成于……, 成为……的结果, 将来时中被动, 单数第三人称。ἐκ τοῦ πολλάκις πράττειν..., 出于不断地去做……, 介词短语, 限定 περιγίνεται。τοῦ πολλάκις πράττειν..., 不断地去做……, 名词性不定式短语, 中性单数属格, 做介词 ἐκ 的间接性宾语。πράττειν..., 做……, 不定式。其宾语为 τὰ δίκαια καὶ σώφρονα, 那些正义的和节制的事, 名词短语, 中性复数宾格。

τὰ μὲν οὖν πράγματα δίκαια καὶ σώφρονα λέγεται, ὅταν ᾖ τοιαῦτα οἷα ἂν ὁ δίκαιος ἢ ὁ σώφρων πράξειεν·① δίκαιος δὲ καὶ σώφρων ἐστὶν οὐχ ὁ ταῦτα πράττων, ἀλλὰ καὶ [ὁ] οὕτω πράττων ὡς οἱ δίκαιοι καὶ σώφρονες πράττουσιν.② εὖ οὖν λέγεται ὅτι ἐκ τοῦ τὰ δίκαια πράττειν ὁ δίκαιος γίνεται καὶ ἐκ τοῦ τὰ σώφρονα ὁ

因此，所做的事被称为正义的和节制的，仅当它们是正义的或节制的人会做的那样的事情；然而并不是那个做这些事情的人，而是那个以正义的、节制的人那样的方式地做了这些事情的人，是正义的和节制的。所以的确可以说，做正义的事就成为正义的人，做节制的事就成为节制的人；而不去做这些事，就没有人能指

Doings, therefore, are called just and temperate only when they were such that the just or the temperate man would do; yet it is not he who does these things but he who does [them] in the way the just and temperate men do [them] that is just and temperate. Therefore, it is well said that the just man comes about from doing the

———
① 转折并列句，οὖν 示意从上文引出结论。μὲν...δὲ... 对照结构。这里是第一句。复合句。主句的主语是 τὰ πράγματα，所做的事，名词短语，中性复数主格。πρᾶγμα，做的事，名词。动词是 λέγεται...，被说成……，动词 λέγω 被动将来时，单数第三人称。δίκαια καὶ σώφρονα，正义的和节制的事，名词短语，中性复数主格，做主语补语。

ὅταν（当……，仅当……）引出一个状语从句，表示条件。复合句。主句的主语仍然是 τὰ πράγματα。系动词是 ᾖ，是，εἰμί 的虚拟式，单数第三人称。表语是 τοιαῦτα，那样的事情，指示代词，中性复数主格。

由 τοιαῦτα 引出一个定语从句，由 οἷα 引导。οἷα，那样一些，关系代词，指 τοιαῦτα。定语从句的主语为 ὁ δίκαιος ἢ ὁ σώφρων，正义的人或节制的人，名词性短语，阳性单数主格。δίκαιος，正义的，形容词；σώφρων，节制的，形容词，阳性单数主格。动词是 ἂν πράξειεν，会做，πράττω 的不定过去时祈愿式，单数第三人称。οἷα 引导从句，并在从句中做 πράξειεν 的宾语。

② 这里开始第二句。οὐχ ὁ...ἀλλὰ [ὁ]... 选择主语结构。先说明句子的主语部分。第一部分是，οὐχ ὁ ταῦτα πράττων，不是那个做这些事情的人。ὁ ταῦτα πράττων，那个做这些事情的人，名词性分词短语，阳性单数主格。πράττων，做，分词。其宾语是 ταῦτα，那些事情，中性复数宾格。第二部分是，ἀλλὰ [ὁ] οὕτω πράττων，而是[那个]这样地做[这些事情]的人，名词性分词短语，阳性复数主格。[ὁ]，据莱克汉姆（Rackham [1926]，86)，为拜沃特（Bywater）本所加。关系副词 οὕτω（这样地）引出一个方式状语从句，ὡς οἱ δίκαιοι καὶ σώφρονες πράττουσιν，像正义的和节制的人所做的那样地。从句的主语是 οἱ δίκαιοι καὶ σώφρονες，正义的和节制的人，阳性复数主格。动词是 πράττουσιν，做，复数第三人称。οὕτω 引导从句，并在从句中做状语。

句子的系动词是 ἐστὶν，是，单数第三人称。表语是 δίκαιος δὲ καὶ σώφρων，正义的和节制的，形容词短语，阳性单数主格。

σώφρων·① ἐκ δὲ τοῦ μὴ πράττειν ταῦτα οὐδεὶς ἂν οὐδὲ μελλήσειε γίνεσθαι ἀγαθός.②

望成为一个好人ᵈ。

just things and the temperate man from [doing] the temperate things; without doing these things no one could expect to become good.

ἀλλ' οἱ πολλοὶ ταῦτα μὲν οὐ πράττουσιν, ἐπὶ δὲ τὸν λόγον καταφεύγοντες οἴονται φιλοσοφεῖν καὶ οὕτως ἔσεσθαι σπουδαῖοι,③ ὅμοιόν τι

但是,多数人不是去做这些事,而是停止于空谈,认为[自己]是在爱智慧因而将是认真的人,这使得[他们自己]有点儿像那些病人,他

However, most people do not do these things but, by taking refuge in *logos*, think [of themselves] to be philosophizing and thus to be

---

① 复合句, οὖν 示意承接上文引出结论。主句是 εὖ λέγεται 动词前置结构句。εὖ λέγεται,的确可以说……,……是被讲得很好的,这是句子的谓语部分。主语为后面的 ὅτι 从句。λέγεται, 被讲, λέγω 的被动式,单数第三人称。εὖ,好,副词,限定 λέγεται。

主语从句由关系连词 ὅτι 引入。并列句。第一句的主语是 ὁ δίκαιος,正义的人,名词性短语,阳性单数主格。动词是 γίνεται,成为,中被动现在时,单数第三人称。ἐκ τοῦ τὰ δίκαια πράττειν, 从做正义的事[而来],介词短语,限定 γίνεται。τοῦ τὰ δίκαια πράττειν,做正义的事,名词化必定是短语,做介词 ἐκ 的间接性宾语。πράττειν,做,动词不定式,现在时。其宾语是 τὰ δίκαια,正义的事,名词短语,中性复数宾格。

第二句与第一句结构相同,动词与不定式省略。区别的主语是 ὁ σώφρων,节制的人;介词短语是 ἐκ τοῦ τὰ σώφρονα,从做节制的事[而来],结构同前。

② 上述结论句的延伸部分。简单句。主语为 οὐδεὶς,没有人,阳性单数主格。动词是 ἂν οὐδὲ μελλήσειε,指望,想要,μελλήσειε 是 μέλλω 的不定过去时,祈愿式,单数第三人称。οὐδὲ (不)在此处起加强否定语气的作用。加强其宾语是 γίνεσθαι,成为,不定式。γίνεσθαι 的表语是 ἀγαθός,好(人),形容词,阳性单数主格。ἐκ τοῦ μὴ πράττειν ταῦτα,从出于不去做这些事情而来的,介词短语,限定 ἂν οὐδὲ μελλήσειε。τοῦ μὴ πράττειν ταῦτα,不去做这些事情,名词性不定式短语,做介词 ἐκ 的间接性宾语。μὴ πράττειν,不去做,否定性不定式。其宾语是 ταῦτα,这些事情,指示代词,中性复数宾格。

③ 简单句。连动结构。两个动词间构成 μὲν...δὲ... 对照结构。主语是 οἱ πολλοί,多数人,名词短语,阳性复数主格。第一个动词是 οὐ πράττουσιν,不是去做,现在时,复数第三人称。其宾语是 ταῦτα,这些事情,中性复数宾格。

第二个动词是 οἴονται,认为自己,中动现在时,复数第三人称。οἴονται 引出两个并列的不定式(短语)宾语。一个是 φιλοσοφεῖν,在爱智慧,从事哲学,不定式。另一个是 ἔσεσθαι σπουδαῖοι, 是严肃的人,将来时,复数第三人称。ἔσεσθαι,是,不定式,将来时。其表语为 σπουδαῖοι,认真的人,形容词,阳性复数主格。οὕτως,以这种方式,因而,副词,限定 ἔσεσθαι。

ἐπὶ δὲ τὸν λόγον καταφεύγοντες,只是躲藏于空谈,分词短语,表伴随情况,限定 οἴονται。

15 ποιοῦντες τοῖς κάμνουσιν,① οἳ τῶν ἰατρῶν ἀκούουσι μὲν ἐπιμελῶς, ποιοῦσι δ' οὐδὲν τῶν προσταττομένων.② ὥσπερ οὖν οὐδ' ἐκεῖνοι εὖ ἕξουσι τὸ σῶμα οὕτω θεραπευόμενοι,③ οὐδ' οὗτοι τὴν ψυχὴν οὕτω φιλοσοφοῦντες.④

们认真听医生教导，却不做医生嘱咐的任何事。所以，正如那种人以这种方式治病不会使身体好起来一样，这种人以这种方式爱智慧也不会使其灵魂 [变好]ᵉ。

serious men, making [themselves] somewhat like the sick, who listen to the doctors carefully, while follow none of the prescriptions. Therefore, just as that sort of people will not have the body well-off by this way of getting treatment, nor [will] this sort of people [have] the soul [well-off] by this way of philosophizing.

καταφεύγοντες，躲避，现在分词。ἐπὶ τὸν λόγον，于空谈之中，介词短语，限定 καταφεύγοντες。τὸν λόγον，逻各斯，此处，空谈，名词短语，阳性单数宾格，做介词 ἐπὶ 的宾语。

① 分词短语插入语。ποιοῦντες，使得他们自己，逻辑主语是上面提到的大多数人，ποιέω 的现在分词，阳性复数主格。其宾语是 ὅμοιόν τι，有点像，有点相同，形容词短语，中性单数宾格。后接 τοῖς κάμνουσιν，那些生病的人，κάμνω（劳作，生病）的现在分词，阳性复数与格。

② 由 τοῖς κάμνουσιν 引出的一个关系从句，由关系代词 οἳ 引导。从句的主语是 οἳ，他们，指 τοῖς κάμνουσιν，阳性复数主格。οἳ 引出两个动词表达，μὲν...δ'... 对照结构。第一个是 ἀκούουσι，听，现在时，复数第三人称。其间接性的宾语是 τῶν ἰατρῶν，医生，名词，阳性复数属格。ἐπιμελῶς，认真地，副词，限定 ἀκούουσι。

第二个动词是 ποιοῦσι，做，造成，现在时，复数第三人称。其宾语是 οὐδέν，任何事，形容词，中性单数宾格。προσταττομένων，医生嘱咐的，προστάσσω 的被动现在分词，中性复数属格，限定 οὐδέν。

③ 并列句，οὖν 承接上文而引出结论。ὥσπερ 引入第一句。主语是 ἐκεῖνοι，那种人，代词，指那些不遵医嘱的病人，阳性复数主格。动词是 οὐδ' ἕξουσι...，不会获有……，不会使得……，将来时，复数第三人称。其宾语是 τὸ σῶμα，身体，名词，中性单数宾格。补语是 εὖ，好，副词。οὕτω θεραπευόμενοι，以这种方式接受治疗，分词短语，阳性主格复数，表伴随情况。θεραπευόμενοι，被治疗，θεραπεύω 的被动现在分词。οὕτω，以这种方式，副词，限定 θεραπευόμενοι。

④ 这里是第二句。主语是 οὗτοι，这种人，指一开始说的大多数人，代词，阳性复数主格。动词 ἕξουσι 省略，只保留其否定此 οὐδ'。其宾语为 τὴν ψυχὴν，灵魂，名词，阴性单数宾格。补语 εὖ 省略。οὕτω φιλοσοφοῦντες，以这种方式爱智慧，分词短语，阳性复数主格，表伴随情况。φιλοσοφοῦντες，爱智慧，φιλοσοφέω 的主动现在分词。οὕτω，以这种方式，副词，限定 φιλοσοφοῦντες。

5

Μετὰ δὲ ταῦτα τί ἐστιν ἡ ἀρετὴ σκεπτέον.① ἐπεὶ οὖν τὰ ἐν τῇ ψυχῇ γινόμενα τρία ἐστί, πάθη δυνάμεις ἕξεις, τούτων ἄν τι εἴη ἡ ἀρετή.②

λέγω δὲ πάθη μὲν ἐπιθυμίαν ὀργὴν φόβον θάρσος φθόνον θεὰν φιλίαν μῖσος πόθον ζῆλον ἔλεον,③ ὅλως

在这些问题之后，我们必须来讨论德性是什么。承上文，既然灵魂中生成的东西是三种：感受、能力与品性[a]，德性必是其中之一[b]。

感受我指的是欲望、忿怒、恐惧、胆大、妒忌、愉悦、友爱、仇恨、渴望、嫉妒、怜悯[c]，总之，那些跟随着快乐与痛苦的东西；

And, after these questions, we must consider what virtue is. Therefore, since the be-comings in the soul are three, affections, capacities, and characters, the virtue must be one of them.

And, by affections I mean desire, anger, fear, boldness, envy, joy, friendship, hatred, yearning, jealousy, pity, in general,

---

① 复合句。主句是动形词 σκεπτέον 无人称句。σκεπτέον，必须研究，逻辑主语可为我们，σκέπτομαι 的动形词，中性单数主格。其宾语从句是 τί ἐστιν ἡ ἀρετή，德性是什么。从句的主语是 ἡ ἀρετή，德性，名词，阴性单数主格。系动词是 ἐστιν，是，单数第三人称。表语是 τί，什么，疑问代词，中性单数主格。Μετὰ ταῦτα，在这些问题之后，介词短语，限定 σκεπτέον。ταῦτα，这些问题，指上述的内容，代词，中性复数宾格，做介词 Μετὰ 的宾语。

② 复合句。οὖν，承上文，连词，引出一个新论题。连词 ἐπεὶ（既然）引出让步从句。主语是 τὰ ἐν τῇ ψυχῇ γινόμενα，灵魂中生成的东西，名词性分词短语，中性复数主格。γινόμενα，生成的东西，γίγνομαι 的现在分词。ἐν τῇ ψυχῇ，灵魂中，介词短语，限定 γινόμενα。系动词是 ἐστί，是，单数第三人称。表语是 τρία，三种，数词，中性复数主格。πάθη δυνάμεις ἕξεις，感受，能力，品性，三个名词，构成对 τρία 的分述。πάθη，感受，πάθος（感受性）的复数形式，中性主格。δυνάμεις，能力，阴性复数主格。ἕξεις，品性，阴性复数主格。

主句的主语是 ἡ ἀρετή，德性，名词，阴性单数主格。系动词是 ἄν εἴη，必定是，祈愿式，单数第三人称。表语是 τούτων τι，其中的某一种，不定代词短语。τι，某一种，不定代词，中性单数主格。τούτων，其中的，代词，指上述三种事物中的，中性复数属格。

③ 从这一句开始了关于 πάθη（感受）、δυνάμεις（能力）、ἕξεις（品性）三个术语的基本意义三个句子，以 πάθη μὲν...，δυνάμεις δὲ...，ἕξεις δὲ... 形式构成对照结构。

这里是说明 πάθη μὲν... 部分的基本意义的句子。复合句。这里是主句。小品词 δὲ 通常有转折、顺接两种主要用法，此处顺接上文。主谓语是 λέγω，我以……指……，动词，接双宾语，复数

οἷς ἕπεται ἡδονὴ ἢ λύ-
πη·① δυνάμεις δὲ καθ᾽
ἃς παθητικοὶ τούτων
λεγόμεθα,② οἷον καθ᾽
25 ἃς δυνατοὶ ὀργισθῆναι
ἢ λυπηθῆναι ἢ ἐλεῆ-
σαι·③ ἕξεις δὲ καθ᾽ ἃς
πρὸς τὰ πάθη ἔχομεν εὖ
ἢ κακῶς,④ οἷον πρὸς

而能力[我指的是]根据它们我们被说成能感受这些,例如,依据它们[我们]能被激怒、被致痛苦或能去怜悯的[那些东西];品性[我指的是]依据它们我们以好或坏的方式获得同这些感受的关系的[那些东

the things that accompany pleasure or pain; whereas [by] capacities [I mean the things] in terms of which we are said capable to feel these affections, for instance, in terms of which [we are said] capable to be an-

第一人称。其直接宾语是 πάθη,感受性,名词,中性复数宾格。其间接宾语是 ἐπιθυμίαν(欲望)开始的一组名词共十一个,这些名词都是单数宾格形式,与 πάθη 同位,构成对它的分述。

① 这里是这十一个分述的感受性引出一个非限定性的定语从句,由关系代词 οἷς 引导。关系代词 οἷς(那些[感受],中性复数与格)是从句的逻辑主语。动词是 ἕπεται,跟随着,ἕπομαι 的单数第三人称形式。其宾语是 ἡδονὴ ἢ λύπη,快乐或痛苦,名词短语,阴性单数宾格。副词 ὅλως,总之,承接主句并限定从句。

② 这里是说明 δυνάμεις 的基本意义的句子。复合句。主句的主谓语是 λέγω,与 πάθη μὲν... 句同,省略。省略的动词 λέγω 的直接宾语是 δυνάμεις,能力,阴性复数宾格。其间接宾语是[τὰ] καθ᾽ ἃς παθητικοὶ τούτων λεγόμεθα,根据它们我们被说成能获得这些感受的[那些东西],名词性短语,中性复数宾格。前置冠词 τὰ 省略。

[τὰ]引出一个非限定性关系从句,由介词 καθ᾽+关系代词 ἃς 引导。从句的主谓语是 λεγόμεθα,我们被说成,λέγω 的被动式,现在时,复数第一人称。后面直接宾语补语 παθητικοί,能感受……的,形容词,阳性复数主格。παθητικοί 支配一个属格名词 τούτων,这些,即前述各种感受,中性复数。καθ᾽ ἃς,介词短语,根据它们,引导从句,并在从句中限定主谓结构…λεγόμεθα。ἃς,它们,关系代词,指 δυνάμεις,阴性复数宾格,给介词 καθ᾽ 做宾语。

③ 这是由关系副词 οἷον 引导的一个 καθ᾽ ἃς 关系从句的同位从句,仍由 καθ᾽ ἃς 引导。主谓语 λεγόμεθα 省略。宾语补语是 δυνατοί,能……,形容词,阳性复数主格,逻辑主语是我们。其后接不定式,此处有三个:ὀργισθῆναι,被激怒,ὀργίζω 的被动不定过去时不定式;λυπηθῆναι,被致痛苦,λυπέω 的被动不定过去时不定式;ἐλεῆσαι,去怜悯,ἐλεέω 的主动不定过去时不定式。介词短语 καθ᾽ ἃς 限定被省略的 …λεγόμεθα。

④ 这里是说明 ἕξεις δὲ… 部分的基本意义的句子。复合句。主句的主谓语是 λέγω,与 πάθη μὲν… 句同,省略。省略的动词 λέγω 的直接宾语是 ἕξεις,能力,阴性复数宾格。其间接宾语是[τὰ] καθ᾽ ἃς πρὸς τὰ πάθη ἔχομεν εὖ ἢ κακῶς,根据它们我们以好或坏的方式获得同这些感受的关系的[那些东西],名词性短语,中性复数宾格。前置冠词 τὰ 省略。

[τὰ]引出一个非限定性关系从句,由介词 καθ᾽+关系代词 ἃς 引导。从句的主谓语是 ἔχομεν,我们获有,现在时,复数第一人称。其宾语是[τὸ] πρὸς τὰ πάθη ἔχομεν,同这些感受的关系,名词化介词短语,中性复数宾格,前者冠词 τὸ 省略。πρὸς τὰ πάθη,同这些感受的,介词短语,限定省略的前置冠词 τὸ。εὖ ἢ κακῶς,以好或坏的方式,并列副词,限定 ἔχομεν。καθ᾽ ἃς,介词短语,根据它们,引导从句,并在从句中限定主谓结构…ἔχομεν。ἃς,它们,关系代词,指 ἕξεις,阴性

II.5

τὸ ὀργισθῆναι, εἰ μὲν σφοδρῶς ἢ ἀνειμένως, κακῶς ἔχομεν, εἰ δὲ μέσως, εὖ,① ὁμοίως δὲ καὶ πρὸς τἆλλα.②

西], 例如, 如果过强或过弱, 我们就以坏的方式, 而如果适中, 就以好的方式, 获得同被激怒[状态]的关系; 同那些其他[感受]的关系也是同样ᵈ。

gered or pained or to pity; and, [by] characters [the things] in terms of which we stand well or badly with them, for instance, if violently or weakly, we stand badly, while if intermediately, we stand well with [the state of] being angered, and likewise with the relations to those other [affections].

πάθη μὲν οὖν οὐκ εἰσὶν οὔθ' αἱ ἀρεταὶ οὔθ' αἱ κακίαι,③ ὅτι οὐ λεγόμεθα κατὰ τὰ πάθη σπουδαῖοι ἢ φαῦλοι, κατὰ δὲ τὰς ἀρετὰς καὶ τὰς

所以, 德性与恶不是感受, 因为, 我们被说成是认真的或荒嬉的不是由于我们的感受, 我们被[这样]说是由于我们的德性与恶, 并且, 我们被

Therefore, neither virtues nor vices are affections, [because] that we are not called serious or wanton in accordance with affections but in accord-

复数宾格, 给介词 καθ' 做宾语。

① 这是由关系副词 οἷον πρὸς τὸ ὀργισθῆναι (例如与被激怒的关系) 引导的一个 καθ' ἃς 关系从句的同位从句, καθ' ἃς 省略, 但从句在形式上与上句相同, 仍然是由 καθ' ἃς 引导。这个关系从句由并列的两个复合句构成。第一句的条件句由两个相互对照的部分组成, 呈省略形式, 只保留表示方式的副词状语部分: σφοδρῶς ἢ ἀνειμένως, 过强或过弱地。主句的主谓语是 ἔχομεν, 我们获得, 现在时, 复数第一人称。κακῶς, 以坏的方式, 副词, 限定 ἔχομεν。πρὸς τὸ ὀργισθῆναι, 同被激怒[状态]的关系, 介词短语, 限定 ἔχομεν。

第二句的条件句保留的是 μέσως, 适度地。主句部分省略与第一句主句的所有相同成分, 只保留副词 εὖ, 以好的方式。

② 上述关系从句从句的延伸部分。ὁμοίως δὲ καὶ, 也是这样, 关系副词短语, 顺接上文。πρὸς τἆλλα, 在同那些其他[感受]的关系方面, 介词短语, 限定 ὁμοίως。τἆλλα, 那些其他[感受], 名词性短语, τά 和 ἀλλά (其他的, 指其他感受) 的合拼, 做介词 πρὸς 的宾语。

③ 简单句。οὖν 示意承接上文引出结论。主语是 οὔθ' αἱ ἀρεταὶ οὔθ' αἱ κακίαι, 既不是德性也不是恶, 否定性的并列主语, 名词短语。αἱ ἀρεταί, 德性, 名词, 阴性复数主格。αἱ κακίαι, 恶, 名词, 阴性复数主格。οὔθ'...οὔθ'..., 既不是……也不是……, 强调否定结构。系动词是 οὐκ εἰσίν, 不是, 复数第三人称。表语是 πάθη, 感受, 名词, 中性复数主格。

κακίας λεγόμεθα,① καὶ ὅτι κατὰ μὲν τὰ πάθη οὔτ' ἐπαινούμεθα οὔτε ψεγόμεθα② (οὐ γὰρ ἐπαινεῖται ὁ φοβούμενος οὐδὲ ὁ ὀργιζόμενος,③ οὐδὲ ψέγεται ὁ ἁπλῶς ὀργιζόμενος ἀλλ' ὁ πῶς④), κατὰ δὲ τὰς ἀρετὰς καὶ τὰς κακίας ἐπαινούμεθα ἢ ψεγόμεθα.⑤

ἔτι ὀργιζόμεθα μὲν καὶ φοβούμεθα ἀπρο-

称赞、被谴责也不是由于我们的感受（因为，既不是那个被吓到的人，也不是那个被激怒的人，受到称赞，也不是那个被一般地激怒的人，而是那个被以某种方式激怒的人，受到谴责），我们被称赞、被谴责是由于我们的德性与恶。

此外，我们被激怒、被吓到[都是]反乎选择

ance with virtues and vices, and that we are not praised nor blamed in accordance with affections (for, neither a feared nor an angered man is praised, nor a man being angered generally, but a man [being angered] in a certain way, is blamed), but in accordance with virtues and vices.

Again, we are angered and feared against choice,

---

① 从上句引出的原因从句。ὅτι，因为那个……，关系代词，引导从句。并列句。这里是第一句。并列句。第一个子句的主谓语是 οὐ λεγόμεθα，我们不被说成，被动现在时，复数第一人称。宾语补语是 σπουδαῖοι ἢ φαῦλοι，认真的或荒嬉的，来自形容词 σπουδαῖος 和 φαῦλος，阳性主格复数。κατὰ τὰ πάθη，由于感受，介词短语，限定 οὐ λεγόμεθα。
第二个子句的主谓语是 λεγόμεθα，我们被说成（这样），与上句的否定构成对照。κατὰ δὲ τὰς ἀρετὰς καὶ τὰς κακίας，依据德性与恶，介词短语，限定 λεγόμεθα。δὲ 示意语气转折。
② 这里是第二个原因从句，由 ὅτι 引导。并列句，κατὰ μὲν...κατὰ δὲ... 对照结构。κατὰ δὲ... 部分被置于括号之后。这里是 κατὰ μὲν... 部分。主谓语是 οὔτ' ἐπαινούμεθα οὔτε ψεγόμεθα，我们既不被称赞也不被谴责，被动现在时，复数第一人称。οὔτ...οὔτε...，既不……也不……。ἐπαινούμεθα，被称赞。ψεγόμεθα，被谴责。κατὰ μὲν τὰ πάθη，依据感受，介词短语，限定两个动词。
③ 括号内的部分是一个插入的原因从句，由 γὰρ 引导。并列句。第一个子句的主语是 οὐ... ὁ φοβούμενος οὐδὲ ὁ ὀργιζόμενος，既不是那个被吓到的人也不是那个被激怒的人，名词性短语，阳性单数主格。ὁ φοβούμενος，那个被吓到的人；ὁ ὀργιζόμενος，那个被激怒的人，名词性被动分词短语，阳性单数主格。动词是 ἐπαινεῖται，受到称赞，被动现在时，单数第三人称。οὐ 和 οὐδὲ 是两个否定词，分别否定谓语，引出两个否定句。
④ 第二个子句的主语是 οὐδὲ ὁ ἁπλῶς ὀργιζόμενος...ἀλλ' ὁ πῶς，也不是那个一般地被激怒的人，而是那个以某种方式[被激怒]的人，名词短语，阳性单数主格。οὐδὲ... 接续前面的 οὔτ... οὔτε... 结构，又与后面的 ἀλλ'... 构成对照结构。动词是 ψέγεται，受到谴责，ψέγω 的被动现在时，单数第三人称。
⑤ 这里是接括号前 κατὰ μὲν... 部分的 κατὰ δὲ... 部分。主谓语是 ἐπαινούμεθα ἢ ψεγόμεθα，我们被称赞或被谴责，现在时，复数第一人称。κατὰ δὲ τὰς ἀρετὰς καὶ τὰς κακίας，依据我们的德性与恶，介词短语，限定上述两动词。

αἱρέτως, αἱ δ' ἀρεταὶ προαιρέσεις τινὲς ἢ οὐκ ἄνευ προαιρέσεως.①
πρὸς δὲ τούτοις κατὰ μὲν τὰ πάθη κινεῖσθαι λεγόμεθα, κατὰ δὲ τὰς ἀρετὰς καὶ τὰς κακίας οὐ κινεῖσθαι ἀλλὰ διακεῖσθαί πως.②

διὰ ταῦτα δὲ οὐδὲ δυνάμεις εἰσίν·③ οὔτε γὰρ ἀγαθοὶ λεγόμεθα τῷ δύ-

[的],而德性则[是]某些选择或者[是]不无选择的。除了这些,关于这样一些事情,我们还被说成是被感受运动了的,然而我们不是被说成被德性与恶运动了的,而[被说成]被它们以某种方式置放了的ᵉ。

由于相同原因,[德性与恶]也不是能力;因为,我们既不直接地依据能

whereas virtues [are] certain choices or not without choices. Besides, of this sort of things, we are said to be moved by affections, whereas [we are] not [said] to be moved by virtues and vices but [are said] to be disposed by them in some way.

Yet for the same reasons, [virtues and vices] are not capacities; for, we

---

① ἔτι,又,此外,连词,引出第三点。并列句。μὲν...δὲ... 对照结构。第一句的主谓语是ὀργιζόμεθα καὶ φοβούμεθα,我们被激怒、被吓到,被动现在时,复数第一人称。系动词省略。表语是 ἀπροαιρέτως,反乎选择的,副词。

第二句的主语是为 αἱ ἀρεταί,德性,名词,阴性复数主格。系动词省略。表语有两个,一个是προαιρέσεις τινές,某些选择,名词短语。προαιρέσεις,选择,名词,阴性复数主格。τινές,某些,不定代词,阴性复数主格。另一个是 ἢ οὐκ ἄνευ προαιρέσεως,或者不无选择的,否定性介词短语,双否结构。ἄνευ προαιρέσεως,无选择的,介词短语。ἄνευ,无,否定性介词。其间接性的宾语是 προαιρέσεως,选择,名词,阴性单数属格。

② 省略并列句。πρὸς δὲ τούτοις,除了这些,介词短语,起承接上文的作用。τούτοις,这些,代词,中性复数与格,做介词 πρός 的间接性的宾语。第一句的主谓语是 λεγόμεθα,我们被说成,被动现在时,复数第一人称。主语补语是 κατὰ μὲν τὰ πάθη κινεῖσθαι,被感受运动。κινεῖσθαι,被……运动,κινέω(带动)的被动现在时不定式。κατὰ μὲν τὰ πάθη,被感受,介词短语,限定 κινεῖσθαι。κατὰ μέν... 与下面的 κατὰ δέ... 构成对照结构。

第二句的主谓语仍然为前一句的,省略。主语补语为两个不定式,由 οὐ...ἀλλά... 连接,也可以看做是转折并列句的省略形式。第一个是 οὐ [λεγόμεθα] κινεῖσθαι,我们不[被说成]被……运动,句式同上句,否定式。第二个是 ἀλλά [λεγόμεθα] διακεῖσθαί,而 [被说成] 被置放,与上句构成对照转折。διακεῖσθαί,被置放,被动形式的不定式。πως,以某种方式,副词,限定 διακεῖσθαί。κατὰ δὲ τὰς ἀρετὰς καὶ τὰς κακίας,被德性与恶,介词短语,限定 κινεῖσθαι 与 διακεῖσθαί。

③ 简单句。διὰ ταῦτα δέ,而由于相同原因,介词短语,转折承接前文。ταῦτα,同样原因,代词,指上述三点,中性复数宾格,做介词 διά(由于)的宾语。逻辑主语是上文谈到的 τὰς ἀρετὰς καὶ τὰς κακίας,省略。系动词是 οὐδὲ εἰσίν,不是,现在时,复数第三人称。表语是 δυνάμεις 能力,名词,阴性复数主格。

νασθαι πάσχειν ἁπλῶς οὔτε κακοί, ① οὔτ' ἐπαινούμεθα οὔτε ψεγόμεθα·② ἔτι δυνατοὶ μὲν ἐσμεν φύσει, ἀγαθοὶ δὲ ἢ κακοὶ οὐ γινόμεθα φύσει·③ εἴπομεν δὲ περὶ τούτου πρότερον. ④

εἰ οὖν μήτε πάθη εἰσὶν αἱ ἀρεταὶ μήτε δυνάμεις, λείπεται ἕξεις αὐτὰς εἶναι. ⑤ Ὅ τι μὲν

去承受而被称为好人或坏人,也不[因此而]受称赞或受谴责;并且,我们因自然而有能力,然而我们并非因自然而变得善或恶;但是关于这点我们前面已经谈过了ᶠ。

所以,如果德性既不是感受也不是能力,所剩下的就是,它们是品性。这样,德性在属上是什

are not called good or bad [men], nor are we praised or blamed, simply because of our being capable to be affected upon; again, we are potent by nature, whereas we do not become good or bad by nature; but we spoke of this before.

Therefore, if virtues are neither affections nor capacities, what remains is that they are charac-

① 并列句。由两组 οὔτε...οὔτε...(既不……也不……)句式构成,表达两个层次的否定。这里是第一句。并列句。第一个子句的主谓语是 οὔτε...λεγόμεθα,我们既不被称为……,主语补语是 ἀγαθοί,好[人],阳性复数主格。τῷ δύνασθαι πάσχειν ἁπλῶς,由于能去承受,名词性不定式短语,中性单数与格,限定 λεγόμεθα。τῷ δύνασθαι,能,冠词+不定式结构,表示原因。δύνασθαι 再接不定式 πάσχειν,去承受,πάσχω 的现在时不定式。ἁπλῶς,仅仅,副词,限定 δύνασθαι πάσχειν。
第二个子句结构相同,共同的主谓语结构 οὔτε...λεγόμεθα(也不被称为……)中 λεγόμεθα 省略。共同的状语 τῷ δύνασθαι πάσχειν ἁπλῶς 省略。保留的宾语补语是 κακοί,坏[人],否定性形容词,阳性复数主格。这一层否定可以简化方式将两个否定结构用 "或者" 相互连接:"我们不直接地由于能去承受而被称为好人或坏人。"
② 这里是第二句,构成第二层否定。与第一句共同的状语 τῷ δύνασθαι πάσχειν ἁπλῶς 省略。并列句。第一个子句的主谓语是 οὔτ' ἐπαινούμεθα,我们既不受称赞,被动现在时,复数第一人称。第二个子句的主谓语是 οὔτε ψεγόμεθα,我们也不受谴责,被动现在时,复数第一人称。这一层的否定也同样可以 "或者" 联系起来表达。
③ 并列句。μὲν...δὲ... 对照结构。第一句的主谓语是 ἐσμεν,我们是,现在时,复数第一人称。其表语是 δυνατοί,有能力的,形容词,阳性复数主格。φύσει,因自然,名词,阴性单数与格,用作副词。第二句主谓语是 γινόμεθα,我们变得,现在时,复数第一人称。其表语是 ἀγαθοὶ ἢ κακοί,好或坏,形容词,阳性复数主格。
④ 插入句。主谓语是 εἴπομεν,我们说过,不定过去时,复数第一人称。περὶ τούτου,关于这一点,介词短语,限定 εἴπομεν。πρότερον,前面,副词,限定 εἴπομεν。
⑤ 复合句。οὖν(所以)承接上文引出结论。条件句的主语是 αἱ ἀρεταί,德性,名词,阴性复数主格。动词结构是 μήτε εἰσίν...μήτε...,既不是……也不是……,现在时,复数第三人称。其表语分别是 πάθη,感受,名词,中性复数主格;和 δυνάμεις,能力,名词,阴性复数主格。

οὖν ἐστὶ τῷ γένει ἡ ἀρε- 么就谈完了ᵍ。 ters. What virtue is in
τή, εἴρηται. ① genus, then, has been
discoursed.

主句的主语是 ἕξεις αὐτὰς εἶναι，它们就是品性，不定式短语。εἶναι，是，不定式。其逻辑主语是 αὐτὰς，它们，代词，指德性，阴性复数宾格。εἶναι 的表语是 ἕξεις，获有的品性，名词，阴性复数宾格。动词是 λείπεται，被剩下的，λείπω 的被动形式，单数第三人称。
① 复合句。主语从句由关系代词 ὅ 引导。ὅ，那，那个，关系代词，重读时为阳性，但此处轻读，中性单数宾格。ὅ 引导从句而不在从句中做主语或宾语，只给主句的动词做宾语。主语从句的主语是 ἡ ἀρετή，德性，名词，阴性单数主格。系动词是 ἐστὶ，是，现在时，单数第三人称。其表语是 τι，什么，代词，中性单数主格。τῷ γένει，在属上，名词短语，中性单数与格。γένει，属，名词。
主句的主语是 ὅ 关系从句。动词是 εἴρηται，就被谈完了，ἐρῶ 的被动完成时，单数第三人称单数。

6

Δεῖ δὲ μὴ μόνον οὕτως εἰπεῖν ὅτι ἕξις, ἀλλὰ καὶ ποία τις.①

但我们不仅应当以这种方式说出[德性是]品性,而且[应当说出它是]怎样的[品性]ª。

But we ought not only to say that [virtue is] character in this way, but also what sort of character [it is].

ῥητέον οὖν ὅτι πᾶσα ἀρετή, οὗ ἂν ᾖ ἀρετή, αὐτό τε εὖ ἔχον ἀποτελεῖ καὶ τὸ ἔργον αὐτοῦ εὖ ἀποδίδωσιν.② οἷον ἡ τοῦ ὀφθαλμοῦ ἀρετὴ τόν τε ὀφθαλμὸν

所以必须说这一点:所有德性都既使得它是其德性的事物获得良好状态又使得它的那种活动展现得好;例如,眼睛的德性既使得眼睛好又使得它的那种活动出色;

Therefore, it must be said that every virtue both makes the thing for which it is the virtue well maitained and makes its activity well [performed]; for in-

---

① 转折句。δὲ 示意转折承接上文。δεῖ(应当,必须)+ 不定式无人称句。逻辑主语是我们。δεῖ 引出不定式 εἰπεῖν,说出,不定过去时不定式。οὕτως,以这种方式,副词,限定 εἰπεῖν。不定式 εἰπεῖν 引出 μὴ μόνον...ἀλλὰ καὶ...(不仅……而且……)结构的并列宾语。两个部分都是省略形式的宾语从句。第一句是 ὅτι ἕξις,[德性是]品性。ὅτι,那,关系代词,引导从句。从句的主语与系动词是上文中的[ἡ ἀρετή ἐστί]...,德性是……,省略。ἕξις,品性,名词,阴性单数主格,保留的表语。
第二句的完整形式是[ὅτι]ποία τις[ἡ ἀρετή ἐστί],[德性是]怎样一种[品性]。保留的部分只是表语 ποία τις,关系代词短语,阴性单数主格。
② 复合句。主语是动形词 ῥητέον 无人称句。ῥητέον,必须说,ἐρῶ(说)的动形词。ῥητέον 引出由 ὅτι 引导的宾语从句。复合句。主句的主语为 πᾶσα ἀρετή,所有德性。名词短语,阴性单数主格。动词有两个。第一个是 ἀποτελεῖ,使得……完成,现在时,单数第三人称。其宾语是 αὐτό,那个事物,代词,中性单数宾格。其补语是 εὖ ἔχον,获得良好状态,分词短语,中性单数宾格。ἔχον,获得,分词。εὖ,良好,功能副词,指好的状态,限定 ἔχον。第二个是 ἀποδίδωσιν,使得……展现,现在时,单数第三人称。其宾语是 τὸ ἔργον αὐτοῦ,它的那种活动,名词性短语,中性单数宾格。τὸ ἔργον,那种活动,名词短语。αὐτοῦ,它的,代词,与前面的 αὐτό 同指。εὖ,良好,功能副词,限定 ἀποδίδωσιν。
οὗ ἂν ᾖ ἀρετή,它(指德性)是其德性的那个[事物],定语从句,限定跟随的 αὐτό。从句的主谓语是 ἂν ᾖ,它是,虚拟式,单数第三人称。其表语是 ἀρετή,德性。οὗ,其,那个,关系代词,指跟随的 αὐτό,中性单数属格,限定 ἀρετή。

σπουδαῖον ποιεῖ καὶ τὸ ἔργον αὐτοῦ.① (τῇ γὰρ τοῦ ὀφθαλμοῦ ἀρετῇ εὖ ὁρῶμεν②)· ὁμοίως δὲ ἡ τοῦ ἵππου ἀρετὴ ἵππον τε σπουδαῖον ποιεῖ καὶ ἀγαθὸν δραμεῖν καὶ ἐνεγκεῖν τὸν ἐπιβάτην καὶ μεῖναι τοὺς πολεμίους.③ εἰ δὴ τοῦτ' ἐπὶ πάντων οὕτως ἔχει,④ καὶ ἡ τοῦ

（因为，借助眼睛的德性我们才看得清楚）；同样，马的德性既使得马好，又使得它跑得快，让骑手坐得稳，并沉稳迎敌。而如果在所有事情上都是这样，那么人的德性就是那种品性：由于它一个人成为好人，也由于它他自身的那种活动将展现得好ᵇ。

stance, the virtue of eye makes eye and its activity excellent (for, with the virtue of eye we see well); and likewise, the virtue of horse makes horse excellent and good at running, at carrying the rider, and at standing enemies. But if this holds true of all things,

---

① 由关系副词 οἷον（例如）引出的一个示例句。主语是 ἡ τοῦ ὀφθαλμοῦ ἀρετὴ，眼睛的德性，名词性短语，阴性单数主格。τοῦ ὀφθαλμοῦ，眼睛的，名词短语，阳性单数属格，限定 ἡ ἀρετὴ（德性）。动词是 ποιεῖ，使得，造成，现在时，单数第三人称。ποιεῖ 引出两个直接宾语。一个是 τόν ὀφθαλμὸν，眼睛，名词短语，阳性单数宾格。另一个是 τὸ ἔργον αὐτοῦ，它的那种活动，名词性短语，中性单数宾格。τὸ ἔργον，那种活动，名词短语。αὐτοῦ，它的，代词，指眼睛，阳性单数属格，限定 τὸ ἔργον。宾语补语是 σπουδαῖον，认真的，出色的，形容词，阳性单数宾格，在用来说人时，认真的、严肃的；在用来说事物与活动时，出色的。

② 上句中第二动宾结构 ποιεῖ τὸ ἔργον αὐτοῦ σπουδαῖον（又使得它［指眼睛］的那种活动出色）引出的原因从句。主谓语是 ὁρῶμεν，我们看，现在时，复数第一人称。εὖ，清楚，功能副词，限定 ὁρῶμεν。τῇ τοῦ ὀφθαλμοῦ ἀρετῇ，借助眼睛的德性，名词性短语，阴性单数与格，表示方式和途径，限定 εὖ ὁρῶμεν（看得清楚）。

③ 关系副词 ὁμοίως（同样地）引出了另一个示例句。主语是 ἡ τοῦ ἵππου ἀρετὴ，马的德性，名词性短语，阴性单数主格。τοῦ ἵππου，马的，名词短语，阳性单数属格，限定 ἡ ἀρετή（德性）。句子的动词是 ποιεῖ，使得，现在时，单数第三人称。其宾语是 ἵππον，马，名词，阳性单数宾格。动宾结构 ποιεῖ ἵππον 引出两组补语，以 τε…καί…（既……又……）形式并联。第一组宾语补语是 σπουδαῖον，出色，形容词，阳性单数宾格。

第二组宾语补语由形容词 ἀγαθὸν（好）+ 不定式短语构成。ἀγαθὸν，好，阳性单数宾格。不定式短语有三个，分别地限定 ἀγαθὸν。第一个是 δραμεῖν，跑，τρέχω 的不定过去时不定式。第二个是 ἐνεγκεῖν τὸν ἐπιβάτην，负载骑手。ἐνεγκεῖν，负载，φέρω 的不定过去时不定式。其宾语是 τὸν ἐπιβάτην，骑手，名词，阳性单数宾格。第三个是 μεῖναι τοὺς πολεμίους，沉稳迎敌。μεῖναι，沉稳地，μένω 的不定过去时不定式。其宾语是 τοὺς πολεμίους，与战争有关的，此处指敌人，形容词，阳性复数宾格。

④ 复合句。这里是由 εἰ δὴ 引入的条件从句，δὴ 示意语气的转折。主语是 τοῦτ'，这，指示代词，指 1106a15-17 关于 πᾶσα ἀρετή（所有德性）的结论，中性单数主格。动词是 ἔχει，获有，现在时，单数第三人称。οὕτως，这样，副词，限定 ἔχει。ἐπὶ πάντων，在所有事情上，介词短语，限定 οὕτως。πάντων，所有事情，代词，中性复数属格，做介词 ἐπί 的间接性的宾语。

ἀνθρώπου ἀρετὴ εἴη ἂν ἡ ἕξις ἀφ' ἧς ἀγαθὸς ἄνθρωπος γίνεται καὶ ἀφ' ἧς εὖ τὸ ἑαυτοῦ ἔργον ἀποδώσει.①

πῶς δὲ τοῦτ' ἔσται, ἤδη μὲν εἰρήκαμεν,② ἔτι δὲ καὶ ὧδ' ἔσται φανερόν, ἐὰν θεωρήσωμεν ποία τίς ἐστιν ἡ φύσις αὐτῆς.③ ἐν παντὶ δὴ συνεχεῖ καὶ διαιρετῷ ἔστι λαβεῖν τὸ μὲν πλεῖον τὸ δ' ἔλαττον τὸ δ' ἴσον,④ καὶ

可是，这一点将是怎么样的我们已经说过了，不过以下述方式，即假如我们来思考德性的本性是怎样的，这一点还将变得更加清晰。在所有连续而可分的事物中，都可以取较多、较少和相等，并且，都既可以

virtue of man would be the character by which man is made good and by which his activity will be performed well. What this means we have already stated, yet it will be clearer in the following way, if we examine what sort the nature of virtue is. Now in everything continuous and divisible it is possible to take the more, the

---

① 这里是主句。主语是 ἡ τοῦ ἀνθρώπου ἀρετή，人的德性，名词性短语，阴性单数主格。τοῦ ἀνθρώπου，人的，名词短语，阳性单数属格，限定 ἡ ἀρετή。系动词是 εἴη ἄν，是，祈愿式，单数第三人称。表语是 ἡ ἕξις，那种品性，名词短语，阴性单数主格。

ἡ ἕξις 引出两个定语从句，都有两个 ἀφ' ἧς（由于那个）介词短语引导的定语从句。ἀφ'，即 ἀπό，由于，介词。ἧς，那个，关系代词，指 ἡ ἕξις，阴性单数属格，做介词的间接性宾语。第一个定语从句的主语是 ἄνθρωπος，人，名词，阳性单数主格。系动词是 γίνεται，变得，现在时，单数第三人称。表语是 ἀγαθός，好，好人。第二个定语从句的主语是 τὸ ἑαυτοῦ ἔργον，他自身的那种活动，名词短语，中性单数主格。ἑαυτοῦ，他自身的，代词，指，阳性单数属格，限定 τὸ ἔργον（那种活动）。谓语是 ἀποδώσει，将展现，主动态将来时，单数第三人称。εὖ，好，功能副词，限定 ἀποδώσει。

② 复合句。主句的主谓语是 εἰρήκαμεν，我们说过，ἐρῶ（说）的完成时主动，复数第一人称。ἤδη，已经，副词，限定 εἰρήκαμεν。πῶς 引导它的宾语从句。主语是 τοῦτ'，这一点，代词，指上文中的 ἡ τοῦ ἀνθρώπου ἀρετὴ εἴη ἂν ἡ ἕξις（人的德性就是那种品性）。系动词是 ἔσται，将是，将来时，单数第三人称。表语是 πῶς，怎样的，副词。μέν... 和下面的 δέ... 构成对照结构。

③ 复合句。ἔτι δέ，又，更，副词，示意与上句并接，语气轻微转折。主句的主语仍然是 τοῦτ'，省略。系动词是 ἔσται，是，将来时，单数第三人称。表语是 φανερόν，清晰的，形容词，中性单数主语。ὧδ'，以下述方式，关系副词，限定系表结构。

ὧδ' 引出一个由 ἐάν（假如）引导的方式条件从句。复合句。主句的主谓语 θεωρήσωμεν，我们思考，虚拟式，不定过去时，复数第一人称。θεωρήσωμεν 引出一个宾语从句。主语是 ἡ φύσις αὐτῆς，德性的本性，名词性短语，阴性单数主格。αὐτῆς，它的，指德性的，名词，阴性单数属格，限定 ἡ φύσις（本性）。系动词是 ἐστιν，是，现在时，单数第三人称。ποία τίς，怎样的，疑问代词短语，阴性单数主格。

④ 连动结构简单句。这里是第一个部分。ἔστι + 不定式表语的无人称结构，表明有可能去

ταῦτα ἢ κατ' αὐτὸ τὸ πρᾶγμα ἢ πρὸς ἡμᾶς·① τὸ δ' ἴσον μέσον τι ὑπερβολῆς καὶ ἐλλείψεως.②

依据事情本身,也可以相对于我们[来取]较多、较少和相等;而相等也就是过度与不及之间的某种适中。

less, and the equal, and [to take] them either in accordance with the thing itself or with reference to us; and the equal [is] a mean between excess and deficiency.

λέγω δὲ τοῦ μὲν πράγματος μέσον τὸ ἴσον ἀπέχον ἀφ' ἑκατέρου τῶν ἄκρων,③ ὅπερ ἐστὶν ἓν καὶ ταὐτόν

事情[本身]的适中,我指距两个端点的每一个距离都相同的那个相等,这个[相等]是一,并且对所有人都相同,

And the mean in accordance with the thing I mean the equal equidistant from each of the extremes, which is one

---

做某事。ἔστι,是,系动词,现在时,复数第三人称。其不定式表语是 λαβεῖν,去取,去抓住,不定过去时不定式。其宾语分别是 τὸ πλεῖον(较多)、τὸ ἔλαττον(较少)和 τὸ ἴσον(相等),名词化形容词短语,中性单数宾格。ἐν παντὶ συνεχεῖ καὶ διαιρετῷ,在所有连续而可分的事物中,介词短语,限定 ἔστι(是)+ λαβεῖν 结构。συνεχεῖ,连续的,形容词,συνεχής 的中性单数与格形式。διαιρετῷ,可分的,形容词,διαιρετός 的中性单数与格形式。παντί,所有的,形容词,中性单数与格,限定 συνεχεῖ καὶ διαιρετῷ。δή,的确,小品词,限定 ἔστι+λαβεῖν 结构。

① 这里是第二部分,是上面 λαβεῖν 的宾语 τὸ πλεῖον τὸ ἔλαττον τὸ ἴσον 的同位语。ταῦτα,它们,代词,指上述三者,中性复数宾格,做 λαβεῖν 的宾语。κατ' αὐτὸ τὸ πρᾶγμα,依据事情本身;πρὸς ἡμᾶς,相对于我们,介词短语,限定 λαβεῖν。κατ',依据,介词。其宾语是 αὐτὸ τὸ πρᾶγμα,事情本身。名词性短语,中性单数宾格。πρᾶγμα,事情,名词,中性单数宾格。αὐτό,本身,代词,限定 τὸ πρᾶγμα。πρός,相对于,介词。其宾语是 ἡμᾶς,我们,代词。

② 上述第二部分的引申句。简单句。主语是 τὸ ἴσον,相等,名词性短语,中性单数主格。系动词省略。表语是 μέσοντι,某种适中,名词性短语,中性单数主格。μέσον,适中的,形容词,起名词功能。τι,某种,不定代词。ὑπερβολῆς καὶ ἐλλείψεως,较多与较少的,名词性短语,阴性单数属格,限定 μέσον。

③ 转折并列句。μέν...δέ... 对照结构。这里是第一句。主谓语是 λέγω...,我指......,现在时,单数第一人称。λέγω 引出一个宾语与一个间接宾语或宾语补语。其宾语是 τοῦ πράγματος μέσον,事情[本身]的适中,名词性短语,中性单数宾格。μέσον,适中,形容词,中性单数宾格。τοῦ πράγματος,事情[本身]的,名词短语,中性单数属格,限定 μέσον。

其间接宾语或宾语补语是 τὸ ἴσον,那个相等,名词性短语,中性单数宾格。ἀπέχον ἀφ' ἑκατέρου τῶν ἄκρων,距两个端点的每一个距离都相同的,分词短语,限定 τὸ ἴσον。ἀπέχον,距离......,现在时分词,中性单数宾格。ἀφ' ἑκατέρου,距离每一个,介词短语,限定 ἀπέχον。ἑκατέρου,每一个的,形容词,中性单数属格,做介词 ἀφ' 的间接性的宾语。τῶν ἄκρων,那两个端点,名词,中性复数属格,限定 ἑκατέρου。

πᾶσιν,① πρὸς ἡμᾶς δὲ ὃ μήτε πλεονάζει μήτε ἐλλείπει·② τοῦτο δ' οὐχ ἕν, οὐδὲ ταὐτὸν πᾶσιν. ③ οἷον εἰ τὰ δέκα πολλὰ τὰ δὲ δύο ὀλίγα, τὰ ἐξ μέσα λαμβάνουσι κατὰ τὸ πρᾶγμα·④ ἴσῳ γὰρ
35 ὑπερέχει τε καὶ ὑπερέχεται,⑤ τοῦτο δὲ μέσον ἐστὶ κατὰ τὴν ἀριθμητι-

而相对于我们的[适中，我指]那个既不多也不少的[相等]，但这个[相等]不是一，也不是对所有人都相同ᵈ。例如，如果 10 多，2 少，人们就把 6 当作事物本身的适中，因为它超过[2]和被[10]超过的[量]相等，这是依照算术比例的适中。

and same for all things, whereas [the mean] with reference to us, [I mean the equal] which neither exceeds nor falls short; but this is not one nor the same for all things. If, for instance, 10 [is] many while 2 [is] few, men take 6 the mean in accordance with the thing;

---

① 由 τὸ ἴσον 引出的一个非限定性关系从句，由关系代词 ὅπερ 引导。ὅπερ，这，关系代词，指 τὸ ἴσον，中性单数主格，引出从句，并在从句中做主语。系动词是 ἐστὶν，是，现在时，单数第三人称。表语有两个。一个是 ἕν，一，数词。另一个是 ταὐτόν πᾶσιν，对所有人都相同。ταὐτόν，相同的，代词，中性单数宾格。πᾶσιν，对所有人，形容词，阳性复数与格。

② 这里是第二句。δὲ 示意语气转折。复合句。主句的逻辑主谓语 λέγω...（我指……）省略。πρὸς ἡμᾶς，相对于我们的，介词短语是 λέγω 的直接宾语 [τοῦ] πρὸς ἡμᾶς [μέσον]（相对于我们的适中）的省略式，名词性短语，中性单数宾格。
λέγω 的间接宾语或宾语补语是 ὃ 引导的关系从句。ὃ，这，这个，关系代词，与上句中的 ὅπερ 同指 τὸ ἴσον（那个相等），中性单数主格，引出定语从句，并在从句中做主语。ὃ 引出两个否定性的动词，μήτε πλεονάζει μήτε ἐλλείπει，既不太多也不太少，现在时，单数第三人称。πλεονάζει，增多；ἐλλείπει，缺少。

③ 这是 ὃ 关系从句的延伸部分。连动结构简单句。主语是 τοῦτο，这个，代词，指相对于"我们"的 τὸ ἴσον（相等）。系动词 ἐστὶν，是，省略。表语是两个否定性的结构。一个是 οὐχ ἕν，不是一；另一个是 οὐδὲ ταὐτὸν πᾶσιν，也不是对所有人都相同，与上句中 ὅπερ 关系从句构成对照。

④ 由关系副词引导的示例句，对上句做示例说明。复合句。条件从句由两个部分组成，均省略了系动词 ἐστὶν。第一部分的主语是 τὰ δέκα，10，数词短语，中性复数主格。表语是 πολλὰ，多的，形容词，中性复数主格。第二部分的主语是 τὰ δύο，2，数词短语，中性复数主格。表语是 ὀλίγα，少，形容词，中性复数主格。
主句的主谓语是 λαμβάνουσι...，人们把……当作……，主动现在时，复数第三人称。其直接宾语是 τὰ ἐξ，6，数词短语，中性复数宾格。其间接宾语是 μέσα，适中，形容词，中性复数宾格。κατὰ τὸ πρᾶγμα，根据事物，介词词组，限定 μέσα。

⑤ 上述主句的原因从句。主语仍然是 τὰ ἐξ（6）。动词有两个。一个是 ὑπερέχει，超过，主动现在时，单数第三人称。其宾语当为 τὰ δύο（2），省略。另一个是 ὑπερέχεται，被超过，被动现在时，单数第三人称。其宾语当为 τὰ δέκα（10），省略。ἴσῳ，相等，形容词，中性单数与格，此处表示数量上相等。

κἢν ἀναλογίαν.①   for, it exceeds [2] and is exceeded [by 10] at the equal amount, this is the mean in accordance with arithmetical proportion.

τὸ δὲ πρὸς ἡμᾶς οὐχ οὕτω ληπτέον·② οὐ γὰρ εἴ τῳ δέκα μναῖ φαγεῖν πολὺ δύο δὲ ὀλίγον, ὁ ἀλείπτης ἓξ μνᾶς προστάξει,③ ἔστι γὰρ ἴσως καὶ τοῦτο πολὺ τῷ ληψομένῳ ἢ ὀλίγον·④   但是相对于我们的适中不是以这种方式确定的；因为，如果要让某人去吞下 10 姆那食物[是]太多，2 姆那[是]太少，教练并不指定 6 姆那，因为这对于接受训练的人也许要么太多要么太   But the [mean] with reference to us must not be taken in this way; for, if 10 *mnai* is too much for someone to eat while 2 *mnai* too little, a trainer will not prescribe 6 *mnai*; for even this is perhaps

---

① 简单句。主语是 τοῦτο，这，指示代词，指上面在谈的 τὰ ἕξ（6），中性单数主格。系动词是 ἐστί，是，现在时，单数第三人称。表语是 μέσον，适中，形容词，中性复数主格。κατὰ τὴν ἀριθμητικὴν ἀναλογίαν，按照算术比例，介词短语，限定系表结构。τὴν ἀριθμητικὴν ἀναλογίαν，算数比例，名词性短语，阴性单数宾格，做介词 κατά 的宾语。ἀναλογίαν，比例，名词。ἀριθμητικὴν，算数的，形容词，限定 ἀναλογίαν。

② 简单句，δὲ 示意语气的转折。主语是 τὸ δὲ πρὸς ἡμᾶς[μέσον]，相对于我们的[适中]，名词性短语，中性单数主格。τὸ[μέσον]，那个适中，名词短语，μέσον（适中）被省略。πρὸς ἡμᾶς，相对于我们的，介词短语，限定 τὸ[μέσον]。系动词 ἐστὶν 省略。表语是 ληπτέον，被抓住，λαμβάνω（抓住，把握）的动形词，中性单数主格。οὐχ οὕτω，不以这种方式，副词短语，限定系表结构。

③ 原因从句。复合句。εἰ 引出条件句。有两个部分。第一部分的主语是 δέκα μναῖ，10 姆那，指 10 姆那的食物，数量词短语，阴性复数主格。μναῖ，姆那，μνᾶ 的复数形式。系动词省略。表语是 πολύ，多，形容词，中性单数主格。τῳ φαγεῖν，对于某人去吃，与格不定式短语，限定系表结构。τῳ，对于某人，不定代词，阳性单数与格。φαγεῖν，去吃，ἐσθίω（吃）的主动态不定过去时动不定式，限定 τῳ。

第二部分的主语是 δύο，2，指 2 姆那的食物。系动词省略。表语是 ὀλίγον，少，中性单数主格。省略了 τῳ φαγεῖν（对于某人去吃）。

主句的主语是 ὁ ἀλείπτης，教练，名词，阳性单数主格。动词是 οὐ…προστάξει，不指定，主动将来时，单数第三人称。ἓξ μνᾶς，6 姆那，即 6 姆那的食物，数量词短语，中性复数宾格。

④ 上句中主句的原因从句。主语是 τοῦτο，这，指示代词，指 6 个姆那食物的方案，中性单数主格。系动词是 ἐστι，是，单数第三人称。表语是 πολύ…ἢ ὀλίγον，要么多要么少，形容词短语，中性单数主格。τῷ ληψομένῳ，对于接受训练者，名词性分词短语，阳性单数与格，限定系表结构。ληψομένῳ，接受，动词 λαμβάνω 的中动将来时分词，阳性单数与格。ἴσως，也许，副词，限定系表结构。

Μίλωνι μὲν γὰρ ὀλίγον, τῷ δὲ ἀρχομένῳ τῶν γυμνασίων πολύ·① ὁμοίως 5 ἐπὶ δρόμου καὶ πάλης.②

οὕτω δὴ πᾶς ἐπιστήμων τὴν ὑπερβολὴν μὲν καὶ τὴν ἔλλειψιν φεύγει, τὸ δὲ μέσον ζητεῖ καὶ τοῦθ᾽ αἱρεῖται, μέσον δὲ οὐ τὸ τοῦ πράγματος ἀλλὰ τὸ πρὸς ἡμᾶς.③

少;对米洛来说太少,对一个刚开始体育训练的人来说太多;赛跑和摔跤也是这样ᵉ。

所以,所有讲科学的人都避免过度与不及,而寻求那个适中,并追求这个不是属于事物而是相对于我们的适中。

too much or too little for a receiver; too little for Milo, whereas too much for the beginner in athletics; and likewise for running and wrestling.

Thus every man of science avoids excess and deficiency, but tries to seek the mean and pursues it, the mean not of the thing but relative to us.

---

① 由上句中 τῷ ληψομένῳ 引出的示例句。γὰρ 无实义,只起连接作用。省略了句子的主语 τοῦτο 与系动词 ἐστι。并列句,μὲν...δὲ... 对照结构。第一句保留的部分是 Μίλωνι...ὀλίγον,对米洛来说太少。Μίλωνι,米洛,人名,阳性单数与格。第二句保留的部分是 τῷ ἀρχομένῳ τῶν γυμνασίων πολύ,对刚开始体育训练的人来说太多。τῷ ἀρχομένῳ,刚开始……的人,分词短语,阳性单数与格。ἀρχομένῳ,刚开始……,动词 ἄρχω 的中动现在分词,阳性单数与格。其间接性的宾语是 τῶν γυμνασίων,体育训练,名词短语,中性复数属格。

② 上句的延伸部分。因米洛是拳击运动员,这里转而推论其他运动。ὁμοίως,这样,关系代词,承接上文并限定所省略的句子的基本结构,即 [τὰ ἐξ] ἐστι γὰρ ἴσως καὶ τοῦτο πολὺ τῷ ληψομένῳ ἢ ὀλίγον([6 姆那]对于接受训练的人也许要么太多么太少)[1106b2-3]。ἐπὶ δρόμου καὶ πάλης,赛跑与摔跤方面的,介词短语,限定省略了的句子的基本结构。δρόμου,赛跑,名词,阳性单数属格;πάλης,摔跤,名词,阴性单数属格,做介词 ἐπὶ 的间接性宾语。

③ 连动结构简单句。οὕτω,所以,关系副词,承接上文引出结论。主语为 πᾶς ἐπιστήμων,所有讲科学的人,形容词短语,阳性单数主格。πᾶς,所有人,形容词。ἐπιστήμων,讲科学的,形容词,阳性复数属格,限定 πᾶς。动词有两部分,μὲν...δὲ... 对照结构。第一部分是 φεύγει,避免,主动现在时,单数第三人称。其宾语是 τὴν ὑπερβολὴν καὶ τὴν ἔλλειψιν,过度与不及,名词短语,阴性单数宾格。

第二部分又有两个动词,第一个是 ζητεῖ,寻求,现在时,单数第三人称。其宾语是 τὸ μέσον,那个适中,名词短语,中性单数宾格。第二个是 αἱρεῖται,追求,现在时,单数第三人称。其宾语是 τοῦθ᾽,这个,代词,指 τὸ μέσον,中性单数宾格。

τοῦθ᾽ 引出一个同位语短语,由 μέσον 引导。μέσον 引出两个限定短语,以 οὐ...ἀλλὰ...(不是……而是……)形式构成转折。第一个是 οὐ τὸ τοῦ πράγματος,不是属于事物的,否定性名词短语。τὸ τοῦ πράγματος,属于事物的,名词短语,中性单数属格,限定前置冠词 τὸ。第二个是 ἀλλὰ τὸ πρὸς ἡμᾶς,而是相对于我们的。τὸ πρὸς ἡμᾶς,相对于我们的,名词性短语,中性单数宾格。πρὸς ἡμᾶς,相对于我们,介词短语,限定前

εἰ δὴ πᾶσα ἐπιστήμη οὕτω τὸ ἔργον εὖ ἐπιτελεῖ, πρὸς τὸ μέσον βλέπουσα καὶ εἰς τοῦτο ἄγουσα τὰ ἔργα① (ὅθεν εἰώθασιν ἐπιλέγειν τοῖς εὖ ἔχουσιν ἔργοις ὅτι οὔτ' ἀφελεῖν ἔστιν οὔτε προσθεῖναι, ② ὡς τῆς μὲν ὑπερβολῆς καὶ τῆς ἐλλείψεως φθειρούσης τὸ εὖ, τῆς δὲ μεσότητος σῳζούσης③) —εἰ δὴ	但如果所有科学都以这样的方式良好地完成其活动,盯着那个适中并朝向它引导那些活动(所以,关于那些完成得完美的活动,人们习惯于说既不能贬损一分也不能增美一分,就像[在说]过度与不及都破坏那个好,适中则保存[它])——如果那些好技匠,像我们所说的,也都盯着这个适中而努力	But if all science performs the activity well in this way, looking to the mean and leading the activities into this mean (hence people are used to say about those well-performed activities that it is impossible either to take away from nor to add up anything to [them], as excess and deficiency destroy the

置冠词 τὸ。

① 从这里(1106b8)开始了一个长句,到1106b16结束。复合句。句子的主体是两个并列条件句,( )括起的部分引入一个插入语,与一个结论句。

这里是第一个条件句。主语是 πᾶσα ἐπιστήμη,所有科学,名词短语,阴性单数主格。动词是 εὖ ἐπιτελεῖ…,良好地完成……,主动现在时,单数第三人称。其宾语是 τὸ ἔργον,它的活动,名词短语,中性单数宾格。οὕτω,以这种方式,副词,限定 εὖ ἐπιτελεῖ。句子的动词 εὖ ἐπιτελεῖ 引出两个分词短语,表明伴随情况。第一个是 πρὸς τὸ μέσον βλέπουσα,盯着那个适中。βλέπουσα,盯着,主动态现在时分词,阴性单数主格。πρὸς τὸ μέσον,朝向那个适中,介词短语,限定 βλέπουσα。第二个分词是 ἄγουσα,引导……,主动态现在分词,阴性单数主格。其宾语为 τὰ ἔργα,那些活动,名词短语,中性复数宾格。εἰς τοῦτο,朝向它,介词短语,限定 ἄγουσα。τοῦτο,它,指示代词,指中道,中性单数宾格。

② 括号中的插入句。ὅθεν,所以,副词,示意与括号前的条件句的某种衔接。主谓语是 εἰώθασιν…,人们习惯于……,ἔθω 的主动态完成时,复数第三人称。其宾语是 ἐπιλέγειν,说,主动态现在时不定式。ὅτι 引导 ἐπιλέγειν 的宾语从句。从句为否定式的 ἔστιν + 不定式结构,表示不可能……。ἔστιν 引出两个不定式结构,呈 οὔτ'…οὔτε… (既不……也不……)结构。第一个是 οὔτ' ἀφελεῖν,既不能贬损一分。第二个是 οὔτε προσθεῖναι,也不能增美一分。τοῖς εὖ ἔχουσιν ἔργοις,关于那些完成得完美的活动,名词性短语,中性复数与格,限定 ἐπιλέγειν。τοῖς ἔργοις,那些活动,名词短语,中性复数与格。εὖ ἔχουσιν,完成得完美的,分词短语,限定 τοῖς ἔργοις。ἔχουσιν 完成,获有,主动态现在分词,中性复数与格。

③ 关系副词 ὡς (就像[在说])引出两个呈 μὲν…δὲ… 对照结构的独立分词属格短语,表明伴随情况。第一个短语的主语是 τῆς ὑπερβολῆς καὶ τῆς ἐλλείψεως,过度与不及,阴性单数属格。分词是 φθειρούσης,破坏,主动现在分词,阴性单数属格。其宾语是 τὸ εὖ,那个"好",名词性短语,中性单数宾格。第二个短语的主语是 τῆς μεσότητος,适中,名词,阴性单数属格。分词是 σῳζούσης,保存,主动现在分词,阴性单数属格。宾语还是 τὸ εὖ,省略。

οἱ ἀγαθοὶ τεχνῖται, ὡς λέγομεν, πρὸς τοῦτο βλέποντες ἐργάζονται, ἡ δ᾽ ἀρετὴ πάσης τέ-χνης ἀκριβεστέρα καὶ ἀμείνων ἐστίν, ὥσπερ καὶ ἡ φύσις, ① τοῦ μέ-σου ἂν εἴη στοχαστι-κή.②	工作，而德性又同自然一样，比任何技艺都更准确、更好，[那么德性]就会是能命中那个适中的。[品性]	well-ness, whereas the mean saves [it]) — and if those good technicians, as we say, perform their work by looking to the mean, and virtue is more precise and better than all technique, just as nature, [then virtue] would be the character capable to hit the mean.
λέγω δὲ τὴν ἠθικήν·③ αὕτη γάρ ἐστι περὶ πάθη καὶ πράξεις, ἐν δὲ τούτοις ἐστὶν ὑπερ-βολὴ καὶ ἔλλειψις καὶ τὸ μέσον.④ οἷον καὶ	但我所说的是伦理的[德性]；因为，伦理德性与感受和实践相关，在这些事情中存在过度、不及与适中。例如，[我们]感到恐惧、胆大，去	Yet I mean ethical [vir-tue]; for it is ethical virtue that is related to affections and practices, and in such things there are excess, deficien-

---

① 这里是第二个条件句。并列句。第一句的主语是 οἱ ἀγαθοὶ τεχνῖται，那些好技匠，名词短语，阳性复数主格。动词是 ἐργάζονται，努力工作，中动现在时，复数第三人称。πρὸς τοῦτο βλέποντες，盯着这个适中，分词短语，表伴随情况。βλέποντες，盯着，主动现在时分词，阳性复数主格。τοῦτο，这个，代词，指 τὸ μέσον，中性单数宾格，做介词 πρός 的宾语。ὡς λέγομεν，像我们所说的，插入语。

第二句的主语是 ἡ ἀρετή，德性，名词，阴性单数主格。系动词是 ἐστίν，是，现在时，单数第三人称。表语分别是 ἀκριβεστέρα，更准确，形容词 ἀκριβής 的比较级，阴性单数主格；和 ἀμείνων，更好，形容词 ἀγαθός 的比较级，阳性单数主格。πάσης τέχνης，比任何技艺，名词短语，阴性单数属格。ὥσπερ καὶ ἡ φύσις，同自然一样，即像自然是更准确和更好的一样，插入语。

② 这里是这个长复合句的主句。主语仍然是 ἡ φύσις αὐτῆς（1106a26）（αὐτῆς 指 ἡ ἀρετή），德性的本性，省略。系动词是 ἂν εἴη，就会是，祈愿式，单数第三人称。表语是 τοῦ μέσου...στοχαστική，能命中那个适中，名词性形容词短语，阴性单数主格。στοχαστική，能命中……的，形容词，阴性单数主格。στοχαστική 支配 τοῦ μέσου，那个适中，名词短语，中性单数属格。

③ 简单句。δέ 示意转折承接上文。主谓语是 λέγω，我说，我指，现在时，单数第一人称，通常要求双宾语。其直接宾语是 τὴν ἠθικήν，伦理的[德性]，名词性短语，阴性单数宾格，ἀρετή（德性）被省略，是因为在上面刚刚谈到。其间接宾语是刚刚谈到的"能命中那个适中"，省略。

④ 原因从句。并列句。第一句的主语是 αὕτη，它，反身代词，指伦理德性，阴性单数主格。

φοβηθῆναι καὶ θαρρῆ-
σαι καὶ ἐπιθυμῆσαι καὶ
ὀργισθῆναι καὶ ἐλεῆσαι
καὶ ὅλως ἡσθῆναι καὶ
λυπηθῆναι ἔστι καὶ μᾶλ-
λον καὶ ἧττον, καὶ ἀμ-
φότερα οὐκ εὖ·① τὸ δ'
ὅτε δεῖ καὶ ἐφ' οἷς καὶ
πρὸς οὓς καὶ οὗ ἕνεκα
καὶ ὡς δεῖ, μέσον τε καὶ
ἄριστον, ὅπερ ἐστὶ τῆς
ἀρετῆς.②

欲望、被激怒、去怜悯，
总之，可能感受到快乐
和痛苦过多或过少，两
种情形都不好；而在应
当的时候、应当的场合、
对于应当的人、为着那
个应当的[目的]、以应
当的方式[感受它们]既
是适中的又是最好的，
这也就是德性。

cy and the mean. For
example, it is possible
[for us] to be feared, be
bold, to desire, to be an-
gered, and to pity, on the
whole, to be pleased and
pained too much or too
little, and in both cases
no good; but [to feel
them] at a moment [one]
ought, in occasions [one
ought], towards the per-

系动词是 ἐστι，是，单数第三人称。περὶ πάθη καὶ πράξεις，与感受和实践相关，介词短语。πάθη，感受，名词，中性复数宾格；πράξεις，实践，名词，阴性复数宾格，给介词 περὶ 做宾语。

第二句是系动词 ἔστιν（有，存在）无人称句。逻辑主语是表语位置的 ὑπερβολὴ καὶ ἔλλειψις，过度与不及，名词短语，阴性单数主格。ὑπερβολή，过度。ἔλλειψις，不及。ἐν τούτοις，在这些事情中，介词短语，限定系表结构。τούτοις，这些事情，代词，指感受和实践，中性复数与格，做介词 ἐν 的间接性宾语。

① 由关系副词 οἷον 引导的示例句。系动词 ἔστι+ 不定式的无人称结构，不定式起逻辑主语功能，表示有可能去做。

共有七个不定式，前五个为并列不定式：φοβηθῆναι，感到恐惧，被吓到，φοβέω 的被动态不定过去时；θαρρῆσαι，胆大，θαρσέω 的主动态不定过去时；ἐπιθυμῆσαι，去欲望，ἐπιθυμέω 的主动不定过去时；ὀργισθῆναι，被激怒，ὀργίζω 的被动态不定过去时；ἐλεῆσαι，去怜悯，ἐλεέω 的主动态不定过去时。

副词 ὅλως（总之）引出另两个不定式作为概括：ἡσθῆναι，感受快乐，ἥδομαι 的被动态不定过去时；λυπηθῆναι，感受痛苦，λυπέω 的被动态不定过去时不定式。καὶ μᾶλλον καὶ ἧττον，并[感受得]多一些和少一些，副词短语，限定 ἔστι+ 不定式。μᾶλλον καὶ ἧττον 引出一个同位语短语 καὶ ἀμφότερα οὐκ εὖ，这两种情形都不好。ἀμφότερα，两者，形容词中性复数宾格，用作副词。οὐκ εὖ，不好，副词短语。

② 上述示例句的延伸部分，δ' 示意与前面的部分转折衔接。复合句。主句的主语为 τὸ ὅτε δεῖ καὶ ἐφ' οἷς καὶ πρὸς οὓς καὶ οὗ ἕνεκα καὶ ὡς δεῖ，在应当的时候、应当的场合、对于应当的人、出于应当原因、以应当的方式，名词性短语，中性单数主格。这是五个并列名词性短语。第一个是 τὸ ὅτε δεῖ，在应当的时间，名词性短语。ὅτε δεῖ，应当的时间，定语从句，限定前置冠词 τὸ，δεῖ 无人称句，ὅτε 做从句的状语。第二个是 τὸ...ἐφ' οἷς [δεῖ]，在应当的场合；第三个是 τὸ...πρὸς οὓς [δεῖ]，对于应当的人；第四个是 τὸ...οὗ ἕνεκα [δεῖ]，为着那个应当的[目的]；第五个是 τὸ...ὡς δεῖ，以应当的方式；名词性短语，结构同于第一个，第二到第四个省略了 δεῖ。参阅 1104b23。τὸ... 短语的后面省略了 ἡσθῆναι καὶ λυπηθῆναι，感受快乐和痛苦，不定式，限定五个定语从句中的动词

| | | sons [one ought], for the end [one ought], and in a way [one ought] is the mean and best, which belongs to virtue. |

ὁμοίως δὲ καὶ περὶ τὰς πράξεις ἔστιν ὑπερ-βολὴ καὶ ἔλλειψις καὶ τὸ μέσον.① ἡ δ' ἀρετὴ
25 περὶ πάθη καὶ πράξεις ἐστίν,② ἐν οἷς ἡ μὲν ὑπερβολὴ ἁμαρτά-νεται καὶ ἡ ἔλλειψις [ψέγεται], τὸ δὲ μέσον ἐπαινεῖται καὶ κατορ-θοῦται·③ ταῦτα δ' ἄμφω

然而在实践中也同样存在过度、不及和适中[f]。德性相关于感受和实践,在这些事情上过度都做错了,不及也受到谴责,但适中则既受人称赞也做得对;这两点都属于德性。所以,德性是某种适中状态[g],是能命中那个适中的[那种状态]。

Yet likewise are there excess, deficiency and the mean in practices. Now virtue is related to affections and practices, in which the excess goes wrong and the deficien-cy is [blamed], whereas the mean is praised and goes right; these two [merits] belong to virtue.

δεῖ。主句的系动词是 ἔστι,是,省略。表语是 μέσοντε καὶ ἄριστον,既适中又最好,形容词短语,中性单数主格。ἄριστον,最好的,形容词最高级。

关系代词 ὅπερ(这)引导一个关系从句,对前面的 τὸ… 短语作出一个进一步的论断。主语是 ὅπερ,这,中性单数主格。系动词是 ἐστὶ,是,现在时,单数第三人称。表语是 τῆς ἀρετῆς,属于德性的,名词短语,阴性单数属格。系动词+属格,表示属于……。

① 简单句。δὲ 在此处的语气既有轻微转折又有强调。ἔστιν 无人称句。句子的逻辑主语是 περὶ τὰς πράξεις,在实践方面,介词短语。系动词 ἔστιν 的表语是 ὑπερβολὴ καὶ ἔλλειψις καὶ τὸ μέσον,过度不及与适中,名词性短语。ὑπερβολὴ,过度,名词,阴性单数主格。ἔλλειψις,不及,名词,阴性单数主格。τὸ μέσον,适中,名词性短语,中性单数主格。

② 复合句。这里是主句。主语是 ἡ ἀρετὴ,德性,名词短语,阴性单数主格。系动词是 ἐστίν,是,现在时,单数第三人称。περὶ πάθη καὶ πράξεις,相关于感受与实践,介词短语。πάθη,感受,名词,中性复数宾格。πράξεις,实践,名词,阴性复数宾格。

③ 这里是由介词短语 ἐν οἷς(在这些事情上)引出的非限定性的定语从句。οἷς,这些事情,关系代词,中性复数与格,做介词 ἐν 的间接性的宾语,并引导定语从句。οἷς 在这里指代 πάθη καὶ πράξεις,并按第一个所指确定其性数。

定语从句由三个句子并列构成,呈 μὲν…δὲ… 对照结构。第一个子句的主语是 ἡ ὑπερβολὴ,过度,名词,阴性单数主格。动词是 ἁμαρτάνεται,做得错误,被动现在时,单数第三人称。第二个子句的主语是 ἡ ἔλλειψις,不及,名词,阴性单数主格。据莱克汉姆(Rackham [1916], 80),拜沃特(Bywater)本在此处添加了动词[ψέγεται],受到谴责,被动态现在时,单数第三人称,依拜

τῆς ἀρετῆς.① μεσότης
τις ἄρα ἐστὶν ἡ ἀρετή,
στοχαστική γε οὖσα τοῦ
μέσου.②

ἔτι τὸ μὲν ἁμαρτάνειν
πολλαχῶς ἔστιν③ (τὸ
γὰρ κακὸν τοῦ ἀπείρου,
ὡς οἱ Πυθαγόρειοι εἴκα-
ζον, τὸ δ᾽ ἀγαθὸν τοῦ
πεπερασμένου④), τὸ δὲ
κατορθοῦν μοναχῶς⑤

其次,做错有多种多样的方式(因为,恶属于无限,正如毕达戈拉斯派所想象的,而善属于有限[i]),做对却只有一条道路(所以做错容易做对难,偏离目标容易,射中

Virtue, then, is a certain mean state being capable to hit the mean.

Again, going wrong presents [itself] in many ways (for badness belongs to the unlimited, as Pythagoreans imagined, yet goodness the limited), whereas going right

---

沃特本。第三个子句的主语是 τὸ μέσον,适中,名词短语,中性单数主格。动词是 ἐπαινεῖται καὶ κατορθοῦται,既受到称赞又做得对,现在时,单数第三人称。ἐπαινεῖται,受到称赞,被动现在时,单数第三人称。κατορθοῦται,做得对,现在时主动,单数第三人称。

① 上述定语从句中第三个子句的延伸部分。简单句。主语是 ταῦτα ἄμφω,这两者,代词短语,指 ἐπαινεῖται 和 κατορθοῦται 这两种情况,中性双数主格。系动词省略。表语是 τῆς ἀρετῆς,德性,阴性单数属格。系动词+属格表示属于……。

② 结论句。ἄρα(所以)承接上文引出结论。主语是 ἡ ἀρετή,德性,名词,阴性单数主格。系动词是 ἐστὶν,是,现在时,单数第三人称。表语 μεσότης τις,某种适中状态,形容词短语,阴性单数主格。系词分词 οὖσα 引出一个独立分词短语,表明原因。οὖσα,是,现在分词,阴性单数主格。其逻辑主语是前面的 ἡ ἀρετή。οὖσα 的表语是 στοχαστική...τοῦ μέσου,能命中那个适中的,形容词短语,阴性单数主格。στοχαστική,能命中……的,形容词,阴性单数主格。στοχαστική 支配 τοῦ μέσου,那个适中,名词短语,中性单数属格,表明要命中的目标。γε,小品词,起表达强调的作用。

③ ἔτι(又,其次)示意承接上文引出第二点。从这里开始一个并列的长句,τὸ μὲν...τὸ δὲ...对照结构。这里是第一句。主语是 τὸ ἁμαρτάνειν,做错,冠词+不定式名词性短语,中性单数主格。ἁμαρτάνειν,做错,不定式。动词是 ἔστιν,有,呈现,现在时,单数第三人称。πολλαχῶς,多种多样,副词,限定 ἔστιν。

④ 括号中的部分是插入的原因从句。并列句。第一个子句的主语是 τὸ κακὸν,恶,名词性短语,中性单数主格。κακὸν,恶,形容词,中性单数主格。系动词省略。表语是 τοῦ ἀπείρου,无限,名词性短语,中性单数属格。ἀπείρου,无限,形容词,中性单数属格。关系副词 ὡς 引导一个插入的方式从句。主语是 οἱ Πυθαγόρειοι,毕达戈拉斯学派,名词化形容词短语,阳性复数主格。动词是 εἴκαζον,想象,主动未完成时,复数第三人称。

第二个子句的主语是 τὸ ἀγαθὸν,善,名词性短语,中性单数主格。系动词省略,表语是 τοῦ πεπερασμένου,有限定的,名词性短语,中性单数属格。πεπερασμένου,有限定的,περαίνω(划出界限)的被动完成时分词,中性单数属格。

⑤ 这里是第二句。主语是 τὸ κατορθοῦν,做对,遵循正确,冠词+不定式名词性短语,中性单

(διὸ καὶ τὸ μὲν ῥᾴδιον τὸ δὲ χαλεπόν, ῥᾴδιον μὲν τὸ ἀποτυχεῖν τοῦ σκοποῦ, χαλεπὸν δὲ τὸ ἐπιτυχεῖν①)·	目标则难）;	only one way (thus going wrong [is] easy yet going right difficult, missing the target easy whereas hitting at it difficult);
καὶ διὰ ταῦτ᾽ οὖν τῆς μὲν κακίας ἡ ὑπερβολὴ καὶ ἡ ἔλλειψις, τῆς δ᾽ ἀρετῆς ἡ μεσότης.②	所以，也由于这些原因，过度与不及属于恶，而适中状态则属于德性;	and for these reasons, therefore, excess and deficiency belong to vice, whereas the mean state virtue;
ἐσθλοὶ μὲν γὰρ ἁπλῶς, παντοδαπῶς δὲ κακοί.③	［做］好事路只一条，［做］坏事路路都通ʲ。	[going] fine absolutely, whereas going bad all-

数主格。动词 ἔστιν 省略。μοναχῶς,道路一条,副词,限定 ἔστιν。

① 括号中的部分再次是一个插入的结果从句。διό,所以,关系副词,承接括号前的句子。转折并列句。两个子句又各自由两个 τὸ μὲν…τὸ δὲ… 相互对照的部分构成。

第一个子句的第一部分的主语是 τὸ μὲν,一个,名词性短语,指 τὸ μὲν ἁμαρτάνειν（做错）,中性单数主格。系动词省略。表语是 ῥᾴδιον,容易的,形容词,中性单数主格。第二部分的主语是 τὸ δὲ,另一个,名词性短语,指 τὸ δὲ κατορθοῦν（做得对）,中性单数主格。系动词省略。表语是 χαλεπόν,困难的,形容词,中性单数主格。

第二个子句进一步解释上一子句。第一部分的主语是 τὸ ἀποτυχεῖν τοῦ σκοποῦ,偏离目标,对应 τὸ μὲν ἁμαρτάνειν,冠词+不定式名词性短语,中性单数主格。ἀποτυχεῖν,偏离,主动不定过去时不定式。其间接性的宾语是 τοῦ σκοποῦ,目标,名词短语,阳性单数属格。系动词省略。表语是 ῥᾴδιον,容易的。第二部分的主语是 τὸ ἐπιτυχεῖν,射中,对应 τὸ δὲ κατορθοῦν,冠词+不定式名词性短语,中性单数主格。ἐπιτυχεῖν,射中,主动不定过去时不定式。系动词省略。表语是 χαλεπόν,困难的。

② 结论句。οὖν 示意承接上文引出结论。διὰ ταῦτ᾽,由于这些原因,介词短语,限定整个句子。ταῦτ᾽,这些,代词,指上面所指出的两个原因,中性复数宾格,做介词 διὰ 的宾语。转折并列句。μὲν…δὲ… 对照结构。第一句的主语是 ἡ ὑπερβολὴ καὶ ἡ ἔλλειψις,过度与不及,并列名词短语,阴性单数主格。系动词省略。表语是 τῆς κακίας,恶,名词,阴性单数属格。

第二句的 ἡ μεσότης,适中状态,名词,阴性单数主格。系动词省略。表语是 τῆς ἀρετῆς,德性,名词,阴性单数属格。

③ 诗句引语,来源尚无考证。韦尔登（Welldon［1902］,47）认为可能出自某个毕达戈拉斯学派作者之手。斯图尔特（Stewart［1892］,I, 200）和莱克汉姆（Rackham［1926］,94）认为这句诗当接在上面的第二个括号中的话之后。诗句呈省略形式的转折并列句,μὲν…δὲ… 对照结构。主语与动词或系动词均省略,无法复原。第一句保留的名词性的形容词是 ἐσθλοί,善的,好的,阳性复数主格。英译者多倾向于把 ἐσθλοί 解读为省略了系动词的表语,逻辑主语为人们或我们。我取这种方式解读。ἁπλῶς,绝对地,只一种方式,只一条道路,副词,限定省略了系动词

		ways.
7a	Ἔστιν ἄρα ἡ ἀρετὴ ἕξις προαιρετική, ἐν μεσότητι οὖσα τῇ πρὸς ἡμᾶς,① ὡρισμένῃ λόγῳ καὶ ὡς ἂν ὁ φρόνιμος ὁρίσειεν.② μεσότης δὲ δύο κακιῶν, τῆς μὲν καθ' ὑπερβολὴν τῆς δὲ κατ' ἔλλειψιν·③ καὶ ἔτι	所以，德性是选择的品性，存在于那种相对于我们的，按照逻各斯来确定，且以明智的人那样的方式来确定的适中状态之中。但[德性也属于]在两种恶，即在过度的恶和不足的恶之间的一个适中状态；	Virtue, then, is the character capable of making choice, existing in the mean state with reference to us, defined in terms of *logos*, and in the way the wise man would define [it]. But [virtue is also] a mean

是系表结构。第二句的作为对照的可视为表语的名词性形容词是 κακοί，坏的，阳性复数主格。παντοδαπῶς，以所有方式，所有道路都通，副词，限定省略了系动词的系表结构。

① 结论句，ἄρα（所以）示意承接上文引出结论。简单句。主语是 ἡ ἀρετὴ，德性，名词，阴性单数主格。系动词是 ἔστιν，是，单数第三人称。表语是 προαιρετικὴ ἕξις，选择的品性，名词短语。ἕξις，品性，名词，阴性单数主格。προαιρετική，选择的，形容词，阴性单数主格。

προαιρετικὴ ἕξις 引出一个非限定性的分词短语 ἐν μεσότητι οὖσα τῇ πρὸς ἡμᾶς，存在于一种适中状态，即那种相对于我们的适中状态之中，做进一步的说明。οὖσα，是，存在于，现在分词，阴性单数主格。分词 οὖσα 引出表语 ἐν τῇ... μεσότητι，在那种……适中状态之中，介词短语。τῇ... μεσότητι，那种……适中状态，名词性短语，阴性单数与格。μεσότητι，适中状态，名词，阴性单数与格。

τῇ... μεσότητι 短语包含两个限定性的短语。第一个是 πρὸς ἡμᾶς，相对于我们的，介词短语，阴性单数与格。

② 第二个是 ὡρισμένῃ λόγῳ，按照逻各斯来确定的，分词短语，阴性单数与格。ὡρισμένῃ，确定，界定，ὁρίζω（确定，定义）的被动态完成时分词，阴性单数与格。λόγῳ，按照逻各斯，名词，阳性单数与格，限定 ὡρισμένῃ。

ὡρισμένῃ λόγῳ 又引出了一个同位的方式状语从句 καὶ ὡς ἂν ὁ φρόνιμος ὁρίσειεν，且以明智的人那样的方式来确定的，对其做进一步的说明。从句的主语是 ὁ φρόνιμος，明智的人，名词性短语，阳性单数主格。动词是 ὁρίσειεν，确定，ὁρίζω 的主动态不定过去时祈愿式，单数第三人称。

据莱克汉姆（Rackham［1926］，94,n5），ὡς 在 Asp. 本中作 ᾧ，ᾧ，那个，关系代词，阳（或中）性单数与格，引导关系从句并在从句 ᾧ ἂν ὁ φρόνιμος ὁρίσειεν 做间接性的宾语。如此，ᾧ 就只能指代 λόγῳ，而这与上文文义不符。此处依莱克汉姆，取 ὡς 解。

③ 省略句。δὲ 示意语气上的轻微转折。句子省略了逻辑主语 ἡ ἀρετὴ（德性）与系动词 ἔστιν。表语是 μεσότης，适中状态，阴性单数属格。δύο κακιῶν，两种恶之间的，名词性短语，阴性复数属格，限定 μεσότης。δύο，两种，数词，常常不用变格，限定 κακιῶν（恶）。

δύο κακιῶν 引出 μὲν... δὲ... 并列并相互对照的属格同位短语。一个是 τῆς μὲν καθ' ὑπερβολήν，由于过度而发生的［恶］；另一个是 τῆς δὲ κατ' ἔλλειψιν，由于不及而发生的［恶］，冠词 + 介词短语名词性短语，阴性单数属格。τῆς，那个（恶），冠词，阴性单数属格。καθ' ὑπερβολήν，由于过度而发生的；κατ' ἔλλειψιν，由于不及而发生的，介词短语，分别限定两个冠词。

τῷ τὰς μὲν ἐλλείπειν τὰς δ' ὑπερβάλλειν τοῦ δέοντος ἔν τε τοῖς πάθε-
5 σι καὶ ἐν ταῖς πράξεσι, τὴν δ' ἀρετὴν τὸ μέσον καὶ εὑρίσκειν καὶ αἱρεῖ-σθαι.①

διὸ κατὰ μὲν τὴν οὐσίαν καὶ τὸν λόγον τὸν τὸ τί ἦν εἶναι λέγοντα μεσότης ἐστὶν ἡ ἀρετή,②

并且，相较于那个适中状态[那两种恶之中]一种在感受和实践上达不到应当，另一种则超过应当，而德性则能找到并去抓住那个适中。

所以，依据它的实是和那个界定，即所说出的它的是其所是ᵏ，德性是适中状态，而依据那个

state [between] two vices, [between] that which accords with excess and that which accords with deficiency; and, with regard to this mean state one of the two vices falls short of while the other exceeds the due in affections and practices, whereas virtue [is able] to find and grasp the mean.

Hence according to its substance and the *logos*, which we say that which has been is to be, virtue

---

① καὶ ἔτι（且，又）承接上文，引出一个 τὰς μὲν... τὰς δ'...τὴν δ' ἀρετὴν...（[那两种恶之中]一种……，另一种……，而德性则……）对照结构的不定式短语继续说明。τῷ，这个（指刚刚谈到的 μεσότης δὲ δύο κακιῶν[在两种恶之间的]那个适中状态），相较于这个，代词，中性单数与格，疑当为 τῇ，因所指 μεσότης 是阴性，作为与格副词限定接下去的并列不定式短语。
这个对照并列结构的不定式短语包含三个部分。第一个部分是 τὰς μὲν ἐλλείπειν... τοῦ δέοντος,[那两种恶之中]一种达不到应当。ἐλλείπειν，达不到，不定式。其逻辑主语是 τὰς μὲν,[那两种恶之中的]一种，冠词短语，阴性复数宾格。其宾语是 τοῦ δέοντος, 那种应当，名词性短语，中性单数属格。δέοντος, 应当，δεῖ 的现在分词，中性单数属格。
第二个部分是 τὰς δ' ὑπερβάλλειν τοῦ δέοντος,[那两种恶之中的]另一种则超过应当。ὑπερβάλλειν，超过，不定式。其逻辑主语是呈对照结构的 τὰς δ',[那两种恶之中的]另一种，冠词短语，阴性复数宾格。其宾语是 τοῦ δέοντος, 那种应当，名词性短语，中性单数属格。ἔν τε τοῖς πάθεσι καὶ ἐν ταῖς πράξεσι, 在那些感受和那些实践中，介词短语，限定两个不定式。
第三个部分是 τὴν δ' ἀρετὴν τὸ μέσον εὑρίσκειν καὶ αἱρεῖσθαι, 而德性则能找到并去抓住那个适中。εὑρίσκειν καὶ αἱρεῖσθαι..., 能找到并去抓住……，不定式短语，与上句中两个不定式对照。其逻辑主语是 τὴν δ' ἀρετὴν, 那个（属于在两种恶之间的）德性，名词，阴性单数宾格，与前两部分中 τὰς μὲν... τὰς δ'... 对照。其宾语是 τὸ μέσον, 那个适中，名词性短语，中性单数宾格，与上句中 τοῦ δέοντος（应当）对照。
② 转折并列句。两句的介词短语状语 κατὰ μὲν...κατὰ δὲ...（依据……依据……）构成对照

κατὰ δὲ τὸ ἄριστον καὶ τὸ εὖ ἀκρότης.①

Οὐ πᾶσα δ' ἐπιδέχεται πρᾶξις οὐδὲ πᾶν πάθος τὴν μεσότητα·② ἔνια γὰρ εὐθὺς ὠνόμασται συνειλημμένα μετὰ τῆς φαυλότητος, οἷον ἐπιχαιρεκακία ἀναισχυντία φθόνος, καὶ ἐπὶ τῶν πράξεων μοιχεία κλοπὴ ἀνδροφονία·③

最好的［东西］和那个好来说，［它则是］一个极端¹。

但并不是所有实践和所有感受都容有适中状态；因为，一些本来就与恶联系在一起的［实践与感受］直接就被这样称呼，例如幸灾乐祸、无耻、妒忌，以及在实践方面，通奸、偷窃、谋杀；因为，所有这些事情以及那些像这样的事情受

is a mean state, but according to the best thing and the well-ness, [it is] an extreme.

But neither all practice nor all affection admits the mean state; for, some associated with the baseness are straight forward thus named, for instance, spite, shamelessness, envy, and of the practices, adultery, theft and murder; for, all

---

结构。介词 κατὰ + 宾格，按照，遵循……。

这里是第一句。κατὰ μὲν... 引出两个宾语。第一个是 τὴν οὐσίαν，它的（即德性的）实是（实体），名词短语，阴性单数宾格。οὐσίαν，实是，实体，名词，阴性单数宾格。第二个是 τὸν λόγον，其逻各斯，即关于德性的逻各斯，名词短语，阳性单数宾格。τὸν λόγον 引出一个同位语 τὸν τὸ τί ἦν εἶναι λέγοντα，所说出的是其（即德性）所是，名词性分词短语，阳性单数宾格。τὸν λέγοντα，所说出的东西，名词化分词短语，阳性单数宾格，τὸν λόγον 的同位语。λέγοντα，说，所说的东西，分词。其宾语是 τὸ τί ἦν εἶναι，它（即德性）的是其所是，冠词+不定式名词性短语，亚里士多德的固定术语，中性单数宾格。τὸ...εἶναι，去是，名词化不定式短语，中性单数宾格。冠词 τὸ 引入一个定语从句 τί ἦν，它一向所是的。从句的主语是前置冠词 τὸ，中性单数主格。系动词是 ἦν，一向是，未完成时，单数第三人称。其表语是 τί，一个什么，疑问代词，中性单数主格。

句子的主语是 ἡ ἀρετή，德性，名词，阴性单数主格。系动词是 ἐστὶν，是，现在时，单数第三人称。表语是 μεσότης，适中状态，名词，阴性单数主格。

① 这里是第二句。κατὰ δὲ 引出两个与第一句的对照的宾语。一个是 τὸ ἄριστον，那个最好的东西，指幸福，名词短语，中性单数宾格。ἄριστον，最好的，形容词，ἀγαθός 的最高级，中性单数宾格。第二个是 τὸ εὖ，那个好，即幸福（εὐδαιμονία）所内含的那个好（τὸ εὖ），冠词+副词名词化，中性单数宾格。

句子的主语仍然是 ἡ ἀρετή，省略。系动词省略。表语是 ἀκρότης，极点，极端，名词，阴性单数主格。

② 简单句。δ' 示意语气轻微转折。主语是两个否定性的名词短语 Οὐ πᾶσα πρᾶξις οὐδὲ πᾶν πάθος，既不是所有实践也不是所有感受，阴性单数主格。动词是 ἐπιδέχομαι，容有，现在时，单数第三人称。宾语是 τὴν μεσότητα，那种适度状态，名词，阴性单数宾格。

③ 原因从句。主语是 ἔνια，一些，指一些实践与感受，形容词，中性复数主格。συνειλημμένα

πάντα γὰρ ταῦτα καὶ
τὰ τοιαῦτα ψέγεται τῷ
αὐτὰ φαῦλα εἶναι, ἀλλ᾽
οὐχ αἱ ὑπερβολαὶ αὐτῶν
οὐδ᾽ αἱ ἐλλείψεις.①

οὐκ ἔστιν οὖν οὐδέποτε
περὶ αὐτὰ κατορθοῦν,
ἀλλ᾽ ἀεὶ ἁμαρτάνειν·②
οὐδ᾽ ἔστι τὸ εὖ ἢ μὴ εὖ
περὶ τὰ τοιαῦτα ἐν τῷ
ἣν δεῖ καὶ ὅτε καὶ ὡς
μοιχεύειν,③ ἀλλ᾽ ἁπλῶς

谴责是因为它们本身就
是坏的,而不是因为它
们的过度或不及。

所以,在这些事情上什
么时候都不可能做对,
而永远是做错;在像与
应该的妇人、在[应该
的]时候、以[应该的]
方式通奸这样的事情
上,也不存在那种好还

these things and those
like these are blamed
because they are bad in
themselves, not in their
excessivenesses nor their
deficiencies.
Hence it is never pos-
sible to go toward the
right with these things,
rather, [it is] always to
go wrong; nor is there
the well-ness or none-
well-ness with the things

μετὰ τῆς φαυλότητος, 本来就被与恶联系在一起的, 分词短语, 限定 ἔνια。συνειλημμένα, 本来就被……联系在一起的, συλλαμβάνω 被动态完成时分词, 中性复数主格, 限定 ἔνια。μετὰ τῆς φαυλότητος, 与恶, 介词短语, 限定 συνειλημμένα。φαυλότητος, 恶, 坏, 名词, 阴性单数属格。由关系连词 οἷον（例如）引入 ἔνια 的三个示例：ἐπιχαιρεκακία, 幸灾乐祸, 由 ἐπὶ（出于）-χαίρω（高兴）-κακία（坏事）构成, 名词, 阴性单数主格；ἀναισχυντία, 无耻, 名词, 阴性单数主格；φθόνος, 妒忌, 名词, 阳性单数主格。这三个示例又引出了进一步的 ἐπὶ τῶν πράξεων（在实践方面的）示例：μοιχεία, 通奸, 名词, 阴性单数主格；κλοπή, 偷窃, 名词, 阴性单数主格；ἀνδροφονία, 谋杀, 名词, 阴性单数主格。

句子的动词是 ὠνόμασται, 被称为, 被动态完成时, 单数第三人称。εὐθὺς, 直接地, 为副词, 限定 ὠνόμασται。

① 由上述示例引出的原因从句。简单句。主语是 πάντα ταῦτα καὶ τὰ τοιαῦτα, 所有这些事情以及那些这样的事情, 名词性短语, 中性复数主格。πάντα ταῦτα, 所有这些事情；τὰ τοιαῦτα, 那些像这样的事情, 中性单数主格。动词是 ψέγεται, 受谴责, ψέγω 的被动态现在时, 单数第三人称。有本作 λέγεται, 被称作。此处从莱üsι汉姆本。τῷ αὐτὰ φαῦλα εἶναι, 因为它们自身是坏的, 冠词 + 不定式名词性短语, 表示原因, 中性单数与格。τῷ...εἶναι, 是, 不定式。其主语是 αὐτά, 它们自身, 反身代词, 中性复数宾格。其表语是 φαῦλα, 坏的, 形容词, 中性复数主格。τῷ αὐτὰ... 引出一个对照性的同位短语 [τῷ] ἀλλ᾽ οὐχ αἱ ὑπερβολαὶ αὐτῶν οὐδ᾽ αἱ ἐλλείψεις, 而不是因为它们的过度或不及, 冠词 + 不定式名词性短语, 表示原因, 中性单数与格, τῷ 在此处被合理省略。

② 简单句。系动词 + 不定式无人称结构, 表示可能去做……。系动词是 ἔστιν, 现在时, 单数第三人称。它引出两个不定式。一个是否定式的 οὐκ... οὐδέποτε...κατορθοῦν, 什么时候都不可能做对。οὐκ... οὐδέποτε... 是两个否定词构成的加强否定式。另一个是肯定式的 ἁμαρτάνειν, 做错。ἀεὶ, 总是, 副词, 限定 ἁμαρτάνειν。περὶ αὐτά, 在这些事情上, 介词短语, 限定系动词 + 不定式无人称结构。

③ 简单句。系动词 οὐδ᾽ ἔστι...（不存在……）无人称结构句。表语是 τὸ εὖ ἢ μὴ εὖ, 那个

τὸ ποιεῖν ὁτιοῦν τούτων ἁμαρτάνειν ἐστίν.①	是不好，宁可说，去做任何这类事根本就是做错。	like going adultery with the woman one ought, at a moment [one ought], and in a manner [one ought], rather, to do any of these things is absolutely going wrong.
ὅμοιον οὖν τὸ ἀξιοῦν καὶ περὶ τὸ ἀδικεῖν καὶ δειλαίνειν καὶ ἀκολασταίνειν εἶναι μεσότητά τε καὶ ὑπερβολὴν καὶ ἔλλειψιν.② ἔσται γὰρ	所以，这就像认为适中状态、过度与不及也将存在于不正义、怯懦和放纵之中一样荒谬；因为这样，就既要有一种过度的和不及的适中状	It is as [wrong], then, as to suppose some mean state and excess and deficiency to exist in committing injustice, behaving cowardly and

[做得]"好"或"不好"，名词化副词短语，中性单数主格。περὶ τὰ τοιαῦτα，在像……这样的事情上］，介词短语，限定否定性的系表结构。τὰ τοιαῦτα，像……这样的事情，名词性短语，中性复数宾格，做介词 περὶ 的宾语。

τὰ τοιαῦτα 引出一个介词＋与格名词性不定式短语 ἐν τῷ...μοιχεύειν，在……通奸［的事情上］，对其做举例说明。τῷ...μοιχεύειν，通奸［的事情］，名词化不定式短语，中性单数与格，做介词 ἐν 的间接性的宾语。μοιχεύειν，通奸，不定式。引出三个关系从句。第一个是 ἦν δεῖ，同应当的妇人［通奸］，关系代词引导的省略形式的关系从句。主谓语是 δεῖ，可解作一个人应当，单数第三人称。其宾语是 μοιχεύειν，去通奸，不定式，省略。μοιχεύειν 的宾语是 ἦν，[妇]人，关系代词，阴性单数宾格。第二个是关系副词 ὅτε 引导的关系从句，且只保留了 ὅτε，在［应当的］时候。第三个关系副词 ὡς 引导的关系从句，且只保留了 ὡς，以［应当的］方式。

① 主语是 τὸ ποιεῖν ὁτιοῦν τούτων，做任何这类事情，名词化不定式短语，中性单数主格。ποιεῖν，做，造成，不定式。其宾语是 ὁτιοῦν τούτων，任何这类事情，代词短语，中性单数宾格。ὁτιοῦν，任何事情，ὅστις 的中性单数宾格。τούτων，这类的，代词，指上述几种情况，限定 ὁτιοῦν。系动词是 ἐστίν，是，单数第三人称。表语是 ἁμαρτάνειν，做错，不定式。ἁπλῶς，副词，即绝对地。

② 省略式简单句。οὖν，所以，连接副词，承接上文引出结论。ὅμοιον，同样地，形容词，中性单数宾格，用作副词。ὅμοιον 引出省略了系表结构的简单句。句子只保留了主语部分。保留的主语部分呈现为一个不定式短语。τὸ ἀξιοῦν...，认为……，名词性不定式短语，中性单数主格。ἀξιοῦν，认为……，ἀξιόω 的现在时不定式。它引出三个并列的直接宾语：μεσότητα，适中状态，名词，阴性单数宾格；ὑπερβολήν，过度，名词，阴性单数宾格；ἔλλειψιν，不及，名词，阴性单数宾格。其宾语补语是 εἶναι，有，存在，不定式。περὶ τὸ ἀδικεῖν καὶ δειλαίνειν καὶ ἀκολασταίνειν，在不正义、怯懦和放纵之中，介词短语，限定 εἶναι。τὸ ἀδικεῖν καὶ δειλαίνειν καὶ ἀκολασταίνειν，不正义、怯懦和放纵，不定式短语，由三个并列的不定式构成，中性单数宾格，做介词 περὶ 的宾语。ἀδικεῖν，不正义；δειλαίνειν，怯懦；ἀκολασταίνειν，放纵。

οὕτω γε ὑπερβολῆς καὶ ἐλλείψεως μεσότης καὶ ὑπερβολῆς ὑπερβολὴ καὶ ἔλλειψις ἐλλείψε-ως.①

ὥσπερ δὲ σωφροσύνης καὶ ἀνδρείας οὐκ ἔστιν ὑπερβολὴ καὶ ἔλλειψις διὰ τὸ τὸ μέσον εἶναί πως ἄκρον,② οὕτως οὐδ᾽ ἐκείνων μεσότης οὐδ᾽ ὑπερβολὴ καὶ ἔλλειψις,③ ἀλλ᾽ ὡς ἂν

态，又[要有]一种过度的过度和一种不及的不及了。

正如在勇敢与节制上不存在过度与不及，因为适中在某种意义上也是个极端，同样，在这些事情上也既不存在适中状态，也不存在过度与不及，而是，[这些事情]只要做了就是做错了；因

intemperately; for if so, there will be a mean state of excess and of deficiency, and an excess of excess, a deficiency of deficiency.

But just as in temperance and courage there is no excess or deficiency for the sake that the mean is an extreme in a sense, likewise there [is] no mean state, nor excess and deficiency

---

① 原因从句，由 γὰρ 引导。关系代词 οὕτω（这样的话）引导的系动词 ἔσται 无人称句。ἔσται，有，存在，将来时，单数第三人称。ἔσται 引出两个并列的表语，以 γε...καὶ...（既……又……）形式并联。第一个表语是 ὑπερβολῆς καὶ ἐλλείψεως μεσότης，过度的和不及的适中状态，名词短语，阴性单数主格。μεσότης，适中状态，名词，阴性单数主格。ὑπερβολῆς，过度的；和 ἐλλείψεως，不及的，分别限定 μεσότης。第二个表语是 ὑπερβολῆς ὑπερβολὴ καὶ ἐλλείψεως ἔλλειψις，过度的过度和不及的不及，名词性短语。ὑπερβολῆς ὑπερβολὴ，过度的过度，名词短语，阴性单数主格。ὑπερβολὴ，过度，名词，阴性单数主格。ὑπερβολῆς，过度，名词，阴性单数属格，限定 ὑπερβολὴ。ἐλλείψεως ἔλλειψις，不及的不及，名词短语，阴性单数主格。ἔλλειψις，不及，名词，阴性单数主格。ἐλλείψεως，不及，名词，阴性单数属格，限定 ἐλλείψεως。

② 复合句。这里是方式从句。ὥσπερ（正如）引导从句。δὲ 示意转折承接上文。系动词否定式无人称句。οὐκ ἔστιν，不存在，现在时，单数第三人称。σωφροσύνης καὶ ἀνδρείας，在节制与勇敢方面，名词短语，阴性单数属格，限定 οὐκ ἔστιν。表语是 ὑπερβολὴ，过度，名词，阴性单数主格；和 ἔλλειψις，不及，名词，阴性单数主格。
介词 διὰ（由于）引出了一个介词短语，表明上面说的在节制和勇敢上不存在过度与不及的原因。其宾语是 τὸ τὸ μέσον εἶναί πως ἄκρον，适中在某种意义上也是一个极端，名词性不定式短语，中性单数宾格。τὸ...εἶναί，是，名词化不定式。其逻辑主语是 τὸ μέσον，适中，名词，中性单数宾格。表语是 ἄκρον，极端，形容词，中性单数宾格。πως，在某种意义上，副词，限定不定式系表结构。

③ 这里是主句。转折并列句。这里是第一句。οὕτως，同样，关系副词，引入句子。οὐδ᾽...οὐδ᾽...（既不……也不……）并列否定结构的系动词 ἔστιν 无人称句，ἔστιν 被省略。被省略的 ἔστιν 引出两个表语。一个是 ἐκείνων μεσότης，在那些事情中的适中状态，名词短语，阴性单数主格。μεσότης，适中状态，名词，阴性单数主格。ἐκείνων，在那些事情中的，代词，中性复数属格，限定 μεσότης。第二个表语是一直在谈的两个并列名词：ὑπερβολὴ，过度，阴性单数主格；和

πράττηται ἁμαρτάνεται.① ὅλως γὰρ οὔθ' ὑπερβολῆς καὶ ἐλλείψεως μεσότης ἔστιν, οὔτε μεσότητος ὑπερβολὴ καὶ ἔλλειψις.②

为总体地说，既不存在过度的和不及的适中状态，也不存在适中状态的过度和不及ᵐ。

in these things, rather, whenever they were done, they would be done wrongly; for in general, there is no mean state of excess and of deficiency, nor [is there] excess and deficiency of mean state.

ἔλλειψις，不及，阴性单数主格。

① ἀλλ' (而是) 引入并列的第二句。复合句。主句的主谓语是 ἁμαρτάνεται，[那些事情（指不正义、怯懦、放纵）] 被做错了，ἁμαρτάνω 的被动态现在时，单数第三人称。

ὡς ἂν πράττηται 是一个关系状语从句，由关系副词 ὡς（以……方式）引导。从句的主谓语是 ἂν πράττηται，那些事情（指不正义、怯懦、放纵）只要被做了，虚拟式，单数地三人称。πράττηται，做，被动态虚拟式，单数第三人称。

② 原因从句。ὅλως，一般地，副词，引入并限定这个句子。简单句。仍然是 οὔθ...οὔτε...（既不……也不……）并列否定结构的系动词 ἔστιν 无人称句。无人称系动词是 ἔστιν，有，存在，现在时，单数第三人称。它引出两组表语。第一个是 ὑπερβολῆς καὶ ἐλλείψεως μεσότης，过度的和不及的适中状态，名词性短语，阴性单数主格。μεσότης，适中状态，名词，阴性单数主格。ὑπερβολῆς，过度，名词，阴性单数属格；和 ἐλλείψεως，不及，名词，阴性单数属格，分别限定 μεσότης。第二个是 μεσότητος ὑπερβολὴ καὶ ἔλλειψις，适中状态的过度与不及，名词性短语，阴性单数主格。ὑπερβολή，过度，名词，阴性单数主格。ἔλλειψις，不及，名词，阴性单数主格。μεσότητος，适中状态，名词，阴性单数属格，分别限定这两个名词。

7

Δεῖ δὲ τοῦτο μὴ μόνον καθόλου λέγεσθαι, ἀλλὰ καὶ τοῖς καθ' ἕκαστα ἐφαρμόττειν·① ἐν γὰρ τοῖς περὶ τὰς πράξεις λόγοις οἱ μὲν καθόλου κοινότεροί εἰσιν, οἱ δ' ἐπὶ μέρους ἀληθινώτεροι·② περὶ γὰρ τὰ καθ' ἕκαστα αἱ πράξεις, δέον δ' ἐπὶ

然而，这一点不应当只是总体地谈，还要依照具体事情来谈；因为在关于实践的逻各斯[a]中，那些总体[地谈]的逻各斯适用性更广，而那些部分[地谈]的逻各斯却更真切；因为，实践关乎那些依据具体情况来谈的事情，而[实践的逻各斯]也必须与它们

This, however, should not only be discoused generally, but [should] also be discoursed according to particulars; for among the *logoi* about practices, the [general *logoi*] are of wider applications, whereas those in portions truer; for, practices are

---

① 简单句。δὲ 示意转折承接上文。δεῖ（应当）无人称句。δεῖ + 宾语 + 不定式补语结构。其宾语是 τοῦτο，这一点，指示代词，指上面所谈的关于适中的观点，中性单数宾格。其不定式补语有两个，以 μὴ μόνον...ἀλλὰ καὶ...（不仅……而且……）相互连接。第一个是 μὴ μόνον καθόλου λέγεσθαι，不只是总体地谈。λέγεσθαι，谈，被动不定式。καθόλου，总体地，副词，限定 λέγεσθαι。

第二个是 ἀλλὰ καὶ τοῖς καθ' ἕκαστα ἐφαρμόττειν，还要依照具体事情来谈。τοῖς καθ' ἕκαστα ἐφαρμόττειν，依照具体事情，冠词 + 不定式名词性短语，中性复数与格。τοῖς ἐφαρμόττειν，符合……，冠词 + 不定式短语。ἐφαρμόττειν，符合……，ἐφαρμόζω 的现在时主动不定式，逻辑主语是我们。καθ' ἕκαστα，依照具体事情，介词短语，限定 τοῖς ἐφαρμόττειν。ἕκαστα，具体的，一个一个的，形容词，中性复数宾格，做介词 καθ' 的宾语。

② 原因从句。并列句。οἱ μὲν...οἱ δ'...（那些……那些……）对照结构。第一句的主语是 οἱ μὲν καθόλου，那些总体[地谈]的逻各斯，名词性短语，阳性复数主格。οἱ，那些，冠词，指代那些逻各斯，阳性复数主格。καθόλου，总体[地谈]的，形容词，限定 οἱ。系动词是 εἰσιν，是，现在时，复数第三人称。表语 κοινότεροί，更具有共同性，适用性更广，形容词比较级，阳性复数主格。

第二句的主语是 οἱ δ' ἐπὶ μέρους，那些部分[地谈]的逻各斯，名词性主语，阳性复数主格。ἐπὶ μέρους，部分[地谈]的，介词短语，限定 οἱ。μέρους，部分，名词，中性单数属格，受介词 ἐπὶ 支配。系动词 εἰσιν 省略。表语是 ἀληθινώτεροι，更真实，形容词比较级，阳性复数主格。

句首部分的 ἐν τοῖς περὶ τὰς πράξεις λόγοις，在那些关于实践的逻各斯中，介词短语，限定全句。τοῖς περὶ τὰς πράξεις λόγοις，那些关于实践的逻各斯，名词性短语，阳性复数与格，做介词 ἐν 的间接性的宾语。τοῖς... λόγοις，那些逻各斯，名词短语，阳性复数与格。περὶ τὰς πράξεις，关于实践的，介词短语，限定 λόγοις。

τούτων συμφωνεῖν.①
ληπτέον οὖν ταῦτα ἐκ
τῆς διαγραφῆς.②

περὶ μὲν οὖν φόβους
καὶ θάρρη ἀνδρεία με-
σότης·③ τῶν δ' ὑπερ-
βαλλόντων ὁ μὲν τῇ
ἀφοβίᾳ ἀνώνυμος④
(πολλὰ δ' ἐστὶν ἀνώνυ-

相吻合。因此, 让我们
通过这份表格[b]来讨论
它们[c]。

那么, 恐惧与胆大方面
的适中状态是勇敢[d]; 可
是, 过度的人之中, 在无
恐惧上过度的人没有名
称(但许多东西都没有
名称), 而在胆大上过度

related to particulars, and
[the *logoi* about practic-
es] ought to accord with
them. Let us, then, take
them from this diagram.

Courage, then, [is] a
mean state of fears and
boldness; yet of people
of excess, he who [ex-
ceeds] in fearlessness [is]
nameless (and many cases

---

① 进一步的原因从句。并列句。第一句的主语是 αἱ πράξεις, 实践, 名词, 阴性复数主格。系动词 εἰσιν 省略。περὶ τὰ καθ' ἕκαστα, 关乎那些要具体地谈的事情, 介词短语, 可视为表语。τὰ καθ' ἕκαστα, 那些要具体地谈的事情, 冠词+介词短语名词性短语, 做介词 περὶ 的宾语。

第二句是 δέον 无人称句。δέον+宾格逻辑主语+不定式结构。δέον, 应当……的, δεῖ (应当) 的动形词。其逻辑主语是上文中的 τοῖς περὶ τὰς πράξεις λόγοις (实践的逻各斯) 宾格形式, 省略。其不定式补语是 ἐπὶ τούτων συμφωνεῖν, 与它们吻合。συμφωνεῖν, 与……吻合, 主动态现在时不定式。ἐπὶ τούτων, 与它们, 介词短语, 限定 συμφωνεῖν。τούτων, 它们, 指示代词, 指 τὰ καθ' ἕκαστα (那些依据具体来谈的事情)。

② 这句为动形词 ληπτέον 无人称句。ληπτέον, 来讨论, 动词 λαμβάνω 的动形词, 中性单数主格, 其逻辑主语可表达为我们。ληπτέον 的宾语是 ταῦτα, 它们, 代词, 指 τὰ καθ' ἕκαστα, 中性复数宾格。ἐκ τῆς διαγραφῆς, 通过这份表格, 介词短语, 限定 ληπτέον。τῆς διαγραφῆς, 表格, 名词短语, 阴性单数属格, 做介词的间接性的宾语。

③ 并列句。οὖν (所以) 示意承接上文从表格中举出例子。μὲν...δ'... 对照结构。这里是第一句。简单句。主语是 μεσότης, 适中状态, 名词, 阴性单数主格。περὶ φόβους καὶ θάρρη, 在恐惧与胆大方面的, 介词短语, 限定 μεσότης。φόβους καὶ θάρρη, 恐惧与胆大, 名词短语。φόβους, 恐惧, 名词, 阳性复数宾语; θάρρη, 胆大, 有信心, 名词, 中性复数宾语, 共同做介词 περὶ 的宾语。系动词省略。表语是 ἀνδρεία, 勇敢, 名词, 阴性单数主格。μὲν οὖν 为小词组合引出一个论点。

④ 这里是第二句。δ' 示意与第一句构成对照, 讨论 τῶν ὑπερβαλλόντων (过度的人) 的情形。有三个省略形式的子句。呈 ὁ μὲν...ὁ δὲ...ὁ δὲ... 并列对照结构。这里是第一个子句。主语是 ὁ μὲν τῇ ἀφοβίᾳ, 那个在无恐惧上过度的人, 名词性短语, 冠词+分词短语结构, 阳性单数主格。ὁ, 那个 [人], 冠词, 阳性单数主格。τῇ ἀφοβίᾳ [ὑπερβάλλων], 在无恐惧上过度, 分词短语。ὑπερβάλλων, 过度, 现在时分词, 阳性单数属格, 出现在第二个部分, 此处省略。τῇ ἀφοβίᾳ, 无恐惧, 名词短语, 阴性单数与格, 限定省略的 ὑπερβάλλων。系动词省略。表语是 ἀνώνυμος, 没有名称的, 形容词, 阳性单数主格。

μα),① ὁ δ' ἐν τῷ θαρ-
ρεῖν ὑπερβάλλων θρα-
σύς,② ὁ δ' ἐν τῷ μὲν
φοβεῖσθαι ὑπερβάλλων
τῷ δὲ θαρρεῖν ἐλλείπων
δειλός.③
περὶ ἡδονὰς δὲ καὶ
λύπας④— οὐ πάσας,
ἧττον δὲ καὶ περὶ τὰς
λύπας⑤— μεσότης μὲν

的人是鲁莽的,在恐惧
方面过度而在胆大方面
不足的人是怯懦的ᵉ。

快乐和痛苦——不是所
有的,在痛苦方面尤其
不是所有的——方面,
适中状态[是]节制,过

are nameless), whereas
he who exceeds in feel-
ing bold [is] rash, and he
who exceeds in feeling
fears yet falls short in
feeling bold [is] coward.
Of pleasures and pains —
not all of them, and espe-
cially not all of pains — a
mean state [is] temper-

---

① 括号里的部分是插入句。主语是πολλά,许多东西,形容词,中性复数主格。系动词是ἐστὶν,是,单数地三人称。表语是ἀνώνυμα,没有名称的,形容词,中性复数主格。

② 这里是第二个子句。主语是ὁ δ' ἐν τῷ θαρρεῖν ὑπερβάλλων,那个在胆大上过度的人,名词性短语,冠词+分词短语结构,阳性单数主格。ἐν τῷ θαρρεῖν ὑπερβάλλων,在胆大上过度,分词短语。ὑπερβάλλων,过度,现在时分词,阳性单数属格。ἐν τῷ θαρρεῖν,在胆大上,介词短语,介词+与格名词短语形式,限定ὑπερβάλλων。τῷ θαρρεῖν,胆大,名词性短语,冠词+不定式结构,阳性单数与格,做介词ἐν的间接性宾语。系动词省略。表语是θρασύς,鲁莽的,形容词,阳性单数主格。

③ 这里是第三个子句。主语是ὁ ἐν τῷ μὲν φοβεῖσθαι ὑπερβάλλων τῷ δὲ θαρρεῖν ἐλλείπων,那个在感觉恐惧方面过度而在感到胆大方面不足的人,名词性短语,冠词+并列分词短语形式,阳性单数主格。ἐν τῷ μὲν φοβεῖσθαι ὑπερβάλλων τῷ δὲ θαρρεῖν ἐλλείπων,在恐惧方面过度而在胆大方面不足,并列分词短语,限定前置冠词ὁ。两个分词短语构成τῷ μέν…τῷ δέ…对照结构。第一个短语是ἐν τῷ μὲν φοβεῖσθαι ὑπερβάλλων,在恐惧方面过度。ὑπερβάλλων,过度,主动现在时分词,阳性单数属格。ἐν τῷ μὲν φοβεῖσθαι,在恐惧方面,介词短语,限定ὑπερβάλλων。τῷ…φοβεῖσθαι,恐惧,名词性短语,冠词+不定式结构,中性单数与格,做介词ἐν的间接性的宾语。φοβεῖσθαι,恐惧,中动现在时不定式。
第二个分词短语是ἐν…τῷ δὲ θαρρεῖν ἐλλείπων,在胆大方面不及。ἐλλείπων,不及,主动现在时分词,阳性单数主格。ἐν…τῷ δὲ θαρρεῖν,在胆大方面,介词短语,限定ἐλλείπων。τῷ…θαρρεῖν,胆大,名词性短语,冠词+不定式结构,中性单数与格,做介词ἐν的间接性的宾语。θαρρεῖν,胆大,主动现在时不定式。
子句的系动词省略。表语是δειλός,怯懦的,形容词,阳性单数主格。

④ 这里是接续下去的一个并列句的介词短语部分。περὶ ἡδονὰς δὲ καὶ λύπας,在快乐与痛苦方面,介词短语,限定接续的整个句子。δὲ 示意在引入另一个题材。ἡδονὰς,快乐,名词,阴性单数宾格;λύπας,痛苦,名词,阴性单数宾格,共同做介词περὶ的宾语。

⑤ 破折号部分是ἡδονὰς καὶ λύπας引入的否定形式的同位语短语。οὐ πάσας,不是所有的,指不是所有的快乐与痛苦,否词性形容词,阴性复数宾格。否定词οὐ(不是)引出ἧττον,尤其[不是所有的],副词,加强否定语气。περὶ τὰς λύπας,在痛苦方面,介词短语,限定ἧττον。

σωφροσύνη, ὑπερβολὴ δὲ ἀκολασία·① ἐλλείποντες δὲ περὶ τὰς ἡδονὰς οὐ πάνυ γίνονται,② διόπερ οὐδ᾽ ὀνόματος τετυχήκασιν οὐδ᾽ οἱ τοιοῦτοι,③ ἔστωσαν δὲ ἀναίσθητοι.④

περὶ δὲ δόσιν χρημάτων καὶ λῆψιν μεσότης μὲν ἐλευθεριότης, ὑπερβολὴ δὲ καὶ ἔλλειψις ἀσωτία καὶ ἀνελευθερία,⑤

度则[是]放纵；在快乐上不及的人则完全没出现，所以这样的人还没有一个名字，就称他们是冷漠的人吧ᶠ。

给予和接受钱财方面的适中状态[是]慷慨，过度与不及[是]挥霍和吝啬，不过在这些事情上[人们]以对立的方式过

ance, whereas excess [is] intemperance; men deficient in pleasures are not found at all, hence that sort of men have not attained a name, but let them be the insensible.

And, of giving and receiving money mean state [is] liberality, whereas excess and deficiency prodigality and

---

① 接续破折号前面的部分，由三个子句构成的转折并列句，μὲν...δὲ...δὲ... 结构。第一句的主语是 μεσότης，适中状态，名词，阴性单数主格。系动词省略。表语是 σωφροσύνη，节制，名词，阴性单数主格。

第二个子句的主语是 ὑπερβολή，过度，名词，阴性单数主格。系动词省略。表语是 ἀκολασία，放纵，名词，阴性单数主格。

② 这里是第三个子句。复合句。主句的主语是[οἱ] ἐλλείποντες，不及的人，现在时分词短语，省略了前置冠词 οἱ，阳性复数主格。ἐλλείποντες，不及，现在时分词。περὶ τὰς ἡδονὰς，在快乐方面，介词短语，限定 ἐλλείποντες。动词是 γίνονται，出现，将来时，复数第三人称。οὐ πάνυ，完全没有，否定性副词，限定 γίνονται。

③ 主句中 οὐ πάνυ γίνονται（完全看不到）引出的结果从句，由 διόπερ（所以）引导。并列句。第一句的主语是 οἱ τοιοῦτοι，指这样的人，阳性复数主格。否定形式的动词是 τετυχήκασιν οὐδ᾽，没有碰到，没有得到，主动完成时，复数第三人称。其间接性的宾语是 οὐδ᾽ ὀνόματος，没有一个名字，名词，中性单数属格。οὐδ᾽ 与前面的 οὐδ᾽ 一道加强否定语气。ὀνόματος，名字，名词，中性单数属格。

④ 这里是第二句。δὲ 示意语气轻微转折。第三人称命令句。动词是 ἔστωσαν，让他们是……，命令式，复数第三人称，他们，指那些在快乐上不及的人。其表语是 ἀναίσθητοι，冷漠的人，形容词，阳性复数主格。

⑤ 并列句。μὲν...δὲ... 对照结构。περὶ δὲ δόσιν χρημάτων καὶ λῆψιν，给予和接受财物方面，介词短语，引出第三个主题。δόσιν，给予，名词，阴性单数宾格；λῆψιν，接受，名词，阴性单数宾格，共同做介词 περί 的宾语。χρημάτων，财物，有用的东西，名词，中性复数属格，限定这两个阴性名词。

第一句的主语是 μεσότης，适中状态，名词，阴性单数主格。系动词省略。表语是 ἐλευθεριότης，慷慨，名词，阴性单数主格。

第二句的主语是 ὑπερβολὴ καὶ ἔλλειψις，过度和不及。系动词省略。表语 ἀσωτία καὶ

ἐναντίως δ' ἐν αὐταῖς ὑπερβάλλουσι καὶ ἐλλείπουσιν·① ὁ μὲν γὰρ ἄσωτος ἐν μὲν προέσει ὑπερβάλλει ἐν δὲ λήψει ἐλλείπει, ὁ δ' ἀνελεύθερος ἐν μὲν λήψει ὑπερβάλλει ἐν δὲ προέσει ἐλλείπει.② νῦν μὲν οὖν τύπῳ καὶ ἐπὶ κεφαλαίου λέγομεν, ἀρκούμενοι αὐτῷ τούτῳ·③ ὕστερον δὲ ἀκριβέστερον περὶ

度与不及;因为,挥霍的人在付出上过度而在接受上不及,吝啬的人则在接受上过度而在付出上不及。所以,现在我们先粗略地和概要地说说并以此为满足;关于它们[所谈的东西]在后面将会得到更为准确的说明。

illiberality, yet in these things [people] exceed and fall short in opposite directions; for the prodigal exceeds in giving yet falls short in receiving, whereas the illiberal exceeds in receiving yet falls short in giving. Now, therefore, we just discourse briefly and generally, being content with this fashion; yet

---

ἀνελευθερία,挥霍和吝啬。ἀσωτία,挥霍,名词,阴性单数主格。ἀνελευθερία,吝啬,名词,阴性单数主格。

① 上述第二句的延伸部分。δ' 示意语气有轻微转折。简单句。主谓语是 ὑπερβάλλουσι καὶ ἐλλείπουσιν,人们过度或不及,并列动词,主动现在时,复数第三人称。ἐναντίως,以对立的方式,副词,限定主谓语。ἐν αὐταῖς,在这些事情上,介词短语,限定主谓语。

② 转折并列句。μὲν...δὲ... 对照结构。两个句子又各自分出 ἐν μὲν...ἐν δὲ... 两个相互对照的分句。第一句的主语为 ὁ ἄσωτος,挥霍的人,名词性短语,阳性单数主格。它引出两个动词结构。第一个是 ἐν μὲν προέσει ὑπερβάλλει,在付出上过度,现在时,单数第三人称。ἐν μὲν προέσει,在付出上,介词短语,限定动词 ὑπερβάλλει(过度)。προέσει,付出,名词,阴性与格,做介词 ἐν 的间接性的宾语。第二个是 ἐν δὲ λήψει ἐλλείπει,在接受上不及,现在时,单数第三人称。ἐν δὲ λήψει,在接受上,介词短语,限定动词 ἐλλείπει(不及)。λήψει,接受,名词,阴性单数与格,做介词 ἐν 的间接性的宾语。

第二句主语是 ὁ ἀνελεύθερος,吝啬的人,阳性单数主格。它也引出两个动词结构:ἐν μὲν λήψει ὑπερβάλλει ἐν δὲ προέσει ἐλλείπει,在接受上过度而在付出上不及,正与第一句方向相反。

③ 简单句。οὖν (所以) 承接上文引出看法。并列句。νῦν μὲν...ὕστερον δὲ... (先……以后……) 对照结构。这里是第一句。主谓语是 λέγομεν,我们说,现在时,复数第一人称。νῦν,现在,先,副词,限定 λέγομεν。τύπῳ καὶ ἐπὶ κεφαλαίου,粗略地和概要地,并列状语,限定 λέγομεν。τύπῳ,粗略地,名词,阴性单数与格,用作副词。ἐπὶ κεφαλαίου,概要地,介词短语,限定 λέγομεν。κεφαλαίου,概要的,形容词,中性单数属格,做介词 ἐπί 的间接性的宾语。

ἀρκούμενοι αὐτῷ τούτῳ,以此为满足,分词短语,阳性复数主格,表伴随情况。ἀρκούμενοι,满足,ἀρκέω 的被动式现在分词,阳性复数主格。αὐτῷ τούτῳ,以此,以这一点,代词短语,指先粗略地谈谈,中性单数与格,限定 ἀρκούμενοι。

II.7

αὐτῶν διορισθήσεται.①

περὶ δὲ χρήματα καὶ
ἄλλαι διαθέσεις εἰσί,
μεσότης μὲν μεγαλο-
πρέπεια② (ὁ γὰρ με-
γαλοπρεπὴς διαφέρει
ἐλευθερίου· ὁ μὲν γὰρ
περὶ μεγάλα, ὁ δὲ περὶ
μικρά③), ὑπερβολὴ δὲ
ἀπειροκαλία καὶ βαναυ-
20 σία, ἔλλειψις δὲ μικρο-
πρέπεια·④ διαφέρουσι

在钱财方面还有其他一些置性ᵍ,其适中状态[是]大方(因为大方的人不同于慷慨的人;因为前者与大笔钱财有关,后者只与小笔钱财有关),而过度[是]无品味或粗俗,不及[是]小气;它们都不同于与慷慨相联系那些置性,它们怎样不同将在后面来谈ʰ。

latter [the issues about these things] will be more accurately differentiated.

And, there are other dispositions concerning money, a mean state [is] magnificence (for the magnificent man differs from a liberal man: since the former [deals] with large amount [of money], the latter with small amount), whereas the excess [is] tastelessness

---

① 这里是第二句。主语是[τὰ]περὶ αὐτῶν 关于它们[所谈的东西],冠词＋介词短语名词性短语,中性复数宾格,前置冠词省略 τὰ。动词是 διορισθήσεται,将被界定,διορίζω(限定,定义,确定)的被动态将来时,第三人称单数。ἀκριβέστερον,更精确的,形容词 ἀκριβής 的比较级,中性单数宾格,用作副词,限定 διορισθήσεται。ὕστερον,以后,副词,限定 διορισθήσεται。
② 并列句。第一句是 εἰσί(有,存在)无人称句。表语是 ἄλλαι διαθέσεις,其他置性,名词短语。διαθέσεις,置性,名词,阴性复数主格。περὶ δὲ χρήματα,在钱财方面,介词短语,限定句子。χρήματα,财物,名词,中性复数宾格,做介词 περὶ 的宾语。
第二句是一个并列句。μὲν...δὲ...δὲ... 对照并列结构。这里是第一个子句。主语是 μεσότης,适中状态,名词,阴性单数主格。系动词省略。表语是 μεγαλοπρέπεια,大方,名词,阴性单数主格。
③ 括号内是上面 "适中状态是大方" 的原因从句以及它引出的进一步的原因从句。主语是 ὁ μεγαλοπρεπής,大方的人,名词性短语,阳性单数主格。动词是 διαφέρει,不同于,现在时,单数第三人称。其间接性的宾语是 ἐλευθερίου,慷慨的,指慷慨的人,形容词,阳性单数主格。
这个原因从句引出一个进一步的原因从句。并列句,ὁ μὲν...ὁ δὲ...(前者……后者……)对照结构。第一部分的主语是 ὁ μὲν,前者,冠词,指大方的人,阳性单数主格。动词省略。περὶ μεγάλα,与大笔钱财有关,介词短语,限定省略的动词。第二部分的主语是 ὁ δὲ,后者,冠词,指慷慨的人,阳性单数主格。动词省略。περὶ μικρά,与小笔钱财有关,介词短语,限定省略的动词。μεγάλα,大笔钱财;μικρά,小笔钱财,形容词,中性复数宾格,做介词 περὶ 的宾语。
④ 这里是第二个子句。有两个部分。第一部分的主语是 ὑπερβολή,过度,名词,阴性单数主格。系动词省略,表语是 ἀπειροκαλία,没品味,名词;和 βαναυσία,粗俗,名词,阴性单数主格。第二部分的主语是 ἔλλειψις,不及,名词,阴性单数主格。系动词省略。表语是 μικροπρέπεια,小气,

δ' αὗται τῶν περὶ τὴν ἐλευθεριότητα,① πῇ δὲ διαφέρουσιν, ὕστερον ῥηθήσεται.②

or vulgarity, and the deficiency, niggardliness; they differ from those related to the liberality, yet how they differ will be discussed later.

περὶ δὲ τιμὴν καὶ ἀτιμίαν μεσότης μὲν μεγαλοψυχία, ὑπερβολὴ δὲ χαυνότης τις λεγομένη, ἔλλειψις δὲ μικροψυχία.③ ὡς δ' ἐλέγομεν ἔχειν πρὸς τὴν μεγαλοπρέπειαν τὴν ἐλευθεριότητα, <τῷ> περὶ μικρὰ

25

在荣誉与耻辱方面,适中状态[是]大度,过度被称为某种虚荣,不足[则被称为]谦卑。也正如我们说慷慨与大方有一种关系,区别＜在于慷慨是＞有关小笔钱财的,同样,某种[适中]状态也与大度有关系,[大

And, of honor and dishonor, a mean state [is] great-souledness, whereas the excess is called some vanity, and the deficiency, small-souledness. And, as we said of liberality to have a relation with magnificence, differing <in

---

名词,阴性单数主格。

① 简单句。主语为αὗται,它们,代词,指上面提到的没品味、粗俗和小气,阴性复数主格。动词是διαφέρουσι,不同于,现在时,复数第三人称。其间接性的宾语是τῶν περὶ τὴν ἐλευθεριότητα,与慷慨相关的那些[获有]品性,指挥霍与吝啬,τῶν,那些,冠词,指那些[获有]品性,阴性复数属格。περὶ τὴν ἐλευθεριότητα,与慷慨联系在一起的,介词短语,限定τῶν。τὴν ἐλευθεριότητα,慷慨,名词短语,阴性单数宾格,做介词的宾语。

② 复合句。疑问副词πῇ(怎样地)引导宾格的主语从句。主谓语是διαφέρουσιν,它们不同,现在时,复数第三人称。主句的动词是ῥηθήσεται,将被说到,ἐρῶ的被动将来时,单数第三人称。ὕστερον,以后,副词,限定ῥηθήσεται。

③ 并列句。περὶ δὲ τιμὴν καὶ ἀτιμίαν,在荣誉与耻辱方面,介词短语,引入新的主题。τιμήν,荣誉,名词;ἀτιμίαν,不荣誉,耻辱,名词,阴性单数宾格,做介词περὶ的宾语。句子由三个部分构成。μὲν...δὲ...δὲ...对照结构。第一部分的主语是μεσότης,适中状态,名词,阴性单数主格。系动词省略。表语是μεγαλοψυχία,大度,宏大的灵魂,名词,由μεγαλο(宏大的)-ψυχία(灵魂)合成,阴性单数主格。

第二、三部分是独立分词结构,表伴随情况。第二部分的主语是ὑπερβολή,过度,名词,阴性单数主格。分词是λεγομένη,被称为,被动分词,阴性单数主格。主语补语是χαυνότης τις,某种虚荣,名词性短语,阴性单数主格。χαυνότης,虚荣,名词,阴性单数主格。τις,某种,不定代词,限定χαυνότης。第三部分的主语是ἔλλειψις,不及,名词,阴性单数主格。分词相同,省略。主语补语是μικροψυχία,谦卑,卑小的灵魂,名词,由μικρο-(卑微的)和ψυχία(灵魂)合成,与第一部分的μεγαλοψυχία相对照,阴性单数主格。

διαφέρουσαν,① οὕτως
ἔχει τις καὶ πρὸς τὴν
μεγαλοψυχίαν,② περὶ
τιμὴν οὖσαν μεγάλην,
αὐτὴ περὶ μικρὰν οὖ-
σα.③ ἔστι γὰρ ὡς δεῖ
ὀρέγεσθαι <μικρᾶς>
τιμῆς καὶ μᾶλλον ἢ δεῖ
καὶ ἧττον,④ λέγεται δ᾽

度]有关重大荣誉,这种适中状态则有关小的荣誉;因为,欲求<小的>荣誉也可能以应当的方式,超过应当的或不及应当的方式,在欲求上过度的人被称为爱荣誉的,不及的人[被称为]不爱荣誉的,适中的人

that it deals> with small amount [of money], likewise there is some mean state in relation with great-souledness, [for] great-souledness is concerned with great honor, while this mean state with minor ones; for, it is [pos-

---

① 复合句。ὡς...οὕτως...（正如……,同样……）结构。连接副词 ὡς 引出一个方式从句。主谓是 ἐλέγομεν,我们说……,未完成时,复数第一人称。其宾语是 τὴν ἐλευθεριότητα,慷慨,名词,阴性单数宾格。其补语是 ἔχειν πρὸς τὴν μεγαλοπρέπειαν,与大方有一种关系,不定式短语。ἔχειν,有,不定式。πρὸς μεγαλοπρέπειαν,与大方,介词短语,限定 ἔχειν。
τὴν ἐλευθεριότητα 引出一个分词短语,<τῷ> περὶ μικρὰ διαφέρουσαν,区别<在于>在小笔钱财方面,阴性单数宾格。διαφέρουσαν,区别,现在时分词,单数阴性宾格,谓述 τὴν ἐλευθεριότητα。<τῷ> περὶ μικρὰ,<在于>在小笔钱财方面,名词性短语,限定 διαφέρουσαν。<τῷ>,<那>,冠词,中性单数与格,用作引导短语。περὶ μικρὰ,在小笔钱财方面,介词短语,限定<τῷ>。莱克汉姆（Rackham [1926], 100）指出<τῷ>为莱姆索尔（Ramsauer）本所加,认为<τῷ>是缀入。但莱姆索尔缀加亦有合理处。此处从莱姆索尔。
② 这里是 οὕτως（同样）引出的主句。主语是 τις,某种,不定代词,指某种适中状态,爱尔温（Irwin [1985], 26）理解为德性,阴性单数主格。动词是 ἔχει,有关系,现在时,单数第三人称。πρὸς τὴν μεγαλοψυχίαν,与大度,介词短语,限定 ἔχει。
③ τὴν μεγαλοψυχίαν 引出一个分词短语,περὶ τιμὴν οὖσαν μεγάλην,[大度]是在重大荣誉方面的,阴性单数宾格。οὖσαν,是,分词,阴性单数宾格。其主语是前面的 τὴν μεγαλοψυχίαν,大度,阴性单数宾格。其表语是 περὶ τιμὴν μεγάλην,重大荣誉方面的,介词短语。τιμὴν,荣誉,名词,阴性单数宾格,做介词 περὶ 的宾语。μεγάλην,重大的,形容词,阴性单数宾格,限定 τιμὴν。
这个短语引出一个对照的独立分词短语,αὐτὴ περὶ μικρὰν οὖσα,它是在小荣誉方面的。αὐτὴ,它,代词,指前面的 τις,即某种适中状态,阴性单数主格。οὖσα,是,分词,阴性单数主格。其表语是 περὶ μικρὰν,小[荣誉]方面的,省略了 τιμῆν,介词短语。
④ 原因从句。ἔστι+不定式结构无人称句。其不定式结构是 ὀρέγεσθαι <μικρᾶς> τιμῆς,追求<小的>荣誉。ὀρέγεσθαι,追求,ὀρέγω 的中动不定式。其间接性的宾语是 <μικρᾶς> τιμῆς,<小的>荣誉,<μικρᾶς>（小的）是莱克汉姆本（Rackham [1926], 100）所加。τιμῆς,荣誉,名词,阴性单数属格。
这个不定式结构引出三个方式状语从句。第一个是 ὡς δεῖ,以[一个人]应当的方式。ὡς,以……方式,关系副词,引导从句。δεῖ,[一个人]应当(的),无人称动词,构成定语从句,限定 ὡς。第二个是 μᾶλλον ἢ δεῖ,超过[一个人]应当的。μᾶλλον ἢ,超过……,比……更多,副词,ὡς 的同位语,引导从句。ἢ...,比……,关系连词。δεῖ,一个人应当(的),无人称动词,构成从句,限定 μᾶλλον ἢ。第三个是 ἧττον,不及,更少,作用同 μᾶλλον,后面省略了 ἢ δεῖ。

ὁ μὲν ὑπερβάλλων ταῖς ὀρέξεσι φιλότιμος, ὁ δ' ἐλλείπων ἀφιλότιμος, ὁ δὲ μέσος ἀνώνυμος,① ἀνώνυμοι δὲ καὶ αἱ διαθέσεις, πλὴν ἡ τοῦ φιλοτίμου φιλοτιμία·② ὅθεν ἐπιδικάζονται οἱ ἄκροι τῆς μέσης χώρας.③

则没有名称,但这些置性也都没有名称,只有爱荣誉的人的那种置性[被称为]爱荣誉;因此,那两种极端品性的人都争要那个适中之位。

sible] to long for <minor> honors as [one] ought or more than [one] ought or less than [one] ought, and he who exceeds in the longings is called an honor-lover, he who falls short is called oppositely, whereas the man in the middle has no name, but nor have these dispositions any name, except [that] the disposition of the honor-lover [is called] honor-loving; hence those

---

① 上面句子延伸的示例句。并列句。μὲν...δὲ...δὲ... 并列结构。共三句。第一句的主语是 ὁ ὑπερβάλλων,过度的人,冠词+形容词构成的名词性短语,阳性单数主格。ὁ,那个,冠词,指那个人,阳性单数主格。ὑπερβάλλων,过度的,形容词,阳性单数主格。ταῖς ὀρέξεσι,在欲求上,名词短语,阴性复数与格。ὀρέξεσι,欲求,名词,阴性复数与格。动词是 λέγεται,被称为,现在时被动,单数第三人称。主语补语是 φιλότιμος,爱荣誉的,形容词,阳性单数主格。
第二句的主语为 ὁ ἐλλείπων,不及的人,名词性短语,阳性单数主格。ταῖς ὀρέξεσι 省略。动词 λέγεται 省略。主语补语是 ἀφιλότιμος,不爱荣誉的,形容词,阳性单数主格。
第三句的主语是 ὁ μέσος,适度的人,名词短语,阳性单数主格。ταῖς ὀρέξεσι 省略。动词 λέγεται 省略。主语补语是 ἀνώνυμος,没有名字的,形容词,阳性单数主格。
② 上述三句的延伸部分。并列句。第一句的主语是 αἱ διαθέσεις,这些置性,名词短语,阴性复数主格。系动词省略。表语是 ἀνώνυμοι,没有名字的,形容词,阴性复数主格。
连接副词 πλὴν(除了……之外)引入第二句。主语是 ἡ τοῦ φιλοτίμου,爱荣誉的人的那种置性,名词短语,阴性单数主格。ἡ,那种,冠词,指 ἡ διάθεσις(那种置性)。τοῦ φιλοτίμου,爱荣誉的人的,名词短语,阳性单数属格,限定 ἡ διάθεσις。系动词省略。表语是 φιλοτιμία,爱荣誉,名词,阴性单数主格。
③ 结果从句。ὅθεν,因此,副词,引入从句。主语是 οἱ ἄκροι,那些极端的人,指在对荣誉的欲求上过度的和不及的人,名词短语,阳性复数主格。动词是 ἐπιδικάζονται,要求,主张,现在时中动,复数第三人称。其间接性的宾语是 τῆς μέσης χώρας,适中的地位,名词短语,阴性单数属格。τῆς χώρα,地位,地盘,名词短语,阴性单数属格。μέσης,适中,名词,阴性单数属格,限定 τῆς χώρα。

καὶ ἡμεῖς δὲ ἔστι μὲν ὅτε τὸν μέσον φιλότιμον καλοῦμεν ἔστι δ' ὅτε ἀφιλότιμον,① καὶ ἔστι μὲν ὅτε ἐπαινοῦμεν τὸν φιλότιμον ἔστι δ' ὅτε τὸν ἀφιλότιμον.② διὰ τίνα δ' αἰτίαν τοῦτο ποιοῦμεν, ἐν τοῖς ἑξῆς ῥηθήσεται·③ νῦν δὲ περὶ τῶν λοιπῶν λέγωμεν κατὰ τὸν ὑφηγημένον

而且,我们有时也把适中的人称为爱荣誉的人,有时又[称为]不爱荣誉的人,有时称赞爱荣誉的人,有时又称赞不爱荣誉的人。我们这样做是由于什么原因,在下面将会谈到ⁱ;不过现在,我们还是先按前面的方式把其余部分讲完ʲ。

of the two extremes claim for the mean position. And, we sometimes call the man of the mean an honor-lover, sometimes non-honor-lover, and we sometimes praise an honor-lover, sometimes a non-honor-lover. For what reason we do this will be discussed in later parts; but now let us talk of the rest items in accordance with the es-

---

① 并列句。这里是第一句。并列句。μὲν ὅτε...δ' ὅτε... (有时候……有时候……)。两句各自都是复合句。主句是系动词 ἔστι 无人称句式,表达可能这样,会这样,等等,不后接谓述表语。对照结构引出两个事实上的主语从句,省略了引导的关系代词 ὅτι。第一个主语从句是 ἡμεῖς μὲν ὅτε τὸν μέσον φιλότιμον καλοῦμεν,我们有时把适中的人称为爱荣誉的人。主语是 ἡμεῖς,我们,代词,复数第一人称主格。动词是 καλοῦμεν,把……称为……,现在时,复数第一人称。其直接宾语是 τὸν μέσον,适中的人,名词短语,阳性单数宾格。其间接宾语或宾语补语是 φιλότιμον,爱荣誉的,形容词,阳性单数宾格。

第二个主语从句 δ' ὅτε ἀφιλότιμον,有时又[称为]不爱荣誉的人。结构同于第一个主语从句,只保留了宾语补语 ἀφιλότιμον (不爱荣誉的人)。

② 这里是第二句。结构同第一句,区别在于两个彼此对照的主语从句。第一个主语从句是 μὲν ὅτε ἐπαινοῦμεν τὸν φιλότιμον,我们有时称赞爱荣誉的人。主谓语是 ἐπαινοῦμεν,我们称赞,现在时,复数第一人称。其宾语是 τὸν φιλότιμον,爱荣誉的人,名词短语,阳性单数宾格。

第二个主语从句结构相同,δ' ὅτε τὸν ἀφιλότιμον,有时又[称赞]不爱荣誉的人,只保留了宾语 τὸν ἀφιλότιμον (不爱荣誉的人)。

③ 复合句。句子的主语是一个从句。从句的主谓语是 ποιοῦμεν,我们做,现在时主动,复数第一人称。其宾语是 τοῦτο,这个,这件事,代词,指我们以不同方式称呼爱荣誉的人和在称赞方面的不同做法,中性单数宾格。διὰ τίνα δ' αἰτίαν,由于什么原因,介词短语,限定句子的动宾结构。主句的动词是 ῥηθήσεται,将被说,ἐρῶ (将说)的被动形式,单数第三人称。ἐν τοῖς ἑξῆς,在下面,介词短语,限定 ῥηθήσεται。τοῖς ἑξῆς,下面,名词性短语,中性复数与格,做介词 ἐν 的间接性的宾语。ἑξῆς,下面,按顺序在后地,副词,限定前置与格冠词 τοῖς。

τρόπον.①
ἔστι δὴ καὶ περὶ τὴν ὀργὴν ὑπερβολὴ καὶ ἔλλειψις καὶ μεσότης,② σχεδὸν δὲ ἀνωνύμων ὄντων αὐτῶν τὸν μέσον πρᾶον λέγοντες③ τὴν μεσότητα πραότητα καλέσωμεν·④ τῶν δ' ἄκρων ὁ μὲν ὑπερβάλλων ὀργίλος ἔστω, ἡ δὲ κακία ὀργιλότης,⑤ ὁ δ'

在忿怒方面也存在过度、不及与适中状态,但[既然]它们几乎都没有名字,且我们把适中的人称为温和的人,我们应当把这种适中状态称为温和;而在那些极端之中,就把过度的人称为愠怒的人,把那种恶[称为]愠怒,而[把]不足的人[称为]麻木的

tablished method.
Of anger there is also excess, deficiency, and mean state, but [as] they are almost nameless, [and] we call the man of the mean gentle, we should call that mean state gentleness; of the extremes, let the man of excess be irascible man, and that vice irascibility,

① 简单句。δὲ 示意语气轻微转折。主谓语是 λέγωμεν,我们说,现在时主动,复数第一人称。περὶ τῶν λοιπῶν,把其余部分,介词短语,限定 λέγωμεν。τῶν λοιπῶν,其余部分,名词性短语,中性复数属格,做介词 περὶ 的间接性的宾语。κατὰ τὸν ὑφηγημένον τρόπον,按前面的方式,介词短语,限定 λέγωμεν。τὸν τρόπον,那种方式,名词短语,阳性单数宾格,做介词 κατὰ 的宾语。ὑφηγημένον,前面的,动词 ὑφηγέομαι (引导,主导) 的被动完成时分词,阳性单数宾格,限定 τρόπον。νῦν,现在,副词,限定整个句子。

② 转折并列句。这里是第一句。系动词 ἔστι 无人称句。ἔστι,是,有,存在,现在时,单数第三人称。其表语是 ὑπερβολὴ καὶ ἔλλειψις καὶ μεσότης,过度、不及与适中状态,名词短语,阴性单数主格。περὶ τὴν ὀργήν,在忿怒方面,介词短语,限定系表结构。ὀργή,忿怒,名词,阴性单数宾格,做 περὶ 介词的宾语。

③ 这里是第二句的表伴随情况的分词短语部分。δὲ 示意语气的轻微转折。这个部分又由两个子部分构成。第一个是由上述三个名词引出一个独立属格分词短语 σχεδὸν δὲ ἀνωνύμων ὄντων αὐτῶν,它们几乎都没有名字,阴性复数。短语为主系表结构。主语是 αὐτῶν,它们,指 ὑπερβολὴ καὶ ἔλλειψις καὶ μεσότης。系动词是 ὄντων,是,现在分词,阴性复数属格。表语是 ἀνωνύμων,没有名字,形容词,阴性复数属格。σχεδὸν,几乎,副词,限定系表结构。

第二个子部分是分词短语 τὸν μέσον πρᾶον λέγοντες,我们把适中的人称为温和的人。λέγοντες,我们把……称为……,现在时主动态分词,阳性复数主格。其宾语是 τὸν μέσον,适中的人,名词性短语,阳性单数宾格。其间接宾语或宾语补语是 πρᾶον,温和的人,形容词,阳性单数宾格。

④ 这里第二句的主句。主谓语是 καλέσωμεν,我们也把……称为……,动词 καλέω 的主动态虚拟式,不定过去时,复数第一人称。其宾语是 τὴν μεσότητα,这种适中状态,名词短语,阴性单数宾格。其间接宾语或宾语补语是 πραότητα,温和,名词,阴性单数宾格。

⑤ 由上面第二句主句引出的转折对照句。ὁ μὲν...ἡ δὲ... 对照并列句。τῶν δ' ἄκρων,在那些极端之中,名词性短语,与上述第二句开始部分的独立属格短语对照,阴性复数属格。

这里是第一句。ὁ δ'...ἡ δ'... 对照并列结构。第一个子句的主语是 ὁ ὑπερβάλλων,过度

ἐλλείπων ἀόργητός τις, ἡ δ᾽ ἔλλειψις ἀοργησία.① εἰσὶ δὲ καὶ ἄλλαι τρεῖς μεσότητες,② ἔχουσαι μέν τινα ὁμοιότητα πρὸς ἀλλήλας, διαφέρουσαι δ᾽ ἀλλήλων·③ πᾶσαι μὲν γάρ εἰσι περὶ λόγων καὶ πράξεων κοινωνίαν,④ διαφέρουσι δὲ ὅτι ἡ μέν ἐστι περὶ

人,[把]那种不足[称为]麻木罢ᵏ。

还有其他三种适中状态,它们相互间有某些共同之处,但又相互不同;因为,它们全都与语言的和实践的共同生活有关,却又都不同:一个是有关在这些事情上的真实性的,另两个则有关愉悦性,而这种愉悦

whereas the man of deficiency apathetic, and the deficiency apathy. And, there are three other mean states, they have each other something common but differ from each other; for, all of them are concerned with the common life *via* conversations and practices, yet they differ

---

的人,名词性短语,阳性单数主格。系动词是 ἔστω,是,现在时命令式,单数第三人称。表语是 ὀργίλος,愠怒,形容词,阳性单数主格。

第二个子句的主语是 ἡ κακία,这种恶,名词短语,阴性单数主格。系动词 ἔστω 省略。表语是 ὀργιλότης,愠怒,名词,阴性单数主格。

① 这里是第二句。仍然是 ὁ δ᾽...ἡ δ᾽... 对照并列结构。第一个子句的主语是 ὁ ἐλλείπων,不及的人,名词性的短语,阳性单数主格。系动词 ἔστω 省略。表语是 ἀόργητός τις,有些麻木的人,不定代词短语,阳性单数主格。τις,某人,不定代词,阳性单数主格。ἀόργητός,麻木的,形容词,阳性单数主格,限定 τις。

第二个子句的主语是 ἡ ἔλλειψις,不及,名词,阴性单数主格。系动词 ἔστω 省略。表语是 ἀοργησία,麻木,名词,阴性单数主格。

② 简单句。系动词 εἰσὶ 无人称句。εἰσὶ,是,有,存在,现在时,复数第三人称。表语是 ἄλλαι τρεῖς μεσότητες,三种其他的适中状态,名词短语,阴性复数主格。μεσότητες,适中状态,名词,阴性复数主格。ἄλλαι τρεῖς,其他三种,形容词短语,阴性复数主格,限定 μεσότητες。

③ 这里是由句子中的 ἄλλαι τρεῖς μεσότητες 引出的并列分词短语,μέν...δ᾽... 对照结构,表伴随情况。第一个短语的分词是 ἔχουσαι,它们(指其他三种适中状态)具有,现在时主动分词,阴性复数主格。其宾语是 τινα ὁμοιότητα,某些共同之处,形容词短语,阴性单数宾格。ὁμοιότητα,共同之处,形容词。τινα,某些,不定代词,限定 ὁμοιότητα。πρὸς ἀλλήλας,相互间,介词短语,限定 ἔχουσαι。ἀλλήλας,相互的,形容词,阴性复数宾格,作介词 πρὸς 的宾语。

第二个短语中的分词是 διαφέρουσαι,它们又不同,现在时主动分词,阴性复数主格。其间接性的宾语是 ἀλλήλων,相互,形容词,阴性复数属格。

④ 原因从句。连动结构句。包含两个部分,呈 μέν...δὲ... 对照结构。主语是 πᾶσαι,它们(指其他三种适中状态)全体,形容词,阴性复数主格。第一部分的系动词是 εἰσι,是,复数第三人称。表语是 περὶ λόγων καὶ πράξεων κοινωνίαν,与语言的和实践的共同生活有关,介词短语。κοινωνίαν,共同生活,名词,阴性单数宾格,做介词 περὶ 的宾语。λόγων καὶ πράξεων,语言的和实践的,名词短语,限定 κοινωνία。λόγων,语言,名词,阳性复数属格。πράξεων,实践,名词,阴性复数属格。

τἀληθὲς τὸ ἐν αὑτοῖς, αἱ δὲ περὶ τὸ ἡδύ,① τούτου δὲ τὸ μὲν ἐν παιδιᾷ τὸ δ' ἐν πᾶσι τοῖς κατὰ τὸν βίον.②

性一种[是]在娱乐方面的，另一种则[是]在所有与生活相关的事情上的。

in that one is concerned with the truth in these things, whereas the other two with the pleasantness, and of this one sort [is] with entertainment whereas [the other] with all affairs related to life.

15 ῥητέον οὖν καὶ περὶ τούτων,③ ἵνα μᾶλλον κατίδωμεν ὅτι ἐν πᾶσιν ἡ μεσότης ἐπαινετόν, τὰ δ' ἄκρα οὔτ' ἐπαι-

因此，我们也必须谈谈这些事情，以便我们能更加看清，在所有事情上适中状态都值得称赞，那些极端则既不值

We should, therefore, also talk of these things, so that we can see better that in all things the mean state [is] praiseworthy,

---

① 这里是第二部分。主语同前面。动词是 διαφέρουσι，它们(指其他三种适中状态)又都不同，现在时，复数第三人称。διαφέρουσι 引出一个由关系代词 ὅτι 引导的名词从句。从句中又包含两个并列的子句，μέν...δέ... 对照结构。

第一个子句的主语是 ἡ，那，冠词，指其中一种适度，阴性单数主格。系动词是 ἐστι，是，现在时，单数第三人称。表语是 περὶ τἀληθὲς，有关真实性，介词短语。τἀληθές，τὸ-ἀληθές 的合写，真实性，名词，中性单数宾格，做介词 περί 的宾语。τἀληθές 引出一个同位语短语 τὸ ἐν αὑτοῖς，在这些事情上的那种真实性，名词性短语，中性单数宾格。τὸ，那，冠词，后面省略了 ἀληθές，中性单数宾格。ἐν αὑτοῖς，在这些事情(指语言的和实践的共同生活的事情)上的，介词短语，限定被省略的 ἀληθές。

第二个子句的主语是 αἱ，那些，冠词，指后两种适度，阴性复数主格。系动词省略。表语是 περὶ τὸ ἡδύ，有关愉悦性，介词短语。τὸ ἡδύ，愉悦性，名词短语，中性单数宾格，做介词 περί 的宾语。

② 由 τὸ ἡδύ 引出一个 μέν...δέ... 对照结构的进一步的说明，由指示代词 τούτου 引导。τούτου，这个，这种，指 τὸ ἡδύ，中性单数属格，在此起关系代词的作用。

第一个子句的主语是 τὸ，那，冠词，指某一种 τὸ ἡδύ，中性单数主格。系动词省略。表语是 ἐν παιδιᾷ，在娱乐方面的，介词短语。παιδία，游戏，娱乐，名词，阴性单数与格，做介词 ἐν 的间接性的宾语。

第二个子句的主语是 τὸ，同前。系动词省略。表语是 ἐν πᾶσι τοῖς κατὰ τὸν βίον，在所有与生活有关的事情上的，介词短语。πᾶσι τοῖς，所有那些事情，名词性短语，中性复数与格，做介词 ἐν 的间接性的宾语。τοῖς，那些事情，冠词，指事情，中性复数与格。κατὰ τὸν βίον，与生活有关的，介词短语，限定 τοῖς。

③ 复合句。οὖν (因此) 示意承接上文引出结论。这里是主句。动形词 ῥητέον 无人称句。ῥητέον，必须谈谈，ἔρω 的动形词，中性单数主格。περὶ τούτων，关于这些事情，介词短语，限定 ῥητέον，相当于它支配的间接性的宾语。

νετὰ οὔτ' ὀρθὰ ἀλλὰ ψεκτά.① εἰσὶ μὲν οὖν καὶ τούτων τὰ πλείω ἀνώνυμα,② πειρατέον δ', ὥσπερ καὶ ἐπὶ τῶν ἄλλων, αὐτοὺς ὀνοματοποιεῖν σαφηνείας ἕνεκα καὶ τοῦ εὐπαρακολουθήτου.③	得称赞也不正确，而是应受谴责。所以，在这些事情上比较多的东西是没有名称的，而我们必须，就像在其他地方一样，为明白起见也〔为〕容易跟随，自己来给出名称¹。	whereas the extremes [are] neither praiseworthy, nor right, but blameworthy. Therefore, [though] many of these things are nameless, we must, as in other places, create names ourselves for clarity and [for] the ease of following along.
20 περὶ μὲν οὖν τὸ ἀληθὲς ὁ μὲν μέσος ἀληθής τις καὶ ἡ μεσότης ἀλήθεια	所以，在真实性方面，就把适中的人称为一个诚实的人，把那个适中状	Of the truth, therefore, let the man of the mean state be called a truthful

---

① 这里是目的从句，由副词 ἵνα（以便）引导。复合句。主句的主谓语是 κατίδωμεν，我们看清，现在时，复数第一人称。μᾶλλον，更，副词，限定 κατίδωμεν。κατίδωμεν 引出一个宾语从句，由 ὅτι 引导。并列句。第一句的主语是 ἡ μεσότης，适中状态。名词，阴性单数主格。系动词省略。表语是 ἐπαινετόν，值得称赞的，形容词，中性单数主格。ἐν πᾶσιν，在所有事情上，介词短语，限定系表结构。

第二句的主语是 τὰ ἄκρα，那些极端，名词性短语，中性复数主格。ἄκρα，极端，形容词，中性复数主格。系动词省略。表语是 οὔτ' ἐπαινετὰ οὔτ' ὀρθὰ ἀλλὰ ψεκτά，既不值得称赞也不正确，而是应受谴责的，形容词短语，中性复数主格。ἐπαινετά，值得称赞的；ὀρθά，正确的；ψεκτά，应受谴责的。οὔτ'...οὔτ'...ἀλλὰ...，既不……也不……，而是……，否定性连词。

② 转折并列句。οὖν 示意在引出一个进一步的结论。μὲν...δ'... 对照结构。这里是第一句。主语是 τὰ πλείω，较多的东西，名词性短语，中性复数主格。πλείω，较多的，形容词比较级，中性复数主格。τούτων，在这些事情中，指示代词，中性复数属格，限定 τὰ πλείω。系动词是 εἰσί，是，现在时，复数第三人称。表语是 ἀνώνυμα，没有名字的，形容词，中性复数主格。

③ 这里是第二句。动形词 πειρατέον 无人称句。πειρατέον，必须做……，πειράω 的动形词，逻辑主语是我们。

连接副词 ὥσπερ（就像）引导一个插入短语，ὥσπερ καὶ ἐπὶ τῶν ἄλλων，就像在其他地方一样，表方式。ἐπὶ τῶν ἄλλων，在其他地方，介词短语。

πειρατέον 引出不定式 ὀνοματοποιεῖν，给出名字。αὐτοὺς，自己，代词，阳性复数宾格，用作副词，限定 ὀνοματοποιεῖν。σαφηνείας ἕνεκα，为明白起见，介词短语，限定 ὀνοματοποιεῖν，表明目的。ἕνεκα，为……，后置介词，支配属格宾语。σαφήνεια，明白，名词，阴性单数属格，做介词 ἕνεκα 的间接性宾语。τοῦ εὐπαρακολουθήτου，容易跟随，名词性短语，中性单数属格，做介词 ἕνεκα 的间接性宾语。εὐπαρακολουθήτου，容易跟随，形容词，中性单数属格。

λεγέσθω,① ἡ δὲ προ-
σποίησις ἡ μὲν ἐπὶ τὸ
μεῖζον ἀλαζονεία καὶ ὁ
ἔχων αὐτὴν ἀλαζών,②
ἡ δ' ἐπὶ τὸ ἔλαττον
εἰρωνεία καὶ εἴρων <ὁ
ἔχων>.③

态[就称为]诚实,而虚伪,那夸大形式的[就称为]自夸,具有这种置性的人[就称为]自夸的人;而那贬低形式的[就称为]自贬,<具有[这种置性]的人>[就称为]自贬的人罢ᵐ。

man, and the mean state, truthfulness, meanwhile, [let] the pretence in the form of overstatement [be called] boastfulness, and the man having it, a boaster, and that in the form of under-statement [be called] self-deprecia-tion, and <the man having [it],> a self-depreciater.

---

① 并列句。μέν…δέ… 对照结构。这里是第一句。οὖν 示意在接续上文引出具体例证。并列句。第一个子句的主语是 ὁ μέσος,适中的人,名词性短语,阳性单数主格。动词是 λεγέσθω,……就被称为……罢,现在时被动命令式,单数第三人称。主语补语是 ἀληθής τις,一个诚实的人,形容词短语,阳性单数主格。ἀληθής,诚实的,形容词,此处用作名词。τις,一个人,某个人,不定代词,阳性单数主格,限定 ἀληθής。

第二个子句的主语是 ἡ μεσότης,适中状态,名词,阴性单数主格。动词是 λεγέσθω,省略。主语补语是 ἀλήθεια,诚实,名词,阴性单数主格。περὶ τὸ ἀληθὲς,在真实性方面,介词短语,限定 λεγέσθω。

② 这里是第二句。并列句。μέν…δέ… 对照结构。共同的主语是 ἡ προσποίησις,虚伪,名词短语,阴性单数主格。共同的动词仍然是 λεγέσθω,省略。主语 ἡ προσποίησις 通过两个同位语来做分述,形成两组子句。

第一组子句包含两个部分。第一部分与全句主语同位的主语是 ἡ ἐπὶ τὸ μεῖζον,那夸大形式的[虚伪],冠词+介词短语形式的名词性短语,阴性单数主格。ἡ,那,冠词,指 προσποίησις。ἐπὶ τὸ μεῖζον,夸大形式的,介词短语,限定 ἡ。τὸ μεῖζον,那种大,名词性短语,中性单数宾格,做介词 ἐπὶ 的宾语。μεῖζον,较大,形容词比较级,中性单数宾格。动词 λεγέσθω 省略。主语补语是 ἀλαζονεία,自夸,名词,阴性单数主格。

第二部分的主语是 ὁ ἔχων αὐτήν,那个具有它(即这种虚伪置性)的人,冠词+分词短语形式的名词性短语,阳性单数主格 ἔχων,具有,分词,阳性单数主格。动词 λεγέσθω 省略。主语补语是 ἀλαζών,自夸的人,名词,阳性单数主格。

③ 这里是第二组子句。结构同第一组。第一部分的与全句主语同位的主语是 ἡ ἐπὶ τὸ ἔλαττον,那贬低形式的,冠词+介词短语形式的名词性短语,阴性单数主格。ἐπὶ τὸ ἔλαττον,贬低形式的,介词短语,限定 ἡ。τὸ ἔλαττον,那种小,名词性短语,中性单数宾格,做介词 ἐπὶ 的宾语。ἔλαττον,较小,形容词比较级,中性单数宾格。动词 λεγέσθω 省略。主语补语是 εἰρωνεία,自贬,名词,阴性单数主格。

第二部分的主语是 <ὁ ἔχων>,具有[它]的人,名词性短语,阳性单数主格。据莱克汉姆(Rackham [1926], 102),此短语为莱姆索尔(Ramsauer)所加,莱克汉姆亦采用;有的本子加的是 ταύτην,指 εἰρωνεία,即有自贬这种品性的人。此处从莱克汉姆。动词 λεγέσθω 省略。主语补语是 εἴρων,自贬的人,名词,阳性单数主格。

περὶ δὲ τὸ ἡδὺ τὸ μὲν ἐν παιδιᾷ ὁ μὲν μέσος εὐτράπελος καὶ ἡ διάθεσις εὐτραπελία,① ἡ δ' ὑπερβολὴ βωμολοχία καὶ ὁ ἔχων αὐτὴν βωμολόχος,② ὁ δ' ἐλλείπων ἄγροικός τις καὶ ἡ ἕξις ἀγροικία·③ περὶ δὲ τὸ λοιπὸν ἡδὺ τὸ ἐν τῷ βίῳ ὁ μὲν ὡς δεῖ ἡδὺς ὢν φίλος καὶ ἡ μεσότης φιλία,④ ὁ δ' ὑπερβάλλων,

而在愉悦性即在娱乐中的那种愉悦性方面，适中的人［就称为］机智的，那种置性［就称为］机智，而过度［就称为］滑稽，具有它的人［就称为］滑稽的人，而那种不及的人［就称他为］一个呆板的人，那种品性［就称为］呆板罢"；而在余下那一种即生活中的那种愉悦性方面，以应当的方式是愉悦的人［就

Of the pleasantness, i.e., that in entertainment, [let] the man of the mean [be called] witty, and the disposition, wittiness, whereas [let] the excess [be called] buffoonery, and the man having it, a buffoon, and, [let] the deficient man [be called] a boorish, and the character, boorishness; of the remained sort, i.e., the

---

① 并列句。δὲ 示意话题的转换。这里的 περὶ δὲ τὸ ἡδὺ τὸ μὲν ἐν παιδιᾷ 与下文中的 περὶ δὲ τὸ λοιπὸν ἡδὺ 构成对照。句式仍然是有被省略的动词 λεγέσθω 支配的主语＋补语的名词性句子。περὶ δὲ τὸ ἡδὺ τὸ μὲν ἐν παιδιᾷ，在愉悦性即在娱乐中的那种愉悦性方面，介词短语，限定整个句子的话题。τὸ ἡδὺ，那种愉悦性，名词短语，中性单数宾格，做介词 περὶ 的宾语。τὸ ἐν παιδιᾷ，在娱乐中的那种愉悦性，冠词＋介词短语形式的名词性短语，τὸ ἡδὺ 的同位语，对它做进一步的说明，中性单数宾格。

ὁ μὲν...ἡ δ'...ὁ δ'... 三句并列句式。这里是第一个子句。包括两个部分。第一部分的主语是 ὁ μέσος，那个适中的人，名词性短语，阳性单数主格。动词 λεγέσθω（……就称为……罢）省略。主语补语是 εὐτράπελος，机智的人，形容词，阳性单数主格。

第二个部分的主语是 ἡ διάθεσις，那种置性，名词短语，阴性单数主格。动词 λεγέσθω 省略。补语是 εὐτραπελία，机智，名词，阴性单数主格。

② 这里是第二个子句。也包括两个部分。第一个部分的主语是 ἡ ὑπερβολὴ，过度，名词短语，阴性单数主格。动词 λεγέσθω 省略。补语是 βωμολοχία，滑稽，名词，阴性单数主格。

第二个部分的主语是 ὁ ἔχων αὐτὴν，具有它的人，冠词＋分词短语形式的名词性短语，阳性单数主格。ἔχων，具有，分词，阳性单数主格。其宾语是 αὐτὴν，它，代词，指 βωμολοχία，阴性单数宾格。βωμολόχος，滑稽的人，形容词，阳性单数主格。

③ 这里是第三个子句。也有两个部分。第一个部分的主语是 ὁ ἐλλείπων，那个不及的人，冠词＋分词形式的名词性短语，阳性单数主格。动词 λεγέσθω 省略。补语是 ἄγροικός τις，一个呆板的人，形容词短语，阳性单数主格。ἄγροικός，呆板的，形容词。τις，一个人，某个人，不定代词，阳性单数主格，限定 ἄγροικός。

第二部分的主语是 ἡ ἕξις，那种品性，名词，阴性单数主格。动词 λεγέσθω 省略。补语是 ἀγροικία，呆板，名词，阴性单数主格。

④ 并列句。δὲ 示意论题的转换。句式仍然是有被省略的动词 λεγέσθω 支配的主语＋补语的名词性句子。περὶ δὲ τὸ λοιπὸν ἡδὺ 与上一长句开首的 περὶ δὲ τὸ ἡδὺ τὸ μὲν ἐν παιδιᾷ 构成对

εἰ μὲν οὐδενὸς ἕνεκα, ἄρεσκος, εἰ δ᾽ ὠφελείας τῆς αὑτοῦ, κόλαξ,① ὁ δ᾽ ἐλλείπων καὶ ἐν πᾶσιν ἀηδὴς δύσερίς τις καὶ δύσκολος.②

30

称为]友爱的,这种适中状态[就称为]友爱,而过度的人,如果不为着什么,[就称为]谄媚的人,而如果为他自己的好处,[就称为]奉承的人,而不及的和在所有事情上都让人不愉快的

pleasantness in the life, [let] the man being pleasant as ought [be called] a friendly man, and this mean state friendship, whereas the man of excess, if without any purpose, [be called] an

---

照。περὶ δὲ τὸ λοιπὸν ἡδὺ τὸ ἐν τῷ βίῳ,在余下那一种即生活中的那种愉悦性方面,介词短语,限定这里开始的长句的论题。τὸ λοιπὸν ἡδὺ,余下的那一种愉悦性,名词短语,中性单数宾格,做介词 περὶ 的宾语。τὸ ἐν τῷ βίῳ,在生活中的那种愉悦性,冠词+介词短语形式的名词性短语,τὸ λοιπὸν ἡδὺ 的同位语,对它做进一步的说明。ἐν τῷ βίῳ,在生活中的,介词短语,限定 τὸ。τῷ βίῳ,生活,名词短语,阳性单数与格,做介词 ἐν 的间接性的宾语。

全句为 ὁ μὲν...ὁ δ᾽...ὁ δ᾽... 三个并列句式。这里是第一个子句。有两个部分。第一个部分的主语是 ὁ ὡς δεῖ ἡδὺς ὤν,以应当的方式是愉悦的人,冠词+分词形式的名词性短语,阳性单数主格。ἡδὺς ὤν,是愉悦的人,分词短语,限定冠词 ὁ。ὤν,是,分词,系动词,阳性单数主格。其表语是 ἡδὺς,愉悦的,形容词,阳性单数主格。系表结构 ἡδὺς ὤν 引出一个方式状语从句,ὡς δεῖ,以应当的方式。从句为 δεῖ 无人称句,关系副词 ὡς 引导从句并给从句做状语。动词 λεγέσθω 省略。补语是 φίλος,友爱的,形容词,阳性单数主格。

第二部分的主语是 ἡ μεσότης,那个适中状态,名词,阴性单数主格。动词 λεγέσθω 省略。补语是 φιλία,友爱,名词,阴性单数主格。

① 这里是第二个子句。主语是 ὁ ὑπερβάλλων,过度的人,名词性短语,阳性单数主格。它有两个补语,因此而形成两个子句,相同的动词 λεγέσθω 省略。两个子句各有一个条件句,以 εἰ μὲν...εἰ δ᾽... 相互对照。

第一个子句的条件句是省略形式的,εἰ οὐδενὸς ἕνεκα,如果不为着什么。οὐδενὸς ἕνεκα,不为着什么,介词短语。ἕνεκα,为着什么,后置介词,支配 οὐδενὸς,无物,没有什么,否定性代词,阴性单数属格。动词 λεγέσθω 省略。主语补语是 ἄρεσκος,谄媚的人,形容词,阳性单数主格。

第二个子句的条件句是 εἰ ὠφελείας τῆς αὑτοῦ [ἕνεκα],如果[他这样做是]为他自己的那种好处,形式同于第一个子句的条件句,但给出了属格宾语而省略了后置介词[ἕνεκα]。τῆς ὠφελείας,那种好处,名词短语,受后置介词 ἕνεκα 支配。τῆς,后置冠词。ὠφελείας,好处,名词,阴性单数属格。αὑτοῦ,他自己的,代词,阳性单数属格,限定 τῆς ὠφελείας。动词 λεγέσθω 省略。主语补语是 κόλαξ,奉承的人,名词,阳性单数主格。

② 这里是第三个子句。简单句。主语是 ὁ ἐλλείπων καὶ ἐν πᾶσιν ἀηδὴς,不及的和在所有事情上都让人不愉快的人,名词性短语,阳性单数主格。ὁ,那个人,冠词,阳性单数主格。ἐλλείπων,不及的,现在时分词,阳性单数主格,限定 ὁ。ἐν πᾶσιν ἀηδὴς,在所有事情上都让人不愉快的,介词短语,限定 ὁ。ἀηδὴς,让人不愉快,形容词,阳性单数主格,限定 ὁ。ἐν πᾶσιν,在所有事情上,介词短语,限定 ἀηδὴς。动词 λεγέσθω 省略。主语补语是 δύσερίς τις καὶ δύσκολος,一个爱争吵的和乖戾的人,名词性短语,阳性单数主格。δύσερίς,爱争吵的人,名词,阳性单数主格。δύσκολος,乖戾,直义是不满意自己食物的人,形容词,阳性单数主格。

人，[就称他为]一个好争吵的、乖戾的人罢°。

obsequious man, if [he acts] for his own benefit, a flatterer, and the man of deficiency and unpleasantness on all things, [let him be called] a quarrelsome and surly man.

εἰσὶ δὲ καὶ ἐν τοῖς παθήμασι καὶ περὶ τὰ πάθη μεσότητες·① ἡ γὰρ αἰδὼς ἀρετὴ μὲν οὐκ ἔστιν, ἐπαινεῖται δὲ, καὶ ὁ αἰδήμων.② καὶ γὰρ ἐν τούτοις ὁ μὲν λέγεται μέσος, ὁ δ' ὑπερβάλλων, ὡς ὁ κατάπληξ ὁ πάντα αἰδούμενος·③

还有一些适中状态是存在于感受之中或相关于那些感受的。因为，羞耻不是德性却受到称赞，羞耻的人[也同样]。因为在这些事情上，也有人也被说成是适中的，有人则[被说成]过度的，就像那个羞怯的、对所有事情都害羞的人；

There are also mean states in the affections and related to the affections. For, shame is not virtue yet is praised, and [so is] the ashamed man. For in these matters also some are called to be mean, some [are called] excessive, as [do] the bashful

---

① 简单句。主语是 μεσότητες，适中状态，名词，阴性复数主格。系动词是 εἰσί，是，现在时，复数第三人称。表语是两个介词短语：ἐν τοῖς παθήμασι，存在于感受之中；和 περὶ τὰ πάθη，相关于那些感受。τοῖς παθήμασι，那些感受，名词短语，中性复数与格，做介词 ἐν 的间接性的宾语。παθήμασι，感受，πάθημα 的复数与格形式。τὰ πάθη，那些感受，名词短语，中性复数宾格，做介词 περί 的宾语。πάθη，感受，πάθος 的复数与格形式。πάθος 与 πάθημα 同义，后者的意义更为具体。

② 原因从句。并列句。第一句的主语是 ἡ αἰδώς，羞耻，名词，阴性单数主格。它引出两个动词，μέν...δέ... 对照结构。第一个是 οὐκ ἔστιν，不是，否定性系动词，单数第三人称。表语是 ἀρετή，德性，名词，阴性单数主格。第二个是 ἐπαινεῖται，受到称赞，现在时被动，单数第三人称。

第二句为省略式，仅保留了主语 ὁ αἰδήμων，羞耻的人，名词性短语，阳性单数主格。αἰδήμων，羞耻的，形容词，阳性单数主格。谓述部分省略，意思是，羞耻的人也这样（即未表现出德性，但是受到称赞）。

③ 以 ὁ μέν...ὁ δ'... 构成的并列结构，由 καὶ γάρ（也因为）引导，进一步说明原因，补充上句的内容。ἐν τούτοις，在这些事情上，介词短语，示意下面以示例来说明的题材范围上同于上句。τούτοις，这些事情，指上文指涉的 ἐν τοῖς παθήμασι καὶ περὶ τὰ πάθη（存在于感受之中的和相关于那些感受）的事情，代词，中性复数与格，做介词的间接性的宾语。

第一个子句的主语是 ὁ μέν，那个人，有人，指刚刚提到的 ὁ αἰδήμων（羞耻的人），冠词，阳性单数主格。动词是 λέγεται，被说成是，现在时，单数第三人称。主语补语是 μέσος，适中的，形容词，用作名词，阳性单数主格。

35 ὁ δ' ἐλλείπων ἢ μηδὲν ὅλως ἀναίσχυντος, ὁ δὲ μέσος αἰδήμων.①

1108b νέμεσις δὲ μεσότης φθόνου καὶ ἐπιχαιρεκακίας,② εἰσὶ δὲ περὶ λύπην καὶ ἡδονὴν τὰς ἐπὶ τοῖς συμβαίνουσι τοῖς πέλας γινομένας·③

另一方面，也有人 [被说成是] 不及的或完全无羞耻的，而适中的人则 [被说成是] 羞耻的人。

此外，义愤 [是] 妒忌与幸灾乐祸之间的适中状态，与我们对那些落到邻人身上的事情所感受到的痛苦和快乐有关；因为，义愤的人对邻人

man or the man feeling timid at everything; while some others [are called] deficient or absolutely un-ashamed of anything, whereas the man of mean [is called] an ashamed man.

And, indignation [is] a mean state between envy and malice, [these affections] are related to pain and pleasure felt at the things befallen

---

第二个子句的主语 ὁ δ'，也有人，冠词，对照于 ὁ μὲν。动词 λέγεται 省略。补语是 ὑπερβάλλων，过度的，主动态分词，阳性单数主格。由这个省略形式的句子引出一个同样是省略形式的状语从句，由关系副词 ὡς（就像……，在此处的作用接近于介词）引导。句子的主语是 ὁ καταπλὴξ，那个羞怯的人，名词性短语。καταπλὴξ，羞怯的，因惊恐而羞怯，形容词，阳性单数主格。ὁ καταπλὴξ 引出一个同位语短语，ὁ πάντα αἰδούμενος，那个对所有事情都害羞的人，名词性短语，阳性单数主格。αἰδούμενος，害羞的，现在分词，阳性单数主格。句子的动词 λέγεται 省略。关系副词 ὡς 限定被省略动词的主谓结构。

① 承接上文的另一组对照并列句。δ' 示意与上面一组句子构成某种对照。第一个子句的主语是 ὁ δ'，有人，冠词，阳性单数主格。动词 λέγεται（被说成是）省略。补语是 ἐλλείπων ἢ μηδὲν ὅλως ἀναίσχυντος，不及的或完全无羞耻的，分词与形容词短语。ἐλλείπων，不及的，分词，阳性单数主格。μηδὲν ὅλως ἀναίσχυντος，完全无羞耻的，形容词短语。ἀναίσχυντος，无羞耻的 [人]，形容词，阳性单数主格。
第二个子句的主语是 ὁ μέσος，适中的人，名词性短语，阳性单数主格。动词 λέγεται 省略。主语补语是 αἰδήμων，羞耻的 [人]，现在分词，阳性单数主格。

② 简单句。主语是 νέμεσις，义愤，名词，阴性单数主格。系动词省略。表语是 μεσότης，适中状态，名词，阴性单数主格。φθόνου καὶ ἐπιχαιρεκακίας，妒忌与幸灾乐祸之间的，名词短语，限定 νέμεσις。φθόνου，妒忌，名词，阳性单数属格。ἐπιχαιρεκακίας，幸灾乐祸，由 ἐπι（对）-χαίρω（高兴）-κακία（坏事）构成，意思是对看到别人碰到坏事感到高兴，名词，阴性单数属格。

③ 上面句子的延伸。主语 νέμεσις 和 φθόνου καὶ ἐπιχαιρεκακίας，省略。系动词是 εἰσὶ，是，现在时，复数第三人称。表语是 περὶ λύπην καὶ ἡδονὴν，相关于痛苦和快乐，介词短语。λύπην καὶ ἡδονὴν，痛苦和快乐，名词短语，阴性单数宾格，做介词 περὶ 的宾语。τὰς ἐπὶ τοῖς συμβαίνουσι τοῖς πέλας γινομένας，对那些落到邻人身上的事情所感受到的，名词性分词短语，阴性复数宾格，限定

ὁ μὲν γὰρ νεμεσητικὸς λυπεῖται ἐπὶ τοῖς ἀναξίως εὖ πράττουσιν,① ὁ δὲ φθονερὸς ὑπερβάλλων τοῦτον ἐπὶ
5 πᾶσι λυπεῖται,② ὁ δ᾽ ἐπιχαιρέκακος τοσοῦτον ἐλλείπει τοῦ λυπεῖσθαι ὥστε καὶ χαίρειν.③

ἀλλὰ περὶ μὲν τούτων καὶ ἄλλοθι καιρὸς

的不应得的好作为感到痛苦，但妒忌的人不止这样，还对［邻人的］所有［好事情］都感到痛苦，幸灾乐祸的人则在感受那种痛苦上如此不及，竟至还感到高兴ᵖ。

但关于这些我们后面还有其他机会［讨论］；而

on neighbors; for an indignant man feels pain at the undeserved wellness in actions of neighbors, whereas the envious man, exceeding in this, feels pain at all well-doings, and the malicious man falls so short in feeling this pain as [even] to feel pleased.

But there will be opportunity [to discuss] these

λύπην καὶ ἡδονήν，τὰς...γινομένας，所产生的，(此处)所感受到的，分词短语，阴性复数宾格，限定 λύπην καὶ ἡδονήν。ἐπὶ τοῖς συμβαίνουσι，对于所发生的那些事情，介词短语，限定 γινομένας。τοῖς συμβαίνουσι，所发生的那些事情，名词性短语，中性复数与格，做介词 ἐπὶ 的间接性的宾语。συμβαίνουσι，发生的事情，此处尤其指坏事，动词 συμβαίνω 的现在分词，中性复数与格。τοῖς πέλας，那些近前的，那些落在邻人身上的，名词性短语，τοῖς συμβαίνουσι 的同位语，对其做进一步说明，中性复数与格。πέλας，近前，副词，前面加冠词 τοῖς（那些）而名词化。

① 原因从句，由 γὰρ 引导。ὁ μὲν...ὁ δὲ...ὁ δ᾽... 并列对照结构。这里是第一个子句。主语是 ὁ νεμεσητικὸς，义愤的人，亚里士多德专用术语，νέμες + ἠθικὸς（义愤 + 伦理性）合成词。动词是 λυπεῖται，感到痛苦。ἐπὶ τοῖς ἀναξίως εὖ πράττουσιν，对于邻人的不应得的好作为，介词短语。τοῖς...εὖ πράττουσιν，那些......好作为，冠词 + 分词名词化短语，做介词 ἐπὶ 的间接性宾语。εὖ πράττουσιν，做得好，好作为，分词短语。πράττουσιν，做，现在分词，阳性复数与格。εὖ，好，副词，限定 πράττουσιν。ἀναξίως，不应得地，副词，限定 τοῖς εὖ πράττουσιν。

② 这里是第二个子句。有两个部分。第一个部分是分词短语，表伴随情况。短语的主语是 ὁ φθονερὸς，妒忌的人，名词性短语，阳性单数主格。分词是 ὑπερβάλλων，不止......，超过，阳性单数主格。其宾语是 τοῦτον，这，这样的情况，代词，阳性单数宾格，指义愤的人 λυπεῖται ἐπὶ τοῖς ἀναξίως εὖ πράττουσιν（对邻人的不应得的好作为感到痛苦）这种情况。

第二部分是句子的部分。主语同分词短语的主语。动词是 λυπεῖται...，对……感到痛苦，现在时，单数第三人称。ἐπὶ πᾶσι，对所有［好事情］，介词短语，与上句 ἐπὶ τοῖς ἀναξίως εὖ πράττουσιν 对照，限定 λυπεῖται。

③ 这里是第三个子句。主语是 ὁ ἐπιχαιρέκακος，幸灾乐祸的人，名词性短语，阳性单数主格。动词是 ἐλλείπει，在......上不及，现在时，单数第三人称。其间接性的宾语是 τοῦ λυπεῖσθαι，在感受那种痛苦方面，冠词 + 不定式名词性短语。λυπεῖσθαι，感受痛苦，不定式。τοσοῦτον，如此地，与上句 τοῦτον 同指向，已明确副词化。τοσοῦτον 引出连系副词 ὥστε（以致，竟至），表示结果。ὥστε 引出另一个不定式 χαίρειν，感到高兴，与 λυπεῖσθαι 对照。

ἔσται·① περὶ δὲ δικαιο-
σύνης,② ἐπεὶ οὐχ ἁπλῶς
λέγεται,③ μετὰ ταῦτα
διελόμενοι περὶ ἑκα-
τέρας ἐροῦμεν πῶς με-
σότητές εἰσιν④ <ὁμοίως
δὲ καὶ περὶ τῶν λογικῶν
ἀρετῶν⑤>.

关于正义，由于它不是在单一意义上讲的，我们将在区分这些意义中的每一种之后，表明［这里］在何种意义上存在适中状态＜但对于那些相关于逻各斯的德性［我们也将］这样［来说明］＞ᵠ。

[matters] elsewhere; yet of justice, since it is not spoken in a single sense, we will, after each [of those senses] being differentiated, show how there are mean states <and [we will do] the same with the virtues related to the *logos* >.

---

① 并列句。ἀλλὰ（但是）示意转折承接上文。περὶ μὲν...περὶ δὲ... 对照结构。这里是第一句。系动词 ἔσται 无人称句。ἔσται，是，将来时，单数第三人称。表语是 καιρὸς，机会，名词，阳性单数主格。ἄλλοθι，在其他地方，副词，限定系表结构。περὶ μὲν τούτων，关于这些，介词短语，限定整个句子。τούτων，这些，代词，指前面谈到的各种品性和感受。

② 这里开始第二句。复合句。介词短语 περὶ δὲ δικαιοσύνης（而关于正义）与前面的 περὶ μὲν τούτων 对照，示意话题转向对正义的扼要说明，同时给后续的句子做状语。δικαιοσύνης，正义，名词，阴性单数属格，做介词的间接性的宾语。

③ 这是插入的让步从句，由连接词 ἐπεὶ（既然）引导。主语是 δικαιοσύνη，省略。动词是 λέγεται，被谈论，现在时，单数第三人称。οὐχ ἁπλῶς，不是在单一意义上，否定性副词，限定 λέγεται。ἁπλῶς，总体地，绝对地，单义地，副词。

④ 这里是主句。有两个部分。第一个部分是分词短语 μετὰ ταῦτα διελόμενοι περὶ ἑκατέρας，在区分这些意义之中的每一种之后，表伴随情况。διελόμενοι，区分，现在时中动分词。其宾语是 ἑκατέρας，每一个，指正义的不同意之中的每一意义，形容词，阴性复数宾格。μετὰ ταῦτα，在它们（即这些不同意义）之中的，介词短语，限定 διελόμενοι。ταῦτα，它们，代词，指正义的不同意义，中性复数宾格，做介词（在……之中）的宾语。

第二个部分是句子本身。主谓语是 ἐροῦμεν，我们将说明，将来时主动，复数第一人称。ἐροῦμεν 引出一个宾语从句，πῶς μεσότητές εἰσιν，在何种意义上存在适中状态。系动词 εἰσιν 无人称句。εἰσιν，是，（此处）存在，复数第三人称。表语是 μεσότητες，适中状态，名词，阴性复数主格。πῶς，怎样，在何种意义上，关系副词，引导从句，并限定系表结构。

⑤ ＜＞中是一个与上句结构相同的省略句。ὁμοίως，同样地，副词，指上述主句的 μετὰ ταῦτα διελόμενοι περὶ ἑκατέρας ἐροῦμεν πῶς μεσότητές εἰσιν（在区分这些意义中的每一种之后，我们将表明在何种意义［这里］存在适中状态）。句子以此方式省略了主要结构，只保留了限定被省略了句子结构的介词短语，δὲ καὶ περὶ τῶν λογικῶν ἀρετῶν，对于那些与逻各斯有关的德性。小品词 δὲ 示意语气上的轻微转折，表明对那些理智德性何以不以说明其他伦理德性的方式，而以说明正义德性的方式，来说明。τῶν λογικῶν ἀρετῶν，那些与逻各斯有关的德性，名词短语，阴性复数属格。τῶν ἀρετῶν，那些德性，名词短语。λογικῶν，与逻各斯有关的，形容词，可为阴性，也可为阳性、中性，复数属格，限定 τῶν ἀρετῶν。莱克汉姆（Rackham［1926］, 106）用＜＞括起这一短句，是因为格兰特认为此句为后人缀入。

8

Τριῶν δὴ διαθέ-σεων οὐσῶν, δύο μὲν κακιῶν, τῆς μὲν καθ' ὑπερβολὴν τῆς δὲ κατ' ἔλλειψιν, μιᾶς δ' ἀρε-τῆς τῆς μεσότητος,① πᾶσαι πᾶσαις ἀντίκει-νταί πως·② αἱ μὲν γὰρ ἄκραι καὶ τῇ μέσῃ καὶ ἀλλήλαις ἐναντίαι εἰσίν, ἡ δὲ μέση ταῖς ἄκραις·③

所以，有三种置性：两种恶，作为过度的恶和作为不及的恶，和一种德性，[即]那个适中状态，它们被以某种方式全体对立于全体；因为，那些极端既相反于那个适中也彼此相反，而那个适中则相反于那些极端；因为，正如相等相对于较少是较多而相

There are, then, three dispositions, two vices, one related to excess and the other to deficiency, and virtue, the mean state, all [of them] are put opposite to all others in some way; for, the extremes [are] contrary to the mean and to each other, whereas

---

① 独立属格分词短语＋主句复合结构。这里是独立属格短语部分。其中又有两个部分：总体与分述。总体的部分为系动词分词无人称形式。分词是 οὐσῶν，是，现在时分词，阴性复数属格。其表语是 τριῶν διαθέσεων，三种置性，名词短语，阴性复数属格。

分述的部分形式与之相同。系动词分词省略。这个分述部分又包含两个子部分。μὲν...δ'... 对照结构。第一个子部分的表语是 κακιῶν δύο，两种恶，名词短语，阴性复数属格。δύο，两种，数词，可以不变格，也是属格，限定 κακιῶν。在这里插入了 μὲν...δὲ... 相同结构的进一步的分述短语：τῆς μὲν καθ' ὑπερβολὴν τῆς δὲ κατ' ἔλλειψιν，那个作为过度的恶和那个作为不及的恶，名词性短语，阴性单数属格。τῆς μὲν καθ' ὑπερβολὴν，那个作为过度的恶，冠词＋介词短语形式的名词性短语，后面省略了名词恶的单数阴性属格。καθ' ὑπερβολὴν，作为过度的，介词短语，限定被省略的名词恶的单数阴性属格。τῆς δὲ κατ' ἔλλειψιν，那个作为不及的恶，结构与词性同第一个，从略。

第二个子部分的表语是 μιᾶς δ' ἀρετῆς，一种德性，名词短语，阴性单数属格。它引出一个同位语短句，对它做进一步的解释：τῆς μεσότητος，那个适中状态，名词短语，阴性的单数属格。

② 这里是主句。简单句。主语是 πᾶσαι，它们全体，形容词，阴性复数主格。动词 ἀντίκεινταί，被对立于……，ἀντιτίθημι（把……对立于……）的一种被动形式，现在时，复数第三人称。其间接性的宾语是 πᾶσαις，它们全体，形容词，阴性复数与格。πᾶσαι πᾶσαις ἀντίκεινταί 的意思是，全体对立于全体。πως，以某种方式，副词，限定 ἀντίκεινται。

③ 原因从句。μὲν...δὲ... 对照结构并列句。第一句的主语是 αἱ ἄκραι，那两个极端，名词性短语，阴性复数主格。系动词是 εἰσίν，是，现在，复数第三人称。表语是 ἐναντίαι，相反，形容词，阴性复数主格。这个系表结构引出两个与格短语作限定或表明伴随情况。一个是 τῇ μέσῃ，那个适中，此处，(相反)于那个适中，名词话短语，阴性单数与格。第二个是 ἀλλήλαις，彼此，相互，形容词，阴性复数与格。

ὥσπερ γὰρ τὸ ἴσον πρὸς μὲν τὸ ἔλαττον μεῖζον πρὸς δὲ τὸ μεῖζον ἔλαττον,[①] οὕτως αἱ μέσαι ἕξεις πρὸς μὲν τὰς ἐλλείψεις ὑπερβάλλουσι πρὸς δὲ τὰς ὑπερβολὰς ἐλλείπουσιν ἔν τε τοῖς πάθεσι καὶ ταῖς πράξεσιν.[②]

ὁ γὰρ ἀνδρεῖος πρὸς μὲν τὸν δειλὸν θρασὺς φαίνεται, πρὸς δὲ τὸν θρασὺν δειλός·[③] ὁμοίως

对于较多则是较少一样,在感受上和实践上,那些适中的品性也相对于不及[是]过度,相对于过度则不及。

因为,勇敢的人相对于怯懦的人显得鲁莽,相对于鲁莽的人又显得怯懦;同样,节制的人相对

the mean contrary to the extremes; for, just as the equal [is] greater compared with the smaller and smaller with the greater, so in affections and practices the mean characters [are] in excess compared with the deficiencies and the deficient with the excesses. For, the courageous man appears rash in comparison with the coward and coward with the

---

第二句的主语是 ἡ μέση,那个适中,名词短语,阴性单数主格。系表结构同第一句。ταῖς ἄκραις,那些极端,此处,(相反)于那些极端,名词短语,阴性复数与格,限定省略的系表结构。

① 进一步的原因从句。复合句。这里是方式从句,有关系副词 ὥσπερ(正如)。它包含两个省略形式的子句,μὲν…δὲ… 对照结构。第一个子句的主语是 τὸ ἴσον,相等,名词性短语,中性单数主格。系动词省略。表语是 μεῖζον,较多,较大,形容词,中性单数主格。πρὸς τὸ ἔλαττον,相对于较少,介词短语,限定系表结构。第二个子句的主语还是 τὸ ἴσον。系动词省略。表语为 ἔλαττον,较少,较小,形容词,中性单数主格。πρὸς τὸ μεῖζον,相对于较多,介词短语,限定系表结构。

② 这里是主句。οὕτως,同样,副词,限定主句。主语是 αἱ μέσαι ἕξεις,那些适中的品性,名词短语,阴性复数主格。这个主语分出两个分句,μὲν…δὲ… 对照结构。第一个分句的动词是 ὑπερβάλλουσι,过度,现在时,复数第三人称。πρὸς τὰς ἐλλείψεις,对于不及,介词短语,限定 ὑπερβάλλουσι。τὰς ἐλλείψεις,不及,名词短语,阴性复数宾格,做介词 πρὸς 的宾语。

第二个分句的动词是 ἐλλείπουσιν,不及,现在时,复数第三人称。πρὸς τὰς ὑπερβολὰς,相对于过度,介词短语,限定 ἐλλείπουσιν,现在时,复数第三人称。τὰς ὑπερβολὰς,过度,名词短语,阴性复数宾格,做介词 πρὸς 的宾语。ἔν τε τοῖς πάθεσι καὶ ταῖς πράξεσιν,在感受上或实践上,介词短语,限定这两个分句。τοῖς πάθεσι,感受,名词短语,中性复数与格;ταῖς πράξεσιν,实践,名词短语,阴性复数与格,做介词 ἐν 的间接性宾语。

③ 原因从句。主语是 ὁ ἀνδρεῖος,勇敢的人,名词性短语,阳性单数主格。系动词 φαίνεται,显得,现在时中动,单数第三人称。它引出 μὲν…δὲ… 对照结构的两个表语及限定语结构。第一个表语是 θρασὺς,鲁莽的,形容词,阳性单数主格。πρὸς τὸν δειλὸν,相对于怯懦的人,介词短语,介词短语,限定 φαίνεται。τὸν δειλὸν,怯懦的人,名词性短语,阳性单数宾格,做介词 πρὸς 的宾

δὲ καὶ ὁ σώφρων πρὸς
μὲν τὸν ἀναίσθητον
ἀκόλαστος, πρὸς δὲ τὸν
ἀκόλαστον ἀναίσθη-
τος,① ὁ δ' ἐλευθέριος
πρὸς μὲν τὸν ἀνελεύθε-
ρον ἄσωτος, πρὸς δὲ
τὸν ἄσωτον ἀνελεύθε-
ρος.②

διὸ καὶ ἀπωθοῦνται τὸν
μέσον οἱ ἄκροι ἑκάτε-
ρος πρὸς ἑκάτερον, καὶ
καλοῦσι τὸν ἀνδρεῖον ὁ
μὲν δειλὸς θρασὺν ὁ δὲ
θρασὺς δειλόν, καὶ ἐπὶ
τῶν ἄλλων ἀνάλογον.③

于冷漠的人显得放纵；
相对于放纵的人又显得
冷漠，慷慨的人相对于
吝啬的人显得挥霍，相
对于挥霍的人又显得
吝啬。

所以，每种极端的人都
努力把适中的人推向
另一端，并[这样地]称
呼那个勇敢的人：怯懦
的人称[他]鲁莽，鲁莽
的人则称[他]怯懦，余
类推ᵃ。

rash; and likewise the
temperate man [appears]
intemperate in compar-
ison with the insensible
and insensible with the
intemperate, and the lib-
eral man [appears] prod-
igal in comparison with
the illiberal and illiberal
with the prodigal.

And hence people of each
extreme push the man
of mean to the other ex-
treme, and calls the cou-
rageous [accordingly]: the
coward man [call him]
rash, whereas the rash

语。第二个表语是 δειλός，怯懦的，形容词，阳性单数主格。πρὸς τὸν θρασὺν，相对于鲁莽的人，介词短语，限定省略的动词 φαίνεται。τὸν θρασὺν，鲁莽的人，胆子过大的人，名词短语，阳性单数宾格，做介词 πρὸς 的宾语。

① 上述原因从句的延伸，ὁμοίως（同样）示意承接上句继续举出例证。并列句。结构与上句相同。这里是第一句。主语是 ὁ σώφρων，节制的人，名词性短语，阳性单数主格。系动词是 φαίνεται，省略。它引出 μὲν...δὲ... 对照结构的两个表语及限定结构。第一个表语是 ἀκόλαστος，放纵，形容词，阳性单数主格。πρὸς τὸν ἀναίσθητον，相对于冷漠的人，介词短语，限定省略的 φαίνεται。第二个表语是 ἀναίσθητος，冷漠的，形容词，阳性单数主格。πρὸς τὸν ἀκόλαστον，相对于放纵的人，介词短语，限定省略的 φαίνεται。

② 这里是第二句。结构与上两句相同。主语是 ὁ ἐλευθέριος，慷慨的人，名词性短语，阳性单数主格。系动词仍然是 φαίνεται，省略。它引出 μὲν...δὲ... 对照结构的两个表语及限定语结构。第一个表语是 ἄσωτος，挥霍的，形容词，阳性单数主格。πρὸς τὸν ἀνελεύθερον，相对于吝啬的人，介词短语，限定省略的 φαίνεται。第二个表语是 ἀνελεύθερος，慷慨的，形容词，阳性单数主格。πρὸς τὸν ἄσωτον，相对于挥霍的人，介词短语，限定省略的 φαίνεται。

③ 连接副词 διὸ（因此）引出推论。并列句。第一句的主语是 οἱ ἄκροι ἑκάτερος，每种极端的人，名词性短语，阳性复数主格。ἑκάτερος，每种，不定代词，阳性单数主格，限定 οἱ ἄκροι。它引出两个两个动词。第一个动词是 ἀπωθοῦνται，把……推开，ἀπωθέω 的现在时中动，复数第三人称。其宾语是 τὸν μέσον，适中的人，名词性短语，阳性单数宾格。πρὸς ἑκάτερον，向另一端，介词

οὕτω δ᾽ ἀντικειμένων ἀλλήλοις τούτων, πλείστη ἐναντιότης ἐστὶ τοῖς ἄκροις πρὸς ἄλληλα <ἢ πρὸς τὸ μέσον>·① πορρωτέρω γὰρ ταῦτα ἀφέστηκεν ἀλλήλων ἢ τοῦ μέσου,② ὥσπερ τὸ

这些极端与适中都这样地相互对立,最大的相反存在于那些极端相互之间,<而不是[那些极端]与适中之间>;因为,它们相互间比[它们与]适中之间更疏远,正如大之于小、小之于大

[call him] coward, and similarly with other cases. These opposing one another in this way, the greatest contrariety exists between the two extremes <than between [each extreme] and the mean>; for, the extremes depart farther from each

---

短语,限定 ἀπωθοῦνται。

第二句为 ὁ μὲν...ὁ δὲ... 结构的并列句,对它做示例性的说明。第一个分句的主语是 ὁ δειλός,怯懦的人,名词性短语,阳性单数主格。动词是 καλοῦσι,称……为……,现在时主动,复数第三人称。宾语为 τὸν ἀνδρεῖον,勇敢的人,名词性短语,阳性单数宾格。宾语补语是 θρασὺν,鲁莽的,形容词,阳性单数宾格。第二个分句是省略形式的同结构句。主语是 ὁ θρασὺς,鲁莽的人,名词性短语,阳性单数主格。动词与宾语同第一个分句,省略。宾语补语是 δειλόν,怯懦的,形容词,阳性单数宾格。

καὶ ἐπὶ τῶν ἄλλων ἀνάλογον,余类推,插入语,作为句子的延伸部分。ἀνάλογον,类似地,副词,指上面说明的情形,引导短语,可视为省略了无人称系动词的表语。ἐπὶ τῶν ἄλλων,在其他方面,介词短语,限定 ἀνάλογον。

① 简单句。有两个部分。第一个部分是一个独立属格分词短语。短语的主语 τούτων,它们,代词,指每个极端与适中状态,中性复数属格。分词短语是 ἀντικειμένων ἀλλήλοις,相互对立,现在时。ἀντικειμένων,对立,分词,中性复数主格。ἀλλήλοις,相互的,形容词,中性复数与格,限定 ἀντικειμένων。οὕτω,这样地,副词,限定 ἀντικειμένων ἀλλήλοις。

第二个部分的主语是 πλείστη ἐναντιότης,最大的相反,名词,阴性单数主格。系动词是 ἐστὶ,是,现在时,单数第三人称。它引出 ...ἢ...(……而不是……)两个并列的与格形式的表语。第一个是 τοῖς ἄκροις πρὸς ἄλληλα,那些极端相互之间,名词性短语,中性复数与格。τοῖς ἄκροις,那些(指两种)极端,名词短语,中性复数与格。πρὸς ἄλληλα,相互之间,介词短语,限定 τοῖς ἄκροις。ἄλληλα,相互,形容词,中性复数宾格,做介词 πρὸς 的宾语。第二个是 τοῖς ἄκροις πρὸς τὸ μέσον,那些极端与适中之间,名词性短语,中性复数与格。πρὸς τὸ μέσον,与适中之间,介词短语,限定 τοῖς ἄκροις。< > 的部分莱克汉姆(Rackham [1926], 106)认为是文本的编辑者所加。

② 原因从句。复合句。这里是主句。主语是 ταῦτα,它们,代词,指那两种极端,中性复数主格。动词是 ἀφέστηκεν,来自 ἀφίστημι,疏远,距离,完成时主动,单数第三人称。πορρωτέρω,更远,副词,πρόσω(远)的比较级,限定 ἀφίστημι。动词 ἀφίστημι 引出 ...ἢ...(……而不是……)两个并列的属格形式的间接性的宾语,表示前者与后者的比较。第一个是 ἀλλήλων,相互的,形容词,中性复数属格。第二个是 τοῦ μέσου,那个适中,名词短语,中性单数属格。

μέγα τοῦ μικροῦ καὶ τὸ
μικρὸν τοῦ μεγάλου ἢ
ἄμφω τοῦ ἴσου.①

比它们各自之于相等更
为疏远。

other than from the
mean, just as the great
[departs farther] from
the small and the small
from the great than they
each from the equal.

ἔτι πρὸς μὲν τὸ μέσον
ἐνίοις ἄκροις ὁμοιότης
τις φαίνεται,② ὡς τῇ
θρασύτητι πρὸς τὴν
ἀνδρείαν καὶ τῇ ἀσωτίᾳ
πρὸς τὴν ἐλευθεριότη-
τα·③ τοῖς δὲ ἄκροις
πρὸς ἄλληλα πλείστη
ἀνομοιότης·④ τὰ δὲ

再者，在某些极端那里
似乎有某种相似于适中
的东西，比如在鲁莽那
里[相似]于勇敢的东西
和在挥霍那里相似于慷
慨的东西；而那些极端
相互之间则[似乎有]最
大的不相似；但相互远
离的事物就被规定为相

Again, there seems to be
some likeness of some
extremes to the mean,
for instance, of rashness
to courage and of prod-
igality to liberality; yet
the greatest unlikeness
seems to exist between
the extremes; but things

---

① 这里是比较的方式从句。连接副词 ὥσπερ（正如）引导从句。并列句，...ἤ...（……而不是……）结构，表明前者与后者的比较。第一个句子包含两个结构与主句相同的并列的句子。动词 ἀφίστημι 省略。副词 πορρωτέρω 省略。
第一个子句的主语是 τὸ μέγα，大，名词性短语，中性单数主格。动词 ἀφίστημι 的间接性的宾语 τοῦ μικροῦ，小，名词性短语，中性单数属格。第二个子句的主语是 τὸ μικρὸν，小，名词性短语，中性单数主格。动词 ἀφίστημι 的间接性的宾语是 τοῦ μεγάλου，大，名词性短语，中性单数属格。
第二个子句的主语是 ἄμφω，它们两者，双数代词，指两种极端。动词 ἀφίστημι 的间接性的宾语是 τοῦ ἴσου，那个适中，名词性短语，中性单数属格。

② 连接副词 ἔτι（其次）引入一个新的论题。μὲν...δὲ... 对照结构的并列句。这里是第一句。系动词 φαίνεται 无人称句。φαίνεται，似乎有，现在时中动，单数第三人称。表语是 ὁμοιότης τις，某种相似的东西，名词性短语，阴性单数主格。πρὸς μὲν τὸ μέσον，对于适中，介词短语，限定 ὁμοιότης τις。ἐνίοις ἄκροις，在某些极端那里，名词性短语，中性复数与格，限定系主结构。

③ 由句中 πρὸς μὲν τὸ μέσον ἐνίοις ἄκροις 引出的示例，由关系副词 ὡς（比如）引导。有两个示例。第一个是 τῇ θρασύτητι [ὁμοιότης τις] πρὸς τὴν ἀνδρείαν，在鲁莽那里的[相似]于勇敢的东西，名词性短语。τῇ θρασύτητι，在鲁莽那里的，名词短语，阴性单数与格。πρὸς τὴν ἀνδρείαν，对于勇敢的，介词短语，限定省略了的[ὁμοιότης τις]。τὴν ἀνδρείαν，勇敢，名词短语，阴性单数宾格，做介词 πρὸς 的宾语。
第二个示例是 τῇ ἀσωτίᾳ [ὁμοιότης τις] πρὸς τὴν ἐλευθεριότητα，在挥霍那里的[相似]于慷慨的东西，名词性短语。τῇ ἀσωτίᾳ，在鲁莽那里的，名词短语，阴性单数与格。πρὸς τὴν ἐλευθεριότητα，对于慷慨的，介词短语，限定省略了的[ὁμοιότης τις]。

④ 这里是第二句。省略了系动词 φαίνεται（似乎有）的无人称句。其表语是 πλείστη

πλεῖστον ἀπέχοντα ἀπ' ἀλλήλων ἐναντία ὁρίζο- 35 νται, ὥστε καὶ μᾶλλον ἐναντία τὰ πλεῖον ἀπέ- χοντα.① 1109a πρὸς δὲ τὸ μέσον ἀντίκει- ται μᾶλλον ἐφ' ὧν μὲν ἡ ἔλλειψις ἐφ' ὧν δὲ ἡ ὑπερβολή,② οἷον ἀνδρείᾳ μὲν οὐχ ἡ θρα- σύτης ὑπερβολὴ οὖσα, ἀλλ' ἡ δειλία ἔλλειψις οὖσα,③ τῇ δὲ σωφρο-	反者,这样,越远离的事物就越相反[b]。 在某些场合[是]不及,在另一些场合[却是]过度,更与适中对立,例如,相对于勇敢,不是作为过度的鲁莽,而是作为不及的怯懦,而相对于节制,则不是作为不及的冷漠,而是作为过	staying the farthest from each other are defined as the contraries, so that the farther the more contrary. In some cases the defi- ciency, in some others the excess, opposes more to the mean, for instance, to courage, not the rashness as excess, but the cowardice as de- ficiency, to temperance,

---

ἀνομοιότης,最大的不相似,名词短语,阴性单数主格。τοῖς ἄκροις πρὸς ἄλληλα,那些极端相互之间,名词性短语,中性单数与格,限定省略了系表结构的系表结构。πρὸς ἄλληλα,相互之间,介词短语,限定 τοῖς ἄκροις。

① 复合句。主句的宾格形式的主语是 τὰ πλεῖστον ἀπέχοντα,那些最远离的事物,名词性短语,中性复数宾格。τὰ ἀπέχοντα,那些远离的事物,名词性短语。ἀπέχοντα,远离,现在分词,中性复数主格,限定 τὰ ἀπέχοντα。πλεῖστον,最,副词最高级,限定 ἀπέχοντα。ἀπ' ἀλλήλων,相互,介词短语,限定 ἀπέχοντα。动词是 ὁρίζονται,被界定为,现在时被动,复数第三人称。宾格形式的主语的补语是 ἐναντία,相反的,形容词,阴性单数宾格。

结果从句由连接副词 ὥστε(这样)引导。主语是 τὰ πλεῖον ἀπέχοντα,越远离的事物,名词性短语,中性复数主格。系动词省略。表语是 μᾶλλον ἐναντία,越相反,形容词短语,阴性单数主格。

② 简单句。有两个很长的并列主语短语,以 ἐφ' ὧν μὲν...ἐφ' ὧν δὲ... 对照结构并列。第一个主语结构是 ἐφ' ὧν μὲν ἡ ἔλλειψις,在某些场合是不及。ἡ ἔλλειψις,不及,名词短语,阴性单数主格。ἐφ' ὧν μὲν,在某些场合,介词短语,限定 ἡ ἔλλειψις。第二个主语结构是 ἐφ' ὧν δὲ ἡ ὑπερβολή,在另一些场合则是过度。ἡ ὑπερβολή,过度,名词短语,阴性单数主格。ἐφ' ὧν δὲ,在另一些场合,介词短语,限定 ἡ ὑπερβολή。ὧν,关系代词,指前面说的情况,中性复数属格,做介词 ἐπί 的间接性的宾语。

③ 两个并列的主语短语引出的两个示例,都由与上述主语短语相同结构的省略之后的保留成分构成,由 οἷον(例如)引导。每个示例的主语都包含一个 οὐχ...ἀλλὰ...(不是……而是……)的转折并列结构,相应于上句中的 ἐφ' ὧν μὲν...ἐφ' ὧν δὲ... 对照结构并列主语,以及一个与格形式的表明一种德性的名词,相应于上句中的介词短语 πρὸς δὲ τὸ μέσον。

这里是第一个示例部分。转折并列结构的主语是 οὐχ ἡ θρασύτης ὑπερβολὴ οὖσα, ἀλλ' ἡ δειλία ἔλλειψις οὖσα,不是作为过度的鲁莽,而是作为不及的怯懦,并列名词性分词短语,阴性单数主格。在第一个部分,οὖσα,是,此处,作为,现在时分词,阴性单数主格。其主语是 ἡ θρασύτης,鲁莽,名词短语,阴性单数主格。其表语是 ὑπερβολή,过度,名词,阴性单数主格。第二个部分,

σύνη οὐχ ἡ ἀναισθησία ἔνδεια οὖσα, ἀλλ᾽ ἡ ἀκολασία ὑπερβολὴ οὖ-σα.①

διὰ δύο δ᾽ αἰτίας τοῦτο συμβαίνει,② μίαν μὲν τὴν ἐξ αὐτοῦ τοῦ πράγματος·③ τῷ γὰρ ἐγγύτερον εἶναι καὶ ὁμοιότερον τὸ ἕτερον ἄκρον τῷ μέσῳ, οὐ τοῦτο ἀλλὰ τοὐναντίον ἀντιτίθεμεν μᾶλλον·④

度的放纵 c。

这种情况发生于两个原因，一个 [是] 出于事物自身的那个原因；由于有一个极端相对于那个适中是更接近、更相似的，我们就不把这个极端，而把它的相反者当作更对立 [于那个适中] 的；例如，由于鲁莽显得是更相似、更接近于勇

not the insensibility as deficiency, but the intemperance as excess.

This occurs *via* two causes, one is the cause out of the thing itself; for, with one extreme's being closer and more similar to the mean, we set not this but rather its contrary in greater opposition [to the mean]; for instance, since rashness

---

οὖσα，同上。ἡ δειλία，怯懦，名词短语，阴性单数主格。ἔλλειψις，不及，名词，阴性单数主格。动词结构 μᾶλλον ἀντίκειται（更对立）省略。ἀνδρεία，勇敢，此处，相对于勇敢，名词，阴性单数与格。

① 这里是第二个示例部分。转折并列结构的主语是 οὐχ ἡ ἀναισθησία ἔνδεια οὖσα, ἀλλ᾽ ἡ ἀκολασία ὑπερβολὴ οὖσα，不是作为不及的冷漠，而是作为过度的放纵，并列名词性分词短语，阴性单数主格。在第一个部分，οὖσα，是，此处，作为，现在时分词，阴性单数主格。其主语是 ἡ ἀναισθησία，冷漠，名词短语，阴性单数主格。其表语是 ἔνδεια，不及，名词，阴性单数主格。第二个部分，οὖσα，同上。ἡ ἀκολασία，放纵，名词短语，阴性单数主格。ὑπερβολή，过度，名词，阴性单数主格。τῇ σωφροσύνῃ，节制，此处，对于节制，名词，阴性单数与格。

整个句子的动词是 ἀντίκειται，对立，现在时中动，单数第三人称。πρὸς δὲ τὸ μέσον，相对于那个适中，介词短语，限定 ἀντίκειται。μᾶλλον，更，副词，限定 ἀντίκειται。

② 简单句。主语是 τοῦτο，这，代词，指上述情况，中性单数主格。动词是 συμβαίνει，发生，现在时，单数第三人称。διὰ δύο αἰτίας，由于两个原因，介词短语，限定 συμβαίνει。αἰτίας，原因，名词，阴性复数宾格，做介词 διά（由于）的宾语。

③ 由 δύο αἰτίας（两个原因）引出的进一步的说明。这里开始的是对第一个原因的说明。μίαν μὲν... 与后面的 ἑτέρα δὲ... 构成对照结构（参阅下面的注）。

简单句。宾格形式的主语是 μίαν，一，一个 [原因]，数词，指第一个原因，单数阴性宾格，与 δύο αἰτίας 同格。系动词省略。表语是 τὴν ἐξ αὐτοῦ τοῦ πράγματος，那个出于事物自身的原因，冠词 + 介词短语形式的名词性短语，阴性单数宾格。τήν，那，冠词，指 μίαν（第一个原因），阴性单数宾格。ἐξ αὐτοῦ，出于自身的，介词短语，限定 τήν。αὐτοῦ，自身，代词，中性单数属格，做介词的间接性的宾语。它引出一个同位语，τοῦ πράγματος，那事物，名词短语，对它做进一步的说明，中性单数属格。

④ 由 τὴν ἐξ αὐτοῦ τοῦ πράγματος（那个出于事物自身的原因）引出的进一步的解释。句子有两个部分。第一个部分是一个与格不定式短语：τῷ γὰρ ἐγγύτερον εἶναι καὶ ὁμοιότερον τὸ ἕτερον ἄκρον τῷ μέσῳ，由于一个极端同那个适中更接近、更相似，名词化不定式短语，中性单数与格，表

οἷον ἐπεὶ ὁμοιότερον εἶναι δοκεῖ τῇ ἀνδρείᾳ ἡ θρασύτης καὶ ἐγγύτε-
10 ρον, ἀνομοιότερον δ' ἡ δειλία, ταύτην μᾶλλον ἀντιτίθεμεν.① τὰ γὰρ ἀπέχοντα πλεῖον τοῦ μέσου ἐναντιώτερα δοκεῖ εἶναι.②

μία μὲν οὖν αἰτία αὕτη, ἐξ αὐτοῦ τοῦ πράγματος, ἑτέρα δὲ ἐξ ἡμῶν αὐτῶν.③ πρὸς ἃ

敢的，而怯懦则更不相似，我们把怯懦当作更对立［于勇敢］的；因为，更远离那个适中的事物就显得是更［与它］相反的。

所以，这［是］一个原因，出于事物自身的［原因］，而第二个原因则［是］出于我们自身的；

seems to be more similar and closer to courage, whereas cowardice more dissimilar, we set cowardice in greater opposition [to courage]; for, things existing farther from the mean seems to be more contrary [to it]. This, then, is one cause, coming out of the thing itself, whereas the other cause is out of ourselves;

原因。τῷ...εἶναι,是......,不定式短语。其逻辑主语是 τὸ ἕτερον ἄκρον,一个极端,名词性短语,中性单数主格。其表语是有两个：ἐγγύτερον,更接近的；ὁμοιότερον,更相似的,形容词比较级,中性单数主格。τῷ μέσῳ,那个适中,此处,相对于那个适中,名词短语,中性单数与格,限定系表结构。

第二个部分是主句。主谓语是 ἀντιτίθεμεν,我们把......当作对立的,现在时,复数第一人称。μᾶλλον,更,限定 ἀντιτίθεμεν。ἀντιτίθεμεν 引出 οὐ...ἀλλὰ...（不......而......）结构的两个平行的宾语：οὐ τοῦτο,不把这个；ἀλλὰ τοὐναντίον,而把它的相反者。τοῦτο,这个,代词；τοὐναντίον,它（即 τοῦτο）的相反者,代词,中性单数宾格。后面省略了 τῷ μέσῳ,那个适中,此处,相对于那个适中,名词短语,中性单数与格,限定 ἀντιτίθεμεν μᾶλλον。

① 由上面的句子引出的示例,由 οἷον（例如）引导。复合句。原因从句由 ἐπεὶ（由于）引导。有两个分句。第一个分句的主语是 ἡ θρασύτης,鲁莽,名词短语,阴性单数主格。动词是 δοκεῖ,显得,现在时,单数第三人称。其宾语是不定式 εἶναι,是。εἶναι 的表语有两个成分,一个是 ὁμοιότερον,更相似的,另一个是 ἐγγύτερον 更接近的,形容词比较级,中性单数主格。τῇ ἀνδρείᾳ,勇敢,此处,相对于勇敢,名词短语,阴性单数与格。第二个分句的主语是 ἡ δειλία,怯懦,名词短语,阴性单数主格。动词 δοκεῖ + εἶναι 结构同第一个分句,省略。表语是 ἀνομοιότερον,更不相似的,形容词比较级。后面省略了 τῇ ἀνδρείᾳ,勇敢,此处,相对于勇敢,名词短语,阴性单数与格。

主句的主谓语是 ἀντιτίθεμεν,我们把......当作对立的,现在时,复数第一人称。μᾶλλον,更,限定 ἀντιτίθεμεν。ἀντιτίθεμεν 的宾语是 ταύτην,这个,代词,指 ἡ δειλία,阴性单数宾格。

② 原因从句。主语是 τὰ ἀπέχοντα πλεῖον τοῦ μέσου,更远离那个适中的事物,名词性短语,中性单数主格。动词是 δοκεῖ,显得,现在时,单数第三人称。其宾语是不定式 εἶναι,是。εἶναι 的表语是 ἐναντιώτερα,更相反的,形容词比较级,中性复数主格。后面省略了 τῷ μέσῳ,那个适中,此处,相对于那个适中,名词短语,中性单数与格,限定 εἶναι 系表结构。

③ 这里是对第二个原因的说明（参阅上注）。并列句。μία μὲν 联系前面的 μίαν μὲν,这里是主格；ἑτέρα δὲ 与 μία μὲν 构成对照。第一句的主语是 αὕτη,这,代词,阴性单数主格。系动词

II.8

γὰρ αὐτοὶ μᾶλλον πε-φύκαμέν πως, ταῦτα μᾶλλον ἐναντία τῷ μέσῳ φαίνεται·① οἷον 15 αὐτοὶ μᾶλλον πεφύκα-μεν πρὸς τὰς ἡδονάς, διὸ εὐκαταφορώτεροί ἐσμεν πρὸς ἀκολασίαν <ἢ πρὸς κοσμιότητα>.②	因为,那些我们自身出于自然而更倾向的东西就显得更与那个适中相反;例如,我们出于自然更倾向于快乐,由此我们更容易放纵<而不是体面有序>。	for, the things to which we ourselves somehow more naturally incline seem more contrary to the mean; for example, we ourselves incline more naturally to pleas-ures, hence we are more liable to intemperance <than to orderliness>.
ταῦτ᾽ οὖν μᾶλλον ἐναν-τία λέγομεν, πρὸς ἃ	所以,我们更把对它们的倾向生长得更强的那	We, therefore, more likely call the things to

---

省略。表语是 μία αἰτία,一个原因,名词短语,阴性单数主格。ἐξ αὐτοῦ τοῦ πράγματος,出于事物自身的原因,介词短语,对 μία αἰτία 做进一步解释。ἐξ αὐτοῦ,出于自身的,介词短语,限定 τὴν。αὐτοῦ,自身,代词,中性单数属格,做介词的间接性的宾语。它引出一个同位语,τοῦ πράγματος,那事物,名词短语,对它做进一步的说明,中性单数属格。

第二句的主语是 ἑτέρα,另一个,代词,阴性单数主格。系动词省略。表语是 ἐξ ἡμῶν αὐτῶν,出于我们自身,介词短语。

① 原因从句。复合句。第一个部分是主句的主语 ταῦτα(那些事物)引出的一个关系从句,由关系代词 ἃ(那些)引导。从句的主谓语是 πεφύκαμέν,我们出于自然而倾向,完成时主动,复数第一人称。πρὸς ἃ,对于那些[事物],介词短语,限定 πεφύκαμέν。ἃ,那些,关系代词,指 ταῦτα(那些事物),中性复数宾格,做介词 πρὸς 的宾语。αὐτοί,自身,代词,复数第三人称,用作 πεφύκαμέν 的逻辑主语的同位语。μᾶλλον,更,越,副词,限定 πεφύκαμέν,表程度。πως,以某种方式,副词,限定 πεφύκαμέν,表方式。

主句的主语是 ταῦτα,即那些事情,代词,阴性复数主格。系动词是 φαίνεται,显得,现在时中动,单数第三人称。表语是 μᾶλλον ἐναντία,更相反,形容词,阴性单数主格。τῷ μέσῳ,那个适中,此处,相反于那个适中,名词短语,中性单数与格。

② 由上句引出的示例,由副词 οἷον(例如)引导。复合句。主句主谓语也是 πεφύκαμεν,我们出于自然而倾向,完成时主动,复数第一人称。αὐτοί,自身,代词,复数第三人称,用作 πεφύκαμέν 的逻辑主语的同位语。μᾶλλον,更,副词,限定 πεφύκαμέν。πρὸς τὰς ἡδονάς,倾向于快乐,介词短语,限定 πεφύκαμέν,表方向。

副词 διὸ(由此)引入一个结果从句。主谓语是 ἐσμεν,我们是,现在时,复数第一人称。表语是 εὐκαταφορώτεροί,更倾向于……的,形容词比较级,由动词 εὐ-κατα-φέρω(易于-按照-承受)变化而来,阳性复数主格。πρὸς ἀκολασίαν,倾向于放纵,介词短语,限定系表结构,表方向。ἀκολασίαν,放纵,名词,阴性单数宾格,做介词 πρὸς 的宾语。<>的部分为 Spengel 本(Rackham [1926],108)所加。ἤ,比……,而不是……,连系副词,表示比较,κοσμιότητα,体面有序,名词,与 ἀκολασίαν 对照,阴性单数宾格,做介词 πρὸς 的宾语。

ἡ ἐπίδοσις μᾶλλον γίνεται·① καὶ διὰ τοῦτο ἡ ἀκολασία ὑπερβολὴ οὖσα ἐναντιωτέρα ἐστὶ τῇ σωφροσύνῃ.②

些事物称为相反的东西；也由于这一点，放纵作为过度是更相反于节制的[d]。

which the inclination grows stronger contraries; and for this reason, intemperance, being excess, is more contrary to temperance.

---

① 结论句。οὖν（所以）示意承接上文而引出看法。复合句。主句的主谓语是 λέγομεν，我们把……称为……，现在时，复数第三人称。μᾶλλον，更，副词，限定 λέγομεν。λέγομεν 的直接宾语是 ταῦτ᾽，那些东西，代词，中性复数宾格。其间接宾语或宾语补语是 ἐναντία，相反的，形容词，阴性单数宾格。后面省略了 τῷ μέσῳ，那个适中，此处，相反于那个适中，名词短语，中性单数与格。ταῦτα 引出一个关系从句，由关系代词 ἅ（那些）引导。主语是 ἡ ἐπίδοσις，倾向，名词短语，阴性单数主格。系动词是 γίνεται，变得，生长得，现在时中动，单数第三人称。μᾶλλον，更，此处，更强，副词，限定 γίνεται。πρὸς ἅ，倾向于那些，介词短语，限定 γίνεται。

② 上面主句的延伸。καὶ διὰ τοῦτο，也由于这一点，示意承接上文。主语是 ἡ ἀκολασία，放纵，名词短语，阴性单数主格。ὑπερβολὴ οὖσα，是过度，此处，作为过度，分词短语，限定 ἡ ἀκολασία。οὖσα，是，此处，作为，现在时分词。其表语是 ὑπερβολή，过度，名词，阴性单数主格。系动词是 ἐστί，是，现在时，单数第三人称。表语是 ἐναντιωτέρα，更相反的，形容词比较级，阴性单数主格。τῇ σωφροσύνῃ，节制，此处，相反于节制，名词短语，阴性单数与格。

9

Ὅτι μὲν οὖν ἐστὶν ἡ ἀρετὴ ἡ ἠθικὴ μεσότης, καὶ πῶς,① καὶ ὅτι μεσότης δύο κακιῶν, τῆς μὲν καθ᾽ ὑπερβολὴν τῆς δὲ κατ᾽ ἔλλειψιν,② καὶ ὅτι τοιαύτη ἐστὶ διὰ τὸ στοχαστικὴ τοῦ μέσου εἶναι τοῦ ἐν τοῖς πάθεσι καὶ ἐν ταῖς πράξεσιν,③ ἱκανῶς εἴρηται.

这样,关于德性即伦理德性是以及在何意义上是适中状态,关于适中状态[是]在由于过度的和由于不及的两种恶之间的,以及关于德性因指向感受方面和实践方面的那个适中而是这样一个适中状态,就说完了[a]。

Then that virtue, i.e., the ethical virtue, is a mean state, and how [it is such], and that a mean state [is] between two vices, that of excess and that of deficiency, and that it is such a mean state because of [its] aiming at the mean, the mean in affections and

---

① 这个长句由三个 ὅτι (关系代词,那)引导的三个主语从句后接动词结构 ἱκανῶς εἴρηται 构成。εἴρηται,被说,被动完成时,单数第三人称。ἱκανῶς,充分地,副词,限定 εἴρηται。
这里是第一个从句。主语是 ἡ ἀρετή,德性,名词短语,阴性单数主格。它引出一个同位语,ἡ ἠθική,伦理的,名词性短语,对它做进一步的说明,阴性单数主格。系动词是 ἐστίν,是,现在时,单数第三人称。表语是 μεσότης,适中状态,名词,阴性单数主格。
πῶς (在何种意义上)引入一个结构相同的因而被省略了的并列句,并限定这个句子。
② 第二个从句。主语是 μεσότης,适中状态,名词,阴性单数主格。系动词省略。表语是 δύο κακιῶν,两种恶,名词短语,阴性复数主格。δύο,两种,数词,复数,不变格,限定 κακιῶν (恶)。δύο κακιῶν 引出了一个 τῆς μέν...τῆς δέ... 对照结构的并列属格短语,对它做进一步的说明:τῆς μὲν καθ᾽ ὑπερβολὴν,由于过度的[恶];τῆς δὲ κατ᾽ ἔλλειψιν,由于不及的[恶],冠词 + 介词短语形式的名词性短语,阴性单数属格。
③ 第三个从句。主语仍然是 μεσότης,适中状态,省略。系动词是 ἐστί,省略。表语是 τοιαύτη,这样一个状态,指示代词,即指前文的 μεσότης,阴性单数主格。διὰ τὸ στοχαστικὴ τοῦ μέσου εἶναι,是因其指向那个适中,介词短语,限定系表结构。διά,因,由于,介词。其宾语是 τὸ στοχαστικὴ τοῦ μέσου εἶναι,指向那个适中,名词化不定式短语,中性单数宾格。τὸ...εἶναι,是,不定式短语,中性单数主格。其逻辑主语仍然是 μεσότης,适中状态,阴性单数主格。其表语是动形词 στοχαστική,指向,阴性单数主格。动形词 στοχαστικὴ 的间接性的宾语是 τοῦ μέσου,那个适中,名词性短语,表明相对于具体意义的 μεσότης 不同的一般意义的适中,中性单数属格。τοῦ μέσου 引出一同位语,τοῦ ἐν τοῖς πάθεσι καὶ ἐν ταῖς πράξεσιν,那在感受和在实践方面的适中,冠词 + 介词短语形式的名词性短语,对 τοῦ μέσου 做进一步的说明,中性单数属格。

διὸ καὶ ἔργον ἐστὶ
σπουδαῖον εἶναι·① ἐν
25 ἑκάστῳ γὰρ τὸ μέσον
λαβεῖν ἔργον,② οἷον
κύκλου τὸ μέσον οὐ πα-
ντὸς ἀλλὰ τοῦ εἰδότος·③
οὕτω δὲ καὶ τὸ μὲν ὀρ-
γισθῆναι παντὸς καὶ ῥᾴ-
διον, καὶ τὸ δοῦναι ἀρ-
γύριον καὶ δαπανῆσαι·④
τὸ δ' ᾧ <δεῖ> καὶ ὅσον
καὶ ὅτε καὶ οὗ ἕνεκα καὶ

所以，做个认真的人是困难的；因为，要在每件事情上都把握住那个适中[是]困难的，比如，找出圆心就不适合所有人，而只适合知道[它]的人；同样，生气[适合]所有人的，也很容易，给钱或花钱[也是]，可对<应当的>人、以[应当的]程度、在[应当的]时间、为着那个[应当的

in practices, has been sufficiently discoursed. Hence it is difficult task to be a serious man; for [it is] difficult to grasp the mean in everything, for instance, [to hit] the centre of a circle [is] not [a thing that suits] all people but the knower; similiarly, though to get angry [is a thing that suits] all people and [is] easy, as well to give and

---

① 简单句。διὸ（所以）示意承接上文引出看法。系动词 ἐστὶ 形式主语句。ἐστὶ，是，现在时，单数第三人称。表语是 ἔργον，困难的，形容词，中性单数主格。σπουδαῖον εἶναι，做认真的人，不定式短语，做实际主语。σπουδαῖος，认真的，形容词，阳性单数主格。

② 原因从句。主语是 τὸ μέσον λαβεῖν，把握住适中，名词性短语，中性单数主格。τὸ... λαβεῖν，把握住……，名词化不定式短语，中性单数主格。λαβεῖν，把握住，不定式。其宾语是 μέσον，适中，形容词，中性单数主格。ἐν ἑκάστῳ，在每件事情上，介词短语，限定 λαβεῖν。系动词省略。表语是 ἔργον，困难的，形容词，中性单数主格。

③ 关系副词 οἷον（例如）引入一个示例句。主语是 κύκλου τὸ μέσον [λαβεῖν]，[找出]圆心，名词化短语，省略了不定式 λαβεῖν，中性单数主格。τὸ... [λαβεῖν]，找出……，名词化不定式。其宾语是 κύκλου μέσον，圆的中心，名词性短语，阳性单数宾格。μέσον，适中，此处，中心，形容词，此处，阳性单数宾格。κύκλου，圆，名词，阳性单数属格，限定 μέσον。系动词省略。表语是 [τὸ] οὐ παντὸς ἀλλὰ τοῦ εἰδότος，不适合所有人而只适合知道[它]的人。它含有两个成分，οὐ... ἀλλὰ...（不是……而是……）并列结构。第一个是 παντὸς，所有人，形容词，阳性单数属格。第二个是 τοῦ εἰδότος，那个知道[它]的人，名词性短语，阳性单数属格。εἰδότος，知道[它（指圆及圆心）]的，动词 οἶδα 的完成时分词，阳性单数属格。

④ 连系副词 οὕτω（同样）引出另一个例证，δὲ 表明某种程度的转折。τὸ μὲν...τὸ δ'... 对照结构并列句，οὕτω 限定后一句。这里是第一句。主语包含三个冠词 + 不定式构成的名词性短语。第一个是 τὸ ὀργισθῆναι，生气，中性单数主格。ὀργισθῆναι，生气，ὀργίζω 的被动不定过去时不定式。第二个是 τὸ δοῦναι ἀργύριον，给钱，中性单数主格。δοῦναι，给，主动不定过去时不定式。其宾语是 ἀργύριον，钱，名词，中性单数宾格。第三个是 δαπανῆσαι，花[钱]，主动不定过去时不定式，其宾语也是 ἀργύριον。系动词省略。表语有两个成分。第一个是 παντὸς，所有人，形容词，阳性单数属格。第二个是 ῥᾴδιον，容易的，形容词，中性单数主格。

ὥς, οὐκέτι παντὸς οὐδὲ ῥᾴδιον· ① διόπερ τὸ εὖ καὶ σπάνιον καὶ ἐπαινετὸν καὶ καλόν. ②

目的], 以[应当的]方式[做这些事], 就不[是适合]所有人的, 也不容易做到; 所以, 那个好是难得的、值得称赞的、高尚的[b]。

spend money, [to do it] to whom <one ought>, in an amount <one ought>, at a time <one ought>, for the cause <one ought>, and in a way <one ought>, [is] neither [a thing that suits] all men and nor easy; hence that well-ness is rare, praiseworthy, and noble.

διὸ δεῖ τὸν στοχαζόμενον τοῦ μέσου πρῶτον μὲν ἀποχωρεῖν τοῦ μᾶλλον ἐναντίου, ③ καθάπερ

因此, 要命中那个适中的人首先就要避开更[与适中]相反的那个[极端], 就像那个卡吕普

Hence it is necessary for a man aiming at the mean to first steer clear off the more contrary

---

① 这里是第二句。主语是 τὸ δ' ᾧ <δεῖ> καὶ ὅσον καὶ ὅτε καὶ οὗ ἕνεκα καὶ ὥς, 对<应当的>人、以[应当的]程度、在[应当的]时间、为着那个[应当的]目的、以[应当的]方式[做这些事], 冠词+不定式结构的名词化短语, 省略了与第一句相同的三个不定式, 中性单数主格。τὸ δ'..., 生气、给钱、花钱, 省略了不定式的冠词+不定式短语。被省略了的不定式引出了五个状语从句。第一个是 ᾧ <δεῖ>, 对<应当的>人。ᾧ, 那个人, 关系代词, 引导从句, 并限定上省略了的不定式。<δεῖ>, 应当的, 省略形式的关系从句的动词, 从句的完整表达是, 一个人应当生气的……, 无人称句形式, 现在时, 单数第三人称。莱克汉姆 (Rackham [1926], 110) 指出 <δεῖ> 是莱姆索尔 (Ramsauer) 所加。这个增补是正确的。第二个是 ὅσον, 以<应当的>程度; 第三个是 ὅτε, 在<应当的>时间; 第四个是 οὗ ἕνεκα, 为着那个<应当的>目的; 第五个是 ὥς, 以<应当的>方式。解释同于对第一个状语从句的, 省略。

句子的系动词省略。表语有两个成分, 与第一句中的两个成分对照。第一个是 οὐκέτι παντὸς, 不是所有人, 否定形式的形容词, 阳性单数属格。第二个是 οὐδὲ ῥᾴδιον, 不容易做到的, 否定形式的形容词, 中性单数主格。

② 简单句。连系副词 διόπερ (所以) 示意承接上文引出看法。主语为 τὸ εὖ, 那个好, 名词化短语, 中性单数主格。系动词省略。表语有三个形容词构成: σπάνιον, 难得的; ἐπαινετὸν, 值得称赞的; καλόν, 高尚的, 中性单数主格。

③ 复合句。διὸ (因此) 引出进一步的看法。这里是主句。δεῖ 无人称句。δεῖ, 应当, 现在时, 单数第三人称。δεῖ 引出不定式 ἀποχωρεῖν, 远离。其逻辑主语是 τὸν στοχαζόμενον τοῦ μέσου, 那个要命中适中的人, 名词性短语, 阳性单数宾格。στοχαζόμενον, 命中, 现在时中动分词, 阳性单数宾格, 指人。它引出一个间接性的宾语 τοῦ μέσου, 那个适中, 名词性短语, 中性单数属格。不定式 ἀποχωρεῖν 的间接性的宾语是 τοῦ μᾶλλον ἐναντίου, 那个更[与适中]相反的[极端], 名词性短

καὶ ἡ Καλυψὼ παραι-νεῖ[①]	索所指点的:	[extreme], as that Calyp-so advises:
τούτου μὲν καπνοῦ καὶ κύματος ἐκτὸς ἔεργε νῆα.[②]	把住你的船 远离那浪雾与巨涛[c]。	Hold your ship clear off the spray and surge.
τῶν γὰρ ἄκρων τὸ μὲν ἐστιν ἁμαρτωλότερον τὸ δ' ἧττον·[③] ἐπεὶ οὖν τοῦ μέσου τυχεῖν ἄκρως χαλεπόν, κατὰ τὸν δεύτερον, φασί, πλοῦν τὰ ἐλάχιστα ληπτέον τῶν κακῶν.[④] τοῦτο δ'	因为在那些极端之中, 一个更错, 另一个则轻些; 既然从[这些]极端去触碰那个适中非常困难, 那么, 人们说, 就依照次好的航行[d], 在恶之中抓住最小的; 而这也将最符合我们正在谈论	For of the extremes one is more erroneous, the other less so; therefore, since to hit the mean from extremes is diffi-cult, according to the second-best sail, people say, grasp the least of the

---

语, 中性单数属格。πρῶτον, 首先, 副词, 限定 ἀποχωρεῖν。

① 这里是方式从句, 由连系副词 καθάπερ (就像) 引导。主语是 ἡ Καλυψὼ, 卡吕普索, 女神名。动词是 παραινεῖ, 建议, 指点, 现在时主动, 单数第三人称。

② 诗句引语。命令句。动词是 ἔεργε, 把握住, ἔργω 的现在时主动命令式, 诗体变格, 单数第二人称。其宾语是 νῆα, 船, 名词, 伊奥尼亚方言拼写式, 阴性单数宾格。τούτου μὲν καπνοῦ καὶ κύματος ἐκτὸς, 远离那浪雾与巨涛, 介词短语, 限定上述动宾结构。ἐκτὸς, 远离, 介词。它引出两个间接性的宾语: τούτου καπνοῦ, 那浪雾, 名词短语; κύματος, 巨涛, 名词, 中性单数属格。

③ 原因从句。τὸ μέν... τὸ δ'... (一个……另一个……) 对照结构并列句。τῶν ἄκρων, 那些极端, 中性复数属格, 限定两个句子的主语。第一句的主语是 τὸ μέν, 一个, 指两个极端中的一个, 名词性短语, 中性单数主格。系动词是 ἐστιν, 是, 现在时, 单数第三人称。表语是 ἁμαρτωλότερον, 更错的, 形容词比较级, 中性单数主格。

第二句的主语是 τὸ δ', 另一个, 名词性短语, 中性单数主格。系动词省略。表语是 ἧττον, 轻些, 形容词比较级, 中性单数主格。

④ 复合句。οὖν 示意承接上文引出看法。让步从句由连系副词 ἐπεὶ (既然) 引导。χαλεπόν 无人称句。χαλεπόν, 困难的, 形容词, 中性单数主格。它引出一个不定式 τυχεῖν, 碰到, τυγχάνω 的主动不定过去时不定式。其宾语是 τοῦ μέσου, 那个适中, 名词性短语, 中性单数属格。ἄκρως, 从极端那里, 副词, 限定 τυχεῖν。Richards 本读为 ἀκριβῶς (准确地), 似乎也说得通, 但不如 ἄκρως 更合理些。

主句是动形词 ληπτέον 无人称句。ληπτέον, 必须抓住, 动形词。其宾语是 τὰ ἐλάχιστα τῶν κακῶν, 恶之中的最小者, 名词性短语, 中性复数宾格。φασί, 人们说, 插入语, 复数第三人称。κατὰ τὸν δεύτερον...πλοῦν, 依照次好的航行, 介词短语, 限定动宾结构。τὸν δεύτερον...πλοῦν, 次好的航行, 名词性短语, 阳性单数宾格, 做介词 κατὰ 的宾语。τὸν πλοῦν, 航行, 名词短语, 阳性单数宾格。δεύτερον, 第二, 此处, 次好的, 形容词比较级, 阳性单数宾格, 限定 τὸν πλοῦν。

ἔσται μάλιστα τοῦτον τὸν τρόπον ὃν λέγομεν.① σκοπεῖν δὲ δεῖ πρὸς ἃ καὶ αὐτοὶ εὐκατάφοροί ἐσμεν② (ἄλλοι γὰρ πρὸς ἄλλα πεφύκαμεν)③— τοῦτο δ' ἔσται γνώριμον ἐκ τῆς ἡδονῆς καὶ τῆς λύπης τῆς γινομένης περὶ ἡμᾶς④— εἰς τοὐναντίον δ' ἑαυτοὺς ἀφέλκειν δεῖ·⑤ πολὺ

的这种方式ᵉ。

同时,还应当研究我们自身容易倾向的那些事情ⁱ(因为,不同的人会出于自然而倾向于不同的事情)——这一点借助生长在我们身上的那些快乐与痛苦将是可以认识的,——并且要把自己拉向相反方向;因为,通过较大程度地远

evils; and this will best accords with the fashion we are talking of.
And, we ought to examine what we ourselves are prone to (for different men are prone by nature to different things) — this will be recognizable out of the pleasure and the pain grown in us, — and ought to drag ourselves into the con-

---

① 复合句。主句的主语是 τοῦτο,这,代词,指上面说的在恶之中把握住最小的,中性单数主格。系动词是 ἔσται,将是,将来时,单数第三人称。表语是 τοῦτον τὸν τρόπον,这种方式,代词短语,阳性单数宾格,用作副词。μάλιστα,最,最符合,副词,限定 τοῦτον τὸν τρόπον。

τοῦτον τὸν τρόπον 引出一个关系从句,由关系代词 ὅν 引导。从句的主谓语是 λέγομεν,我们谈论,现在时,复数第三人称。其宾语是 ὅν,这,关系代词,指我们谈论着的这种,阳性单数宾格。

② 复合句。主句是 δεῖ 无人称句。δεῖ,应该,要,现在时,单数第三人称。其后接不定式 σκοπεῖν,研究。σκοπεῖν 引出宾语[ταῦτα],那些事情,代词,中性复数宾格,省略。

[ταῦτα] 引出一个关系从句,πρὸς ἃ καὶ αὐτοὶ εὐκατάφοροί ἐσμεν,我们自身容易倾向的那些[事情]。ἃ,那些,关系代词,指省略了的[ταῦτα],中性复数宾格,引导从句并在从句中做介词 πρὸς(对于,相对于)的宾语。从句的主语为 αὐτοί,我们自身,反身代词,复数第三人称。系动词是 ἐσμεν,是,复数第一人称。表语是 εὐκατάφοροί,倾向……的,形容词,阳性复数主格。πρὸς ἃ,[倾向]于那些[事情],介词短语,限定系表结构。

③ 括起的部分是一个原因从句。主语是 ἄλλοι,不同的人,形容词,用作代词,阳性复数主格。动词是 πεφύκαμεν,出于自然而倾向……,现在时,复数第一人称。πρὸς ἄλλα,[倾向]于不同的事情,介词短语,限定 πεφύκαμεν。

④ 括号前面一句引出的一个插入句。简单句。主语是 τοῦτο,这,代词,指前面说的研究我们自身容易倾向的那些[事情],中性单数主格。系动词是 ἔσται,将是,将来时,单数第三人称。表语是 γνώριμον,可以认识的,形容词,中性单数主格。ἐκ τῆς ἡδονῆς καὶ τῆς λύπης,借助那些快乐与痛苦,介词短语,限定系表结构。τῆς ἡδονῆς καὶ τῆς λύπης,那些快乐与痛苦,名词短语,阴性单数属格,做介词的间接性宾语。它引出一个同位语短语,τῆς γινομένης περὶ ἡμᾶς,生长在我们身上的那些[快乐与痛苦],对它做进一步的说明。τῆς,那些[快乐与痛苦],冠词,阴性单数属格。γινομένης περὶ ἡμᾶς,生长在我们身上的,分词短语,限定 τῆς。γινομένης,生长,现在时中动分词,阴性单数属格。περὶ ἡμᾶς,相对于我们,此处,在我们身上,介词短语,限定 γινομένης。

⑤ δεῖ 无人称句,续接括号前面的一句。δεῖ,应该,要,现在时,单数第三人称。其后接不定

γὰρ ἀπάγοντες τοῦ ἁμαρτάνειν εἰς τὸ μέσον ἥξομεν,① ὅπερ οἱ τὰ διεστραμμένα τῶν ξύλων ὀρθοῦντες ποιοῦσιν.②

ἐν παντὶ δὲ μάλιστα φυλακτέον τὸ ἡδὺ καὶ τὴν ἡδονήν·③ οὐ γὰρ ἀδέκαστοι κρίνομεν αὐτήν.④ ὅπερ οὖν οἱ δημογέροντες ἔπαθον πρὸς τὴν Ἑλένην, τοῦτο

离犯错,我们将走向那个适中,这也就是在矫正木头的弯曲部分的人们所做的ᶠ。

而在所有事情上,最要警惕愉悦的事情和快乐;因为,我们不是不带偏私地判断它的。所以,那些长者对于海伦所感受的这个,我们对于快乐也应该去感受,并且

trary direction; for by moving far away from committing error we will go toward the mean, this [is what] those who straighten the warped parts of the lumbers do.

Yet one must in all things guard most of all against pleasant things and pleasure; for we do not judge it impartially. Therefore, what those elders felt toward Helen,

---

式 ἀφέλκειν,把……拉向……。其宾语是 ἑαυτοὺς,自己,代词,阳性复数宾格。εἰς τοὐναντίον,拉向相反方向,介词短语,限定 ἀφέλκειν。

① 原因从句。主谓语是 ἥξομεν,我们将走向,ἥκω 的将来时主动式,复数第一人称。εἰς τὸ μέσον,[走]向那个适中,介词短语,限定 ἥξομεν。πολὺ ἀπάγοντες τοῦ ἁμαρτάνειν,通过远离犯错,分词短语,表伴随情况。ἀπάγοντες,疏离,现在时主动分词,复数第一人称。其间接性的宾语是 τοῦ ἁμαρτάνειν,犯错,冠词+不定式名词性短语,阳性单数属格。ἁμαρτάνειν,犯错,不定式。πολύ,较大程度地,副词,限定 ἀπάγοντες。

② 由上句引出的示例句,由关系代词小品词 ὅπερ 引导。主语是 οἱ...ὀρθοῦντες,那些矫正……的人,名词性短语,阳性复数主格。ὀρθοῦντες,矫正……,现在时主动分词,阳性复数主格。其宾语是 τὰ διεστραμμένα τῶν ξύλων,木头的弯曲部分,名词性短语,中性复数宾格。τὰ διεστραμμένα,弯曲的部分,冠词+分词名词性短语。διεστραμμένα,弯曲,完成时被动分词,中性复数宾格。τῶν ξύλων,木头,名词,中性复数属格,限定 τὰ διεστραμμένα。动词是 ποιοῦσιν,做,现在时,复数第三人称。其宾语是 ὅπερ,那件事情,关系代词小品词,中性单数宾格,引导从句,并做 ποιοῦσιν 的宾语。指上面的内容"远离错误,走向适度",即把曲木弄直的人所做的就是上述所说的方法。

③ 简单句。动形词 φυλακτέον 无人称句。φυλακτέον,要警惕的,动词 φυλάσσω 的动形词。其宾语是 τὸ ἡδὺ καὶ τὴν ἡδονήν,令人愉悦的事情和快乐,名词短语。τὸ ἡδύ,令人愉悦的事情,名词短语,中性单数宾格。τὴν ἡδονήν,快乐,名词短语,阴性单数宾格。μάλιστα,最,副词,限定 φυλακτέον。ἐν παντί,在所有情况下,介词短语,限定整个短语。

④ 原因从句。主谓语是 κρίνομεν,我们判断……,现在时主动,复数第一人称。其宾语是 αὐτήν,它,代词,指快乐,阴性单数宾格。主语补语是 οὐ ἀδέκαστοι,不带偏私的,形容词,阳性复数主格。

δεῖ παθεῖν καὶ ἡμᾶς πρὸς τὴν ἡδονήν, καὶ ἐν πᾶσι τὴν ἐκείνων ἐπιλέγειν φωνήν·① οὕτω γὰρ αὐτὴν ἀποπεμπόμενοι ἧττον ἁμαρτησόμεθα.② ταῦτ᾽ οὖν ποιοῦντες, ὡς ἐν κεφαλαίῳ εἰπεῖν, μάλιστα δυνησόμεθα τοῦ μέσου τυγχάνειν.③

[应当]在所有场合都复诵那些人的那句话[g];因为,如果这样地打发走快乐,我们就将较少犯错。因此,做到这一点,我们将最能够触碰到那个适中[h]。

[is what] we ought to feel toward the pleasure, and [we ought] to repeat in all occasions the words of them; for by dismissing it in this way we will less likely commit error. By doing these, therefore, to speak in summary, we will be best able to hit the mean.

---

① 复合句。οὖν 示意承接上文引出看法。关系代词小品词 ὅπερ 引导一个关系从句。主语是 οἱ δημογέροντες,那些老者,冠词+分词名词性短语,阳性复数主格。δημογέροντες,老者,分词,阳性复数主格。动词是 ἔπαθον,感受,πάσχω 的不定过去时主动式,复数第三人称。其宾语是 ὅπερ,那个,关系代词小品词,指后面主语中的 τοῦτο,中性单数宾格。πρὸς τὴν Ἑλένην,对于海伦,介词短语,限定 ἔπαθον。

主句是 δεῖ 无人称句。δεῖ,应该,逻辑主语可以解释为后面的 ἡμᾶς,我们,代词,复数第一人称宾格。δεῖ 引出两个不定式宾语短语。第一个是 τοῦτο παθεῖν,感受这个。παθεῖν,感受,不定式。其宾语是 τοῦτο,这个,代词,它已受到上述关系从句的限定。πρὸς τὴν ἡδονήν,对于快乐,介词短语,限定 παθεῖν。

第二个是 ἐπιλέγειν,复诵。其宾语是 τὴν ἐκείνων φωνήν,那些人的那句话,名词性短语,阴性单数宾格。τὴν...φωνήν,那句话,名词短语,阴性单数宾格。φωνήν,话,名词,阴性单数宾格。ἐκείνων,那些人的,形容词,阳性复数属格,指那些老人的。ἐν πᾶσι,在所有情况下,介词短语,限定 ἐπιλέγειν。

② 原因从句。οὕτω,以这种方式,副词,承接上文。主谓语是 ἁμαρτησόμεθα,我们犯错,将来时主动,复数第一人称。ἧττον,较少,副词,限定 ἁμαρτησόμεθα。αὐτὴν ἀποπεμπόμενοι,打发走它(指快乐),分词短语,表作为原因的伴随情况。ἀποπεμπόμενοι,打发,现在时中动分词,阳性复数与格。其宾语是 αὐτὴν,它,代词,指快乐,单数阴性宾格,但莱克汉姆(Rackham [1926], 113)理解为海伦。

③ 简单句。οὖν 示意承接上文引出看法。有两个主要部分。第一个部分是表伴随情况的分词短语 ταῦτ᾽ ποιοῦντες,做到这一点。ποιοῦντες,做,做到,现在时主动分词,阳性复数主格。其宾语是 ταῦτ᾽,这一点,这件事,指示代词,指打发走快乐,中性单数宾格。这个分词短语引出一个插入语,ὡς ἐν κεφαλαίῳ εἰπεῖν,概括地说,不定式短语。εἰπεῖν,说,现在时不定式。ὡς ἐν κεφαλαίῳ,概括地,副词短语,限定 εἰπεῖν。ἐν κεφαλαίῳ,以概括的方式,介词短语,限定 ὡς。

第二个部分是句子。主谓语是 δυνησόμεθα,我们将能,将来时中动,复数第一人称。其宾语是 τυγχάνειν,去碰到,不定式。其宾语是 τοῦ μέσου,那个适中,名词性短语,中性单数属格。μάλιστα,最,副词,限定 τυγχάνειν。

χαλεπὸν δ᾽ ἴσως τοῦτο, καὶ μάλιστ᾽ ἐν τοῖς καθ᾽ ἕκαστον.① οὐ γὰρ ῥᾴδιον διορίσαι καὶ πῶς καὶ τίσι καὶ ἐπὶ ποίοις καὶ πόσον χρόνον ὀργιστέον.② καὶ γὰρ ἡμεῖς ὁτὲ μὲν τοὺς ἐλλείποντας ἐπαινοῦμεν καὶ πράους φαμέν, ὁτὲ δὲ τοὺς χαλεπαίνοντας ἀνδρώδεις ἀποκαλοῦντες.③	但这也许[是]困难的，尤其是在那些具体场合；因为，不容易确定[应当]以什么方式、对什么人、出于什么理由，以及持续多长时间发怒；也因为，我们有时称赞那些不足的人，说[他们]温和，有时又[称赞]那些发脾气的人，称[他们]有男子气。	But this [is] perhaps difficult, and especially in those particular occasions; for [it is] not easy to define how and to whom and for what reason and for how long one [should be] angry; and, we sometimes praise the deficient and call [them] gentle, whereas some other times those harsh people [and] call [them] manly.
ἀλλ᾽ ὁ μὲν μικρὸν τοῦ εὖ παρεκβαίνων οὐ ψέ-	但是，稍稍偏离那个好的人，不论由于朝向较	However, not the man deviating a little, either

---

① 简单句。主语是 τοῦτο，这，指示代词，指上面谈到的碰到那个适中，中性单数主格。系动词省略。表语是 χαλεπὸν，困难的。ἴσως，也许，副词，限定系表结构。μάλιστ᾽，最，尤其，副词，它引出一个介词短语，限定句子的系表结构。ἐν τοῖς καθ᾽ ἕκαστον，在那些具体场合，介词短语，限定 μάλιστ᾽。τοῖς καθ᾽ ἕκαστον，那些具体场合，冠词+介词短语名词性短语，做介词的间接性宾语，中性复数与格。τοῖς，那些，冠词，中性复数与格。καθ᾽ ἕκαστον，作为具体的，介词短语，限定 τοῖς。

② 原因从句。οὐ ῥᾴδιον 无人称句。οὐ ῥᾴδιον，不容易，否定性形容词，形容词，中性单数主格。它引出 διορίσαι，确定，不定过去时不定式。这个不定式引出四个副词引导并分别由它们各自与同一个动形词构成的无人称宾语从句：πῶς，以什么方式；τίσι，对什么人；ἐπὶ ποίοις，出于什么理由；πόσον χρόνον，持续多长时间。动形词是 ὀργιστέον，应该发怒，阳性单数宾格。

③ 进一步的原因从句。并列句。ὁτὲ μὲν...ὁτὲ δὲ...（有时……有时……）对照结构。第一句的主语是 ἡμεῖς，我们，代词，阳性复数主格。它引出两个动词。一个是 ἐπαινοῦμεν，称赞，现在时，复数第一人称。其宾语是 τοὺς ἐλλείποντας，那些不及的人，名词性短语，阳性复数宾格。第二个是 φαμέν，说[他们]，现在时，复数第一人称。直接宾语即 τοὺς ἐλλείποντας，省略。补语是 πράους，温和的，形容词，阳性复数宾格。

第二句结构相似。主语省略。第一个动词省略。其宾语是 τοὺς χαλεπαίνοντας，那些发脾气的人，名词性短语，阳性复数宾格。χαλεπαίνοντας，发脾气，现在分词，阳性复数宾格。第二个动词弱化为分词 ἀποκαλοῦντες，称呼，现在时主动，阳性复数主格。其直接宾语省略。补语是 ἀνδρώδεις，有男子气，形容词，阳性复数宾格。

γεται, οὔτ' ἐπὶ τὸ μᾶλλον οὔτ' ἐπὶ τὸ ἧττον,① ὁ δὲ πλέον· οὗτος γὰρ οὐ λανθάνει.②

ὁ δὲ μέχρι τίνος καὶ ἐπὶ πόσον ψεκτὸς οὐ ῥᾴδιον τῷ λόγῳ ἀφορίσαι·③ οὐδὲ γὰρ ἄλλο οὐδὲν τῶν αἰσθητῶν·④ τὰ δὲ τοιαῦτα ἐν τοῖς καθ' ἕκαστα, καὶ ἐν τῇ αἰ-

多还是朝向较少,并不受谴责,[偏离]较多的人才受到谴责;因为这个人逃不脱注意。

但不容易依照逻各斯来确定他[偏离得]多远、多严重就[是]应受谴责的;因为感觉范围的任何其他事情也不[容易确定];这样的事情[存在]于具体事物范畴,其

to the more or the less, but the man deviating much from the wellness, is blamed; for he does not escape notices.

But it is not easy to define by *logos* to what point and up to what extent he [is] blameworthy; for neither [is] anything else within the realm of perceptions;

---

① 并列句。ἀλλ' 示意转折承接上文。ὁ μὲν...ὁ δὲ...（那种人……那种人……）构成对照结构。

这里是第一句。主语是 ὁ μὲν,那种……的人,冠词,引带后面的内容,阳性单数主格。μικρὸν τοῦ εὖ παρεκβαίνων,稍稍偏离那个好的,名词性短语,阳性单数主格,限定 ὁ μὲν。παρεκβαίνω,偏离,现在分词,阳性单数主格。其间接性宾语是 τοῦ εὖ,那个好,名词性短语,中性单数属格。μικρόν,稍稍,较少,副词,限定 παρεκβαίνων。这个主语引出一个 οὔτ'...οὔτ'...（既不是……也不是）并列结构的插入语,对它做进一步说明,两个否定词事实上是在跟随后面的 οὐ（不）一道否定动词。οὔτ' ἐπὶ τὸ μᾶλλον,不论朝向过度的,介词短语。τὸ μᾶλλον,较多的,名词性短语,中性单数宾格,做介词 ἐπὶ 的宾语。οὔτ' ἐπὶ τὸ ἧττον,还是朝向不及的,介词短语。τὸ ἧττον,较少的,名词性短语,中性单数宾格,做介词 ἐπὶ 的宾语。句子的动词是 οὐ ψέγεται,并不受谴责。

② 这里是第二句。省略式复合句。主句的主语是 ὁ δὲ...,那种……的人,冠词,引带后面的内容,阳性单数主格,与第一句 ὁ μὲν 对照。πλέον,较多的,形容词,后面省略了 τοῦ εὖ παρεκβαίνων,偏离那个好,与第一句的 μικρὸν 对照。动词 ψέγεται（受到谴责）省略。

γὰρ 引出原因从句。主语是 οὗτος,这个人,指偏离那个好较多的人,代词,阳性单数主格。动词是 οὐ λανθάνει,逃不脱人们注意,现在时中动,单数第三人称。λανθάνει,逃脱注意。

③ 复合句。δὲ 表明语气上的转折。主句是 οὐ ῥᾴδιον 无人称句。οὐ ῥᾴδιον,不容易的,否定性形容词,中性单数主格。它引出一个不定式短语 τῷ λόγῳ ἀφορίσαι,依照逻各斯来确定的。ἀφορίσαι,确定,不定式,不定过去时祈愿式。τῷ λόγῳ,依照逻各斯,介词短语,限定 ἀφορίσαι。

ἀφορίσαι 引出一个宾语从句。主语是 ὁ δὲ,那个人,指那个偏离较多的人,冠词,阳性单数主格。系动词省略。表语是 ψεκτός,应受谴责的,动形词,用阳性单数主格。μέχρι τίνος,[偏离得]多远；ἐπὶ πόσον,多严重,副词短语,限定省略系动词的系表结构。

④ 原因从句。οὐδὲ,也不[容易],否定词,上句 οὐ ῥᾴδιον 无人称结构 + ἀφορίσαι 的省略形式。跟随的 οὐδὲν 加强了 οὐδὲ,不是双重否定。ἄλλο οὐδὲν,其他任何事情,形容词短语,中性单数宾格,做被省略的不定式 ἀφορίσαι 的宾语。τῶν αἰσθητῶν,感觉范围的,名词短语,中性复数属格,限定 ἄλλο οὐδὲν。

σθήσει ἡ κρίσις.① 判断在于感觉[i]。 such things [fall] in the category of particulars, and the judgement [is] in perception.

25 τὸ μὲν ἄρα τοσοῦτο δηλοῖ ὅτι ἡ μέση ἕξις ἐν πᾶσιν ἐπαινετή,② ἀποκλίνειν δὲ δεῖ ὁτὲ μὲν ἐπὶ τὴν ὑπερβολὴν ὁτὲ δ' ἐπὶ τὴν ἔλλειψιν·③ οὕτω γὰρ ῥᾷστα τοῦ μέσου καὶ τοῦ εὖ τευξόμεθα.④ 那么,这么多材料已经表明,适中的品性在所有事情上都值得称赞,但我们要有时向过度有时又向不及偏离一些;因为这样我们才最容易触碰到那个适中和那个好[j]。 So much material, then, shows that the mean character [is] praiseworthy in all things, but we ought to incline sometime to excess whereas some other time to deficiency; for in this way we will most easily hit the mean and the wellness.

---

① 并列句。第一句的主语是 τὰ τοιαῦτα,这样的事情,名词性短语,中性复数主格。系动词省略。表语是 ἐν τοῖς καθ' ἕκαστα,[存在]于具体事物范畴,介词短语。τοῖς καθ' ἕκαστα,具体事物范畴,冠词+介词短语名词性短语,中性复数与格,做介词 ἐν 的间接性的宾语。
第二句的主语是 ἡ κρίσις,其判断,即对具体事物的判断,名词,阴性单数主格。系动词省略。表语是 ἐν τῇ αἰσθήσει,在于感觉,介词短语。τῇ αἴσθησις,感觉,名词短语,阴性单数与格,做介词 ἐν 的间接性宾语。
② 并列句。ἄρα(那么)示意承接上文引出看法。μὲν...δὲ... 对照结构。这里是第一句。复合句。主句主语是 τὸ τοσοῦτο,这么多的材料,名词性短语,中性单数主格。动词是 δηλοῖ,表明,现在时,单数第三人称。
δηλοῖ 引出一个宾语从句,由 ὅτι(那)引导。主语为 ἡ μέση ἕξις,适中的品性,名词短语,阴性单数主格。系动词省略。表语是 ἐπαινετή,值得称赞的,形容词,阴性单数主格。ἐν πᾶσιν,在所有事情上,介词短语,限定系表结构。πᾶσιν,所有事情,形容词,中性复数与格,做介词的间接性宾语。
③ 这里是第二句。δεῖ(应该)无人称句。它引出不定式 ἀποκλίνειν,偏离。ἀποκλίνειν 引出 ὁτὲ μὲν...ὁτὲ δ'...(有时……有时……)结构的并列状语。ὁτὲ μὲν ἐπὶ τὴν ὑπερβολὴν,有时向过度;ὁτὲ δ' ἐπὶ τὴν ἔλλειψιν,有时又向不及,副词短语。ἐπὶ τὴν ὑπερβολὴν,向过度;ἐπὶ τὴν ἔλλειψιν,向不及,介词短语,分别限定 ὁτὲ。
④ 原因从句。主谓语是 τευξόμεθα,我们将能触碰到,将来时主动,复数第一人称。它引出两个间接性宾语。一个是 τοῦ μέσου,那个适中,名词性短语,中性单数属格。另一个是 τοῦ εὖ,那个好,名词性短语,中性单数属格。ῥᾷστα,最容易地,副词;οὕτω,这样,副词,限定 τευξόμεθα。

卷 III

第 II 卷

1

Τῆς ἀρετῆς δὴ περὶ πάθη τε καὶ πράξεις οὔσης, καὶ ἐπὶ μὲν τοῖς ἑκουσίοις ἐπαίνων καὶ ψόγων γινομένων, ἐπὶ δὲ τοῖς ἀκουσίοις συγγνώμης, ἐνίοτε δὲ καὶ ἐλέου,[①] τὸ ἑκούσιον καὶ τὸ ἀκούσιον ἀναγκαῖον ἴσως διορίσαι τοῖς περὶ ἀρετῆς ἐπι-

既然德性是相关于感受与实践的,并且,出于意愿的事情引起称赞和谴责,违反意愿的则[引起]原谅,有时还[引起]怜悯,研究德性的人似乎就必须去区别出于意愿的事情和违反意愿的事情,而[区别这两者]在荣誉与惩罚方面对立法者也有用处[a]。

Since virtue is concerned with affections and practices, and the voluntaries incur praises and blames, whereas the involuntaries pardon, sometimes even pity, it is perhaps necessary for those who inquire about virtue to differentiate the voluntary and the in-

---

① 简单句。有两个部分。第一个部分是一个很长的独立属格短语。第二个部分是句子基本结构。这里是第一个部分。

它包含两个子部分。第一个子部分是短语主干部分,呈属格形式的主语+系动词分词+表语结构。逻辑主语是 τῆς ἀρετῆς,德性,名词短语,阴性单数属格。系动词分词是 οὔσης,是,阴性单数属格。其表语是 περὶ πάθη τε καὶ πράξεις,相关于感受与实践,介词短语。πάθη,感受,名词,中性复数宾格;πράξεις,实践,名词,阴性复数宾格,做介词 περὶ 的宾语。

第二个子部分是第一个子部分的延伸,表示原因。它又有两个次级子部分,μὲν...δὲ...对照结构。第一个次级子部分的主语为 [τῶν] ἐπὶ μὲν τοῖς ἑκουσίοις,[那些]出于意愿的[事情],冠词+介词短语名词性短语,中性复数属格,冠词 τῶν(那些事情)省略。ἐπὶ μὲν τοῖς ἑκουσίοις,出于意愿的,介词短语。τοῖς ἑκουσίοις,意愿,名词性短语,中性复数与格。系动词是 γινομένων,引起,现在分词,阳性复数属格。其表语是 ἐπαίνων καὶ ψόγων,称赞和责备,名词短语,阳性复数属格。

第二个次级子部分的结构与前者相同。主语是 [τῶν] ἐπὶ δὲ τοῖς ἀκουσίοις,[那些]出于被违反的意愿的[事情],冠词+介词短语名词性短语,中性复数属格,冠词 τῶν(那些事情)省略。τοῖς ἀκουσίοις,违反意愿,名词性短语,中性复数与格。系动词 γινομένων 省略。表语是 συγγνώμης,原谅,名词,阴性单数属格。

副词 ἐνίοτε(有时)在此处引导一个省略形式的插入语,做进一步的说明,ἐνίοτε δὲ καὶ ἐλέου,有时还[引起]怜悯。ἐλέου,怜悯,名词,阳性单数属格,做省略了的系动词 γινομένων 的表语。

σκοποῦσι,① χρήσιμον
δὲ καὶ τοῖς νομοθετοῦσι
πρός τε τὰς τιμὰς καὶ
τὰς κολάσεις.②

δοκεῖ δὴ ἀκούσια εἶναι
τὰ βίᾳ ἢ δι' ἄγνοιαν
γινόμενα·③ βίαιον δὲ
οὗ ἡ ἀρχὴ ἔξωθεν,
τοιαύτη οὖσα ἐν ᾗ
μηδὲν συμβάλλεται ὁ
πράττων ἢ ὁ πάσχων,④

被迫的或出于无知而发生的事情似乎都是违反意愿的；而其本原［是］来自外部，是这样一个本原，即在那里那个行动者或承受者不起作用的［那些事情］，比如，

voluntary, yet [it is also] useful for legislators in decreeing honors and punishments. Things coming about by force or through ignorance seem to be involuntary; and the forced things are those of which the first principle [is] from outside, being

---

① 这里是第二个即句子基本结构部分。并列句。这里是第一个子句。ἀναγκαῖον 无人称句。也可以看作是 ἀναγκαῖον 做省略了系动词的表语的结构。这里取后解。ἀναγκαῖον，必须……的，形容词，中性单数主格。ἴσως，也许，副词，限定省略的系动词 + ἀναγκαῖον。句子的逻辑主语是 [τὸ] τὸ ἑκούσιον καὶ τὸ ἀκούσιον διορίσαι τοῖς ἐπισκοποῦσι περὶ ἀρετῆς，那些研究德性的人区别出于意愿的事情与违反意愿的事情，不定式短语，中性单数主格。[τὸ] διορίσαι，区别，不定过去时，主动。它的逻辑主语为 τοῖς ἐπισκοποῦσι περὶ ἀρετῆς，那些研究德性的人，名词性短语，阳性复数与格。ἐπισκοποῦσι，研究，现在时主动分词，阳性复数与格。περὶ ἀρετῆς，对于德性，介词短语，限定 ἐπισκοποῦσι。不定式 διορίσαι 的宾语是 τὸ ἑκούσιον καὶ τὸ ἀκούσιον，出于意愿的事情和违反意愿的事情，名词性短语，中性单数宾格。ἑκούσιον，出于意愿的，形容词，中性单数宾格。ἀκούσιον，违反意愿的，形容词，中性单数宾格。

② 这里是第二个子句。结构同于上句。χρήσιμον，有用的，形容词，中性单数主格，是省略的系动词的表语。δὲ 示意与第一个子句的 ἀναγκαῖον 对照。被省略的系动词的逻辑主语是 τὸ ἑκούσιον καὶ τὸ ἀκούσιον διορίσαι τοῖς ἐπισκοποῦσι περὶ ἀρετῆς，省略。τοῖς νομοθετοῦσι，对于那些立法者来说，名词性短语，阳性复数与格，限定省略了系动词的系表结构。νομοθετοῦσι，立法，现在时主动分词，阳性复数与格。πρός τε τὰς τιμὰς καὶ τὰς κολάσεις，在荣誉与惩罚方面，介词短语，限定省略了系动词的系表结构。τὰς τιμὰς，荣誉；τὰς κολάσεις，惩罚，名词短语，阴性复数宾格，做介词 πρός 的宾语。

③ 简单句。主语是 τὰ βίᾳ ἢ δι' ἄγνοιαν γινόμενα，那些被迫的或出于无知而发生的事情，名词性短语，中性复数主格。τὰ...γινόμενα，那些……发生的事情，名词化分词短语。γινόμενα，发生，现在分词，中性复数主格。γινόμενα 有两个与格限定语：βίᾳ，被迫，名词，阴性单数与格；δι' ἄγνοιαν，出于无知，介词短语。ἄγνοια，无知，名词，阴性单数宾格，做介词 δι' 的宾语。动词是 δοκεῖ，似乎，现在时，单数第三人称。其宾语是 εἶναι，是，系动词不定式。εἶναι 的表语是 ἀκούσια，违反意愿的，形容词，中性复数主格。

④ 复合句。主句是分词形式的主系表结构句。全句由主句与一个主语从句构成。主语从句将在下个脚注分析。系动词是全句结尾处的 ὄντες，是，现在时分词，阳性复数主格。其表语是全句开头处的 βίαιον，被迫的，形容词，阳性单词主格。系动词分词与表语在数上不一致（一个单

οἷον εἰ πνεῦμα κομίσαι ποι ἢ ἄνθρωποι κύριοι ὄντες.①	如果飓风或某些有权力的人[把他]裹挟到某个地方,[似乎都]是被迫的[b]。	such a first principle that either the man acting or the man acted upon contributes nothing, e.g., if a wind, or people in power, brings [him] somewhere.
Ὅσα δὲ διὰ φόβον μειζόνων κακῶν πράττεται ἢ διὰ καλόν τι,② οἷον	但是,[一个人]由于惧怕更大的恶或由于某种高尚的目的而做出的那	But whether the things which are done out of fear for greater vices or

---

数,另一个复数),疑为疏忽所致。

① 这里是全句的主语从句。省略式。句子主语是[τὰ] οὗ ἡ ἀρχὴ ἔξωθεν,[那些]其本原[是]外部的情形,冠词+关系从句名词性短语,中性复数主格。οὗ ἡ ἀρχὴ ἔξωθεν,其本原[是]来自外部的,由关系代词 οὗ 引导的关系从句,限定被省略的[τὰ](那些事情)。从句的主语是 ἡ ἀρχή,本原,名词,阴性单数主格。οὗ,它,关系代词,指被省略的前置冠词[τὸ]的所指,中性单数属格,限定 ἡ ἀρχή。从句的系动词省略。表语是 ἔξωθεν,来自外部的,副词。这个关系从句引出一个分词短语,τοιαύτη οὖσα,是这样一个本原,表伴随情况。οὖσα,是,系动词分词,现在时,阴性单数主格。其逻辑主语是 ἡ ἀρχή。其表语是 τοιαύτη,这样一个本原,代词,阴性单数主格。
由代词 τοιαύτη 引出一个定语从句,由关系代词 ᾗ 引导,ἐν ᾗ μηδὲν συμβάλλεται ὁ πράττων ἢ ὁ πάσχων,在那里那个行动者或承受者完全不起作用。从句的主语是 ὁ πράττων ἢ ὁ πάσχων,那个行动者或承受者,名词性短语,阳性单数主格。πράττων,行动,做事;πάσχων,承受,现在时主动分词,阳性单数主格。动词是 μηδὲν συμβάλλεται,不起作用,现在时中动态,单数第三人称单数。ἐν ᾗ,在它那里,介词短语,限定 μηδὲν συμβάλλεται。ᾗ,它,关系代词,指那个外来的本原,做介词 ἐν 的间接性宾语,并引导整个从句。上述定语从句中的动词 μηδὲν συμβάλλεται 引出一个条件示例句,由副词短语 οἷον εἰ (例如如果……)引导。有两个并列的部分。第一部分是 πνεῦμα κομίσαι ποι,飓风[把他]卷到某处。主语是 πνεῦμα,飓风,强气流,另一义为普纽玛(即生命,灵魂),中性单数主格。动词是 κομίσαι,卷,送,不定过去时主动,祈愿式,单数第三人称单数。ποι,某处,副词,限定 κομίσαι。
第二部分是 ἄνθρωποι κύριοι 有权力的人[把他带到某地]。主语是 ἄνθρωποι κύριοι,有权力的人,名词短语,阳性复数主格。ἄνθρωποι,人,名词,阳性复数主格。κύριοι,有权力的,形容词,阳性复数主格。动词,副词同第一部分。省略。
② 复合句。这里是 ὅσα 引导的关系从句,做主句的选择主语从句中的主语。主语从句的结构将在后面说明。
关系从句的主语是 ὅσα,那些事情,那么多事情,形容词,用作关系代词,中性复数主格。谓语为 πράττεται,被做,现在时被动,单数第三人称。διὰ φόβον μειζόνων κακῶν,由于惧怕更大的恶,介词短语,限定 πράττεται。φόβον,恐惧,惧怕,名词,阳性单数宾格,做介词 διὰ 的宾语。μειζόνων κακῶν,更大的恶,名词短语,中性复数属格,限定 φόβον。ἢ διὰ καλόν τι,或者由于某种高尚的事物,并列介词短语,限定 πράττεται。καλόν τι,某种高贵的目的,不定代词短语,中性单数宾格,做介词 διὰ 的宾语。

εἰ τύραννος προστάτ-
τοι αἰσχρόν τι πρᾶξαι
κύριος ὢν γονέων καὶ
τέκνων,① καὶ πράξαντος
μὲν σῴζοιντο μὴ πρά-
ξαντος δ' ἀποθνήσκοι-
εν,② ἀμφισβήτησιν ἔχει
πότερον ἀκούσιά ἐστιν
ἢ ἑκούσια.③

τοιοῦτον δέ τι συμβαί-
νει καὶ περὶ τὰς ἐν τοῖς

些事情，例如，如果某个僭主掌握着[他]父母或子女[的性命]，迫使[他]去做某种耻辱的事，且[如果他]做了[他们]就可得救，而[如果他]不做[他们]就将死去，是违反意愿的还是出于意愿的，就有争议。

某种这类情形也发生在遭遇风暴时抛弃财物的

for the sake of some noble purpose, for instance, if a tyrant, having control over [one's] parents and children, forced [him] to do something shamful, and [if he] did [it] [they will be] saved, whereas if not, [will] die, are involuntaries or voluntaries, will be in dispute.

A sort of such things also happens in discard-

---

① 上述两个 διὰ 介词短语引出一个很长的示例句，由 οἷον（例如）引导。复合句。这里是 εἰ...（如果……）引导的条件句。主语是 τύραννος，僭主，名词，阳性单数主格。谓语是 προστάττοι，迫使，现在时主动，祈愿式，单数第三人称。它引出一个宾语与一个补语。其宾语是上文所说的"一个人"，省略。其补语是 αἰσχρόν τι πρᾶξαι，去做某种可耻的事，不定式短语。πρᾶξαι，做，不定式，不定过去时主动态。αἰσχρόν τι，某种可耻的事，不定代词短语，中性单数宾格，做 πρᾶξαι 的宾语。κύριος ὢν γονέων καὶ τέκνων，掌握着[他]父母或子女[的性命]，分词短语，表伴随情况。逻辑主语是 τύραννος，僭主。分词是 ὢν，是，现在时，阳性单数主格。表语是 κύριος，掌控着……的，形容词，阳性单数主格。这个分词系表结构支配一个属格的间接性宾语，γονέων καὶ τέκνων，父母和子女，名词短语。γονέων，父母，名词，阳性复数属格。τέκνων，子女，名词，中性复数属格。

② 这里是这个示例句的主句。μὲν...δέ... 结构并列句。第一个子句是，πράξαντος μὲν σῴζοιντο，[如果他]做了[他们]就可得救。πράξαντος，[如果他]做了，不定过去时分词，是条件从句的弱化形式，独立属格，阳性单数。主句部分的主谓语是 σῴζοιντο，[他们——指被强迫者的父母子女]就将得救，动词，现在时被动态，祈愿式，复数第三人称。
第二个子句是 μὴ πράξαντος ἀποθνήσκοιεν，[如果他]不做，[他们]就将死去，省略形式的复合句。μὴ πράξαντος，[如果他]不做，不定过去时分词，条件从句的弱化形式，独立属格，阳性单数。主句部分的主谓语是 ἀποθνήσκοιεν，[他们]就将死去，动词，现在时，祈愿式，复数第三人称。

③ 这个部分是这个长句的主句。复合句。主语是一个从句。从句的主语是全句开始部分的关系从句引导词 Ὅσα，那些事情，关系代词，指前面所述的内容，中性复数主格。主语从句的系动词是 ἐστιν，是，现在时，单数第三人称。它引出 πότερον...ἤ...（是……还是……）结构选择的并列表语。第一个是 ἀκούσιά，违反意愿的，形容词，中性复数主格。第二个是 ἑκούσια，出于意愿的，形容词，中性复数主格。
主句的谓语是 ἔχει，有，现在时，单数第三人称。其宾语是 ἀμφισβήτησιν，争议，名词，阴性单数宾格。

III.1   263

χειμῶσιν ἐκβολάς.①   场合;因为一般地说,没   ing cargo in storms; for
ἁπλῶς μὲν γὰρ οὐδεὶς   有人会出于意愿抛弃   generally no one jetti-
ἀποβάλλεται ἑκών, ἐπὶ   个人的财物,但为了拯   sons his goods vountari-
σωτηρίᾳ δ' αὑτοῦ καὶ   救自己和其他人,所有   ly, but for saving himself
τῶν λοιπῶν ἅπαντες   具有努斯的人[都会这   and other people, all
οἱ νοῦν ἔχοντες.② μι-   样做]。所以,这样的实   those who have *nous*
κταὶ μὲν οὖν εἰσιν αἱ   践是混合型的,但又更   [will do so]. Such kind
τοιαῦται πράξεις, ἐοίκα-   像是出于意愿的;因为,   of practices, therefore,
σι δὲ μᾶλλον ἑκου-   在做的那个时刻,它们   are mixed yet more re-
σίοις.③ αἱρεταὶ γάρ εἰσι   是选取的,而实践的目   semble voluntaries; for,
τότε ὅτε πράττονται, τὸ   的是依据那个时刻来   they are the may-be-
δὲ τέλος τῆς πράξεως   说的。   takens at the moment
κατὰ τὸν καιρόν ἐστιν.④   when they are done, and

---

① 简单句。主语是 τοιοῦτον τι,某种这类情形,不定代词短语,中性单数主格。动词是 συμβαίνει,发生,现在时主动,单数第三人称。περὶ τὰς ἐν τοῖς χειμῶσιν ἐκβολάς,在遭遇风暴时抛弃财物的场合,介词短语,限定 συμβαίνει。τὰς ἐκβολάς,抛弃货物,名词短语,阴性复数宾格,做介词 περὶ 的宾语。ἐν τοῖς χειμῶσιν,在遭遇风暴时,介词短语,限定 τὰς ἐκβολάς。τοῖς χειμῶσιν,风暴,名词短语,阳性复数与格,做介词的间接性宾语。

② 原因从句。μὲν...δὲ... 结构并列句。第一句的主语 οὐδεὶς,没有人,代词,阳性复数主格。动词是 ἀποβάλλεται,扔掉,现在时中动,复数第三人称。ἑκών,出于意愿地,形容词,阳性单数主格,此处用如副词,限定 ἀποβάλλεται。ἁπλῶς μὲν,一般地说,副词短语,限定整个句子。
第二句的主语是 ἅπαντες οἱ νοῦν ἔχοντες,所有有努斯的人,名词性短语,阳性复数主格。οἱ νοῦν ἔχοντες,那些有努斯的人,冠词+分词短语名词性短语,阳性复数主格。νοῦν ἔχοντες,有努斯的,分词短语,阳性复数主格。ἔχοντες,有,分词,现在时分词。其宾语是 νοῦν,努斯,思想,名词,阳性单数宾格。ἅπαντες,所有的,形容词,阳性复数主格,限定 οἱ νοῦν ἔχοντες。动词应为 ἀποβάλλονται,省略。ἐπὶ σωτηρίᾳ δ' αὑτοῦ καὶ τῶν λοιπῶν,但为了拯救自己和其他人,介词短语,与第一句 ἁπλῶς μὲν 对照,限定省略了的动词的主谓结构。σωτηρίᾳ,拯救,名词,阴性单数与格,做介词的间接性宾语。它支配两个属格名词,作为对象,αὑτοῦ καὶ τῶν λοιπῶν,自己和其他人。

③ 连动结构句。οὖν 示意承接上文引出看法。第一句的主语是 αἱ τοιαῦται πράξεις,这样的实践,名词性短语,阴性复数主格。它引出两个 μὲν...δὲ... 对照的谓述结构。第一个结构的系动词是 εἰσιν,是,现在时,复数第三人称。表语是 μικταί,混合型的,形容词,阴性复数主格。
第二个谓述结构的动词是 ἐοίκασι,像是,现在时主动完成式,复数第三人称。其间接性的宾语是 ἑκουσίοις,出于意愿的,形容词,中性复数与格。μᾶλλον,更,副词,限定 ἐοίκασι。

④ 原因从句。并列句。第一句的主谓语是 εἰσι,它们(指 αἱ τοιαῦται πράξεις)是,现在时,复数第三人称。其表语是 αἱρεταί,可以选取的,动形词,阴性复数主格。τότε,在……时刻,副词,限定系表结构。τότε 引出一个关系从句对它进行限定,由关系副词 ὅτε(当……时)引导。从句的主谓语是 πράττονται,它们(指 αἱ τοιαῦται πράξεις)被做,现在时被动,复数第三人称。ὅτε,当……

καὶ τὸ ἑκούσιον δὴ καὶ
τὸ ἀκούσιον ὅτε πράττει
λεκτέον·① πράττει δὲ
ἑκών·② καὶ γὰρ ἡ ἀρχὴ
τοῦ κινεῖν τὰ ὀργανικὰ
μέρη ἐν ταῖς τοιαύταις
πράξεσιν ἐν αὐτῷ
ἐστίν,③ ὧν δ' ἐν αὐτῷ
ἡ ἀρχή, ἐπ' αὐτῷ καὶ
τὸ πράττειν καὶ μή.④
ἑκούσια δὴ τὰ τοιαῦτα,

15

而且,[这类事情是]出于意愿的还是违反意愿的,必须在一个人在做的时候来谈;他做[这件事]是出于意愿的;因为发动那些肢体部分进入那样的实践的那个本原是在他自身之中的,而对于本原在他自身中的那些实践,做与不做就在于他自己。所以,这

the end of the practice is in accordance with the moment.

And [whether such a thing is] voluntary or involuntary must be discoursed when someone does [it]; he does [it] voluntarily; for the first principle of moving his body parts into such practices is in himself, of the practices of which the first principle [is] in

---

时,副词,限定 πράττονται。

第二句的主语是 τὸ τέλος τῆς πράξεως,实践的目的;系动词为 ἐστιν;表语为介词词组 κατὰ τὸν καιρόν,依据那个时刻。τὸν καιρόν,那个时刻,名词短语,阳性单数宾格,做介词 κατὰ 的宾语。

① 简单句。宾格形式的主语是 τὸ ἑκούσιον καὶ τὸ ἀκούσιον,[这些事情是]出于意愿的还是违反意愿的,并列名词性短语,中性单数宾格。系动词省略。其表语是 λεκτέον,必须被谈,动形词,λέγω 的动形词,现在时被动,中性单数宾格。ὅτε,在……时,关系副词,引出状语从句。从句的主谓语是 πράττει,(一个人)做(某件事),实践,现在时,单数第三人称。

② 简单句,作为对情况的设定,δὲ 表明语气的转折。主谓语是 πράττει,他做,现在时主动,单数第三人称。其宾语是 ἀποβάλλεται,扔掉(个人货物),不定式,省略。ἑκών,出于意愿的,形容词,阳性单数主格,此处用如副词,限定 πράττει。

③ 原因从句,解释这一设定所包含的原因。并列句。这里是第一句。主语是 ἡ ἀρχὴ τοῦ κινεῖν τὰ ὀργανικὰ μέρη ἐν ταῖς τοιαύταις πράξεσιν,发动那些肢体部分进入那样的实践的那个本原,名词短语,阴性单数主格。ἡ ἀρχή,那个本原,名词。τοῦ κινεῖν,发动,冠词+不定式名词性短语,中性单数属格,限定 ἡ ἀρχή。κινεῖν,发动,不定式。其宾语是 τὰ ὀργανικὰ μέρη,那些肢体部分,名词性短语,中性复数宾格。ὀργανικός,工具性的,肢体的,形容词,中性复数宾格。ἐν ταῖς τοιαύταις πράξεσιν,进入那样的实践的,介词短语,限定不定式 κινεῖν。句子的系动词是 ἐστίν,是,现在时,单数第三人称。表语是 ἐν αὐτῷ,在他自身之中的,介词短语。

④ 这里是第二句。复合句。ὧν 引导一个关系从句。ὧν,那些,关系代词,指 ταῖς τοιαύταις πράξεσιν,引导从句。从句的主语是 ἡ ἀρχή,本原,名词,阴性单数主格。系动词省略。表语是 ἐν αὐτῷ,在他自身,介词短语。

主句的主语是 τὸ πράττειν καὶ μή,做还是不做,不定式短语。系动词省略。表语是 ἐπ' αὐτῷ,在于他自身,介词短语。

ἁπλῶς δ' ἴσως ἀκού-σια.① οὐδεὶς γὰρ ἂν ἕλοιτο καθ' αὑτὸ τῶν τοιούτων οὐδέν.②	样的事情［是］出于意愿的，但是在绝对意义上也许［是］违反意愿的；因为，没有人会因其自身而选取这类事情ᶜ。	oneself, to do [it] or not to [is] up to him. This sort of things, therefore, [are] voluntary, but perhaps are involuntary absolutely; for no one would pursue anything of this sort for itself.
20　ἐπὶ ταῖς πράξεσι δὲ ταῖς τοιαύταις ἐνίοτε καὶ ἐπαινοῦνται, ὅταν αἰσχρόν τι ἢ λυπηρὸν ὑπομένωσιν ἀντὶ με-γάλων καὶ καλῶν.③ ἂν	在这些即这样的实践中，人们有时受到称赞，如果他们是为着伟大而光荣的事情而忍受某种耻辱的和痛苦的事情；而如果相反，他们就受	In these practices and such things people sometimes are praised, when they endured something shameful and painful for great and

---

① 简单句。δὴ 在这里有承接上文引出看法的作用。主语是 τὰ τοιαῦτα, 这样的事情, 代词短语, 中性复数主格。系动词省略。它引出两个表语。第一个是 ἑκούσια, 出于意愿的, 形容词, 阴性单数主格。第二个表语前加了 δέ, 示意语气上的转折, 表明相反的情况。ἀκούσια, 违反意愿的, 形容词, 中性复数主格。ἁπλῶς, 绝对地, 不加限定地, 副词, 限定系表结构。ἴσως, 也许, 副词, 限定省略的系动词。

② 原因从句。主语是 οὐδεὶς, 没有人, 否定代词, 阳性单数主格。动词是 ἂν ἕλοιτο, 选取, αἱρέω 的不定过去时中动, 祈愿式, 单数第三人称。其宾语是 οὐδέν, 无物, 否定性代词, 中性单数宾格。τῶν τοιούτων, 这类事情, 代词短语, 指 τὰ τοιαῦτα, 中性复数属格, 限定 οὐδέν。καθ' αὑτὸ, 因其自身, 介词短语, 限定 ἂν ἕλοιτο。αὑτό, 其自身, 反身代词, 指 οὐδέν, 中性单数宾格, 做介词 καθ' 的宾语。

③ 转折并列句。这里是第一句。复合句。主句的主语是 ἐπαινοῦνται, 人们受到称赞, 现在时被动, 复数第三人称。ἐπὶ ταῖς πράξεσι ταῖς τοιαύταις, 在这些即这样的实践 (指上文 τὰ τοιαῦτα) 中, 介词短语, 限定整个句子。ταῖς πράξεσι, 这些实践, 名词短语；ταῖς τοιαύταις, 这样的［实践］, ταῖς πράξεσι 的同位语, 名词短语, 阴性复数与格, 做介词 ἐπὶ 的间接性宾语。ἐνίοτε, 有时, 副词, 限定 ἐπαινοῦνται。

由 ἐνίοτε 引出一个时间状语从句, 由关系副词 ὅταν (当……时) 引导。主谓语是 ὑπομένωσιν, 人们忍受, 现在时主动, 虚拟式, 复数第三人称。其宾语是 αἰσχρόν τι ἢ λυπηρὸν, 某种耻辱的或痛苦的事情, 不定代词短语, 中性单数宾格。τι, 某种事情, 不定代词, 中性单数宾格。αἰσχρόν ἢ λυπηρὸν, 耻辱的或痛苦的, 形容词短语, 中性单数宾格, 限定 τι。ἀντὶ μεγάλων καὶ καλῶν, 为着伟大而高尚的事情, 介词短语, 限定 ὑπομένωσιν。μεγάλων καὶ καλῶν, 伟大而高尚的事情, 名词短语, 中性复数属格, 做介词 ἀντὶ (以……为代价, 要换回……) 的间接性的宾语。

δ' ἀνάπαλιν, ψέγονται,[①] τὰ γὰρ αἴσχισθ' ὑπομεῖναι ἐπὶ μηδενὶ καλῷ ἢ μετρίῳ φαύλου.[②]

ἐπ' ἐνίοις δ' ἔπαινος μὲν οὐ γίνεται, συγγνώμη δ',[③] ὅταν διὰ τοιαῦτα πράξῃ τις ἃ μὴ δεῖ, ἃ τὴν ἀνθρωπίνην φύσιν ὑπερτείνει καὶ μηδεὶς ἂν ὑπομείναι.[④]

到谴责,因为,不是为着高尚的或有尺度的事情而忍受最耻辱的事情是俗人的特点。

但是在一些情况下,所引起的不是称赞而是原谅,[例如]当一个人由于超过人的自然且无人愿意忍受的那样一些事情而做了他不应当做的事的时候。但有些事情

noble things; yet if conversely, they are blamed, for to endure the most shameful things for nothing noble or measurable [is a mark] of an unworthy man.

Yet in some cases there comes no praise but pardon, when one does what he should not because of such things that overstrains human nature and no one would

---

① 这里是第二句。δ' 示意转折语气。复合句。条件从句是 ἂν ἀνάπαλιν,如果相反,即不是为着伟大而高尚的事情,省略式。主句的主谓语是 ψέγονται,人们受到谴责,现在时被动,复数第三人称。

② 上述第二句的原因从句。主语是 τὰ αἴσχισθ' ὑπομεῖναι ἐπὶ μηδενὶ καλῷ ἢ μετρίῳ,不是为高尚的或有尺度的事物而忍受最耻辱的事情,冠词+不定式+附属成分名词化短语,中性复数主格。τὰ αἴσχισθ' ὑπομεῖναι,忍受最耻辱的事情,冠词+不定式名词性短语,中性复数主格。ὑπομεῖναι,忍受,不定式。其宾语是 αἴσχισθ',最耻辱的事情,形容词最高级,中性复数宾格。ἐπὶ μηδενὶ καλῷ ἢ μετρίῳ,不是为着高尚的或有尺度的事物,否定性介词短语,限定 τὰ αἴσχισθ' ὑπομεῖναι。μηδενὶ καλῷ ἢ μετρίῳ,并非高尚的或有尺度的事物,否定性名词短语,中性单数与格,做介词 ἐπὶ 的间接性宾语。μετρίῳ,有尺度的,形容词,中性单数与格。ἢ,或者,连接 καλῷ 与 μετρίῳ 两者,皆为 μηδενὶ 否定。莱克汉姆(Rackham [1926],119),罗斯(Ross [1925,1980],49)等认为 μηδενὶ 仅仅否定 καλῷ,把 ἢ 后面的 μετρίῳ 看作在短语中被肯定的。奥斯特沃尔德(Ostwald [1962],53)与巴特莱特和柯林斯(Bartelett & Collins [2011],43)认为同时在否定这两者。此处的解读同于后者。系动词省略。表语是 φαύλου,坏的,形容词,阳性单数属格。

③ 简单句。这里的 μὲν... 与下一句(1110a27)的 δ'... 对照。主语 οὐ ἔπαινος, ...συγγνώμη δ',不是称赞,……而是原谅,名词短语。ἔπαινος,称赞,名词,阳性单数主格。συγγνώμη,原谅,名词,阴性单数主格。动词是 γίνεται,引起,产生,现在时中动,单数第三人称。ἐπ' ἐνίοις,在一些情况下,介词短语,限定 γίνεται。

④ 状语从句。ὅταν,当……时,关系副词,引导从句。主语是 τις,某人,不定代词,阳性单数主格。动词是 πράξῃ,做,现在时主动,虚拟式,单数第三人称。其宾语是一个省略了前置冠词 τὰ 的由关系代词 ἃ 引导的关系从句,ἃ μὴ δεῖ,他不应当[做]的事。从句的主谓语是 μὴ δεῖ,他不应当[做],现在时,祈愿式,单数第三人称。其宾语是 ἃ,那些事,关系代词,指被省略的前置冠词 τὰ

ἔνια δ' ἴσως οὐκ ἔστιν ἀναγκασθῆναι, ἀλλὰ μᾶλλον ἀποθανετέον παθόντι τὰ δεινότατα·① καὶ γὰρ τὸν Εὐριπίδου Ἀλκμαίωνα γελοῖα φαίνεται τὰ ἀναγκάσαντα μητροκτονῆσαι.②

也许不是一个人能被逼迫得了，而宁可说是他承受了最可怕的事情之后必定死［也不肯去做］的；因为，那些［据说］逼迫欧里庇德斯的阿尔克迈翁弑母的事情ᵈ 都显得可笑ᵉ。

endure. Yet some things are perhaps not for one to be necessitated, but rather for a sufferer of the most terrible things to die [than to do]; for, the things [that are said] necessitating Euripides' Alcmaeon to kill his mother seem ridiculous.

ἔστι δὲ χαλεπὸν ἐνίοτε διακρῖναι ποῖον ἀντὶ ποίου αἱρετέον καὶ τί ἀντὶ τίνος ὑπομενετέο-

但要确定应当为着何种东西而选取何种东西，以及为着什么而忍受什么，有时是困难的，但是

But it is sometimes difficult to decide what sort of things [we should] pursue in turn for what

---

的所指，中性复数宾格。διὰ τοιαῦτα，由于这样一些事情，介词短语，限定 πράξῃ。τοιαῦτα，那样一些事情，代词，指下文述说的那样的事情，中性复数宾格，做介词 διὰ 的宾语。

τοιαῦτα 引出了一个由关系代词 ἅ 引导的关系从句做它的定语。从句有两个部分。第一个部分的主语是 ἅ，那些事，关系代词，指 τοιαῦτα，中性复数主格。动词是 ὑπερτείνει，超出，现在时，单数第三人称。其宾语是 τὴν ἀνθρωπίνην φύσιν，人的自然，名词短语，阴性单数宾格。第二个部分的主语是 μηδείς，没有人，否定性不定代词，阳性单数主格。动词是 ἂν ὑπομείναι，愿意忍受，不定过去时主动，祈愿式，单数第三人称。其宾语仍然是 ἅ，那些事，中性复数宾格，省略。

① 连动结构句。δ' 示意与前面的长句对照。主语是 ἔνια，有些事情，代词，中性复数主格。系表部分为 οὐκ...ἀλλὰ...（不是……而是……）转折并列结构。第一个部分的否定性的系动词是 οὐκ ἔστιν，不是，现在时，单数第三人称。它引出一个不定式表语 ἀναγκασθῆναι，被逼迫的，不定过去时被动。ἴσως，也许，副词，限定系表结构。

ἀλλὰ 即 ἀλλὰ ἔστιν（而是）……引出第二个部分。省略的 ἔστιν 的表语是 ἀποθανετέον，必定死（也不肯做），动形词，中性单数主格。μᾶλλον，更，宁可说，副词，限定系表结构。παθόντι τὰ δεινότατα，承受了最可怕的事情的人，分词短语，表伴随情况，阳性单数与格。παθόντι 承受，不定过去时主动分词，阳性单数与格。其宾语是 τὰ δεινότατα，那些最可怕的事情，名词性短语，中性复数宾格。δεινότατα，最可怕的，形容词最高级，中性复数宾格。

② 原因从句。主语是 τὰ ἀναγκάσαντα τὸν Εὐριπίδου Ἀλκμαίωνα μητροκτονῆσαι，那些［据说］逼迫欧里庇德斯的阿尔克迈翁弑母的事情，名词性短语，中性复数主格。τὰ ἀναγκάσαντα，那些逼迫的事情，名词性短语。ἀναγκάσαντα，强迫的，不定过去时主动分词，中性复数主格。其宾语是 τὸν Εὐριπίδου Ἀλκμαίωνα，欧里庇德斯的阿尔克迈翁，名词性短语，阳性单数宾格。其补语是 μητροκτονῆσαι，弑母，μητρο-κτονέω 的不定式，不定过去时主动，祈愿式。句子的动词是 φαίνεται，显得，现在时，单数第三人称。表语是 γελοῖα，可笑的，形容词，中性复数主格。

ν,① ἔτι δὲ χαλεπώτερον ἐμμεῖναι τοῖς γνωσθεῖσιν·② ὡς γὰρ ἐπὶ τὸ πολύ ἐστι τὰ μὲν προσδοκώμενα λυπηρά, ἃ δ' ἀναγκάζονται αἰσχρά,③ ὅθεν ἔπαινοι καὶ ψόγοι γίνονται περὶ τοὺς ἀναγκασθέντας ἢ μή.④

更难的是坚持所做出的判断；因为在多数情况下，所预见的事情是痛苦的，而被逼迫去做的事情又是耻辱的，正因为这样，称赞和谴责才变得与[那些事情是]受到了逼迫还是没有受到逼迫的相关[f]。

sort of thing and what [we should] endure for what, yet it is more difficult to abide by the judgements; as for the most part the things foreseen are painful, and the things necessitated [are] shameful, whence praises

① 简单句。主语是 διακρῖναι ποῖον ἀντὶ ποίου αἱρετέον καὶ τί ἀντὶ τίνος ὑπομενετέον，要确定应当为着何种东西来选取何种东西，应当为着什么而忍受什么，不定式短语。διακρῖναι，要确定，不定过去时不定式。它引出两个动形词短语形式的宾语。第一个是 ποῖον ἀντὶ ποίου αἱρετέον，[应当]为着何种东西而选取何种东西。αἱρετέον，[应当]选取，动形词，中性单数主格。其逻辑主语可以是我们或人们。其宾语为 ποῖον，何种东西，疑问代词，中性单数宾格。ἀντὶ ποίου，为着何种东西，介词短语，限定 αἱρετέον。ποίου，何种东西，疑问代词，中性单数属格，做介词 ἀντὶ（为着，以……来比照）的间接性宾语。
第二个动形词短语形式的宾语是 τί ἀντὶ τίνος ὑπομενετέον，[应当]为着什么而忍受什么。ὑπομενετέον，应当忍受，动形词，中性单数主格。其宾语为 τί，什么，哪个，疑问代词，中性单数宾格。ἀντὶ τίνος，为着什么，介词短语，限定 ὑπομενετέον。
句子的系动词是 ἔστι，是，现在时，单数第三人称。表语是 χαλεπὸν，困难的，形容词，中性单数主格。ἐνίοτε，有时候，副词，限定系表结构。
② 上句的延伸。ἔτι（又）示意表达再进一步的看法。主语是 ἐμμεῖναι，坚持，遵守，不定过去时不定式。其间接性的宾语是 τοῖς γνωσθεῖσιν，所做出的判断，γιγνώσκω 的不定过去时被动态分词，中性复数与格。系动词省略。表语是 χαλεπώτερον，更困难的，形容词比较级，中性单数主格。
③ 原因从句。ὡς ἐπὶ τὸ πολύ，在大多数情况下，副词+介词短语，亚里士多德的常用语，限定整个句子。并列句，μὲν...δ'... 对照结构。第一部分的主语是 τὰ προσδοκώμενα，所预见的事情，现在时被动态分词，中性复数主格。系动词是 ἐστι，是，现在时，单数第三人称。表语是 λυπηρά，令人痛苦的，形容词，阴性单数主格。
第二部分的主语是[τά] ἃ δ' ἀναγκάζονται，被逼迫去做的事情，名词+定语关系从句结构名词性短语，中性复数主格，前置冠词[τά]省略。ἃ δ' ἀναγκάζονται，被逼迫去做的，定语关系从句。ἃ，那些，关系代词，指[τά]，中性复数主格，引导定语从句，并在从句中做主语。从句的动词是 ἀναγκάζονται，被逼迫，现在时被动态，复数第三人称。句子的系动词省略。表语是 αἰσχρά，耻辱的，形容词，阴性单数主格。
④ 结果从句。ὅθεν，因为这个，关系副词，引导从句。主语是 ἔπαινοι καὶ ψόγοι，称赞或谴责，名词短语，阳性复数主格。系动词是 γίνονται，变得，现在时中动，复数第三人称。其表语是 περὶ τοὺς ἀναγκασθέντας ἢ μή，相关于[那些事]受到了逼迫还是没有，介词短语。ἀναγκασθέντας，受到了逼迫的，不定过去时被动态分词，阳性复数宾格，做介词 περὶ 的宾语。ἢ μή [ἀναγκασθέντας]，还是没有[受到强迫]的。

τὰ δὴ ποῖα φατέον βίαια; ἢ ἁπλῶς μέν, ὁπότ᾽ ἂν ἡ αἰτία ἐν τοῖς ἐκτὸς ᾖ καὶ ὁ πράττων μηδὲν συμβάλληται;① ἃ δὲ καθ᾽ αὑτὰ μὲν ἀκούσιά ἐστι, νῦν δὲ καὶ ἀντὶ τῶνδε αἱρετά, καὶ ἡ ἀρχὴ ἐν τῷ πράττοντι, καθ᾽ αὑτὰ μὲν ἀκούσιά ἐστι, νῦν δὲ καὶ ἀντὶ τῶνδε ἑκούσια.②

那么,什么样的事情才应当说[是]被迫的?是否,在绝对的意义上,[是]由于在那些场合中的那个原因[来自]外部,且做事的人起不了任何作用的那些事情]?与此对照的那些事情,依据事情本身而言是违反意愿的,但在当下且为着那些事物则又可以选取,且那个本原就在

and blames become related to whether or not [the things were] necessitated. What sort of things, then, should we call the forced? Perhaps, in the absolute sense, [the things] of which the cause were external and the doer could do nothing? By comparison, [those other] things [discoursed] are by themselves involuntary yet at the moment and for some

---

① ... ἢ... 并列结构疑问句。第一部分问句的主语是 τὰ ποῖα,什么样的事情,疑问代词短语,中性复数主格。系动词 ἐστι 省略。其表语是 φατέον,必须被说,动形词。动形词后面省略了系动词不定式。不定式的表语是 βίαια,被迫的,形容词,中性复数主格。这是一个一般性的问句。
ἢ(或者)引出具体形式的疑问句,表达着一种更适合的提问方式。这个问句与接下去的陈述句以 μέν...δὲ...(一方面……另一方面……)对照结构并列。
这里是 ἢ……问句部分。问句的逻辑主语是[τὰ]ἁπλῶς μέν,在绝对意义上[是被迫的那些事情],第一部分问句中 τὰ ποῖα 的同位语,冠词+副词名词性短语,冠词[τὰ](即指)省略,中性复数主格。系表结构[ἐστι]φατέον βίαια,应当说是被迫的,同上一问句,省略。
ἁπλῶς 引出一个状语从句,由 ὁπότ᾽ ἂν 引导。ὁπότ᾽ ἂν,在……时,副词短语,引导从句,并在从句中做状语。ἂν 示意虚拟语气。从句有两个子部分。第一个子句的主语是 ἡ αἰτία,那个原因,名词,阴性单数主格。系动词 ᾖ,是,现在时虚拟式,单数第三人称。表语是 ἐκτὸς,来自外部的,副词。ἐν τοῖς,在那些场合,介词短语,限定系表结构。第二个子句的主语是 ὁ πράττων,做事情的人,冠词+分词名词性短语,阳性单数主格。动词是 μηδὲν συμβάλληται,起不了任何作用,现在时中动,虚拟式,单数第三人称。
② 这里是以[τὰ]δὲ... 表明与上述第二部分疑问句对照的陈述句。省略式复合句。主语的逻辑主语是[τὰ]δὲ...,与此对照的那些,冠词+语气副词名词性短语,[τὰ]省略,中性复数主格。[τὰ]δὲ... 与上文[τὰ]ἁπλῶς μέν... 对照,是 τὰ ποῖα 的另一个同位语,δὲ... 表明这个部分所谈的不是[ἐστι]φατέον βίαια(应当被说成被迫的)。否定性的系表结构[μή ἐστι φατέον βίαια],省略。
被省略的冠词[τὰ]引出的一个定语关系从句构成。定语关系从句由关系代词 ἃ 引导。ἃ,那些事情,关系代词,引导从句。并列句。
这里是第一个分句。复合句。主句的主语是 ἃ,那些事情,关系代词,指[τά]的所指。系动

	行动者身上,[它们]就其本身而言是违反意愿的,而当下且为着那些事物则又是出于意愿的。	intermediates [are] desirable, and the first principle [was] in the doer, thus they are by themselves involuntary yet at the moment and for some intermediates voluntary.
μᾶλλον δ' ἔοικεν ἑκουσίοις·① αἱ γὰρ πράξεις ἐν τοῖς καθ' ἕκαστα, ταῦτα δ' ἑκούσια.② ποῖα δ' ἀντὶ ποίων αἱρετέον, οὐ ῥᾴδιον ἀποδοῦναι·③	但[这类事情]却更像出于意愿的;因为,实践就存在于那些依据个别来谈论的事物之中,而这类事物[是]出于意愿的。应当为着什么选取	But [the latter group] look more like voluntaries; for practices [are] in the category of particulars, yet the particulars [are] voluntaries. It is not easy

---

词是ἐστι,是,现在时,单数第三人称。表语有两个部分,以 μὲν... δὲ... 结构相互对照。第一个是 ἀκούσιά,违反意愿的,形容词,中性复数主格。καθ' αὑτά μὲν,依据事情自身来说,介词短语,限定系表结构。另一个是 αἱρετά,可以选取的,形容词,中性复数主格。νῦν δὲ καὶ ἀντὶ τῶνδε,当下且为着那些事物,状语短语,限定系表结构。νῦν,现在,当下,副词;ἀντὶ τῶνδε,为着那些事物,介词短语,限定系表结构。τῶνδε,那些(指前面提到[1110a31]的 ἀντὶ ποίου αἱρετέον καὶ τί)事物,冠词短语,中性复数属格。第二个系表结构 ἐστι...αἱρετά 又引出一个进一步的说明的句子。主语是 ἡ ἀρχή,那个本原,名词短语,阴性单数主格。系动词省略。表语是 ἐν τῷ πράττοντι,在行动者身上。τῷ πράττοντι,那个行动,那个行动者,名词短语,阳性单数与格,做介词的间接性宾语。

这里是第二个分句。逻辑主语是 ἂ,那些事情。动词是 ἐστι,是,现在时,单数第三人称。表语又有两个部分,以 μὲν...δὲ... 结构相互对照。第一个是 ἀκούσιά,违反意愿的,形容词,中性复数主格。καθ' αὑτά μὲν,依据其自身,介词短语,限定系表结构 ἐστι ἀκούσιά。另一个是 ἑκούσια,出于意愿的,形容词,中性复数主格。νῦν δὲ καὶ ἀντὶ τῶνδε,当下且为着那些事物,状语短语,限定系表结构 ἐστι ἑκούσια。

① 简单句。δ' 表明语气上的转折。主谓语是系动词 ἔοικεν,它看起来像,完成时,表现在时的意义,单数第三人称。其表语是 ἑκουσίοις,出于意愿的,形容词,中性复数与格。μᾶλλον,更,副词,限定 ἔοικεν。

② 原因从句。并列句。第一句的主语是 αἱ πράξεις,实践,名词,阴性复数主格。系动词省略。其表语是 ἐν τοῖς καθ' ἕκαστα,存在于那些依据个别来谈论的事物之中,介词短语。τοῖς καθ' ἕκαστα,那些依据个别来谈论的事物,冠词+介词短语名词性短语,中性复数与格,做介词 ἐν 的间接性宾语。

第二句的主语是 ταῦτα,这类事物,代词,指 τοῖς καθ' ἕκαστα,中性复数主格。系动词省略。其表语是 ἑκούσια,出于意愿的,形容词,中性复数主格。

③ 复合句。主句是 οὐ ῥᾴδιον 无人称句。οὐ ῥᾴδιον,不容易的,形容词短语,中性单数主格。它引出不定式 ἀποδοῦναι,说出来,给出,不定过去时不定式。其宾语从句是动形词 αἱρετέον 无人

III.1

πολλαὶ γὰρ διαφοραί εἰσιν ἐν τοῖς καθ᾽ ἕκαστα.①

εἰ δέ τις τὰ ἡδέα καὶ τὰ καλὰ φαίη βίαια εἶναι (ἀναγκάζειν γὰρ ἔξω ὄντα),② πάντα ἂν εἴη οὕτω βίαια.③ τούτων γὰρ χάριν πάντες πάντα πράττουσιν.④

καὶ οἱ μὲν βίᾳ καὶ ἄκοντες λυπηρῶς, οἱ δὲ

什么,这不容易说清楚;因为,在这些依据个别来谈论的事情中有许多差异^g。

但如果有人称快乐的和高尚的事情也是被迫的(因为[它们]是从外部强迫[我们]的),所有事情这么说来就都是被迫的了。因为,所有的人做所有的事都是为着它们。

并且,那些被迫着和违反意愿地[做事]的人都

to explain what sort of things one should pursue in turn for what sort of things; for there are many differences in particulars.

But if someone said that the pleasant and the noble things are forced (for they necessitate [us] for outside), all things would be forced in this sense. For, all men do all things for them.

And, those [who act] by force and unvoluntarily

称句。αἱρετέον,[应当]选取,中性单数主格。其宾语是 ποῖα,什么样的事情,疑问代词,中性复数宾格。ἀντὶ ποίων,为着什么样的事情,介词短语,限定 αἱρετέον。

① 原因从句。主语为 πολλαὶ διαφοραί,许多差别,名词短语,阴性复数主格。系动词是 εἰσιν,是,现在时,复数第三人称。ἐν τοῖς καθ᾽ ἕκαστα,在那些依据个别来谈论的事情之中,介词短语。τοῖς καθ᾽ ἕκαστα,那些依据个别来谈论的事情,冠词+介词短语名词性短语,中性复数与格,做介词 ἐν 的间接性宾。

② 复合句。δέ 示意语气上的转折。这里是 εἰ(如果)引导的条件句。主语是 τις,有人,不定代词,阳性单数主格。动词是 φαίη,说,现在时主动,祈愿式,单数第三人称。其直接宾语是 τὰ ἡδέα καὶ τὰ καλά,快乐和高尚的事情,名词性短语,中性复数宾格。τὰ ἡδέα,快乐的事情;τὰ καλά,高尚的事情,名词短语,中性复数宾格。宾语补语是 βίαια εἶναι,是被迫的,不定式短语。βίαια,被迫的,形容词,中性复数主格,做不定式 εἶναι 的表语。

括号内是一个插入语,由 γάρ 引导的分词短语,表原因。分词短语的逻辑主语仍是 τὰ ἡδέα καὶ τὰ καλά。分词是 ὄντα,是,现在时分词,中性复数主格。它引出不定式 ἀναγκάζειν,强迫,现在时,对其做进一步的说明。ἀναγκάζειν 的逻辑宾语是我们,省略。ἔξω,从外部,副词,限定 ἀναγκάζειν。

③ 这里是主句。主语是 πάντα,所有事情,形容词,中性复数主格。系动词是 ἂν εἴη,是,现在时,祈愿式,单数第三人称。表语是 βίαια,形容词,中性复数主格。οὕτω,这么说来,以这种方式,副词,限定系表结构。有的抄本 οὕτω 作 αὐτῷ,即对于他,指上文的那个 τις,句意也通。

④ 对上述主句的原因解释。简单句。主语是 πάντες,所有人,形容词,阳性复数主格。动词是 πράττουσιν,做,复数第三人称。其宾语是 πάντα,所有事情,中性复数属格。τούτων χάριν,为着它们,介词短语,限定 πράττουσιν,表明原因。τούτων,它们,代词,中性复数属格,指 τὰ ἡδέα καὶ τὰ καλά。

διὰ τὸ ἡδὺ καὶ καλὸν μεθ' ἡδονῆς.① γελοῖον δὲ τὸ αἰτιᾶσθαι τὰ ἐκτός, ἀλλὰ μὴ αὑτὸν εὐθήρατον ὄντα ὑπὸ τῶν τοιούτων,② καὶ τῶν μὲν καλῶν ἑαυτόν, τῶν δ' αἰσχρῶν τὰ ἡδέα.③ ἔοικε δὴ τὸ βίαιον εἶναι οὗ ἔξωθεν ἡ ἀρχή, μη-

伴随着痛苦,而那些为着快乐的和高尚的事情[做事]的人则伴随着快乐。可是,[把这些都]归咎于外部事物而不是自己太容易被那样一些事情俘获,把那些高尚的事情归因于自己,而把那些耻辱的事情归咎于那些快乐,也是可笑

[are acting] with pains, whereas those [who do] the pleasant and noble things [are doing them] with pleasure. Yet it is ridiculous to ascribe these matters to external things rather than to oneself's being easily caught by such things,

① 并列句。μέν...δὲ... 结构。第一句的主语是 οἱ βίᾳ καὶ ἄκοντες,那些被迫着和违反意愿地[做事]的人,冠词+分词短语名词性短语,阳性复数主格。οἱ...ἄκοντες,那些违反意愿的人,分词短语,阳性复数主格。βίᾳ,被迫着,形容词,阴性单数与格,限定 οἱ...ἄκοντες。动词 πράττουσιν 省略。λυπηρῶς,痛苦地,带着痛苦地,副词,限定省略的动词。
第二句的主语是 οἱ δὲ διὰ τὸ ἡδὺ καὶ καλὸν,那些为着快乐的和高尚的事情[做事]的人,冠词+介词短语名词性短语,阳性复数主格。διὰ τὸ ἡδὺ καὶ καλὸν,为着快乐的和高尚的事情,介词短语,限定前置冠词 οἱ。动词 πράττουσιν 省略。μεθ' ἡδονῆς,伴随着快乐地,介词短语,限定省略的动词。ἡδονή,名词,阴性单数属格,做介词 μεθ' 的间接性宾语。
② 简单句。主语是一个很长的不定式短语,随后分析。系动词省略。表语是 γελοῖον,可笑的,形容词,中性单数主格。
主语不定式短语中的名词化不定式是 τὸ αἰτιᾶσθαι,归咎于 ...,冠词+不定式名词性短语。它引出 ... ἀλλὰ μὴ... (……而不是……)结构的两个宾语短语。第一个是 τὰ ἐκτός,外在事物,名词短语,中性复数宾格格。
第二个是 ἀλλὰ μὴ αὑτὸν,而不是自身,否定性代词短语。αὑτὸν,自身,反身代词,阳性单数宾格。εὐθήρατον ὄντα ὑπὸ τῶν τοιούτων,是容易被它们俘获的,分词短语,表人自身的状况。ὄντα,是,现在时分词,阳性单数宾格。其表语是 εὐθήρατον,容易被俘获的,形容词,阳性单数宾格。ὑπὸ τῶν τοιούτων,被那样一些事情,介词短语,限定此系表结构。τῶν τοιούτων,那样一些事情,代词短语,指上文的 τὰ ἡδέα καὶ τὰ καλά,中性复数属格,做介词 ὑπὸ 的间接性的宾语。
③ 这里是上面句子中 τὸ αἰτιᾶσθαι... ἀλλὰ μὴ αὑτὸν (而不是归咎于自己)引出的延伸部分,是不定式 αἰτιᾶσθαι 的 μέν...δὲ... 结构的两个补充的宾语短语,每个短语由一个直接宾语与一个间接宾语构成。第一个短语是[τὰ]τῶν μὲν καλῶν ἑαυτόν,把那些高尚的事情(归因于)自己。直接宾语是[τὰ]τῶν μὲν καλῶν,那些高尚的事情的[原因],名词性短语,中性复数宾格,省略了前置冠词[τὰ]。τῶν μὲν καλῶν,高尚的事情,名词性短语,中性复数属格,限定省略了的前置冠词[τὰ]。间接宾语是 ἑαυτόν,自己,反身代词,阳性单数宾格。
第二个是[τὰ]τῶν δ' αἰσχρῶν τὰ ἡδέα,而把那些耻辱的事情(归咎于)那些快乐。直接宾语是[τὰ]τῶν δ' αἰσχρῶν,那些耻辱的事情,名词性短语,中性复数宾格,省略了前置冠词[τὰ]。τῶν δ' αἰσχρῶν,耻辱的事情,名词性短语,中性复数属格,限定省略了的前置冠词[τὰ]。间接宾语是 τὰ ἡδέα,那些快乐,名词短语,阳性单数宾格。

δὲν συμβαλλομένου τοῦ βιασθέντος.①	的。所以,被迫的事情看来是其本原[是]外部的,那个被强迫的人起不了什么作用的那种事情ʰ。	and to himself the noble things yet to the pleasant objects the shameful things. The forced things, then, seems to be [those things] of which the first principle [is] from outside, while the person forced contributes nothing.
Τὸ δὲ δι᾽ ἄγνοιαν οὐχ ἑκούσιον μὲν ἅπαν ἐστίν, ἀκούσιον δὲ τὸ ἐπίλυπον καὶ ἐν μεταμελείᾳ·② ὁ γὰρ δι᾽ ἄγνοιαν πράξας ὁτιοῦν,	然而,所有出于无知的事情都不是出于意愿的,但[只有]引起痛苦和陷入悔恨的事情才[是]违反意愿的;因为,那个出于无知而做了某	All things [done] out of ignorance, however, are not voluntary, yet [only] the sort that produces pains and regrets [is] involuntary; for, the

20

---

① 总结句。δὴ 在这里不表明语气转折而表示从上文引出一个概括。复合句。第一句的主语是 τὸ βίαιον,被迫的事情,名词性短语,中性单数主格。动词是 ἔοικε,似乎,看起来像,现在时,单数第三人称。它引出不定式 εἶναι,是。εἶναι 的表语是[τό] οὗ ἔξωθεν ἡ ἀρχή,其本原是外部的那种事情,冠词 + 定语关系从句名词性短语,中性单数主格,前置冠词[τό]省略。从句的主语是 ἡ ἀρχή,其本原,名词,阴性单数主格。οὗ,那,关系代词,指[τό]的所指,引导从句,并限定 ἡ ἀρχή。系动词省略。表语是 ἔξωθεν,外部的,[来自]外部的,副词。

这个从句引出一个进一步的说明,μηδὲν συμβαλλομένου τοῦ βιασθέντος,那个被强迫的人起不了作用,独立属格短语,阳性单数属格。主语是 τοῦ βιασθέντος,那个被强迫的人,名词性分词短语,阳性单数属格。βιασθέντος,被强迫的,不定过去时分词,阳性单数属格。分词形式的动词是 μηδὲν συμβαλλομένου,起不了作用,否定形式的分词,现在时中动,现在分词,阳性单数属格。

② 并列句,转入另一话题。μέν...δέ... 结构。第一句主语是 τὸ δι᾽ ἄγνοιαν,出于无知的事情,冠词 + 介词短语名词性短语,中性单数主格。δι᾽ ἄγνοιαν,出于无知的,介词短语,述说前置冠词 τὸ。系动词是 οὐχ ἐστίν,不是,现在时,单数第三人称。表语是 ἑκούσιον,出于意愿的,形容词,中性单数主格。ἅπαν,所有的,形容词,中性单数宾格,用作副词,限定系表结构。

第二句的主语是 τὸ ἐπίλυπον καὶ ἐν μεταμελείᾳ,引起痛苦和陷入悔恨的,名词性短语,中性单数主格。这个短语有两个部分。τὸ ἐπίλυπον,引起痛苦,冠词 + 分词名词性短语。ἐπίλυπον,引起痛苦,现在分词,中性单数主格。τὸ ἐν μεταμελείᾳ,陷入悔恨,冠词 + 介词短语名词性短语,中性单数主格。ἐν μεταμελείᾳ,陷入悔恨,介词短语。μεταμελείᾳ,悔恨,名词,阴性单数与格,做介词的间接性宾语。系动词省略。表语是 ἀκούσιον,违反意愿的,形容词,中性单数主格。

μηδέν τι δυσχεραίνων ἐπὶ τῇ πράξει, ἑκὼν μὲν οὐ πέπραχεν, ὅ γε μὴ ᾔδει, οὐδ' αὖ ἄκων, μὴ λυπούμενός γε.① τοῦ δὴ δι' ἄγνοιαν ὁ μὲν ἐν μεταμελείᾳ ἄκων δοκεῖ, ὁ δὲ μὴ μεταμελόμενος, ἐπεὶ ἕτερος, ἔστω οὐχ ἑκών·② ἐπεὶ γὰρ δια-

件事且在那样做时没有对任何东西感到不快的人既不是出于意愿地做的，[既然]他不知道那件事，也不是违反意愿的，[既然]他也没有感受到痛苦。在出于无知而做了事的人中间，陷入悔恨的人似乎是违反意愿的，不感到悔恨的

man who did something out of ignorance and felt no disgust in doing that has neither acted voluntarily, [since] he did not know that thing, nor involuntarily, [since] he is not pained. Of those [who did something] out of ignorance, the man

---

① 原因从句。主语由前置冠词 ὁ（那个人）+两个分词短语构成。第一个分词短语是δι' ἄγνοιαν πράξας ὁτιοῦν，出于无知而做了某件事，中性单数主格。πράξας ὁτιοῦν，做了某件事情，分词短语，述说前置冠词 ὁ。πράξας，做了，不定过去时主动分词，阳性单数主格。其宾语是 ὁτιοῦν，ὅτι + οὖν，某件事情，中性单数宾格。δι' ἄγνοιαν，出于无知，介词短语，限定 πράξας。第二个分词短语是 μηδέν τι δυσχεραίνων ἐπὶ τῇ πράξει，在那样做时没有对任何东西感到不快，阳性单数主格。μηδέν τι δυσχεραίνων，未对任何东西感到不快，分词短语，述说前置冠词 ὁ。δυσχεραίνων，对……感到不快，现在时主动分词，阳性单数主格。其宾语是 μηδέν τι，没有任何东西，否定性不定代词短语，中性单数宾格。ἐπὶ τῇ πράξει，在那样做时，介词短语，限定 δυσχεραίνων。

ὁ 引导的这整个短语作为主语，引出 οὐ... οὐδ'...（既不……也不……）并列结构的两部分谓述。第一个部分还包含一个从句。主句的动词是 πέπραχεν，做了，完成时主动态，单数第三人称。ἑκὼν[εἶναι] μὲν οὐ，既不是出于意愿地，不定式短语，限定 πέπραχεν，ἑκὼν[εἶναι]通常连用，此处省略了[εἶναι]。原因从句引导词[ἐπεί，既然]省略。从句的主谓语是 μὴ ᾔδει，他（指主语短语所描述的那个人）不知道。ᾔδει，知道，动词 οἶδα 的未完成时主动态，单数第三人称。其宾语是 ὅ，那件事，关系代词，中性单数宾格。γε，至少，小品词，限定 μὴ ᾔδει。

第二个部分的动词仍是 πέπραχεν，省略。οὐδ' αὖ ἄκων[εἶναι]，也不是违反意愿地，省略了[εἶναι]的不定式短语，限定省略的 πέπραχεν。αὖ，也，副词。μὴ λυπούμενός γε，没有感受到痛苦，否定性分词短语，表伴随情况。λυπούμενός，感受到痛苦，动词 λυπέω 的现在时被动态分词，阳性单数主格。

② 并列句。τοῦ δὴ δι' ἄγνοιαν，在出于无知而做了事的人中间，冠词+介词短语名词性短语，阳性单数属格，限定下面所讨论的 ὁ μέν... ὁ δέ... 对照结构两种人的范围。第一句的主语是 ὁ μὲν ἐν μεταμελείᾳ，那种陷入悔恨的人，冠词+介词短语名词性短语，阳性单数主格。ἐν μεταμελείᾳ，陷入悔恨的，介词短语，限定前置冠词 ὁ。系动词是 δοκεῖ，似乎是，现在时，单数第三人称。表语是 ἄκων，违反意愿的，形容词，阳性单数主格。这句是分词短语，ὁ μεταμελόμενος，于异态动词 μεταμέλομαι，现在分词，阳性单数主格，即感到后悔；μή 为否定词。

第二句是复合句。主句的主语是 ὁ δὲ μὴ μεταμελόμενος，那种不感到悔恨的人，冠词+分词名词性短语，阳性单数主格。动词是 ἔστω，让他是，命令式，单数第三人称单数。表语是 οὐχ ἑκών，无意愿的，不出于意愿的，否定性形容词，阳性单数主格。ἐπεί（既然）引出原因从句，插入到主干句中。主语是前面的 ὁ μὴ μεταμελόμενος。系动词省略。表语是 ἕτερος，不同的，另样的，

φέρει, βέλτιον ὄνομα ἔχειν ἴδιον.①	人，既然[是]另一种，就说[他]是无意愿的吧；因为，既然他不同，[他]有自己的名称更好些ⁱ。	in regrets seems to be involuntary, whereas the man feeling no regret, since different, let him be non-voluntary; for since he differs, it is better [for him] to have his own name.
5 ἕτερον δ᾽ ἔοικε καὶ τὸ δι᾽ ἄγνοιαν πράττειν τοῦ ἀγνοοῦντα ποιεῖν·② ὁ γὰρ μεθύων ἢ ὀργιζόμενος οὐ δοκεῖ δι᾽ ἄγνοιαν πράττειν ἀλλὰ διά τι τῶν εἰρημένων, οὐκ εἰδὼς δὲ ἀλλ᾽ ἀγνοῶν.③ ἀγνοεῖ	出于无知做事情似乎也和使自己处于无知[状态]不同；因为，一个喝醉的或被激怒的人似乎不是出于无知，而是由于上述的一种情况，不是知道地，而是不知道地，做了事情的。所以，所有的坏人都不知道他	And, acting out of ignorance seems different from making [oneself] ignorant; for, a drunken or raging man does not seem to act out of ignorance, but out of some condition mentioned above, not knowingly

形容词，阳性单数主格。

① 原因从句。复合句。ἐπεὶ γὰρ（既然）引出让步条件从句。主语还是 ὁ μὴ μεταμελόμενος，省略。动词是 διαφέρει，不同，现在时主动态，复数第三人称。主句是形容词 βέλτιον（更好）引出的无人称句。βέλτιον 引出不定式 ἔχειν，有。其宾语是 ὄνομα ἴδιον，专门的名字，名词短语。ὄνομα，名字，名词，中性单数主格。ἴδιον，专门的，形容词，中性单数主格。

② 简单句。主语是 τὸ δι᾽ ἄγνοιαν πράττειν，出于无知做事，冠词＋不定式短语名词性短语，中性单数主格。πράττειν，做，做事，不定式，前面加冠词 τὸ 而名词化。δι᾽ ἄγνοιαν，出于无知，介词短语，限定 πράττειν。系动词是 ἔοικε，似乎是，现在时，单数第三人称。表语是 ἕτερον，不同的，形容词，中性单数主格。τοῦ ἀγνοοῦντα ποιεῖν，使自己处于无知状态，冠词＋不定式名词化短语，中性单数属格，作为主语的对照方面，限定系表结构。ποιεῖν，造成，此处，使得［自己］。其宾语是 ἀγνοοῦντα，处于无知状态，进入无知状态，现在时主动态分词，阳性单数宾格。

③ γὰρ 引出一个示例作为对上述说法的一种解释。并列句。第一句的主语是 ὁ μεθύων ἢ ὀργιζόμενος，一个喝醉的或被激怒的人，冠词＋分词名词性短语，阳性单数主格。μεθύων，喝醉的，现在时主动态分词，阳性单数主格。ὀργιζόμενος，狂怒的人，现在是中被动态分词，阳性单数主格。动词是 δοκεῖ，看起来，现在时，单数第三人称。它引出不定式 πράττειν，做，做事。不定式 πράττειν 有 οὐ...ἀλλά...（不是……而是……）对照结构的两个限定语。第一个是 οὐ... δι᾽ ἄγνοιαν，不是出于无知，否定性介词短语。第二个是 διά τι τῶν εἰρημένων，而是由于上述的一种情况，介词短语。διά，由于，介词。其宾语是 τι，一种情况，不定代词，中性单数宾格。τῶν

μὲν οὖν πᾶς ὁ μοχθη-
ρὸς ἃ δεῖ πράττειν καὶ
ὧν ἀφεκτέον,① καὶ διὰ
τὴν τοιαύτην ἁμαρτίαν
30 ἄδικοι καὶ ὅλως κακοὶ
γίνονται.②

应当去做的事情和应当
不去做的事情, 正是由
于这样一种错误才产生
了不正义的人和一般意
义上的恶人 。[j]

but unknowingly. There-
fore, all wicked man
does not know what he
should do and what [he]
should refrain from do-
ing, and out of this sort
of failure come an unjust
man and the vicious men
in general.

τὸ δ' ἀκούσιον βούλε-
ται λέγεσθαι οὐκ εἴ τις
ἀγνοεῖ τὰ συμφέρο-
ντα·③ οὐ γὰρ ἡ ἐν τῇ

但是, 如果某个人不知
道那些有利益的事情,
人们不大愿意说 [这是]
违反意愿; 因为, 在选择

But, if someone is ig-
norant of the benefits,
people are not intended
to call [this] involuntary;

εἰρημένων, 上述的, 上面谈到的, 名词性分词短语, 限定 τῶν εἰρημένων 。εἰρημένων, 上面谈到的, 动词 ἐρῶ 的完成时被动态分词, 中性复数属格。

由 πράττειν 的第二个限定语 διά τι τῶν εἰρημένων 引出一组进一步的说明, οὐκ εἰδὼς δὲ ἀλλ' ἀγνοῶν, 不是知道地而是不知道地, 分词短语, 表伴随情况。εἰδώς, 知道地, 动词 οἶδα 的完成时分词, 阳性单数主格。ἀγνοῶν, 不知道地, 现在时分词, 阳性单数主格。

① 简单句。οὖν (所以)示意承接上文引出看法。主语是 πᾶς ὁ μοχθηρός, 所有的坏人, 名词性短语, 阳性单数主格。μοχθηρός, 坏的, 形容词, 阳性单数主格。动词是 ἀγνοεῖ, 不知道, 现在时, 单数第三人称。其宾语是由被省略了的前置冠词 [τά] 引导的短语, 包含两个定语从句。第一个定语从句是 ἃ δεῖ πράττειν, 他应当去做的事情。从句的逻辑主语是上面所说的坏人, 阳性单数主格。从句的主谓语是 δεῖ, 他应当, 现在时, 单数第三人称。δεῖ 引出不定式 πράττειν, 去做。其宾语是 ἅ, 那些事情, 关系代词, 中性复数宾格。
第二个定语从句是 ὧν ἀφεκτέον, 他应当躲避的事情, 动形词 ἀφεκτέον 无人称句, 此处其逻辑主语可以看作是所说的坏人。ἀφεκτέον, 应当躲避的, 动词 ἀπέχω 的动形词。它引出一个间接宾语 ὧν, 那些事情, 阴性复数属格。

② 上面句子的延伸句。简单句。系动词 γίνονται 形式主语句。γίνονται, 出现, 将来时中动, 复数第三人称。其表语有两个。一个是 ἄδικοι, 不正义的人, 形容词, 阳性复数主格。另一个是 ὅλως κακοί, 一般意义上的恶人, 形容词短语, 阳性复数主格。ὅλως, 一般地, 副词, 限定 κακοί (恶人)。διὰ τὴν τοιαύτην ἁμαρτίαν, 由于这样一种错误, 介词短语, 限定系表结构。τὴν τοιαύτην ἁμαρτίαν, 这样一种错误, 名词短语, 阴性单数宾格, 做 διά 介词的宾语。ἁμαρτίαν, 错误, 名词, 阴性单数宾格。τὴν τοιαύτην, 这样一种, 形容词短语, 阴性单数宾格, 限定 ἁμαρτίαν。

③ 复合句。主句的主谓语是 βούλεται οὐκ, 一个人不大会……, 现在时中动, 单数第三人称。它引出不定式 λέγεσθαι, 说……。其宾语是 τὸ ἀκούσιον, [这] 违反意愿, 名词性短语, 中性单数宾格。
εἰ (如果)引导条件从句。主语是 τις, 某人, 不定代词, 阳性单数主格。动词是 ἀγνοεῖ, 不知

προαιρέσει ἄγνοια αἰτία τοῦ ἀκουσίου (ἀλλὰ τῆς μοχθηρίας),① οὐδ' ἡ καθόλου (ψέγονται γὰρ διά γε ταύτην),② ἀλλ' ἡ καθ' ἕκαστα, ἐν οἷς καὶ περὶ ἃ ἡ πρᾶξις·③ ἐν τούτοις γὰρ καὶ ἔλεος

上无知并不是违反意愿（而是人变坏）的原因，对于普遍的东西的无知也不是(因为人们由于这种无知受到谴责)，而对依据个别来谈论的事情，即对实践就在于其中并与之相关的那些事

for, the ignorance in choice [is] not a cause of the involuntary (but that of the wickedness), nor [is] the ignorance in general (for men are blamed for this sort of ignorance), the igno-

道，现在时，单数第三人称。其宾语是 τὰ συμφέροντα，有利益的事情，冠词＋分词名词性短语，中性复数宾格。συμφέροντα，有利益的，现在时主动分词，中性复数宾格。

① 原因从句。转折并列句。有三个部分。这里是第一个部分。主语是 ἡ ἐν τῇ προαιρέσει ἄγνοια，在选择上的无知，名词性短语，阴性单数主格。ἡ...ἄγνοια，无知，名词短语，阴性单数主格。ἐν τῇ προαιρέσει，在选择上的，介词短语，限定 ἡ...ἄγνοια。τῇ προαιρέσει，选择，名词短语，阴性单数与格，做介词 ἐν 的间接性的宾语。系动词 ἐστί，现在时，单数第三人称，省略。它引出 οὐ...ἀλλὰ...（不是……而是……）对照结构的两个表语。第一个是 οὐ... αἰτία τοῦ ἀκουσίου，不是违反意愿的原因，名词性短语，阴性单数主格。αἰτία，原因，名词，阴性单数主格。τοῦ ἀκουσίου，违反意愿，名词短语，中性单数属格，限定 αἰτία。括号里是第二个表语，ἀλλὰ［αἰτία］τῆς μοχθηρίας，而是［人］变坏的原因，［αἰτία］一词省略，名词性短语，阴性单数主格。τῆς μοχθηρίας，变坏，名词短语，阴性单数属格，限定省略了的［αἰτία］。

② 这里是第二个部分，与第三个部分以 οὐδ'... ἀλλ'... 转折结构并列。省略句形式。主语是 ἡ καθόλου［ἄγνοια］，对于普遍的东西的［无知］，［ἄγνοια］一词省略，名词短语，阴性单数主格。καθόλου，普遍，副词，前加冠词而名词化。系动词 ἐστί 省略。表语同上面一句，否定形式，οὐδ'［αἰτία τοῦ ἀκουσίου］，也不是［违反意愿的原因］，［αἰτία τοῦ ἀκουσίου］省略。

括号内是插入语，是这个部分的原因从句，由 γὰρ 引导。主谓语是 ψέγονται，人们受到谴责，现在时被动态，复数第三人称。διὰ ταύτην，由于这，介词短语，限定 ψέγονται。ταύτην，这，代词，指 ἡ καθόλου ἄγνοια，阴性单数宾格，做介词 διὰ 的宾语。

③ ἀλλ' 引入这个原因从句的第三个部分，在做了两个部分的否定之后，这个部分是肯定形式的。复合句。主句的主语是 ἡ καθ' ἕκαστα［ἄγνοια］，对于依据个别来谈论的事情的［无知］，［ἄγνοια］一词省略，名词性短语，阴性单数主格。καθ' ἕκαστα，依据个别来谈论的事情，与前面的 καθόλου（普遍）对照，介词短语，限定 ἡ［ἄγνοια］（无知）。ἕκαστα，个别，具体的事情，形容词，中性复数宾格，做介词 καθ' 的宾语。系动词 ἐστί 省略。表语仍然是［αἰτία τοῦ ἀκουσίου］，违反意愿的原因，省略。

主语短语 ἡ καθ' ἕκαστα 中的 ἕκαστα（具体的事情）引出一个定语从句。从句的主语是 ἡ πρᾶξις，实践，名词，阴性单数主格。系动词省略。表语有两个。一个是 ἐν οἷς，在那些［事情］之中，介词短语。οἷς，那些，关系代词，指 ἕκαστα，中性复数与格，引导从句，并在从句中做介词 ἐν 的间接性的宾语。另一个是 περὶ ἅ，相关于那些［事情］，介词短语。ἅ，那些，关系代词，指 ἕκαστα，中性复数宾格，引导从句，并在从句中做介词 περὶ 的宾语。

καὶ συγγνώμη.① ὁ γὰρ τούτων τι ἀγνοῶν ἀκουσίως πράττει.②

情的无知,[才是原因];因为,在那些事情上才存在怜悯和原谅;因为,对那些事情之中的某件事无知的人是在违反其意愿地做事情ᵏ。

rance of the particulars in which and to which the practice is related [is]; for, in these particulars comes pity and pardon; because a man ignorant of something among these particulars practises involuntarily.

ἴσως οὖν οὐ χεῖρον διορίσαι αὐτά, τίνα καὶ πόσα ἐστί,③ τίς τε δὴ καὶ τί καὶ περὶ τί ἢ ἐν τίνι πράττει, ἐνίοτε δὲ
5   καὶ τίνι, οἷον ὀργάνῳ, καὶ ἕνεκα τίνος, οἷον σωτηρίας, καὶ πῶς,

所以,弄清楚这些[具体]事情是些什么以及有多少,也许不会更糟:什么人做,做什么,对于什么或借助于什么做,有时[还包括]使用什么,例如工具,以及为着什么,如拯救生命,和以

Perhaps, then, it is no worse to define these things, i.e., what and how many they are: who does and does what and to what or with what, sometimes by what, for instance an instrument,

---

① 由上面 ἐν οἷς... 定语从句引出的原因从句。省略了的系动词 ἐστί 无人称句。ἐστί,是,现在时,单数第三人称。其表语有两个。一个是 ἔλεος,怜悯,名词,阳性单数主格。另一个是 συγγνώμη,同情,名词,阴性单数主格。ἐν τούτοις,在这些事情上,介词短语,限定系表结构。τούτοις,这些事情,代词,指上面的 οἷς,中性复数与格,做介词 ἐν 的间接性宾语。

② 由上面 περὶ ἃ... 定语从句引出的原因从句。主语是 ὁ τούτων τι ἀγνοῶν,对那些事情中的某件事无知的人,冠词+分词短语名词性短语,阳性单数主格。ὁ ἀγνοῶν,那个无知的人,冠词+分词,阳性单数主格。ἀγνοῶν,无知的,现在时主动态分词,阳性单数主格。其宾语是 τούτων τι,那些事情中的某件事,不定代词短语,中性单数宾格。τι,某件事,不定代词,中性单数宾格。τούτων,那些事情,代词,指上面的 ἃ,中性复数属格,限定 τι。动词是 πράττει,做,做事情,现在时,单数第三人称。ἀκουσίως,违反意愿地,副词,限定 πράττει。

③ 结论句。οὖν 示意承接上文引出看法。否定性形容词 οὐ χεῖρον (不更糟)无人称句。χεῖρον,更糟,κακός 的比较级,中性单数主格。ἴσως,似乎,副词,限定 οὐ χεῖρον。οὐ χεῖρον 引出不定式 διορίσαι,弄清楚,不定过去时主动态不定式。

不定式 διορίσαι 引出两个宾语。一个是 αὐτά,这些[具体事情],代词,仍然指前面谈到的 ἕκαστα。另一个是一个省略了引导词 ὅτι 的宾语从句。从句的主语还是 αὐτά。系动词是 ἐστί,现在时,单数第三人称。表语有两个。一个是 τίνα,哪些,疑问代词,中性复数主格。另一个是 πόσα,多少,疑问词,中性复数主格。

οἷον ἠρέμα ἢ σφόδρα.①
ἅπαντα μὲν οὖν ταῦτα οὐδεὶς ἂν ἀγνοήσειε μὴ μαινόμενος,② δῆλον δ᾽ ὡς οὐδὲ τὸν πράττοντα·③ πῶς γὰρ ἑαυτόν γε;④

什么方式,例如,[是]温和地还是激烈地[去做]。所以,只要没疯,没有人会不知道所有这些事情,显然地,[没有人会不知道]那个在做事的人;因为,[他怎么

and for what, for instance saving [a life], and in what way, for instance peacefully or violently. No one, therefore, would be ignorant of all these things without be-

---

① 这里,亚里士多德依范畴分述具体事项,列述的每个事项均构成 διορίσαι 的一个宾语从句,但省略了引导词 ὅτι,且每个从句都以主语从句的形式呈现,动词都是 πράττει,做,做事,现在时,单数第三人称。
第一个从句:τίς πράττει,什么人做。τίς,什么人,疑问代词,阳性单数主格,在从句中做主语。动词是 πράττει,做。
第二个从句:τί πράττει,做什么。主谓语是 πράττει,某人做。τί,什么,疑问代词,中性单数宾格,在从句中做 πράττει 的宾语。
第三个从句:περὶ τί πράττει,相关于[对于]什么来做。主谓语是 πράττει,某人做。περὶ τί,相关于什么,介词短语,在从句中做状语。
第四个从句:ἐν τίνι πράττει,借助于什么来做。主谓语是 πράττει,某人做。ἐν τίνι,借助于[通过]什么,介词短语,在从句中做状语。τίνι,什么,疑问代词,中性单数与格,做介词的间接性宾语。ἐνίοτε δὲ καὶ τίνι, οἷον ὀργάνῳ,有时还[包括]使用什么,例如工具,插入语,进一步说明 ἐν τίνι。ἐνίοτε,有时,副词,引出插入语。τίνι (什么)在此处是对介词短语 ἐν τίνι 中的同一语词的强调。它引出另一个插入语 οἷον ὀργάνῳ,例如工具,对它做进一步说明。
第五个从句:ἕνεκα τίνος [πράττει],为着什么[做]。主谓语是 πράττει,某人做。ἕνεκα τίνος,为着什么,介词短语,在从句中做状语。ἕνεκα,为着,介词。τίνος,什么,疑问代词,中性单数属格,做 ἕνεκα 的间接性宾语。由 τίνος 引出一个插入语 οἷον σωτηρίας,如拯救生命。σωτηρίας,拯救生命,名词,阴性单数属格,配合 ἕνεκα。
第六个从句:πῶς [πράττει],以什么方式[做]。主谓语是 πράττει,某人做。πῶς,以什么方式,疑问副词,在从句中做状语。πῶς 引出一个插入语 οἷον ἠρέμα ἢ σφόδρα,例如是温和地还是激烈地[去做]。ἠρέμα,温和地,副词;σφόδρα,激烈地,副词,在从句中做补充状语。
② 简单句。οὖν 示意承接上文引出概括。主语为 οὐδεὶς,即没有一个人。动词是 ἂν ἀγνοήσειε,会不知道,动词 ἀγνοέω 的不定过去是主动态,祈愿式,单数第三人称。宾语是 ἅπαντα ταῦτα,所有这些事情,代词短语,中性复数宾格。μὴ μαινόμενος,不疯,否定形式的分词短语,表伴随条件。μαινόμενος,疯,现在时中动态分词,阳性单数主格。
③ 省略形式的简单句。δῆλον ὡς,显然,可以理解为在引出一个无人称形式的句子,也可以解释为后面句子的副词状语,此处取后解。主语同上句,[οὐδεὶς],没有人,省略。动词也同上句,[ἂν ἀγνοήσειε],会不知道。其宾语是 τὸν πράττοντα,那个在做事的人,名词性分词短语,阳性单数宾格。πράττοντα,做,做事,现在时主动分词,阳性单数宾格。οὐδὲ,否定词,加强[ἂν ἀγνοήσειε]的语气。
④ 原因从句。反问句,以反问表示肯定。主谓语同前面,仍然是[ἂν ἀγνοήσειε],他(指[οὐδεὶς]的所指)会不知道。其宾语是 ἑαυτόν,他自己,反身代词,阳性单数宾格。πῶς,怎么,疑

会不知道]自己呢?

ing mad, obviously, [no one would be ignorant of] the doer; for how [could he be ignorant of] himself?

ὃ δὲ πράττει ἀγνοήσει-
εν ἄν τις① οἷον λέγο-
ντας φασιν ἐκπεσεῖν
αὐτούς,② ἢ οὐκ εἰδέναι
10 ὅτι ἀπόρρητα ἦν, ὥσπερ
Αἰσχύλος τὰ μυστικά,③
ἢ δεῖξαι βουλόμενος
ἀφεῖναι, ὡς ὁ τὸν κα-
ταπέλτην.④ οἰηθείη

但是一个人却可能不知道他在做的事,例如,人们说他们自己在谈话时说漏了嘴,或者不知道[那些话]是不能说的,就像埃斯库罗斯[在说出]那些秘密[时所做的]那样[1],或者[一个人]在想展示[什么东

Yet one could be ignorant of what he is doing, for instance, people talk of themselves as to have released [some words] in talking, or not to know that [those words] could not [be spoken out], just as Aeschylus [did

---

问词,引导反问句,在问句中限定 [ἂν ἀγνοήσειε]。γε,至少,小品词,起加强语气作用。

① 复合句。主句的主语为 τις,某个人,阳性单数主格。动词是 ἂν ἀγνοήσειεν,可能不知道,动词 ἀγνοέω 的不定过去时主动态,祈愿式,单数第三人称。宾语是 [τό] ὃ δὲ πράττει,他在做着的事,冠词+定语从句名词性短语,中性单数宾格,前置冠词 [τό] 省略。ὃ δὲ πράττει,他在做着的事,定语从句,限定前置冠词 [τό]。从句的主谓语是 πράττει,他做,现在时,单数第三人称。其宾语是 ὅ,那,关系代词,指 [τό] 的所指,中性单数宾格。

② 连接副词 οἷον 引出三个示例句。这里是第一句。主谓语是 φασιν,人们说,动词 φημί 的现在时主动态,复数第三人称。它引出不定式 ἐκπεσεῖν,说漏了嘴,不定过去时不定式。λέγοντας αὐτούς,他们自己在说话时,分词独立宾格短语,表伴随情况。λέγοντας,说话,现在时主动分词,阳性复数宾格。其主语是 αὐτούς,他们自己,代词,阳性复数宾格。

③ 这里是第二个示例句。复合句。主句的主谓语仍然同上一句,φασιν,他们说。它引出不定式 οὐκ εἰδέναι,不知道。εἰδέναι,知道,不定式,动词 οἶδα 的主动态不定式。οὐκ εἰδέναι 引出一个宾语从句,由 ὅτι 引导。主语省略,应为 [τά],那些,中性复数主格。系动词是 ἦν,是,未完成时,单数第三人称。表语是 ἀπόρρητα,不能说的,形容词,中性复数主格。

关系副词 ὥσπερ(就像)引出一个进一步的示例。省略句。Αἰσχύλος τὰ μυστικά,埃斯库罗斯的那些秘密,名词性短语,中性复数主格。τὰ μυστικά,那些秘密,名词短语,中性复数主格。Αἰσχύλος,埃斯库罗斯,阳性属格,限定 τὰ μυστικά。这个短语是一个句子的省略形式。句子主谓语应为 [οὐκ εἰδέναι],他(指 Αἰσχύλος)不知道,同上文。其宾语从句应为 [ὅτι ἀπόρρητα ἦν] τὰ μυστικά,那些秘密 [是不能说的]。

④ 这里是 οἷον 引出的第三个示例句。复合句。主句的主谓语仍然是前文的 φασιν,人们说。它引出一个宾语与一个宾语补语。其直接宾语省略,应是 [τινα],某个人,阳性单数宾格。宾语补语是 ἀφεῖναι,发射出去了,不定过去时主动态不定式。δεῖξαι βουλόμενος,想展示 [什么],分词

δ' ἄν τις καὶ τὸν υἱὸν πολέμιον εἶναι ὥσπερ ἡ Μερόπη,① καὶ ἐσφαιρῶσθαι τὸ λελογχωμένον δόρυ,② ἢ τὸν λίθον κίσηριν εἶναι·③ καὶ ἐπὶ σωτηρίᾳ ποτίσας ἀποκτείναι ἄν·④ καὶ δράξαι

西]时[把那个东西]发射出去了,就像那个[想展示他的]弓弩的那人那样。还有,有人还可能像墨罗佩ᵐ那样错把儿子当作敌人,或者[错把]一个磨利了的矛头[当作是]磨钝了的,或

when he released those] mysteries, or [talk of someone] as to have let off [something] when intended to show [it], as the man [who intended to show] his catapult. Again, someone may assume

---

短语,表伴随情况。βουλόμενος,想,现在时中动分词,阳性单数主格。它引出不定式δεῖξαι,展示,动词δείκνυμι的不定过去时主动态不定式。

关系副词ὡς(就像)引出一个进一步的示例。省略句。ὁ,那(个人),冠词,指谈话的人们熟悉的一个人,阳性单数主格。动词结构省略。τὸν καταπέλτην,那个弓弩,名词短语,阳性单数宾格。冠词,指某人。τὸν καταπέλτην来自阳性名词καταπέλτης,单数宾格,即弓弩。有两种主要的可能性。一种是,τὸν καταπέλτην是省略了的[δεῖξαι βουλόμενος(想展示)]的宾语。另一个是,τὸν καταπέλτην是省略了的不定式[ἀφεῖναι]的宾语。后一种可能还需要补全整个结构作为宾语从句的引导词与动词部分。这里取第一种解释。

① 从这里开始是第二组示例句,仍然是前面的连系副词οἷον引出的。共五句。前三句的共同主语是τις,某人,不定代词,阳性单数主格。动词是οἰηθείη ἄν...,可能错把……如何或当作,现在时被动态,祈愿式,单数第三人称。它引出直接宾语与宾语补语。这里是第一句。

这里是第一句。其直接宾语是τὸν υἱὸν,儿子,名词短语,阳性单数宾格。宾语补语是εἶναι,是,当作,系动词,现在时不定式。其表语是πολέμιον,敌对的,敌人,形容词,阳性单数宾格。副词ὥσπερ(就像)引出一个示例句。句子只保留了主语ἡ Μερόπη,墨罗佩,神名,阴性单数主格。动宾与宾语补语同主句。省略。

② 这里是第二句。其直接宾语是τὸ λελογχωμένον δόρυ,一个尖锐的矛,名词性短语,中性单数宾格。作为不定式的主语。τὸ δόρυ,矛,名词,中性单数宾格。λελογχωμένον,被磨利了的,完成时被动分词,中性单数宾格,限定τὸ δόρυ。宾语补语是ἐσφαιρῶσθαι,被磨钝了的,动词σφαιρόω的完成时被动态不定式。

③ 这里是第三句。其直接宾语是τὸν λίθον,一块石头,名词,阳性单数宾格。宾语补语是εἶναι,是,当作,系动词,现在时不定式。其表语是κίσηριν,轻石,名词,阴性单数宾格。

④ 这里是第四句。主语仍然是τις,某人,不定代词,阳性单数主格,省略。动词是ἀποκτείναι ἄν,可能杀了某人,不定过去时主动态,祈愿式,单数第三人称。ἐπὶ σωτηρίᾳ ποτίσας,为着救人而喂他水,介词+分词短语,限定ἀποκτείναι ἄν,表行为的动机。ποτίσας,给……喝水,不定过去时主动态分词,阳性单数主格。但联系亚里士多德《物理学》199a34:ἐπότισεν… ὁ ἰατρὸς τὸ φάρμακον(医生……灌药,再联系此处ἐπὶ σωτηρίᾳ(为着救人),ποτίσας的宾语可能是药水。

手稿此处有不同勘校。鲍尼特(M. Bonite)校本此处为ποίσας,意思是失手猛击。韦尔登(Welldon [1902], 63)从此勘校,译文原想救人却失手将人击毙。伯内斯(A. Bernays)校本为πίσας,意义与ποτίσας同。罗斯(Ross [1925, 1980], 52)与莱克汉姆从此勘校。参阅莱克汉姆(Rackham [1926])第126页。此处从罗斯与莱克汉姆。

15　βουλόμενος, ὥσπερ οἱ ἀκροχειριζόμενοι, πατάξειεν ἄν.① | 者[错把]一块石头当作轻石；还可能会为救一个人而给他水喝而误杀了他；还有，他还可能，原想抓住[对手]，像那些想抓住对方的手的人那样，却击倒了[他]。 | his son to be an enemy, as Merope [did], and the sharpened spear [to be] buttoned, or a stone to be a pumice-stone; and may kill [someone] in giving [him] a drink meant to save him; [or] hit [someone] a blow wishing to grasp him, as those who want to get hold of the hands of another.

περὶ πάντα δὴ ταῦτα τῆς ἀγνοίας οὔσης ἐν οἷς ἡ πρᾶξις,② ὁ τούτων | 无知既然相关于实践存在于其中的所有这些事情,不知道这些之中的任 | The ignorance being related with all these things in which practice [pre-

---

① 这里是第五句。主语仍然是 τις，某人，省略。动词是 πατάξειεν ἄν，可能击倒了某人，不定过去时主动态，祈愿式，单数第三人称。δρᾶξαι βουλόμενος，原想抓住，分词短语，表动机。βουλόμενος，原想，现在时中动分词。其宾语是 δρᾶξαι，抓住[对手]，动词 δράσσω 的不定过去时主动态不定式。副词 ὥσπερ οἱ ἀκροχειριζόμενοι，像那些想抓住对方的手的人那样，插入语，举出一个例子。οἱ ἀκροχειριζόμενοι，那些想抓住对方的手的人，冠词＋分词名词性短语，阳性复数主格。ἀκροχειριζόμενοι，想抓住对方的手的人，现在时分词，阳性复数主格。抓住对方的胳膊和手，是一种摔跤当中的基本动作，这种摔跤不允许触碰对方身体。此处的意思就是人们在进行这种抓手臂的摔跤。

δρᾶξαι（抓住）是莱克汉姆和多数英译本所依的勘校。但也有不同勘校。里奇威（Ridgeway）本勘为 δεῖξαι（指向），考德本莫里利注（codd. Morellii）勘为 θίξαι（激怒）。参阅莱克汉姆（Rackham[1926]）第 126 页。δρᾶξαι（抓住）校勘看来更符合亚里士多德此处的文义。但也应当指出，δρᾶξαι 这个动词常见的是中动形式 δράσσομαι，主动的形式 δρᾶξαι 很可能是后来在公元三世纪的文献中才出现的，亚里士多德的其他文献中未见这种形式，而且同时代其他作家的作品中也未见。

② 简单句。有两个部分。第一个部分是表明原因的独立属格短语。第二部分是句子的陈述。这里是第一部分。主语为 τῆς ἀγνοίας，无知，名词短语，阴性单数属格。系动词是 οὔσης，是，现在分词，阴性单数属格。表语是 περὶ πάντα ταῦτα，相关于所有这些事情的，介词短语。

πάντα ταῦτα 引出一个定语从句。从句的主语是 ἡ πρᾶξις，实践，名词短语，阴性单数主格。系动词省略。ἐν οἷς，在那些之中，介词短语。οἷς，那些，关系代词，中性复数与格，做介词 ἐν 的间接性宾语。

τι ἀγνοήσας ἄκων δοκεῖ πεπραχέναι, καὶ μάλιστα ἐν τοῖς κυριωτάτοις·[①] κυριώτατα δ᾽ εἶναι δοκεῖ ἐν οἷς ἡ πρᾶξις καὶ οὗ ἕνεκα.[②] τοῦ δὴ κατὰ τὴν τοιαύτην ἄγνοιαν ἀκουσίου λεγομένου ἔτι δεῖ τὴν πρᾶξιν λυπηρὰν εἶναι καὶ ἐν μεταμελείᾳ.[③]

何一件，尤其是在那些最重要的事情上，一个人就似乎是违反意愿地做了事的；而实践在于其中的那些事情和[实践]所为着的那个似乎就是最重要的事情。但是，要以这种情形的无知说一个人是违反意愿的，那个实践还必须是痛苦的并且陷入悔恨的"。

sents], he who is ignorant of any of these things, especially the most important ones, seems to have acted involuntarily; yet [the things] in which the practice [presents] and the end [the practice is for] seem to be the most important ones. However, for someone to

---

① 这里是第二个部分。主语是 ὁ τούτων τι ἀγνοήσας，不知道这些之中的任何一件事情的人，冠词+分词短语名词性短语，阳性单数主格。ἀγνοήσας，不知道，ἀγνοέω 的不定过去时主动分词，阳性单数主格。其宾语是 τούτων τι，这些之中的任何一件事，不定代词短语，中性单数宾格。系动词是 δοκεῖ，似乎是，现在时，单数第三人称。表语是 ἄκων，违反意愿的，形容词，阳性单数主格。这个系表结构引出一个不定式补语，πεπραχέναι，做了事，πράσσω 完成时主动态不定式。μάλιστα ἐν τοῖς κυριωτάτοις，尤其在那些最重要的事情上，副词短语，限定系表结构。ἐν τοῖς κυριωτάτοις，在那些最重要的事情上，介词短语，限定 μάλιστα（尤其）。τοῖς κυριωτάτοις，那些最重要的事情，名词性短语，做介词 ἐν 的间接性的宾语。κυριωτάτοις，最重要的事情，形容词最高级，中性复数与格。

② 简单句。主语有两个。一个是[τά]ἐν οἷς ἡ πρᾶξις，实践在于其中的那些事情，冠词+定语关系从句名词性短语，中性复数主格。[τά]，那些[事情]，冠词，中性单数主格，省略。定语关系从句的主语是 ἡ πρᾶξις，实践，名词短语，阴性单数主格。系动词省略。表语是 ἐν οἷς，在于那些事情之中，介词短语。οἷς，那些事情，关系代词，指[τά]的所指，中性复数与格，引导从句，并在从句中做介词 ἐν 的间接性的宾语。另一个是[τό]οὗ ἕνεκα，[实践]所为着的那个[目的]，冠词+介词短语名词性主语，中性单数主格。[τό]，那个，冠词，中性单数主格，省略。οὗ ἕνεκα，所为着的，介词短语，限定前置冠词[τό]。Richards 本在此处补入了一个关系代词 ὅ。但在上述两个表语之前分别补上[τά]和[τό]两个前置冠词似乎更合理。

全句的动词是 δοκεῖ，似乎，现在时，单数第三人称。它引出不定式 εἶναι，是。表语是 κυριώτατα，最重要的事情，形容词最高级，中性复数主格。

③ 简单句。δὴ 表明语气的与题材上的转变。ἔτι，此外，小品词，示意与上面的讨论的并接关系。有两个部分。第一个部分是一个表示原因的独立属格短语。第二个部分是句子的陈述。第一个部分的主语是 τοῦ，那，冠词，指做出那种实践的人，阳性单数属格。动词是 λεγομένου，被叫做，现在时被动态分词，阳性单数属格。主语补语是 ἀκουσίου，违反意愿的，形容词，阳性单数属格。κατὰ τὴν τοιαύτην ἄγνοιαν，依据这种情形的无知，介词短语，限定 λεγομένου。τὴν τοιαύτην ἄγνοιαν，这种情形的无知，名词性短语，阴性单数宾格，做介词 κατὰ 的宾语。ἄγνοιαν，无知，名词，阴性单数宾格。τὴν τοιαύτην，这种情形的，名词短语，限定 ἄγνοιαν。

Ὄντος δ' ἀκουσίου τοῦ βίᾳ καὶ δι' ἄγνοιαν,[①] τὸ ἑκούσιον δόξειεν ἂν εἶναι οὗ ἡ ἀρχὴ ἐν αὐτῷ εἰδότι τὰ καθ' ἕκαστα ἐν οἷς ἡ πρᾶξις.[②] ἴσως γὰρ οὐ

而[既然]违反意愿的事情是被迫的和出于无知的,出于意愿的事情看来就是其本原就在于一个人自身,而他知道那个实践存在于其中的那些要依据个别来

be called involuntary in terms of this sort of ignorance, that practice has to be painful and in regret.

The involuntary being things [one does] by force and out of ignorance, the voluntary would seem to be [those] of which the first principle [is] in oneself [who]

句子的陈述部分。动词 δεῖ(应当,必须)形式主语句。δεῖ 引出不定式 εἶναι,是,现在时。εἶναι 的实际主语是 τὴν πρᾶξιν,那个实践,那个行动,名词短语,阴性单数宾格。εἶναι 的表语有两个。一个是 λυπηρὰν,痛苦的,形容词,阴性单数宾格。另一个是 ἐν μεταμελείᾳ,陷入悔恨,介词短语。μεταμελείᾳ,悔恨,名词,阴性单数与格,做介词 ἐν 的间接性宾语。

① 复合句。有两个部分。第一个部分是表示对照情况的独立属格短语。第二个部分是陈述。这里是第一个部分。主语是 ἀκουσίου,违反意愿的,形容词,阳性单数属格。系动词 ὄντος,是,现在分词,阳性单数属格。表语有两个。一个是 τοῦ βίᾳ,那种[出于]被迫[而做出]的[事情],名词性短语,阳性单数属格。βίᾳ,[出于]被迫[而做出]的[事情],名词,阴性单数与格,可看作是限定着省略了的属格分词、不定式或形容词的。τοῦ δι' ἀγνοιαν,那种出于无知[而做出]的[事情],名词性短语,阳性单数属格。δι' ἀγνοιαν 出于无知[而做出]的[事情],介词短语,作用同于 βίᾳ。

② 这里是句子的陈述部分。复合句。主句的主语是 τὸ ἑκούσιον,出于意愿的事情,名词性短语,中性单数主格。动词是 δόξειεν ἂν,看来,不定过去时主动态祈愿式,单数第三人称。δόξειεν ἂν 引出不定式 εἶναι,是。不定式 εἶναι 的表语是[τό] οὗ ἡ ἀρχὴ ἐν αὐτῷ εἰδότι τὰ καθ' ἕκαστα,[那种]本原就在于一个人自身,而他知道那个实践存在于其中的要依据个别来谈论的情况的[那类事情],冠词+定语关系从句名词性短语,中性单数主格。[τό],[那类事情],前置冠词,引出后面的定语从句,中性单数主格,省略。οὗ ἡ ἀρχὴ ἐν αὐτῷ,本原就在于一个人自身的,定语关系从句,限定省略了的[τό]。从句的主语是 ἡ ἀρχὴ,本原,名词短语,阴性单数主格。οὗ,那,关系代词,指[τό]的所指,中性单数属格,限定 ἡ ἀρχὴ。系动词省略。表语是 ἐν αὐτῷ,在一个人自身,介词短语。αὐτῷ,人自身,反身代词,阳性单数与格,做介词 ἐν 的间接性宾语。
αὐτῷ 引出一个现在时分词短语,εἰδότι τὰ καθ' ἕκαστα,[他]知道那些要依据个别来谈论的情况,表明 αὐτῷ 的状况。εἰδότι,知道,οἶδα 的现在时主动分词,阳性单数与格。它引出宾语 τὰ καθ' ἕκαστα,那些要依据个别来谈的情况,冠词+介词短语名词性短语,中性复数宾格。καθ' ἕκαστα,要依据个别来谈的,介词短语,陈述前置冠词 τὰ。
ἕκαστα(个别的)引出一个定语关系从句。从句的主语是 ἡ πρᾶξις,那个实践,名词短语,阴性单数主格。系动词省略。表语是 ἐν οἷς,存在于其中的,由那些[事情]构成。οἷς,那些[事情],

III.1

καλῶς λέγεται ἀκούσια εἶναι τὰ διὰ θυμὸν ἢ ἐπιθυμίαν.① | 谈论的情况的。因为，出于激情或欲望的事情似乎不大好说是违反意愿的。 | knows the particulars to which the practice [presents]. For it is no good, perhaps, to call things done out of passion or desire involuntaries.

πρῶτον μὲν γὰρ οὐδὲν ἔτι τῶν ἄλλων ζῴων ἑκουσίως πράξει, οὐδ' οἱ παῖδες.② εἶτα πότερον οὐδὲν ἑκουσίως πράττομεν τῶν δι' ἐπιθυμίαν καὶ θυμόν, ἢ τὰ καλὰ μὲν ἑκουσίως τὰ δ' αἰσχρὰ ἀκουσίως;③ ἢ | 因为[如果这样]，首先，就没有任何其他动物，也没有任何孩子，出于意愿地做事了。那么，是我们出于欲望与激情而做的事情没有一件是出于意愿的，还是，[我们做]高尚的事出于意愿，[做]耻辱的事则违 | For [were it so], then firstly, none of the rest animals, nor children, [will] act voluntarily. Of the things out of desire and passion, then, do we do none voluntarily, or, [do we do] the noble things voluntarily while the base

---

关系代词，指 τὰ καθ' ἕκαστα，引导从句，并且从句中做介词 ἐν 的间接性宾语。

① 原因从句，由 γὰρ 引入。ἴσως，也许，副词，限定句子的语气。主语是 τὰ διὰ θυμὸν ἢ ἐπιθυμίαν，那些出于激情或欲望的事情，冠词+介词短语名词性短语，中性复数主格。διὰ θυμὸν ἢ ἐπιθυμίαν，出于激情或欲望的，介词短语，限定 τὰ。θυμόν，激情，名词，阳性单数宾格；ἐπιθυμίαν，欲望，名词，阴性单数宾格，做介词 διὰ 的宾语。动词是 λέγεται，被叫做，现在时被动，单数第三人称。它引出系动词不定式 εἶναι，是。其表语是 ἀκούσια，违反意愿的，形容词，中性复数主格。οὐ καλῶς，不大好，否定性副词短语，限定 λέγεται。

② γὰρ 引出进一步的原因。πρῶτον，首先，副词，限定全句。并列句。第一句的主语是 οὐδὲν，没有任何，否定性不定代词，中性单数主格。τῶν ἄλλων ζῴων，其他动物，名词性短语，中性复数属格，限定 οὐδὲν。ζῴων，生物，动物，名词，中性复数属格。动词是 πράξει，做，行动，现在时，单数第三人称。ἑκουσίως，出于意愿地，副词，限定 πράξει。

第二句的主语是 οἱ παῖδες，孩子，儿童，名词短语，阳性复数主格。谓述部分[ἑκουσίως πράξουσι]省略，只保留了否定词 οὐδέ。

③ εἶτα，那么，承接上句。πότερον...ἢ...（是……还是……）结构选择疑问句。第一个问句的主谓语是 πράττομεν，我们做，现在时，复数第一人称。其宾语是 οὐδὲν，没有任何[事情]，否定性不定代词，中性单数宾格。τῶν δι' ἐπιθυμίαν καὶ θυμόν，出于欲望的那些事情，冠词+介词短语名词性短语，中性复数属格，限定 οὐδὲν。ἑκουσίως，出于意愿地，副词，限定 πράττομεν。

ἢ（还是）引导第二个问句。主谓语仍然是[πράττομεν]，我们做，省略。它引出 μέν...δὲ...对照结构的两个宾语和两个副词状语。第一个宾语是 τὰ καλὰ，高尚的事情，名词短语，中性复数宾格。副词状语是 ἑκουσίως，出于意愿地。第二个宾语是 τὰ αἰσχρὰ，耻辱的事情，名词短语，中性复数宾格。副词状语是 ἀκουσίως，违反意愿地。

γελοῖον ἑνός γε αἰτίου ὄντος;① ἄτοπον δὲ ἴσως ἀκούσια φάναι ὧν δεῖ ὀρέγεσθαι·② δεῖ δὲ καὶ ὀργίζεσθαι ἐπί τισι καὶ ἐπιθυμεῖν τινῶν, οἷον ὑγιείας καὶ μαθήσεως.③

δοκεῖ δὲ καὶ τὰ μὲν ἀκούσια λυπηρὰ εἶναι, τὰ δὲ κατ' ἐπιθυμίαν ἡδέα.④ ἔτι δὲ τί δια-

反意愿？还是，[这后一说法]是可笑的，[既然]原因是同一个？但是，说我们应当欲求的事情违反意愿似乎荒谬；而且，我们应当对一些事情感到忿怒，也[应当]去欲望一些事物，如健康和学习。

而且，违反意愿的事情看来是痛苦的，合于欲望的事情则是快乐的。此外，是出于推理而犯的错误

things involuntarily? Or, [the latter viewpoint is] rediculous [since] the cause is one? But it is perhaps absurd to call the things [we] ought to seek involuntaries; and we ought to feel angry at and to desire some things, like health and learning.

And, the involuntary things seem to be painful, whereas the things [we seek] in accordance

---

① 由上述第二个问句引出的进一步的反问句，由ἤ（还是）引导。简单句。有两个部分。第一个部分是问句的主体。形容词 γελοῖον 形式主语句。γελοῖον，可笑的，形容词，中性单数主格。这个形式主语疑问结构质疑上述第二个问句表达的观点。

第二个部分是一个表明质疑的理由的独立属格短语，ἑνός αἰτίου ὄντος，原因是一个。短语的主语是 αἰτίου，原因，阳性单数属格。系动词是 ὄντος，是，现在时分词，阳性单数属格。表语是 ἑνός，一个，数词，阳性单数属格。

② 复合句。δὲ 示意讨论内容上的转变。主句的主语是 ἀκούσια φάναι [τά] ὧν δεῖ ὀρέγεσθαι，说我们应当欲求的事情违反意愿，不定式短语。φάναι，说，不定式。它引出一个直接宾语与一个宾语补语。直接宾语是 [τά] ὧν δεῖ ὀρέγεσθαι，我们应当欲求的事情，冠词 + 定语关系从句名词性短语，中性复数宾格。[τά]，前置冠词，中性复数宾格。ὧν δεῖ ὀρέγεσθαι，我们应当欲求的那些，定语关系从句，限定 [τά]。从句为 δεῖ（应当，必须）无人称句，逻辑主语可以是我们。δεῖ 引出不定式 ὀρέγεσθαι，去欲求。ὀρέγεσθαι 的间接性的宾语是 ὧν，那些，关系代词，中性复数属格，引导关系从句，并在从句中做 ὀρέγεσθαι 间接性的宾语。

主句的系动词省略。表语是 ἄτοπον，荒唐的，形容词，中性单数主格。ἴσως，也许，副词，限定系表结构。

③ 简单句。动词 δεῖ 无人称句。δεῖ（应当，必须）引出两个不定式。一个是 ὀργίζεσθαι ἐπί τισι，对于某些事情感到忿怒。ὀργίζεσθαι，忿怒，感到忿怒，现在时中动不定式。ἐπί τισι，对于某些事情，介词短语，限定 ὀργίζεσθαι。τισι，某些事情，不定代词，阴性复数与格，做介词 ἐπί 的间接性宾语。另一个是 ἐπιθυμεῖν τινῶν，欲望一些事物。ἐπιθυμεῖν，欲望，现在时主动不定式。其间接性的宾语是 τινῶν，一些事物，不定代词，阴性复数属格。τινῶν 引出两个示例，由关系副词 οἷον 引导。ὑγιείας，健康，名词，μαθήσεως，学习，名词，阴性单数属格。

④ 并列句。μέν...δὲ... 结构。第一句的主语是 τὰ ἀκούσια，违反意愿的事情，名词性短语，

III.1

φέρει τῷ ἀκούσια εἶναι τὰ κατὰ λογισμὸν ἢ θυμὸν ἁμαρτηθέντα;①
φευκτὰ μὲν γὰρ ἄμφω,②
1b δοκεῖ δὲ οὐχ ἧττον ἀνθρωπικὰ εἶναι τὰ ἄλογα πάθη,③ ὥστε καὶ αἱ πράξεις τοῦ ἀνθρώπου <αἱ> ἀπὸ θυμοῦ καὶ ἐπιθυμίας.④ ἄτοπον

还是出于激情而犯的错误是违反意愿的,这有什么区别呢?因为,这两者都应当避免,且同时,那些反逻各斯的感受也看来并非就更是不属于人的东西,就如那些出于激情与欲望的行为[看来属于人]一样。所以,把它们算作违反意愿的是

with desire pleasant. Again, is there any difference between erring deliberately and erring out of passion? For, both [are] to be avoided, and meanwhile, the *alogos* affections seem no less to be human, as the practices coming from

---

中性复数主格。动词是 δοκεῖ,看来,现在时,单数第三人称。它引出不定式 εἶναι,是。其表语是 λυπηρὰ,痛苦的,形容词,中性复数主格。

第二句的主语是 τὰ κατ' ἐπιθυμίαν,合于欲望的事情,冠词+介词短语名词性短语,中性复数主格。κατ' ἐπιθυμίαν,合于欲望的,介词短语,限定前置冠词 τὰ。[δοκεῖ]+系动词不定式[εἶναι]结构省略。[εἶναι]的表语是 ἡδέα,快乐的,形容词,阴性复数主格。

① ἔτι,此外,副词,承接上文。疑问句。主语是 τί,什么样的,疑问代词,中性单数主格。问句的动词是 διαφέρει,有……不同,现在时,单数第三人称。τῷ ἀκούσια εἶναι,在[它们,指后面的 τὰ κατὰ λογισμὸν ἢ θυμὸν ἁμαρτηθέντα]是违反意愿的这点上,冠词+不定式短语名词性短语,中性单数与格,限定 διαφέρει。τῷ εἶναι,在[它们]是,名词化不定式。其表语是 ἀκούσια,违反意愿的,形容词,中性复数主格。

διαφέρει 的主语是 τὰ κατὰ λογισμὸν ἢ θυμὸν ἁμαρτηθέντα,是出于推理还是出于激情而犯的错,冠词+不定式名词性短语,中性复数主格。τὰ…ἁμαρτηθέντα,那些……犯的错,名词化不定式短语,中性复数主格。ἁμαρτηθέντα,犯错,不定式过去时被动不定式。κατὰ λογισμὸν ἢ θυμόν,出于推理还是出于激情,介词短语,限定 ἁμαρτηθέντα。λογισμὸν ἢ θυμόν,推理还是激情,选择性名词短语,做介词 κατὰ (出于、由于) 的宾语。λογισμόν,推理,名词,阳性单数宾格。θυμόν,激情,名词,阳性单数宾格。

② γὰρ 引入的原因从句。μέν…δὲ… 结构并列句。这里是第一句。主语是 ἄμφω,两者,形容词,双数主格。系动词省略。表语是 φευκτὰ,应当避免的,形容词,中性复数主格。

③ 这里是第二句。复合句。主句的主语是 τὰ ἄλογα πάθη,那些反逻各斯的感受,名词性短语,中性复数主格。ἄλογα,反逻各斯的,形容词,中性复数主格。动词是 δοκεῖ,看来,现在时,单数第三人称。它引出否定系动词不定式短语 οὐχ ἧττον ἀνθρωπικὰ εἶναι,并非就更是不属于人的东西。εἶναι,是,不定式。οὐχ ἧττον,并非更不,否定性副词结构,相当于双否,限定不定式 εἶναι。不定式 εἶναι 的表语是 ἀνθρωπικὰ,属于人的东西,形容词短语,中性复数主格。

④ 这里是上面第二句的省略形式的比较状语从句,由 ὥστε (就如) 引导,作为主句的比较参照。句子的主语是 <αἱ> ἀπὸ θυμοῦ καὶ ἐπιθυμίας,<那些> 出于激情与欲望的行为 (实践),<αἱ> 是学者苏斯密尔 (Susemihl) 所加,[参阅莱克汉姆 (Rackham [1926], 128)],冠词+介词短语名词性短语,阴性复数主格。<αἱ>,那些,前置冠词,指文本前面提到的 πράξεις,阴性复数主格。句子的动词仍然是 δοκεῖ (看来),省略。后接不定式短语 εἶναι ἀνθρωπικὰ (是属于人的),与上面的

δὴ τὸ τιθέναι ἀκούσια ταῦτα.① 荒谬的°。 passion and desire [seem to be]. Hence it [is] absurd to class this sort [of things] as involuntaries.

否定式不定式短语 οὐχ ἧττον ἀνθρωπικὰ εἶναι 对照,省略。
① 简单句。δὴ 在此处的功用是转折地引出一个总结。主语是 τὸ τιθέναι,把……算作……,冠词+不定式名词性短语,中性单数主格。τιθέναι,把……算作……,不定式,现在时主动态。τιθέναι 引出一个直接宾语和一个宾语补语。直接宾语是 ταῦτα,它们,指示代词,指 τὰ ἄλογα πάθη(那些反逻各斯的感受),中性复数宾格。宾语补语是 ἀκούσια,违反意愿的,形容词,中性复数宾格。句子的系动词省略。表语是 ἄτοπον,荒谬的,形容词,中性单数主格。

2

Διωρισμένων δὲ τοῦ τε ἑκουσίου καὶ τοῦ ἀκουσίου, περὶ προαιρέσεως ἕπεται διελθεῖν.① οἰκειότατον γὰρ εἶναι δοκεῖ τῇ ἀρετῇ καὶ μᾶλλον τὰ ἤθη κρίνειν τῶν πράξεων.② ἡ προαίρεσις δὴ ἑκούσιον μὲν φαίνεται, οὐ ταὐτὸν δέ, ἀλλ' ἐπὶ πλέον τὸ ἑκούσιον·③ τοῦ μὲν γὰρ

在对出于意愿的事情和违反意愿的事情做出说明之后,[我们]接下来讨论选择;因为,它看来是最内在于德性的东西,并且比实践更能判断一个人的伦理习性。但选择既显得是出于意愿的又不等同于出于意愿的,而是出于意愿的事情[在范围上]更广些;因为,儿童和其他

With the voluntary and the involuntary thus differentiated, the discourse about choice will come next; for choice seems to be the inmost part of virtue, and judges the ethical traits better than practices. But choice appears [to be] voluntary yet not identical with it, [because]

---

① 简单句。有两个部分。第一个部分是一个独立属格短语。主语是 τοῦ ἑκουσίου καὶ τοῦ ἀκουσίου,出于意愿的事情和违反意愿的事情,名词性短语,中性单数属格。动词是 διωρισμένων,被厘清,διορίζω 的现在时被动态分词,中性复数属格。
句子的主语为不定式 διελθεῖν,去讨论,διέρχομαι 的不定过去时不定式。περὶ προαιρέσεως,关于选择,介词短语,表明讨论的对象,限定 διελθεῖν。προαιρέσεως,选择,名词,阴性单数属格,做介词的间接性的宾语。动词是 ἕπεται,接下来,动词 ἕπομαι 的将来时中被动态,单数第三人称。

② 原因从句。主语是 προαίρεσις,选择,省略。动词是 δοκεῖ,看来,现在时,单数第三人称。它引出两个并列的不定式。第一个是 εἶναι,是,现在时不定式。其表语是 οἰκειότατον,最内在的,形容词最高级,中性单数主格。τῇ ἀρετῇ,德性,名词短语,阴性单数与格,限定不定式系表结构。第二个是 κρίνειν,判断,现在时不定式。其宾语是 τὰ ἤθη,伦理习性,名词短语,中性复数宾格。μᾶλλον,更,更能,副词比较级,限定 κρίνειν。τῶν πράξεων,实践,名词短语,阴性复数属格,作为被比较项。

③ 转折并列句。δὴ 示意语气转折。第一句的主语是 ἡ προαίρεσις,选择。系动词是 φαίνεται,显得,现在时中动,单数第三人称。φαίνεται 引出 μὲν...δέ... 对照结构的两个表语。第一个是 ἑκούσιον,出于意愿的,形容词,中性单数主格,与阴性主语并不一致,中性的表语在谓述抽象的性质。第二个是 οὐ ταὐτὸν,不是同一个的,不等同于出于意愿的,否定形式的指示代词短语,中性单数主格。
ἀλλά (但是) 引导第二句。主语为 τὸ ἑκούσιον,出于意愿的事情,名词性短语,中性单数主格。系动词省略。表语是 ἐπὶ πλέον,更大范围的,更大程度的,介词短语。πλέον,更广,形容词比

ἑκουσίου καὶ παῖδες καὶ τἆλλα ζῷα κοινωνεῖ, προαιρέσεως δ' οὔ, ① καὶ τὰ ἐξαίφνης ἑκούσια μὲν λέγομεν, κατὰ προαίρεσιν δ' οὔ. ②

动物分有意愿,但不分有选择,而且,我们把突发的事情称为出于意愿的,而不是依据选择的ᵃ。

voluntary [is] wider [in extent]; for children and other animals share in the voluntary, but not choice, and we call spontaneous things voluntary rather than call them things in accordance with choice.

οἱ δὲ λέγοντες αὐτὴν ἐπιθυμίαν ἢ θυμὸν ἢ βούλησιν ἤ τινα δόξαν οὐκ ἐοίκασιν ὀρθῶς λέγειν.③ οὐ γὰρ κοινὸν ἡ προαίρεσις καὶ τῶν ἀλόγων, ἐπιθυμία δὲ καὶ

但有些人把选择说成是欲望、激情、愿望或某种意见,看来说得不对。因为,选择不为无逻各斯的事物所共有,欲望和激情则为[它们共有]。并且,不自制者做

But those who take choice [to be] desire or passion or wish or some opinion do not seem to speak rightly. For choice [is] not shared by the *alogos* beings, whereas

---

较级,中性单数宾格。

① 由上面第二句引出的原因从句。并列句。这里是第一句。主语为 παῖδες καὶ τἆλλα ζῷα,儿童和其他动物,名词性短语。παῖδες,儿童,名词,阳性复数主格。τἆλλα ζῷα,其他动物,名词性短语,中性复数主格。动词有两个。一个是 κοινωνεῖ,分有,现在时主动态,单数第三人称。κοινωνεῖ 支配属格宾语 τοῦ ἑκουσίου,出于意愿,名词性短语,中性单数属格。另一个是 οὔ [κοινωνεῖ],而不分有,动词 [κοινωνεῖ] 省略。其间接形式的宾语是 προαιρέσεως,选择,名词,阴性单数属格。

② 这里是第二句。主谓语是 λέγομεν,我们把……称为……,现在时,复数第一人称。其直接宾语是 τὰ ἐξαίφνης,突发的事情,冠词+副词名词性短语,中性复数宾格。ἐξαίφνης,突然地,一瞬间地,副词,限定前置冠词 τὰ。宾语补语有两个。一个是 ἑκούσια,出于意愿的,形容词,中性复数宾格。另一个是 οὒ κατὰ προαίρεσιν,而不是依据选择的,否定形式的介词短语。προαίρεσιν,选择,名词,阴性单数宾格,做介词 κατὰ 的宾语。

③ 简单句。δὲ 示意语气转折。主语是 οἱ λέγοντες αὐτὴν ἐπιθυμίαν ἢ θυμὸν ἢ βούλησιν ἤ τινα δόξαν,有些人把欲望、激情、愿望以及某种意见都说成选择,冠词+分词短语构成的名词性短语,阳性复数主格。οἱ,那些人,冠词,阳性复数主格。λέγοντες,把……称为……的,现在时分词,阳性复数主格。其直接宾语是 αὐτὴν,它,代词,指选择,阴性单数宾格。其间接宾语有四个:ἐπιθυμίαν,欲望,名词,阴性单数宾格;ἢ θυμὸν,或激情,名词,中性单数宾格;ἢ βούλησιν,或愿望,名词,阴性单数宾格;ἤ τινα δόξαν,或某种意见,名词性短语,阴性单数宾格。

句子的动词是 οὐκ ἐοίκασιν,看起来……不。ἐοίκασιν,看起来,完成时主动,复数第三人称。ἐοίκασιν 引出不定式 λέγειν,说。ὀρθῶς,正确,副词,限定 λέγειν。

θυμός.① καὶ ὁ ἀκρατὴς
ἐπιθυμῶν μὲν πράττει,
προαιρούμενος δ' οὔ· ὁ
ἐγκρατὴς δ' ἀνάπαλιν
προαιρούμενος μέν,
ἐπιθυμῶν δ' οὔ.②

καὶ προαιρέσει μὲν
ἐπιθυμία ἐναντιοῦται,
ἐπιθυμία δ' ἐπιθυμίᾳ
οὔ.③ καὶ ἡ μὲν ἐπιθυμία
ἡδέος καὶ ἐπιλύπου, ἡ
προαίρεσις δ' οὔτε λυ-
πηροῦ οὔθ' ἡδέος.④

事出于欲望,而不出于
选择;自制者则相反,做
事出于选择,而不出于
欲望。

并且,欲望与选择相反,
欲望却不与欲望相反。
还有,欲望是对于快乐
的或痛苦的事物的,选
择则既不是对于痛苦
的也不是对于快乐的事
物的[b]。

desire and passion [are].
And, the incontinent man
acts with desire rather
than choice; while the
continent conversely, acts
with choice rather than
desire.

And, desire goes coun-
ter to choice, yet desire
does not go counter to
desire. And, desire [is re-
lated to] the pleasant and
painful things, whereas
the choice [is] neither

---

① 原因从句。省略形式的并列句,οὐ... δὲ... 对照结构。第一句的主语是 ἡ προαίρεσις, 选择, 名词, 阴性单数主格。系动词省略。表语是 οὐ κοινὸν, 不是共有的, 不分享, 否定形式的形容词, 中性单数宾格。τῶν ἀλόγων, 无逻各斯的事物, 形容词短语, 阳性复数属格, 限定 οὐ κοινὸν。
第二句的主语是 ἐπιθυμία δὲ καὶ θυμός, 欲望和激情, 名词短语。ἐπιθυμία, 欲望, 名词, 阴性单数主格; θυμός, 激情, 名词, 中性单数主格。系动词省略。表语 [κοινὸν] 省略。

② 并列句。ὁ μὲν... ὁ δ'... 对照结构。两个句子又各自含有一个 μέν... δ'... 对照结构。第一句的主语是 ὁ ἀκρατής, 不自制者, 冠词+形容词名词性短语, 阳性单数主格。动词是 πράττει, 做, 实践, 现在时, 单数第三人称。ἐπιθυμῶν, 出于欲望, 现在时分词, 阳性单数主格, 表伴随情况。προαιρούμενος δ' οὔ, 而不是出于选择, 否定形式的现在时分词短语, 与 ἐπιθυμῶν 构成对照, 阳性单数主格, 表伴随情况。
第二句的主语是 ὁ ἐγκρατής, 自制者, 冠词+形容词名词性短语, 阳性单数主格。动词 [πράττει] 省略。προαιρούμενος μέν, 出于选择, 现在时分词短语, 阳性单数主格, 表伴随情况。ἐπιθυμῶν δ' οὔ, 而不是出于欲望, 否定形式的现在时分词短语, 表伴随情况。两个分词短语构成对照。ἀνάπαλιν, 相反, 副词, 表明这一句说明的情况正与第一句说明的情况相反。

③ 并列句。μέν... δ'... 对照结构。第一句的主语是 ἐπιθυμία, 即欲望, 名词, 阴性单数主格。动词是 ἐναντιοῦται, 与……相反, 完成时中动, 单数第三人称。后接与格形式的间接性宾语是 προαιρέσει, 选择, 名词, 阴性单数与格。
第二句的主语仍然是 ἐπιθυμία, 欲望。动词 [ἐναντιοῦται] 省略, 只保留了其否定词 οὔ。其间接性的宾语是 ἐπιθυμίᾳ, 欲望, 名词, 阴性单数与格。

④ 并列句。μέν... δ'... 对照结构。第一句的主语是 ἐπιθυμία, 欲望。系动词省略。其后接两个属格作为表语, 表明对象, 与上句动词支配与格宾语构成对照。属格表语一个是 ἡδέος, 快乐的, 形容词, 中性单数属格。另一个是 ἐπιλύπου, 痛苦的, 现在时主动态分词, 中性单数属格。

θυμὸς δ' ἔτι ἧττον·① ἥκιστα γὰρ τὰ διὰ θυμὸν κατὰ προαίρεσιν εἶναι δοκεῖ.②

20 ἀλλὰ μὴν οὐδὲ βούλησίς γε, καίπερ σύνεγγυς φαινόμενον·③ προαίρεσις μὲν γὰρ οὐκ ἔστι τῶν ἀδυνάτων, καὶ εἴ τις φαίη προαιρεῖσθαι, δοκοίη ἂν ἠλίθιος εἶναι·④

然而,[它]更不[是]激情;因为,出于激情的事情最不像是依据于选择的ᶜ。

但是[选择]也不是愿望,虽然它显得像[愿望];因为,选择不相关于不可能的事情,假如有人说他选择了[这样的事情],他就会显得很傻;愿望则相关于不可

[related] to the painful nor to the pleasant. Still less [is it] passion; for the things due to passion seem the least like [the things] accordant with choice.

But nor [is choice] a wish, though it appears akin; for choice is not related to the impossibles, and if anyone says of himself to choose [them], he would seem

---

第二句的主语是 ἡ προαίρεσις,选择。句式同第一句。系动词省略。后面也以否定形式接两个属格表语。一个是 οὔτε λυπηροῦ,不是对于痛苦的事物的。λυπηροῦ,痛苦的事物,形容词,中性单数属格。另一个是 οὔθ' ἡδέος,也不是对于快乐的事物的。ἡδέος,快乐的,同上句。

① 省略形式的简单句。δ' 示意语气转折。主语是上面第二句刚刚谈到的 ἡ προαίρεσις,选择。系动词省略。表语是 θυμός,激情,名词,中性单数主格。ἔτι ἧττον,更不,副词短语,限定省略系动词的系表结构。ἧττον,更加不,更加糟,形容词 κακός(坏,糟)的比较级,中性单数宾格,用作否定性的副词。ἔτι,又,副词,限定 ἧττον。

② 原因从句。主语为 τὰ διὰ θυμὸν,出于激情的事情,冠词+介宾短语名词性短语,中性复数主格。διὰ θυμόν,出于激情的,介宾短语,说明前置冠词 τὰ 的内容。动词是 δοκεῖ,看起来,像,现在时,单数第三人称。δοκεῖ 引出不定式 εἶναι,是,现在时。εἶναι 表语是 κατὰ προαίρεσιν,依据于选择的,介宾短语。ἥκιστα,最不,形容词 κακός 的最高级,中性复数宾格,用作否定性的副词。

③ 简单句。连接副词 ἀλλὰ μὴν(但是)引出句子。有两个部分。第一个部分是句子的基本结构。主语仍然是 ἡ προαίρεσις,选择。省略。系动词是[ἔστιν]οὐδὲ,不[是],[ἔστιν]省略。表语是 βούλησίς,愿望,名词,阴性单数主格。γε,小品词,加强语气。

καίπερ,虽然,即使,连接副词,引导一个宾格独立分词短语。短语的主谓语是 φαινόμενον,[它,指 ἡ προαίρεσις]显得像,φαίνω 的中动态,现在分词,中性单数宾格;其表语是[βούλησίν],愿望,名词,阴性单数宾格,省略。σύνεγγυς,接近,近似,副词,限定系表结构。

④ 并列句。μὲν... δ'... 对照结构。这里是第一句。有两个并列的分句。第一个分句的主语是 προαίρεσις,选择。系动词为 οὐκ ἔστι,不是,不相关于,现在时,单数第三人称。表语是 τῶν ἀδυνάτων,不可能的事情,名词性短语,中性复数属格。

第二个分句是一个主从复合句。καὶ εἴ 引导条件从句。主语是 τις,有人,某个人,不定代词,阳性单数主格。动词是 φαίη,说,现在时主动态,单数第三人称。φαίη 的直接宾语是他本人,合

βούλησις δ' ἐστὶ <καὶ>
τῶν ἀδυνάτων, οἷον
ἀθανασίας.① καὶ ἡ μὲν
βούλησίς ἐστι καὶ περὶ
τὰ μηδαμῶς δι' αὑτοῦ
πραχθέντα ἄν,② οἷον
ὑποκριτήν τινα νικᾶν ἢ
25 ἀθλητήν·③ προαιρεῖται
δὲ τὰ τοιαῦτα οὐδείς,
ἀλλ' ὅσα οἴεται γενέ-
σθαι ἂν δι' αὑτοῦ.④

能的事情,例如不朽。
并且,愿望相关于那些
不大可能由自己做下来
的事情,例如,[愿望]某
个演员或运动员获胜;
然而没有人会选择这样
的事情,而不选择那些
他认为会变得能由他自
己[做下来]的事情。

to be foolish; but wish
is related to the im-
possibles, for instance,
immortality. Also, wish
is related to things [that
could] hardly be done
by oneself, for instance,
for some actor or athlete
to win; no one chooses
such things rather than
things he believes to

理省略。其宾语补语是 προαιρεῖσθαι,选择,现在时不定式。主句部分的主语还是 τις,省略。系动词是 ἂν δοκοίη,看来,现在时主动态,祈愿式,单数第三人称。其后接不定式 εἶναι,是,现在时。其表语是 ἠλίθιος,愚蠢,形容词,阳性单数主格。

① 这里是第二句。主语为 βούλησις,愿望。系动词是 ἐστὶ,是,现在时,单数第三人称。表语是 τῶν ἀδυνάτων,不可能的事情,名词性短语,中性复数属格。οἷον ἀθανασίας,例如不朽,引出例子,补充说明 τῶν ἀδυνάτων。ἀθανασίας,不朽,名词,阴性单数属格。

② 并列句。μὲν... δ'... 对照结构。这里是第一句。主语是 βούλησίς,愿望。系动词是 ἐστι,是,现在时,单数第三人称。表语是 περὶ τὰ μηδαμῶς δι' αὑτοῦ πραχθέντα ἄν,相关于那些不大可能由自己做下来的事情,介词短语。τὰ πραχθέντα ἄν,那些可能……做下来的事情,冠词+分词名词化短语,中性复数宾格,做介词 περὶ 的宾语。πραχθέντα,做下来,不定过去时被动态分词,中性复数宾格。ἄν,语气词,配合不定过去时。μηδαμῶς,不大会,副词,限定 πραχθέντα ἄν。δι' αὑτοῦ,由自己,介词短语,限定 πραχθέντα ἄν。

③ 短语 τὰ μηδαμῶς δι' αὑτοῦ πραχθέντα ἄν 引出一个同格的示例短语,由关系副词 οἷον 引导。短语为不定式结构。不定式的主语是 ὑποκριτήν τινα ἢ ἀθλητήν,某个演员或运动员,名词性短语。ὑποκριτήν τινα,某个演员,不定代词短语,阳性单数宾格。τινα,某个,不定代词,阳性单数宾格。ὑποκριτήν,演员,名词,阳性单数宾格。ἀθλητήν,运动员,名词,阳性单数宾格。不定式是 νικᾶν,战胜,现在时主动态。

④ 这里是第二句。...ἀλλ'... 结构的转折并列句。第一个分句的主语是 οὐδείς,没有人,代词,阳性单数主格。动词是 προαιρεῖται,选择,现在时中动态,单数第三人称。宾语是 τὰ τοιαῦτα,这样的事情,名词性短语,中性复数主格。

ἀλλ' 引导第二个分句。省略句。主语当是一个人,某人,是前面 οὐδείς 的相反面,省略。动词仍是 [προαιρεῖται],选择,省略。其宾语是 [τά] ὅσα...,那些事情,冠词+关系从句名词性短语,中性复数宾格,[τά] 省略。

关系代词 ὅσα(那些)引导定语关系从句,限定前置冠词 [τά]。从句的主谓语是 οἴεται,他认为,现在时,单数第三人称。其直接宾语是 ὅσα,那些事情,中性复数宾格。宾语补语是 γενέσθαι ἄν,成为,变得,不定过去时不定式。δι' αὑτοῦ [πραχθέντα],[能]由自己[做下来]的,省略形式

ἔτι δ' ἡ μὲν βούλησις
τοῦ τέλους ἐστὶ μᾶλλον,
ἡ δὲ προαίρεσις τῶν
πρὸς τὸ τέλος,① οἷον
ὑγιαίνειν βουλόμεθα,
προαιρούμεθα δὲ δι' ὧν
ὑγιανοῦμεν,② καὶ εὐδαι-
μονεῖν βουλόμεθα μὲν
καὶ φαμέν, προαιρούμε-
θα δὲ λέγειν οὐχ ἁρμό-
30 ζει·③ ὅλως γὰρ ἔοικεν ἡ

还有，愿望更多地是相关于目的的，而选择则[更多地相关于]朝向目的的事情，例如我们愿望健康，但我们选择那些由于它们我们[能]保持健康的事情，又如，我们既愿望幸福又[这样]说，但是说我们选择保持幸福就不适合了；因为一般地说，选择看来

become possible [to be done] by himself. Again, wish is related rather to the end, whereas choice the things toward the end, for instance, we wish to be healthy, whereas we choose [the things] by which we make us healthy, and we wish to be happy and say [so], yet it is improper to say

---

的不定过去时被动态分词短语，分词[πραχθέντα]同第一句，中性复数宾格，限定 ὅσα，省略。δι' αὑτοῦ，由他自己，介词短语，限定[πραχθέντα]。

① 连系副词 ἔτι（再有）承上文引出第三点。复合句。主句为 μὲν... δ'... 对照结构的并列句。第一句的主语是 ἡ βούλησις，愿望。系动词 ἐστὶ，是，现在时，单数第三人称。表语是 τοῦ τέλους，目的，名词短语，中性单数属格。μᾶλλον，更加，副词，限定系表结构。
第二句的主语是 ἡ προαίρεσις，选择。系动词省略。表语是 τῶν πρὸς τὸ τέλος，那些朝向目的的事情，冠词+介词短语名词性短语，中性复数属格。πρὸς τὸ τέλος，朝向目的的，介词短语，限定前置冠词 τῶν。

② 关系副词 οἷον 引出两个方式状语从句。这里是第一句。主谓语是 βουλόμεθα，我们愿望，现在时主动，复数第一人称。其宾语是 ὑγιαίνειν，保持健康，现在时不定式。
第二句的主谓语是 προαιρούμεθα，我们选择，现在时主动，复数第一人称。其宾语是[τά]δι' ὧν ὑγιανοῦμεν，[那些]由于它们我们保持健康的事情，冠词+定语关系从句名词化短语，中性复数宾格，前置冠词[τά]省略。δι' ὧν ὑγιανοῦμεν，由于它们我们保持健康，定语关系从句，限定[τά]。从句的主谓语是 ὑγιανοῦμεν，我们保持健康，现在时主动，复数第一人称。δι' ὧν，由于它们（指[τά]，那些事情），介词短语，引导从句，并在从句中限定 ὑγιανοῦμεν。ὧν，它们，关系代词，中性复数属格，做介词 δι' 的间接性的宾语。

③ 这里是前面的关系副词 οἷον 引出的第二个方式状语从句。μὲν... δ'... 对照结构的并列句。第一句包含 καὶ... καὶ...（既……又……）结构的两个并列子句。第一个子句的主谓语是 βουλόμεθα，我们愿望。其宾语是 εὐδαιμονεῖν，保持幸福，现在时不定式。第二个子句的主谓语是 φαμέν，我们说，现在时，复数第一人称。其宾语是[εὐδαιμονεῖν βουλόμεθα]，[我们愿望保持幸福]，省略。
第二句是一个复合句。主句的主语是[εὐδαιμονεῖν]προαιρούμεθα δὲ λέγειν，说我们选择保持幸福，现在时不定式短语。λέγειν，说，现在时不定式。它引出一个省略了前置关系代词的宾语从句，[εὐδαιμονεῖν]προαιρούμεθα，我们选择保持幸福。从句的主谓语是 προαιρούμεθα，我们

προαίρεσις περὶ τὰ ἐφ' ἡμῖν εἶναι.①	是相关于在我们能力以内的事情的ᵈ。	[that] we choose [to be happy]; for in general, choice seems to be related to the things up to us.
οὐδὲ δὴ δόξα ἂν εἴη·② ἡ μὲν γὰρ δόξα δοκεῖ περὶ πάντα εἶναι, καὶ οὐδὲν ἧττον περὶ τὰ ἀίδια καὶ τὰ ἀδύνατα ἢ τὰ ἐφ' ἡμῖν·③ καὶ τῷ ψευδεῖ καὶ ἀληθεῖ διαιρεῖται, οὐ τῷ κακῷ καὶ ἀγαθῷ, ἡ προαίρεσις δὲ τούτοις μᾶλλον.④	然而[选择]也不可能是意见；因为，意见似乎是对于所有事情的，不只相关于那些永恒的和不可能的事情，也相关于在我们能力以内的事情；并且，[意见]被区别于假与真，而不是恶与善，而选择则更[被区别]于恶与善。	But nor could choice be opinion; for opinion seems to be related to all things, no less to the eternal and the impossible than to the things up to us; and, [opinion] is differentiated into false and true, not bad and good, whereas choice

选择，同上句动词。其宾语是[εὐδαιμονεῖν]，保持幸福，现在时不定式，省略。主句的动词是οὐχ ἁρμόζει，不适合。

① 原因从句。主语是ἡ προαίρεσις，选择。系动词是ἔοικεν，看来，现在时，单数第三人称。后面接不定式εἶναι，是，现在时。其表语是περὶ τὰ ἐφ' ἡμῖν，相关于那些在我们能力之内的事情，介词短语。τὰ ἐφ' ἡμῖν，在我们能力范围之内的事情，冠词+介词短语名词性短语，中性复数宾格，做介词περὶ 的宾语。ἐφ' ἡμῖν，在我们能力范围之内的，介词短语，说明前置冠词τὰ。ὅλως，一般地说，副词，限定整个句子。

② 简单句。主谓语是否定形式的系动词οὐδὲ ἂν εἴη，它(指ἡ προαίρεσις)也不是，现在时主动态，祈愿式。其表语是δόξα，意见，名词，阴性单数主格。

③ 原因从句。主语是ἡ δόξα，意见，名词，阴性单数主格。动词是δοκεῖ，似乎，现在时，单数第三人称。其后接不定式εἶναι，是，现在时。其表语是περὶ πάντα，相关于所有事情，介词短语。短语περὶ πάντα引出两个οὐδὲν ἧττον... ἢ...（不只……也……）对照并列结构的进一步解释的同位短语。一个是οὐδὲν ἧττον περὶ τὰ ἀίδια καὶ τὰ ἀδύνατα，不只相关于永恒的和不可能的事情。τὰ ἀίδια，那些永恒的事物，名词性短语，中性复数宾格。ἀίδια，永恒的，形容词，中性复数宾格。τὰ ἀδύνατα，那些不可能的事情，名词性短语，中性复数宾格。另一个是ἢ[περὶ]τὰ ἐφ' ἡμῖν，也[相关于]那些在我们能力之内的事情，介词[περὶ]省略。τὰ ἐφ' ἡμῖν，那些在我们能力之内的事情，冠词+介词短语名词性短语，中性复数宾格，做介词[περὶ]的宾语。

④ 并列句。第一句的主语是ἡ δόξα，省略。动词是διαιρεῖται，被区分，现在时被动态，单数第三人称。它引出两个与格名词性短语作为其限定语。一个是τῷ ψευδεῖ καὶ ἀληθεῖ，在于假与真，名词性短语，中性单数与格。ψευδεῖ，虚假，名词，中性单数与格。ἀληθεῖ，真的，形容词，中性单数与格。第二个是οὐ τῷ κακῷ καὶ ἀγαθῷ，不在于恶与善，名词性短语，中性单数与格。

第二句的主语是ἡ προαίρεσις，选择。动词διαιρεῖται省略。τούτοις，在于这后一对(指τῷ

1112a ὅλως μὲν οὖν δόξῃ ταὐτὸν ἴσως οὐδὲ λέγει οὐδείς.① ἀλλ' οὐδὲ τινί·② τῷ γὰρ προαιρεῖσθαι τἀγαθὰ ἢ τὰ κακὰ ποιοί τινές ἐσμεν, τῷ δὲ δοξάζειν οὔ.③ καὶ προαιρούμεθα μὲν λαβεῖν ἢ φυγεῖν [ἢ] τι τῶν τοιούτων, δοξάζομεν δὲ τί ἐστιν ἢ τίνι συμφέρει

5 ἢ πῶς·④ λαβεῖν δ' ἢ

所以, 也许没有人总体上把[选择]等同于意见。但是也[没有人把选择等同于]某种[意见]; 因为, 我们是什么样的人在于[我们]选择善的还是恶的事情, 而不在于[我们对它们]持有何种意见。而且, 我们选择去抓住还是去避开某种这类事情, 但我们就它是什么, 对谁

[is] [differentiated] rather in the latter pair. Therefore, perhaps no one identifies [choice] generally with opinion. But nor [will anyone identify it] with any particular opinion; for, it is by choosing the good or the evil things, not by holding some opinion toward them, we are certain sort of person. Besides, we choose to

---

κακῷ καὶ ἀγαθῷ), 代词, 限定省略的动词 διαιρεῖται。μᾶλλον, 更, 副词, 限定 διαιρεῖται。

① 简单句。οὖν（所以）示意承接上文引出看法。主语是 οὐδείς, 没有人, 否定形式的不定代词, 阳性单数主格。οὐδὲ, 不, 否定词, 起加强否定语气作用。动词是 λέγει, 把……说成……, 现在时, 单数第三人称。其直接宾语是[προαίρεσιν], 选择, 阴性单数宾格, 省略。其宾语补语是 ταὐτὸν, 同于这个的, 形容词, 中性单数宾格。δόξῃ, 意见, 名词, 阴性单数与格, 限定 ταὐτὸν。ἴσως, 也许, 副词；ὅλως, 总体上, 副词, 限定整个句子。

② 简单句。ἀλλά（但是）示意转折承接前文。省略句。主语 οὐδείς、动词 λέγει、直接宾语[προαίρεσιν]与宾语补语 ταὐτὸν 同上句, 均省略。οὐδὲ, 也不, 同于上句, 起加强否定语气作用。句子保留的主要部分是[δόξῃ] τινί, 某种[意见], 不定代词短语, 阴性单数与格, 限定被省略的宾语补语[ταὐτὸν]。

③ 原因从句。并列句。这里是第一句。主谓语是 ἐσμεν, 我们是, 现在时, 复数第一人称。其表语是 ποιοί τινές, 什么样的人, 疑问代词短语, 阳性复数主格。这个基本结构引出两个与格短语作为限定, 两个短语以 τῷ [μὲν]... τῷ δὲ... 结构（[μὲν] 被省略）构成对照。第一个短语是 τῷ προαιρεῖσθαι τἀγαθὰ ἢ τὰ κακὰ, 在于[我们] 选择善的还是恶的事情, 冠词+不定式短语名词化短语, 中性单数与格。τῷ προαιρεῖσθαι, [我们] 选择, 冠词+不定式。不定式 προαιρεῖσθαι 引出选择性的宾语短语 τἀγαθὰ ἢ τὰ κακὰ, 善的还是恶的事情, 名词性短语, 中性复数宾格。

第二个短语是 τῷ δὲ δοξάζειν οὔ, 而不在于[我们对它们——善与恶的事情] 持有何种意见, 否定形式的冠词+不定式名词性短语, 中性单数与格。τῷ... οὔ, 不在于, δοξάζειν, 持有意见, 现在时不定式。其宾语是上文所说的善的或恶的事情。

④ 这里是原因从句的第二句。并列句。μὲν... δὲ... 对照结构。第一个分句的主谓语是 προαιρούμεθα, 我们选择, 现在时, 复数第一人称。其后接两个选择并列不定式 λαβεῖν ἢ φυγεῖν, 去抓住还是去避开, 现在时。其宾语是 τι τῶν τοιούτων, 某种这类事情, 不定代词短语, 中性单

φυγεῖν οὐ πάνυ δοξάζο-μεν.①	有益,或以何种方式[有益],提出意见;我们完全不就要去抓住还是避开[它]持有意见。	take or avoid something of this sort, whereas we opine as to what it is, or whom it benefits, or in what way; we absolutely do not opine about whether to take or avoid it.
καὶ ἡ μὲν προαίρεσις ἐπαινεῖται τῷ εἶναι οὐ δεῖ μᾶλλον, ἢ τῷ ὀρθῶς,② ἡ δὲ δόξα τῷ ὡς ἀληθῶς.③ καὶ προαι-	并且,一个选择受称赞更多地是由于[它]是应当[选择]的,或者[选择得]正确,而一种意见[受称赞]则是由于[它	In addition, a choice is more praised for its being what one ought, or its right way, whereas an opinion [is praised]

数宾格。τῶν τοιούτων,这类事情,代词短语,指上文所说善的或恶的事情。K^b本作[ἤ]τι τῶν τοιούτων。此处依莱克汉姆(Rackham[1926],132)视为缀加。

第二个分句的主谓语是 δοξάζομεν,我们持有意见,现在时,复数第一人称。其后接…ἤ…ἤ…选择并列结构的三个宾语从句。第一个是 τί ἐστιν,它是什么。主谓语是 ἐστιν,它(指 τι τῶν τοιούτων)是;表语是 τί,什么。第二个是 ἤ τίνι συμφέρει,它对谁有益。主谓语是 συμφέρει,它有利,其间接宾语是 τίνι,对谁。第三个是 ἤ πῶς,[它]以什么方式[对他有益]。主谓语与间接性宾语与第二句同,副词状语是 πῶς,以什么方式。

① 上述第二个分句的延伸部分。主谓语是 οὐ πάνυ δοξάζομεν,我们完全不……持有意见,现在时,复数第一人称。οὐ πάνυ,完全不,否定性的副词短语,限定 δοξάζομεν(持有意见)。谓语 δοξάζομεν 仍然接两个选择并列不定式 λαβεῖν ἤ φυγεῖν,去抓住还是避开。其宾语是[τι τῶν τοιούτων],省略。

② 并列句。ἡ μὲν… ἡ δὲ… 对照结构。这里是第一句。主语是 ἡ μὲν προαίρεσις,选择。动词是 ἐπαινεῖται,受到称赞,现在时被动,单数第三人称。ἐπαινεῖται 引出 τῷ…τῷ…(由于……或由于……)结构的两个与格不定式短语做限定。第一个短语是 τῷ εἶναι οὐ δεῖ μᾶλλον,更多地是由于[它]是应当[选择]的,冠词+不定式短语名词化短语,中性单数与格。τῷ,那,那个,冠词,中性单数与格。εἶναι,是,现在时不定式。其表语是 του,那种,前置冠词,中性单数属格,表属有关系,省略。οὗ(=του+ὅ)所包含的关系代词 ὅ 引导一个定语关系从句,限定省略的前置冠词 του。从句为 δεῖ 无人称句,意义是应当……。后面省略了不定式 προαιρεῖσθαι(选择)。不定式[προαιρεῖσθαι]的宾语是 ὅ,那,关系代词,中性单数宾格,关系代词 ὅ 引导关系从句,并在从句中做省略了的不定式的宾语。μᾶλλον,更多地,副词,限定整个短语。

第二个与格短语是 ἤ τῷ [προαιρεῖσθαι] ὀρθῶς,或者由于[选择得]正确,冠词+不定式短语,中性单数与格。不定式[προαιρεῖσθαι]省略。ὀρθῶς,正确地,副词,限定省略的不定式[προαιρεῖσθαι]。

③ 这里是第二句。主语是 ἡ δόξα,意见。动词[ἐπαινεῖται]省略。[ἐπαινεῖται]同样有一个

ρούμεθα μὲν ἃ μάλιστα ἴσμεν ἀγαθὰ ὄντα, δοξάζομεν δὲ ἃ οὐ πάνυ ἴσμεν.① δοκοῦσι δὲ οὐχ οἱ αὐτοὶ προαιρεῖσθαί τε ἄριστα καὶ δοξάζειν, ἀλλ' ἔνιοι δοξάζειν μὲν ἄμεινον, διὰ κακίαν δ' αἱρεῖσθαι οὐχ ἃ δεῖ.②

是]以真实的方式[持有的]。并且,我们选择我们最知其为善的事情,我们对我们并不完全知道的事物持有意见。而且,看来也并不是同一些人既选择得最好,又持有最好的意见,而是,有些人看来持有比较好的意见,但由于恶而不去追求所应该[追求]的

for [its] truthfulness. And, we choose what we know best to be good, whereas we opine on what we do not know clearly. And, it is not the same group of people who choose and opine best, rather, some [seem] to opine better yet do not pursue what they should

---

与格短语限定它:τῷ[δοξάζειν]ὡς ἀληθῶς,由于以真实的方式[持有意见],冠词+不定式短语名词化短语,中性单数与格,不定式[δοξάζειν]省略。ὡς ἀληθῶς,以真实的方式,副词短语,限定省略的不定式[δοξάζειν]。

① 并列句。μὲν...δὲ... 结构。第一句的主谓语是 προαιρούμεθα,我们选择,现在时,复数第一人称。其宾语是[τά] ἃ μάλιστα ἴσμεν ἀγαθὰ ὄντα,我们最知道其为善的事物,前置冠词+定语关系从句名词性短语,中性复数宾格。前置冠词[τά](中性复数宾格)省略。关系代词 ἃ (那些)引导定语从句。从句的主谓语是 ἴσμεν,我们知道,οἶδα 的完成时陈述式,复数第一人称。其直接宾语是 ἃ,那些,关系代词,中性复数宾格。宾语补语是 ὄντα ἀγαθὰ,是好的,分词短语,中性复数宾格。μάλιστα,最,副词,限定 ἴσμεν。
第二句的主谓语是 δοξάζομεν,我们对……持有意见。其宾语是[τά] ἃ οὐ πάνυ ἴσμεν,我们不完全知道的事物,前置冠词+定语关系从句名词性短语,中性复数宾格。前置冠词[τά](中性复数宾格)省略。关系代词 ἃ (那些)引导定语从句。从句的主谓语是 οὐ πάνυ ἴσμεν,我们不完全知道。ἴσμεν,知道,οἶδα 的完成时陈述式,复数第一人称。其直接宾语是 ἃ,那些,关系代词,中性复数宾格。οὐ πάνυ,不完全,副词短语,限定 ἴσμεν。

② 转折并列句。οὐχ... ἀλλ'... (不是……而是……)结构。第一句的主语是 οὐχ οἱ αὐτοὶ,不是同一些人,名词性短语,阳性复数主格。动词是 δοκοῦσι,看起来,现在时,复数第三人称。它引出两个并列不定式 προαιρεῖσθαί καὶ δοξάζειν,选择与持有意见。προαιρεῖσθαί,选择,现在时中动。δοξάζειν,持有意见,提出意见,现在时主动。两个不定式的共同宾语为 ἄριστα,最好的,形容词最高级。
第二句的主语为 ἔνιοι,有些人,代词,阳性复数主格。动词仍然是 δοκοῦσι,看起来,省略。其后接两个不定式,μὲν...δὲ... 结构。第一个是 δοξάζειν,持有意见。其宾语是 ἄμεινον,较好的,形容词比较级,中性单数宾格。第二个是 αἱρεῖσθαι οὐχ,不去追求,现在时中动。其宾语是[τά] ἃ δεῖ,[那些]他[们]应当去[追求]的,冠词+定语关系从句名词性短语,中性复数宾格。前置冠词[τά](中性复数宾格)省略。关系代词 ἃ (那些)引导定语从句。从句的主谓语是 δεῖ [αἱρεῖσθαι],他[们]应当[去追求]的,现在时,单数第三人称。不定式[αἱρεῖσθαι]省略。其宾语是 ἃ,那些事情,关系代词,中性复数宾格。διὰ κακίαν,由于恶,介词短语,限定 αἱρεῖσθαι οὐχ。

εἰ δὲ προγίνεται δόξα τῆς προαιρέσεως ἢ παρακολουθεῖ, οὐδὲν διαφέρει·① οὐ τοῦτο γὰρ σκοποῦμεν, ἀλλ' εἰ ταὐτόν ἐστι δόξῃ τινί.②

τί οὖν ἢ ποῖόν τι ἐστίν, ἐπειδὴ τῶν εἰρημένων οὐθέν·③ ἑκούσιον μὲν δὴ φαίνεται, τὸ δ' ἑκούσιον οὐ πᾶν προαιρετόν.④ ἀλλ' ἆρά γε τὸ

事情。
但意见是先于选择还是跟随选择而形成，这并没有什么区别；因为，我们要研究的不是这个，而是选择是否就是某种意见ᵉ。

那么，[选择]是什么或怎样一种事物，既然[它]不[是]所谈到过的那些事物？它显然[是]出于意愿的，可是出于意愿的并非都出于

because of their vice.
However, whether opinion precedes or follows choice makes no difference; for we are not examining this, but whether or not [choice] is identical with some particular opinion.

What or what sort of thing, then, is [choice], since [it is] not the [things] mentioned? Choice seems [to be] voluntary, yet not all

---

① 复合句。主语从句的主语是 δόξα, 意见, 阴性单数主格。它引出 εἰ...ἢ... (是……还是……) 选择结构的两个动词。第一个是 προγίνεται, 先于……形成, 现在时中动, 单数第三人称。另一个是 παρακολουθεῖ, 跟随, 伴随, 现在时主动, 单数第三人称。它们的共同的间接性的宾语是 τῆς προαιρέσεως, 选择, 名词, 阴性单数属格。
主句的动词是 οὐδὲν διαφέρει, 没有什么差别, 现在时, 单数第三人称。

② 原因从句。主谓语为 σκοποῦμεν, 我们研究, 现在时, 复数第一人称。其宾语有 οὐ... ἀλλ'... (不是……而是……) 结构的两个部分。第一个部分是 οὐ τοῦτο, 不是这个, 否定性形式的指示代词, 中性单数宾格。第二个部分是 ἀλλ' εἰ ταὐτόν ἐστι δόξῃ τινί, 而是它是否就是某种意见, 宾语从句。εἰ, 是否, 连词, 引导宾语从句。从句的主谓语是 ἐστι, 它 (指 προαίρεσις) 是, 现在时, 单数第三人称。表语是 ταὐτόν, 那同一个, 等同于, 形容词, 中性单数主格。其后接 δόξῃ τινί, 某种意见, 名词性短语, 阴性单数与格。

③ 疑问句。复合句。主句的主谓语 ἐστίν, 它 (指 προαίρεσις) 是, 现在时, 单数第三人称。它有两个疑问词表语, 以 ἢ (或者) 相互连系。一个是 τί, 什么, 疑问代词, 中性单数主格。另一个是 ποῖόν τι, 怎样一种事物, 疑问词短语, 中性单数主格。
让步条件从句由 ἐπειδὴ (既然) 引导。主谓语同主句, 省略。表语是 οὐθέν, [不是]任何一个, 否定性形容词, 中性单数主格。τῶν εἰρημένων, 所谈到过的事情, 冠词 + 分词名词性短语, 中性复数属格, 限定 οὐθέν。

④ 并列句。μὲν...δ'... 结构。第一句的主谓语是 φαίνεται, 它 (指 προαίρεσις) 显然是, 现在时, 单数第三人称。表语是 ἑκούσιον, 出于意愿的, 形容词, 中性单数主格。
第二句主语是 τὸ ἑκούσιον, 出于意愿的事情, 名词性短语, 中性单数主格。οὐ πᾶν [φαίνεται], 显然不都是, [φαίνεται] 省略。其表语为 προαιρετόν, 选择的, 动形词, 中性单数主格。

προβεβουλευμένον;①
ἡ γὰρ προαίρεσις μετὰ
λόγου καὶ διανοίας.②
ὑποσημαίνειν δ' ἔοικε
καὶ τοὔνομα ὡς ὂν πρὸ
ἑτέρων αἱρετόν.③

选择。但至少,[是]被预先考虑过的[出于意愿]事情? 因为,选择[是]伴随着逻各斯和理智的。但是,[选择]这个名字似乎又意味,它是先于别的事情而选取的ᶠ。

voluntary things are worth choice. But [is choice], at least, a voluntary thing with prior deliberation? For, choice [goes along] with *logos* and intellect. The name, however, seems to imply [that it] is a pursuit of a thing prior to other things.

① ἆρά γε (但至少) 引出疑问句。ἀλλ᾽ 示意语气的转折。主谓语是 [φαίνεται], 它(指 προαίρεσις) 显然是, 现在时, 单数第三人称, 省略。表语是 τὸ προβεβουλευμένον, 被预先考虑过的 [出于意愿] 东西, 冠词加分词名词性短语, 中性单数主格。προβεβουλευμένον, 被预先考虑的, 动词 προ (预先) +βουλεύω (考虑) 的完成时被动分词, 中性单数主格。

② 原因从句。主语是 προαίρεσις, 系动词省略。表语为 μετὰ λόγου καὶ διανοίας, 有逻各斯和理智伴随着的, 介词短语。λόγου, 逻各斯, 名词, 阳性单数属格; διανοίας, 理智, 名词, 阴性单数属格, 做介词 μετὰ 的间接性的宾语。

③ 简单句。δ᾽ 示意语气的转折。主语是 τοὔνομα, 这个名字, 指 προαίρεσις, 名词, 中性单数主格。动词是 ἔοικε, 看起来, 现在时, 单数第三人称。它引出不定式 ὑποσημαίνειν, 意味, 暗示。ὑποσημαίνειν 引出独立分词宾语短语, ὡς ὂν πρὸ ἑτέρων αἱρετόν, 它是先于别的事情而选取的, 中性单数主格。分词短语的主谓语是 ὄν, 它(指 προαίρεσις) 是, 现在时分词, 中性单数主格。表语是 πρὸ ἑτέρων αἱρετόν, 先于别的事情而选取的。αἱρετόν, 选取的, 动形词, 中性单数主格。πρὸ ἑτέρων, 先于别的事情, 介词短语, 限定 αἱρετόν。ὡς, 以这样的方式, 连接副词, 限定分词短语。

3

Βουλεύονται δὲ πότερα περὶ πάντων, καὶ πᾶν βουλευτόν ἐστιν, ἢ περὶ ἐνίων οὐκ ἔστι βουλή;① λεκτέον δ' ἴσως βουλευτὸν οὐχ ὑπὲρ οὗ βουλεύσαιτ' ἄν τις ἠλίθιος ἢ μαινόμενος, ἀλλ' ὑπὲρ ὧν ὁ νοῦν ἔχων.②

人们是对于所有的事情都考虑,并且,所有事情都可以考虑,还是,考虑并不是对于某些事情的? 不过,我们要谈论的可以考虑的事情也许并不是一个傻子或疯子会考虑的那种事情,而是有努斯的人[会考虑]的那些事情[a]。

Do people deliberate about all things, and, is everything an object of deliberation, or, are some things not objects of deliberation? But we should, perhaps, talk of as worthy of deliberation not what a fool or madman might deliberate,

---

① 并列句。πότερα...ἤ...(是……还是……)结构的选择疑问句。第一句有两个子句。第一个子句的主谓语是 βουλεύονται,人们考虑,现在时中动态,复数第三人称。περὶ πάντων,对于所有的事情,介词短语,限定 βουλεύονται。第二个子句的主语是 πᾶν,所有的[事情],形容词,此处用作名词,中性单数主格。系动词是 ἐστιν,是,现在时,单数第三人称。表语是 βουλευτόν,可以考虑的,动形词,中性单数主格。

第二句的主语是 βουλή,考虑,审议,名词,阴性单数主格。系动词是 οὐκ ἔστι,不是,现在时,单数第三人称。περὶ ἐνίων,对于一些事情,介词短语,限定 οὐκ ἔστι。

② 复合句。主句是 λεκτέον 无人称句。λεκτέον,要谈论的,应当谈论的,动形词,中性单数主格。其宾语由 οὐχ...ἀλλά...(不是……而是……)结构的两个并列的部分构成。οὐχ... 部分,主语是[τό]ὑπὲρ οὗ βουλεύσαιτ' ἄν τις ἠλίθιος ἢ μαινόμενος,一个傻子或疯子会考虑的那种事情,冠词+定语关系从句名词性短语,中性单数主格,前置冠词[τό]省略。定语从句的主语是 τις ἠλίθιος ἢ μαινόμενος,某个傻子或疯子,不定代词短语,阳性单数主格。τις,某人,不定代词,阳性单数主格。ἠλίθιος,傻的,形容词;μαινόμενος,疯的,现在时分词,阳性单数主格。动词是 βουλεύσαιτ' ἄν,会考虑,βουλεύω 的不定过去时中动态,祈愿式,单数第三人称。ὑπὲρ οὗ,对于那个,介词短语,限定 βουλεύσαιτ' ἄν。οὗ,那个,关系代词,指[τό],中性单数属格,引导从句,并在从句中做介词 ὑπέρ 的间接性的宾语。

ἀλλά... 部分,主语是[τά]ὑπὲρ ὧν ὁ νοῦν ἔχων,有努斯的人[会考虑]的那些事情,冠词+定语关系从句名词性短语,中性复数主格,前置冠词[τά]省略。定语从句的主语是 ὁ νοῦν ἔχων,一个有努斯的人,冠词+分词短语名词性短语,阳性单数主格。νοῦν ἔχων,有努斯的,现在时分词短语,阳性单数主格,限定前置冠词 ὁ。动词 βουλεύσαιτ' ἄν(会考虑)省略。ὑπὲρ ὧν,对于那些,介词短语,限定 βουλεύσαιτ' ἄν。ὧν,那些,关系代词,指[τά],中性复数属格,引导从句,并在从句中做介词 ὑπέρ 的间接性的宾语。

περὶ δὴ τῶν ἀϊδίων οὐδεὶς βουλεύεται, οἷον περὶ τοῦ κόσμου, ἢ τῆς διαμέτρου καὶ τῆς πλευρᾶς ὅτι ἀσύμμετροι.① ἀλλ' οὐδὲ περὶ τῶν ἐν κινήσει, ἀεὶ δὲ κατὰ ταὐτὰ γινομένων, εἴτ' ἐξ ἀνάγκης εἴτε καὶ φύσει ἢ διά τινα αἰτίαν ἄλλην, οἷον τροπῶν καὶ ἀνατολῶν.②

然而,没有人去考虑永恒的事物,如宇宙,或这个事实:对角线和边[是]不等的。但是,也没有人[去考虑]那些在运动或是出于必然,或是由于自然,或是因其他某种原因而总是以同一方式运动的事物,例如回归和日出。

but what a man having *nous* would. No one deliberates, however, on eternal things, for instance, on the cosmos, or the fact that diagonal and the side [are] incommensurable. But nor [will one deliberate] on things in motion yet always happen in the same way, either out of necessity or nature or *via* some other cause,

---

主句的动形词 λεκτέον 还引出一个宾语补语 βουλευτὸν, 可以考虑的, 形容词, 中性单数主格。ἴσως, 也许, 副词, 限定 λεκτέον。

① 复合句。δὴ 示意语气的转折。主句的主语是 οὐδείς, 没有人, 否定性代词, 阳性单数主格。动词是 βουλεύεται, 考虑, 现在时, 单数第三人称。βουλεύεται 引出两个后续部分。第一个是 περὶ τῶν ἀϊδίων, 对于永恒的事物, 介词短语, 限定 βουλεύεται。τῶν ἀϊδίων, 永恒的事物, 名词短语, 也可以看作 βουλεύεται 的间接性的宾语。ἀϊδίων, 永恒的, 形容词, 阳性复数属格。由关系副词 οἷον 引出 περὶ τῶν ἀϊδίων 的一个具体的示例, περὶ τοῦ κόσμου, 对于宇宙, 介词短语, 作用同前。κόσμου, 宇宙, 名词短语, 阳性单数属格, 做介词 περὶ 的间接性的宾语, 也可以看作动词 βουλεύεται 的间接性的宾语。

第二个是 ὅτι 引导的宾语从句, ἢ τῆς διαμέτρου καὶ τῆς πλευρᾶς ὅτι ἀσύμμετροι, 或[正方形的]对角线和边[是]不等的这个事实。ὅτι, 这个事实, 关系代词, 引导从句。宾语从句的逻辑主语是 τῆς διαμέτρου καὶ τῆς πλευρᾶς, [正方形的]对角线和边。τῆς διαμέτρου, 对角线, 名词短语, 阴性单数属格; τῆς πλευρᾶς, 边, 名词短语, 阴性单数属格。从句的系动词省略。其表语是 ἀσύμμετροι, 不等的, 不可公度的, 形容词, 阴性复数主格。从句的逻辑主语是[τῆς διαμέτρου καὶ τῆς πλευρᾶς], 对角线和边, 省略。系动词省略。

② 简单句。ἀλλά (但是) 示意转折承接上句。οὐδὲ, 不, 没有, 否定词, 等于上文的 οὐδεὶς βουλεύεται (没有人去考虑)。περὶ τῶν ἐν κινήσει, ἀεὶ δὲ κατὰ ταὐτὰ γινομένων, 对于那些在运动但总是以同一方式出现的事物, 介词短语, 限定被省略的动词[βουλεύεται]。τῶν...γινομένων, 出现的事物, 冠词 + 分词名词性短语, 中性复数属格, 做介词 περὶ 的间接性的宾语。ἐν κινήσει, 在运动中, 介词短语; ἀεὶ κατὰ ταὐτὰ, 总是以同一方式, 副词 + 介词短语, 限定 τῶν...γινομένων。副词短语 ἀεὶ κατὰ ταὐτὰ 引出三个副词短语, εἴτε...εἴτε...ἢ... (或是……或是……或) 并列结构, 对它做进一步的说明。第一个是 ἐξ ἀνάγκης, 出于必然。ἀνάγκης, 必然, 必然性, 名词, 阴性单数

οὐδὲ περὶ τῶν ἄλλοτε ἄλλως, οἷον αὐχμῶν καὶ ὄμβρων.[①] οὐδὲ περὶ τῶν ἀπὸ τύχης, οἷον θησαυροῦ εὑρέσεως.[②]

也没有人[去考虑]那些有时另样地出现的事物，如干旱和降雨。也没有人[去考虑]那些由运气带来的事情，例如发现珍宝。

for instance, tropics and sunrises. Nor [will one deliberate] on things [happening] sometimes in different ways, for instance, droughts and rains. Nor [will one deliberate] on things of chance, for instance, discovery of treasure.

οὐ γὰρ γένοιτ᾽ ἂν τούτων οὐθὲν δι᾽ ἡμῶν.[③] βου-

因为，这些事情没有一件会因我们而发生。然

For none of these things could happen because

属格，做介词 ἐς 的间接性的宾语。第二个是 φύσει，自然，名词，阴性单数与格，表由于或被自然造成之意。第三个是 διά τινα αἰτίαν ἄλλην，因某种其他原因。τινα αἰτίαν ἄλλην，某种其他原因，名词性短语，阴性单数宾格，做介词 διά 的宾语。

τῶν ἐν κινήσει, ἀεὶ δὲ κατὰ ταὐτὰ γινομένων（那些在运动但总是以同一方式出现的事物）引出两个示例，由关系副词 οἷον 引导。τροπῶν，回归，名词，阴性复数属格。ἀνατολῶν，日出，名词，阴性复数属格。分别指太阳的回归和升起（有的译本认为不仅指太阳，而是指所有星辰）。

① 简单句。仍然是以 οὐδὲ（不，没有）替代上文的 οὐδεὶς βουλεύεται（没有人去考虑）的结构。περὶ τῶν ἄλλοτε ἄλλως，对于那些有时另样[地出现]的事物，介词短语，限定省略了的动词[βουλεύεται]。τῶν ἄλλοτε ἄλλως[γινομένων]，那些有时另样[地出现]的事物，冠词+副词名词性+分词名词性短语，中性复数属格，做介词 περὶ 的间接性的宾语，现在时分词[γινομένων，出现]省略。τῶν…[γινομένων]，[出现]的事物，冠词+分词名词性短语，中性复数属格，做介词 περὶ 的间接性的宾语。ἄλλοτε，有时，在不同时间，副词；ἄλλως，另样地，副词，限定 τῶν…[γινομένων]。

τῶν ἄλλοτε ἄλλως[γινομένων]（那些有时另样[地出现]的事物）引出两个示例，由关系副词 οἷον 引导。αὐχμῶν，干旱，名词，阳性复数属格。ὄμβρων，降雨，名词，阳性复数属格。

② 简单句。仍然是以 οὐδὲ（不，没有）替代上文的 οὐδεὶς βουλεύεται（没有人去考虑）的结构。περὶ τῶν ἀπὸ τύχης，对于那些由运气带来的事情，介词短语，限定省略了的动词[βουλεύεται]。τῶν ἀπὸ τύχης，那些由运气带来的事情，冠词+介词短语名词性短语，中性复数属格，做介词 περὶ 的间接性的宾语。ἀπὸ τύχης，由运气带来的，介词短语，限定前置冠词 τῶν。

τῶν ἀπὸ τύχης（那些由运气带来的事情）引出一个示例，由关系副词 οἷον 引导。θησαυροῦ εὑρέσεως，发现财宝，名词性短语，阴性单数属格，与 τύχης 同格。εὑρέσεως，发现，名词，阴性单数属格。它支配 θησαυροῦ，财宝，名词，阳性单数属格，在语法上称为客体属格。

③ 原因从句。简单句。主语为 οὐθὲν，没有一个，没有一件事情，否定性的不定代词，中性单数主格。τούτων，这些，指示代词，指上文列举的那些事情，中性复数属格。动词是 γένοιτο ἄν，会

λευόμεθα δὲ περὶ τῶν ἐφ' ἡμῖν καὶ πρακτῶν[①] (ταῦτα δὲ καὶ ἔστι λοιπά·[②] αἰτίαι γὰρ δοκοῦσιν εἶναι φύσις καὶ ἀνάγκη καὶ τύχη, ἔτι δὲ νοῦς καὶ πᾶν τὸ δι' ἀνθρώπου[③]). [ἀλλ' οὐδὲ περὶ τῶν ἀνθρωπίνων ἁπάντων, οἷον πῶς ἂν Σκύθαι ἄριστα πολιτεύοιντο οὐδεὶς Λακεδαιμονίων βουλεύεται.][④] τῶν δ' ἀνθρώπων

而我们考虑取决于我们和属于实践的事情（这些也就是余下的那部分[原因]；因为，原因看来是自然、必然和运气，但还有努斯和所有由于人[而造成]东西）。但是，也没有人[考虑]人的所有事情，例如，没有一个拉栖代蒙人考虑西徐亚人怎样建立最好的政体。宁可说，每一种人都[只]考虑由于他们自

of us. Yet we deliberate on things out of us and belong to practices (these are the rest [causes]; for causes seem to include nature, necessity and chance, but also *nous* and all that [comes] *via* man). Yet no one [deliberate] on all human affairs, for instance, no Lacedaemonian [will] deliberate how Scythians would

---

发生, 现在时祈愿式,单数第三人称。δι' ἡμῶν, 因为我们,介词短语,限定 γένοιτο ἄν。句首的 οὐ (不)加强否定语气。

① 简单句。δὲ 示意语气的转折。主谓语是 βουλευόμεθα, 我们考虑, 现在时, 复数第一人称。περὶ τῶν ἐφ' ἡμῖν καὶ πρακτῶν, 对于那些出于我们和属于实践的事情, 介词短语, 限定 βουλευόμεθα。τῶν ἐφ' ἡμῖν, 取决于我们的事情, 冠词+介词短语名词性短语, 中性复数属格, 做介词 περὶ 的间接性的宾语。πρακτῶν, 实践的, 属于实践的, 形容词, 中性复数属格, 做介词 περὶ 的并列的间接性的宾语。

② 简单句。主语是 ταῦτα, 这些, 代词, 指 τῶν ἐφ' ἡμῖν καὶ πρακτῶν, 中性复数主格。系动词是 ἔστι, 是, 现在时, 单数第三人称。表语是 λοιπά, 余下的那部分[原因]。

③ 原因从句。主语为 αἰτίαι, 原因, 名词, 阴性复数主格。动词是 δοκοῦσιν, 看起来, 现在时, 复数第三人称。它引出不定式 εἶναι, 是。其表语是 φύσις καὶ ἀνάγκη καὶ τύχη, ἔτι δὲ νοῦς καὶ πᾶν τὸ δι' ἀνθρώπου, 自然、必然和运气,但还有努斯和所有出于人的东西, 名词性短语。φύσις, 自然, 名词, 阴性单数主格。ἀνάγκη, 必然, 名词, 阴性单数主格。τύχη, 运气, 名词, 阴性单数主格。ἔτι, 再,还有, 副词,联系第二组原因。νοῦς, 努斯, 名词, 阳性单数主格。πᾶν τὸ δι' ἀνθρώπου, 所有出于人的东西, 名词性短语。τὸ δι' ἀνθρώπου, 出于人的东西, 冠词+介词短语名词性短语, 中性单数主格。δι' ἀνθρώπου, 出于人的, 介词短语, 限定前置冠词 τὸ。πᾶν, 所有的, 形容词, 中性单数主格, 限定 τὸ δι' ἀνθρώπου。

④ 这一句有的本子, 例如, 罗斯, 巴特莱特和柯林斯, 放到了 οὐ γὰρ... 之前。此处从莱克汉姆与多数英译者。[ ] 为莱克汉姆所加。复合句。主语句中 οὐδὲ (不,没有) 替代上文的 οὐδεὶς βουλεύεται (没有人去考虑) 的结构。περὶ τῶν ἀνθρωπίνων ἁπάντων, 对于所有的人的事情, 介词短语。τῶν ἀνθρωπίνων ἁπάντων, 人的所有事情, 名词性短语, 阳性复数属格, 做介词的间接性的宾语。ἀνθρωπίνων, 人的, 形容词, 阳性复数属格。

第二句是连系副词 οἷον 引出一个方式状语从句作为示例。复合句。主句主语是 οὐδεὶς Λακεδαιμονίων, 没有一个拉栖代梦人(斯巴达人), 动词是 βουλεύεται, 考虑, 现在时, 单数第三人

ἕκαστοι βουλεύονται περὶ τῶν δι᾽ αὑτῶν πρακτῶν.①	身而造成的事情ᶜ。	best govern [themselves]. Each class of men deliberate the things coming *via* themselves.
2b καὶ περὶ μὲν τὰς ἀκριβεῖς καὶ αὐτάρκεις τῶν ἐπιστημῶν οὐκ ἔστι βουλή, οἷον περὶ γραμμάτων② (οὐ γὰρ διστάζομεν πῶς γραπτέον③)· ἀλλ᾽ ὅσα γίνεται δι᾽ ἡμῶν, μὴ ὡσαύτως δ᾽ ἀεί, περὶ τούτων βουλευόμεθα, οἷον περὶ τῶν κατ᾽ ἰατρικὴν καὶ χρη-5 ματιστικήν,④ καὶ περὶ	此外，考虑也不是对于属于科学的精确的和自足的事物的，例如对于文法（因为，我们对于该如何拼读并无犹疑）；但是，[我们考虑]那些既由于我们[而发生]又并非永远如此的事情，例如依据医术和经商术来做的事情，并且，[我们考虑]航海术的事多于健身术的事，因为它	Again, deliberation is not related to the precise and self-sufficient objects of sciences, for example, to grammar rules (for we do not dither in how to spell); rather, [we deliberate] things that happen *via* us yet not always in the same way, for instance, the things of medicine and business, and

---

称。后接 πῶς（如何, 怎样）引出的宾语从句。从句的主语是 Σκύθαι, 西徐亚人, 名词, 阳性复数。动词是 ἂν πολιτεύοιντο, 建立政体, 现在时中动态, 祈愿式, 复数第三人称。ἄριστα, 最好地, 副词, 限定 ἂν πολιτεύοιντο。

① 简单句。主语是 ἕκαστοι τῶν ἀνθρώπων, 每种人, 名词性短语, 阳性复数主格。动词是 βουλεύονται, 考虑, 现在时, 复数第三人称。περὶ τῶν δι᾽ αὑτῶν πρακτῶν, 对于那些由于自身而造成的事情, 介词短语, 限定 βουλεύονται。τῶν δι᾽ αὑτῶν πρακτῶν, 那些由于自身而造成的事情, 冠词＋分词短语名词性短语, 中性复数属格。

② 这句主语为 βουλή, 考虑, 名词, 阴性单数主格。系动词是 οὐκ ἔστι, 不是, 现在时, 单数第三人称。表语是 περὶ τὰς ἀκριβεῖς καὶ αὐτάρκεις τῶν ἐπιστημῶν, 对于属于科学的精确的和自足的事物的, 介词短语。τὰς ἀκριβεῖς καὶ αὐτάρκεις, 精确的和自足的事物, 名词性短语, 阴性复数宾格, 做介词 περὶ 的宾语。ἀκριβεῖς, 精确的, 形容词；αὐτάρκεις, 自足的, 形容词, 阴性复数宾格。τῶν ἐπιστημῶν, 科学, 名词, 阴性复数属格, 限定 τὰς ἀκριβεῖς καὶ αὐτάρκεις。

οἷον 引出 περὶ τὰς ἀκριβεῖς καὶ αὐτάρκεις 的一个示例，περὶ γραμμάτων, 对于文法, 介词短语。γραμμάτων, 文法, 名词, 中性复数属格, 做介词的间接性的宾语。

③ 原因从句。主谓语是 οὐ διστάζομεν, 我们并无犹疑, 现在时, 复数第一人称。它引出一个宾语从句，由关系副词 πῶς（怎样, 如何）引导。从句为动形词 γραπτέον 无人称句。γραπτέον, 应该写。

④ 简单句。ἀλλ᾽ 示意转折承接上文。主谓语是 βουλευόμεθα, 我们考虑, 现在时, 复数第一人称。περὶ τούτων, 对于这些, 介词短语, 限定 βουλευόμεθα。τούτων 引出一个被前置的定语从

κυβερνητικὴν μᾶλλον ἢ γυμναστικήν, ὅσῳ ἧττον διηκρίβωται,[1] καὶ ἔτι περὶ τῶν λοιπῶν ὁμοίως.[2] μᾶλλον δὲ καὶ περὶ τὰς τέχνας ἢ τὰς ἐπιστήμας· μᾶλλον γὰρ περὶ ταύτας διστάζομεν.[3] τὸ βουλεύεσθαι

更少被清楚地确定, 在其他事情上也是同样。然而, [我们考虑]技艺多于科学; 因为我们对它们更加犹疑。考虑是对于在大多数情况下如此, 但[在其中]情况将变得怎样又不确定的那些事情的, 并且, 在[应

[we deliberate] more on navigation than on gymnastics, as [navigation] has been less precisely worked out, and similarly to the rest things. Yet [we deliberate] more techniques than sciences; for we dither more about

---

句, ὅσα γίνεται δι᾽ ἡμῶν, μὴ ὡσαύτως δ᾽ ἀεί, 那些既产生于我们又并非永远如此的事情。从句的主语是 ὅσα, 那些事情, 关系代词, 中性复数主格, 引导从句。动词是 γίνεται, 发生, 现在时, 单数第三人称。δι᾽ ἡμῶν, 由于我们, 介词短语, 限定 γίνεται。μὴ ὡσαύτως ἀεί, 不总是如此, 不总是以同样方式, 副词短语, 限定 γίνεται。

连系副词 οἷον 引出 περὶ τούτων 的示例, περὶ τῶν κατ᾽ ἰατρικὴν καὶ χρηματιστικήν, 对于按照医术疗和经商术来做的事情, 介词短语。τῶν κατ᾽ ἰατρικὴν καὶ χρηματιστικήν, 那些按照医术和经商术来做的事情, 冠词+介词短语名词性短语, 中性复数属格, 做介词 περὶ 的间接性的宾语。κατ᾽ ἰατρικήν, 按照医术来做的, 介词短语, 限定前置冠词 τῶν。ἰατρικήν, 医术的, 形容词, 阴性单数宾格。[κατ᾽] χρηματιστικήν, [按照] 经商术来做的, 介词短语, 限定前置冠词 τῶν。χρηματιστικήν, 经商术, 形容词, 阴性单数宾格。

① 这一句是上面示例句的延续。省略形式的复合句句。主句的主谓语仍然是 [βουλευόμεθα], [我们考虑], 省略。它引出 μᾶλλον...ἢ... (……多于……)选择性并列结构的两个宾语, 示意与后者相比较地肯定前者。第一个是 κυβερνητικήν, 航海术的事情, 形容词, 阴性单数宾格。第二个是 γυμναστικήν, 健身术的事情, 形容词, 阴性单数宾格。
关系副词 ὅσῳ (以这样一种方式, 由于) 引导一个省略形式的状语关系从句, 限定 [βουλευόμεθα] μᾶλλον... 结构, 表原因。从句的主语是 κυβερνητικήν, 省略。动词是 ἧττον διηκρίβωται, 更少被清楚地确定, 完成被动态, 虚拟式, 单数第三人称。

② 上句的延伸部分。ἔτι, 又, 也, 连系副词。ὁμοίως, [也是] 同样, 副词, 替代上文中的 [βουλευόμεθα] μᾶλλον (我们考虑……多于……) 结构。περὶ τῶν λοιπῶν, 对于其余的事情, 介词短语, 限定被省略的 [βουλευόμεθα] μᾶλλον…。τῶν λοιπῶν, 其余的事情, 名词性短语, 对照于 κυβερνητικήν (航海术的事情)。

③ 这一句仍然是前面句子的延伸部分。复合句。主句主谓语仍然是 [βουλευόμεθα], 我们考虑, 省略。它引出 μᾶλλον...ἢ... (……多于……) 选择并列结构的两个限定短语。第一个是 περὶ τὰς τέχνας, 对于技艺的事, 介词短语。τὰς τέχνας, 技艺的事, 名词短语, 阴性复数宾格, 做介词 περὶ 的宾语。有的本子把 τέχνας 勘定为 δόξας (意见), 例如爱尔温(Irwin) 本据此翻译为 opinion, 也有一定道理。第二个是 περὶ...τὰς ἐπιστήμας, 对于科学的事, 介词短语。τὰς ἐπιστήμας, 科学的事, 名词短语, 阴性复数宾格, 做介词 περὶ 的宾语。
连词 γὰρ 引导一个原因从句。主谓语是 διστάζομεν, 我们迟疑, 现在时复数第一人称。περὶ ταύτας, 对于技艺, 介词短语, 限定 διστάζομεν。ταύτας, 它们, 代词, 指 τὰς τέχνας。μᾶλλον, 更加,

III.3

δὲ ἐν τοῖς ὡς ἐπὶ τὸ πολύ, ἀδήλοις δὲ πῶς ἀποβήσεται,① καὶ ἐν οἷς ἀδιόριστον, συμβούλους δὲ παραλαμβάνομεν εἰς τὰ μεγάλα, ἀπιστοῦντες ἡμῖν αὐτοῖς ὡς οὐχ ἱκανοῖς διαγνῶναι.②

当去做什么]还没有决定的事情上,我们在重大事情上,当我们不相信自己,就好像[我们自己]不能做出判断那样时,还邀请参议者[d]。

them. Deliberation [is present] in things coming in some way for the most part, yet it is uncertain how they will turn out, and, in those cases where what [should be done is] indeterminate, we invite counselors on great matters, distrusting ourselves as not capable to judge.

副词,限定 διστάζομεν。

① 并列句。这里是第一句。复合句。主句的主语是 τὸ βουλεύεσθαι,考虑,冠词＋不定式名词性短语,中性单数主格。系动词省略。表语是 ἐν τοῖς ὡς ἐπὶ τὸ πολύ,对于那些在大多数情况下如此的事情的,介词＋与格名词短语构成的介词短语。τοῖς ὡς ἐπὶ τὸ πολύ,那些在大多数情况下如此的事情,冠词＋副词短语名词性短语,中性复数与格。τοῖς,那些(事情),前置冠词,中性复数与格。ὡς ἐπὶ τὸ πολύ,在大多数情况下如此,副词短语,可视为省略了主谓或主系表结构的从句的方式状语部分,它是亚里士多德的习惯用语之一,在此处限定前置冠词 τοῖς。ὡς,如此,是这样的,副词。ἐπὶ τὸ πολύ,在大多数情况下,限定 ὡς。

介词短语表语 ἐν τοῖς ὡς ἐπὶ τὸ πολύ 引出了一个省略式的非限定性的定语从句,对它做补充说明短语,ἀδήλοις πῶς ἀποβήσεται,情况将变得怎样[是]不确定的。定语关系从句的主语是一个主语从句。主语从句的主谓语是 ἀποβήσεται,情况将变得……,将来时,单数第三人称。πῶς,怎样,疑问副词,限定 ἀποβήσεται。定语从句的系动词省略。其表语是 ἀδήλοις,不确定的,形容词,中性复数与格。

② 这里是第二句。复合句。有两个部分。第一个部分是 ἐν οἷς [ἃ δεῖ] ἀδιόριστον,在那些[应当去做什么]还没有确定的事情上,省略式状语从句。ἐν οἷς,在那些……之中,介词＋关系副词短语,引导从句,并在从句中做状语。从句的主语,依斯图尔特,是一个省略了的主语从句[ἃ δεῖ],[应当去做什么]。此处从斯图尔特。

第二个部分是主句。主谓语是 παραλαμβάνομεν,我们邀请……,现在时主动态,复数第一人称。其宾语是 συμβούλους,参议者,名词,阳性复数宾格。εἰς τὰ μεγάλα,在重大事情上,介词短语,限定 παραλαμβάνομεν。

介词短语 εἰς τὰ μεγάλα 引出一个补充说明,ἀπιστοῦντες ἡμῖν αὐτοῖς,当我们不相信自己,现在时分词短语,表伴随情况。ἀπιστοῦντες,不相信,不信任,现在时分词。阳性复数主格。其宾语是 ἡμῖν αὐτοῖς,我们自己。ἡμῖν,我们,代词,阳性复数与格。αὐτοῖς,自己,反身代词,阳性复数与格。ἀπιστοῦντες ἡμῖν αὐτοῖς 引出一个表方式的不定式短语限定它, ὡς οὐχ ἱκανοῖς διαγνῶναι,好像[我们自己]不能判断。ὡς,好像,副词,引出原因。οὐχ ἱκανοῖς,[我们]不能,否定性的形容词,阳性复数与格,这是一个省略了主干的句子的表语部分。后再接一个不定式结构,διαγνῶναι,分辨,判断。不定过去时主动态。

βουλευόμεθα δ' οὐ περὶ τῶν τελῶν ἀλλὰ περὶ τῶν πρὸς τὰ τέλη.① οὔτε γὰρ ἰατρὸς βουλεύεται εἰ ὑγιάσει, οὔτε ῥήτωρ εἰ πείσει, οὔτε πολιτικὸς εἰ εὐνομίαν ποιήσει, οὐδὲ τῶν λοιπῶν οὐδεὶς περὶ τοῦ τέλους·② ἀλλὰ θέμενοι τέλος τι, πῶς καὶ διὰ τίνων ἔσται σκοποῦσι·③ καὶ διὰ	此外,我们考虑的不是目的,而是朝向目的的东西。因为,医生并不考虑他是否要使[病人]健康,演说家并不[考虑]他是否要去说服,政治家也并不[考虑]他是否要去建立一种好秩序,其他的人们也并不[考虑]那个目的。宁可说,他们确立了一个目的,考察它将如何以及	And, we do not deliberate on ends but on things toward ends. For a doctor does not deliberate if he will make [a patient] healthy, an orator does not [deliberate] if he will persuade [someone], a politician does not [deliberate] if he will establish good order, no one else [deliberates] about the

15

---

① 简单句。主谓语是 βουλευόμεθα,我们考虑,现在时,复数第一人称。它引出两个介词短语限定语,以 οὐ...ἀλλὰ...(不是……而是……)结构并列。第一个是 περὶ τῶν τελῶν,对于目的的,介词短语。第二个是 περὶ τῶν πρὸς τὰ τέλη,对于朝向目的的东西的。

② 原因从句。包含四个 οὔτε...οὔτε...οὔτε...οὐδὲ... 否定式并列结构的子句。

第一句的主语是 ἰατρὸς,医生,名词,阳性单数主格。动词是 οὔτε βουλεύεται,不考虑,现在时中动,单数第三人称。其宾语是从句 εἰ ὑγιάσει,他是否要使[病人]健康。主谓语是 ὑγιάσει,他是否让(病人)健康,将来时,单数第三人称。

第二句的主语是 ῥήτωρ,演说家,名词阳性单数主格。动词是 οὔτε[βουλεύεται],不考虑,现在时,单数第三人称,[βουλεύεται]省略。其宾语是从句 εἰ πείσει,他是否要去说服。主谓语是 πείσει,他是否要去说服,将来时,单数第三人称。

第三句的主语是 πολιτικὸς,政治家,名词,阳性单数主格。动词是 οὔτε[βουλεύεται],不考虑,现在时,单数第三人称,[βουλεύεται]省略。其宾语是从句 εἰ εὐνομίαν ποιήσει,他是否要去建立一种好的秩序。主谓语是 ποιήσει,他是否要去建立,将来时,单数第三人称。其宾语是 εὐνομίαν,好的秩序,名词,阴性单数宾格。

第四句的主语是 οὐδεὶς τῶν λοιπῶν,其余的人之中没有一个人,否定性的代词短语,阳性单数主格。动词是 οὐδὲ[βουλεύεται],不考虑,现在时,单数第三人称,[βουλεύεται]省略。περὶ τοῦ τέλους,对于那个目的,介词短语,限定 οὐδὲ[βουλεύεται]。

③ 简单句。ἀλλὰ 表示转折。有两个部分。第一个部分是 θέμενοι τέλος τι,他们确立了某个目的,分词短语,表伴随情况。θέμενοι,他们确立,动词 τίθημι 的不定过去时分词,中动态,阳性复数主格。其宾语为 τέλος τι,某个目的,名词性短语,中性单数宾格。

第二部分是句子基本结构。主谓语是 σκοποῦσι,他们考察,现在时,复数第三人称。其宾语是从句 πῶς καὶ διὰ τίνων ἔσται,它将怎样以及借助哪些事情存在。从句的主谓语是 ἔσται,它(τέλος τι)将是,此处,将存在,将来时,单数第三人称。πῶς,怎样,疑问副词,限定 ἔσται。διὰ τίνων,借助哪些事情存在,介词短语,限定 ἔσται。τίνων,那些,疑问代词,中性复数属格,做介词 διὰ 的间接性的宾语。

| | III.3 | 309 |

πλειόνων μὲν φαινομέ-
νου γίνεσθαι διὰ τίνος
ῥᾷστα καὶ κάλλιστα
ἐπισκοποῦσι,① δι' ἑνὸς
δ' ἐπιτελουμένου πῶς
διὰ τούτου ἔσται κἀκεῖ-
νο διὰ τίνος,② ἕως ἂν
ἔλθωσιν ἐπὶ τὸ πρῶτον
αἴτιον, ὃ ἐν τῇ εὑρέσει
ἔσχατόν ἐστιν.③

借助哪些事物存在；如果它似乎是借助多种事物而生成的，他们就再来考察借助哪种事物[它将]最容易且以最高尚的方式[存在]，而如果它只借助一种事物完成，[就考察]它将如何借助那种事物而存在以及那种事物又将借助何

end. Rather, having set some end, they consider how and by what means it will come into being, and, when [it] appears to come by many things, they consider by which one [it will come] most easily and in the noblest way, whereas when [it]

---

① 并列句。μὲν...δέ... 结构。这里是第一句。有两个部分。第一个部分是 διὰ πλειόνων φαινομένου γίνεσθαι，如果它似乎借助比较多的事情而产生，独立属格分词短语，表明原因。φαινομένου，显得，φαίνω 的现在时中动分词，中性单数属格，其逻辑主语是 τέλος τι。其后接不定式 γίνεσθαι，生成。διὰ πλειόνων，借助比较多的事情，介词短语，限定 γίνεσθαι。πλειόνων，较多的，形容词，中性复数属格。

第二部分是句子基本结构。主谓语是 ἐπισκοποῦσι，他们再来考察，现在时，复数第三人称。它引出宾语从句，διὰ τίνος ῥᾷστα καὶ κάλλιστα [ἔσται]，借助哪种事情[它将]最容易和最高尚地[存在]，系动词[ἔσται]省略。从句的主谓语是[ἔσται]，[它将存在]，将来时，单数第三人称。διὰ τίνος，借助哪种事情，介词短语，限定[ἔσται]。τίνος，哪种事情，疑问代词，阴性单数属格，引导从句，并在从句中做介词 διὰ 的间接性的宾语。ῥᾷστα，最容易，副词最高级，限定[ἔσται]。κάλλιστα，最高尚地，副词最高级，限定 ἔσται。

② 这里是第二句。也有两个部分。第一个部分是 δι' ἑνὸς δ' ἐπιτελουμένου，而如果它只借助某一种事情完成，独立属格分词短语，表原因。ἐπιτελουμένου，它(指 τέλος τι)完成，ἐπι-τελέω 的现在时被动态分词，中性单数属格。δι' ἑνὸς，借助一种事情，介词短语，限定 ἐπιτελουμένου。ἑνὸς，一，一种，数词，阳性单数属格，做介词 δι' 的间接性的宾语。

第二部分是句子的基本结构。主谓语仍然是[ἐπισκοποῦσι]，他们再来考察，现在时，复数第三人称，省略。它引出两个并列的宾语从句。第一个宾语从句是 πῶς διὰ τούτου ἔσται，它(τέλος τι)将如何借助那种事情而存在。从句的主谓语是 ἔσται，它将存在，将来时，单数第三人称。πῶς διὰ τούτου，如何借助那种事情，副词短语，限定 ἔσται。διὰ τούτου，借助那种事情，介词短语，限定前置副词 πῶς。τούτου，那种事情，指示代词，指 ἑνὸς，阳性单数属格，做介词 διὰ 的间接性的宾语。

第二个宾语从句是 κἀκεῖνο διὰ τίνος，以及那种事情又将借助何者而存在。主语是 κἀκεῖνο，以及那种事情，κἀκεῖνο=καί(以及)+ἐκεῖνο(那种事情)，中性单数主格。ἐκεῖνο，那个，代词，近指 τούτου，远指 ἑνὸς，这里转变为中性，示意将其抽象化。系动词仍然是 ἔσται，将存在，它同时是这两个从句的系动词。διὰ τίνος，借助何者，介词短语，限定 ἔσται。

③ 第二句的延伸部分。复合句。主句是由副词 ἕως (直到)引出的一个状语从句。主谓语是 ἂν ἔλθωσιν，他们去，ἔρχομαι 的不定过去时主动态，虚拟式，复数第三人称。ἐπὶ τὸ πρῶτον αἴτιον，到达那个最初的原因，介词短语，限定 ἂν ἔλθωσιν。τὸ πρῶτον αἴτιον，那个最初的原因，名

者而存在,直到他们达到那个最初的原因,即所发现的东西之中的那个最终的东西ᵉ。

(ὁ γὰρ βουλευόμε-νος ἔοικε ζητεῖν καὶ ἀναλύειν τὸν εἰρημένον τρόπον ὥσπερ διάγραμ-μα① —φαίνεται δ᾽ ἡ μὲν ζήτησις οὐ πᾶσα εἶναι βούλευσις, οἷον αἱ μαθηματικαί, ἡ δὲ βούλευσις πᾶσα ζήτη-σις, ② —καὶ τὸ ἔσχατον

(因为,进行考虑的人似乎像上面所说的那样在寻求和分析,就像对几何图形那样——看起来,并非所有的寻求,例如数学的寻求,都是考虑,但所有的考虑看来都是寻求,——并且,分析之中的那个最终的东西也就是那个生成之

is realized by just one thing, how [it will exist] by that thing and by what that thing [will exist], till they reached to the pri-mary cause, which is the last in the discovery.

(For, the man in delib-eration seems to seek and analyse in the way described, as [to do] with diagrams— not all search, for instance, those mathematical ones, seems to be delib-eration, yet all delibera-tion [seems to be] some

---

词性短语,中性单数宾格,做介词 ἐπί 的宾语。

τὸ πρῶτον αἴτιον 引出一个定语关系从句,由关系代词 ὅ 引导。从句的主语是 ὅ, 那,关系代词,指 αἴτιον, 中性单数主格。系动词是 ἐστιν, 是,现在时,单数第三人称。表语是 ἔσχατόν, 最终的,形容词,中性单数主格。ἐν τῇ εὑρέσει, 在发现的东西中的,介词短语,限定表系结构。τῇ εὑρέσει, 发现的东西,名词短语,阴性单数与格,做介词 ἐν 的间接性的宾语。

① 括号( )中是由 γὰρ 引入的原因从句。主语是 ὁ βουλευόμενος, 考虑的人,名词性短语,阳性单数主格。βουλευόμενος, 考虑,现在时中动态分词,阳性单数主格。动词是 ἔοικε, 看起来,现在时,单数第三人称。它引出不定式短语 ζητεῖν καὶ ἀναλύειν, 寻求和分析。ζητεῖν, 寻求;ἀναλύειν, 分析,现在时不定式。τὸν εἰρημένον τρόπον, 像上面所说的那样,名词性分词短语,中性单数宾格,用作状语,限定 ζητεῖν καὶ ἀναλύειν。τὸν τρόπον, 那种方式,那样地,名词短语,阳性单数宾格,用作状语。εἰρημένον, 上面所说的,完成时被中动态分词。

τὸν εἰρημένον τρόπον 引出一个表示例的短语 ὥσπερ διάγραμμα, 就像对几何图形那样。διάγραμμα, 几何图形,名词,中性单数宾格,作用与 τὸν εἰρημένον τρόπον, 做状语,限定被省略的由 ὥσπερ 引导的从句的主要结构。

② 并列句。ἡ μὲν...ἡ δὲ... 对照结构。第一句的主语为 οὐ πᾶσα ζήτησις, 并非所有的寻求,名词性短语,阴性单数主格。ζήτησις, 寻求,名词,阴性单数主格。οὐ πᾶσα, 并非所有的,否定性形容词短语,限定 ζήτησις。动词是 φαίνεται, 显得像是,现在时中动态,单数第三人称。它引出不定式 εἶναι, 是。其表语为 βούλευσις, 考虑,名词,阴性单数主格。连系副词 οἷον 引出一个示例,

ἐν τῇ ἀναλύσει πρῶτον εἶναι ἐν τῇ γενέσει).①	中的最初的东西）。	search,— and the last in the analysis [seems] to be the first thing in the becoming).
25 κἂν μὲν ἀδυνάτῳ ἐντύχωσιν, ἀφίστανται, οἷον εἰ χρημάτων δεῖ, ταῦτα δὲ μὴ οἷόν τε πορισθῆναι·② ἐὰν δὲ δυνατὸν φαίνηται, ἐγχειροῦσι πράττειν.③ δυνατὰ δὲ ἃ	而且，假如遇到不能做的事情，他们就放弃，例如假如需要一笔钱而那笔钱却不能像那样地得到；而如果［一件事］看上去是能做的，他们就尝试去做。而能做的事	And if [they] encountered something impossible, they abandon, for instance, if one needs money, yet that sum of money can not be attained; whereas if

---

οἷον αἱ μαθηματικαί，例如那些数学的探索。αἱ μαθηματικαί，那些数学的探索，名词性短语，阴性复数主格。μαθηματικαί，数学的，形容词，阴性单数主格。

第二句的主语是 ἡ δὲ βούλευσις πᾶσα，所有的考虑，名词性短语，阴性单数主格。动词是［φαίνεται εἶναι］，看上去像是，省略。表语是 ζήτησις，寻求，名词，阴性单数主格。

① 简单句。主语是 τὸ ἔσχατον，最终的东西，名词性短语，中性单数主格。ἐν τῇ ἀναλύσει，在分析中的，介词短语，限定 τὸ ἔσχατον。τῇ ἀναλύσει，分析，名词，阴性单数与格，做介词 ἐν 的间接性的宾语。动词［φαίνεται］省略，保留了其后接不定式 εἶναι，是。其表语是 πρῶτον ἐν τῇ γενέσει，在生成中的最先开始的地方，γένεσις，生成，出现。

从 ὁ γὰρ... 到此处，莱克汉姆本（Rackham［1926］，136-138）加上了括号，拜沃特本（Bywater［1894］，47）括起 φαίνεται δ'...πᾶσα ζήτησις 的部分，他们可能认为括起的部分像是校勘者为了说明上面句子的意义而加上去的。

② 这句与下一句构成 κἂν μὲν... ἐὰν δὲ...（假如……而假如……）对照结构的并列句。这里是第一句。复合句。κἂν = καὶ ἂν，且假如，连词，动词需用虚拟式。条件句为虚拟式。主谓语是 ἐντύχωσιν，他们（在考虑中）遇到，不定过去时主动态，虚拟式，复数第三人称。其宾语是 ἀδυνάτῳ，不可能的事情，形容词，中性单数与格。主句为陈述句。主谓语是 ἀφίστανται，他们就放弃，现在时中动态，复数第三人称。

连系副词 οἷον 引出条件句作为所述情况的一个示例。条件句由 εἰ 引导。句子为 δεῖ 无人称句。δεῖ，需要，欠缺，现在时，单数第三人称，逻辑主语可为某人，亦可无人称。其间接性的宾语是 χρημάτων，钱，中性复数属格。δεῖ 还引出一个直接宾语 ταῦτα，这笔钱，代词，中性单数宾格，和一个宾语补语 δὲ μὴ οἷόν τε πορισθῆναι，却不能像（需要的）那样得到。μὴ πορισθῆναι，不能得到，不定过去时不定式，被动态。οἷόν τε，像（需要的）那样，副词短语，限定 μὴ πορισθῆναι。

③ 这里是第二句。复合句。ἐὰν，如果，连词，引导一个虚拟式条件句。主语为一件事情，省略。动词是 φαίνηται，显得，现在时虚拟式，单数第三人称。表语是 δυνατὸν，可能的，形容词，中性单数主格。

主句的主谓语是 ἐγχειροῦσι，他们尝试，现在时，复数第三人称。它引出 πράττειν，去做，现在时不定式。

δι' ἡμῶν γένοιτ' ἄν·① τὰ γὰρ διὰ τῶν φίλων δι' ἡμῶν πως ἐστίν·② ἡ γὰρ ἀρχὴ ἐν ἡμῖν.③

ζητεῖται δ' ὁτὲ μὲν τὰ ὄργανα ὁτὲ δ' ἡ χρεία αὐτῶν·④ ὁμοίως δὲ καὶ ἐν τοῖς λοιποῖς ὁτὲ μὲν δι' οὗ ὁτὲ δὲ πῶς δὴ διὰ τίνος.⑤ ἔοικε δή, καθά-

情也就是经由我们而生成的事情；因为，那些经由朋友［而生成］的事情在某种意义上也是经由我们的；因为，其本原就在我们这里。

但所寻求的有时是工具，有时是这些工具的用法；在其他事情上也同样，［所寻求的］有时是所借助的东西，有时则是所采取的方式，甚

[something] appeared possible, they try to do [it]. But the possible things [are] those which would come into being *via* us; since things [come into being] *via* friends are in a sense [come so] by us; for the first principle [is] in us. We sometimes examine the instruments, sometimes the usages of them; and likely the rest cases, sometimes the by-what, sometimes

---

① 简单句。主语是 δυνατὰ，可能的事情，形容词，中性复数主格。系动词省略。表语是［τά］ἃ δι' ἡμῶν γένοιτ' ἄν，由于我们而生成的事情，冠词＋定语关系从句名词性短语，中性复数主格，前置冠词［τά］省略。从句的主语是 ἃ，那些，关系代词，指［τά］，中性复数主格。动词是 γένοιτο，生成，不定过去时，祈愿式，单数第三人称。δι' ἡμῶν，经由我们，介词短语，限定 γένοιτο。

② 原因从句，但更像是一个插入句。主语 τὰ διὰ τῶν φίλων，经由朋友［而生成］的事情，冠词＋介词短语名词性短语，中性复数主格。系动词是 ἐστίν，是，现在时，单数第三人称。表语是δι' ἡμῶν，经由我们的，介词短语。πως，在某种意义上，副词，限定系表结构。

③ 原因从句，解释前面一句。主语是 ἡ ἀρχὴ，那本原，名词短语，阴性单数主格。系动词省略。表语是 ἐν ἡμῖν，在我们这里。

④ 并列句。ὁτὲ μὲν...ὁτὲ δ'...（有时……有时……）结构。第一句的主语是 τὰ ὄργανα，工具，名词短语，中性分复数主格。第二句的主语是 ἡ χρεία αὐτῶν，它们的用处，名词短语，阴性单数主格。ἡ χρεία，用处，用法，名词短语，阴性单数主格。αὐτῶν，它们，代词，指 ὄργανα，中性复数属格，限定 ἡ χρεία。共同的动词是 ζητεῖται，被寻求，现在时中被动，单数第三人称。

⑤ 上面句子的延伸的示例部分，由关系副词 ὁμοίως（同样）引导的省略形式的时间状语从句。并列句。仍然是 ὁτὲ μὲν...ὁτὲ δ'...（有时……有时……）结构。ὁτὲ（有时）这个词，有的校勘者（如 Bywater）勘定为 ἢ（或）。此处依莱克汉姆（Rachham）与多数英译者。ἐν τοῖς λοιποῖς，在其他事情上，介词短语，限定整个句子的述说范围。

第一个状语从句是 ὁτὲ［τό］δι' οὗ，有时是所借助的东西。主语是［τό］δι' οὗ，所借助的东西，冠词＋介词短语名词性短语，中性单数主格，前置冠词［τό］省略。δι' οὗ，借助那个，介词短

περ εἴρηται, ἄνθρωπος εἶναι ἀρχὴ τῶν πράξεων.①

ἡ δὲ βουλὴ περὶ τῶν αὑτῷ πρακτῶν, αἱ δὲ πράξεις ἄλλων ἕνεκα.② οὐκ ἂν οὖν εἴη βουλευτὸν τὸ τέλος ἀλλὰ τὰ πρὸς τὰ τέλη.③

至是再借助的东西ᶠ。

但是，如所说过的，人似乎是实践的本原；考虑是对于自己能够做的事情的，而实践则是为着别的事物的；所以，要考虑的不是目的，而是朝向目的的东西。

the way and even the by-what else.

But man seems to be, as has been said, a first principle of practices; and, deliberation [seems to be] related to the practical things up to oneself, while practices [seems to be] for other things; therefore, what

---

语，限定[τό]。οὗ，那个，关系代词，中性单数属格，做介词的间接性的宾语。

第二个状语从句是ὁτὲ[τό]δὲ πῶς，有时是所采取的方式。主语是[τό]δὲ πῶς，所采取的方式，冠词+副词名词性短语，中性单数主格，前置冠词[τό]省略。[τό]δὲ πῶς引出δή διὰ τίνος，甚至再借助的东西，介词短语，做进一步解释。小品词δή，甚至，在此起加强转折语气作用。

两个状语从句的共同的动词仍然是[ζητεῖται]，[被寻求]，现在时中被动，单数第三人称，省略。

① 简单句。δή 在此意味题材的转化：上文谈到被考虑的手段与方式，这里转回到谈考虑者这个因素。主语是 ἄνθρωπος，人，名词，阳性单数主格。动词是 ἔοικε，似乎，看起来，现在时，单数第三人称。它引出不定式 εἶναι，是，现在时。其表语是 ἀρχὴ τῶν πράξεων，实践的本原，行动的本原，名词性短语，阴性单数主格。τῶν πράξεων，实践，行动，名词，阴性复数属格，限定 ἀρχὴ（本原）。καθάπερ εἴρηται，如已经说过的，插入语。

② 并列句。第一句的主语是 ἡ βουλὴ，考虑，名词，阴性单数主格。系动词结构仍然是[ἔοικε εἶναι（似乎是）]，省略。表语是 περὶ τῶν αὑτῷ πρακτῶν，对于自己能够做的事情的，介词短语。τῶν αὑτῷ πρακτῶν，对于自己能够做的事情，名词性短语，阳性复数属格。τῶν πρακτῶν，能偶做的事情，名词性短语，阳性复数属格。αὑτῷ，自己，返身代词，阳性单数与格，限定 τῶν πρακτῶν。简单句。δὲ 表明语气的转折。第二句的主语是 πράξεις，实践，名词，阴性复数主格。系动词结构同上，省略。表语是 ἄλλων ἕνεκα，为着别的事物的，介词短语。ἕνεκα，为着，后置介词。ἄλλων，别的事物，形容词，中性复数属格，做 ἕνεκα 的间接性的宾语。

③ 简单句。οὖν 示意承接上面而说下来。有本做 γὰρ（因为），例如 Kᵇ，是因这句前面已经说过。此处依莱克汉姆（Rackham）本。主语有两个部分，以 οὐ...ἀλλά...（不是……而是……）方式并列。第一个部分是 οὐ...τὸ τέλος，不是目的，否定性的主语，中性单数主格。τέλος，目的，名词，中性单数主格。第二个部分是 ἀλλὰ τὰ πρὸς τὰ τέλη，而是朝向那些目的的东西，冠词+介词短语名词性短语，中性复数主格。系动词是 ἂν εἴη，是，现在时祈愿式，单数第三人称。表语是 βουλευτὸν，要考虑的，形容词，中性单数主格。

1113a

οὐδὲ δὴ τὰ καθ' ἕκαστα, οἷον εἰ ἄρτος τοῦτο ἢ πέπεπται ὡς δεῖ·① αἰσθήσεως γὰρ ταῦτα.② εἰ δὲ ἀεὶ βουλεύσεται, εἰς ἄπειρον ἥξει.③

——βουλευτὸν δὲ καὶ προαιρετὸν τὸ αὐτό, πλὴν ἀφωρισμένον ἤδη τὸ προαιρετόν·④ τὸ γὰρ

但[要考虑的]也不是那些要个别地谈论的事物，例如这个是不是面包，或它是不是按应该的样子烤出来的；因为这些事情[是]属于感觉的题材。如果一个人永远考虑下去，就将陷入无穷[g]。

——但要考虑的和要选择的[是]同一个东西，只不过那个要选择的事情[是]已经被[考虑]

ought to be deliberated is not the end but the things toward it. But nor [is deliberation related to] particular things, for instance, whether this is bread or [whether] it has been baked as it should be; for these things belong to perception. And if one deliberates for ever, he will go into infinity.

—Yet the object to be deliberated and the object to be chosen [are] the same thing, except that

---

① 复合句。主句的主语是 τὰ καθ' ἕκαστα，那些要个别地谈论的事物，冠词+介词短语名词性短语，中性复数主格。否定性的系动词是 οὐδὲ [ἂν εἴη]，也不是，现在时虚拟式，单数第三人称，[ἂν εἴη]省略。表语仍然是[βουλευτὸν]，[要考虑的]，省略。有的校勘者改为 εἴη。

主语 τὰ καθ' ἕκαστα 引出两个示例句，由连系副词 οἷον 引导。第一个是 εἰ ἄρτος τοῦτο，这个是否是面包，疑问句。主语是 τοῦτο，这个，代词，中性单数主格。系动词省略。表语是 ἄρτος，面包，名词，阳性单数主格。εἰ，是否，此处是疑问副词，限定省略系动词的系表结构。

第二个示例句由 ἢ（或者）引入，πέπεπται ὡς δεῖ，它[是不是]按应该的样子烤出来的，疑问句。主谓语是 πέπεπται，它被烤出来，πέσσω 的完成时被动态，单数第三人称。ὡς δεῖ，按应当的样子，副词短语，限定 πέπεπται。ὡς，按那种样子，关系副词。δεῖ，应当去[烤制面包]的，省略形式的无人称句，定语关系从句，限定 ὡς。

② 原因从句。主语是 ταῦτα，这些事情，指示代词，指上面两个示例以及同类事情，中性复数主格。系动词省略。表语是 αἰσθήσεως，感觉，名词，阴性单数属格，用作副词，表示方式。

③ 复合句。εἰ（如果）引导条件从句。主谓语是 βουλεύσεται，一个人将考虑，将来时中动态，单数第三人称。ἀεί，永远，副词，限定 βουλεύσεται。

主句的主谓语是 ἥξει，他将陷入，将来时主动态，单数第三人称。εἰς ἄπειρον，无穷，介词短语，限定 ἥξει。

④ 复合句。δὲ 表语话题的转折。主句的主语是 βουλευτὸν δὲ καὶ προαιρετόν，要考虑的事情和要选择的事情，名词性短语，中性单数主格。βουλευτόν，要考虑的事情，形容词，中性单数主

ἐκ τῆς βουλῆς κριθὲν προαιρετόν ἐστιν,① παύεται γὰρ ἕκαστος ζητῶν πῶς πράξει, ὅταν εἰς αὑτὸν ἀναγάγῃ τὴν ἀρχήν, καὶ αὑτοῦ εἰς τὸ ἡγούμενον·② τοῦτο γὰρ τὸ προαιρούμενον.③ δῆλον δὲ τοῦτο καὶ ἐκ τῶν ἀρχαίων πολιτειῶν, ἃς Ὅμηρος ἐμιμεῖτο·④

确定了的；因为，经过考虑判断的事情也就是要选择的事情，因为，一个研究他将如何实践的人将不再继续[考虑]，假如他[已经]把那个本原归于他自身，并归于他自身那个主导的东西；因为，这也就是那个在做选择的东西。这在古代政制那里——荷马描

what to be chosen [is] already decided [by deliberation]; for what has already decided out of deliberation is what to be chosen, for a man enquiring about how he will do ceases [to deliberate] once he has brought the first principle back to himself and to the lead-

---

格。προαιρετόν, 要选择的事情, 形容词, 中性单数主格。系动词省略。表语是 τὸ αὐτό, 那同一个东西, 名词性短语, 中性单数主格。

πλήν(只不过, 除非)引导让步从句。主语是 τὸ προαιρετόν, 那个要选择的事情, 名词性短语, 中性单数主格。系动词省略。表语是 ἀφωρισμένον, 被[考虑]确定了的, ἀφορίζω 的完成时被动态分词, 中性单数主格。ἤδη, 已经, 副词, 限定省略了系动词的系表结构。

① 原因从句。主语是 τὸ ἐκ τῆς βουλῆς κριθέν, 经过考虑判断的事情, 冠词 + 分词短语名词性短语, 中性单数主格。κριθέν, 被判断的, 不定过去时被动态分词, 中性单数主格。系动词是 ἐστιν, 是, 现在时, 单数第三人称。表语是 προαιρετόν, 要选择的, 形容词, 中性单数主格。

② 进一步的原因从句。复合句。主句的主语是 ἕκαστος, 一个人, 代词, 阳性单数主格。ζητῶν πῶς πράξει, 研究将如何实践的, 分词短语, 表伴随情况, 限定 ἕκαστος。ζητῶν, 寻求, 现在时分词。ζητῶν 引出宾语从句 πῶς πράξει, 他将如何实践。主谓语是 πράξει, 他将实践, 将来时主动态, 单数第三人称。πῶς, 怎样, 疑问副词, 限定 πράξει。动词是 παύεται, 停止[考虑], παύω 的现在时中动态, 单数第三人称。

条件从句由 ὅταν(假如)引导。主谓语是 ἀναγάγῃ, 他带回……, ἀνάγω 的不定过去时主动态, 虚拟式, 单数第三人称。ἀνάγω 引出一个宾语 + 介词短语的补充说明结构。宾语是 τὴν ἀρχήν, 那个本原, 名词, 阴性单数宾格。εἰς αὑτόν, 归于他自身, 介词短语。αὑτόν, 他自身, 代词, 阳性单数宾格, 做介词 εἰς 的宾语。介词短语 εἰς αὑτόν 引出另一个介词短语 αὑτοῦ εἰς τὸ ἡγούμενον, 归于他自身的那个主导的部分, 对它做进一步说明。εἰς τὸ ἡγούμενον, 归于那个主导的部分, 介词短语。τὸ ἡγούμενον, 那个主导的部分, 冠词 + 分词名词性短语, 中性单数宾格, 做介词 εἰς 的宾语。ἡγούμενον, 主导的, ἡγέομαι 的现在时中动态分词。αὑτοῦ, 他自身, 代词, 阳性单数属格, 限定 τὸ ἡγούμενον。

③ 进一步的原因从句。主语是 τοῦτο, 这个, 代词, 指 τὸ ἡγούμενον, 那个主导的部分, 名词性短语, 中性单数主格。系动词省略。表语是 τὸ προαιρούμενον, 那个在做选择的东西, 名词性短语, 中性单数主格。προαιρούμενον, 在做选择的, προαιρέω(选择)的现在时中动态分词。

④ 复合句。主句的主语为 τοῦτο, 这, 代词, 指上述的情况, 中性单数主格。系动词省略。表语是 δῆλον, 明白的, 形容词, 中性单数主格。καί, 也, 副词。ἐκ τῶν ἀρχαίων πολιτειῶν, 在那些古

οἱ γὰρ βασιλεῖς ἃ προ- είλοντο ἀνήγγελλον τῷ δήμῳ.①

述了那些政制——也很明显；因为，那些君王向人民宣布他们选择了的那些事情ʰ。

ing part of himself, for this [is] what is choosing. And this is clear from the ancient constitutions that Homer depicted; for the kings announced to the people what they had chosen.

10 ὄντος δὲ τοῦ προ- αιρετοῦ βουλευτοῦ ὀρεκτοῦ τῶν ἐφ᾽ ἡμῖν, καὶ ἡ προαίρεσις ἂν εἴη βουλευτικὴ ὄρεξις τῶν ἐφ᾽ ἡμῖν.② ἐκ τοῦ

[既然]所选择的是在我们能力以内的我们经过考虑而欲求的事情，选择也就是对于在我们能力以内的事情的经过考虑的欲求；因为，我

What is chosen being one of the things up to us that we long for *via* deliberation, the choice would be a *via*-delib- eration longing for one

---

代政制那里，介词短语，限定省略了系动词的系表结构。τῶν ἀρχαίων πολιτειῶν，那些古代政制，名词性短语，阴性复数属格。πολιτειῶν，政制，政体，名词，阴性复数属格。

关系代词 ἃς（那些）引导 πολιτεία 的非限定性定语关系从句。从句的主语是 Ὅμηρος，荷马。动词是 ἐμιμεῖτο，描述，μιμέομαι 的未完成时中动态，单数第三人称。其宾语是 ἃς，那些（政制），关系代词，阴性复数宾格。

① 原因从句。复合句。主句的主语是 οἱ βασιλεῖς，那些君王，名词，阳性复数主格。动词是 ἀνήγγελλον，报告，宣布，ἀναγγέλλω 的未完成时主动态，复数第三人称。τῷ δήμῳ，人民，民众，名词短语，阳性单数与格，限定 ἀνήγγελλον。

ἀνήγγελλον 引出宾语［τά］ἃ προείλοντο，他们选择了的事情，前置冠词 + 定语冠词从句名词性短语，中性复数宾格，前置冠词［τά］省略，保留了其定语关系从句。从句由冠词代词 ἃ（那些）引导。主谓语是 προείλοντο，他们（指 τῷ δήμῳ）选择了……的那些事情，动词 προαιρέω 的不定过去时中动态，复数第三人称复数。其宾语是 ἃ，那些事情，关系代词，指［τά］，中性复数宾格。

② 简单句。有两个部分。第一个部分是一个独立属格分词短语，表示原因。主语为 τοῦ προαιρετοῦ，选择，名词性短语，阳性单数属格。系动词是 ὄντος，是，现在时，阳性单数属格。表语是 βουλευτοῦ ὀρεκτοῦ τῶν ἐφ᾽ ἡμῖν，我们经过考虑而欲求在我们能力以内的事情，动形词短语。βουλευτοῦ ὀρεκτοῦ，经过考虑而欲求的，形容词短语。ὀρεκτοῦ，欲求的事情，动形，阳性单数属格。βουλευτοῦ，经过考虑的，经过设计的，形容词，阳性单数属格，限定 ὀρεκτοῦ。τῶν ἐφ᾽ ἡμῖν，在我们能力以内的，冠词 + 介词短语名词性短语，中性复数属格，限定 βουλευτοῦ ὀρεκτοῦ。

第二个部分是句子的基本结构。主语是 ἡ προαίρεσις，选择，名词，阴性单数主格。系动词是 ἂν εἴη，是，现在时祈愿式，单数第三人称。表语是 βουλευτικὴ ὄρεξις，经过考虑的欲求，名词性短语，阴性单数主格。ὄρεξις，欲求，名词，阴性单数主格。βουλευτικὴ，经过考虑的，形容词，阴性单数主格，限定 ὄρεξις。τῶν ἐφ᾽ ἡμῖν，在我们能力以内的，冠词 + 介词短语名词性短语，中性复数属

βουλεύσασθαι γὰρ κρίναντες ὀρεγόμεθα κατὰ τὴν βούλευσιν.① ἡ μὲν οὖν προαίρεσις τύπῳ εἰρήσθω, καὶ περὶ ποῖά ἐστι καὶ ὅτι τῶν πρὸς τὰ τέλη.②

们经过考虑而判断了,就会依据那种考虑欲求[它]。选择,它是相关于何种事物的,以及[它是]对于朝向目的的东西的,就概要地谈到这里吧ⁱ。

of the things up to us; for having decided *via* deliberation, we long for [it] in accordance with the deliberation. Let choice, and what sort of things it is about, and that [it is] for the things toward ends, be [thus] depicted in outline.

格,限定 βουλευτικὴ ὄρεξις。

① 原因从句。简单句。有两个部分。第一个部分是分词短语。主谓语是 κρίναντες,我们判断了,不定过去时主动态分词,阳性复数主格,表伴随情况。ἐκ τοῦ βουλεύσασθαι,经过考虑,介词短语,限定 κρίναντες。τοῦ βουλεύσασθαι,考虑,冠词+不定式名词性短语,阳性单数属格。

第二个部分是句子基本结构。主谓语是 ὀρεγόμεθα,我们欲求,现在时,复数第一人称。κατὰ τὴν βούλευσιν,依据那种考虑,介词短语,限定 ὀρεγόμεθα。τὴν βούλευσιν,那种考虑,名词短语,阴性单数宾格,指向 τοῦ βουλεύσασθαι,做介词 κατὰ 的宾语。

② 复合句。连系副词 μὲν οὖν 表示总结。主语有三个部分。第一个部分是 ἡ προαίρεσις,选择,名词,阴性单数主格。

第二个部分是一个从句。从句的主谓语是 ἐστι,它(指 ἡ προαίρεσις)是,现在时,单数第三人称。表语是 περὶ ποῖά,对于何种事物的,介词短语。ποῖά,何种事物,疑问代词,阴性单数主格。

第三个部分也是一个主语从句,以 καὶ(以及)与前面一个从句并连。从句由关系代词 ὅτι 引导。其主谓语仍然是[ἐστι],[它是],省略。表语是 τῶν πρὸς τὰ τέλη,朝向目的的东西,冠词+介词短语名词性短语,中性复数属格。

动词是 εἰρήσθω,被谈,被说,ἐρῶ 的完成时被动态,命令式,单数第三人称。τύπῳ,概要,名词,阳性单数与格,此处用作副词,限定 εἰρήσθω。

4

15 Ἡ δὲ βούλησις ὅτι μὲν τοῦ τέλους ἐστὶν εἴρηται,① δοκεῖ δὲ τοῖς μὲν τἀγαθοῦ εἶναι, τοῖς δὲ τοῦ φαινομένου ἀγαθοῦ.② συμβαίνει δὲ τοῖς μὲν [τὸ] βουλητὸν τἀγαθὸν λέγουσι μὴ εἶναι βουλητὸν ὃ βούλεται ὁ μὴ ὀρθῶς αἱρούμενος③

愿望ᵃ,已经说过,则是对于目的的,但是对有些人似乎是对于那个善的,而对有些人[则是对于]那个显得善的东西的。然而,那些说所愿望的东西就是那个善的人得承认,那个没有正确地选择的人愿望着的不是他所愿望的东西

But wish, we said, is for end, but for some it seems to be for the good, whereas for others, the apparent good. Yet for those who take the object of wish to be the good, it turns out that he who does not choose rightly does not wish

---

① 复合句。δὲ 示意转折承接第 3 章最后一句,ὅτι τῶν πρὸς τὰ τέλη。主语是一个从句,关系代词 ὅτι 引导从句。从句的主语是 Ἡ βούλησις,愿望,名词,阴性单数主格。系动词是 ἐστὶν,是,现在时,单数第三人称。表语 τοῦ τέλους,目的,名词,中性单数属格。

主句的动词是 εἴρηται,已经说过,ἐρῶ 的完成时被动态,单数第三人称。

② 上面句子的延续部分。并列句。主语仍然是 Ἡ βούλησις,愿望。动词是 δοκεῖ,似乎,现在时,单数第三人称。它引出不定式 εἶναι,是。εἶναι 以 τοῖς μέν...τοῖς δέ...（对有些人……而对有些人……）对照并列结构引出两个表语。在 τοῖς μέν... 部分,表语是 τἀγαθοῦ,那个善,缩合的名词性短语,中性单数属格。在 τοῖς δέ... 部分,表语是 τοῦ φαινομένου ἀγαθοῦ,那个显得善的东西,名词性短语,中性单数属格。

③ 并列句。δὲ 示意转折承接上文。τοῖς μέν...τοῖς δ'...（对有些人……而对有些人……）对照结构,这两个短语构成这两个句子的逻辑主语。

这里是第一句,即 τοῖς μέν... 部分。复合句。τοῖς 引导一个与格分词短语,τοῖς [τό] βουλητὸν τἀγαθὸν λέγουσι,那些说所愿望的东西就是那个善的人们。这个短语的主语是 τοῖς,那些人,冠词,阳性复数与格。与格分词是 λέγουσι,说……是……,阳性复数与格。其直接宾语是 [τό] βουλητὸν,所愿望的,所愿望的对象,形容词,中性单数宾格。多数抄本在此加上了 [τό]。其间接宾语是 τἀγαθὸν,那个善,缩合名词性短语,中性单数宾格。

动词是 συμβαίνει,要承认,要接受……,单数第三人称。

其宾语是 [τό] ὃ βούλεται ὁ μὴ ὀρθῶς αἱρούμενος,那个没有正确地选择的人愿望的,冠词+定语关系从句名词性短语,中性单数宾格,前置冠词 [τό] 省略。ὃ βούλεται ὁ μὴ ὀρθῶς αἱρούμενος,那个没有正确地选择的人愿望的,定语关系从句,限定省略的前置冠词 [τό]。这个定语关系从句的主语是 ὁ μὴ ὀρθῶς αἱρούμενος,那个没有正确地选择的人,冠词+分词短语名词性短语,阳性单数主格。αἱρούμενος,抓,取,选择,分词,阳性单数主格。动词是 βούλεται,愿望,现

(εἰ γὰρ ἔσται βουλητόν, καὶ ἀγαθόν· ἦν δ', εἰ οὕτως ἔτυχε, κακόν①), τοῖς δ' αὖ τὸ φαινόμενον ἀγαθὸν βουλητὸν λέγουσι μὴ εἶναι φύσει βουλητόν, ἀλλ' ἑκάστῳ τὸ δοκοῦν·② ἄλλο δ' ἄλλῳ φαίνεται, καὶ εἰ οὕτως ἔτυχε, τἀναντία.③	(因为，如果[他愿望着的]将是所愿望的，那就是善的；但假如情况是那样，就会是恶的了)，而那些说所愿望的东西就是显得善的东西的人也得承认，并不存在自然地就让人愿望的事物，而只有对各个人显得[善]的东西；而不同的	the object of his wish (for, if [what he wishes] will be the object of his wish, [it is] good; but if that were the case, [what he wishes] would be bad), whereas for those who take [the object of] wish [to be] the apparent good, [it turns out] that

在时中动，单数第三人称。其宾语是 ὅ，那，关系代词，中性单数宾格，做 βούλεται 的宾语，并引导这个宾语从句。其补语是否定性不定式短语 μὴ εἶναι βουλητόν，不是所愿望的。βουλητόν，所愿望的，形容词，中性单数主格，做否定性不定式 μὴ εἶναι 的表语。

① 括号内是 γὰρ 引出的原因从句。包含两个主从条件句。
第一句的条件从句的逻辑主语是[τὸ ὃ βούλεται]，[他愿望着的]，名词性短语，中性单数主格，省略。系动词是 ἔσται，将是，将来时，单数第三人称。表语是 βουλητόν，所愿望的，形容词，中性单数主格。主句的逻辑主语是[τὸ ὃ βούλεται]，[他愿望着的]，省略。系动词[ἔσται]省略。表语是 καὶ ἀγαθόν，善的，形容词，中性单数主格。καὶ 在这里不表达意义。
δέ 示意第二句语气上的转折。条件从句的主谓语是 ἔτυχε，情况是……，τυγχάνω 的不定过去时，单数第三人称，引导无人称形式句。οὕτως，那样，指上文所说"没有正确地选择"的情况，关系副词，限定 ἔτυχε。主句的逻辑主语仍然是[τὸ ὃ βούλεται]，省略。系动词是 ἦν，是，不定过去时，单数第三人称。表语是 κακόν，恶的，形容词，中性单数主格。
② 这里是第二句，即 τοῖς δ'... 部分。与前面第一句对照，τοῖς 依然引导一个与格分词短语，τοῖς αὖ τὸ φαινόμενον ἀγαθὸν βουλητὸν λέγουσι，而那些说所愿望的东西是显得善的东西的人，构成句子的逻辑主语。分词短语的主语是 τοῖς，那些人，冠词，阳性复数与格。与格分词是 λέγουσι，说……是……，阳性复数与格。其直接宾语是 βουλητόν，所愿望的，形容词，中性单数宾格。其间接宾语是 τὸ φαινόμενον ἀγαθόν，显得善的东西，冠词+分词短语名词性短语，中性单数宾格。φαινόμενον ἀγαθόν，显得善的，分词短语，限定前置冠词 τό。αὖ，而，反过来说，副词，限定整个 τοῖς δ'... 部分。
动词同 τοῖς μέν... 部分，仍然是[συμβαίνει]，[要碰到，要接受]……，单数第三人称，省略。
对照 τοῖς μέν... 部分，其宾语是 μὴ... ἀλλ'... 对照结构的两组宾语+补语结构。第一组是 μὴ εἶναι[τὸ]φύσει βουλητόν，[那种]自然地让人愿望的事物不存在。宾语[τὸ]φύσει βουλητόν，[那种]自然地让人愿望的事物，冠词+形容词短语，中性单数宾格。补语是 μὴ εἶναι，不存在，没有。第二组是 ἀλλ'[εἶναι]ἑκάστῳ τὸ δοκοῦν[ἀγαθόν]，而[存在]对各个人显得[善]的事物。宾语是 τὸ δοκοῦν[ἀγαθόν]，显得善的事物，冠词+分词短语名词性短语，中性单数宾格。δοκοῦν，显得，看起来，现在时分词，中性单数主格。其表语是[ἀγαθόν]，[善的]，省略。ἑκάστῳ，每个人，代词，阳性单数与格，限定 δοκοῦν[ἀγαθόν]。补语是 ἀλλ'[εἶναι]，却有，却存在。
③ 由短语 ἑκάστῳ τὸ δοκοῦν[ἀγαθόν]引出的同位语从句。并列句。第一句的主语是 ἄλλο，

| | 东西,且假如情况是那样,相反的东西,对不同的人显得[善]^b。 | there is no natural object of wish, but only what appears so for each man; yet different things, and if that were the case, contrary things, appear so for different people. |

εἰ δὲ δὴ ταῦτα μὴ ἀρέσκει, ἄρα φατέον ἁπλῶς μὲν καὶ κατ' ἀλήθειαν βουλητὸν εἶναι τἀγαθόν, ἑκάστῳ
25 δὲ τὸ φαινόμενον·① τῷ μὲν οὖν σπουδαίῳ τὸ κατ' ἀλήθειαν εἶναι, τῷ δὲ φαύλῳ τὸ τυχόν②

如果这两种结论都不令人满意,那么应当说,总体上和按真实来说所愿望的东西是那个善,而对每个人来说则是那显得善的东西;所以对认真的人就是真正[善]的东西,而对俗人就是刚好碰到的东西(就好

And if these consequences are unpleasing, should we say that in general and in truth the object of wish is the good, yet for each person the apparent good; hence for a serious man it is truely good, where-

---

不同的东西,形容词做名词用,中性单数宾格。系动词是 φαίνεται,显得,现在时,单数第三人称。其表语是[ἀγαθὸν],[善],省略。ἄλλῳ,不同的人,形容词,阳性单数与格,限定省略了表语的系表结构。

第二句为省略形式的复合句。条件从句是 εἰ οὕτως ἔτυχε,假如情况是那样,同括号内的原因从句中的第二个条件从句,其所指也同于那个条件从句,指上文所说"未做正确选择"的情况。主句的主语是 τἀναντία,相反的东西,缩合名词性短语,中性复数宾格。系表结构[φαίνεται ἀγαθόν],和与格代词 ἄλλῳ,均省略。

① 从这里直到"… καὶ τῶν ἄλλων ἕκαστα"是一个很长的问句。这里是问句的主句部分。复合句。条件从句由 εἰ(如果)引导。从句的主语是 ταῦτα,指上述两种说法引出的结论,指示代词,中性复数主格。否定性的动词是 μὴ ἀρέσκει,不令人满意,现在时,单数第三人称。

主句部分是 ἄρα(那么)引出的问句。动形词 φατέον 无人称句。φατέον,应当说,必须说。它引出 μὲν...δὲ...对照结构的两个不定式短语。第一个是 ἁπλῶς μὲν καὶ κατ' ἀλήθειαν βουλητὸν εἶναι τἀγαθόν,总体上和按真实来说所愿望的东西是那个善。这个短语中的主语是 βουλητὸν,所愿望的东西,形容词,中性单数主格。系动词不定式是 εἶναι,是,现在时。表语是 τἀγαθόν,那个善。ἁπλῶς,总体上,副词;κατ' ἀλήθειαν,按真实来说,介词短语,限定系表结构。第二个是 ἑκάστῳ δὲ[εἶναι]τὸ φαινόμενον,对每个人而言就是那个显得善的东西。主语仍然是[βουλητὸν],[所愿望的东西],省略。系动词不定式省略。表语是 τὸ φαινόμενον,那个显得[善]的东西,名词性短语,中性单数主格。

② 这里是从上面问句的第二部分"ἑκάστῳ δὲ[εἶναι]τὸ φαινόμενον"(对每个人而言就是那

(ὥσπερ καὶ ἐπὶ τῶν σωμάτων τοῖς μὲν εὖ διακειμένοις ὑγιεινά ἐστι τὰ κατ' ἀλήθειαν τοιαῦτα ὄντα, τοῖς δ' ἐπινόσοις ἕτερα, ὁμοίως δὲ καὶ πικρὰ καὶ γλυκέα καὶ θερμὰ καὶ βαρέα καὶ τῶν ἄλλων ἕκαστα);①

像在身体方面,对身体好的人,有益健康的东西真正地就是那样的东西,而对那些生病的人,则另一些东西[碰巧是这样],苦的、甜的、热的和硬的东西,以及其他每种东西,也是如此)ᵖ?

as for bad men it is something appearing so by chance (just as in the case of bodies, for those in good condition things good for health are truly such things, whereas for those in diseases, some other things [appear so],

---

个显得善的东西)引出的进一步解释。οὖν 示意承接上文。τῷ μὲν...τῷ δὲ...(对有的人……对有的人……)对照结构并列句。第一句的逻辑主语仍然是[βουλητὸν],[所愿望的东西],省略。系动词不定式仍然是 εἶναι,是,现在时。表语是 τὸ κατ' ἀλήθειαν [ἀγαθόν],真正[善]的,按真实来说[善]的,名词性短语,中性单数主格。τῷ σπουδαίῳ,对认真的人来说,名词性短语,阳性单数与格,限定句子的系表结构。σπουδαίῳ,认真的,形容词,阳性单数与格。

第二句的逻辑主语也还是[βουλητὸν],[所愿望的东西],省略。系动词不定式仍然是[εἶναι],[是],省略。表语是 τὸ τυχόν,刚好碰到的,名词性短语,中性单数主格。τυχόν,τυγχάνω(碰到)的不定过去时分词,中性单数主格。τῷ φαύλῳ,对俗人来说,名词性短语,阳性单数与格,限定句子的系表结构。φαύλῳ,形容词,阳性单数与格。

① 上面这个句子引出的类比句。莱克汉姆本(Rackham[1926],142)将这个部分括起,认为是某校勘者加上的解释性文字。整个句子由关系副词 ὥσπερ(就好像)引导。ὥσπερ ἐπὶ τῶν σωμάτων,就好像在身体方面,副词+介词短语状语短语,限定整个句子。ἐπὶ τῶν σωμάτων,在身体方面,介词短语,限定 ὥσπερ。

句子的主要结构为 τοῖς μὲν...τοῖς δὲ...(对有些人……对有些人……)对照结构并列句。

第一句即 τοῖς μὲν... 部分,τοῖς μὲν 引导一个与格短语,τοῖς μὲν εὖ διακειμένοις,对那些身体好的人,冠词+分词短语名词性短语,阳性复数与格,限定句子陈述的范围。εὖ διακειμένοις,被置放得良好的,身体好的,分词短语。διακειμένοις,被置放,这里,身体的被自然给予的状况,διάκειμαι 的现在时分词,阳性复数与格。句子的主语是 ὑγιεινά,有益健康的东西,形容词,中性复数主格。系动词是 ἐστι,是,现在时,单数第三人称。表语是 τὰ κατ' ἀλήθειαν τοιαῦτα ὄντα,真正地(按照真实来说)就是这样的,冠词+分词短语名词性短语,中性复数主格。ὄντα,是,现在时分词,中性复数主格。其表语是 τοιαῦτα,这样的,形容词,中性复数主格。κατ' ἀλήθειαν,真正地,按照真实来说,介词短语,限定 τοιαῦτα ὄντα。

第二句呈省略形式。对照第一句,与格短语是 τοῖς δ' ἐπινόσοις,对那些生病的人,名词性短语,阳性复数与格。ἐπινόσοις,生病的,形容词,阳性复数与格。句子的主语仍然是[ὑγιεινά],[有益健康的东西],省略。系动词省略。保留的表语是 ἕτερα,另一些,形容词,中性复数主格。

由 ἕτερα 引出一组示例,由关系副词 ὁμοίως(同样)引导:πικρά,苦的,形容词,中性复数主格;γλυκέα,甜的,形容词,中性复数主格;θερμά,热的,形容词,中性复数主格;βαρέα,重的,形容词,中性复数主格。καὶ τῶν ἄλλων ἕκαστα,以及其他每种东西,这一组示例的补充。ἕκαστα,每种东西,形容词,中性复数主格。τῶν ἄλλων,其他的,名词性短语,中性复数属格,限定 ἕκαστα。

		but likewise [are] the bitter, sweet, hot, heavy, and every other sort of things)?
30	ὁ σπουδαῖος γὰρ ἕκαστα κρίνει ὀρθῶς, καὶ ἐν ἑκάστοις τἀληθὲς αὐτῷ φαίνεται·① καθ' ἑκάστην γὰρ ἕξιν ἴδιά ἐστι καλὰ καὶ ἡδέα,② καὶ διαφέρει πλεῖστον ἴσως ὁ σπουδαῖος τῷ τἀληθὲς ἐν ἑκάστοις ὁρᾶν, ὥσπερ κανὼν καὶ μέτρον αὐτῶν ὤν.③ ἐν	因为,认真的人对每种事物都判断得正确,且在每种事物中真实都向他显现;因为,[每种事物]都仅仅依据一种独有的品性而是高尚的和愉悦的,且认真的人最显著的地方似乎就在于他在每种事物中看到真,就好像他就是它们的极轴和尺度。而在很	For, the serious man judges each sort of things rightly, and in each sort the truth appears to him; for, [each thing] is merely noble and pleasant in accordance with that specific character, and perhaps the serious man strikingly distinguishes himself

① γὰρ 引出原因从句。并列句。第一句的主语是 ὁ σπουδαῖος, 认真的人, 名词性短语, 阳性单数主格。动词是 κρίνει, 判断, 现在时, 单数第三人称。宾语是 ἕκαστα, 每种事物, 每种事情, 形容词, 中性复数宾格。ὀρθῶς, 正确, 副词, 限定 κρίνει。
　　第二句的主语是 τἀληθές, 真实, 缩合名词性短语, 中性单数主格。动词是 φαίνεται, 显现, 现在时, 但时, 第三人称。其间接性的宾语是 αὐτῷ, 他(指 ὁ σπουδαῖος), 阳性单数与格。ἐν ἑκάστοις, 在每种事物中, 介词短语, 限定 φαίνεται。
② γὰρ 引出进一步的原因从句。并列句。这里是第一句。主语是上文中的 [ἕκαστα], [每种事物], 形容词, 中性复数主格。系动词是 ἐστι, 是, 有, 现在时, 单数第三人称。表语是 καλὰ καὶ ἡδέα, 高尚的和快乐的, 形容词短语, 阴性单数主格。καθ' ἑκάστην ἕξιν ἴδιά, 依据一种独有的品性, 介词短语, 限定系表结构。καθ' ἑκάστην ἕξιν ἴδιά, 依据一种独有的品性, 介词短语。ἑκάστην ἕξιν ἴδιά, 一种独有的品性, 名词性短语, 阴性单数宾格, 做介词 καθ' 的宾语。ἑκάστην ἕξιν, 一种品性, 名词短语。ἴδιά, 独有的, 专属的, 形容词, 阴性单数宾格, 限定 ἑκάστην ἕξιν。
③ 这里是第二句。主语是 ὁ σπουδαῖος, 认真的人, 名词性短语, 阳性单数主格。动词是 διαφέρει, 特别, 显著, 现在时, 单数第三人称。πλεῖστον, 最, 形容词最高级, 中性单数宾格, 用作副词, 限定 διαφέρει。ἴσως, 也许, 副词, 限定 διαφέρει。τῷ τἀληθὲς ἐν ἑκάστοις ὁρᾶν, 在于他在每种事情中看到真, 冠词+不定式短语名词性短语, 中性单数与格, 表示原因。τἀληθὲς ἐν ἑκάστοις ὁρᾶν, 他在每种事情中看到真, 不定式短语, 限定前置冠词 τῷ。ὁρᾶν, 看, 现在时不定式。其宾语是 τἀληθές, 真, 真实, 名词性短语, 中性单数宾格。ἐν ἑκάστοις, 在每种事情中, 介词短语, 限定 τἀληθὲς ὁρᾶν (看到真实)。
　　由不定式短语 τἀληθὲς ἐν ἑκάστοις ὁρᾶν 引出一个分词短语, 由关系副词 ὥσπερ (就好像) 引导, 表方式。短语的逻辑主语是 [ὁ σπουδαῖος], [认真的人]。系动词是 ὤν, 是, 现在时, 阳性

τοῖς πολλοῖς δὲ ἡ ἀπάτη διὰ τὴν ἡδονὴν ἔοικε γίνεσθαι.① οὐ γὰρ οὖσα ἀγαθὸν φαίνεται·② αἱροῦνται οὖν τὸ ἡδὺ ὡς ἀγαθόν, τὴν δὲ λύπην ὡς κακὸν φεύγουσιν.③

多人中间,受骗看来都是由于快乐而发生;因为,它们不是善却显得善;因而人们都把快乐当作善来追求,而把痛苦当作恶来躲避ᵈ。

[from others] in seeing the truth in each sort of things, as if he were the pole and measure of these things. But among many people, the deception seems to occur *via* pleasure; for what is not good appears so, hence people pursue the pleasant as good, and avoid the pain as bad.

单数主格。ὧν 的表语是 κανών,标准与尺度,名词性短语。κανών,极轴,名词,阳性单数主格。μέτρον,尺度,名词,中性单数主格。αὐτῶν,它们的,代词,指 ἑκάστοις,中性复数属格。

① 简单句。δὲ 示意语气上的转折。主语是 ἡ ἀπάτη,受骗,名词,阴性单数主格。动词是 ἔοικε,看来,现在时,单数第三人称。它引出不定式 γίνεσθαι,发生,现在时。διὰ τὴν ἡδονήν,由于那种快乐,介词短语,限定 γίνεσθαι。ἐν τοῖς πολλοῖς,在很多人中间,介词短语,限定全句。

② γὰρ 引出原因从句。并列句。这里是第一句。有两个部分。第一个部分是 οὐ οὖσα,不是,现在时分词短语,表伴随情况,其逻辑主语是上文中的 τὴν ἡδονήν。第二个部分的系动词是 φαίνεται,显得,现在时中动态,其逻辑主语仍然是 τὴν ἡδονήν。φαίνεται 的表语是 ἀγαθόν,善的,形容词,中性单数主格。

③ 这是原因从句的第二句,也是第一句说明的事实的结果。οὖν 示意承接第一句引出对结果的说明。并列句。第一句的主谓语是 αἱροῦνται,人们追求,αἱρέω 的现在时中动态,复数第三人称。宾语是 τὸ ἡδύ,快乐,名词性短语,中性单数宾格。宾语补语是 ὡς ἀγαθόν,当作善的,副词短语。ἀγαθόν,善的,形容词,中性单数宾格,做宾语补语。ὡς,当作,关系副词,限定 ἀγαθόν。

第二句的主谓语是 φεύγουσιν,人们躲避,φεύγω 的现在时主动态,复数第三人称。宾语是 τὴν λύπην,痛苦,名词短语,阴性单数宾格。宾语补语是 ὡς κακόν,当作恶的,副词短语。

5

Ὄντος δὴ βου-
λητοῦ μὲν τοῦ τέλους,
βουλευτῶν δὲ καὶ προ-
αιρετῶν τῶν πρὸς τὸ
τέλος, αἱ περὶ ταῦτα
5 πράξεις κατὰ προαίρε-
σιν ἂν εἶεν καὶ ἑκούσι-
οι.① αἱ δὲ τῶν ἀρετῶν
ἐνέργειαι περὶ ταῦτα·②
ἐφ' ἡμῖν δὴ καὶ ἡ ἀρε-
τή.③

既然目的是所愿望的，而朝向目的的东西是所考虑、所选择的，与这后一类东西相关的实践就应当是依据选择的和出于意愿的；既然德性的实现也同这些东西相关；德性就也取决于我们。

Since the end is what we wish, while things toward the end is what we deliberate and choose, the practices related to the things toward the end would be accordant with choice and be voluntary; and since the en-activities of virtues [are also] related to them, virtue then [is] up to us.

---

① 简单句。有两个部分。第一个部分是独立属格短语，表示原因或伴随状况。其中又包含 μέν...δέ... 对照结构的两个并列属格短语。第一个属格短语中的主语是 τοῦ τέλους，目的，名词，中性单数属格。系动词分词是 ὄντος，是，中性单数属格。表语是 βουλητοῦ，所愿望的，形容词，中性单数属格。第二个属格短语中的主语是 τῶν πρὸς τὸ τέλος，那些朝向目的的东西，冠词+介词短语名词性短语，中性复数属格。系动词[ὄντων]，中性复数属格，省略。表语是 βουλευτῶν καὶ προαιρετῶν，所考虑的和所选择的，现在时分词，中性复数属格。

第二个部分是句子基本结构。主语是 αἱ περὶ ταῦτα πράξεις，那些与这些东西（指那些朝向目的的东西）相关的实践，名词性短语，阴性复数主格。αἱ πράξεις，那些实践，名词，阴性复数主格。περὶ ταῦτα，与这些东西相关的，介词短语，限定 αἱ πράξεις。ταῦτα，这些，代词，指那些朝向目的的东西，中性单数宾格，做介词 περὶ 的宾语。系动词是 ἂν εἶεν，应当是，现在时祈愿式，复数第三人称。表语有两个。一个是 κατὰ προαίρεσιν，依据选择的，介词短语。προαίρεσιν，选择，名词，阴性单数宾格，做介词 κατὰ 的宾语。另一个是 ἑκούσιοι，出于意愿的，形容词，阳性(这点值得注意)复数主格。

② 省略简单句。δὲ 示意语气上的转折。主语是 αἱ τῶν ἀρετῶν ἐνέργειαι，德性的实现，名词性短语，阴性复数主格。αἱ ἐνέργειαι，那些实现，名词，阴性复数主格。τῶν ἀρετῶν，德性，名词，阴性复数属格。系动词[ἂν εἶεν]，[是]，同上句，省略。表语是 περὶ ταῦτα，也同这些相关，介词短语。ταῦτα，这些，仍然指那些朝向目的的东西。

③ 简单句。δὴ 示意引出结论。主语是 ἡ ἀρετή，德性，名词，阴性单数主格。系动词省略。表语是 ἐφ' ἡμῖν，取决于我们，介词短语。

ὁμοίως δὲ καὶ ἡ κακία·① ἐν οἷς γὰρ ἐφ' ἡμῖν τὸ πράττειν, καὶ τὸ μὴ πράττειν, καὶ ἐν οἷς τὸ μή, καὶ τὸ ναί·② ὥστ' εἰ τὸ πράττειν καλὸν ὂν ἐφ' ἡμῖν ἐστί, καὶ τὸ μὴ πράττειν ἐφ' ἡμῖν ἔσται αἰσχρὸν ὄν, καὶ εἰ τὸ μὴ πράττειν καλὸν ὂν ἐφ' ἡμῖν, καὶ τὸ πράττειν αἰσχρὸν ὂν ἐφ' ἡμῖν.③

但恶也是这样；因为，当去做取决于我们时，不去做[也取决于我们]，当[说]"不"[取决于我们]时，[说]"是"[也取决于我们]；就好像，如果去做高尚的事取决于我们，不去做耻辱事就也将取决于我们，如果不去做高尚的事取决于我们，去做耻辱的事就也[将]取决于我们。

Yet the same is vice; for when [it is] up to us to act, [it is] also [up to us] not to act, and when [it is up to us] to [say] "no", then [it is] also [up to us] to [say] "yes"; as if when it is up to us to do something noble, it will also be up to us not to do something base, and when it is up to us not to do something no-

---

① 简单句。主语是 κακία，恶，名词，阴性单数主格。系动词省略。表语是 ὁμοίως，这样，同样，关系副词，指 ἐφ' ἡμῖν（取决于我们）。

② γὰρ 引出原因从句。ἐν οἷς... ἐν οἷς（当……当……）结构的并列复合句。省略句。
第一句的时间状语从句的主语是 τὸ πράττειν，去做，名词性不定式，中性单数主格。系动词省略。表语是 ἐφ' ἡμῖν，取决于我们，介词短语。ἐν οἷς，当……时，介词短语，限定全句。主句的主语是 τὸ μὴ πράττειν，不去做，否定性的名词性不定式，中性单数主格。系动词省略。表语同样是[ἐφ' ἡμῖν（取决于我们）]，省略。
第二句结构相同。从句的主语是 τὸ μή，不，名词性副词短语，中性单数主格。系动词省略。表语仍然是[ἐφ' ἡμῖν（取决于我们）]，省略。主句的主语是 τὸ ναί，是，那个"是的"，名词性副词短语，中性单数主格。ναί，是的，副词。系动词省略。表语同上，省略。

③ 关系副词 ὥστε（就好像）引出进一步的解释。εἰ...καὶ εἰ...（如果……如果……）结构并列条件复合句。
第一句的条件从句的主语是 τὸ πράττειν，去做，冠词＋不定式名词性短语，中性单数主格。这个主语有个分词短语，καλὸν ὄν，是高尚的，限定 πράττειν，表伴随情况。ὄν，是，现在分词，中性单数主格。其表语是 καλόν，高尚的，形容词。从句的系动词是 ἐστί，是，现在时，单数第三人称。其表语是 ἐφ' ἡμῖν，取决于我们，介词短语。主句的主语是 τὸ μὴ πράττειν，不去做，冠词＋否定性不定式名词性短语，中性单数主格。αἰσχρὸν ὄν，是耻辱的，分词短语，限定 πράττειν，表伴随情况。系动词为 ἔσται，将是，将来时，单数第三人称。表语是 ἐφ' ἡμῖν，取决于我们的，介词短语。
第二句的条件从句的主语是 τὸ μὴ πράττειν，不去做，冠词＋否定性不定式名词性短语，中性单数主格。καλὸν ὄν，是高尚的，限定 πράττειν，表伴随情况。系动词省略。表语是 ἐφ' ἡμῖν，取决于我们的，介词短语。主句的主语是 τὸ πράττειν，去做，冠词＋不定式名词性短语，中性单数主格。αἰσχρὸν ὄν，是耻辱的，分词短语，限定 πράττειν，表伴随情况。系动词[ἔσται（将是）]省略。表语是 ἐφ' ἡμῖν，取决于我们，介词短语。

εἰ δ᾽ ἐφ᾽ ἡμῖν τὰ καλὰ πράττειν καὶ τὰ αἰσχρά, ὁμοίως δὲ καὶ τὸ μὴ πράττειν, τοῦτο δ᾽ ἦν τὸ ἀγαθοῖς καὶ κακοῖς εἶναι, ἐφ᾽ ἡμῖν ἄρα τὸ ἐπιεικέσι καὶ φαύλοις εἶναι.①

τὸ δὲ λέγειν ὡς—
15 οὐδεὶς ἑκὼν πονηρὸς οὐδ᾽ ἄκων μάκαρ

ἔοικε τὸ μὲν ψευδεῖ τὸ δ᾽ ἀληθεῖ·② μακάριος

而如果做高尚的事和耻辱的事都取决于我们，而不做也[是]这样，[如果就由于]这一点我们将是好人还是坏人，那么，是公道的人还是恶人就取决于我们ᵃ。

那句话——
无人自愿为恶，也无人不愿享福

看来半假半真；因为，没有人违反意愿地享

ble, it will also be up to us to do something base. But if [it is] up to us to do the noble things and the shameful things, likewise not to do, and if this makes us to be good or bad, then [it is] up to us to be decent or evil men.

The saying that —
no one [is] voluntarily vile, and no one [is] involuntarily blessed

seems to be partly false and partly true; for no

---

① 复合句，由两个条件从句与一个主句构成。
第一个条件从句为并列句。第一个分句的主语是[τὸ] τὰ καλὰ πράττειν καὶ τὰ αἰσχρά，做高尚的事和耻辱的事，冠词＋不定式短语名词性短语，中性单数主格，前置冠词[τὸ]省略。[τὸ] πράττειν，做，冠词＋不定式短语。不定式πράττειν引出两个宾语。一个是 τὰ καλὰ，高尚的事；另一个是 τὰ αἰσχρά，耻辱的事，名词性短语，中性复数宾格。系动词省略。表语是 ἐφ᾽ ἡμῖν，取决于我们，介词短语。第二个分句的主语是 τὸ μὴ πράττειν，不做，冠词＋不定式名词性短语，中性单数主格。其宾语同第一个分句，省略。系动词省略。表语是 ὁμοίως，同样，副词。
第二个条件从句是 ἦν 无人称句。ἦν，是，系动词，未完成时，单数第三人称。其表语是 τοῦτο，这一点，代词，指向下文的不定式短语，中性单数宾格。τὸ ἀγαθοῖς καὶ κακοῖς εἶναι，我们将是好人和坏人，冠词＋不定式短语名词性短语，中性单数主格。有两种解释。一个是，它用作 ἦν 的逻辑主语。另一个是，它是强调性的系表结构 τοῦτο δ᾽ ἦν 的补充说明。两种解释均可。这里取后一种。τὸ εἶναι，将是，冠词＋不定式名词性短语。其逻辑主语是我们。不定式 εἶναι 引出两个表语。一个是 ἀγαθοῖς，好人；另一个是 κακοῖς，坏人，形容词，阳性复数与格。
小词 ἄρα（那么）引出主句。主语是 τὸ ἐπιεικέσι καὶ φαύλοις εἶναι，将是公道的人还是恶人，冠词＋不定式短语名词性短语，中性单数主格。τὸ εἶναι，将是，将属于，冠词＋不定式名词性短语。不定式 εἶναι 引出两个表语。一个是 ἐπιεικέσι，公道的人；另一个是 φαύλοις，恶人，的同义词，形容词，阳性复数与格。系动词省略。表语 ἐφ᾽ ἡμῖν，取决于我们，介词短语。
② 简单句。主语的主词是 τὸ λέγειν，那句话，冠词＋不定式结构名词性短语，中性单数主格。ὡς，这样，副词，限定不定式 λέγειν，引出一句可能来自梭伦的诗句，作为的同位语从句。

μὲν γὰρ οὐδεὶς ἄκων, ἡ δὲ μοχθηρία ἑκούσιον·① ἢ τοῖς γε νῦν εἰρημένοις ἀμφισβητητέον, καὶ τὸν ἄνθρωπον οὐ φατέον ἀρχὴν εἶναι οὐδὲ γεννητὴν τῶν πράξεων ὥσπερ καὶ τέκνων.② εἰ δὲ ταῦτα φαίνεται καὶ μὴ ἔχομεν εἰς ἄλλας ἀρχὰς ἀναγαγεῖν παρὰ τὰς ἐν

福，但是做恶却出于意愿；若不然，我们就至少要推翻现在所说的，并且必须说，人不是像他是他的子女的生育者那样，是他的实践的本原和生育者。而如果这些是显然的，且我们不能把它们推归在我们自身的本原之外的其他本原，那么其本原［是］在

one is involuntarily blessed, whereas badness is voluntary; otherwise we must dispute the points now made, and must say that man is not a first principle nor a begetter of his practice as [he is] of his children. And if these things seem clear, and we can not

---

诗句有两个分句。第一个分句的主语是 οὐδεὶς，没有人，否定性不定代词，阳性单数主格。ἑκὼν，出于意愿的，有意的，形容词，阳性单数主格，限定 οὐδεὶς。系动词省略。表语是 πονηρὸς，恶劣的，坏的，形容词，阳性单数主格。第二个分句的主语仍然是 οὐδεὶς，由否定词 οὐδ'（οὐδέ）替代。ἄκων，违反意愿的，不愿意的，形容词，阳性单数主格，限定 οὐδεὶς。系动词省略。表语是 μάκαρ，至福的，形容词，阳性单数主格。

全句的系动词是 ἔοικε，看来是，现在时，单数第三人称。表语是 τὸ μὲν ψευδεῖ τὸ δ' ἀληθεῖ，半假半真，并列冠词＋形容词名词性短语，中性单数主格。ψευδεῖ，假；ἀληθεῖ，真，形容词，中性单数与格。

① γὰρ 引出原因从句。μὲν...δὲ... 对照结构的省略并列句。μὲν 的部分为 μακάριος οὐδεὶς ἄκων，无人违反意愿地享福，和上面诗句的后半句相同，表明作者在肯定那句说得对。δὲ 的部分为一个主系表的句子。主语是 ἡ μοχθηρία，做恶，名词短语，阴性单数主格。系动词省略。表语是 ἑκούσιον，出于意愿的，形容词，中性单数主格，用中性不用阴性，是为了表示抽象性质。这句和上面诗句的前半句是相反的，表明作者认为那句话说得不对。

② 并列句。ἢ（若不然）示意与上句构成选择关系。第一句是动形词 ἀμφισβητητέον 引出的无人称句。ἀμφισβητητέον，必须推翻的，中性单数主格。其间接性的宾语是 τοῖς νῦν εἰρημένοις，现在所说的，上面所说的，名词性短语，中性复数与格。τοῖς εἰρημένοις，所说的，冠词＋分词名词性短语，中性复数与格。εἰρημένοις，说，现在时中动分词。νῦν，现在，副词，限定 εἰρημένοις。

第二句是动形词 φατέον 引出的无人称句。φατέον，必须说，φημί 的动形词，中性单数主格。它引出宾语和宾语补语。其宾语是 τὸν ἄνθρωπον，人，名词，阳性单数宾格。宾语补语是 οὐ ἀρχὴν εἶναι οὐδὲ γεννητὴν τῶν πράξεωνοὐ，不是他的实践的本原和生育者，οὐ...οὐδὲ... 并列结构否定式不定式短语。第一个部分是 οὐ ἀρχὴν εἶναι，不是本原。ἀρχὴν，本原，名词，阴性单数宾格。第二个部分是 οὐδὲ γεννητὴν，也不是生育者。γεννητὴν，生育者，名词，阴性单数宾格。τῶν πράξεων，他的实践的，名词短语，阴性复数属格，限定 ἀρχὴν 和 γεννητὴν。

这个句子引出一个省略为属格短语的比较状语从句 ὥσπερ καὶ τέκνων，就像［他是］他的子女的［本原和生育者］那样，由关系副词 ὥσπερ（就像……那样）引导。相同部分省略，只保留了 τέκνων，［他的］子女的，名词，阴性复数属格，限定省略了的 ἀρχὴν 和 γεννητὴν。

ἡμῖν, ὧν καὶ αἱ ἀρχαὶ ἐν ἡμῖν, καὶ αὐτὰ ἐφ' ἡμῖν καὶ ἑκούσια.①

我们自身的那些实践就[是]自身就取决于我们的和出于意愿的[b]。

push them to the first principles beyond those in us, the practices of which the first principles [are] in us [are] by tmemselves up to us and voluntary.

τούτοις δ' ἔοικε μαρτυρεῖσθαι καὶ ἰδίᾳ ὑφ' ἑκάστων καὶ ὑπ' αὐτῶν τῶν νομοθετῶν·② κολάζουσι γὰρ καὶ τιμωροῦνται τοὺς δρῶντας μοχθηρά, ὅσοι μὴ βίᾳ ἢ δι' ἄγνοιαν ἧς μὴ αὐτοὶ

25 αἴτιοι, τοὺς δὲ τὰ καλὰ

而且,这些看法看来分别由私人和那些立法者们本身得到见证;因为,他们惩罚和报复做坏事的人,[只要]不[是]出于被迫的或出于他们自身不能负责的无知的,并授予那些做高尚的事的人以荣誉,以鼓励后

And, these considerations seem to bear witness separately by individuals and by lawgivers themselves; for they punish and revenge those who do bad things, so far as they [do] not [do them] by force or

---

① 复合句。εἰ(如果)引出条件从句。有两个分句。第一个分句的主语是 ταῦτα,这些,代词,指 τοῖς νῦν εἰρημένοις,中性复数主格。动词是 φαίνεται,显然可见,现在时,单数第三人称。第二分句的主谓语是 μὴ ἔχομεν,我们不能,否定式,现在时,复数第一人称。ἔχομεν 引出不定式 ἀναγαγεῖν,把……推向,不定过去时。其宾语是 ταῦτα,这些,代词,中性复数宾格。其宾语补语是 εἰς ἄλλας,[推]向其他[本原],介词短语。ἄλλας,其他[本原],形容词,阴性复数宾格。παρὰ τὰς ἐν ἡμῖν,在我们自身的本原之外的,介词短语,限定 ἄλλας。
主句是复合句。主语是[τά],那些[实践],前置冠词,中性复数主格,省略。它引出一个定语关系从句 ὧν καὶ αἱ ἀρχαὶ ἐν ἡμῖν,其本原[是]在我们自身的。从句的主语是 αἱ ἀρχαὶ,本原,名词,阴性复数主格。ὧν,那些,关系代词,指前置冠词[τά],限定 αἱ ἀρχαὶ。系动词省略。表语是 ἐν ἡμῖν,在我们自身,介词短语。主句的系动词也省略。表语有两个部分。一个是 ἐφ' ἡμῖν,取决于我们的,介词短语。αὐτά,自身,反身代词,中性复数宾格,用作副词,限定 ἐφ' ἡμῖν。第二个是 ἑκούσια,出于意愿的,形容词,中性复数主格。
② 简单句。ἔοικε(看来)无人称句。ἔοικε 引出不定式 μαρτυρεῖσθαι,见证,有(得到)见证,现在时被动态。τούτοις,这些考虑,在这些考虑方面,代词,指上面看法,中性复数与格,起实际主语的作用。μαρτυρεῖσθαι 引出一个与格副词和由介词 ὑφ'(由……,被……)引出的两个介词短语加以限定。与格副词是 ἰδίᾳ,个别地,分别地,形容词,阴性单数与格,用作副词。两个介词短语,第一个是 ὑφ' ἑκάστων,由每个人,由私人。ἑκάστων,每个人,私人,不定代词,阳性复数属格,在介词之后表施动者。另一个是 ὑπ' αὐτῶν τῶν νομοθετῶν,由立法者本身。νομοθετῶν,立法者,名词,阳性复数属格。

πράττοντας τιμῶσιν, ὡς
τοὺς μὲν προτρέψοντες
τοὺς δὲ κωλύσοντες.①
καίτοι ὅσα μήτ' ἐφ'
ἡμῖν ἐστὶ μήθ' ἑκούσια,
οὐδεὶς προτρέπεται
πράττειν,② ὡς οὐδὲν
πρὸ ἔργου ὂν τὸ πεισθῆ-

者,遏止前者;但那种不取决于我们也不出于我们意愿的[事情],就没有人会鼓励我们去做,就像要被说服得不觉得热、不觉得疼、不觉得饿或其他这类情形是没有作用的一样,因为我们

out of the ignorance of which [they are] not causes, and honour those who do noble things, so as to encourage the latter and deter the former; and no one will encourage [us] to do the sort

---

① 原因从句。并列句。第一句的主谓语有两个动词构成。第一个是 κολάζουσι,他们(指立法者)惩罚,现在时主动态,复数第三人称。第二个是 τιμωροῦνται,他们(指立法者)报复,现在时中动态,复数第三人称。两个动词的宾语为 τοὺς δρῶντας μοχθηρά,做坏事的人,分词短语,阳性复数宾格。δρῶντας,做,现在时分词,阳性复数宾格。δρῶντας 的宾语是 μοχθηρά,坏的,坏事情,形容词,中性复数宾格。

由副词性短语 ὅσοι μή...(只要不是……)引入一个插入语,对他们(立法者)惩罚和报复那些做坏事的人的条件做排除。ὅσοι,像……一样多的,形容词,此处用如副词。ὅσοι μή... 引出两个限定语,对排除的情况做出说明。一个是 βίᾳ,被迫的,名词,阴性单数与格,用作副词,指出于被迫做坏事的情形。另一个是 δι' ἄγνοιαν,出于无知的,介词短语,指出于无知的做坏事的情形。ἄγνοιαν,无知,名词,阴性单数宾格,做介词 δι' 的宾语。ἄγνοιαν 引出一个定语关系从句 ἧς μὴ αὐτοὶ αἴτιοι,他们自身不是其原因的,他们不能负责的。从句的主语是 αὐτοὶ,他们,代词,指那些做坏事的人,阳性复数主格。系动词省略,保留了否定词 μὴ。表语是 αἴτιοι,原因,形容词,阳性复数主格。ἧς,它的,关系代词,指 ἄγνοιαν(无知),引导定语关系从句,并在从句中限定 αἴτιοι。

第二句的主谓语 τιμῶσιν,他们授予……以荣誉,现在时,复数第三人称。其宾语是 τοὺς δὲ τὰ καλὰ πράττοντας,那些做高尚的事的人,冠词+分词短语名词性短语,阳性复数宾格。τὰ καλὰ πράττοντας,做高尚的事的人,分词短语,阳性复数宾格,前置冠词 τοὺς。πράττοντας,做,现在时分词,阳性复数宾格。其宾语是 τὰ καλὰ,高尚的事,名词性短语,中性复数宾格。

由句子的主谓语 τιμῶσιν 引出一个(μὲν...δὲ...)对照并列结构的分词短语,表目的,由关系副词 ὡς 引导。μὲν... 的部分是 τοὺς μὲν προτρέψοντες,鼓励一些人(指后者,即做高尚的事的人),冠词+分词名词性短语,阳性复数宾格。προτρέψοντες,鼓励,现在时分词,逻辑主语是那些立法者。其宾语是 τοὺς μὲν,一些人,指做高尚事情的人。δὲ... 的部分是 τοὺς δὲ κωλύσοντες,阻止一些人(即前者,即做坏事的人),冠词+分词名词性短语,阳性复数宾格。κωλύσοντες,阻止,现在时分词。其宾语是 τοὺς δὲ,一些人,指做坏事的人。

② 复合句。καίτοι 为小品词,表示语气的转折。这里是主句。主语是 οὐδεὶς,没有人,否定性不定代词,阳性单数主格。动词是 προτρέπεται,鼓励,现在时中动态,单数第三人称。它引出不定式 πράττειν,去做,现在时。πράττειν 的宾语是[τά]ὅσα μήτ' ἐφ' ἡμῖν ἐστὶ μήθ' ἑκούσια,那种既不取决于我们也不出于我们意愿的[事情],冠词+定语关系从句名词性短语,中性复数宾格,前置冠词[τά]省略。ὅσα 即 τόσος ὅσος,那种的,那样子的,关系形容词,阳性单数主格,引出定语从句,并在从句中做主语。从句系动词为 ἐστὶ,是,现在时,单数第三人称。其表语有两个部分。一个是 μήτ' ἐφ' ἡμῖν,不取决于我们的,否定式的介词短语。另一个是 μήθ' ἑκούσια,不出于我们意愿的。

ναι μὴ θερμαίνεσθαι ἢ
ἀλγεῖν ἢ πεινῆν ἢ ἀλλ᾽
ὁτιοῦν τῶν τοιούτων·
οὐθὲν γὰρ ἧττον πεισό-
30 μεθα αὐτά.①

还是一点儿不少地感受到它们。

[of things] that is neither up to us nor voluntary, as it is nonsense for us to be persuaded not to feel heated, suffered, starved, or other things of the sort, for we shall suffer them nonetheless.

καὶ γὰρ ἐπ᾽ αὐτῷ τῷ
ἀγνοεῖν κολάζουσιν,
ἐὰν αἴτιος εἶναι δοκῇ
τῆς ἀγνοίας·② οἷον τοῖς
μεθύουσι διπλᾶ τὰ ἐπι-

因为，假如一个人[自己]看来是那种无知的原因，人们还要因这种无知本身而惩罚他；例如，对于醉酒肇事的人

For, people punish [a man] for the ignorance itself, if he would seem to be the cause of that ignorance; for instance,

---

① 这个部分是由关系副词 ὡς（就像）引出的一个独立分词短语，以及从这个短语引出的原因从句。

分词短语的主语是 τὸ πεισθῆναι，要被说服，冠词＋不定式名词性短语，中性单数主格。πεισθῆναι，被说服，不定过去时不定式，被动态，其逻辑主语是我们。它以否定形式引出 …ἢ…ἢ…ἢ… 并列结构的共四个短语，前三个是不定式短语。第一个是 μὴ θερμαίνεσθαι，不觉得热，现在时中动态。第二个是 [μὴ] ἀλγεῖν，不觉得疼，现在时主动态。第三个是 [μὴ] πεινῆν，不觉得饿，现在时主动态。第四个短语是 ἀλλ᾽ ὁτιοῦν τῶν τοιούτων，其他这类情形，形容词短语，中性单数主格。ὁτιοῦν，所以，小品词，起承接作用。ἀλλ᾽，其他的，形容词，中性单数主格。τῶν τοιούτων，这类情形，名词性短语，中性复数属格。

短语的分词是 ὄν，是，系动词现在时分词，中性单数主格。其表语是 οὐδὲν πρὸ ἔργου，没有意义的，否定式介词短语。πρὸ ἔργου，有作用，介词短语。

γὰρ 引出原因从句。主谓语是 πεισόμεθα，我们感受到，πάσχω 的将来时主动态，复数第一人称。οὐθὲν ἧττον，仍然一点儿不少地，双否副词短语，限定 πεισόμεθα。πεισόμεθα 的宾语是 αὐτά，它们，代词，指上要被说服的事情，中性复数宾格。

有的学者为了配合上文中的 πεισθῆναι（被说服），把 πεισόμεθα 解释为来自动词 πείθω（相信）的将来时中动态，复数第一人称，因为它们形式相同。按这种解释，副词短语 οὐθὲν ἧττον 就不能理解为双否，而是 οὐθὲν 加强了 ἧττον，句意就成了，不论有谁要说服我们不要觉得热、疼、饿或其他类似情形，我们不会去相信。我在此按动词 πάσχω 解读。

② γὰρ 引出进一步的原因从句。复合句。主句的主谓语是 κολάζουσιν，人们惩罚，现在时，复数第三人称。ἐπ᾽ αὐτῷ τῷ ἀγνοεῖν，由于这种无知本身，介词短语，限定 κολάζουσιν。

ἐὰν（如果）引出条件从句，从句需要虚拟式。主谓语是 δοκῇ，一个人看起来……，现在时主动态，虚拟式，单数第三人称。δοκῇ 引出不定式 εἶναι，是，现在时。εἶναι 的表语是 αἴτιος，原因，名词，阳性单数主格。τῆς ἀγνοίας，那种无知，名词短语，阴性单数属格，限定 αἴτιος。

τίμια, ἡ γὰρ ἀρχὴ ἐν αὑτῷ, κύριος γὰρ τοῦ μὴ μεθυσθῆναι, τοῦτο δ' αἴτιον τῆς ἀγνοίας.①

惩罚加倍,因为肇事的本原[是]在他自身,因为他[是]能主宰自己不喝醉的,而喝醉就[是]那种无知的原因。

the penalties for the drunken [are] doubled, for the first principle [is] within him, because he [is] dominant in not getting drunken, and drunkenness [is] the cause of his ignorance.

καὶ τοὺς ἀγνοοῦντάς τι τῶν ἐν τοῖς νόμοις, ἃ δεῖ ἐπίστασθαι καὶ μὴ χαλεπά ἐστι, κολάζουσιν·② ὁμοίως δὲ καὶ ἐν τοῖς

而且,人们还惩罚那些不知道他应当知道、并且也不难懂得的某个法律内容的人;但在那些其他场合,当那些人看

And, they punish those who do not know some provision of the law, which they ought to know and it is not diffi-

---

① 连系副词 οἷον 引出一个示例。复合句。主语句的主语是 τὰ ἐπιτίμια,惩罚,名词性短语,中性复数主格。系动词省略。表语是 διπλᾶ,加倍的,形容词,中性复数主格。τοῖς μεθύουσι,那些醉酒肇事的人,冠词 + 分词名词性短语,阳性复数与格。μεθύουσι,喝酒,现在时主动态分词,阳性复数与格。

γὰρ 引出原因从句。复合句。主句的主语是 ἡ ἀρχή,肇事的本原,名词短语,阴性单数主格。系动词省略。表语是 ἐν αὑτῷ,在他自身,介词短语。αὑτῷ,他自身,反身代词,阳性单数与格,做介词 ἐν 的间接性的宾语。

γὰρ 引出进一步的原因从句。并列句。第一句的逻辑主语是 αὑτῷ 的所指,即一个醉酒肇事的人,阳性单数主格,省略。系动词省略。表语是 κύριος,有能力的,能主宰的,形容词,阳性单数主格。τοῦ μὴ μεθυσθῆναι,不喝醉,冠词 + 否定式不定式名词性短语,阳性单数属格,限定 κύριος。μεθυσθῆναι,喝醉,不定过去时不定式,被动态。

第二句的主语是 τοῦτο,这,代词,指 τό μεθυσθῆναι (喝醉),中性单数主格。系动词省略。表语是 αἴτιον,原因,名词,中性单数主格。τῆς ἀγνοίας,那种无知,名词短语,阴性单数属格,限定 αἴτιον。

② 复合句。主语的主谓语是 κολάζουσιν,人们惩罚,现在时,复数第三人称。宾语是 τοὺς ἀγνοοῦντάς τι τῶν ἐν τοῖς νόμοις,那些不知道法律中的某个内容的人,冠词 + 分词短语名词性短语,阳性复数宾格。ἀγνοοῦντάς,不知道,ἀγνοέω 的现在时主动态分词,阳性复数宾格。其宾语是 τι,某个内容,不定代词,中性单数宾格。τῶν ἐν τοῖς νόμοις,那些在法律中的内容,冠词 + 介词短语名词性短语,中性复数属格,限定 τι。

τῶν ἐν τοῖς νόμοις 引出一个定语关系从句,由关系代词 ἃ 引导。并列句。第一句是 δεῖ (应当) 无人称句。δεῖ 引出不定式 ἐπίστασθαι,认识,知道,现在时。其宾语是 ἃ,那些,关系代词,指 τῶν ἐν τοῖς νόμοις,中性复数宾格。第二句的主语是 ἃ,同上,中性复数主格。系动词是 ἐστι,是,现在时,单数第三人称。表语是 μὴ χαλεπά,不难懂的,否定式形容词短语,中性复数主格。

ἄλλοις, ὅσα δι᾽ ἀμέλειαν ἀγνοεῖν δοκοῦσιν, ὡς ἐπ᾽ αὐτοῖς ὂν τὸ μὴ ἀγνοεῖν· τοῦ γὰρ ἐπιμεληθῆναι κύριοι.①

来是出于疏忽而不知道[那个内容]的时候,[人们也]以不那样地不知道是取决于他们的,因为他们本能够小心为理由,同样[地惩罚他们]°。

cult [to know]; but [they do the same] in those other cases, when people seem to be ignorant of [that provision] by their negligence, as not being ignorant that way is up to them; for [they are] dominant in taking care.

ἀλλ᾽ ἴσως τοιοῦτός ἐστιν ὥστε μὴ ἐπιμεληθῆναι.② ἀλλὰ τοῦ τοιούτους γενέσθαι
5 αὐτοὶ αἴτιοι, ζῶντες ἀνειμένως, καὶ τοῦ

但是,也许有的人就是这样的,以致不会小心。但是,[正是]他们自己要对[自己]通过不经心地生活成为那样子的,对自己将是那个不正义

But perhaps someone is the sort of man as not to take care. But they themselves [are] responsible for their becoming that sort of [person], by

---

① 省略式简单句。有三个主要部分。第一个部分是句子的主要结构。句子的主谓语 κολάζουσιν（人们惩罚）及其宾语 τοὺς ἀγνοοῦντάς...（那些不知道……的人）省略。保留一个副词短语 ὁμοίως καὶ ἐν τοῖς ἄλλοις, 在那些其他场合也同样。ὁμοίως, 同样, 关系副词。ἐν τοῖς ἄλλοις, 在那些其他场合, 介词短语, 限定 ὁμοίως。

第二个部分是由介词短语 ἐν τοῖς ἄλλοις 引出的一个状语关系从句, 由关系副词 ὅσα 引导。复合句。从句的主谓语是 δοκοῦσιν, 他们（指 τοὺς ἀγνοοῦντάς, 那些不知道的人）看来, 现在时, 复数第三人称。它引出不定式 ἀγνοεῖν, 不知道, 现在时。δι᾽ ἀμέλειαν, 由于疏忽, 由于不关心, 介词短语, 限定 ἀγνοεῖν, 表原因。ὅσα, 当……的时候, 关系副词, 替代 ἐν τοῖς ἄλλοις, 在从句中做状语。

第三个部分是由关系副词 ὁμοίως 引出一个独立分词短语, 由副词 ὡς（以……的方式）引导。分词短语的主语是 τὸ μὴ ἀγνοεῖν, 不那样地不知道, 冠词+否定式不定式名词性短语, 中性单数主格。τὸ ἀγνοεῖν, 那样地不知道, 冠词+不定式名词性短语。系动词分词是 ὄν, 是, 现在时。表语是 ἐπ᾽ αὐτοῖς, 取决于他们（指那些不知道某法律内容者）自己, 介词短语。

这个分词短语引出一个原因从句。从句的主语是上文中的 τοὺς ἀγνοοῦντάς, 那些不知道（某法律内容）的人, 阳性复数主格形式, 省略。系动词省略。表语是 κύριοι, 能够主宰……的, 形容词, 阳性复数主格。κύριοι 支配属格短语 τοῦ ἐπιμεληθῆναι, 小心, 冠词+不定式名词性短语, 中性单数。ἐπιμεληθῆναι, 小心, 不定过去时被动态不定式。

② 简单句。ἀλλ᾽ 表明语气的转折。主语是上文的 τοὺς ἀγνοοῦντάς...（那些不知道……的人）中的某人, 阳性单数主格形式, 省略。系动词是 ἐστιν, 单数第三人称。表语是 τοιοῦτός, 这样的, 形容词, 阳性单数主格。ὥστε μὴ ἐπιμεληθῆναι, 以致不会小心, 副词短语, 限定系表结构, 表程度。ὥστε, 以致, 副词。它引出一个否定式的不定式 μὴ ἐπιμεληθῆναι, 不会小心, 不定过去时被动态。

ἀδίκους ἢ ἀκολάστους εἶναι, οἱ μὲν κακουργοῦντες, οἱ δὲ ἐν πότοις καὶ τοῖς τοιούτοις διάγοντες·① αἱ γὰρ περὶ ἕκαστα ἐνέργειαι τοιούτους ποιοῦσιν.② τοῦτο δὲ δῆλον ἐκ τῶν μελετώντων πρὸς ἡντινοῦν ἀγωνίαν ἢ πρᾶ-

的或放纵的人，一些人通过做恶，另一些人通过把时光消磨在饮酒和此类事情上，负责任；因为，正是具体事情上的实现使[他们自己]那样子的。这一点在人们为着无论何种竞赛或实践的训练中都非常明显；因为，他们持续地努

living carelessly, and being unjust or intemperate men, some by doing wrong, others by indulging in drinking and the things of that sort; for it is the en-activities on particular things that make [themselves] that sort of person. This is

---

① 省略式简单句。ἀλλὰ 示意语气的转折。主语是 αὐτοί，他们自己，反身代词，阳性复数主格。系动词省略。其表语是 αἴτιοι，作为原因的，要负责任的，形容词，阳性复数主格。表语 αἴτιοι 引出两个属格限定语。第一个是 τοῦ τοιούτους γενέσθαι，(他们自己)成为那样子的，冠词＋不定式短语名词性短语，阳性单数属格，限定 αἴτιοι。τοῦ γενέσθαι，成为，冠词＋不定式。γενέσθαι，成为，现在时中动不定式。γενέσθαι 的逻辑主语是阳性复数宾格形式的[αὐτοί，他们]，省略。其表语是 τοιούτους，那样子的，形容词，阳性复数宾格。不定式系表结构 γενέσθαι τοιούτους 在这里用作省略了宾语的宾语补语。它引出一个分词短语，ζῶντες ἀνειμένως，通过不经心地生活，现在时分词短语，表伴随情况。ζῶντες，生活，分词，阳性复数主格。ἀνειμένως，不经心地，副词，限定 ζῶντες。

第二个属格限定语是 τοῦ ἀδίκους ἢ ἀκολάστους εἶναι，将是那个不正义的或放纵的人的，冠词＋不定式短语名词性短语，阳性单数属格。τοῦ εἶναι，去是，将是，冠词＋系动词不定式。在这个结构中，同样省略了阳性复数宾格形式的[αὐτοί，他们]。不定式系动词 εἶναι 的表语是 ἀδίκους，不正义的，形容词；ἢ ἀκολάστους，或放纵的，形容词，阳性复数宾格。这个系表结构同样是省略了宾语的宾语补语。

不定式系表结构 ἀδίκους ἢ ἀκολάστους εἶναι 引出 οἱ μὲν...οἱ δὲ...（一些人……另一些人……）对照结构的两个分词短语插入语，表伴随情况。第一个是 οἱ μὲν κακουργοῦντες，一些人通过做恶。κακουργοῦντες，做恶，现在时分词，阳性复数主格。第二个是 οἱ δὲ ἐν πότοις καὶ τοῖς τοιούτοις διάγοντες，另一些人通过把时光消磨在饮酒和此类事情上。ἐν πότοις καὶ τοῖς τοιούτοις διάγοντες，把时光消磨在饮酒和此类事情上，现在时分词短语，阳性复数主格。διάγοντες，花时间，动词 διάγω 的现在分词。ἐν πότοις καὶ τοῖς τοιούτοις，在饮酒和此类事情上，介词短语，限定 διάγοντες。πότοις，饮酒，名词，阳性复数与格。τοῖς τοιούτοις，此类事情，名词性短语，阳性复数与格。

② γὰρ 引出原因从句。主语是 αἱ περὶ ἕκαστα ἐνέργειαι，相关于具体对象的那些实现，名词性短语，阴性复数主格。αἱ ἐνέργειαι，那些实现，名词短语，阴性复数主格。περὶ ἕκαστα，相关于具体对象的，介词短语，限定 αἱ ἐνέργειαι。动词是 ποιοῦσιν，造成，使……成为……，现在时主动态，复数第三人称。ποιοῦσιν 的直接宾语是阳性复数宾格形式的[αὐτούς，他们]，省略。宾语补语是 τοιούτους，那样子的，形容词，阳性复数宾格。

ξιν·① διατελοῦσι γὰρ
ἐνεργοῦντες.② τὸ μὲν
οὖν ἀγνοεῖν ὅτι ἐκ τοῦ
ἐνεργεῖν περὶ ἕκαστα αἱ
ἕξεις γίνονται, κομιδῇ
ἀναισθήτου.③

力实现。所以，一方面，
[只有]全然没有知觉的
人[才]不知道那些品性
是从具体事情上的实现
来的。

clear in men's training for whatever competition or practice; for they keep on performing the en-activities. Therefore, on one hand, [only] a senseless man does not know that characters come from the en-activities on particular things.

εἰ δὲ μὴ ἀγνοῶν τις
πράττει ἐξ ὧν ἔσται
ἄδικος, ἑκὼν ἄδικος ἂν
εἴη.④ [ἔτι δ' ἄλογον τὸν

而另一方面，如果一个
人不是不知道，却做着
他将因此而是不正义的
人的那些事情，他就是

On the other, if he not-un-knowingly does the things by which he is to be unjust, he would be

---

① 简单句。主语是 τοῦτο，这一点，代词，指上述的情况，中性单数主格。系动词省略。表语是 δῆλον，明显的。ἐκ τῶν μελετώντων πρὸς ἡντινοῦν ἀγωνίαν ἢ πρᾶξιν，在人们为着无论何种竞赛或实践的训练中，介词短语，限定系表结构。τῶν μελετώντων，训练，分词短语，阳性复数属格，做介词 ἐκ 的间接性的宾语。μελετώντων，训练，动词 μελετάω 的现在时分词。πρὸς ἡντινοῦν ἀγωνίαν ἢ πρᾶξιν，为着无论何种竞赛或实践，介词短语，限定 τῶν μελετώντων。πρὸς ἀγωνίαν ἢ πρᾶξιν，为着竞赛或实践，介词短语。ἀγωνίαν，竞赛，名词，阴性单数宾格；πρᾶξιν，实践，名词，阴性单数宾格，做介词 πρὸς 的宾语。ἡντινοῦν，无论何者，不定代词，阴性单数宾格，限定 ἀγωνίαν ἢ πρᾶξιν。

② 原因从句。主谓语是 διατελοῦσι，他们持续地从事，现在时，复数第三人称。其宾语是分词 ἐνεργοῦντες 从事实现，动词 ἐνεργέω 的现在时分词，阳性复数主格。

③ οὖν 示意承接上文引出结论，以 μὲν...δὲ... 对照结构呈现为两个部分。
这里是 μὲν... 部分。省略式简单句。句子基本动词结构省略。所引出的看法呈现为一个被强调的名词性的不定式短语，τὸ ἀγνοεῖν ὅτι ἐκ τοῦ ἐνεργεῖν περὶ ἕκαστα αἱ ἕξεις γίνονται, κομιδῇ ἀναισθήτου，全无知觉的人不知道那些品性是从具体事情上的实现而来的，中性单数主格。τὸ ἀγνοεῖν，不知道，冠词+不定式，中性单数主格。ἀγνοεῖν，不知道，不定式。ἀγνοεῖν 的逻辑主语是 κομιδῇ ἀναισθήτου，全无知觉的人。ἀναισθήτου，无知觉的，形容词，阳性单数属格。κομιδῇ，完全地，副词，限定 ἀναισθήτου。
ἀγνοεῖν 引出一个宾语从句，由关系代词 ὅτι 引导。从句的主语是 αἱ ἕξεις，那些品性，名词短语，阴性复数主格。动词是 γίνονται，从……而来，从……产生，完成时中动态，复数第三人称。ἐκ τοῦ ἐνεργεῖν περὶ ἕκαστα，从具体事情上的实现，介词短语，限定 γίνονται。

④ 这里是 δὲ... 部分。复合句。条件从句的主语是 τις，一个人，不定代词，阳性单数主格。动词是 πράττει，做，现在时主动态，单数第三人称。其宾语是 [τά] ἐξ ὧν ἔσται ἄδικος，那些他将因

ἀδικοῦντα μὴ βούλε-
σθαι ἄδικον εἶναι ἢ τὸν
ἀκολασταίνοντα ἀκόλα-
στον.①]

οὐ μὴν ἐάν γε βούληται,
ἄδικος ὢν παύσεται καὶ
ἔσται δίκαιος·② οὐδὲ

出于意愿地是不正义
的。[而且,说一个做事
不正义的人不愿望[自
己]将是不正义的人,或
一个放荡的人[不愿望
自己将是]放荡的人,是
不合道理的ᵈ。]

[但这]并不[意味],假
如那个不正义的人愿
望,他就将不再是不正

unjust voluntarily. [And,
it is unreasonable to say
(that) he who commits
injustice does not wish to
be unjust or he who lives
intemperately (does not
wish to be) intemperate.]

[But this] does not
[mean that] if the un-
just man wished, he

此而是不正义的人的[事情],冠词+定语关系从句名词性短语,中性复数宾格,前置冠词[τά]省略。定语关系从句由关系代词ὦν引导。主谓语是系动词ἔσται,他将是,将来时,单数第三人称。其表语是ἄδικος,不正义的,形容词,阳性单数主格。ἐξ ὦν,因此,由于那些[事情],介词短语,限定系表结构。ὦν,那些[事情],关系代词,指[τά]的所指,中性复数属格,引导从句,并在从句中做介词ἐξ(由于,出于)的间接性的宾语。μὴ ἀγνοῶν,并非不知道地,否定式分词短语,阳性单数主格,表伴随情况。

主句的主谓语是系动词ἂν εἴη,他就是,现在时祈愿式,单数第三人称。其表语是ἄδικος,不正义的,形容词,阳性单数主格。ἑκών,出于意愿的,形容词,此处用作副词,限定系表结构。

① 这个句子被莱克汉姆[Rackham [1926], 146]用[ ]括起,因为关于它的位置有不同勘校。多数英译者,包括莱克汉姆,将它放在"而另一方面"之前;莱索(Rassow)本则放在现在的位置。对证亚里士多德引出结论的μέν...δέ...对照结构两句,我认为把它放在现在的位置更适合。

ἔτι,还有,又,连词,引出与上文并列的句子。简单句。δ'显示语气的转折。句子的主语是...ἢ...结构的并列不定式短语。第一个短语是τὸν ἀδικοῦντα μὴ βούλεσθαι ἄδικον εἶναι,一个做事不正义的人不愿望[自己]将是不正义的人。主语是τὸν ἀδικοῦντα,做事不正义的人,阳性单数宾格。否定式的不定式是μὴ βούλεσθαι,不愿望,中动,现在时。它引出一个系动词不定式εἶναι,去是,将是,现在时。其表语是ἄδικον,不正义的,形容词,阳性单数宾格。

第二个短语是ἢ τὸν ἀκολασταίνοντα ἀκόλαστον,或一个行为放荡的人[不愿望自己将是]放荡的人。主语是τὸν ἀκολασταίνοντα,行为放荡的人,阳性单数宾格。不定式结构仍然是[μὴ βούλεσθαι εἶναι],[不愿望自己将是],省略。表语是ἀκόλαστον,放荡的,形容词,阳性单数宾格。

全句系动词省略。表语为ἄλογον,不合逻各斯的,没有道理的,形容词,中性单数宾格。

② 复合句。οὐ μήν,不是,否定词,否定全句。条件从句由ἐάν(假如)引导。主谓语是βούληται,他(指τις)愿望,现在时虚拟式,单数第三人称。

主句有两个部分。第一个部分的主谓是παύσεται,他不再,将来时,单数第三人称。ἄδικος ὤν,是不正义的,分词短语,表伴随情况。ὤν,是,现在时分词,单数第三人称。其表语是ἄδικος,不正义的,形容词,阳性单数主格。第二部分的主谓语是系动词ἔσται,他将是,将来时,单数第三人称。其表语是δίκαιος,正义的,形容词,阳性单数主格。

15 γὰρ ὁ νοσῶν ὑγιής,① καὶ<τοι>, εἰ οὕτως ἔτυχεν, ἑκὼν νοσεῖ ἀκρατῶς βιοτεύων καὶ ἀπειθῶν τοῖς ἰατροῖς.② τότε μὲν οὖν ἐξῆν αὐτῷ μὴ νοσεῖν, προεμένῳ δ' οὐκέτι,③ ὥσπερ οὐδ' ἀφέντι λίθον ἔτ' αὐτὸν δυνατὸν ἀναλαβεῖν.④

义的，就将是正义的；因为，一个病人不是[只要愿望就将是]健康的，并且，如果情况也是这样的，他就是出于意愿地，由于生活放纵和不听从医生，而得病的。因此，在那时就他自身来说是能不得病的，而在他生活放纵之后就不再能那

will cease to be unjust and will be just; for a sick man [will] not [be] healthy [as he wishes], and, if the case happened to be the same, he falls ill voluntarily by living intemperately or not listening to doctors. At that moment, therefore, it is

---

① γὰρ（因为）引出一个示例作为对原因的说明。省略复合句。结构同于上句。οὐδὲ，不，否定词，与上句的 οὐ μὴν，否定词，否定全句。条件句与上句相同，[ἐάν βούληται，假如他愿意]，省略。主句的主语是 ὁ νοσῶν，那个病人，冠词+分词名词性短语，阳性单数主格。νοσῶν，生病的，现在时分词，阳性单数主格。系动词是 ἔσται，将是，将来时，单数第三人称，省略。表语是 ὑγιής，健康的，形容词，阳性单数属格。

② 复合句。καὶ<τοι>（并且）示意与上句并列。条件从句的主谓语是 ἔτυχεν，情况碰巧是。ἔτυχεν，碰巧，现在时，单数第三人称。οὕτως，这样，关系副词，是借上文中 μὴ ἀγνοῶν τις πράττει ἐξ ὧν ἔσται ἄδικος（……不是不知道，却做着他因此而是不正义的人的那些事情），指 "不是不知道，却做着他将因此而……（此处是指生病）的那些事请"。
主句的主谓语是 νοσεῖ，他（指 ὁ νοσῶν）生病，现在时，单数第三人称。ἑκὼν，出于意愿的，形容词，此处用作副词，限定 νοσεῖ。ἑκὼν νοσεῖ 引出两个并列的分词短语，表伴随情况。第一个是 ἀκρατῶς βιοτεύων，放纵地生活。βιοτεύων，生活，过生活，现在时分词，阳性单数主格。ἀκρατῶς，放纵地，副词，限定 βιοτεύων。第二个是 ἀπειθῶν τοῖς ἰατροῖς，不听从医生。ἀπειθῶν，不听从，现在时分词，阳性单数主格。其间接性的宾语是 τοῖς ἰατροῖς，医生，名词短语，阳性复数与格。

③ 复合句。这里是主句。οὖν（因此）示意接续对上述例证的说明引出看法。ἐξῆν 无人称句。ἐξῆν，这是可能的，未完成时，单数第三人称。τότε，在那时，副词，限定 ἐξῆν。
ἐξῆν 引出 μὲν...δ'... 对照结构的与格限定短语。第一个短语是 αὐτῷ μὲν μὴ νοσεῖν，就他本身来说……不得病，不定式短语，其功能相当于实际主语。μὴ νοσεῖν，不得病，否定式不定式，现在时。其逻辑主语是 αὐτῷ，他自身，代词，阳性单数与格。
第二个对照的结构是 προεμένῳ δ' οὐκέτι，在他放纵生活之后就不再[能那样]，与格副词短语。结构与第一个短语相同。προεμένῳ，在他放纵生活之后，不定过去时中动态分词，阳性单数与格，与第一个短语的 αὐτῷ 对照。οὐκέτι，不再[能那样]，不再[能不得病]，副词，与第一个短语的 μὴ νοσεῖν 对照。

④ 这里是方式状语从句。由 ὥσπερ（就好像）引导。形容词 δυνατὸν（能……的）无人称句。οὐδέ δυνατόν，不能……的，否定式形容词，中性单数主格。δυνατὸν 引出一个不定式短语，ἀφέντι λίθον ἔτ' αὐτὸν ἀναλαβεῖν，一个人抛出石头再收回它，做进一步说明。ἀναλαβεῖν，收回，不定过去时不定式。ἀφέντι λίθον，抛出石头，分词短语，表先在伴随情况。ἀφέντι，抛，ἀφίημι 的不定过去时主动态分词，阳性单数与格。其宾语是 λίθον，石头，名词，阳性单数宾格。ἔτ'，再，又，副

ἀλλ' ὅμως ἐπ' αὐτῷ τὸ βαλεῖν καὶ ῥῖψαι·① ἡ γὰρ ἀρχὴ ἐν αὐτῷ.② οὕτω δὲ καὶ τῷ ἀδίκῳ καὶ τῷ ἀκολάστῳ ἐξ ἀρχῆς μὲν ἐξῆν τοιούτοις μὴ γενέσθαι, διὸ ἑκόντες εἰσίν·③ γενομένοις δ' οὐκέτι ἔστι μὴ εἶναι.④

样了,就好像,一个人抛出了石头就不能再收回它;但尽管如此,那一掷和一扔都取决于他自己;因为那本原就在他自身之中。同样,不正义的人和放纵的人一开始是能够不变得那样子的,所以他们是出于意愿的,而在变得[那样子]之后,就不再能不是[那样子]了ᵉ。

up to him not to fall ill, yet it is no longer to be so had he lived intemperately, just as it is not possible for someone to retrieve a stone he tossed away; nonetheless the throwing and casting [is] up to himself; for the first principle [was] in himself. In the same way, too, it was possible for the unjust and the intemperate not to become such men at the outset, hence they are volun-

---

词,限定 ἀναλαβεῖν。ἀναλαβεῖν 的宾语是 αὐτόν,它,代词,指 λίθον,阳性单数宾格。

① 复合句。ἀλλ' ὅμως（但尽管如此）示意转折承接上文。这里是主句。主语为两个冠词不定式 τὸ βαλεῖν καὶ ῥῖψαι,那一掷一扔,冠词+不定式名词性短语,中性单数主格。βαλεῖν καὶ ῥῖψαι,掷和扔,不定过去时主动态不定式。系动词省略。表语是 ἐπ' αὐτῷ,取决于他自己。

② γὰρ（因为）引出原因从句。主语是 ἡ ἀρχή,那本原,名词,阴性单数主格。系动词省略。表语是 ἐν αὐτῷ,在他自身中。

③ 并列句。οὕτω,同样,关系副词,指上句所说明的方式,承接上文。μὲν...δ'... 对照结构。这里是第一句。复合句。主句的主语是 ἐξῆν 无人称句。ἐξῆν,这是可能的,未完成时,单数第三人称。ἐξ ἀρχῆς,从一开始,介词短语,限定 ἐξῆν。ἐξῆν 引出一个不定式短语 τοιούτοις μὴ γενέσθαι,不变得那样子的。μὴ γενέσθαι,不成为,否定式不定式。其逻辑主语是 τῷ ἀδίκῳ καὶ τῷ ἀκολάστῳ,不正义的人和放纵的人,并列冠词+形容词名词性短语,阳性单数与格。表语是 τοιούτοις,那样子的,形容词,阳性复数与格。
διὸ（因此）引导一个结果从句。从句的主谓语是 εἰσίν,他们(指 τῷ ἀδίκῳ καὶ τῷ ἀκολάστῳ) 是,现在时,复数第三人称。其表语是 ἑκόντες,出于意愿的,形容词,阳性复数主格。

④ 这里是第二句。系动词 ἔστι 无人称句。οὐκέτι ἔστι,不再是可能的,现在时,单数第三人称。ἔστι（是）在这里的意义是 "是可能的",作用同于上面使用的动词 ἐξεστι。οὐκέτι,不再,副词,限定 ἔστι。οὐκέτι ἔστι 引出一个否定式不定式 μὴ εἶναι,不是,现在时,做进一步说明。其表语被省略,根据上文,应当是 τοιούτοις,那样子,即不正义的和放纵的。γενομένοις,变得,完成时中动态,阳性复数与格,表伴随情况。其表语与 εἶναι 的相同,即 τοιούτοις,也被省略。

οὐ μόνον δ' αἱ τῆς ψυ- χῆς κακίαι ἑκούσιοί εἰσιν, ἀλλ' ἐνίοις καὶ αἱ τοῦ σώματος, οἷς καὶ ἐπιτιμῶμεν.① τοῖς μὲν γὰρ διὰ φύσιν αἰσχροῖς οὐδεὶς ἐπιτιμᾷ, τοῖς δὲ δι' ἀγυμνασίαν καὶ ἀμέλειαν.②

ὁμοίως δὲ καὶ περὶ ἀσθένειαν καὶ πήρω-

不仅灵魂的那些恶是出于意愿的，而且我们所指责的一些人的身体的那些恶，也是[出于意愿的]。因为，[尽管]没有人指责天生丑陋的人，但[我们指责]那些由于缺乏锻炼和不经心而身体丑陋的人。

对于体弱和残疾也同样；因为，没有人责备一

tary; but having become such, it is no longer up to them not to be such. Not only the vices of the soul are voluntary, but also, for some men whom we reprove, the vices of the body; for while no one reproves those who are born ugly, [we do reprove] those who [are ugly] because of the lack of exercise and carelessness.

And likewise with weakness and defect; for no

---

① 并列句。οὐ μόνον... ἀλλ'... 对照结构。第一句是简单句。主语是 αἱ τῆς ψυχῆς κακίαι, 灵魂的那些恶，名词性短语，阴性复数主格。αἱ κακίαι，那些恶，名词短语，阴性复数主格。τῆς ψυχῆς，灵魂，名词短语，阴性单数属格，限定 αἱ κακίαι。系动词是 εἰσιν，是，现在时，复数第三人称。表语是 ἑκούσιοι，出于意愿的，阴阳同形（阿提卡方言），复数主格。

第二句是复合句。主句的主语为 αἱ τοῦ σώματος [κακίαι]，身体的那些恶，省略了 κακίαι，名词性短语，阴性复数主格。τοῦ σώματος，身体，名词短语，中性单数属格。系动词与表语同第一句，省略。ἐνίοις，一些人，形容词，阳性复数与格，限定 αἱ τοῦ σώματος [κακίαι]。

ἐνίοις 引出一个定语从句，由关系代词 οἷς 引导。从句的主谓语是 ἐπιτιμῶμεν，我们指责，现在时主动态，复数第三人称。其间接性的宾语是 οἷς，那些（人），关系代词，指 ἐνίοις，阳性复数与格。

② 并列句。τοῖς μὲν...τοῖς δὲ... （对一些人……对另一些人……）对照结构。第一句的主语是 οὐδεὶς，没有人，否定式不定代词，阳性单数主格。动词是 ἐπιτιμᾷ，指责，现在时主动态，陈述式，现在时，单数第三人称。其间接性的宾语是 τοῖς αἰσχροῖς，那些丑陋的人，冠词+形容词名词性短语，阳性复数与格。αἰσχροῖς，丑陋的，形容词，阳性复数与格。διὰ φύσιν，由于自然的，天生的，介词短语，限定 αἰσχροῖς。

第二句的主谓语是 [ἐπιτιμῶμεν]，[我们指责]，现在时主动态，复数第三人称。其间接性的宾语仍然是 [αἰσχροῖς]，[丑陋的]，阳性复数与格，省略。δι' ἀγυμνασίαν καὶ ἀμέλειαν，由于缺少运动和不经心，介词短语，限定被省略的 [αἰσχροῖς]。ἀγυμνασίαν，缺少运动，名词，阴性单数宾格；ἀμέλειαν，不经心，名词，阴性单数宾格，做介词 δι' 的宾语。

σιν.① οὐθεὶς γὰρ ἂν
ὀνειδίσειε τυφλῷ φύσει
ἢ ἐκ νόσου ἢ ἐκ πληγῆς,
ἀλλὰ μᾶλλον ἐλεήσαι·②
τῷ δ' ἐξ οἰνοφλυγίας ἢ
ἄλλης ἀκολασίας πᾶς
ἂν ἐπιτιμήσαι.③ τῶν δὴ
περὶ τὸ σῶμα κακιῶν αἱ
ἐφ' ἡμῖν ἐπιτιμῶνται,
αἱ δὲ μὴ ἐφ' ἡμῖν οὔ.④
εἰ δ' οὕτω, καὶ ἐπὶ τῶν
ἄλλων αἱ ἐπιτιμώμεναι

个天生地、由于得病或由于重创而失明的人，相反，人们还怜悯他；但是，人们都会指责由于爱喝酒或其他放纵方式[而失明]的人。所以在相关于身体的恶之中，那些取决于我们的恶受到指责，那些不取决于我们的则不受到指责。如若这样，在其他方面，那些受到指责的恶就也

one would reproach a man blind from birth or by disease or from a blow, but rather pity him; but everyone would reprove the man who got himself blind from drunkenness or some other sort of intemperance. Hence of the vices of the body those up to us are blamed, whereas

---

① 连系副词 ὁμοίως 引出一个进一步示例。省略句。ὁμοίως，同样，在这里表达的是 οὐδεὶς ἐπιτιμᾷ（没有人指责）。περὶ ἀσθένειαν καὶ πήρωσιν，对于体弱和残疾，介词短语，限定在这里所指的 οὐδεὶς ἐπιτιμᾷ 的范围。ἀσθένειαν，体弱，名词，阴性单数宾格；πήρωσιν，残疾，名词，阴性单数宾格，做介词 περὶ 的宾语。

② γὰρ 给出原因。…ἀλλὰ… 结构转折并列句。第一句的主语是 οὐθείς，没有人，否定形式的不定代词，阳性单数主格。动词是 ἂν ὀνειδίσειε，责备，不定过去时祈愿式主动态，单数第三人称。其间接性的宾语是 τυφλῷ，失明，名词，阳性单数与格。τυφλῷ 有 …ἢ…ἢ…（……或者……或者……）结构的三个限定成分。第一个是 φύσει，自然，天生，名词，阴性单数与格。第二个是 ἐκ νόσου，由于得病，介词短语。第三个是 ἐκ πληγῆς，由于重创，介词短语。πληγῆς，重创，重击，名词，阴性单数属格，做介词 ἐκ 的间接性宾语。

第二句的主谓语是 ἐλεήσαι，一个人会怜悯，不定过去时祈愿式主动态。其间接性的宾语也是上面的 τυφλῷ。μᾶλλον，还，更，副词，限定 ἐλεήσαι。

③ 简单句。δ' 示意语气的转折。主语是 πᾶς，所有人，代词，阳性单数主格。动词是 ἂν ἐπιτιμήσαι，会指责，不定过去时祈愿式主动态，第三人称单数。其间接性的宾语是 τῷ ἐξ οἰνοφλυγίας ἢ ἄλλης ἀκολασίας，那种由于爱喝酒或另一种放纵方式[而失明]的人，冠词+介词短语名词性短语，阳性单数与格。τῷ，那种[失明]人，冠词，阳性单数与格。ἐξ οἰνοφλυγίας ἢ ἄλλης ἀκολασίας，由于爱喝酒或其他放纵方式，介词短语，限定 τῷ。οἰνοφλυγίας，爱喝酒，名词，阴性单数宾格；ἄλλης ἀκολασίας，其他放纵方式，名词性短语，阴性单数宾格，做介词 ἐξ 的宾语。

④ 并列句。δὴ 在此处示意承接上文引出看法。αἱ [μὲν]… αἱ δὲ…（那些……那些……）对照结构，[μὲν] 被省略。第一句的主语是 αἱ ἐφ' ἡμῖν，那些取决于我们的，冠词+介词短语名词性短语，阴性复数主格。τῶν περὶ τὸ σῶμα κακιῶν，那些相关于身体的恶，名词性短语，阴性复数属格，限定 αἱ ἐφ' ἡμῖν 以及第二句的同格位的主语。动词是 ἐπιτιμῶνται，被指责，现在时被动态，复数第三人称。

第二句结构相同，省略式。主语是 αἱ μὴ ἐφ' ἡμῖν，那些不取决于我们的，冠词+否定式介词短语名词性短语，阴性复数主格。动词是 οὔ [ἐπιτιμῶνται]，不受到指责。

τῶν κακιῶν ἐφ' ἡμῖν ἂν εἶεν.①

是取决于我们的ᶠ。

those not up to us are not. And if so, then in other cases the vices reproved would be up to us.

εἰ δέ τις λέγοι ὅτι "πάντες ἐφίενται τοῦ φαινομένου ἀγαθοῦ, τῆς δὲ φαντασίας οὐ κύριοι, ἀλλ' ὁποῖός ποθ' ἕκαστός ἐστι, τοιοῦτο καὶ τὸ τέλος φαίνεται αὐτῷ·② εἰ μὲν οὖν ἕκα-

可能有人会说:"所有人都追求显得善的东西,但是他们却不能主宰它显得[善]这件事,而是,一个人在那个时候是怎样的人,那个目的就对于他自己显现为那样子;所以,如果一个人以某

But if someone would say that "All man aims at the seeming-to-be good, but [is] not dominant at its seeming good, rather, what kind of person a man is at that time, what sort of thing seems to him

---

① 复合句。条件从句是 εἰ οὕτω,如若这样,主谓语省略。主句的主语是 αἱ ἐπιτιμώμεναι τῶν κακιῶν,那些受到指责的恶,名词性短语,阴性复数主格。αἱ ἐπιτιμώμεναι,那些受到指责的,冠词+不定式名词性短语。τῶν κακιῶν,恶,名词性短语,阴性复数属格,限定 αἱ ἐπιτιμώμεναι。系动词为 ἂν εἶεν,是,现在时祈愿式,复数第三人称。表语是 ἐφ' ἡμῖν,取决于我们,介词短语。ἐπὶ τῶν ἄλλων,在其他方面,介词短语,限定系表结构。

② 复合句。这里是一个 εἰ(如果)引导的很长的条件从句。它自身是一个复杂的复合句。主句的主语是 τις,某人,有人,不定代词,阳性单数主格。动词是 λέγοι,说,现在时主动态,祈愿式,单数第三人称单数。它引出一段很长的引语,由关系代词 ὅτι 引导,作为它的宾语从句。一些英译(注)者,例如斯图尔特(Stewart [1892], I, 273),莱克汉姆(Rackham [1926], 148-151),蔡斯(D. P. Chase [1934], 57),汤姆森(J.A.K. Thomson [1953, rev. H. Trendennick, 1976], 125),克里斯普(R. Crisp [2000], 47)等,将这个长句处理为直接引语形式。其他译(注)本将其处理为间接引语。

ὅτι 引导一个很长的宾语从句。这里是第一个部分。转折并列句。第一句又是 [μὲν]...δὲ... 对照结构并列句,[μὲν] 被省略。[μὲν]... 分句的主语是 πάντες,所有人,形容词起代词作用,阳性复数主格。动词是 ἐφίενται,追求,指向,ἐφίημι 的现在时中动态,复数第三人称。其间接性的宾语是 τοῦ φαινομένου ἀγαθοῦ,显得善的东西,名词性短语,中性单数属格。τοῦ ἀγαθοῦ,善,名词短语,中性单数属格。φαινομένου,显得,现在时中动态分词,中性单数属格,限定 τοῦ ἀγαθοῦ。δὲ... 分句的主语还是 πάντες。系动词省略。表语是 οὐ κύριοι,不能主宰,不能掌握,否定式形容词,阳性复数主格。οὐ κύριοι 引出一个由它支配的属格名词 τῆς φαντασίας,[它的]显得[善],名词性短语,阴性单数属格。φαντασίας,显得[善],名词,阴性单数属格。

第二句是复合句。ἀλλ' 示意语气转折。状语从句的主语 ἕκαστός,一个人,每个人,不定代词,阳性单数主格。系动词是 ἐστι,是,现在时,单数第三人称。表语为 ὁποῖός,什么样子的,形容词,阳性单数主格。ποθ' 即 ποτέ,在……时候,副词,限定系表结构。主句的主语是 τὸ τέλος,目的,那个目的,那个最终的东西,名词短语,中性单数主格。系动词是 φαίνεται,显得,现在时中动态,单数第三人称。表语是 τοιοῦτο,那样子的,形容词,中性单数主格。αὐτῷ,他自己,反身代词,

στος ἑαυτῷ τῆς ἕξεώς
ἐστί πως αἴτιος, καὶ τῆς
φαντασίας ἔσται πως
αὐτὸς αἴτιος,① εἰ δὲ
μή, οὐθεὶς αὐτῷ αἴτιος
τοῦ κακὰ ποιεῖν,② ἀλλὰ
δι' ἄγνοιαν τοῦ τέλους
5 ταῦτα πράττει, διὰ
τούτων οἰόμενος αὑτῷ
τὸ ἄριστον ἔσεσθαι,③
ἡ δὲ τοῦ τέλους ἔφεσις
οὐκ αὐθαίρετος, ἀλλὰ

种方式是他自己的品性
的原因,他自己就将以
某种方式是它显得[善]
的原因,而如果不是,一
个人自己就不是他所做
的恶的原因,而是出于
对目的的无知而做那些
事情,以为通过[做]那
些事那个最好的东西就
将在他自己那里,而他
所指向的目的也就不是
他自己所追求的,宁可

the end; therefore, if one
himself is in some way a
cause of his character, he
will himself be a cause
of that sort of thing's
seeming good, but if not,
one himself will not be
a cause of his wrong-do-
ings, but he does them
out of some ignorance of
the end, thinking that by
doing them the best thing

阳性单数与格,限定系表结构。

① 从这里开始的是第二个部分。οὖν 示意承接上句引出看法。εἰ μὲν...εἰ δὲ... 对照结构并列句。
这里是 εἰ μὲν... 部分。复合句。条件从句的主语是 ἕκαστος,一个人,每个人,不定代词,阳性单数主格。系动词为 ἐστί,是,现在时,单数第三人称。表语是 αἴτιος,原因,名词,阳性单数主格。τῆς ἕξεώς,品性,名词,阴性单数属格,限定 αἴτιος。ἑαυτῷ,他自己,反身代词,阳性单数与格,用作副词,限定系表结构。πως,以某种方式,副词,限定系表结构。
主句的主语是 αὐτὸς,他自己,反身代词,阳性单数主格。系动词是 ἔσται,是,将来时,单数第三人称。表语是 αἴτιος,原因,名词,阳性单数主格。τῆς φαντασίας,[它的]显得[善],名词性短语,阴性单数属格,限定 αἴτιος。πως,以某种方式,副词,限定系表结构。

② 这里是 εἰ δὲ... 部分。复合句。条件从句是 εἰ δὲ μή,如果不是,省略式,省略了主系表结构 ἕκαστος ἑαυτῷ τῆς ἕξεώς ἐστί πως αἴτιος(一个人以某种方式是他自己的品性的原因),只保留了否定词。
主句是转折并列句。这里是第一句。主语是 οὐθεὶς,没有人,一个人就不……,否定式不定代词,阳性单数主格。系动词 "是" 省略。表语是 αἴτιος,原因,名词,阳性单数主格。τοῦ κακὰ ποιεῖν,做恶,冠词+不定式短语名词性短语,阳性单数属格,限定 αἴτιος。αὐτῷ,他自己,对于他自己,反身代词,阳性单数与格,限定系表结构。

③ 这里是第二句。ἀλλὰ 示意转折。主谓语 πράττει,他做,现在时,单数第三人称。其宾语是 ταῦτα,那些[恶],代词,中性复数宾格。δι' ἄγνοιαν τοῦ τέλους,由于对目的的无知,介词短语,限定 πράττει。ἄγνοιαν,无知,名词,阴性单数宾格,做介词 δι' 的宾语。τοῦ τέλους,目的,对于目的的,名词短语,中性单数属格,限定 ἄγνοιαν。
由 δι' ἄγνοιαν τοῦ τέλους ταῦτα πράττει 引出一个分词短语,表伴随情况。分词是 οἰόμενος,以为,现在时中动态。其宾语是 τὸ ἄριστον,那个最好的[东西],名词性短语,中性单数宾格。其补语是 ἔσεσθαι,将是,将在,系动词,将来时不定式。αὑτῷ,自己,在自己这里,反身代词,阳性单数与格。διὰ τούτων,通过[做]那些(指上文的 ταῦτα[那些(恶)]),介词短语,限定 αὑτῷ ἔσεσθαι。

φῦναι δεῖ ὥσπερ ὄψιν ἔχοντα, ᾗ κρινεῖ καλῶς καὶ τὸ κατ᾽ ἀλήθειαν ἀγαθὸν αἱρήσεται,① καὶ ἔστιν εὐφυής, ᾧ τοῦτο καλῶς πέφυκεν·② τὸ γὰρ μέγιστον καὶ κάλλιστον,③ καὶ ὃ παρ᾽ ἑτέρου μὴ οἷόν τε λα-

10

说,他必须生来就好像具有一种视觉,借助它他高尚地判断并追求那个真正的善,并且已优越地成长,同时这种视觉已被高尚地培养为自然;因为,[这视觉就是]最了不起、最高尚的东西,它既不能从另一个

will be with him, yet the end he is pursuing is not what he himself aims, rather, he has to be born as if he had some vision, with which he discerns nobly and pursue the truly good, and has to have finely grown up, and

① 并列句。δὲ 表明转折地承接上句。οὐκ... ἀλλὰ... 对照结构。οὐκ... 句的主语是 ἡ τοῦ τέλους ἔφεσις,他对目的的指向,名词性短语,阴性单数主格。ἡ ἔφεσις,他的追求,他的指向,名词,阴性单数主格。它支配一个属格名词,τοῦ τέλους,那个目的,名词短语,中性单数属格,表明对象。系动词省略,保留了否定词 οὐκ。表语是 αὐθαίρετος,他自己追求的,形容词,阳性单数主格。

ἀλλὰ... 句部分。并列句。这里是第一句。复合句。主句的动词是 δεῖ,他应当,他必须,无人称动词,现在时,单数第三人称。δεῖ 在这里意味,若要对目的的追求是他自身真正追求的,这是隐含的条件,省略。δεῖ 引出 φῦναι,生来,自然而来,完成时不定式。其逻辑表语是追求他自身追求的目的,省略。连系副词 ὥσπερ(就好像)引导一个分词短语 ὄψιν ἔχοντα,具有一种视觉,现在时主动态,阳性单数宾格,表伴随情况。ἔχοντα,具有,现在时分词,阳性单数宾格。其宾语是 ὄψιν,一种视觉,名词,阴性单数宾格。

ὄψιν 引出一个定语关系从句,由关系代词 ᾗ 引导。从句的主谓语有两个。第一个是 κρινεῖ,他(指向 δεῖ 的逻辑主语)判断,现在时,单数第三人称。καλῶς,高尚,好,副词,限定 κρινεῖ。第二个是 αἱρήσεται,追求,现在时中动态,单数第三人称。其宾语是 τὸ κατ᾽ ἀλήθειαν ἀγαθὸν,那个真正的善,名词性短语,中性单数主格。τὸ ἀγαθὸν,那个善,名词性短语。κατ᾽ ἀλήθειαν,依据真实来说的,介词短语,限定 τὸ ἀγαθὸν。ᾗ,那,借助于那个,关系代词,阴性单数与格,表方式,限定 κρινεῖ 和 αἱρήσεται。

② 这里是第二句。复合句。主句的主谓语是 ἔστιν,他(指天生具有那种视觉的人)是,现在时,单数第三人称。表语是 εὐφυής,优越地成长的,εὖ(优越地)-φυής(自然地生长,成长了的),形容词,阳性单数主格。

ἔστιν εὐφυής 这一陈述引出一个非限定性的定语关系从句,由关系代词 ᾧ 引导。从句的主语是 τοῦτο,这,代词,指第一句中 ὄψιν ἔχοντα(具有一种视觉),中性单数主格,用中性示意抽象化。动词是 πέφυκεν,已被培养为自然,完成时,单数第三人称。καλῶς,高尚地,副词,限定 πέφυκεν。ᾧ,这样,以这种方式,关系代词,指 ἔστιν εὐφυής,阳性单数与格,ᾧ 引导从句,并在从句中做状语。

③ γὰρ(因为)从上面的部分引出原因,可看作引文全句的第三个部分。这个部分又有两个子部分。这里是第一个子部分。

复合句。主句的主语是上句中的 τοῦτο,这,省略。系动词省略。表语是 τὸ μέγιστον καὶ κάλλιστον,最了不起和最高尚的东西,名词性短语,中性单数主格。μέγιστον,最伟大的,最了不起的,形容词最高级;κάλλιστον,最高尚的,形容词最高级,限定前置冠词 τὸ。

βεῖν μηδὲ μαθεῖν, ἀλλ᾽ οἷον ἔφυ, τοιοῦτον ἕξει,① [καὶ] τὸ εὖ καὶ [τὸ] καλῶς τοῦτο πεφυκέναι ἡ τελεία καὶ ἀληθινὴ ἂν εἴη εὐφυΐα②".	人那里获得,也不能如此地学得,而一个人这样地自然成长,就将以这样的方式获有它,[并且,]这种视觉经由这种优越的和高尚的培养而成为的自然也就是那种完善的和真实的优越天性"g。	meanwhile the vision has been nobly endowed into his nature; for [this is] the greatest and noblest thing, which he can neither get nor learn from another man, but when one finely grows up, he acquires it that way, [and,] its growing into nature *via* the fine and the noble cultivation would constitute the perfect and true nature."
εἰ δὴ ταῦτ᾽ ἐστὶν ἀληθῆ, τί μᾶλλον ἡ ἀρετὴ τῆς	但如果这个说法是真实的,为什么德性将是比	But if this is true, why will virtue be more vol-

---

① 这里是上面句子中的 τὸ μέγιστον καὶ κάλλιστον 引出一个定语关系从句,由关系代词 ὃ 引导。μὴ...μηδὲ...ἀλλ᾽... (既不……也不……而是……)结构转折并列句。
μὴ...μηδὲ... 部分。οἷόν τε + 不定式(不可能……)结构的无人称句,μὴ οἷόν τε...μηδὲ [οἷόν τε]... (既不能……也不能……)并列否定式结构,其逻辑主语可以理解为关系代词 ὃ。第一个部分的结构是,μὴ οἷόν τε λαβεῖν ὃ,既不能获得它。λαβεῖν,获得,抓住,现在时主动态不定式。其宾语是 ὃ,它,关系代词,指 ὄψιν,此处中性单数宾格。第二个部分的结构是,μηδὲ μαθεῖν,也不能……学得它。μαθεῖν,学得,现在时主动态不定式。其宾语也是 ὃ。παρ᾽ ἑτέρου,从另一个人那里,介词短语,限定上述两个否定式的不定式。
ἀλλ᾽... 句部分。οἷον...τοιοῦτον... (这样地……,以这样一种方式地……)结构的并列句。有两个动词结构。一个是 οἷον ἔφυ,这样地自然成长。ἔφυ,自然生长,不定过去时,单数第三人称。οἷον,这样地,副词,限定 ἔφυ。第二个是 τοιοῦτον ἕξει,将以这样一种方式获有。ἕξει,获有,将来时主动态,单数第三人称。τοιοῦτον,以这样一种方式,形容词,阳性单数宾格,用作副词。

② 这里是由 γὰρ (因为)引出的原因说明部分的第二个子部分。
简单句。主语是 τὸ εὖ καὶ [τὸ] καλῶς τοῦτο πεφυκέναι,这种视觉经由这种优越的与高尚的培养而成为自然,冠词 + 不定式短语名词性短语,中性单数主格。τὸ πεφυκέναι,成为自然,冠词 + 不定式。πεφυκέναι,自然生长,完成时不定式。其主语是 τοῦτο,这,代词,指 ὄψιν,中性单数主格。τὸ εὖ καὶ [τὸ] καλῶς,经由这种优越的和高尚的培养,[τὸ] + 副词名词性短语,中性单数宾格,用作状语,限定 πεφυκέναι。εὖ,优越地,副词;καλῶς,高尚地,副词,限定前置冠词 [τὸ]。系动词是 ἂν εἴη,是,现在时祈愿式,单数第三人称。表语是 ἡ τελεία καὶ ἀληθινὴ εὐφυΐα,那种完善的和真实的优越天性,名词性短语,阴性单数主格。ἡ εὐφυΐα,优越天性,名词,阴性单数主格。τελεία καὶ ἀληθινὴ,完善的和真实的,形容词短语,阴性单数主格,限定 ἡ εὐφυΐα。

κακίας ἔσται ἑκούσιον;① ἀμφοῖν γὰρ ὁμοίως, τῷ ἀγαθῷ καὶ τῷ κακῷ, τὸ τέλος φύσει ἢ ὁπωσ-
15 δήποτε φαίνεται καὶ κεῖται, τὰ δὲ λοιπὰ πρὸς τοῦτο ἀναφέροντες πράττουσιν ὁπωσδήποτε.②

εἴτε δὴ τὸ τέλος μὴ φύσει ἑκάστῳ φαίνεται οἱονδήποτε, ἀλλά τι καὶ παρ' αὐτόν ἐστιν,③ εἴτε

恶更加出于意愿的呢？因为，对这两种人，对好人和坏人，目的都同样是由自然或不论什么方式来显现和设定的，他们不论以什么方式做其他事情，都指向它。

那么，无论是那个目的并非自然地就对一个人显现成那么一种样子，而是某种也取决于他自

untary than vice? Since for both alike, for the good and the bad, the end appears and is fixed by nature or in whatever way, and by referring to this they do all other things in whatever manner.

Whether, then, the end does not present to each man by nature such-and-such a kind, but also

---

① 问句。用 τί 引出，实际上是修辞问句，即，怎么，如何。ἀληθῆ 为形容词，中性复数主格，即，真的。主语是 ἡ ἀρετή，德性，名词短语，阴性单数主格。系动词是 ἔσται，将是，将来时，单数第三人称。表语是 ἑκούσιον，出于意愿的，形容词，中性单数主格。μᾶλλον，更加，比较级，副词，限定 ἑκούσιον。μᾶλλον 引出属格比较项 τῆς κακίας，恶，名词性短语，阴性单数属格。

② γὰρ（因为）引导原因从句。有两个部分。第一个部分是一个副词短语，限定主句的主要结构。ὁμοίως，同样，同样地，副词。它引出 ἀμφοῖν，对两者，名词，阳性双数与格。ἀμφοῖν 引出一个同位语短语，τῷ ἀγαθῷ καὶ τῷ κακῷ，好人和坏人，名词性短语，阳性单数与格，对它做进一步解释。

第二个部分是并列句。第一句的主语是 τὸ τέλος，那个目的，名词短语，中性单数主格。动词有两个。一个是 φαίνεται，显现，现在时中动态，单数第三人称。另一个是 κεῖται，被设定，现在时被动态，单数第三人称。φύσει ἢ ὁπωσδήποτε，自然或不论什么，副词短语，限定上述两个动词。φύσει，自然，名词，阴性单数与格，用作副词。

第二句的主谓语是 πράττουσιν，他们（指好人和坏人）做……，现在时，复数第三人称。其宾语是 τὰ δὲ λοιπὰ，其他事情，名词性短语，中性复数宾格。πρὸς τοῦτο ἀναφέροντες，指向它，诉诸它，现在时分词短语，复数第一人称，表伴随情况。ἀναφέροντες，诉诸，现在时分词。πρὸς τοῦτο，指向它，介词短语，限定分词 ἀναφέροντες。ὁπωσδήποτε，以不论什么方式，副词，限定 πράττουσιν。

③ 从这里开始一个长复合句，由个 εἴτε...εἴτε...（不论是……还是……）结构选择条件句与一个结论句构成。

这里是第一个 εἴτε... 句。转折并列句。第一个分句的主语 τὸ τέλος，那个目的，名词短语，中性单数主格。系动词是 φαίνεται，显现，表语为 οἱονδήποτε，那样一种样子，副词。ἑκάστῳ，对一个人，不定代词，阳性单数与格。μὴ φύσει，即，并非自然地，否定式与格名词短语，限定系表结构。

ἀλλά（但是）引导第二个分句。主语还是 τὸ τέλος。系动词是 ἐστιν，是，现在时，单数第三人称。表语是 τι παρ' αὐτόν，某种取决于他的东西，不定代词短语，中性单数主格。τι，某种东西，不定代词，阳性单数与格。παρ' αὐτόν，取决于他自身的，介词短语，限定 τι。

		III.5

τὸ μὲν τέλος φυσικόν, τῷ δὲ τὰ λοιπὰ πράττειν ἑκουσίως τὸν σπου- δαῖον ἡ ἀρετὴ ἑκούσιόν ἐστιν, ① οὐθὲν ἧττον 20 καὶ ἡ κακία ἑκούσιον ἂν εἴη·② ὁμοίως γὰρ καὶ τῷ κακῷ ὑπάρχει τὸ δι' αὑτὸν ἐν ταῖς πράξεσι καὶ εἰ μὴ ἐν τῷ τέλει.③ εἰ οὖν, ὥσπερ λέγεται, ἑκούσιοί εἰσιν αἱ ἀρεταί ④ (καὶ γὰρ τῶν ἕξεων συναίτιοί πως αὐτοί

己的东西,还是目的是自然的,而就认真的人做其他事情都出于意愿来说,德性是出于意愿的,[无论何者,]恶都一点儿不少地是出于意愿的;因为对于坏人,就那些行动——如果不是就那种目的——来说,那出于自身的东西也同样是本原。所以,如所说过的ʰ,如果那些德性是出于意愿的(因为,我们自己是以某种方式参与

something dependent on himself, or whether the end [is] natural, yet virtue is voluntary, so far as the serious man does all the rest things voluntarily, vice would be no less voluntary; for the up-to-oneself element is likewise a starting principle for the vicious man in his practices, if not in his end. If, then, as is said, virtues are voluntary (for

---

① 这里是第二个 εἴτε... 条件句。μέν...δέ... 对照结构并列句。第一个分句的主语是 τὸ τέλος, 目的, 名词短语, 中性单数主格。系动词省略。表语为 φυσικόν, 自然的, 自然赋予的, 形容词, 中性单数主格。

第二个分句的主语是 ἡ ἀρετή, 德性, 名词短语, 阴性单数主格。系动词是 ἐστιν, 是, 现在时, 单数第三人称。表语是 ἑκούσιόν, 出于意愿的。形容词, 中性单数主格。τῷ τὰ λοιπὰ πράττειν ἑκουσίως τὸν σπουδαῖον, 就认真的人做其他事情都出于意愿来说, 冠词＋不定式短语名词性短语, 中性单数与格, 表原因。不定式短语的主语是 τὸν σπουδαῖον, 认真的人, 名词性短语, 此处为中性单数主格。不定式是 πράττειν, 做, 现在时。其宾语是 τὰ λοιπὰ, 其他事情, 名词性短语, 中性复数宾格。

② 这里是这个长复合句的结论句。主语是 ἡ κακία, 恶, 名词短语, 阴性单数主格。系动词是 ἂν εἴη, 是, 现在时祈愿式, 单数第三人称。表语是 ἑκούσιον, 出于意愿的, 形容词, 中性单数主格。οὐθὲν ἧττον, 一点不少地, 副词短语, 限定系表结构。

③ 上述第二个分句引出的原因从句。τῷ κακῷ, 坏人, 对于坏人, 名词性短语, 阳性单数与格, 用作状语, 限定全句的语境。主语是 τὸ δι' αὑτὸν, 那出于自身的东西, 冠词＋介词短语名词性短语, 中性单数主格。δι' αὑτὸν, 出于自身的, 介词短语, 限定前者冠词 τὸ。动词是 ὑπάρχει, 开端是, 本原, 现在时, 单数第三人称。ἐν ταῖς πράξεσι, 就那些行动来说, 介词短语, 限定 ὑπάρχει。介词短语 ἐν ταῖς πράξεσι 引出一个插入语, εἰ μὴ ἐν τῷ τέλει, 如果不是就目的来说, 与 ἐν ταῖς πράξεσι 作为对照。ὁμοίως, 同样地, 即与对于好人同样地, 副词, 限定 ὑπάρχει。

④ 复合句。οὖν 示意接续上文引出看法。这里是条件从句。εἰ, 如果, 引导条件从句。主语为 αἱ ἀρεταί, 那些德性, 名词短语, 阴性复数主格。系动词是 εἰσιν, 是, 现在时, 复数第三人称。表语是 ἑκούσιοί, 出于意愿的, 形容词, 阳性复数主格, 此处用作二尾形容词, 修饰阴性名词。ὥσπερ λέγεται, 如所说过的, 插入语。λέγεται, 说过, 动词现在时中动态, 单数第三人称。

ἐσμεν, καὶ τῷ ποιοί τι-
νες εἶναι τὸ τέλος τοιόν-
δε τιθέμεθα①), καὶ αἱ
25　κακίαι ἑκούσιοι ἂν εἶεν·
ὁμοίως γάρ.②

Κοινῇ μὲν οὖν
περὶ τῶν ἀρετῶν εἴρη-
ται ἡμῖν τό τε γένος
τύπῳ,③ [ὅτι μεσότης

我们的品性的,且由于
[我们]是某种人,我们
也把目的设定为那样子
的),那些恶就也是出于
意愿的;因为情况相同ⁱ。

这样,在有关那些
德性的共同性的方面,
我们已经概略地说过了
德性的属,[我们说德性

we ourselves are partic-
ipants of our characters,
and by being men of
certain sorts, we set our
end such a kind), vices
would be voluntary, too;
for [they come about] the
same way.

Of the common el-
ements of virtues, there-
fore, we have discussed
the genus in outline,

---

① 括号内是上述条件从句的原因从句。有两个分句。第一个分句的主语是 αὐτοί,我们自己,反身代词,阳性复数主格。系动词是 ἐσμεν,是,现在时,复数第一人称。表语是 συναίτιοι,参与的,共同的,形容词,阳性复数主格。συναίτιοι 支配 τῶν ἕξεων,那些品性,名词短语,阴性复数属格。πως,以某种方式,副词,限定系表结构。

第二个分句的主谓语为 τιθέμεθα,我们把……设定为……,现在时,复数第一人称。其直接宾语是 τὸ τέλος,那个目的,名词短语,中性单数宾格。其间接宾语是 τὸ τοιόνδε,那样子的,名词性短语,中性单数宾格。τῷ ποιοί τινες εἶναι,由于[我们]是某种人,冠词 + 不定式短语名词性短语,中性单数与格,表原因。τῷ...εἶναι,[我们]是,冠词 + 不定式,中性单数与格。不定式 εἶναι 的表语为 ποιοί τινες,某种性质的,不定代词短语,阳性复数主格。τινες,某种,某类,不定代词,阳性复数主格。ποιοί,某种性质的,形容词,此处,阳性单数主格,限定 τινες。

② 这里是接续括号前句子的第二句。复合句。主句的主语是 αἱ κακίαι,那些恶,名词性短语,阴性复数主格。系动词是 ἂν εἶεν,是,现在时祈愿式,复数第三人称。表语是 ἑκούσιοι,出于意愿的,形容词,阳性复数主格,情况与第一句相应部分同。

原因从句是省略式的,有连接词 γάρ 引导,只保留了副词 ὁμοίως,相同地,即那些恶的情形与那些德性的情形是有相同的原因造成的。

③ 从这里开始了一个长句。οὖν (这样) 示意这个长句在对上面的整个讨论进行概括。这个句子与后面一句以 μὲν...δὲ... 结构相互对照。这里是 μὲν... 句部分。
省略式并列句。这里是第一句。主语是 τό γένος,属,名词短语,中性单数主格。动词是 εἴρηται ἡμῖν,被我们说过,完成时被动态,以被动方式表主动,相当于我们说过,单数第三人称。ἡμῖν,我们,代词,阳性复数与格,表施动者。τύπῳ,概略地,名词,阳性单数与格,用作副词,限定 εἴρηται。
κοινῇ περὶ τῶν ἀρετῶν,在有关那些德性的共同性的方面,副词性短语,用作状语,限定句子的主谓结构。κοινῇ,共同的,共同性的,形容词,阴性单数与格,用做副词,表在具有共同性的方面。περὶ τῶν ἀρετῶν,有关那些德性,介词短语,限定 κοινῇ。τῶν ἀρετῶν,德性,名词短语,阴性复数属格,做介词 περὶ 的间接性宾语。

καὶ ἕξις,[1]] ὑφ' ὧν τε γίνονται, ὅτι τούτων καὶ πρακτικοί κατ' αὐτάς,[2] καὶ οὕτως ὡς ἂν ὁ ὀρθὸς λόγος προστάξῃ,[3] [καὶ ὅτι ἐφ' ἡμῖν καὶ ἑκούσιοι].[4]

是适中状态和品性，我们又说］德性由之生成的那些事情德性也依据其自身就让我们去做，并且这样地［让我们去做］，就仿佛那个正确的逻各斯会发布命令，[我

[(we say) that (each virtue is a) mean state and a character], [we say that] they themselves disposes us [to do] the things by which they have come into being,

---

① 从这里开始三个由 ὅτι 引导的省略式的与 τό γένος（属）的同位的主语从句，分述 τό γένος（［德性的］属）及其"有关那些德性的共同性"的属性方面三个核心之点。其中的两个是抄本誊写与勘校者添加（见以下的注释叙述）的。这三个句子可视作 εἴρηται ἡμῖν（被我们说过）的主语从句，都由关系代词 ὅτι 引导。

这里是第一个 ὅτι 同位语句，[ὅτι μεσότης καὶ ἕξις],[（我们说过，它们（指德性）是）适中状态和品性］。这个部分由 K^b 本添加，不同抄本对这个短语中两个名词给出的形式有差别，见莱克汉姆（Rackham [1926], 152）。此处按照莱克汉姆依 K^b 本。

简单句。句子的逻辑主语是上文谈到的 τῶν ἀρετῶν，此处理解为"每一种德性"。系动词省略。表语有两个。一个是 μεσότης，适中状态，名词，阴性单数主格。第二个是 ἕξις，品性，名词，阴性单数主格。

② 这里是第二个 ὅτι 同位语从句，ὑφ' ὧν τε γίνονται, ὅτι τούτων καὶ πρακτικοί κατ' αὐτάς,［我们又说］德性由之生成的那些事情德性也自身就让我们去做。这个 ὅτι 从句是亚里士多德文本原有的。

省略式简单句。逻辑主语仍然是 τῶν ἀρετῶν。系动词省略。表语是 πρακτικοί，让我们去做的，形容词，阳性复数主格。它支配 τούτων，那些［事情］，代词，中性复数属格。καθ' αὐτάς，根据其自身，介词短语，限定省略系动词的系表结构。

由特指代词 τούτων 引出一个由关系词 ὧν 引导的非限定性定语关系从句，ὑφ' ὧν τε γίνονται，德性就由于它们（指 τούτων）而生成，这个定语关系从句因被强调而被置于主句之前。从句的主谓语是 γίνονται，它们（仍指 τῶν ἀρετῶν）生成，完成时中动态，复数第三人称。ὑφ' ὧν，由于它们，介词短语，限定 γίνονται。ὧν，它们，指适中状态和品性，关系代词，中性复数属格，做介词 ὑφ' 的间接性的宾语。

③ 由句子中的介词短语 καθ' αὐτάς（依据其［指 τῶν ἀρετῶν］自身）引出一个并列副词短语，καὶ οὕτως ὡς ἂν ὁ ὀρθὸς λόγος προστάξῃ，并且这样地［让我们去做］，就仿佛那个正确的逻各斯会发布命令，限定第二个同位语从句的省略了系动词的系表结构。这个副词短语由关系副词 οὕτως 引导。οὕτως 又同时引入一个方式状语从句 ὡς ἂν ὁ ὀρθὸς λόγος προστάξῃ，就仿佛那个正确的逻各斯会发布命令，对 οὕτως 做进一步说明。从句的主语是 ὁ ὀρθὸς λόγος，那个正确的逻各斯，名词性短语，阳性单数主格。ὀρθός，正确的，形容词，阳性单数主格，限定 ὁ λόγος。从句的动词是 ἂν προστάξῃ，会发布命令，现在时主动态，虚拟式，单数第三人称。

④ 这里是第三个 ὅτι 同位语句，καὶ ὅτι ἐφ' ἡμῖν καὶ ἑκούσιοι,[（我们还说过,）德性是取决于我们的和出于意愿的］。这个部分是亚里士多德文本原有的。在莱克汉姆本中它被放置于 καὶ οὕτως... 之前。我认为这样会阻断我们对第二个同位语从句的完整理解，故依照 Richards 抄本恢复到现在的位置（参见 Rackham [1926], 152）。

		们还说德性取决于我们并出于我们意愿]"。	and in the way as though the right *logos* would command, [(we also say) that virtues are up to us and voluntary].

οὐχ ὁμοίως δὲ αἱ πράξεις ἑκούσιοί εἰσι καὶ αἱ ἕξεις·① τῶν μὲν γὰρ πράξεων ἀπ' ἀρχῆς μέχρι τοῦ τέλους κύριοί ἐσμεν, εἰδότες τὰ καθ' ἕκαστα, τῶν ἕξεων δὲ τῆς ἀρχῆς, καθ' ἕκαστα δὲ ἡ πρόσθεσις οὐ γνώριμος, ὥσπερ ἐπὶ τῶν ἀρρωστιῶν·② ἀλλ'

1115a

但是，实践和品性出于意愿的情况不同；因为，只要了解具体情况，我们对于实践自始至终地是主宰的，而对于品性，[我们]在开始时[是主宰的]，但一步一步的新发展却不为我们知晓，正如生病的情形一样；而事实[却是],[品性]已被预先宣布为这样或

But practices and characters are not voluntary in the same way; for, of practices we are dominant from the beginning to the end if we know the particulars, yet of characters [we were dominant only] at the beginning, but the processes as particilars [are]

省略式简单句。逻辑主语还是 τῶν ἀρετῶν。系动词省略。表语有两个部分。一个是 ἐφ' ἡμῖν，取决于我们的，介词短语。另一个是 ἑκούσιοι，出于意愿的，形容词，阳性复数主格。

① 这里是与从 Κοινῇ μὲν... 开始的整个长句构成对照的 δὲ... 句，同样是一个长句。复合句。这里是主句。主语包含两个成分。一个是 αἱ πράξεις，那些实践，名词短语，阴性复数主格。另一个是 αἱ ἕξεις，那些品性，名词短语，阴性复数主格。系动词是 εἰσι，是，现在时，复数第三人称。表语是 ἑκούσιοί，出于意愿的，形容词，阳性复数主格。οὐχ ὁμοίως，以不同的方式，不以相同的方式，否定性副词短语，限定系表结构。

② 从这里开始了一个较长的原因从句。转折并列句。这里是第一句。它自身又是一个 μὲν...δὲ... 对照结构的并列句。μὲν... 分句部分。主谓语是系动词 ἐσμεν，我们是，现在时，复数第一人称。表语是 κύριοί，主宰的，形容词，阳性复数主格。τῶν πράξεων，对于那些实践，名词短语，阴性复数属格。ἀπ' ἀρχῆς μέχρι τοῦ τέλους，从始至终地，副词短语，限定系表结构。ἀπ'... μέχρι...，从……至……，并连介词词组，后接属格。εἰδότες τὰ καθ' ἕκαστα，了解那些具体情况，分词短语，阳性单数主格，表伴随情况。εἰδότες，知道，了解，οἶδα 的完成时分词，阳性复数主格。其宾语是 τὰ καθ' ἕκαστα，那些具体情况，冠词+介词短语名词性短语，中性复数宾格。

δὲ... 分句部分。... δὲ... 结构转折并列句。第一句是省略句。主谓语是 ἐσμεν，我们是，现在时，复数第一人称，省略。表语是 κύριοί，主宰的，形容词，阳性复数主格，省略。保留的是 τῶν ἕξεων τῆς ἀρχῆς，对于品性在开始时，与句中相应部分 τῶν πράξεων ἀπ' ἀρχῆς μέχρι τοῦ τέλους（对于实践自始至终）相对照。

第二句是复合句。主句的主语是 ἡ πρόσθεσις，新发展的部分，新增添的部分，名词短语，阴

ὅτι ἐφ' ἡμῖν ἦν οὕτως ἢ μὴ οὕτω χρήσασθαι, διὰ τοῦτο ἑκούσιοι.①

那样地出于我们的，由于这一点 [它们是] 出于我们的意愿的[k]。

not perceptible, just as in the illnesses; but the fact [is] that characters were proclaimed to be out of us one way or the other, because of this [they are] voluntary.

5 Ἀναλαβόντες δὲ περὶ ἑκάστης εἴπωμεν τίνες εἰσὶ καὶ περὶ ποῖα καὶ πῶς·② ἅμα δ' ἔσται δῆλον καὶ πόσαι εἰσίν.③

再回过头来谈 [德性]，我们要逐个地来谈谈它们是什么，与哪些事情相关，以及怎样地 [相关]；与此同时，它们

Going back to [virtues] again, we shall talk of each one about what they are, what sort of things [they are related

---

性单数主格。καθ' ἕκαστα，每一个的，此处，一步一步的，介词短语，限定 ἡ πρόσθεσις，同于 ἡ καθ' ἕκαστα πρόσθεσις。系动词省略。表语是 οὐ γνώριμος，不为我们知晓的，否定式形容词，阴性（与阳性同形）单数主格。

状语从句由连系副词 ὥσπερ 引导。省略式。句子主要结构同主句，省略。ἐπὶ τῶν ἀρρωστιῶν，生病方面的情况，介词短语，限定省略的系表结构。τῶν ἀρρωστιῶν，生病，名词短语，阴性复数属格。

① 复合句。ἀλλ' ὅτι（而事实 [是]，转折连词短语）示意语气的转折。主句的逻辑主语是上文中的 αἱ ἕξεις，品性，名词，阴性复数主格。系动词是 ἦν，曾是，已是，未完成时，单数第三人称。ἦν 引出不定式短语 ἐφ' ἡμῖν ἦν οὕτως ἢ μὴ οὕτω χρήσασθαι，被宣布为这样或那样地出于我们的。χρήσασθαι，被宣布为，不定式，未完成时不定式，中被动。χρήσασθαι 的表语，也即主语 αἱ ἕξεις 补语，是 ἐφ' ἡμῖν ἦν οὕτως ἢ μὴ οὕτω，这样或那样地出于我们的，介词短语。ἐφ' ἡμῖν，出于我们的，介词短语。οὕτως ἢ μὴ οὕτω，这样或那样地，副词短语，限定 ἐφ' ἡμῖν。

介词短语 διὰ τοῦτο（由于这一点）引出省略式的结果从句。主语仍然是 αἱ ἕξεις，品性，阴性复数主格，省略。系动词省略。表语是 ἑκούσιοι，出于（我们）意愿的，形容词，阳性复数主格，此处用语限定谓述阴性名词。

② 复合句。δὲ 示意语气的转折。主谓语是 εἴπωμεν，我们谈，现在时，复数第一人称。περὶ ἑκάστης，关于每种德性，介词短语，限定 εἴπωμεν。ἀναλαβόντες，回过头来，现在时分词，阳性复数主格，表伴随情况，限定 εἴπωμεν。

εἴπωμεν 引出三个宾语从句。第一个是 τίνες εἰσί，它们是什么。主谓语是系定词 εἰσί，它们（指那些要一个个地谈的德性）是，现在时，复数第三人称。τίνες，什么，哪一种，不定代词，阴性复数主格。第二个是 περὶ ποῖα [εἰσί]，[它们是] 相关于哪些事情的，主谓语省略。ποῖα，什么事情，不定疑问词，阴性复数宾格，做介词 περὶ 的宾语。第三个是 πῶς [περὶ ποῖα εἰσί]，[是] 怎样地 [相关于那些事情]，主系表省略。πῶς，怎样地，疑问副词，限定省略了的主系表结构。

③ 复合句。主语从句的主谓语是系动词 εἰσίν，它们是，现在时，复数第三人称。其表语是 πόσαι，数目多少，疑问词，阴性复数主格。

[各]有多少种也就将清楚了[1]。

to], and how, and meanwhile of how many sorts they are will be clear.

---

[1] 主句的系动词是 ἔσται，将是，将来时，复数第三人称。其表语是 δῆλον，清楚的，明显的，形容词，中性单数主格。ἅμα，同时，副词，限定主句。

内容注释

卷 I

1

a 按照亚里士多德，技艺(τέχνη)是理智引起正确的制作活动的能力，是筹划、安排制作活动的理智品性，也是理智获得真或确定性的方式之一。制作活动指向所要造成的事物或产品。技艺指向它自身的实践的实现。同时，技艺以对制作所要造成的事物的正确的推理思考使得制作活动安排有序、进行正确。所以，技艺也与制作活动一道，指向所要造成的事物或产品的完成。

研究(或探究、探索，μέθοδος)，是理智对事物的性质进行的思考活动。在《尼各马可伦理学》中，亚里士多德没有对研究作过定义，但是他似乎用研究泛称科学与技艺、智慧与明智的思考活动(参见 1096a12, 1098a29, 1112b20-22, 1142b14)。格兰特(A. Grant, *The Ethics of Aristotle*, 4th ed. rev., 2 vols., London, Longman, 1885, vol.I, p.421)说，研究是"走向科学的道路"。或许可以说，按照亚里士多德，研究是以"找到正确的方法"为目的。

实践(πρᾶξις)是亚里士多德伦理学的重要概念。实践有广义的与狭义的区别。广义的实践涵盖了制作。狭义的实践则区别于制作，是在可因我们自身的努力而改变，且这种改变并没有一个像制作品那样的外部目的的事情上，出于选择追求那种活动的良好完成的行为。

选择(προαίρεσις)是实践的起点或原因。按照亚里士多德，选择不是对于目的，而是对于实践或行动的，指向去获得一个自身显得善的事物当下要采取的行动。从构词法上解释，προ-αίρεσις 是"要先于别的事物去抓住"一个东西的意思。所以选择是对去获得那个目的的手段的正确推理思考后确定要抓住、要着手去做的那个行动的欲求。斯图尔特(J. A. Stewart, *Notes on the Nicomachean Ethics of Aristotle*, 2 vols., Oxford, Clarendon, 1892, vol.I, p.7, 43)说，选择(προαίρεσις)是对于一种不同于当下快乐的目的的观念，指在追求某种善的各种能力中伴有技术的正确性的那种能力，这种能力使一个人在所面临的危险中做出正确的行为。但是，亚里士多德的选择更加是基于正确的思考的对一个行动的欲求。

亚里士多德在这里说明，由于在理智方面技艺与研究，在行动方面实践与选择，都追求着某种目的善，伦理学要从研究目的善开始。

b 从"所有技艺与所有研究，……"（1094a1）开始，也从这一章开始，《尼各马可伦理学》第 I 卷被哲学家亚里士多德奉献给人的所有活动所为着的目的。在这一章，亚里士多德表明目的是人的所有活动所指向的那个善事物。在这个部分，亚里士多德讨论研究人的所有活动的目的的必要性。他表明两点。

首先，人的所有活动都有它"所为着的东西"，即某种善。所以，对人的具体活动与实践的研究要从理解那种活动所为着的东西开始。

其次，已经有哲学家把人所为着、所有事物所指向的那个东西称为"那个善（τἀγαθόν）"。所以，总体地研究人的活动也需要从研究人的所有活动所为着的那个东西开始。

关于"把那个善称为所有事物所指向的那个东西"，亚里士多德是指柏拉图学派的观点，因为柏拉图把善的"型式"说成所有事物存在和向我们显现的原因。τἀγαθόν（那个善）一词由 τό（那个）和 ἀγαθόν（善的）缩合而成，这种缩合在古希腊语中是常见的。亚里士多德使用这个术语，赋予它目的的善的意义。作为目的的善是对我们显得是那样的善的事物（事情）。亚里士多德谈论的"善（ἀγαθόν）"有两种意义：有些善是具体的，例如技艺追求一个制作品的完善，有的善是完善的、最终的，即所有追求、所追求的所有具体善都指向的那个善（τἀγαθόν）。具体的善是具体的活动的目的，那个最终的善是所有活动和所有活动所追求的具体善最终指向的那个善。亚里士多德据此从完善性上，如我们在下文中将看到的，区别事物对我们显得善的不同情形：有些事物显得善是因为它是另一个显得更善的事物的手段；有些事物显得善既是因为它自身，同时也是因为另一个比它更完善的事物；有的事物显得善则只是因为它自身，而再不是因为某个比它更完善的事物，而显得善。

c "活动（ἔργον，复数形式 ἔργα）"，其动词词干 εργέω 由动词 ἔργω 而来，ἔργω 也就是名词 ἔργον 的动词根源词，意义为做、干、工作等。在亚里士多德伦理学中，ἔργον [活动]是指一般意义上的运用肉体与灵魂力量的运动，包括人的所有活动及其成果，但尤指辛苦的劳作与制作活动。亚里士多德在《形而上学》中谈运动（κίνησις），在《尼各马可伦理学》中谈人的活动（ἔργον），人的活动包含人的身体运动，又不单纯地是身体运动。"活动"是对亚里士多德的 ἔργον 的一个笼统而简化的汉译。在英语中，ἔργον 常常被翻译为不同的词汇，例如 work, function, deed, act, activity, performance, labor, product, 等等。巴特莱特（Robert C. Bartlett）与柯林斯（Susan D. Collins）正确地说，

ἔργον 无法用一个英语词汇来捕获（R.C. Bartlett & S.D. Collins［trans.］*Arostotle's Nicomachean Ethics*, Chicago, University of Chicago Press, 2011, p.1, n.3）。在汉译中，我们也许需要在根据上下文准确地捕捉 ἔργον 的确切意义与在亚里士多德语境下大体一致地表达它的意义之间保持适度平衡。因为，如果丢开某种"大体一致"的表达而随意采用不同的词语来翻译 ἔργον，人们就会迷失在所使用的多种语词各自的意义中，认为亚里士多德使用的是不同的词语，而偏离他使用的是同一个 ἔργον 的事实。看起来，凡可能之处，在英语中用 activity 翻译，在汉语中用"活动"翻译 ἔργον，是一个比较好的方案。

另一方面，亚里士多德在这里首次在本书中使用了"实现（ἐνέργεια, ἐνέργειαι）"这一术语。"实现"与"能"，亚里士多德在《形而上学》第 V 卷第 7 章、第 VI 卷第 2 章中说，是谈论事物的"是"的一种重要方式。亚里士多德在这里说明，在作为目的的事物中，有一些是 ἐνέργειαι（实现），如幸福；另一些是在实现之外的 ἔργα（活动和活动结果），如匠人的制作及其作品。

亚里士多德既联系又对照地使用 ἐνέργειαι 与 ἔργον 这对术语，给亚里士多德文本的汉译与解释带来了较大困难。ἐνέργειαι 来自动词 ἐνεργέω，由前缀 ἐν 加上 εργέω 构成。前缀 ἐν- 表示去－，有加强的含义。格兰特（Grant［1885］, I, 422）说，ἐνέργειαι 在亚里士多德的严格意义上是人的含目的于自身之中的活动。ἐνέργειαι 概念包含了这样的思想：那种内含所为着的目的的活动已经"实现"、完成，那所为着的东西已经"是"，即已经具有那种形式，不再只是"能（潜在地）是"了。因此，"实现"与"能"有基本的区别。在泛义上，奥斯特沃特（M. Ostwald［trans.］*Aristotole: Nicomachean Ethics*, Indianapolis, Bobbs-Merrill Company, 1962, p.306）说，ἐνέργειαι（实现）是指积极的状态，意义甚至比实践还要广泛。

根据上面谈到 ἔργον 的相同理由，从亚里士多德的形而上学贯通到伦理学，ἐνέργειαι 译为"实现"比较好。（以往在汉语中通常的译法是"现实"，去本意稍远。）在英语上，ἐνέργειαι 在这两种讨论中都可以用 en-activity（en-activities）来翻译，以保持译法上的一致性。en-activity（en-activities）虽然是一个硬造的词汇，但是使用它有助于表明 en-activity 与 activity 一词的关联，另一方面，也有助于表明 en- 这个与古希腊语的相同前缀与 activity（activities）之间的联系，这一点也能够揭示这个词的构成性含义。当然，使用 en-activity 这个生造的英文词语会给读者带来不便，恳请读者原谅。

d 从"但是在那些完善的事物之中也显露出某种区别：……"（1094a4）到此处，亚里士多德讨论在具体活动的目的事物之中的一个重要区别。他阐述了两点。

首先，在这些目的事物中，a）有些是实现，b）另一些是在实现之外的某些活动。

例如，按照亚里士多德，观看是实现，思考是实现。这类目的事物没有其他的参照，我们在观看、在思考，就达到了目的，就实现了那种善。另一类目的事物包含有某些活动，例如减肥的节食，我们要节食才能减肥。

其次，在后一类情形中，那些在实现之外的活动还具有一类目的。例如，建筑劳动所为着的一栋房子。在这种情况下，建筑劳动就比建筑技艺的实现本身能造成那个结果。

e "能力"（δύναμις, δύναμιν），亚里士多德的重要概念，是他在《形而上学》中界定的"能"的三种本原意义中最原本的一种——在一物"自身中作为另一物的运动变化本原"。

在《形而上学》第 V 卷第 12 章（1019a15-33），亚里士多德将"本原"意义的"能（δύναμις）"区别于性质意义上的"能……的（δυνατὸν）"和具体意义上的"能……的事物（δυνατὰ）"。他首次界定了"能"的三个既相互联系又彼此区别的"本原"意义——a）运动意义的"能力"："在另一物中或在自身中作为另一物的运动变化本原"；b）"实现"意义的"能"：优美地或依据选择去把这种运动变化本原中向好的运动变化本原完成好的本原；和 c）品性意义的"能"：总体上不承受、不易受损或不易被引向坏的变化的运动变化本原。其中，运动意义上的"能力"是最原本的；"实现"意义上的"能"与"品性"意义上的"能"是从运动意义的"能力"发生，但又是区别于它的另外两种本原意义的"能"。（参阅溥林译布伦塔诺《根据亚里士多德论"是者"的多重含义》，商务印书馆 2015 年版，第 77—78 页。布伦塔诺将《形而上学》第 V 卷第 12 章对"运动变化"本意的"能力"依据"在另一物中的"与"在自身中作为另一物的"两种界定区分两个本原意义的"能力"，故阐述了四种本原意义的"能"。）在《尼各马可伦理学》中，"能"的"实现"意义被简称为"实现"，"能"的"品性"意义被简称为"品性"，与运动变化意义上的"能力"相区别。

"能力"是在一事物"自身中"（在灵魂论与伦理学上，是在人"自身中"）"作为另一物的运动变化本原"。在《论灵魂》第 II 卷第 3 章，亚里士多德区分人的灵魂的"能力"为五种：营养、感觉、欲求、位移、努斯或思想，它们都是在一个人灵魂之中的引起运动变化的本原。在第 II 卷第 5 章，他讨论了灵魂"能力"的更原本的形式：作为那个事物的"属"或获有那样的质料的意义上的"能力"。在《尼各马可伦理学》中，亚里士多德谈到科学、技艺、沉思、推理、考虑、研究这些重要的理智思考能力和创制、实践两种重要的行动能力。例如，在第 I 卷第 1—3 章，科学、技艺、制作以及泛义的实践，在

第 I 卷第 8 章，在第 II 卷第 1 章，感觉能力的"获得-运用"被对照于德性的"运用-获得"得到说明；在第 II 卷第 5 章，"能力"与感受、德性被区分为灵魂中"生成的"三种不同性质状态，"能力"被进一步说明为我们因自然而获有的"能……的"，例如"能被激怒的"这样的生成状态。

亚里士多德把"能"与"实现"作为讨论"是者(事物)"的"是"的重要方式。作为说明人的"是其所是"的基本方式，关于"能"与"实现"的区别与联系的思考构成亚里士多德伦理学的基本的理论与方法。

在《尼各马可伦理学》中，人的"实现"意义上的"能"与"品性"意义上的"能"是比运动意义上的"能力"更重要、更高阶的"能"。亚里士多德把幸福作为"实现"意义的"能"，把德性作为"品性"意义的"能"的最重要的例证来讨论。所以，幸福是"实现"，或"实现"意义的"能力"的"实现"，不是运动意义上的"能力"，也不是"品性"；德性是"品性"上的"能"，不是运动意义上的"能力"。幸福与德性虽然都以"能力"为最终基础，但又不是"能力"。

另一方面，幸福作为"实现"是"德性"所指向的目的，同时是德性所指向的东西的"完成"，是人的最终、最完善意义的"能"。但在伦理德性的范围内，就人的"品性"意义上的"能"是一个人通过实践的习惯而获有了的属于他的灵魂的"品性"而言，德性又是人的最高阶的"能"。这两者间的关系就像"智慧"与"明智"两种理智德性的关系那样：智慧是最高的，是明智所指向的，但明智是"政治学"意义上的主导者。

由于上面所说的这些复杂意义，《尼各马可伦理学》中的 δύναμις 一词在英语中常常被不同译者翻译为不同的词汇，例如 power, force, potency, potentiality, capacity, faculty, 等等，同一个译者也常常在不同上下文中采取不同的词汇来翻译它。但既然在《尼各马可伦理学》中，δύναμις 主要是作为在运动意义上的"能力"使用，"实现"意义的"能"与"品性"意义的"能"被亚里士多德刻意区别于运动意义的"能"而直接地用"实现"与"品性"，我在这个文本中将 δύναμις 在英语上译为 capacity，在汉语上译为"能力"。但是，我们需要理解，亚里士多德在《尼各马可伦理学》中谈到的"实现"与"品性"都是本原性的"能"的形式，并且这两者是在伦理学上更为重要的"能"。

f 从"但［由于］存在多种实践、技艺和科学，……"（1094a7）到此处，亚里士多德讨论诸多活动的诸多目的事物之间的关系。他阐述了三点。

首先，既然每一种活动指向某一种目的事物，那么诸多的活动就有诸多的目的事物。例如医术的目的是健康，造船术的目的是船舶，等等。

其次，在这样一些活动中，有些活动从属于另一种更高的能力。在这种情形下，更高的能力就比那些从属的能力更具有主导性质。例如,制作马勒的能力从属于骑术,而骑术又从属于战略和战术,因而战略学主导骑术、马勒制作术,等等。

再次,相应地,一种较高能力指向的目的就比从属的能力指向的目的更值得追求。例如,在上述的例子中,战略学所指向的军事胜利作为目的比御马术以及制作马勒的技艺指向的目的更值得追求。因为,较低的目的是因为那个更高的目的而被追求的。

g 从"而在这里,……"(1094a17)到此处,亚里士多德讨论同属于一个较高目的的那些具体实践目的的性质。他表明两点。

首先,在同属于同一个较高目的的那些具体实践目的之中,一种目的是实现本身还是在实现之外的其他某个东西,这并不重要。因为它们都共同地从属于同一个较高目的。

其次,例如在"刚刚提到的那些科学(τῶν λεχθεισῶν ἐπιστημῶν)"(这里的"科学"同样被理解为一种技艺能力)之中,制作马勒和其他马具的技艺,与骑术,作为同属于战略学的目的,并没有实质的区别。

2

a 欲求(ἡ ὄρεξις, longing),亚里士多德伦理学的重要术语。这是亚里士多德在这部著作中第一次使用这个词。亚里士多德既以名词、形容词形式,也以主动与被动的动词、不定式与分词形式使用这个词,表明这个词在吕克昂学园是非常常见、被普遍地使用的。

在亚里士多德的用法中,欲求是人对于任何对象物,例如财富、荣誉、快乐、德性、学习等等的感性趋向与追求。在《论灵魂》中,欲求是灵魂的五种基本能力(其他四种是营养、感觉、位移、努斯)之一;依据《形而上学》第 V 卷第 12 章,欲求与努斯一道,是在人自身之中但作为另一物的运动变化本原。灵魂的欲求区分为愿望(βούλησίς)、激情(ζύμος)、欲望(ἐπιθυμία)三者,愿望与思想性的灵魂活动相联系,激情和欲望与动物性灵魂活动相联系。ὄρεξις 在英语翻译上常常因译者使用语言的习惯不同,有 appetite, desire, passion, impulse, long 等许多不同译法。在本书中,我们将一致地在英语上将它译为 long,它既可以作动词使用,其动名词形式 longing 也可以做名词性的表达;在汉语上译为"欲求"。

亚里士多德在这里表明,对目的事物序列上最终的那个事物的欲求也必定是欲求序列上最终的;幸福是我们的欲求序列中最终的欲求的对象,因为,如果我们欲求幸福还是因为欲求某个其他事物，那么对幸福的欲求就不是最终的欲求，幸福也就不是最终的目的事物。

b 从"而如果那些实践都有某一目的，……"（1094a19）开始，在表明一种伦理学必须研究人的活动所指向的目的之后，亚里士多德在这一章论证人的所有活动具有一个总的目的，那个最终的"善"，并且它属于政治学研究的对象。在这个部分，他论证人的所有活动指向一个总的目的。他阐述了三点。

首先，从"人的每种活动都指向某种目的"将得出"人的活动存在一个总的目的"的结论。

因为 a）如果具体的实践都有某一个目的，我们是因它自身之故而追求它，b）如果如已表明的，我们追求的某些目的从属于一个更高的目的，我们追求那个目的也就同时在追求那个更高的目的，但 c）如果我们并不是追求所有的事物都为着某一别的事物，我们就将引出存在一个总的目的这一结论。

其次，假如我们追求所有的事物都为着某一别的事物，我们就将陷入一种恶无限，我们那种欲求就将是空洞的、无结果的，然而这是荒谬的。

因此，结论是：人的活动存在一个总体的目的，它就是"那个善（τἀγαθὸν）"或"那个最好的东西（τὸ ἄριστον）"。

c 从"那么，关于它的知识岂不对生活有重大的影响，……"（1094a29）到此处，亚里士多德讨论关于这个总目的或"那个善"的知识的问题。他阐述了两点。

首先，关于"那个善"的知识将对生活有重大影响。因为，就像给射手一个标记能帮助他射中目标一样，具有对于"那个善"的知识将能帮助我们获得"那个善"。

其次，因此，我们应当大致弄清它是什么，以及属于哪一种科学或能力。

d 政治学（治术，ἡ πολιτική），亚里士多德的重要术语。从构词法来说，它与 ἰατρική（医术）、ναυπηγική（造船术）、στρατηγική（战术）、οἰκονομική（理财术）相同，它们共同的词尾 -κή 的意义是"属于某种技艺的"。亚里士多德在这里表明，政治学或治术是城邦内最高的、主导的科学和技艺。

e 从"看起来，它属于那门最具主导性的……［科学或能力］。……"（1094a29）到此处，亚里士多德论证关于"那个善"的知识属于政治学。他阐述了两点。

首先，既然"那个善"是最高的目的，关于它的知识也一定属于那门最首要的科学或能力。

其次,而政治学就是这样一门科学或能力。

因为第一,政治学是最高的一门科学或能力。因为,a)它规定了在城邦中应当有哪些科学,每部分公民应当学习哪些科学,以及学习到何种程度;b)那些最受尊敬的能力——战术、理财术、修辞术——都从属于它;c)它使用其他实践科学,把人们该做什么和不该做什么制定为法律。

阿奎那(Thomas Aquinas, *Notes on Aristotle's* Nicomachean Ethics, trans. C.I. Lizinger, Oxford University Press, comm. 26-29)说,亚里士多德在此处提到政治学"规定"与"使用"其他科学的两种情况。i)政治学"规定"科学:思辨科学与实践科学。但政治学仅仅规定思辨科学的活动。所以亚里士多德说政治学规定应当有哪些科学,每部分公民应当学习哪些科学,以及学习到何种程度。而对实践科学,政治学则规定它的题材与活动。所以亚里士多德说战术、理财术、修辞术从属于政治学。而 ii)政治学"使用"科学:战术、理财术、修辞术等实践科学。因此,政治学一方面"规定"另一方面也"使用"一些实践科学。

因而第二,政治学的目的也就是那个最高的目的,因为政治学的目的包含了其他那些科学或能力的目的。而这个目的就仿佛是人的"那个善"。

f 从"因为,如果[那个善]对于个人和城邦都是同样的,……"(1094b8)到此处,亚里士多德论证"政治学的目的仿佛就是人的'那个善'"。他阐述了两点。

首先,政治学指向的当然是城邦的善。

但其次,如果"那个善"对于个人和城邦是同样的,城邦的善就是更大、更完满的善。

因为,一个人获得和保持"那个善"当然可喜,为城邦获得和保持它则更高尚。

所以,指向为城邦获得和保持"那个善"的政治学仿佛就指向"人的那个善"。

3

a 高尚的事情(καλὰ),亚里士多德伦理学的一个重要的、未做严格限定的术语。καλὰ是形容词 κάλον 的复数形式。κάλον 在希腊语中意义丰富,指高尚的、美好的、正义的、体面的、优雅的等,总之,指人的美善的、正确的行为。莱克汉姆(H. Rackham (trans.), *Aristotle: The* Nicomachean Ethics, London, William Heinemann, 1926, p.6)说, κάλον 是指对正确的行为的崇敬,意义是伦理上正确与优美。在英语表达上通常不作为一个固定的术语,而依据上下文来处理,因此有许多译法,例如 noble, fine, decent, reasonable 等。考虑到我们汉语读者具有确定地知晓亚里士多德所使用的原本的术语的需要,在本书的英文与中文呈现上,我仍然倾向尽可能保持一致译法。除在少数地方外,我将以 noble 来做英语的表达,以"高尚的"来做汉语的表达。当然,这只是近似的、多少具有某种象征意义的表达,尤其是在汉语方面。

b 从"[我们的讨论]如果依据其载体的题材[所容有的程度]做出了阐述,……"(1094b12)到此处,在表明人的所有活动所指向的那个最终的善属于政治学研究的对象之后,亚里士多德在这一章根据政治学研究的题材的性质讨论政治学研究的方法。在这个部分,他讨论政治学研究的题材的性质。他表明三点。

首先,不同事物容有不同程度的确定性,因而,一种研究所能达到的确定性程度取决于那种研究的题材所容有的程度。

其次,政治学研究的题材具有许多差别与不确定性。

例如, a) 高尚的事情与正义的事情,广而言之,德性的行为,都具有许多差别与不确定性。正是由于这个缘故,对许多人来说,这些事情显得是约定的而不是出于自然的。

约定(人为、习俗, νόμος)的东西在希腊时代被看作非常不同于自然(本性, φύσις)的东西。希腊哲学家们的共同看法是,出于自然的事物是确定的,按照它的自然原因而运动,不会因为人为的原因而改变,人为约定的事物则是充满任意变化的、不确定的。亚里士多德在这里表明,政治学研究的德性的行为不同于精确科学的研究题材,这些行为存在许多差别和不确定性。但是,他并不认为德性的行为出于约定而没有自然的原因。他认为,德性的行为尽管不是由自然造成而是出于得到了培养的品性的,但那些品性是基于自然赋予我们的接受它们的能力得到培养而生成的。

但是 b) 人们的活动所指向的那些善事物也同样具有一些不确定性。因为,具体的善事物尽管对某个人在某个时间和场合显得善,它们也由于它们自身而对许多人有害。例如,一些人就因为财富而毁灭,另一些人因勇敢而丧命。

因此第三,政治学在研究不同主题时不能寻求同样的确定性,就像人们在研究不同的技艺制品时不能要求同样的精确性一样。

c 从"所以,当就这样的题材并根据这类题材来谈论时,……"(1094b19)到此处,亚里士多德在说明政治学研究的题材的性质之后,讨论做政治学讲座与聆听政治学讲座的恰当方式。他阐述了两点。

首先，在就这些主题做政治学讲座时，我们只能满足于 a）把它们当作"在大多数情况下如此"的事情，粗略地、概要地表明那种真实，并且只 b）从中推导同样性质的一些结论。

其次，聆听者也同样应当满足于 a）把它们当作这样一种真实，并 b）把从中引出的东西当作这样一些结论，来接受。

因为，一个有教养的人的特点就是在每种事物中探究它自然容有的那种确切性。因为，正如我们对一个数学家应当要求严格的证明，而对一位修辞学家则不能如此要求一样，我们对于政治学讲座不能要求严格确定性的东西。

d "那些逻各斯（οἱ λόγοι）"，亚里士多德在这里用的复数，亚里士多德较多使用其单数形式 ὁ λόγος。λόγος 常见的其他汉译译名有"理性""定义""逻辑""说明""解释"等。

λόγος 是古希腊语中最难今译的词汇之一。据其实际的用法，它本指人经过思考而说出了一个事物的根本（在亚里士多德，尤其是它的"是其所是"）的话语、句子、言辞、谈论、词等等，进而也指这样的谚语、传说、寓言、箴言、警句、名言等等，以及包含在这些语言形式中的道理、思想、理性、推理、思虑，以及有价值的见解、意见等等。罗斯（D. Ross (trans.) *Aristotle: The Nicomachean Ethics*, 1st ed., 1925, rev. by J. L. Ackrill and J. O. Urmson, paperback edition, Oxford Oxford University Press, 1980, p.4, n.1）于此处说明 λόγος 在英语中的翻译困难："在《尼各马可伦理学》的所有常见语汇中，λόγος 为最难译者。直至最近，公认的译法才是'reason［理性］'。但我以为，在亚里士多德那里，λόγος 显然不是指人的理性功能，而是指被理性抓住的某种东西，有时也指理性功能的某种运用。对亚里士多德来说，理性同其对象的联系非常紧密，所以当逻辑迫使他说出那种理性功能的名称时，他常常就说是 λόγος。"罗斯似乎更重视一个人以某种运用理性时所依据的东西。所以罗斯在译 λόγος 时以"理性原则""合理理由""规则""论据""推理""推理过程"等对译。罗斯所说的"不是指人的理性功能，而是指被理性抓住的某种东西"我认为是非常重要的，而被"抓住的某种东西"在亚里士多德那里就是所说出的"那个真实"。希腊人常常以非常简约的语言给出这种逻各斯。

在 λόγος 的汉译上这个困难当然更大，所以在汉译译名上也最难保持一致。为读者能了解亚里士多德所使用的词汇，我在亚里士多德以名词和形容词来使用它的场合一般以"逻各斯"来音译，在亚里士多德以衍生的动词、不定式与分词来表达一些更具体的理智活动方面的含义时，才把它依据上下文来灵活翻译。

e 感受性(πάθος),感受(πάθη,πάθος 的复数形式),由动词 πάσχω(承受,遭受)的不定式 παθείν(去承受)衍生,是亚里士多德的一组重要术语。亚里士多德在《尼各马可伦理学》第 II 卷第 5 章阐释的灵魂的三种"生成的东西"(γινόμενα)——能力、感受、品性,把感受与能力和品性加以区别。这是这组术语在本书中第一次出现的地方。

πάθος、πάθη 指一事物承受外部影响而形成的那种(那些)效果性质。在亚里士多德的灵魂论与伦理学中,πάθος 和 πάθη 作为灵魂"生成的东西"之一,是灵魂的重要构成部分。由于感受与行为之间存在基本的联系,感受与行为一道构成最与伦理德性相关的两个基本方面。感受具有两个显著的性质。首先,它们的发生是被动的和基于自然的。感受的原因通常在感受者之外另一物那里,感受是由那个本原引发的一个感觉运动。其次,感受是具体的、多样的、随时变化的。

πάθος 在英语中通常译为 feeling, affection,中文中通常译作感情、情感。在苗力田教授主编的《亚里士多德全集》中,πάθος 在《范畴篇》(第 8 章)被译为感受或承受;在《形而上学》(第 V 卷第 21 章)被译为属性或承受;πάθη 主要被译作承受,但在《论灵魂》(第 I 卷第 1 章)也被译作属性。

在对这部分文本的处理上,我倾向于认为区别地处理 πάθος 和 πάθη 比较好,因为亚里士多德用 πάθη 来指各种具体感受。因此,我将 πάθη 在英语上译为 affentions,在中文上译为"感受";将 πάθος 在英语上译为 affection,在中文上译为"感受性";将 πάθεσιν (πάθη 的与格形式)在英语上译为 affective,在中文上译为"感受性的东西"。

f 每种事物(事情,ἕκαστα),或译"个别事物(事情)""具体事物(事情)"。在英语翻译上,罗斯(Ross[1925,1980],*The Nicomachean*,5)此处将它译为 each successive object;爱尔温(T. Irwin[trans.]*Aristotle: Nicomachean Ethics*, Indianapolis, Ind., Hackett Publishing Co., Inc., 1985, p.4)将它译作 given;新近的巴特莱特和柯林斯本(Bartlett & Collins[2011],*Aristotle's Nicomachean Ethics*, 4)则直接将它解释为亚里士多德上文谈到的"那些感受"。在苗力田教授主编的《亚里士多德全集》中,此处译作"个别的东西"。

g 从"然而一个人对他所知道的事物才判断得好,……"(1094b29)到此处,亚里士多德在说明聆听政治学讲座的恰当方式之后,讨论怎样的人是政治学的适合的学习者。他表明三点。

首先,政治学的合格的学习者需要受到全面的教育。因为, a)一个人对于他受到教育引导而知道的事物才判断得好。因此,i)在某件事情上受过教育的人对那种事情判断得好，ii）受过全面教育的人在总体上对人类事务判断得好。b）政治学是人类事务上最具主导性质的科学，只有受到全面教育的人才是适合的学习者。

其次，政治学的合格的学习者需要有生活的历练。因为，具有实践生活的历练的人，由于a）其欲求合于逻各斯，并b）能做出合乎逻各斯的行动，学习政治学对于他将有很大帮助。

因此第三，结论就是：受到全面教育、具有生活历练的中年人，而不是青年人，是政治学的适合的学习者。

按照亚里士多德，青年人由于a）尚未受到全面教育，且b）缺乏生活的历练，不是政治学的适合的学习者。因为，由于这两个原因，青年人将i）判断不好政治学要说明的那些事情，并且，ii）由于政治学的目的不是知识而是实践，而他的欲求不合于逻各斯，并且做不到合乎逻各斯的行动，学习政治学对于他将没有帮助。因为，由于尚未培养起适合的品性，他跟从感性的东西，追求每种事物，并且为着马上能用上而"急切"地听讲。

韦尔登（E. C. Welldon (trans.) *The Nicomachean Ethics of Aristotle*, London, Macmillan, 1902, p.4）说，当莎士比亚（W. Shakespeare）在《特洛伊鲁司与克蕾斯达》（*Troilus and Cressida*）中写下"年轻人，亚里士多德说他们不适合听道德哲学"（第2场第2幕）时，脑际间一定浮现出了亚里士多德的"青年人不适合听政治学"这句话。

h 从"关于听讲者，……"（1094a12）到此处，亚里士多德概括他在这一章的讨论主题为a）谁是适合的听讲者，b）应当怎样去领会政治学讲座，和c）政治学的题材为何。

4

a "那些杰出的人（οἱ χαρίεντες）"，或译体面的、优美的、有品味的人。在亚里士多德的讨论中，这一用语所指的似乎应当既包括下文中马上将提到的聪明或有头脑、有思想的人（这部分人又既包括哲学家或爱智慧者，也包括智者。所以，不言而喻，智者在亚里士多德这里的地位高过在柏拉图那里的地位），也包括那些爱活动的人，即他在下文中提到的爱好参与政治的人。在后一部分人里，亚里士多德区分爱好德性的人和爱好荣誉的人。爱活动的人在亚里士多德这里指上层社会中一部分，这部分人之中有一些是好人，不过这种人仍然不是爱智慧者。依据在本章最后部分引用的赫西俄德的诗句，这部分好人（爱好德性的人）是指肯听别人的智慧的劝告的人。

b εὐδαιμονία（幸福、繁荣），亚里士多德伦理学中最重要的概念，"那个善（τἀγαθόν）"的通常所指。εὐδαιμονία 由副词前缀 εὐ-（好－）与形容词 δαιμονία（神佑的，神赐的，神一样的）合成，基本的意义是"好得就像神佑(神赐)的"的充实繁荣的生命状态。

众所周知，亚里士多德将《尼各马可伦理学》第 I 卷完全奉献给对"那个善"即"幸福"的讨论。第 1 章表明，"那个善"是我们做其他一切事情所为着的那一个最终的目的事物；第 2 章表明，这个目的事物属于政治学研究的对象；第 3 章表明，但是在这种研究中，我们对于"那个善"只能获得概略的确定性；本章即第 4 章表明，那些杰出的人与多数人都认为它就是幸福，即"好得就像神佑的"生命状态，并且那个"好－"就在于"过得好"和"做得好"；第 5 章表明，与幸福比较，快乐、荣誉甚至德性都是不完善的；第 6 章表明，幸福作为"那个善"指的是我们可以实践、可以获得的善；第 7 章表明，幸福是灵魂在人特有的活动上的，在我们一生中的，依据德性的"实现"；第 8 章表明，这样界定的幸福把人们认为属于或相关于幸福的所有事物都包含了进来；第 9 章表明，幸福即使是依据德性来获得的也属于神性的事物；第 10 章表明，要依据德性来获得并不等于说要到一个人生命终结时才能说他幸福；第 11 章表明，也因为幸福是这样的"实现"，后人与朋友经历的任何变故对一个已故的幸福的人的影响都微乎其微；第 12 章表明，幸福因此也属于神性的事物，它应得的是赞誉而不是称赞；第 13 章表明，但既然幸福是灵魂依据德性的"实现"，我们就要研究德性，因而就要研究灵魂的德性。

在英语中，莱克汉姆(Rackham[1926], 10)说，难于避免以 happiness 来对译 εὐδαιμονία，但在某些文本段落也许更确切的表达是 well-being 或 prosperity，因为亚里士多德所说的不是一种感情状态而是一种"实现"。但是，由于 well-being 与 prosperity 在英语文献中已经衍生了更复杂的含义，例如，一个人可能仅仅把 prosperity 解释为获得外在善或一些外在目标，或达到某种事业或职业上的成功。而且，英语中的 well-being 与 prosperity 在汉语的对译上还存在进一步的困难。首先，well-being 字面意义为好的存在(或生活)，但汉语中此种表达的俗成意义偏重于指生活的衣食住行的物质的方面，然而亚里士多德的原意是指人的肉体与灵魂活动的圆满的实现，尤其是指人的灵魂的最好的思想活动的圆满实现。另一方面，prosperity 本意是指一种圆满状态，词典多解释为运气，成功等等，以这些来对译不甚达意，且偏离出本来之义。所以，在英语上，我将 εὐδαιμονία 统一地译为 happiness，在汉语中统一地译为幸福。我认为采取这一组译名总体上比较妥当。

c τὸ εὖ ζῆν（过得好）与 τὸ εὖ πράττειν（做得好）是许多人对于 εὐδαιμονία（幸福）

的副词前缀 εὐ-（好 –）的含义的解释与说明。多数人与那些杰出的人把 εὐ- 解释为 τὸ εὖ ζῆν 与 τὸ εὖ πράττειν。亚里士多德尊重这个共同意见，并把 τὸ εὖ ζῆν 与 τὸ εὖ πράττειν 用作说明幸福(εὐδαιμονία)所包含的"那个好"(τὸ εὖ)的一般含义的两个重要的短语术语。

τὸ εὖ ζῆν（过得好），通常指身体健康，身材健美，生活没有缺乏，没有遭遇重大厄运，等等。τὸ εὖ πράττειν（做得好），通常指做事高尚、正义，生活节制、勇敢，等等。斯图尔特(Stewart [1892], Notes, I, 44-45)说，多数人接受 εὐ- 的意义大概是 τὸ εὖ ζῆν（过得好）而不是 τὸ εὖ πράττειν（做得好），亚里士多德在这里意在借助 τὸ εὖ πράττειν（做得好）这个短语术语使幸福的概念具有一种"积极的"意义。很显然，按照亚里士多德，在 τὸ εὖ ζῆν 与 τὸ εὖ πράττειν 两者中，更重要的是后者，因为前者只是清除阻碍幸福的障碍的必要的条件。

在《尼各马可伦理学》中，亚里士多德一方面将 τὸ εὖ πράττειν（做得好）对照于 τὸ εὖ ζῆν（过得好），把 τὸ εὖ πράττειν 看作对于 εὐδαιμονία（幸福）的副词前缀 εὐ- 的一般意义的更重要的表达；另一方面也把它与 κατορθοῦται（做得对 [1106b26]）对照，以 τὸ εὖ πράττειν（做得好）为更好，因为"做得对"总是以"做错"为参照的，是伦理德性区别于恶的主要特征（参阅第 II 卷第 6 章）。

在接下去的文本中，τὸ εὖ ζῆν 在英语上主要以 to live well 形式表达，这切合其不定式短语的形式，在需要表达为名词性短语的地方，将处理为 well-living。在汉语上，τὸ εὖ ζῆν 将以"过得好"来表达，在需要以名词短语形式表达的地方，将处理为"好生活"。相应地，τὸ εὖ πράττειν，英语上将被表达为 to do well，在名词化处理时表达为 well-doing。在汉语上，τὸ εὖ πράττειν 将以"做得好"来表达，在需要以名词短语形式表达的地方，将表达为"好实践 [或好行动]"。

d 从"我们就从 [这个问题] 开始谈，……"(1095a14)开始，在结束了对于人的所有活动所为着的"那个善"的预备性的讨论之后，亚里士多德从这一章开始讨论作为目的的"那个善"。他首先考察那些杰出的人与多数人关于它的共同意见。在这个部分，他表明这种共同意见的基本要点。他表明三点。

首先，所要研究的问题是，作为所有知识与选择都欲求、所有实践都为着的东西，"那个善"是什么。

格兰特(Grant 1885 I 430)注意到，亚里士多德在本卷第 1 章开头一句提到的"技艺与研究，实践与选择"在这里被简化为"知识与选择"。

其次，人们对于"那个善"的名称有共同的看法，因为他们都说它就是"幸福(τὴν

并且第三,关于那个"好-(εὐ-)"他们都认为就是指"过得好(τὸ εὖ ζῆν)"和"做得好(τὸ εὖ πράττειν)"。

e 从"但是,关于那个幸福,……"(1095a21)到此处,亚里士多德讨论关于幸福的分歧意见。他做了两件事。

首先,他指出,尽管人们对于人的所有活动所为着的那个事物的名称有共同意见,但是关于被一致地称作幸福的那个事物是什么他们的意见便陷入杂多。

其次,在这些杂多的意见之中,他分别地谈到多数人的意见与一些哲学家的意见。

a)多数人依据可见可感的事物提出意见。所以 i)不同的人把它看作不同的东西:有些人说幸福是快乐,有些人说它是财富,另一些人说它是荣誉。但 ii)同一个人也会把幸福说成不同东西:在生病时说是健康,在穷困时说是财富,在感到自己无知时崇敬哲学家提出的那些宏大事物。

b)柏拉图学派则提出在这些善事物之外,还存在另一种作为自身的善,它是那些善事物是善的原因。

f "本原(ἡ ἀρχὴ, τάς ἀρχάς)"是亚里士多德哲学的最重要术语,指事物或对于它的认识开始发生的最初根源、原因、事实、部分或元素。

亚里士多德《形而上学》第 V 卷第 1 章列出了 ἀρχὴ 的七种意义:a)一事物的运动由之开始之点;b)一事物的最佳生成点;c)一事物的因其在场而首次生成之点;d)一事物的 ἀρχὴ 虽不因其在场,却因它而首次生成并开始其运动的东西;e)具有使得运动的事物运动、变化的事物变化的那种意图的东西;f)技艺,尤其是造房术;g)一事物的由之而得以认识的东西。

总体上,亚里士多德的 ἀρχὴ 是指一事物由之开始生成、运动、变化、得到认识的在场的或不在场的那个点、部分或因素。亚里士多德对及其衍生词汇的使用非常频繁,其基本的含义是起点和最初的依据,或相关于具体事物,或相关于思想、意见,以及推理、演绎,或相关于品性、德性,以及行为、事实,用法十分复杂。格兰特(Grant[1885],I, 433)认为,亚里士多德的 ἀρχὴ 的基本意义是本原或原理,时常有些含糊。斯图尔特(Stewart 1892 I 55)认为,其中既有一般理解的本原或原理等意义,又在某些场合有了推理的最初前提的技术性意义。

由于这些复杂的意义,ἡ ἀρχὴ(τάς ἀρχάς)在英语文本中有许多不同译法,常见的 principle(s), first principle(s), origin, cause 等。常见的汉译也有本原、始基、始点、始因、原则（原理），或第一（首要）原则（原理）等。基于对亚里士多德的 ἀρχὴ 的"开始之点""开始被认识之点"这两种已经得到公认的诠释，我在这里英语上把 ἀρχὴ（ἀρχάς）译为 first principle(s)，在汉语上译为"本原"。

g 从"所以，去考察所有这些意见似乎没有帮助，……"（1095a28）到此处，亚里士多德讨论处理关于幸福的那些不同意见的基本方法。他指出两点。

首先，基于政治学研究的性质与方法，并不是所有意见都值得考察，只需要去考察那些"最流行的，看上去有某种逻各斯的意见"就足够了。

其次，还要区分所考察的意见是"从本原出发的"讨论还是"朝向本原的"讨论，因为后者似乎还没有建立一个可能得到承认从而可由之出发的本原或原理。

关于这两类讨论，亚里士多德说是柏拉图正确地指出了它们是不同的。斯图尔特（Stewart [1892]，I, 48-49）和韦尔登（Welldon [1902]，6, n.1）认为，亚里士多德在这里并没有特指柏拉图的某一篇对话。韦尔登还认为，亚里士多德可能只指柏拉图对话中"苏格拉底"的总的方法倾向。但是，柏拉图《共和国》（Republic）中的这段话（511a-b）或与亚里士多德的上述评论相关：

> 这个东西（人借助理智才能把握的事物的真实——引者）确实就属于我说的可理解的那种形式，但在研究它的过程中，灵魂必须使用假设，不能继续向前推进抵达本原，因为灵魂不能超出，也不能向上跃升而离开这些假设；相反，灵魂把自身是在它们下面的那些实际事物的仿品的那些东西用作影像，并且，和后面那些事物相比，把这些影像看作更清晰、更荣耀的。
>
> 至于可知世界的另一部分，……我指的是逻各斯本身凭借辩证法可以把握的东西。在这里，假设不是被当作绝对的起点，而是仅仅被用作假设、基础、立足点，这么说吧，被用作跳板，以便能一直上升到一个不需要假设并且是一切的起点的地方，以便继续向下推进到结论……。

亚里士多德在此处关切的似乎是，唯有从一个我们已知（"我们"公认的可用作推理思考的前提）的本原出发的意见，才值得去考察它的推理是否正确，其结论是否合理。

格兰特（Grant [1885]，I, 432）认为，从此处开始到本章结束，是亚里士多德在表明处理关于幸福是什么的不同意见的伦理学研究方法时的第二次"岔开（digression）"：

问题转移到科学是归纳还是演绎的,推理是朝向本原的还是从本原出发的问题上,在这一新问题上亚里士多德确定地支持后者。斯图尔特(Stewart[1892], I, 46, 48)认为,格兰特指出的这一"岔开"——插入对"从本原出发的"演绎论证与推理的强调——是与"接纳""最显著的意见"即"具有某种逻各斯的意见"相联系的:亚里士多德通过这个"岔开"为他在后面使用含有一定程度的真实观察的普通观点做好预先准备,这一"岔开"同时也解释了亚里士多德何以对柏拉图学派的先验体系不屑一顾。

h [已知的]事实,那个事实(τὸ ὅτι),亚里士多德在此处使用的一个特别的术语。ὅτι本是引导一个具体陈述的句子的引导词。亚里士多德在这里用 ὅτι 指"某某事情是如何如何的"这样一些具体判断,是关于那件事情本身所能说出的最后的东西。

按照亚里士多德,每一个这样的判断都是通过"朝向本原"的思考而获得,它一经获得,作为"我们已知的事实",就构成我们的实践性的推理思考方面的一个本原。这些判断并不是对于最终本原的判断。思考清楚最终本原对于人是困难的。但是,按照亚里士多德,在实践事务上,一个人也无需在思考清楚那个最终本原之后再从我们已知的东西出发思考我们的实践事务。我们已知的东西就构成实践思考的本原。

i 赫西俄德(Ἡσιόδου),希腊诗人,创作时期为公元前 8 世纪。所引诗句出于赫西俄德(Hesiod, *Work and Days* [《工作与时日》], trans. G.W. Most, Cambridge, Harvard University Press, 2006, p.293, pp.295-297)。亚里士多德在此处略去了赫西俄德原诗中第一句的下半句:φρασσάμενος τά κ' ἔπειτα καὶ ἐς τέλος ᾖσιν ἀμείνω [Deliberating on what is better subsequently till to the end]。与第一句连起来,整句话的意思是:自己能思考所有事情,随后又能考虑次好的直到眼前的事情的人,最优等。

j 从"所以,我们必须从已知的东西出发。……"(1095b2)到此处,亚里士多德继续讨论在政治学领域研究"幸福是什么"的基本方法。亚里士多德做了两件事。

首先,他阐述了在政治学领域研究"幸福是什么"的基本方法。他表明两点。

第一,基本的方法是,从已知的东西出发研究幸福是什么。

第二,由于已知的东西有两种:a)对我们而言已知的具体事实, b)一般意义上的已知的知识。需要明确,研究"幸福是什么"要从对我们而言已知的东西出发。

按照亚里士多德,研究"幸福是什么"要从对我们而言是已知的事实出发,来演绎地、推理地引出新的结论。因为,[已知的]事实就是一个本原或出发点,如果这个事实足够明白,就不需再去问它从何而来。

其次，亚里士多德将上述论点联系到上一章关于政治学的"适合的学习者"主题，引出新的结论。他表明两点。

第一，聆听政治学讲座的人必须是"通过习惯获得高尚的教养"的。因为，唯有通过习惯获得了高尚的教养的人才 a）要么具有这些本原，而不需要问它们从何而来，b）要么，如果他们还不具有这些本原的话，也很容易领会这些本原。

上面一章中的两个限定——"全面教育"与"生活历练"在"通过习惯获得高尚的教养"这一表达中得到简化了的综合，并获得了明确的伦理学的目的性意义。

第二，那些没有"通过习惯获得高尚的教养"的人，由于既不具有这些本原，又不容易领会这些本原，应当去听听赫西俄德说过的那三句著名的话。

亚里士多德引证赫西俄德的话表明：最优等的是哲学家，他们"通过习惯获得高尚的教养"且自己能思考所有事情；其次是认真的或有德性的人，他们"通过习惯获得高尚的教养"，虽然不能自己思考所有事情，但肯听哲学家的劝导；最差等的是没有得到这样的教养，自己什么都不能思考、又不肯听从哲学家的劝导的人。

5

a 1095a30。亚里士多德在那里插入对"朝向本原的"意见和"从本原出发的"意见的区别的讨论。

b 从"我们从前面岔开的地方［接着］说，……"（1095b14）开始，亚里士多德回到关于"幸福是什么"的讨论。在这一章，他讨论普通人从可感可见的事物方面提出的关于"幸福是什么"的意见。在这个部分，他区分普通人的意见并讨论了"幸福是享乐的生活"的意见。他做了两件事。

首先，他表明他的意图：在"岔开"去讨论了"从本原出发的"论证与推理对于讨论"幸福是什么"问题的重要性之后，现在他回到对关于"幸福是什么"不同意见的讨论。

其次，他首先讨论普通人关于幸福是什么的第一种意见——"幸福是享乐的生活"。他表明两点。

第一，这种意见看起来不是全无道理。

a）第一个理由是，享乐的生活是三种看起来最像是幸福的生活——享乐的生活、政治的生活和沉思的生活——之中的一种。

古代希腊人习惯以生活对于人而言的善来区分生活方式，并习惯把生活方式区分为三种。莱克汉姆(Rackham [1926], 14)说,三种生活的说法可追溯到毕达戈拉斯(Pythagoras,公元前580—公元前500年)。他把这三种人比作游戏中的三种参与者:商人、竞赛者和观者。柏拉图在《共和国》中也把人的生活分成三种:爱快乐的生活、爱荣誉的生活和爱智慧的生活。亚里士多德采取了与柏拉图接近的对生活方式的分析,但是把第二种生活命名为爱好政治的,以包含爱荣誉的生活和爱德性的生活。

b)第二个理由是,甚至在那些有权力的人中间,也有人把幸福就看作享乐。

例如传说中的一位亚述王撒旦那帕罗(Sardanapallus)据说就是如此。莱克汉姆(Rackham [1926], 14)说,阿森纽司(Athenaeus)记录了撒旦那帕罗的墓志铭的两段话,一段(336)说,"吃吧,喝吧,玩吧,其余不必记挂";另一段(530)说,"我吃的和我享受的快事仍为我有,而所有财富则离我而去"。

但第二,享乐的生活当然算不上幸福。

因为,a)这是动物也享有的感觉的生活,但我们把幸福看作属于人的,而不是人与动物共享的。因而,b)选择这样的生活为目的是奴性的、没有价值的。

c 荣誉(τιμήν),亚里士多德伦理学的重要术语,与快乐、德性一道被归于既"因自身而被追求",又不如"那个始终因其自身而从不因它物而值得追求的"事物即幸福完善的事物(1097a31-33)。同时,按照亚里士多德,荣誉也不如德性完善。因为,荣誉属于外在善事物,德性则是属于灵魂的善,是一个人自己的、不易于被拿走的品性,人们都认为,灵魂的善比外在善更好、更重要。那些积极实践的人把荣誉当作政治生活的目的是为着确证自己是具有德性的人。

d 德性(ἀρετή, ἀρεταί, virtue(s)),亚里士多德伦理学的最重要的术语之一,其重要性仅次于幸福(εὐδαιμονία)。这里是亚里士多德在《尼各马可伦理学》中第一次谈到德性的地方。

在《尼各马可伦理学》第 II 卷第 5 章,德性在属上被界定为"品性(ἕξις, ἕξεις)",灵魂中三种"生成的东西(γινόμενα)"之一,区别于"能力"与"感受(性)"。《形而上学》第 V 卷第 12 章界定"品性"为三个本原意义的"能力"——"运动意义的能""实现意义的能""品性意义的能"——之一,是"总体上不承受或不易受到损害或不易被引致恶化"的性质。在《形而上学》第 V 卷第 20 章,"品性"被界定为三义:a)获有者与所获物的某种"实现";b)"置性(διαθέσις, διαθέσεις)",由于它被放置物被说成是被放置得好或坏;c)"部分的置性"。所以,"品性"是被一事物或其中一部分因被"置放"得好而"获得"或"实现"了的那种"置性"。就人来说,"品性"是灵魂的最高阶的"能"。它比"实现"意义的"能"更高。因为,它是"实现"了并确定了的性质,最确定地表明一个人的"是其所是"。

因此,德性是最高意义的"能"。对于亚里士多德,德性指的是表现在一个事物(在人的例子中,一个人)中的、属于那种事物(那个人)的"是"或"实现"的优点的,因而那个事物(那个人)的繁荣或完善的"是"状态就在于其中的那(些)性质或特点。因此,就人而言,德性就是人的最优等的品性。

关于 ἀρετὴ(ἀρεταί)的翻译,如大家熟知的,在英语中有 virtue 与 excellence 两种主要的不同译法。同时,多数译者都倾向于保持对这个希腊术语的翻译上的一致性。在汉语上,有些译者从 virtue(s) 来译解,将 ἀρετὴ(ἀρεταί)译为"德性"或"德行";另一些译者则从 excellence 来译解,将其译为"美德"("诸美德")。这两种译法都有些道理。

在英语形式上,我在这里将采取 virtue(s) 译法。在汉语形式上,我将采纳参照 virtue(s) 这个英译名来汉译亚里士多德的 ἀρετὴ(ἀρεταί)的方案,并且将采取"德性"这个译名而不是"美德"。主要理由是 a)"德性"比"美德""德行"保留着更原始、更全面的谓述一个人的品性状态的意义,b)"德性"重于谓述心性的性质而不是外部行为表现。

e 从"那些杰出的、积极实践的人则[选择]荣誉,……"(1095b23)到此处,亚里士多德讨论关于"幸福是什么"的第二种看起来有些道理的意见,即那些杰出的人把政治的生活看作幸福的意见。

"杰出的人(οἱ χαρίεντες",前面(1095a19)已经提到。亚里士多德在这里表明他们常常也是"积极实践的人(πρακτικοὶ)"。"积极实践",在古代希腊通常指上层社会中爱好从事政治的人。按照亚里士多德,这种人仍然不是哲学家即爱智慧者。依据他前面引用的赫西俄德的诗句,这些人是指肯听别人的智慧的人。

在这个部分,亚里士多德做了三件事:他分别地讨论把幸福看作政治的生活的意见之中的两种不同的看法,并引出结论。

首先,他讨论把幸福看作荣誉的意见。他阐述了两点。

第一,那些杰出的人中间,多数人把荣誉看作幸福,这有一定道理,因为荣誉差不多就是政治生活的目的。

但第二,把获得荣誉看作幸福是肤浅的。

因为,a)我们把幸福看作属于一个人自己的、不易被拿走的东西。然而在一个人被授予荣誉这件事上,原因似乎是在授予者身上而不是在被授予者身上。因此我们把荣誉看作外在的东西,而不把它看作我们无法从一个人身上轻易拿走的、属于一个人自身的东西。

b)我们追求幸福不再为任何其他事物。然而,一个人追求荣誉往往不是因为荣誉本身,而是为了证明自己是好人、具有德性,并且希望从明智的人那里得到荣誉。这一点恰好表明人们追求荣誉是为着德性,表明德性是比荣誉更好的政治生活目的。

其次,亚里士多德讨论把幸福看作德性的意见。他阐述了两点。

第一,根据上面所说的,一些人更愿意把德性当作政治生活的目的。

但第二,德性作为目的仍然是不够完善的(ἀτελεστέρα)。

因为,a)我们把幸福看作完善的事物,但尽管德性是"实现"了的"置性",但是一个人"有德性(ἔχοντα τὴν ἀρετὴν)"仍然可能一生都在睡觉,或一生都未能去运用。

并且,b)我们把幸福看作"实现(ἐνέργεια)"(1098a17)。当一个幸福地生活的人由于厄运而丧失了幸福,我们说他"不是至福的(μὴν μακάριός)"(1101a8)。另一方面,我们把德性看作"品性(ἕξις)"(1106a13)。德性尽管是"总体上不承受或不易受到损害或不易被引至恶化的品性"(《形而上学》1019a27-28),因而一个有德性的人不大会受到那些轻微的不幸的影响,但是"'有德性'似乎容许去经受和遭受那些最大的厄运"。重大的厄运并不能剥夺掉一个人具有的德性,但足以毁掉他将实现的幸福。所以我们不说一个有德性但遭遇了最大的不幸的人是幸福的,除非是罔顾人们谈论幸福的事实而故意坚持一个虚假论题。

在分别讨论这两种意见之后,亚里士多德表明,由于在"普通讨论"中已经谈过很多,这里的讨论应当足够了。

关于亚里士多德此处的"普通讨论(τὰ ἐγκυκλία φιλοσοφήματα)"这一提法的意义,研究者中一直有不同意见。韦尔登(Welldon [1902],8)认为这是指吕克昂学园举办的对公众的哲学讲演,相当于"公开讲演(ἐξωτερίκοι λόγοι)"。斯图尔特(Stewart [1892],I,162)则认为ἐξωτερίκοι λόγοι未必是指对公众的通俗讲演,最好是把它理解为"在其他地方"这样宽泛些的短语。斯图尔特并说新近的研究者大多放弃了亚里士多德是就某类通俗讲演的看法说的。莱克汉姆(Rackham [1926],16)坚持韦尔登的见解,并认为这一提法同亚里士多德《论灵魂》(De anima)(407b29)所说的"公众讨论(τοῖς ἐν κοινῷ γινομένοις)"所指相同。韦尔登同莱克汉姆的看法恰好同拉尔修(D. Laertius, *Lives of Eminent Philosophers*, trans. by R.D. Hicks, in 2 vol., Cambridge, Harvard University Press, 1972, I)中的判断相合。拉尔修距亚里士多德的年代较近,他的判断很可能较为正确些。所以我在此姑且以"普通讨论"译解。

f 从"第三种是沉思的[生活],……"(1096a4)到此处,亚里士多德提到关于"幸福是什么"的第三种即把幸福看作沉思的生活的意见,说他将在后面(第 X 卷第 6—9 章)详加讨论。

g 从"牟利的[生活]是一种受到强迫的生活,……"(1096a6)到此处,亚里士多德讨论一种甚至没有以某种自身也值得追求的事物为目的的生活——牟利的生活(ὁ χρηματιστὴς)。

牟利的生活,亚里士多德指的不是家庭的经济生活(因为家庭的经济生活有它自身的目的),而是以赚钱为目的的生活,例如《政治学》(*Politics*)中提到的交易(1257a6-19)、商贩(1257a17, 1258a39、b12-25)、雇工(1258b25-27)、放贷(1258b2-9、25)的生活。

亚里士多德给出这种生活低于作为选择对象的其他三种生活的两个理由。

首先,这种生活是"受到强迫的生活",而幸福显然是我们选择和自主追求的。

其次,钱仅仅是获得它物的手段,因为那些把钱当作目的来追求的人也仅仅因为它"有用处",而幸福是从不因它物而被我们追求的事物。在这种意义上,钱财与幸福处在显得善的事物序列的两个"极端"。

h 从"因此,人们也许更愿意把前面提到的那些事物当作目的;……"(1096a8)到此处,亚里士多德在简单地提到这个不够格作为关于"幸福是什么"问题的意见之后,概括上面讨论过的三种"具有某种逻各斯的意见"——"幸福是享乐的生活""幸福是荣誉""幸福是德性"。他表明三点。

首先,对照牟利的生活,人们显然更愿意把快乐、荣誉、德性当作目的,因为它们被看作自身就值得追求的事物。

但是其次,它们仍然显得不是最终的目的,尽管很多哲学家给出许多论证支持它们(πρὸς αὐτὰ)。

莱克汉姆(Rackham [1926])以及其他一些英译者,如克里斯普(Crisp [2000],7)、巴特莱特和柯林斯(Bartlett & Collins [2011],7),此处将 πρὸς αὐτὰ 译作"反对"。但文本所用的连词 καίτοι 表明作者这里在顺接上文。亚里士多德此处的意思似乎是说,那些支持把快乐、荣誉、德性当作目的的论据也都不能胜过上面已提出的反驳。多数英译者,如罗斯(Ross [1925],7)、韦尔登(Welldon [1902],23)、奥斯特沃尔德(Ostwald [1962],9)等,也持此理解。

所以结论是,我们应当把它们放在一边。

6

a 形式(τὸ εἶδος, τὰ εἴδη),柏拉图哲学的也是亚里士多德哲学的重要术语。

亚里士多德在这里所说的"那些形式"是指柏拉图的与每种具体事物分离,单独地存在,并作为那些事物的原因而存在的型式(ἰδέα)。εἶδος 是被古代希腊哲学家广泛使用的表达事物的具体存在样式因而特殊本质的术语,来源于动词 εἴδω(看,观看),其基本意义,巴特莱特和柯林斯(Bartlett & Collins [2011], 8, n.30)说,是"所看到的"。柏拉图与亚里士多德都使用这个术语。但亚里士多德使用的方式与柏拉图不同。柏拉图用它指具体事物分有的原本、原型,因此从属于他认为是事物的另在的本因的 ἰδέα(型式)。亚里士多德则用它指具体事物所以"是其所是"的"原因"之一,是表征具体事物的本质的形状、样式、范型。按照亚里士多德,每一个具体事物都因为它的独特的形式与同属种的其他事物相别。因此,εἶδος 在亚里士多德的哲学中具有表征一个具体个体的基本意义。但同时,格兰特(Grant [1885], I, 205, 443)与斯图尔特(Stewart [1892], I, 85)都正确地指出,亚里士多德使用这个词的意义有时是种(形式),与柏拉图使用它仍然是指"ἰδέα(型式)"的意义有区别。在这种用法上,εἶδος 的那些基本的样式元素又作为一类事物的独有的东西与其他种类的事物相别。

b 从"比较好的是,先去探究那个总体上的[善],……"(1096a11)开始,在讨论了普通人关于"幸福是什么"的意见之后,亚里士多德在这一章讨论柏拉图学派关于幸福即"那个善"的观点。到此处的这个部分是讨论的一个简短的引言。亚里士多德在这里表明三点。

首先,既然哲学家习惯于首先从概念上澄清问题,而不是研究具体事实,讨论哲学家关于"幸福是什么"的意见,比较好的做法是先探讨那个总体上的善(τὸ καθόλου ἀγαθόν)。

"总体上的[善]",亚里士多德的另一个相应的提法是那个善(τἀγαθόν),那个最好的[东西](τὸ ἄριστον)(1094a23)。在柏拉图哲学的语境下,"总体上的善"是作为与前面(1095a28)提到的柏拉图学派的"另一种作为自身的[善]"(ἄλλο [ἀγαθόν] τι καθ' αὑτό)对照而提出来的 τἀγαθόν 的替换语。καθ-όλον(总体上的),形容词,中性单数宾格,来自 καθ-(依据……,按照……)与 ὅλον(总体的)两个词的合拼。καθ-όλον 一方面指用以限定我们可以不加任何具体限定地来谈、来说的那些事物,另一方面又用作副词指这样的说明方式。在亚里士多德哲学的语境下,"总体上的善"是 τὸ ἄριστον（那个最好的东西），以及以我们更熟悉的 τἀγαθόν（那个善）的替代语，指在蕴含意义上最终的和最高的那个善。

但其次，亚里士多德说道，这样地来谈他的老师柏拉图和他的学派的观点是一件困难的事，因为是柏拉图引入了"那些"需要批评地加以审视的"形式（τὰ εἴδη）"。

但第三，较好的做法还是结合"那些形式"来讨论总体上的善。因为，我们应该为着维护真而舍弃我们个人的东西，尤其是我们作为爱智慧者更应该如此。

c 型式（ἰδέα），柏拉图关于事物的普遍原因、本质与特性的概念，由 εἶδος 变形而来，为柏拉图及其学派专门使用。

亚里士多德在《尼各马可伦理学》这一章中同时使用这两个术语来讨论柏拉图的思想。汪子嵩等《希腊哲学史》（卷2）（人民出版社1993年版，第657—660页）引证陈康先生，指出 ἰδέα 与 εἶδος 都来源于动词 εἴδω（看，观看），并取陈先生建议，将此两者译为"相"。罗念生（参见汪子嵩[1993]，第659—660页）认为此两词所指为"型"，具体物之原貌。看起来，对 ἰδέα 和 εἶδος 两个词分别来翻译会比较好，在英语中仍以 form，在汉语中以"形式"翻译 εἶδος，在英语中以 idea，在汉语中以"型式"翻译柏拉图的 ἰδέα。在本书中，我将以上述方式保持译法上的一致性，以便读者可以可靠地了解亚里士多德所使用的术语。

d "所是（τῷ [τὸ] τί ἐστι）"，亚里士多德的特殊用语，有多种相近的表达方式，在他的范畴论形而上学中，一事物的"所是""是其所是"标定它的"实是（实体）"或定在，指一个具体事物的实质，即构成那个事物的我们可以去述说其性质与关系等等的那个基础的"是"。

这里，亚里士多德用这个术语批评柏拉图学派的下述理论：型式是与具体事物分离，并唯一地呈现具体事物的真实的东西，具体事物有其"所是"就因为它分有那个型式，研究了事物所分有的型式就研究了事物的"所是"，就研究了事物的真实。

e "实是[实体]（οὐσία）"，亚里士多德形而上学（第一哲学）的最重要的概念。

在亚里士多德的形而上学体系中，"实是"是作为一事物的属于它自身的本质的全部东西，是属于一事物自身的使它以那种方式与状态持存的东西。在《形而上学》第 V 卷（1017b10-23），它在下述四种意义上被解释：

a）不谓述他物而作为承载者（οὐ καθ' ὑποκειμένον）的简单身体（τά ἁπλᾶ σώματα），

b)持存于这些承载者中的那种原因(ᾧ ᾗ αἴτιον τοῦ εἶναι)，

c)内在于这样一些事物中，划定某种界限，并标识出一个"这个"(ἐνπάρχοντά ἐν τοῖς τοιούτοις ὁρίζοντά τε καὶ τόδε τισημαίνοντα)的所有部分(ὅσα μόρια)的那个东西，

以及 d)那个"是其所是(τό τί ἦν εἶναι)"，即那个将"去是(τό ... εἶναι)"的"一向所是(τί ἦν)"。

亚里士多德对实是[实体]的更详尽的讨论参阅《形而上学》第 VII 卷第 1—3 章。

f "偶性(συμβεβηκός)"，亚里士多德关于具体事物的特性的一个重要概念。

亚里士多德在《形而上学》第 V 卷第 30 章界定"偶性"为 a)适用于某事物，并 b)真实谓述它，但既非必然也并非始终都如此的那个特性。例如，一个人挖坑种树挖出一盒财宝："挖出财宝"真实地谓述了他那时在那个地点做的那件事情，但是他"挖出财宝"不是必然的，他也绝不是每次挖坑种树都挖出财宝，"挖出财宝"是他那时在那个地点挖坑种树这件事情的一个偶性。所以，任何特性都是"偶性"。

在此处，亚里士多德表明，一事物的"实是"优先于基于它才"是"的那些"偶性"的东西。

g 从"提出这一意见的人们不在他们[可以]谈论有先后次序的那些事物中提出型式。……"(1096a18)到此处，亚里士多德从柏拉图学派的思想逻辑对作为另在的原因或本原的善型式论提出第一条理论的批评。他阐述了三点。

首先，按照柏拉图学派的方式，他们不应当在存在先后次序的事物中提出作为另在的原因的"型式"概念。

因为，他们认为，对由一个原因事物产生的、有先后次序的事物无法提出一个普遍定义，这种定义只有对并非如此产生的事物的"种(形式)"提出。例如《政治学》(1275a34)注意到在有先后产生次序的各种政体中无法提出一个普遍的政体的定义。同样道理，对一个事物的所是的好、性质的好和关系上的好也不能提出一个型式来，因为事物的所是、性质、关系具有先后的次序。在柏拉图学派"背景"之下这是非常清楚和易于理解的：对于有先后次序的事物序列不能提出一个型式，因为它被看作是不存在一个单独"型式"的。

更重要的例子是他们不提出数目的"型式"。斯图尔特(Stewart [1892]，I, 70, 77, 79)把亚里士多德提到的"数目"解读为像"数学的数字"(μαθηματίκοι ἀριθμοί)那样的情形——

Objects conceived as members of a sequence, where the subsequent depends upon the prior, they do not bring under a common Idea.

他引证亚里士多德在《形而上学》第 VIII 卷第 6—8 章对"数学的数字"与"形式的数字"（εἰδητικοὶ ἀριθμοί）做出的一种区分作为解释的根据。他认为，亚里士多德此处针对的不是柏拉图学派的"形式的数字"，而是"数学的数字"。数学数字中的每一个都把前面的数字包含于内，所有这些数字都出自数字 1，例如 2=1+1，3=2+1，4=3+1 或 2+1+1，等等，自身是一个包含先后次序的系列。

其次，柏拉图学派却违反他们的这种方式，在具有先后次序的事物中提出"善"的"型式"。

因为，他们似乎认为，事物在它的"所是"、性质和关系方面都分有"善"的"型式"，然而事物的所是即它的实是与它的性质、关系就是一个有先后性质的序列。

因为，我们谈论事物的"所是"方面的善就是在谈它的"实是"或本身的善，而谈论它的性质上的善和关系上的善都是在从它本身衍生出来的方面谈论的善。

所以第三，结论就是，柏拉图学派的哲学家们为着反过来用一个"善型式"说明事物的善，在他们不能提出一个作为分离的原因的"型式"的事物的"所是"的善、性质的善、关系的善这个有先后次序的序列中，提出了这样一个"善型式"。

h 从"其次，既然那个善也以谈论'是'的方式来谈论……"（1096a24）到此处，亚里士多德对柏拉图学派的作为另在的原因的善型式论提出第二条理论的批评。他阐述了两点。

首先，既然善也像"是"一样是在所是、性质、关系等范畴中来谈论的，它显然就不是 a）总体地谈论的"共享事物（κοινόν τι）"和 b）"一"，而是具体的、复多的。

因为，那些哲学家就是这样地谈论善的：在所是方面——神或努斯；在性质方面——德性；在数量方面——适中；在关系方面——有用、有益等。这样，他们理应承认，事物的善不是"共享事物"，不是"一"，而是相反。

而其次，反过来说，如果善是总体地谈论的"共享事物"和"一"，它就不会在所有范畴，而只能在某一个范畴被述说。

在这个部分，正如罗斯《尼各马可伦理学》修订版（D. Ross［rev. with notes L. Brown］1980, 2009, 206）的修订与注释者布朗所说，亚里士多德在基于他的范畴论批评柏拉图及其学派的善型式。按照亚里士多德，说一个事物的善有多种方式，可以从那事物的所是、性质和关系来说，正如说一事物的"是"一样，这些方式构成述说的范畴。所以，与一事物的"是"一样，一个事物的"善"如果是在这些范畴被述说的，它就不是一个与那个事物分离的普遍，它也不是因为是与那个事物及其现象分离的另在的东西而是"一"。因为，如果它是那么一个分离的、普遍的"那个善"，它就只有在"那个善"构成的领域里被述说，而不能在那事物的所是、性质、关系的范畴中被述说。

i 从"第三，对于依据同一个型式［而是］的事物有一门科学［来研究］，……"（1096a29）到此处，亚里士多德对柏拉图学派的善型式论提出第三条理论的批评。他阐述了两点。

首先，按照柏拉图学派的观点，理智通过分享一个型式来形成关于分有那个型式的所有事物的科学或知识。所以，分有一个型式的所有事物属于以那个型式为对象的那一门科学。所以，按柏拉图及其学派，对一个型式的概念的研究也就是对于分有那个型式的事物的研究，因为那个型式就说出了那些事物的所有根本的东西。因而，按柏拉图学派，善型式属于一门单独的科学而不属于任何其他科学的研究对象，那门科学研究了善型式，就研究了所有事物的善。

但其次，这肯定是荒谬的。因为我们看到，对于属于同一范畴的善事物都是由不同的科学来研究的（例如对于时机，在战争上是战术学，在疾病上则是医学），更不消说对于属于不同范畴的善事物了。

j 从"此外，有人还会困惑，……"（1096a34）到此处，亚里士多德基于在《形而上学》中对柏拉图型式论的批评，对柏拉图学派的型式论提出第四条理论的批评。

柏拉图学派哲学家们谈论事物自身（αὐτο ἕκαστον），是为了说明事物的"一"。他们将事物的"一"与"事物自身"而不是与所说的事物联系起来。在《形而上学》第 VII 卷第 6 章，亚里士多德对柏拉图的型式论提出那个著名的批评：在具体事物的后面加上"事物自身"是多余的。因为，他批评说（1031a29-1032a6），如果按照柏拉图学派的想法，善自身不是善事物的"是其所是"即它的"实是"，一事物自身不是它的"是其所是"即它的"实是"，而是在这些事物之外的另外的、更优先的"实是"。那么，如果那些事物与它们的"是其所是"或"实是"是不相干的，它们就或者将不存在，或者将不可认识。而且，如果它们与其"是其所是"是不相干的，我们像柏拉图学派哲学家那样，设定更优先的另在的"型式"原因，就将会走向恶的无限性。那么，或者宇宙万物都一团混乱，或者任何事物根本没有所谓"是其所是"。柏拉图学派提出事物自身的概念将没有意义。因为，如果就事物自身来讨论它，个体事物与它的"是其所是"就是同一的："是其所是"就是个别事物的"实是"。参阅汪子嵩等《希腊哲学史》第 3 卷下（人民出版社 2003 年版），第 917 页。

在这里，亚里士多德表明四点。

首先，柏拉图学派提出在事物背后有"事物自身"来论证在善事物背后存在普遍的"善自身"，从而论证"善自身是'一'"，是没有帮助的。

因为，既然以"人自身"来谈论人没有比从"人"来谈论人增添任何东西，那么从"善自身"来谈论善事物也没有比从"善"来谈论善事物增添任何东西。所以，从"善自身"来谈论那个总体的善并没有使它"更加善"。

但其次，柏拉图学派区别出善事物后面的"善自身"似乎是为着我们有理由说"善自身"是永恒的，从而是"一"。但是，赋予它"永恒(τῷ αἴδιον)"属性也不会使一个善事物更加善。

因为，正如长时间的白并不比一天的白更白，同样，永恒的"善"也不比一段时间的"善"更"善"。

第三，与柏拉图学派的上述做法比较，毕达戈拉斯学派的做法似乎更有说服力。

因为，他们把善的事物与恶的事物对照地分为十类，把数目"一"列在善的事物一栏，使"善"与"一"和其他那些性质直接地相互联系，而不是像柏拉图及其学派那样，把"一"同他们放到善事物后面、当作单独地作为原因的"善自身"联系起来(参见《形而上学》986a22-27)：

善的	恶的
有限	无限
奇	偶
一	多
右	左
雄	雌
静	动
直	曲
明	暗
善	恶
正方	长方。

亚里士多德认为，在这点上斯彪西波(Σπεύσιππος，柏拉图的侄子，继他之后主持学园)是在追随毕达戈拉斯而不是柏拉图。因为，莱克汉姆(Rackham [1926]，20-21)说道，柏拉图说善是"一"，毕达戈拉斯更聪明地说"一"是善。根据阿里斯托克森(Aristoxenus)，亚里士多德曾多次谈到，柏拉图曾在其学园做过题为"论那个善"的讲

座,并记述了亚里士多德的说法:"当他(柏拉图)[关于财富、健康、力量和幸福]的讲座变得是关于数学——数目、几何和天文学——的,并且在所有这些主题之上来谈论'善是一'这个主题时,对他们(听众)来说,这似乎非常矛盾,以至一些人不理会这个主题,另一些人则批评它。"(*Fragments*, Aristoxenus 'Elementa harmonica', II 30-31, J. Barnes [ed.] *The Complete Works of Aristotle* [1984], Vol.2, p.2937. 中译本参见苗力田主编《亚里士多德全集》第10卷[1997],第195页。)

最后,对于毕达戈拉斯学派的"善"概念将在其他地方再谈。

亚里士多德的有关讨论参照《形而上学》986a22-26, 1028b21-24, 1072b30-1073a3, 1091a29-b3、b13-1092a17 等处。亚里士多德在这些地方谈到毕达戈拉斯学派的观点,并且把这些观点放置在一种柏拉图学派观点的背景下作对比的考察。

概括来讲,亚里士多德以上对于柏拉图的另在的并作为原因的"善型式论",提出了四条主要的理论的批评:a)从柏拉图学派的思想逻辑来说,在具有基于发生或基础的原因的序列事物中本不应提出一个分离的型式,而柏拉图却坚持从事物的所是、性质、关系的序列的善中提出这样一个善型式;b)如果事物的"善"与"是"一样,只能从所是、数量、性质、关系等来说,就不存在一个单独另在的"善自身",因为如若它存在,它也不能在这些方面被述说;c)如果存在这样一个单独另在的善自身,就将只有一门研究它的科学,然而,甚至对于同一范畴的善,都有不同的科学在研究;d)在"善的事物"后面假定一个"善自身"并不能证立那个总体的善是普遍共享的、是"一"。因为,假定这样一个"善自身"未给对善事物的"善"的述说增添内容,以这种方式赋予那个"善自身"永恒性也仍然没有增添内容,因为一事物的"是其所是"的善并不因持续就更加善。

k 从"不过,对于上面所谈的出现了一种争论,……"(1096b9)到此处,亚里士多德开始针对柏拉图学派的一个后退一步的辩护意见——那些自身即善的善事物(而不是所有善事物)是依据"一个形式(ἐν εἶδος)"(而不是依据那个分离的、普遍的型式)而是善的,进行理论的反驳。亚里士多德做了两件事。

首先,他给出这种辩护意见的论点:柏拉图学派所谈论的不是所有善事物。他们所说的是:a)那些自身即善的事物是依据一个形式而被称为善的,b)那些以某种方式产生或保持它们或制止它们的对立面的事物,则是因为它们的缘故,或者是依据另一个形式,而被称为善的。

其次,他对这种意见做出反驳。他表明五点。

第一,按照这种辩护意见,善事物就 a)或者依据自身而善,b)或者依据那些依据自身而善的事物而善。

那么第二，我们就应当研究依据自身而善的事物(把它们与后面一种事物[称它们为有用的事物]区分开)是否也是依据"一个型式(μίαν ίδέαν)"而是善的。因为，"善型式"显然也是"一个形式"。

但是第三，我们先要问：是 a)只有那个善型式是依据自身而善的？还是，b)像明智、视觉、某些快乐、某些荣誉都算是依据自身而善的？

第一个可能的回答是，只有那个善型式是依据自身而善的。但如果是这样，那个善型式作为"形式"就没有内容，没有意义。

另一个可能的回答是，像明智、视觉、某些快乐、某些荣誉也都算是依据自身而善的。但如果是这样，如果它们也是依据一个善型式(形式)而善的，关于那个善型式(形式)的说明或定义就应当适用于说明明智、视觉、快乐与荣誉的善，就像白的定义适用于白雪、白铅一样。

但是第四，关于明智的善、视觉的善、快乐的善、荣誉的善的定义却都是不同的，没有一个相同的定义。

因此第五，结论就是，依据自身而善的事物并不是依据一个善型式或形式而善的，也并不存在"一个"说明依据自身而善的事物的"形式"。

以这种方式，亚里士多德坚持，因自身之故而善的事物并不像柏拉图学派所理解的那样依据一个分离的善型式或形式而善，也不像这种辩护意见所主张的从那个善型式或形式而得到说明。"那个善"所以与我们说一个自身即善的事物是善的这个表达所包含的真实相关，是因为它是某种总体的东西，因为它是，我们将在下文看到，在人整个一生的好生活的意义上的那个善，作为这样一个善包含了所有具体的善。

1 "努斯(ὁ νοῦς)"，阳性名词，亚里士多德哲学中的重要术语。亚里士多德在《论灵魂》中把 νοῦς 解释为灵魂的五种基本能力[其他四种是营养、感觉、欲求、位移]之一，是灵魂实是(实体)通过思想把握事物的不变本质的最高能力，不为植物与动物具备，只为人和更高的智慧存在者具有。依据《形而上学》第 V 卷第 12 章，努斯与欲求一道，是在人自身之中但作为另一物的运动变化本原。

在亚里士多德的灵魂论与伦理学中，νοῦς 与 διανοία（理智[这个术语在本书中出现第 13 章结尾处]）具有双重性的关系。其一，νοῦς 与灵魂实是(实体)的感觉能力、移动能力和营养生长能力相对照，是灵魂的所有的 διανοία（理智性的思考活动）的本原。这两个词的词源学上的联系也表明它们的这种关系。希腊词汇 διανοία

（理智）由前缀 διά（由……而来）+ voία 构成，voία 来自中性名词 voίδιον（一个思想，中性名词），voίδιον 又从 νοῦς 转变而来，意义是"从 νοῦς 而来的东西"。但其二，尤其在《尼各马可伦理学》第 VI 卷中，νοῦς 又在具体的意义上指灵魂的 διανοία（理智）部分获得真或确定性的五种方式之一，与科学一同作为理论理智的活动方式及其品性，并与之构成对照。在这个方面，νοῦς 又展开两种意义，标识着理论理智的思考活动的两种方向。首先，νοῦς 在第 VI 卷第 6 章被说明为指向对事物或事实的最初原因的理论思考。这个意义上的 νοῦς 标识着柏拉图与亚里士多德所谈论的"朝向本原"的思考（1095a31-b2）。在这个方向上，νοῦς 被表明是与科学不同的，因为科学是从"本原出发"朝向引出未知事实或结论的理论的思考，科学借助归纳对某个可能本原的表述仅仅建立在它是未经任何形式而被证否的公理基础上的。科学达不到对本原的把握（1140b33-35）。同时，智慧，διανοία 的最高形式的理论理智的活动及其德性，被说明为科学与此种意义上 νοῦς 的结合（1141b3-4）。与此同时，νοῦς 在《尼各马可伦理学》第 VI 卷中又被表明是引导理论的理智在可变的实践事务上的推理思考从一个明确的前提指向一个具体结论的活动。在这个方向上，它是推理的思考。在实践事务上的推理思考，亚里士多德表明，指向那个"终极的、可变的事实和小前提"（1143a34-b1），使对实践事务的思考引向某个行动的决定。所以，在第二种关联中，νοῦς 看上去又像是 διανοία 的一种形式，仿佛 διανοία 是本原，νοῦς 是运用。当然，这种看法在总体上不正确。因为，向下思考的 νοῦς 是从 νοῦς 而来的东西，这并不构成矛盾。

鉴于亚里士多德的 νοῦς 与 διανοία 的这种复杂的关联，对这两个术语做不同的处理比较适宜。在一些晚近的英译本中，νοῦς 通常没有统一的译名，许多译者采取"依据具体上下文处理"的策略，在不同上下文中往往被译为 mind, thought, thinking, reason, rationality, intellect, 等等，不同译者采取不同的译法。在 διανοία 的处理上也存在同样的方式，但比较而言，intellect 或 intelligence 是较为常见的译法。因此，"依照具体上下文"的处理方法难于避免对这两个词作相同译解的情况。而且，当人们试图也用这种方法来对译 λόγος 一词及其衍生性词汇时，又常常会发现对 νοῦς 与 διανοία 的译解难于与对 λόγος 的转达清楚的区分开来。因为，尽管译者们倾向于把 νοῦς 与 διανοία 转达为灵魂的思考和思想能力，而把 λόγος 转达为当这种能力被加以运用时所产生的东西，当亚里士多德把灵魂区别为"有 λόγος 的"部分和"反 λόγος 的"部分（参阅本卷第 13 章）时，以及当他在具体意义上谈 νοῦς 与 διανοία 的思考活动（参阅《尼各马可伦理学》第 VI 卷）时，这种"具体上下文处理方式"会造成在翻译转达这三个重要术语上存在过多的译名或在表达方式上相互重叠的问题。

考虑到这类问题，并着眼于对 νοῦς 与 διανοία 尽可能保持译法的一致性这一考虑，我在本书中对 λόγος 和 νοῦς 两个术语在英译和汉译上都直接采取音译方式（英语：nous, logos；汉语：努斯，逻各斯），并将 διανοία 英译为 intellect，汉译为"理智"。这样做的确在一些文本段落有"生硬翻译"的问题，但这将会保持对这三个术语在翻译转达上较大的一致性。

m 从"但是，[那个善]是怎样被[用来]说[这些事物]的呢？……"（1096b26）到此处，在表明既不是那个另在的"善型式"是所有善的事物的原因，也不是一个善型式或形式构成对自身即善的事物的说明之后，亚里士多德回答了一个质疑：那么我们如何还能说那些依据自身而善的事物"是善的"呢？他阐述了三点。

首先，人们提出这个质疑是有道理的，因为依据自身而善的事物也绝不是偶然地同名异义地被称为善的，而是以某种方式被视为善的、被视为与那个总体的善相联系的。

但是其次，它们是以什么方式呢，如果它们既不是同名异义的，也不是同名同义的？或许，它们是以"出于'一'（ἀφ' ἑνὸς）"或"朝向'一'（πρὸς ἕν）"的方式而与那个总体的善相联系的。

"出于'一'"或"朝向'一'"，不同于在前面讨论过的"从本原出发的"与"朝向本原的"。斯图尔特（Stewart [1892], I, 86）指出，"出于'一'"或"朝向'一'"一方面区别于"我们以同名异义方式谈到的事物"，另一方面区别于"同名同义的"或"我们依据'一'来谈论的事物"，它们"既不必然属于同一个'形式'或'属'，但是又在贡献于一个目的这点上一致，就由于这一点它们被看作属于一个部分的"。柏拉图学派的"强论点"是——所有善事物"是善的"是由于它们都分有那个另在并作为原因的"善型式"，即它们出于同一个本原。亚里士多德刚刚谈到的柏拉图学派的"弱论点"是——那些依据自身而"是善的"事物是由于它们属于同一个"善型式"或"形式"。在批评了柏拉图学派的"强论点"并反驳了柏拉图学派的"弱论点"之后，亚里士多德尝试以"出于'一'"或"朝向'一'"的方式解释那些依据自身而善的事物为何与那个总体的善有关。但是他随即表达了一种更好的表达方式。

第三，更好的说法是，它们是"依据类比（κατ' ἀναλογίαν）"而被称为善的。因为，就像视觉是身体的善，努斯是灵魂的善一样，另一物也是某个其他事物的善。

因为，那些依据自身而善的事物是以与视觉-身体、努斯-灵魂相同的关系而是善，而与那个总体的善发生关联的。这意味：存在多种不同的善事物。它们都是不同的事物，它们"是善的"原因也不相同，但每一事物中构成那事物的善的部分或要素与那个事物的关系都相同。斯图尔特（Stewart [1892], I, 88）因此概括说，亚里士多德的最终回答是:不同事物是基于这同一种关系被称为善的。

n 从"不过,我们也许暂时得把这些问题放在一边;……"(1096b30)到此处,亚里士多德讨论柏拉图学派的另一个后退一步的可能辩护——另在的"善型式"尽管不是自身即善的事物的善的原因,但作为一个模型,对它进行沉思对我们获得我们可以实行的善可能也有所帮助——并做出反驳。亚里士多德做了四件事。

首先,他表明上面所讨论的问题与伦理学的关系。他阐明了两点。

第一,关于对自身即善的事物"是善的"这一谓述是"类比"的还是"同名同义"的等问题,以及关于那个另在的善型式是否是普遍的或共享的的问题,属于形而上学或第一哲学,而不属于政治学与伦理学。

"善型式"不属于伦理学,但是我们可以沉思这一概念及其所试图说明的事物,正如我们可以沉思本原。所以,它适合于哲学的沉思的部分,而不是伦理学。

第二,如果有这样一个我们可以去沉思的善型式或善模型,它也不是人可以实行和可以去获得的善,而我们现在要研究的恰恰是人可以去实行和可以去获得的善。

格兰特(Grant[1885],I,444)非常正确地说,这一章的全部论证力量(the whole force)就包含在这句话之中。根据亚里士多德,这句话意味着:在所有善事物中,人能够实行或获得的仅仅是很小一部分;有一些事物,例如宇宙、本原、必然的事物、永恒运动的事物、纯粹偶然地运动的事物,是我们可以思想的,却不是我们可以去实践的事物。我们把它们的本身状态看作善的,但我们不能去获得这些善。从理想来说,一个城邦就是一个团结起来去努力获得人所能获得的最大的善的共同体。但是城邦所能够获得的也仅仅是人类能够认识和理解的善的一个微小部分。

其次,他给出了柏拉图学派的另在的普遍的"善型式"论的另一个后退一步的辩护意见:不论那个善型式是否是本原性的普遍原因,认识那个"型式"对于我们获得那些善的事物还是有助益的。因为,就像如果有一个模型我们就能造出好的产品一样,有这个"型式"我们就更能看清对于我们是善的事物,从而更能获得它们。

再次,在陈述这种辩护意见之后,亚里士多德对它做出两点反驳。

第一,尽管这种意见看上去有几分道理,但是不符合科学与技艺的真实。因为,科学与技艺似乎都不关心去研究这个善型式。因为,没有一种科学专门研究那个善型式,相反,每一门科学都在研究某种具体的善。同时,也没有技匠知道这种如此重大的关于那个善型式的知识,并且也不去寻求这种知识。因此,说关于善型式的知识是有重大帮助的是不合理的。

第二,技艺的情况看来尤其与善型式的知识无关。因为,没有任何观察、任何方法可以确定,假如"注视"了他们从未"注视"过的善型式,一个医生成了更好的医生,或一个将军成了更好的将军。同时,他们即使寻求知识,也只是寻求他们所追求的那种善的知识,例如医生寻求有关健康的知识,而且不是一般的健康的知识,而是这个人的健康的知识。

最后,在表明应当把善型式留待形而上学研究之后,亚里士多德表明对柏拉图学派的"善型式"论的适合伦理学研究的有关问题的讨论已经完成。

7

a 从"我们再回到所寻求的那个善,……"(1097a15)到此处,在讨论了普通人与柏拉图学派哲学家对于"幸福是什么"的意见之后,亚里士多德在这一章讨论"幸福是什么"。这个讨论包含三个部分。首先,亚里士多德讨论幸福的重要的一般性质。其次,他说明幸福的"是其所是"。最后,他表明有待完成的事情。到此处的部分,是整个讨论的序言。亚里士多德在这里表明四点。

首先,需要回到第 1 章确立了的那个前提——幸福就是每种实践、技艺与知识所寻求的"那个善"——来讨论"幸福是什么"。

但其次,需要澄清那个前提的含义。它首先意味着每种实践与技艺所寻求的"那个善"都与另一种的不同。在一种实践或技艺上是一个东西,在另一种上是另一个东西。

因此第三,如果问,在"每一种"实践或技艺上的"那个善"是什么,我们就必须说是我们在那个实践或技艺上做所有其他事情所为着的那个东西,因为它就是实践与选择所为着的东西。

所以第四,我们已经把它称为每种实践或技艺的目的。因为,它就是我们在那种实践与技艺方面做所有其他事情所为着的东西。

b 从"所以,如果有某个东西是属于所有实践的目的,……"(1097a23)到此处,在澄清讨论的出发点之后,亚里士多德论证幸福的终极性。他表明五点。

首先,如果把一个人的生命总体看作他的所有实践的总体,我们可以问,有没有某个东西(τι)是属于这所有实践的(τῶν πρακτῶν ἁπάντων)目的?

其次,面对这个问题,有两个可能的回答。a)有某个这样的善,那么,它就是人一生的实践生命的目的。b)有不止一个,那么,它们就是人一生的实践生命的目的。

第三,我们看来需要从有"不止一个"这样的所寻求的可实行的善这里"继续前进"。那么,让我们问,在这些可实行的善之中有没有某个东西是属于这些实践的目的?

"[从这里]继续前进(μεταβαίνων)"(1097a24),即从上文中所概括的"存在多个'可实行的善'"这一前提出发继续思考。罗斯(Ross[1925],34)译为"by a different course";莱克汉姆(Rachham[1926],27)译为"by changing its ground",认为亚里士多德在此处的讨论在运用的论据上有改变。斯图尔特(Stewart[1892],I,91)认为,这里没有足够理由把它理解为通过一条不同的路,因而把 μεταβαίνων 译解为"advance step by step"。新近的巴特莱特和柯林斯译本(Bartlett & Collins[2011],11)在此处译为"so as the argument proceeds",也持相近的理解。我在此处接近于斯图尔特与巴特莱特和柯林斯的理解。

第四,这样,我们就到达同样一条逻各斯:那个可实行的善就是我们在那些实践上"做其他事情都为着"的那个东西,因此是那个最终的目的。

但第五,我们仍然需要把它进一步说清楚。

c 完善的(τέλεια, τέλειον),由 τέλος(目的,终点)衍生的形容词,用以说明目的善事物的完全、完整和健全性质。

d 从"现在,既然目的不止一个,……"(1097a25)到此处,在明确"继续前进"的意义以及在明确"那个善"就是我们在那些实践上所为着的那个最终的目的之后,亚里士多德讨论幸福作为那个最终目的必定具有的重要一般性质(Aquinas, *Notes*, comm. 107)。在此处,他首先论证幸福作为最终目的必定具有的完善性质。他阐述了四点。

首先,如果有些善事物是最终的,有些是为达到它们而有用的,那么显然不是所有善事物都是完善的:那些被看作最终的事物比那些被看作有用的事物更完善。

所以其次,按照同样的推理,a)如果唯有一个事物是完善的,它就是那个最终的目的;b)如果有多个,它们中间最完善的那个就是那个最终的目的。

而第三,我们看到,在我们欲求的事物当中,a)有些只因自身而从不因它物,b)有些既因自身又因它物(如荣誉、快乐、努斯[思想]和所有德性),c)有些只因它物而从不因其自身(如财富、长笛),而被我们欲求。

由此可知,这三类被我们欲求的事物中,唯有第一种才堪称完善,才是最终的目的。

所以第四,结论是,幸福必定具有完善性质。

因为,唯有它属于第一类事物;因为,我们欲求幸福并不为着任何别的事物,但是荣誉、快乐、努斯和所有德性,尽管我们因自身的原因欲求它们,我们也为幸福的缘故而追求它们。

e "人在自然上就是政治性的"(1097b12),原文是 φύσει πολιτικὸν ὁ ἄνθρωπος。"政治性的"在此处是从"有……同邦人"的意义上引出的。亚里士多德在这里重提他在《政治学》(1253a2)中提出那个著名论点。亚里士多德在那里加上了 ζῷον,生命物、动物。

f 参见本卷第10、11章,以及第 IX 卷第10章。

g 从"从自足的方面[考察]也似乎会得出同样的结论。……"(1097b8)到此处,亚里士多德论证幸福作为最终目的必定具有自足性质。他阐述了四点。

首先,如果一个事物是完善的,那么它也似乎就是自足的。因此,幸福作为完善的事物似乎也是自足的。这两种性质似乎是联系在一起的。

自足(自身充分,自身完备,αὐτ-άρκεια),希腊语中的重要词汇,指一事物自身获有一切资源的丰足而无所缺乏、无所依赖的状态。这个概念在希腊语中常常与幸福的观念联系在一起。亚里士多德用它来说明幸福的性质。

其次,我们谈到幸福时所说的"自足"具有两个方面的限定。

因为,a)"自足"不是指一个人过孤独生活的,而是他过有家人、朋友和同邦人的生活的"自足"。但同时,b)从这些方面说的"自足"又都不是无限扩展的(因为例如,"有朋友"意味可扩展到"朋友的朋友"的,如此等等),而要有一个限定。

因此第三,如此限定的"自足"有两个基本含义:a)自足的事物是无所缺乏的;b)自足的生活由于自身就值得去追求。作为最终的目的,幸福必定是完善的,也因此必定是自足的。

但最后,幸福不仅是自身就值得追求的自足的事物,而且是所有自足的事物之中最值得追求的自足的事物,而不是"位列于那些'最值得追求的事物'中的一个"。

因为,如果它是后者中的一个,它就仍然属于"比较值得追求的事物",我们就可以在它之上再添加一点善,使它更善、更"值得追求"了。然而幸福似乎是完善的和自足的、不可能变得"更善一点儿"的事物。

h 从"但也许,说幸福就是那个最好的[东西]显得是老生常谈,……"(1097b21)到此处,亚里士多德开始了评论者们通常称为"人的固有的(ἴδιον)活动的"或"功能的"论证或说明,即关于"幸福是灵魂在人特有的活动上的依照德性的实现"论证或说明。

亚里士多德说这个论证将把"幸福的所是""更清楚地说出来",表明这个论证比前面关于幸福是"所有人做其他事情所为着[的那个]",是"某种完善的东西",是"'自足的'事物",是"'最值得追求的'[事物]"的论证都更重要,是亚里士多德关于"幸福是什么"问题的最重要的论证与说明。

由于我在前面使用"活动(activity)"来译解亚里士多德的 ἔργον,我将称这个论证为"人的活动"论证。这个论证分为两个部分:预备性的讨论与核心论证。这里是预备性的讨论的第一个子部分。在这里,亚里士多德表明了四点。

首先,人具有某种属于他自身的活动(τι ἔργον αὐτοῦ),那个善(τἀγαθὸν)与那个好(τὸ εὖ)就在于那种活动之中。

其次,只有基于"人的那种[属于他自身的]活动(τὸ ἔργον τοῦ ἀνθρώπου)"做出关于幸福是什么的论证,才能"更清楚地说出"幸福的"所是(τί ἐστιν)"。

第三,"人的那种活动"是 a)每个人作为一个完整的人的,而不是他的有生命的身体的一部分的,并且是 b)每个人都具有的,而不是只有一部分人如一个木匠等才具有的那种活动。因为,幸福所包含的"那个好(τὸ εὖ)"属于一个完整的人的、为所有人所共有的那种活动。第一个参照将把作为一个完整的人的那种活动与我们身体的部分如眼或手的活动区别开来。第二个参照将我们作为人的活动与作为木匠等的片面的只属于一部分人的制作活动区别开来。

最后,亚里士多德接着表明存在这样一种活动,并发问,这种活动是什么(?)。

i 从"因为,生命显然也为植物所有,……"(1097b35)到此处,是这个预备性的讨论的第二个子部分。在这里,亚里士多德讨论了这种生命活动的三个可能的选项。

第一种是简单或单纯的生命活动,即营养与生长的活动。但是,这种活动是人与植物共有的,不是人特有的(ἴδιον)。

第二种是感觉的生命活动。但是这种活动是人与所有动物都共有的,也不是人特有的。

关于灵魂的这三种生命活动的区分,参阅亚里士多德《论灵魂》第 II 卷和第 III 卷的周详讨论。

j 从"所以,剩下的是那个……"(1098a3)到此处,亚里士多德讨论幸福所包含的"那个好"唯一可能存在其中的那种生命活动——有逻各斯的部分的(τοῦ λόγον ἔχοντος)

实践的生命活动(πρακτική τις[ζωήν])。亚里士多德讨论了三个要点。

首先,这个有逻各斯部分的实践的生命活动被人们以两种方式谈论:一种是,它被看作是灵魂的自有的能思想的部分的实践的生命活动,这种"思想能力"也就是"努斯"——"灵魂用来进行思考与判断的部分"(《论灵魂》429a21),就是在人自身之中作为另一事物("努斯")的"能力"。另一种是,它被看作是属于人自身的另一种"能力"——"欲求"能去"听从""努斯"的"逻各斯"而行动的那种实践的生命活动。

"实践的"在亚里士多德的用语中始终意味具有目的的选择的活动。关于这活动仅仅是伦理的还是也包含更高的活动,有不同的解说。依格兰特(Grant[1885], I, 449)的意见,亚里士多德所说的实践专门是指伦理的或道德的实现。斯图尔特(Stewart[1892], I, 99)根据人的更高的沉思不是伦理的或道德的这一亚里士多德论据,认为亚里士多德的"实践"是指包含伦理的以及更高的思辨的活动。

第二,在这两种方式中,第一种方式是基本的,第二种方式是从第一种方式扩展而来的。

所以第三,由于这个实践的生命被以这样两种方式来谈,它应当被说明为"依据'实现'(κατ' ἐνέργειαν)"而不是依据"能力"来说明的[生命]。

关于这两者间的不同,参阅《形而上学》第IX卷。按照亚里士多德,首先,"能是(潜在地'是')……"的东西还未"实现地'是'……"(1047b1-2),凡"能……"的都既"能去……"又"能不去……"(1047a22-23)。自然生命物(植物、动物)于此两种可能之间都没有选择,它们在一种情况下只造成一种结果(1048a9)。"依逻各斯而'能去……'"的东西,则"能"出于欲求或选择地"不去……","造成相反的结果"(1048a10-11)。其次,"实现"并非与运动无干,因为它作为"实现"意义的"能"本原于"运动"意义的"能"。但"实现"是"运动就已经运动完了"的"运动",例如"看"就"看到了","思考"就"思考好了",幸福也如此,"幸福"就"已经幸福"。(1048b23-24, 34)

幸福所包含的"那个好(τὸ εὖ)"是属于这样的生命活动的,所以,它应当依据"实现"来说明它的"是其所是"。

k 认真的(严肃的,热忱的,σπουδαῖος),亚里士多德在伦理学中使用的重要表述语。这是亚里士多德在《尼各马可伦理学》中第一次使用这个词汇的地方。亚里士多德用它指一个人认真地从事某种活动时的热忱专注的态度与方式,并认为内属于一种活动的"那个好"只存在一个认真地从事的活动之中。

对于这个词汇很难找到充分的英语翻译形式。巴特莱特与柯林斯(Bartlett &

Collins 2011 13 n.43）主张用 serious 来翻译，我采纳这一方案。他们将"认真的"解释为对"正确地献身于德性并运用德性的"人的描述。在使用这个词时，亚里士多德显然既把献身于德性的认真地过政治的生活的人与献身于德性的专注于沉思生活的人都包括在内。如人们熟知的，亚里士多德把哲学沉思视为"认真的活动"（参阅《尼各马可伦理学》第 X 卷）。

l 从"所以，如果人的活动是灵魂的依照逻各斯的或不无逻各斯的实现，……"（1098a3）到此处，是亚里士多德关于"幸福是灵魂在人的特有的活动上的依照德性的实现"论证的核心部分。这里是这个核心论证的第一个条件句部分。在这个条件句里，亚里士多德阐明了三个要点。

首先，"人的[特有的]活动"，即"实践的生命活动"，与一个"认真的人"的这种活动是同属的。它并不是一种与后者不同属的另一个活动。

其次，在一个"认真的人"的这种活动之中含有要"依照德性来说明的""那个好（τὸ εὖ）"，是我们可以把"那个好"加在它前面来说明的那种活动。所以，我们说一个认真的人的这种活动是"人"的"做得好的"活动，就好像，我们说一个认真的琴师的演奏是"做得好的"演奏一样。

第三，这种活动也就是灵魂"依据逻各斯或不无逻各斯"而选择所应当选择和欲求所应当欲求的对象的活动的实现，因为，逻各斯就是"努斯"所给出的那个"是"和"正确"。

m 亚里士多德在这里使用的是"伴随着逻各斯的（μετὰ λόγου）"，而他在前面的使用的是"依照逻各斯的或不无逻各斯的（κατὰ λόγον ἢ μὴ ἄνευ λόγου）"（1098a8）。

在 κατὰ λόγον ἢ μὴ ἄνευ λόγου 这个表达中，斯图尔特（Stewart [1892], I, 100-101）认为，μὴ ἄνευ λόγου（不无逻各斯的）这个否定性的短语不大可能是用作纠正 κατὰ λόγον（依照逻各斯的）这个短语的表达欠清晰这一缺陷的，而看来是适合于说激情对理性的服从的。

因此，亚里士多德在此处使用 μετὰ λόγου 可能是用来替换 κατὰ λόγον，以便使它与 μὴ ἄνευ λόγου 的对照的意义变得更明确。

n 从"如果这样，且[如果]我们把人的活动看作某种生命，……"（1098a16）到此处，是亚里士多德的这个核心论证的第二个条件句部分。在这个条件句里，亚里士多德继续阐明了两个要点。

首先，我们把"人的活动（即人的特有的活动）"看作人的"某种生命"，这种生命的活动既区别于我们身体的部分的生命活动，区别于一个人作为木匠等等的那种片面性的生命活动，又区别于我们作为一个完整的人的营养生长的生命活动和感觉的生命活动，是与他／她的"努斯"联系在一起的、"伴随着逻各斯的（μετὰ λόγου）"或"不无逻各斯的（μὴ ἄνευ λόγου）"生命的活动。

其次，基于这一点，我们就可以把"认真的人"在这种生命活动中做到的"那个好"看作这种生命活动上的"以依照恰当的德性（κατὰ τὴν οἰκείαν ἀρετὴν）的方式完成时才获得"的"那个好"，即我们赋予幸福的"那个好"。

o 从"而如果这样，人的善就成为灵魂的依照德性的实现，……"（1098a16）到此处，是亚里士多德的这个核心论证从两个条件句引出的结论部分。

这个结论是：如果上面（两个条件句）所说的是对的，我们就有理由说，幸福或那个善就是"灵魂在人的活动（即人的特有的活动）上的依照德性的实现"，而如果所依照的德性有多种，就是依照那种最好、最完善的德性的实现。

p 至福的（神佑的或神赐的，μακάριον），古代希腊的重要语汇，在词源上由形容词μάκαρ（至福的人）衍生。μάκαρ 在荷马与赫西俄德笔下用于说那些神以及死后被接纳到福人岛享得福祉的人。

q 从"然而还有，在整个一生中；……"（1098a18）到此处，亚里士多德对"幸福或那个善就是灵魂在人的活动上的依照德性的实现"的论证加上一个重要限定——"在一生中"。因为，幸福作为这样的实现不是存在于人生的"一段时间"的，而是存在于一生中的。

r 参看本卷第 3 章。

s "那些派生的活动（τὰ πάρεργα τῶν ἔργων）"，亚里士多德区别地使用"πάρεργα（派生的活动）"和活动（τῶν ἔργων）。πάρεργα（派生的活动）一词，由 πάρα + εργα 构成。πάρα，意义是从旁边产生，从旁边的东西产生，在旁边，伴生在旁边，等等；εργα 的意义是活动（复数）。

亚里士多德的这句话——"在每种事情上［只依据］那种质料载体来寻求其［确定性］，并［寻求］到尽可能适合那种研究方法的程度"，"这样，那些派生的活动就不会变得更重要"，在他的文本鲜有明确的参照。在前面，他表明，木匠有一种特别的职业性的技艺活动（1098a25）。此处，他谈到木匠也研究直角，且只研究到对他的技艺活动有帮助的程度。他在表明，木匠的有限地研究直角不是他特有的职业活动，而只是他的职业活动之外一种非主要的活动；研究直角的活动是几何学家的特有的活动，他的活动就是研究直角的所是与性质。但是，"木匠有限度的研究直角"是否是他作为一个木匠的"πάρεργα（派生的活动）"？我们难于据此得出关于亚里士多德对这一点的具体看法的结论。

另一个可资参照的文本见于他的《形而上学》（1027a1-6）。在那里，亚里士多德借助区别于"总是""大部分情况"之外的"偶性"的情况的概念，引出"建筑师向人提供健康建议"和"烹饪让人健康"两个例子，表明这两者只是建筑师和厨师的偶性的活动，而不是他们的总是或在大部分情况下都会从事的活动。"建筑师提供健康建议"例证似乎给出了对亚里士多德"πάρεργα（派生的活动）"概念的更好解释。

这两个例证间的微妙差别可以下述方式更清晰的显示出来。设亚里士多德在"提供健康建议"例证中所举证的仍然是木匠（我在此暂且搁置关于在亚里士多德那里"提供健康建议"是否能够与"木匠"联系起来这个复杂问题）。那么，按照亚里士多德，木匠的研究直角的活动与他向一个人提供健康建议的活动都同属于他的 πάρεργα（派生的活动）么？抑或，前者属于 πάρεργα，后者则是在它之外纯粹偶然行为？抑或，这两者都不属于亚里士多德这里所说的 πάρεργα？显然，我们似乎不能从这两段文本得出明确结论，尽管引出"木匠有限地研究直角的活动属于 πάρεργα，他提供健康建议则不属于 πάρεργα"的结论是非常诱人的。在这个问题上，我得益于王江伟博士。他在这段文本的阅读讨论课上，在区别亚里士多德在"木匠研究直角"与"木匠提供健康建议"这两者间的可能的观点方面，出色地表达他的看法。

关于"πάρεργα（派生的活动）"，不充分的文献根据指向"在它们［指实现］以外的某些活动（τὰ δὲ παρ' αὐτὰς ἔργα τινά）"。没有进一步根据表明这是"πάρεργα（派生的活动）"。假如存在这种根据，那么在与技艺相联系的活动的范围内，它可能把在技艺的实现之外"派生的活动"，即制作活动，也包含进来。

t 从"这样，就让那个善以这种方式得到一个概要的说明；……"（1098a21）到此处，阿奎那说（Aquinas, *Notes*, comm. 131-138），亚里士多德在表明"余下的事情都是些什么"。亚里士多德表明了三点。

首先，基于这个概要的说明去细节地说明幸福是什么，"是属于所有人"的事情，因为，幸福是所有人都能够的，而"时间在这些事情上是一个好的发现者和参与者，就像在技艺上一样,因为,幸福是一个人的灵魂"在一生中"在"人的那种活动上"的那种实现。

其次,对幸福是什么的细节的说明只能寻求适合"人"和"人的那种活动"的那种确定性,并且寻求到适合所采取的研究方法的程度,这样,我们才能把握对我们而言最重要的确定性。

第三,当要适度确定性地把握一个问题而需要探求它的本原即最初根据时,我们需要理解那种本原的性质以及它是如何地获得的,因为我们可能已经通过归纳、感觉、习惯等等获得了多个本原,并且,需要高尚地把它界定好,因为它对于以后的推理至关重要。

8

a 它(αὑτῆς),亚里士多德这里直接所指的是上文 1098b7 的"本原(ἡ ἀρχή)",即幸福或那个善。

b 从"但是对于它,……"(1098b9)开始,在说明了幸福的"所是"之后,亚里士多德在这一章验证人们以其他方式说出的关于幸福的看法与上一章对幸福即那个善的说明是否吻合。他提出这样的论点,如果上一章的说明是真实的,人们对于幸福的"[其他]那些说法(τῶν λεγομένων περὶ αὑτῆς)",都会与之吻合,而那些虚假的东西则都会与它冲突。

c 从"——善的事物已被分为三类:……"(1098b13)到此处,亚里士多德给出第一种关于善事物的种类的普遍意见,表明上一章对"那个善"的论证说明与这种普遍意见是一致的。亚里士多德表明了三点。

首先,人们都认为,善事物区分 a)外在善,b)身体善,和 c)灵魂的善这三类,并且灵魂的善是最重要的善,上一章对于幸福即那个善的界定与说明这种普遍接受的意见是一致的。

正如斯图尔特(Stewart[1892], I, 119)所说,这种区分可能在柏拉图和亚里士多德之前很久就有了。柏拉图在《菲力布》(*Philebus*)(48),《欧叙德谟》(*Euthydemus*)(279a-d)和《法律》(*The Laws*)(743e)中,就将善事物分为外在的、身体的、灵魂的三类。在亚里士多德和他的学生们中间,大概也有像下面这样的这三类善的某种对比表:

身体的善	灵魂的善	外在善
健康(ὑγίεια)	节制(σωφροσύνη)	财富(πλοῦτος)
强壮(ἰσχύς)	勇敢(ἀνδρεία)	高贵出身(ἀρχή)
健美(κάλλος)	正义(δικαιοσύνη)	友爱(φιλία)
敏锐(εὐαισθήσια)	明智(φρόνησις)	好运(εὐτυχία)。

也正如斯图尔特同时指出的,只是在吕克昂学园里,三类善才同对幸福的讨论紧密联系起来。亚里士多德谈到三类善的其他地方有《修辞学》(*Rhetorica*)(1360b25-28),《政治学》(*Politica*)(1323a22-26),《欧台谟伦理学》(*Ethica Eudemia*)(1218b32-36),《大伦理学》(*Magna Moralia*)(1184b1-6),这些讨论都是与对幸福的讨论相联系的。在《尼各马可伦理学》,此处是第一次提到对善的这三类区分。

其次,上一章的界定或说明还包含对"灵魂的善是最重要的善"这个普遍意见的进一步支持,即它把"灵魂的实践与实现"也归于属于灵魂的善事物,对灵魂的善做这样的界定符合哲学家们的共同意见,并且也正确地表明,我们可以把幸福或那个善灵魂就看作灵魂的某些实践与实现。

第三,人们都认为幸福的人都过得好和做得好,这种共同意见也与上一章的界定与说明吻合,因为那个界定或说明把幸福说成"某种好生活和好实践"。

d 从"此外,人们所寻求的所有相关于幸福的事物看来也都包含在所谈到的那些要点之中了。……"(1098b22),亚里士多德给出关于幸福的重要的不同意见,指出这些意见关于与幸福相关的事物其实都已经包含在上一章的那个界定与说明之中了。在这个部分,亚里士多德做了两件事。

首先,他归纳三种主要的不同意见——即幸福=

a) 德性(一般或某种,例如明智或某种智慧);

b) 德性(一般或某种)+快乐;

c) 德性(一般或某种)+快乐+运气。

在这三类意见之中,斯图尔特(Stewart[1892],I,121-122)把意见 a 归于昔尼克学派,指出有些评论家把"幸福在于明智"的意见归于"苏格拉底",并且依据《欧台谟伦理学》1216a11-12 把"幸福在于某种智慧"的意见归于阿那克萨戈拉。他并且认为意见 b 是释义学者(Paraphrast)提出的看法,并指出有些评论者把意见 c 归于色诺克拉底(Xenocrates)。所以事实上,这三类意见包含了不同哲学家以不同方式提出的多种意见。重要的是,第二类意见在与幸福相关的因素中加上了"快乐",第三类意见则不仅加上了"快乐",还加上了"运气"或外在善。

关于斯图尔特对"幸福在于某种智慧"的意见的参照，需要进一步明确，亚里士多德这里所说的"某种智慧(σοφία τις)"指什么：指沉思的智慧还是指技艺的德性。在斯图尔特指向的《欧台谟伦理学》1216a11-12，亚里士多德描述，当阿那克萨戈拉被问及人应当为什么选择生而不是不生时，他回答说是"思考天和宇宙的整个秩序"。所以按照亚里士多德，阿那克萨戈拉是认为沉思是人生的目的，他的回答并未涉及"某种"具体或专门"智慧"。《尼各马可伦理学》中一处更直接的参照是1141a9-15。在那里，亚里士多德谈到智慧的两种用法意义：一种是一般的或总体上的智慧(τινας σοφοὺς ὅλως)，另一种在某个方面的智慧(τι σοφούς)或某种智慧(τι σοφόν)，尤其指"技艺"的德性，并借荷马《玛基提斯》，以"掘地者"或"耕夫"为"在某个方面"有智慧的例子。这在《尼各马可伦理学》第Ⅰ卷第3章的一处文本(1095a1-3)获得间接的支持："［在某种事情上］受过教育的人在某种事情上［是一个好判断者］，在所有事情上受过教育的人则在总体上［是一个好判断者］。"因为显然，按照亚里士多德，"在所有事情上受过教育的人"是通过爱智慧的活动而获得哲学的教育的人。

其次，亚里士多德表明，这些意见每一种都不大可能全错，而在某一点上是对的，因而，它们各自包含的合理之点都与上一章的界定或说明相吻合。

e 品性(获有性, ἕξις, ἕξεις)，亚里士多德的重要术语。

ἕξις 来源于动词 ἕξω(获有, 持有)，即 ἔχω 的将来时。动词 ἔχω 与动词 εἰμί(是)是希腊语中两个最重要并构成某种对照的动词。ἔχω 的基本意义是"获有"，即一事物基于自然赋有的能(潜能)，通过活动而获得具有某种性状的属己的东西。就一个具体事物的生成而言，ἕξις 是出于其质料基质内具的"能"而"获有"的东西，当这些质料经这种变化运动获得一个具体形式，便成为一物。在人这里，ἕξις 是出于人的自然基质内具的"能"，即出于基于人的自然赋予的有生命的身体，通过灵魂的实现而获有(在)的性状。

在《形而上学》第Ⅴ卷第12章，ἕξις 是三种本原意义的"能"——"运动意义的能力""实现意义的能""品性(ἕξις)意义的能"——之一，是质料承载者的"能"的最高形式。在《形而上学》第Ⅴ卷第20章，ἕξις 被界定三义：a)获有者与所获物的某种"实现"；b)"置性(διαθέσις, διαθέσεις)"，由于它被放置物被说成是被放置得好或坏的；c)"部分的置性"。所以，"品性"是被置放物的被"置放"得好的"置性"。就"人"来说，"品性"是灵魂的最高阶的"能"。它比"实现"意义的"能"更高。它是"实现"了并确定了的性质，最确定地表明一个事物的"是其所是"。巴特莱特和柯林斯说，在《尼各马可伦理学》中，ἕξις 是一个给定灵魂的"有序倾向或状态"(Bartlett & Collins

[2011]，*Aristotle's Nicomachean Ethics*, 15, n.53）。亚里士多德在后面第Ⅱ卷中把 ἕξις 作为灵魂的区别于"能力"与"感受"的第三种"生成的东西（γινόμενα）"来讨论。

f 从"所以，我们的逻各斯是与那些说［它是］德性或某种德性的人们［的意见］一致的；……"（1098b30）到此处，亚里士多德讨论第一种主要意见——"幸福在于德性"，表明这种意见与上一章对幸福的说明是一致的。亚里士多德阐述了两点。

首先，那个说明把幸福界定为"依照德性的实现"，而"依照德性的实现"是属于德性自身的，所以，那个界定是把幸福与德性联系起来的。

其次，将幸福说明为"依照德性的实现"还纠正了笼统地说"幸福在于德性"的一个重要偏失，因为这种说法没有去区分幸福是在于品性还是在于实现，然而这两者是非常不同的。因为，拥有一种与幸福相关的品性，可能还未完成任何善，比如拥有它但一直在睡觉或"无所事事地（ἐξηρηγηκότι）"，然而幸福是"实现"而不是拥有某些"品性"。正如在赛会上荣誉的原因是"获胜"而不是"强壮"，在人的特有的活动上，获得高尚与善的原因是"做得正确"而不是拥有德性。

g 从"但是，他们的生命自身也令人快乐。……"（1099a8）到此处，亚里士多德讨论第二类意见——"幸福＝德性＋快乐"。他表明，这类意见希望加在与德性相联系的幸福上的"快乐"已经包含在对幸福或那个善的说明之中了。亚里士多德阐明了三点。

首先，依照德性而"获得高尚与善的人"的生命自身就令人快乐，不需要额外添加快乐。

其原因在于，a）人们都认为，友爱一种事物的人从那种事物那里获得快乐；b）友爱"依照德性的实践"的人也从这种实践活动获得快乐，并且是"因它们自身的缘故"；因此 c）一个这样地生活的人必定以这样地生活为快乐，反之亦然，对这样的生活不感到快乐的人也就不是有德性的人。

因此结论是，幸福的确是善的，并且，它还是最好、最高尚和最令人快乐的，既然那些"认真的人"这样判断；因为，我们把幸福界定为"一种最好的实现"。

h 在这里（1099b1-7），亚里士多德改变他在《修辞术》（1360b17-23）把上述所有因素以及竞技能力、荣誉、德性作为幸福的"部分"的提法，因为，那个主题是面对学习修辞术的听众的。在此处，幸福所需要的各种外在善被明确地称为 ὀργάνων（手段）与ἐνίων（某些东西），而不是幸福的构成"部分"。不过在这些外在善中，亚里士多德似乎把 a)"朋友、财产或权力"看作做高尚的事情所需要的手段,而把 b)"高贵出身、好子女"看作令一个人幸福"增色"的善。例如"高贵出身",若有,它令幸福"增色""增光",若没有,也并非就令一个人不能幸福。而身体的善,健康与健美等等,则是幸福所自然地就要具备的属于人自身的善,属于幸福所必需的东西。这种对照,如斯图尔特(Stewart[1892],I,129)指出的,也见证于《欧台谟伦理学》(1214b26)。那里的讨论以"幸福-健康"类比说明(1214b11-15)为基础。亚里士多德认为把"幸福的不可缺少的[东西]"(即那些手段)与"幸福的部分"同等看待是错误的。正如健康与健康不可缺少的条件不是一回事,幸福与幸福不可缺少的条件(即那些手段与身体善)也不是一回事。所以,把幸福中"属于我们的东西"与过一种幸福生活所"不可缺少的[东西]"区别开来是必要的,仅仅根据幸福"不可缺少的[东西]"来说明幸福是错误的。斯图尔特因而认为格兰特(Grant[1885],I,459)仅仅引证《修辞术》把上述所有因素都看作幸福的部分是错误的。在这点上,斯图尔特的看法更有道理。

i "好天气",亚里士多德在这里使用的是 εὐημερίας,在这里用来类比好运气,指 a)做高尚事情的"手段"的充分供给与健康的身体,和 b)出身高贵,享有优秀子女和健美等等。前一类事情使一个人顺利地去做高尚的事情,后一类善使他的幸福在人们眼中光彩照人。就这后一类事物,我们可以说它使一个人已经获得的幸福增色。"运气-好天气"类比很贴切地表达了运气使得合德性的实现高尚顺畅,并且使之增色增光这两层意义。巴特莱特和柯林斯(Bartlett & Collins[2011],17, n.59)注意到,亚里士多德仅仅在 1178b33 再次使用了 εὐημερίας 这个词。

在亚里士多德的伦理学中,τύχη(运气)是从人的实践与活动方面来考察的。τύχη 是实践所际遇的外在而不取决于本己的东西。好运(εὐτυχία, εὐτυχίας)对一个人的实践起帮助作用,厄运(ἀτυχία, ἀτυχίας)对之起阻滞甚至毁灭的作用。所以,好运与上文所谈到的"好天气"似乎既关联又有些区别。就其区别而言,好运一定是与灵魂的依照德性的实践生命发生关联且帮助了这种实践才被称为好运。厄运也是如此,但作用相反。相对照,"好天气"即使没有与实践发生关联性也被看作是好东西、好事物。但是,亚里士多德强调的是,对于这种实践的目的与选择而言,好运与厄运就大部分情形来说并不是根本的东西,尽管重大的厄运可能严重地阻滞实践和活动,因为剥夺一个人已经拥有的幸福。然而,对于幸福或灵魂"依照德性的实现",他坚持好运作为条件又是需要的。最重要、最基本的是灵魂在"整个一生中"的,而不是"一天或一段时间"的(1098a19-20),"依照德性的实现"。但是,作为最好的"实现",它还需要

"好天气"。参见下面第 10、11 章的讨论。

j 对于括号里的这句话,莱克汉姆(Rackham[1926],44)及其他一些注释家,如吉法纽司(O. Giphanius)、莱姆索尔(G. Ramsauer)、苏斯密尔(F. Susemihl),认为是后人所添加,但斯图尔特(Stewart[1892],I,130)持相反看法。他认为,既然亚里士多德在本章的主旨是阐述与"幸福在于德性"的观点相符合的幸福概念,在说明那些把幸福归诸于外在运气的人们的观点时提到幸福在于德性的观点是很自然的。斯图尔特的理解可能更为合理一些。

k 从"——不过,如所说过的,……"(1099a31)到此处,亚里士多德讨论第三类意见——"幸福 = 德性 + 快乐 + 运气"。他阐述了三点。

首先,这类意见将运气或外在善与幸福联系起来是对的,因为幸福的确需要外在善与身体善作为手段,这一点在前面已经谈到。

其次,外在善作为手段与条件以多种方式关联到一个人幸福与否。a)朋友、财产或权力作为合德性的实现活动的"可支配手段",因为一个人需要运用这些去做高尚的事情。b)健康健美的身体也是同样,因为一个身材丑陋的人也不是幸福的。c)高贵的出身和优秀的子女伴随着一个人幸福,因为缺乏这类外在善一个人不大可能幸福,丧失曾拥有的这类外在善也无法不让一个人的幸福蒙损。

最后,幸福的确以上述方式与外在善或"运气"——它们似乎是幸福所需要的"好天气"——相关。一些人因此就(当然是不正确地)认为"幸福 = 好运气",而持第一类意见的人们也因此就坚持"幸福 = 德性"。在这两类意见的对照之下,第二类意见当前似乎不构成竞争者。对于"快乐"主题的讨论见于《尼各马可伦理学》第 VII 卷第 11—14 章和第 X 卷第 1—4 章。

9

a 从"从这里就产生了一个问题,……"(1099b9)开始,在说明了幸福的"所是",并表明了人们关于幸福所包含的事物的意见都与所做出的说明一致之后,亚里士多德在这一章讨论幸福的原因。

希腊语的"幸福(εὐ-δαιμονία)"一词本身已经表明它包含两个原因:δαιμονία 表明在人之外的神性的原因,εὐ- 表明人自身的原因。上一章结尾处,"幸福在于德性"与"幸福在于运气"两类意见似乎已经把幸福的原因分别归于"德性"与"运气"。第

7章对"幸福"是"灵魂的依照德性的实现"的说明已经表明幸福与德性具有密切的联系,幸福意味获得德性,或者,以获得德性为前提。在这里,亚里士多德讨论以"学习""习惯养成"或以"某种训练"等与"德性"相关的获得幸福原因与神性的原因的关系,并基于此反驳"幸福在于运气"的论点。

在开始的这一句,亚里士多德提出问题:幸福是a)"学得的""习惯养成"或以"某种训练"获得的,b)"依照某个神性的部分"获得的,还是c)"凭运气"来安排的?

问题的背景是柏拉图的《美诺》。柏拉图在那里(70a)问:德性是由他人教授获得的(διδακτὸν),向他人学习获得的(μαθητόν),通过训练而获得的(ἀσκητόν),还是由于自然(φύσει)或通过某种别的方式(ἄλλῳ τινὶ τρόπῳ)而变得这样的?亚里士多德在这里把问题提向幸福,并且把"某种别的方式"区别为i)由"神性的"东西来"安排",与ii)由"运气"来"安排"两者。"学得"的、通过养成"习惯"即通过实践获得的与通过"某种训练"获得幸福,都与德性有关。阿奎那指出(Aquinas, *Notes*, comm. 165),亚里士多德在此处将幸福"自身的、确定的"的原因(人自身的与德性相联系的原因与神性的原因)同"偶性的、不确定的"运气原因区别开来。

b 另一项研究(ἄλλης σκέψεως),莱克汉姆(Rackham [1926], 44)认为,亚里士多德此处所指是神学研究,但他注意到亚里士多德在《形而上学》中并没有再讨论"幸福是否是神赋的"这个论题。

c 从"因此,如果有某种东西是神给予人的礼物,……"(1099b11)到这里,亚里士多德讨论获得幸福的人的原因与神性的原因的关系。他阐述了两点。

首先,如果有神给予人的礼物,那么最好的说法就是,"幸福是神给予的礼物",而且是"属于人的最好的东西"。但是这个问题更适合由神学去研究。

第二,幸福即使不是神送来的,而是要依照德性来安排的,它也看来是属于神性的、最好的事物,因为德性的报偿就是神性的东西。因此,幸福的人自身的原因与神性的原因并非绝然对立。

d 从"但是,[幸福]又可以是许多人都享有的;……"(1099b18)到此处,亚里士多德反驳"幸福是由运气安排的"论点。他表明三点。

首先,既然依照德性来安排是幸福本身的安排的方式,幸福就是许多人都可以享有的。

因为，自然给予了每个人接近德性的能力，所有未丧失接近德性的能力的人都可能通过某种学习或关心而开始获得它。

其次，幸福"通过某种学习、养成习惯或训练来安排"比"凭运气来安排"更好。

因为，按照自然、技艺与神性的方式生成的事物都以最好的方式安排的，同样，按照德性来享有幸福就使得幸福以最好方式得到安排。

而且第三，把幸福这一最重大、最高尚的事物交由运气安排是完全错误的。

e 1094a25-b8。

f 1098a18-20。

g 普利阿摩斯（Πρίαμος, Priamus），特洛伊城的最后一个国王，据说有五十多个儿子和许多女儿，曾被希腊人看作是最幸运的人。但在特洛伊战争中，他的许多儿子战死，他自己也在城破后被阿基琉斯（Achilles）的儿子所杀。

h 从"此外，根据那个说明，……"（1099b25）到此处，亚里士多德回到第 7 章对幸福的说明，表明那个说明自身已经很充分。亚里士多德表明了三点。

首先，在那个说明中，"所寻求的东西"（人们所说的"幸福"）是"总体清晰的（συμφανὲς）"。因为，a）它把幸福表达为灵魂的"依照德性的实现"，表达为灵魂的善，同时，b）它把其他的善区分为获得幸福的 i）必要条件（健康健美的身体），ii）一道起作用的善事物（高贵出身、优秀子女），和 iii）"作为手段的事物"（朋友、财产、权力）。

其次，那个说明与本卷第 2—3 章关于政治学所说过的那些话是一致的，因为在那里说到，a）"政治学的目的［是］那个最好的东西"（文本指向 1094a22, b11），指向公民的灵魂的依照德性的实现；并且说到，b）政治学"关切造成具有某种品性的，好的倾向于做高尚的事情的公民"（文本指向 1094b14, 1095a6）。

最后，亚里士多德基于对幸福作为政治学的目的的这一说明引出一个重要结论。

由于幸福需要"完善的德性（ἀρετῆς τελείας）"，而政治生活的目的就在于使公民参与"灵魂的依循德性的"实践成为有德性的人，动物不适合，但儿童也同样不适合，被称为幸福的。但儿童不适合被称为幸福的，还因为幸福还需要"整个一生"的实践。幸福之所以需要伴随一个"完整的生命（βίου τελείου）"的实践，又因为人的一生随时会经历变化，甚至最幸运的人都可能在晚年遭遇重大厄运，而我们不会说一个遭遇了这样厄运的人幸福。幸福的这两个条件是相互关联的。因为，"完善的德性"唯有在人"整个一生"中才能完成,反之亦然,只有就一个人的一生才能谈到他/她的德性是否完善。

10

a 对梭伦的意见的记述见于希罗多德(Herodotus)《历史》(Historiae)30—33(王以铸译,商务印书馆1997年版,上卷第13—16页)。梭伦访问吕底亚国王克洛伊索斯(Croesus),克洛伊索斯向他展示他的贵重华美的珍宝,但是梭伦不认为克洛伊索斯因此就是最幸福的人。他对克洛伊索斯说,

> 人间的万事真是无法预料啊。说到你本人,我认为你极为富有并且是统治着许多人的国王,然而对于你的问题,只有在我听到你幸福地结束了你的一生时,才能给你回答。拥有最多的东西,把它们保持到临终的那一天并安乐地死去的人,国王啊,我看才能给他加上幸福的头衔。

梭伦认为,要到一个人生命结束时我们才有把握说他是否是幸福的。对于梭伦的意见,亚里士多德的不同意之处主要在于:如果人的幸福本质上取决于他的实践生命活动的性质而不是在于运气,我们应当根据一个人的实践生命的实现的性质,而不是根据运气,做出关于他是否幸福的判断;当我们根据一个人的依照德性的实现的性质而有充分把握做出判断时,我们就应当在他还在这样地生活并还将继续这样生活下去时这样地判断;因为,说我们只有在一个始终都依照德性生活的人死去时才能够说"他曾经是幸福的"是荒谬的。

b 从"那么,只要一个人还活着,……"(1100a10)开始,基于上一章最后关于幸福需要"完整的生命"的论点,亚里士多德在这一章提出并回答"我们能否合理地说一个活着的人(生命还没有结束的人)幸福"的问题。在这个部分,亚里士多德首先摆出这个问题的一些困难的方面。他表明五点。

首先,在这个问题上,梭伦的意见是,我们不能,因为要等到一个人生命结束时我们才有把握说他是否幸福。

其次,从梭伦的意见可以引出一个可能的推论:一个人在死亡时是幸福的。但是这个结论显然是荒谬的,而且梭伦的看法也不是这样。按照幸福是灵魂的依照德性的实现的观点,这个结论尤其荒谬。

第三,既然人在死亡时是不幸福的,说要到一个人生命结束时才能说他是否幸福,就是因为他已经远离人世的那些恶与不幸。

但是第四，说一个人生命结束就远离了那些恶与不幸也不尽合理，因为我们会把他的近期后人的好运或厄运与他是否幸福联系起来。

但第五，如果我们说后人的运气与一个已故者是否幸福有关，我们又将引出另一个二难：我们要么不得不一会儿说他幸福，一会儿说他不幸，要么又不得不否认他后人的运气与他是否幸福有关，这两种选择似乎都不合理。

c 即回到我们究竟是否要到一个人去世时，即到他"已经……远离那些恶与不幸"时，"才能可靠地说[他]是幸福的"这一难题。

d 1099a31-b7。按亚里士多德的看法，人因为有质料的身体，他的幸福便一方面需要作为手段的外在善，另一方面，如果幸福又有好运气一道起作用便可锦上添花。但是，幸福的主导因素——灵魂的依照德性的实现则要用以神性或完善存在来说明。因为，神的完善与人的完善是同原理的：神自足，神的活动只有沉思，所以神是完美的；人是混合性的，分有神性或完善，所以能有沉思。但是人不纯是沉思的存在，因为他不自足。人的灵魂的依照德性的实现虽有欠完善，但依照德性，便达到幸福或最好。在这个意义上，人的幸福的原理或主导要素并不在运气这边，而在于他的灵魂的某种特定样式的实现（参阅第 X 卷第 6—8 章）。

e 从"但是，让我们回到前一个难题；……"（1100a32）到此处，亚里士多德给出我们虽知其荒谬，却不愿意在一个始终幸福地生活着的人活着时说他是幸福的一个原因，即我们认为幸福是恒久的事物，认为跟随运气而说一个人幸福是错误的。亚里士多德阐述了三点。

首先，到一个始终幸福地生活着的人去世时才说他活着时是幸福的是荒谬的，因为我们并不是在他还在那样地生活时这样说的。

其次，我们在他还在那样地生活时不愿意说他是幸福的，是因为 a）我们已经认为幸福是恒久而不易变化的事物，因而不愿意把一个人的不那么恒久的生命称作幸福的；同时，b）我们也认为，我们不应当跟随一个人的运气说他/她是幸福，因为运气常常会变得相反。

所以第三，结论就是，幸福是稳定的，我们不应当把运气，而应当把灵魂的依照德性的实现，看作幸福的主导的因素。

f 从"现在厘清的困难也引证了我们的说法。……"（1100b11）到此处，亚里士多德从上面一段文本的一个结论——"依照德性的实现是幸福的主导[因素]"——引申说明人们不愿在一个始终幸福地生活着的人还活着时说他幸福的第二个也是更深层的原因:"依照德性的实现"产生出稳定性质。他阐述了三点。

首先,幸福是稳定的,是因为构成它的依照德性的实现产生出人的任何其他活动(甚至科学)都不能产生的稳定性。

其次,在这些实现之中,依照最受尊敬的德性(1098a18)的实现就更稳定、更持久。因为,那些真正享得幸福的人都把生命最大程度地用在这样的实现上。

所以第三,与基于知识的科学的活动相比,依照伦理德性和理智德性的实现更不容易被忘记,因为这些实现更为经常,其德性的品性一旦获得,比科学活动的品性更稳定,且更直接与心灵相关。参见韦尔登(Welldon[1902],*The Nicomachean*, 25)。

g 出自柏拉图《普罗塔格拉》(*Protagoras*)(339B)所引西蒙尼德斯(Simonides)的诗句,亚里士多德在《修辞术》(*Rhetoric*)1411b27 也引用了西蒙尼德斯的相同诗句。

h 莱克汉姆(Rackham 1926 53)本将"它们自身(αὐτὰ)"翻译为 they,并在注释将文本参照指向第 I 卷第 8 章 1099a31-b1——

φαίνεται δ' ὅμως καὶ τῶν ἐκτὸς ἀγαθῶν προσδεομένη, καθάπερ εἴπομεν· ἀδύνατον γὰρ ἢ οὐ ῥᾴδιον τὰ καλὰ πράττειν ἀχορήγητον ὄντα,

以及第 9 章 1099b25-29——

συμφανὲς δ' ἐστὶ καὶ ἐκ τοῦ λόγου τὸ ζητούμενον· εἴρηται γὰρ ψυχῆς ἐνέργεια ποιά τις· τῶν δὲ λοιπῶν ἀγαθῶν τὰ μὲν ὑπάρχειν ἀναγκαῖον, τὰ δὲ συνεργὰ καὶ χρήσιμα πέφυκεν ὀργανικῶς.

关于两种外在善的论述。莱克汉姆也认为 αὐτὰ 在此处即指运气,即亚里士多德曾经说过的外在善的一种。这是正确的。但根据此处的直接的上下文,αὐτὰ 似乎在指上文的 τὰ δὲ μεγάλα,即运气中的那些重大运气,与运气中较微小的部分相对;并且,是指这些重大运气中的那些能令幸福锦上添花的好运。亚里士多德在下文中才谈到可能毁灭一个人的幸福的那种重大厄运。

i 从"而在幸福的人那里将存在我们在寻求的这种[稳定性质],……"(1100b18)到此处,亚里士多德转而讨论灵魂的依照德性的实现的稳定性在幸福的人那里的见证。他阐述了两点。

首先,一个幸福的人将在其一生中都是稳定地从事依照德性的实践的人,他们总是或在大部分时间都在做或思考那些依照德性的事情,同时,他也将高尚地对待运气。

所以其次,a)微小的运气不足以影响到他的幸福;但 b)重大的运气则对幸福的人具有影响:i)重大的好运使得他的幸福锦上添花,ii)重大的厄运将损害甚至毁灭他的幸福。

j 从"不过,即使在这样的事情上,……"(1100b30)到此处,亚里士多德进一步讨论一个幸福的人遭遇重大厄运的情形。他阐述了三点。

首先,由于灵魂的依照德性的实现具有稳定性质,幸福的人即使遭遇厄运而丧失幸福,也不会变得不幸,成为可怜的人。

其次,这是因为,a)他的德性使他 i)始终能以优雅的方式承受所有事情,并 ii)以他所拥有的东西去做最高尚的事;所以他 b)绝不会去做任何卑贱的事。

最后,结论是:由于他具有德性,一个幸福的人即使遭遇重大厄运也仍然是稳定的。这从他因为厄运失去幸福而不容易重新变得幸福这方面也得到见证,因为他要经过很长一段时间并且做出了重大而高尚的事情,才能变得重新幸福。

k 从"那么,人们为什么拒绝说……"(1101a14)到此处,亚里士多德引出关于我们能否说一个活着的人(生命还没有结束的人)幸福的问题上的结论。他表明两点。

首先,a)一般或总体地说,一个其灵魂一直在依照完满的德性而实现的,且一生都享有充分提供的外在善的,并且还将这样地生活下去并走到生命的尽头的人是幸福的。b)具体地说,那些开始享有并将继续享有(ὑπάρχει καὶ ὑπάρξει)上述这些条件的人是幸福的。

因此其次,结论是:对于这样的人我们没有理由拒绝说他是幸福的。

11

a 那些意见(ταῖς δόξαις),指人们关于一个人身后发生后人与朋友身上的事情也与已故者是否幸福相关的意见。

b 从"然而,[关于已故者]完全不受后人或所有朋友的运气的影响[的观念]……"(1101a23)开始,在澄清了我们可以合理地说一个正在幸福生活的人是幸福的之后,亚里士多德讨论如何看待后人与朋友的运气这类偶然因素(συμβαινόντων)是否影响一个已故者的幸福的问题。在这里,他首先表明,完全否认这种影响是与普遍意见对立的。

亚里士多德在《论题》(*Topica*)(100a30-b20)谈到辩证论证的前提的两个性质。首先,它不能同人们的宗教的、伦理的感受相抵触。其次,辩证论证不可以与普遍的意见相冲突,所以此处,关于已故者完全不受后人或所有朋友的运气的影响的观念被看作是太过绝情的,必须拒绝。

c 从"但是,偶然因素有许多种,……"(1101a23)到此处,亚里士多德在尊重"身后事并非与已故者全然无关"的普遍意见的前提下讨论对身后偶然因素的这种影响进行辩证论证的方法。他表明三点。

首先,应用对运气的种类、数量、程度区分(1100b22-30)的原理,后人与朋友带来的偶然因素有好坏、大小与程度的区别,其作用也有好坏、大小与程度的区别。

其次,对后人和对朋友的朋友的讨论必须有一个限制,以免陷入无限(1097b13-14)原理再次得到陈述。

第三,政治学研究只能满足于粗略地、概要地表明真实(1094b20)的原理再次得到陈述。

d 从"那么,如果正如在那些与我们自己有关的不幸中有的对生命有重大影响和改变,……"(1101a28)到此处,亚里士多德引入对后人和朋友对已故者生前的幸福的影响的分析。他表明三点。

首先,就像一个人自身的运气对幸福的影响有大有小一样,后人与朋友的运气对已故者的生前幸福的影响也是如此。显然,后人与朋友的影响都是通过还活着的人对已故者的回忆而间接发生的影响,因而更弱小,远不及后者自己在世时经历的那些运气对他的影响。

其次,就像在眼前真实发生的罪行与在悲剧中表现的罪行非常不同一样,一种不幸对于活着的人的影响和对于一个已故者的影响非常不同。显然,对于已没有生命、没有意识与知觉的已故者,后人与朋友的运气即使有影响,也比他作为观者观看舞台上表演的罪行所受到的影响更间接,更弱小。

第三,基于上述两重分析,还需要进一步质疑,已故者是否真能分享(κοινωνοῦσιν)某些善或恶的东西,既然他所受到的影响(假如有)如此间接和弱小,完全不足以使他从幸福变得不幸或是相反。斯图尔特(Stewart [1892], I, 149)说,亚里士多德在这里尽管不愿意否定"已故者能够分享善与恶"这个流行的意见,他却毫不迟疑地弱化了它的意义。

e 从"因此,朋友的好实践,……"(1101a28)到此处,亚里士多德基于上述三点分析,引出结论:朋友的行为对已故者的幸福即使有影响,也完全不足以使他从幸福变得不幸或是相反。在幸福的人那里见证的幸福的稳定性也在他的身后事方面得到见证。

12

a "荣耀的(τιμίων)"即被视为具有重大荣誉的事物。冯乐博士提出,这一章的 τῶν τιμίων 在商务版中译为"所崇敬的"是取其引申义而非本义,是不恰当的。这条意见是正确的。同时,由于亚里士多德在此处讨论的是善的事物,我将此处的 τῶν τιμίων 译为"荣耀的",以区别于第 IV 卷第 3 章中在伦理德性范围之内的关于与微小荣誉区别的重大荣誉的讨论。因为,"荣耀"显然适合用来说神,而"荣誉"则不适合。但荣誉与荣耀的联系是显而易见的。

b 从"在厘清这些问题之后,……"(1101b10)开始,在澄清了后人或朋友的运气对已故者的幸福具有某种影响但完全不足以改变他的幸福这一点之后,亚里士多德讨论幸福的一个特别的性质:它更属于荣耀的而不是可称赞的事物。在这个部分,亚里士多德阐述了对善事物的一种分类,并提出问题。他表明三点。

首先,善事物可以区别为 a)有能力的事物(τῶν δυνάμεων), b)可称赞的事物(τῶν ἐπαινετῶν),与 c)荣耀的事物(τῶν τιμίων)。这是亚里士多德对善事物的另一种区分方式。

其次,幸福首先被与有能力的事物相区别,正如可称赞的事物区别于有能力的事物那样。

第三,我们需要来思考,幸福是属于可称赞的事物,还是更属于荣耀的事物。

关于"能(δύναμις)"和有能力的事物。亚里士多德在《形而上学》(1019a15-33)中界定"能"的三种本原意义:a)运动意义的"能力":"在另一物中或在自身中作为另一物的运动变化本原";b)"实现"意义的"能":优美地或依据选择去把这种运动变化本原中向好的运动变化本原完成好的本原;和 c)"品性"意义的"能":总体上不承受、不易受损或不易被引向坏的变化的运动变化本原。(1019a15-33)。按照亚里士多德,具有"能"的事物是因为具有这三种本原的"能"而"能……"的。质料载体是事物的"能"的基质;人被自然赋予质料的生命载体,就被赋予了运动与感觉能力,不仅能营养、生长,而且去看、去听、去走、去欲求,也不仅能去将其某种向好的变化实现而成为一个木匠、乐师甚至哲学家,而且能去按好的、认真的方式,但同时也能以不认真的甚至坏的方式,去实现其特有的实践生命。

关于可称赞的事物。亚里士多德在《尼各马可伦理学》中表明,德性和具有德性的事物是可称赞的。一种具有能力的事物由于实现与运用获有了某种突出地好的性质和状态,成为"有德性的"事物。因此,一匹马由于跑得快、让骑手坐得稳而被称赞为好马,一个人由于依照正义而做正义的事,依照节制而做节制的事,并以此为快乐,总而言之,依照德性去实践就成为具有德性的人(1106a19-20),也就成为可称赞的人。

关于荣耀的事物。亚里士多德在本章中表明它们是比具有德性的事物更好的,因而在三种善事物中是最好的事物。在《大伦理学》中(1183b21-23),亚里士多德把荣耀的事物区分为 a)神性的事物,b)更好的事物,例如灵魂和努斯,和 c)更原本的事物,例如一个本原。同样在《尼各马可伦理学》中,幸福,即人的"那个善",因为是神性的,是比有德性的事物更好的"那个好",以及是一个本原,而属于荣耀的事物。

据拉姆索尔(Ramsauer),亚里士多德仅仅在《尼各马可伦理学》和《大伦理学》中把可称赞的、荣耀的和有能力的这三类事物作为善事物放在一起讨论。参见斯图尔特(Stewart [1892], I, 152-153)。斯图尔特提示我们注意亚里士多德在《范畴》中(116b37-117a4)没有将"荣耀的"区别于"可称赞的",而是将两者并举,看作既适用于有用的事物又适用于最完善的事物的。斯图尔特认为,这对范畴亚里士多德举证自普通意见,但是在《尼各马可伦理学》此处与《大伦理学》的相应部分,亚里士多德发现把这两个范畴加以区分适合他的想法。

c 从"所有可称赞的事物,……"(1101b13)到此处,亚里士多德讨论"可称赞的事物"。他阐述了两点。

首先,事物被称赞的原因。一般地说,一事物是由于 a)它具有某种性质,并且 b)参照某个好的、严肃的那类事物,而受到称赞的。具体地说,一个人是由于 a)他做正义的事、勇敢的事,并且 b)参照正义的人做正义的事、勇敢的人做勇敢的事的那种方式,而被称赞为正义的人和勇敢的人的。

所以其次,称赞神是荒谬的,因为这种称赞是在把人自身当作参照,而这是可笑的,因为人没有资格做称赞神的参照物。

d 从"而如果称赞属于这样性质的事物,……"(1101b22)到此处,亚里士多德讨论"荣耀的事物"。他阐明了两点。

首先,a)最好的事物,如神、最像神的人,b)善的事物,如灵魂和努斯(《大伦理学》1183b21-23），幸福（本章），属于"荣耀的事物"。属于它们的是比称赞更好的东西。

其次，欧多克索也根据这个分类来论证快乐属于"荣耀的事物"：快乐是善的，但它得不到称赞，这表明快乐属于比得到称赞的那些事物更好的"荣耀的事物"。

e 从"因为，称赞［是］对于德性的，……"（1101b32）到此处，亚里士多德讨论"可称赞的事物"与"荣耀的事物"在修辞学属性上的区别。

按照亚里士多德，称赞与赞誉是展示性演说的两种主要形式。在《修辞术》中亚里士多德区分三种主要的修辞演说，除展现式演说外，其他两种分别是议事演说和法庭演说。展现式演说，亚里士多德认为，主要是展示当下的人和事的（1358b18-19）。虽然都是展示性演说的形式，但称赞与赞颂有所区别。

称赞是对于付诸运用于活动的德性的。我们称赞这样的活动。我们也因为一个人通常具有这种气质倾向而称赞他，因为德性是人自身倾向做高尚的事情的优良品性与气质倾向，但严格意义的德性当然必定是运用了并运用得出色的实践的品性。然而，一种运用了所获有的德性而出色地进行的活动并不等于就完成了那种活动。"我们可能称赞尚未完成的活动（μὴ πεπραγότα）"，因为它是那个人的那种德性的品性的标志（1367b34）。

赞誉则是对于德性付诸运用的已经完成的活动（ἔργα）的："赞誉是对于活动（τῶν ἔργων）的"，亚里士多德在此处以及在《修辞术》中（1367b29）都说了这句同样的话，但这是指我们完成了或做到了的活动。"我们赞誉那些已经做到了的事情（πράξαντας）"（《修辞术》1067b31）。完善的事情，完成了的事情，亚里士多德在此处使用的是 τῶν τελείων。"完善的"在这里意味着"完成了的"。"已经做到了的事情"（πράξαντας），指向这里的"完善的"或"完成了的事情"（τῶν τελείων），因为德性必定指向依照德性的活动的完成。幸福必定属于完成了的依照德性，而且是——如第 7 章的论证所欲阐明的——其中最好的那种德性的"实现"。如果幸福是这样的"实现"，是完成了的活动，如果依照德性的完成了的活动高于德性，它必定是赞誉的题材。我们也可能称赞一个没有完成依照德性的活动的人，"但至福的与幸福既在于这些事情（指完成了的活动和尚未完成的活动），又不在于这些，而是把这些事情包含于其中，就像幸福之于德性那样"（1367b34-36）。

所以，按照亚里士多德，区别在于，德性的事物应当得到称赞；完善的、完成了的实现这种比德性更好的善事物则应当得到赞誉。因为，人们称赞德性是以更好的善事物为参照的。

f 从"但是,探讨这些问题也许[是]更适合于那些……"(1101b34)到此处,亚里士多德回到幸福主题,再次阐明幸福属于荣耀的事物。他表明两点。

首先,基于第Ⅰ卷第7—11章的整个讨论,从幸福是神性的,幸福是灵魂的依照德性的实现,是比德性更好的事物这一点来看,幸福属于荣耀的、完善的事物。

其次,从幸福是一个本原来看,幸福也是属于荣耀的、完善的事物的,因为作为本原和原因,人们做所有其他事情都是为着它。

13

a 从"既然幸福是灵魂的某种依照完善的德性的实现,……"(1102a5)开始,在表明幸福或那个善是"依照德性的实现"并完成对幸福的讨论之后,亚里士多德转向对德性的讨论。这里是这个讨论的引论。在这个部分,亚里士多德阐述研究德性的必要性。他表明三点。

首先,既然幸福是灵魂的依照完善的德性的实现,研究幸福就必须研究德性,因为思考清楚德性的性质,才能更清楚地思考幸福。

其次,既然政治学是指向幸福并且重视使公民获得德性的,对德性加以透彻研究就属于政治学。

但是第三,所要研究的是人的德性,是人的灵魂的而不是身体的德性,因为幸福是灵魂的某种实现。

b 从"如果这些事情是这样的,……"(1102a18)到此处,亚里士多德借助医学的类比,讨论政治学研究人的灵魂的必要性以及研究灵魂的基本方法。他表明三点。

首先,政治学要研究人的德性就要研究灵魂。

伦理学与灵魂论的联系由此得到基本的说明。伦理学阐明幸福以及指向幸福的德性的原理。但要阐明灵魂的德性的原理就要研究灵魂。

其次,政治学要把灵魂作为一个整体来研究,就像医学要把人体作为一个整体来研究。

莱克汉姆(Rackham[1926],60)此处译作,"打算治疗眼睛或身体其他部分的人必须了解它们[即眼睛]的肌体组织"。他认为亚里士多德此处似乎在反驳"打算治疗眼睛的人也必须了解整个身体",后者是对柏拉图《卡米德》(*Charmides*)中观点的概括。不过从文意来看,这两种表达没有原则的不同。

其次,政治学要为着城邦获得幸福,为着使公民具有德性而研究灵魂,并且研究到灵魂的事情所容有的确定程度。

因为，政治学不是对于人的灵魂的更深入、更缜密的研究。这种更深入和更缜密的研究是通过所有那些理论的研究部分——形而上学、神学、逻辑学，以及灵魂学、物理学（或许，更适合的名称是自然学）、动物学——奠定其基础的。

c 外围课程的讨论（ἐξωτερικοὶ λόγοι）接近于第 5 章提到的 τὰ ἐγκυλία φιλοσοφήματα（普通哲学讨论）。关于对这两个短语所指的不同理解见第 5 章注。以斯图尔特（Stewart [1892]，I, 162）的看法，这两个提法的意义是接近的，但未必有文献或具体课程活动上的旨意。莱克汉姆（Rackham [1926]，62, n.b）则认为 ἐξωτερικοὶ λόγοι 的所指不甚同于 τὰ ἐγκυλία φιλοσοφήματα，后者指某种通俗性的哲学讨论活动，前者一般指亚里士多德学派的属于预备性的讨论的那些熟知的理论与论点，不过在此处可能特别是指雅典学院中的那些信条。鉴于亚里士多德使用不同的词汇来说明这类讨论，此处以"外围课程的讨论"来翻译 ἐξωτερικοὶ λόγοι。

d 从"而关于灵魂的一些要点……"（1102a27）到此处，亚里士多德讨论研究灵魂整体的事情的基本前提。他表明两点。

首先，先前已作为共识确定的要点应该当作出发点。

其次，在这些要点中，一个重要之点是灵魂分为两个部分：一个部分是有逻各斯的，另一个部分是反逻各斯的。

e 从"然而在那个反逻各斯的部分，……"（1102a27）到此处，亚里士多德讨论灵魂的反逻各斯的部分的第一个子部分——植物性的生命的部分。他阐述了三点。

首先，灵魂的反逻各斯的部分又包含两个子部分。第一个子部分是灵魂的植物性生命的部分，即营养和生长的部分。

亚里士多德对灵魂的详细讨论见他的《论灵魂》。在《论灵魂》第 II 卷（413a22-b13），亚里士多德把灵魂的"能力"区分为"营养""感觉""思想"和"运动"。在第 3 卷（432a26），他谈到灵魂在另一种意义上也被区分为有逻各斯的和反逻各斯的。在《尼各马可伦理学》此处，亚里士多德把这两种区分联系起来：灵魂首先被区分为有逻各斯与反逻各斯的两部分，在第二部分中他包含了"营养""感觉""运动"能力。

其次，灵魂的这个子部分的德性——良好的营养与生长活动，是人与所有从胚胎到发育充分的生命物共有的。

第三，这个子部分的活动及其德性在睡眠即不从事任何活动时实现得最充分。所以,它与一个人成为好人还是坏人关系最小。因此,它不是我们需要研究的人的德性。

f 必须把"有父亲的和朋友的逻各斯(τοῦ πατρὸς καὶ τῶν φίλων ἔχειν λόγον)"与"父亲"的(πατρὸς)"有逻各斯(ἔχειν λόγον)"区别开来,前者仅仅意味能够听从与服从父亲所拥有并作为劝告而提出的逻各斯。"父亲"的"有逻各斯",即灵魂的理智部分的"有逻各斯",在下文中被界定为"在严格意义上和在自身中[有]"的,"数学"的逻各斯,这是原本意义的"有逻各斯"。"儿子"的"有父亲的逻各斯",即灵魂的动物部分的"有逻各斯",则是非原本意义的、引申的"有逻各斯"。

g 从"而灵魂的另一个自然本性看来是反逻各斯,……"(1102b12)到此处,亚里士多德讨论灵魂的反逻各斯部分的第二个子部分——感觉的生命的部分。他阐述了五点。

首先,这个部分是反逻各斯的,但又以某种方式分有逻各斯。因为在这个部分里,有一个因素可以算是分有逻各斯的,另一个因素则是反抗着它的。

其次,这个反逻各斯的因素应当被看作是在逻各斯之外的另一个东西,它不听从逻各斯,而是反抗着它,就像身体的麻痹部分那样。但身体的麻痹部分抗拒逻各斯是可见的,灵魂中的这个反抗逻各斯的部分是不可见的。在不自制者那里我们可以清楚看到灵魂中这个因素的行动表现。

但是第三,这个部分又似乎分有逻各斯,因为在节制的人身上它跟随逻各斯,在自制者那里它听从逻各斯。

因此第四,结论是:灵魂的反逻各斯的部分有两个子部分:a)一个是在逻各斯之外反抗它的;b)另一个则是像一个人听从父亲那样分有逻各斯的。

第五,正是因为灵魂的反逻各斯部分的"欲求"部分的"听从父亲"意义上的分有逻各斯,劝诫、指责和激励才对灵魂发生作用。

h 从"但是,如果必须表明这个部分是有逻各斯的,……"(1103a2)到此处,亚里士多德顺带谈到灵魂的有逻各斯的部分。

亚里士多德表明,如果灵魂的反逻各斯部分的"欲求"部分应当被说成是分有逻各斯的,那么灵魂的有逻各斯的部分就有两个部分:一个是在严格意义上具有逻各斯的,另一个则是在"听从父亲"的意义上具有逻各斯的。

罗斯(Ross 1925[Brown 1980], 27, n.1)说,在英语中不可能准确地说出 λόγον ἔχειν(有逻各斯),只能译成 have a rational principle(有理性),或 take account of(考

虑), account for（提出说明）。我采取音译 λόγος 的方式，在这里不再转换成其他的英文词汇来表达，以保留这个希腊词汇的原始含义。亚里士多德此处的讨论是说明灵魂的欲望感情的部分与逻各斯的关联。他认为，那个反逻各斯的部分（欲望）只在它能服从理智向它提出的一个逻各斯的意义上，就像许多人能够考虑父亲的劝告那样，分有逻各斯，而不是说它能够提出一个逻各斯或自己具有逻各斯。

亚里士多德对灵魂的在严格意义上的有逻各斯部分的详尽讨论见《尼各马可伦理学》第 VI 卷。

i "伦理习性（ἦθος）"，指一个人基于习惯而形成气质、性情、性格。亚里士多德在这里把它区别于下文在谈到我们称赞智慧时依据的"品性（ἕξις）"，并暂时搁置了一个人既需要借助习惯又必须通过实践地学习才能获有的"伦理品性"。

ἦθος 来自中性名词 ἔθος（习惯），最终来源于动词 τίθημι（置放）的不定过去时态，根源上的受动性明显。ἕξις 最终来源于动词 ἔχω（获有），是被置放得好而获有的性质与倾向，作为最高阶的"能（δύναμις）"，其被动的根源已隐而不见。

按照亚里士多德的用法，ἔθος（习惯）指 a）一个人自身生活的，b）一个人与另一个或另一些人的共同生活的，因而 c）一个人群的生活的惯常方式与习惯；ἦθος（伦理习性）是指由于习惯而形成的特属于一个人，特属于一个人与其他人的共同生活活动，特属于一个人群的生活活动的特有文化属性。

j 从"德性也依据这个区别来区分：……"（1103a4）到此处，亚里士多德依据对灵魂的两个部分的分析讨论灵魂的德性的分类。他表明两点。

首先，德性分为两类：a）伦理习性的德性（τὰς ἠθικὰς），如慷慨、节制，在下文中将简称为"伦理[的]德性"；b）理智的德性（τὰς διανοητικὰς），如智慧、理解和明智。

第二，在理智的品性中（τῶν ἕξεων），只有那些值得称赞的（τὰς ἐπαινετὰς）品性才被视为德性。因为，称赞是对于德性的（《尼各马可伦理学》1101b32，《大伦理学》1197a17）。在理智的品性中，努斯属于荣耀的事物（《大伦理学》1183b21-23），不是称赞的对象；科学不是德性而含有德性（《大伦理学》1197a17），技艺（《尼各马可伦理学》1140b21）亦然，也都不适合于称赞。而明智（1197a16-19）则自身就是德性，智慧（1197b5）亦然。所以，在理智的品性中只有智慧与明智值得称赞。

格兰特（Grant［1885］，I, 479）认为，亚里士多德在此处正在发现伦理德性与理智德性之间的区别，但他又把"德性"一词既用于伦理领域又用于理智领域，而就本能来说，人们是倾向于把德性与称赞仅仅用来说伦理德性的。他举证《大伦理学》，因为那里有一句话,"正是基于这种(伦理习性),我们才被说成值得称赞的,但没有一个人的被称赞是基于有逻各斯的部分的德性的,因为没有一个人由于智慧和明智而受称赞"(1185b9-11)。他认为这段话表明在漫步学派内部,可以看到在这个问题上的一种发展。

格兰特说得是对的。《尼各马可伦理学》的确把"可称赞的"性质同时用于伦理德性与智慧和明智两种理智德性。《大伦理学》的某些作者或编辑者也可能的确在试图那样地表明"可称赞的"性质仅仅与伦理德性有关,而与理智的品性无关。但是,《大伦理学》其他一些地方,我们也读到与这个看似在有意表达的看法相反的表达。例如在一处,我们读到,"明智似乎是德性,而不是科学,因为明智的人值得称赞,而称赞是对于德性的"(1197a16-17)。另一方面,亚里士多德在这部分文字中也的确在表明,作为可称赞的德性,伦理德性依然有别于智慧与明智两种理智德性。因为,我们称赞一个人的伦理德性时把它们看作与"伦理习性"相关的,这意味着那些德性即使是稳定的,也只具有从习惯、习性而来的稳定性,因而只是就"大多数情况"而言的,而我们称赞一个人的智慧与明智时则直接就那种理智品性本身来称赞他,因为他的那种品性似乎是不变化的。

我们也许可以得出这样的看法:《尼各马可伦理学》把"称赞"同时用于伦理德性与智慧和明智两种理智德性,但是在我们称赞这两类德性的方式有所区别。《大伦理学》总体地看是在试图把"称赞"限定于伦理德性,它在另一些地方也明确地说明智是值得称赞的理智德性,并且也没有否认智慧值得称赞。《大伦理学》的作者或编辑者(可能不止一人)在"两种德性是否都是'可称赞的'"这个问题上观点并不完全一致。

卷 II

1

a διανοητικῆς（理智的）是阴性单数名词 διανοία（理智）转出的属格形容词。διανοία 一词是由介词前缀 δια-（通过，由于）加 voία（来自名词 voῦς [努斯，阳性名词，基本意义是"思想"] 的一个变化形式）构成，所以，διανοία 是派生于名词 voῦς 的。

亚里士多德通常在既有联系又有区别意义上使用 διανοία 和 voῦς。在这种关联中，voῦς 的一个对照的意义是思想原因和本原，是最初的不动的推动者；διανοία 是人所分有的那部分的思想的思想性的活动，是思想的伸展、延伸，和引向对具体对象物的思考。διανοία 主要是推理性的，但由于其来源与自身性质，它能够把握事物的本原，并以理解和把握事物的"所是"或真实本质的方式，把思考推向一个具体结论。思考引出的判断，以语言表达出来，就是 λόγος。所以，灵魂的"有逻各斯"的部分，就是"有努斯（voῦς）"或"有理智（διανοία）"因而能思考并形成具体判断的部分。在理智的活动都是思想性的活动这种意义上，努斯是理智德性的原因。理智德性是理智通过教导与学习获得发展而实现的品性。

ἠθικῆς（伦理的）是中性名词 ἦθος（伦理习性）转出的形容词，阴性属格。ἦθος 来自中性名词 ἔθος（习惯）。ἦθος（伦理习性）是指由习惯而形成的特属于一个人，特属于一个人与其他人的共同生活活动，特属于一个人群的生活活动的特有文化属性。伦理习性由于是因人、因人群在独特的地理、气候与社会的、政制的环境下形成的，不可避免地嵌入了历史地经过文化的过程而容纳进来的地域性、独特性和变化性等偶性属性。

按照亚里士多德，理智德性主要通过教导产生和生长。与理智德性不同，伦理德性则要靠一个人通过"实践的学习"，即通过运用使其灵魂能力良好实现，才获得，并使这种实现成为灵魂的实践习惯，才能生长和获得力量。而由于它以这种方式与"习惯"相关，它的名称，亚里士多德说，也从"习惯"这个词借助微小的变化而来。本章的主要部分是亚里士多德基于对这两种德性的上述区别对伦理德性做出的阐述。

由于 ἦθος（伦理习性）这个词汇后来被罗马人翻译为 moralis，后者又在现代拉丁语中被表达为 moral(e)（伦理，道德，通常汉译为"道德"），这个术语在中文中传统地形成了"道德"与"伦理"两个译名。我在商务印书馆版(2003)版中把它翻译为"道德"。这两个译法，一个直接对译希腊词汇 ἦθος，另一个对译拉丁语词汇 moralis，都有其根据。如果从它的来源词汇 ἔθος 来表达，并考虑亚里士多德本书的书名"Ἠθικῶν Νικομαχειῶν (Nichomachean Ethics)"，以"道德"来翻译 ἦθος，适合采取 ἔθος（习惯，habit）——ἦθος（道德, moral[e]）——ἠθική（道德的, moral）——Ἠθικῶν（道德哲学, Moral Philosophy）的译法；以"伦理习性"来翻译 ἦθος，适合采取 ἔθος（习惯，habit）——ἦθος（伦理习性, ethical attribute[s]）——ἠθική（伦理的, ethical）——Ἠθικῶν（伦理学, Ethics）的译法。

何博超副研究员与田书峰副教授都曾建议，对 ἦθος（伦理习性）和 ἠθικῆς（伦理的）的翻译应当与对本书书名中的 Ἠθικῶν（在书名中译为"伦理学"）的翻译一致。我在这里采纳这一建议，将 ἦθος 从先前翻译为"品质"（作为 ἕξις［先前译作"品质"，在这里译作"品性"］的替换词）改译为"伦理习性"；将 ἠθικῆς 从先前译为"道德的"改译为"伦理的"。这样地读《尼各马可伦理学》应当更顺畅一些。

b 亚里士多德这里所说的"微小的演变", μικρὸν παρεκκλῖνον, 指 a) 从中性名词 ἔθος（习惯）转出中性名词 ἦθος（伦理习性, 伦理习俗），以及 b) 从 ἦθος 转出其阴性形容词 ἠθική（伦理的）的语音与语义上的变化。首先，从 ἔθος 到 ἦθος 变化。在语音与使用的字母上，主要变化要素是短元音 ε 加长强化为 η。随着这种变化，ἔθος 的原本的、一般意义上的"习惯"义虽仍然保持，但已变得暗淡。一些较衍生出来的具体意义，如某人的习惯，某地某人群的习惯，以及所说的人在某件事上的习惯，融入进来，并且被看做是非常重要的；而这些特别的具体习惯，作为稳定呈现出来的标识着某个人、某个人群的东西，也就自然地被看作是他们的特定性情气质的表征。随着 ἦθος 的词义在用法上的这种转变，这个词汇也就被看作是指称特定个人或人群在惯常地以那种习惯、在那些场所活动时所表现出来的气质性情方面的伦理习性。所以，从 ἔθος 到 ἦθος 虽然没有引起词性上的变化，但是古代希腊人赋予了它一种语义上的重要变化：在 ἦθος 这里已经引申出了在它的来源词 ἔθος 那里还没有的"伦理"的意义。

其次，从名词 ἦθος 到形容词 ἠθική 的变化。这一变化的语音与字母上的变化是：ἦθος 的短元音 ο 置换成为短元音 ι, θ 浊化为 κ, 同时，重音转移到尾音节元音 ή 上，尾辅音 ς 消失。伴随着这些语音元素上的变化，名词的 ἦθος 变化成为形容词的 ἠθική，词性也随之从中性改变为阴性。值得注意：在这个联系中，亚里士多德并没有采用从中性的名词 ἦθος 直接引申出中性的形容词 ἠθικόν，而且，在这个形容词的阳性形式 ἠθικός 与阴性形式 ἠθική 中亚里士多德选择了后者。这表明亚里士多德想赋予 ἠθική

这个形容词说明复多的伦理习性的功能。这种词性与语义的变化使 ἠθική 的意义也更趋丰富、具体：在名词 ἦθος 的性情气质性的"伦理"的意义基础上，ἠθική 衍生出一种能更为灵活地表征特定个人与人群的多样而各异的"伦理"的限定的与谓述的意义。

c 从"那么，德性就是两种：理智的和伦理习性的，……"（1103a14）开始，也从这一章开始，在概括地谈到对德性的研究与对灵魂的研究的关系，以及德性分类与灵魂分类上的一致性之后，亚里士多德开始讨论德性。在这一章，他讨论德性的原因。在这个部分，亚里士多德再次阐述上章结尾处关于德性分类的结论，并分别表明它们各自的原因。他阐述两点。

首先，德性分为两种：理智德性与伦理德性。

其次，它们各自的原因不同：a）理智德性通过教导而产生和生长，所以需要经验与时间。b）伦理德性由于要借助习惯而生长并获得力量（ἐξ ἔθους περιγίνεται），因而从"习惯"一词"借助微小演变"而得名。

d "是者（τὰ ὄντα, τῶν ὄντων）"，即以特定状态与方式"是着"的事物，从亚里士多德形而上学的核心术语"是（τὸ ὄν）"变化而来。亚里士多德对"是（τὸ ὄν）"的界定与说明见《形而上学》第 V 卷第 7 章。对于亚里士多德的"是（τὸ ὄν）"的汉译，大陆哲学界形成了基于"是"的，基于"在"（存在）的，和基于"有"（存有，持有）的翻译几种。我在这个版本中采用基于 ὄν 的动词根源的"是"的译法。

e 从"那么显然，在伦理习性的德性中没有一种［是］自然在我们身上［造成］的；……"（1103a18）开始，亚里士多德把讨论的重点放在伦理的德性，着手论证"伦理德性要先运用才获得，并要借助习惯而生长并获得力量"。首先他做出一个驳论——"伦理德性不是由自然造成"，作为预备性讨论。这个讨论包含两个部分。这里是第一个部分，他给出断言"伦理德性不是由自然造成"的第一个理由。亚里士多德表明三点。

首先，没有一种伦理德性是由自然造成的。

其次，由自然造成的是者不可能通过习惯变得别样。例如，石头由于自然而向下运动，不可能被习惯改变向上运动；火由于自然是向上运动，也不可能通过习惯变得向下运动。

因此第三，结论是：伦理德性不是出于自然的。我们是由于自然而能接受它们，通过习惯而完善它们。

讨论的背景是柏拉图的《美诺》。柏拉图在那里（70a）问：德性是由他人教授获得的（διδακτὸν），向他人学习获得的（μαθητόν），通过训练而获得的（ἀσκητόν），还是由于自然（φύσει）或通过某种别的方式（ἄλλῳ τινὶ τρόπῳ）而变得这样的？

"由自然（φύσει）"造成，含有由自然而发生、起源、而造成本性等等意义。在《物理学》中，亚里士多德把"自然（φύσις）"界定为内在于"动物、植物和基本元素"之中的引起"某种变化和静止的本原和原因"（192b8-10, 21-23）。通常可以把亚里士多德意义上的自然理解为 a）事物的质料基质含有的、引起它的变化、静止的那种原因，以及 b）属于那种事物的由那种原因造成的东西。我将在凡不致引起误解的地方，在英语形式上把译为 nature，在汉语上把它译为"自然"。

亚里士多德在这里提出了与柏拉图不同的看法：伦理德性既不是由传授、向他人学习、某种训练而获得的，也不是自然造成，而是通过柏拉图提到的"某种别的方式"，即通过"运用"地学习，而获得，并"借助习惯而生长并获得力量"（ἐξ ἔθους περιγίνεται）的。

f 从"其次，那些由于自然而在我们身上产生的东西，……"（1103a27）到此处，亚里士多德给出断言"伦理德性不是由自然造成"的第二个理由。他阐述了两点。

首先，由自然造成的能力，我们自然就拥有，不是通过运用才获有的；而伦理德性，我们则是要先去"运用"地学习，就像技艺的情形那样，先去努力实现，即做学习了才会去做的那些事，才获的。

以这样的方式，亚里士多德就同时表明，先去努力实现，先去做学习了才会去做的事情，是获得伦理德性的原因。

其次，所以立法者都努力通过塑造习惯使公民变好，好的政体就是在这点上做得成功的政体，坏的政体则相反。

g 欲望（ἐπιθυμία），亚里士多德灵魂论与伦理学的重要概念，指对于与肉体生活有关的那些快乐，例如，对于性快乐和与食欲相联系的那些快乐的主观趋向。在亚里士多德的用法中，ἐπιθυμία 是人的灵魂的更广泛的欲求（ὄρεξις）能力中的一种，正如肉体快乐是快乐的一个特殊的部分一样。按照亚里士多德，灵魂的其他两种欲求分别是激情（θυμὸς）和愿望（βούλησίς）。

h 从"此外，所有德性都因为同样一些事物，……"（1103b22）到此处，亚里士多德接续对伦理德性不同于自然赋予的能力，要先运用才获得这一点，继续论证"伦理德性要借助习惯而生长并获得力量"。他阐述了两点。

　　首先，像技艺一样，伦理德性既养成于也毁灭于同样一些事物。a）在技艺方面，好的建筑师与蹩脚的建筑师都是通过建筑活动而来：好的建筑师出自好的建筑活动而来，蹩脚的建筑师出自蹩脚的建筑活动。但建筑活动是同一种活动。所以，在技艺方面可以有传授者：他们传授含有那种技艺的好的活动。b）在伦理德性方面，正义的人与不正义的人都通过交往，勇敢的人与懦夫都通过面对可怕的事情时的行为与内心感受方式，节制的人与放纵的人都通过在与肉体快乐有关的事情上的行为，而成为那样的人。

　　因此第二，结论是，我们是由于同一种活动的实现的样式（ποιὰς），而不是由于不同种类的活动，而获得德性或失去获得德性的机会的。所以，我们a）"应当使那些实现呈现为特定样式的"（1103b8）；并且b）从小养成以好的方式完成一种活动的习惯，因为"品性就跟随实现上的这些区别而来"。

2

a　亚里士多德在这里表明，在对伦理德性的研究方面，"为着思辨的（θεωρίας ἕνεκά）"研究是为着看清楚（εἰδῶμεν）德性是什么，是研究德性的不变的本质，实践性的研究则是为了我们成为好人而研究我们应当怎样去做；思辨的研究是思辨的（理论的）努斯（τοῦ/ θεωρητικοῦ [νοῦ]）的活动，为了我们成为好人的思想性的活动是实践的努斯（ὁ πρατικός [νοῦς]）的（《论灵魂》433a14-15）活动。这两个部分，亚里士多德在《尼各马可伦理学》第 VI 卷（1139a7-9,12-13）说，又可以分为科学的（知识的，ἐπιστημονικόν）和推理的（λογιστικόν）两部分：科学的部分思考其本原不变的事物；推理的部分思考其本原容有变化的事物。对于德性的实践性的研究是实践的努斯的推理的研究，它只有作为这样研究才对我们成为好人有帮助。

b　1103a31-b25。

c　从"因此，既然现在在做的事情不像其他事情那样是为着思辨的，……"（1103b26）开始，在表明两类德性的各自的原因，将讨论的重点放在伦理德性，表明"伦理德性要先运用才获得，并要借助习惯而生长并获得力量"，并表明伦理德性生成于也毁灭于同样一些事物之后，亚里士多德在这一章讨论是怎样的实践造成以及毁灭伦理德性。在这个部分，作为引论，他阐明了三点。

首先,当前的研究的性质:它不是为着思辨的,而是为着我们成为好人的。

所以其次,这个研究因此必须去研究实践方面的事情,研究怎样去做才是应当的、正确的。

因为第三,这些事情决定着我们的品性将是怎样的。

d 在这里,亚里士多德第一次谈到"正确的逻各斯（τὸν ὀρθὸν λόγον）"。格兰特（Grant［1885］, I, 487）指引我们参照注意柏拉图在《斐多》使用了这个短语,柏拉图在那里说,"没有灵魂会按照正确的逻各斯（κατὰ τὸν ὀρθὸν λόγον）［去做］而分有恶"（94a）。亚里士多德使用这个术语非常可能与《斐多》篇有关。亚里士多德在这里说"要按照正确的逻各斯去做"是"共同的（κοινὸν）",很可能是指这是吕克昂学园甚至也包括柏拉图学园的哲学家们的共同看法。

格兰特（Grant［1885］, I, 487）指出,τὸν ὀρθὸν λόγον 在这里欠缺明确性,最好不译作"正确的逻各斯"。他的根据主要是在于逻各斯一词具有多义性。格兰特并且认为,亚里士多德在这里使用它只是在一般地谈论理智的原则或原理。斯图尔特（Stewart［1892］, I, 173-174）赞同他的意见,认为这表明亚里士多德在这里只是在做一个逻辑的抽象,而不是在谈论具体的"正确的逻各斯"。

在这里,亚里士多德这里所说的"要按照正确的逻各斯去做"似乎指向他接下去要阐述的要求——在每件事上避免错误的两端而选取相对于我们的那个适中状态,如果把这个德性的实践性的要求看作"总体上讲的逻各斯（τοῦ καθόλου λόγου）"［1104a6］,说"按照正确的逻各斯去做"是"共同的看法"也许具有合理性。

但是,如亚里士多德自己后来（1138b25, 31-32）所说,这个说法仍然"不很明确",因为它并未明确地确定"正确的逻各斯是什么,以及它的边界在哪儿"。亚里士多德在后面的第 VI 卷第 13 章才明确地说,在实践事务上,明智（φρόνησις）,即实践理智的德性或实践性的理智德性,就是"正确的逻各斯","正确的逻各斯"就是按照明智而说出来的逻各斯（1144b24-29）。

e 1140a25-b30, 1144b1-1145a12。

f 1094b12-27。

g 从"因此,'要按照正确的逻各斯去做'先要被作为共同的［看法］定下来……"（1103b33）到此处,亚里士多德讨论研究实践的预设（原理）与方法。他阐述了四点。

首先,"要按照正确的逻各斯去做"要作为共同的看法确定下来,要作为研究实践的性质的前提。

第二,应用政治学研究的方法原则:"总体上讲的逻各斯(τοῦ καθόλου λόγου)"只能是概要的、不精确的。因为 a)实践方面的事情与利益的事情不含有确定不变的东西;b)那些逻各斯要符合这些题材。

第三,"有关具体事情的逻各斯(ὁ περὶ τῶν καθ᾽ ἕκαστα λόγος)"就更加是概要的和不精确的。因为 a)那些具体事情不属于 i)与技艺有关的事情,和 ii)可以确定规则的事情,且 iii)实践者必须自己去掌握相关于时机的细节(τὰ πρὸς τὸν καιρόν),就像在医疗与航海上那样。

但第四,尽管对实践的研究是这样困难的,我们还是要尽力对实践的研究有所帮助。

h 从"因此,首先必须来思考这样一点,……"(1104a12)到此处,亚里士多德借助与体力和健康的类比,说明造成伦理德性的实践是怎样的。他阐述了两点。

首先,显见的事实是,体力与健康都自然地被过度与不及的行为活动损害,而被适合的行为活动保持和加强:过度的与过少的锻炼都损害体力,适度的锻炼则保持和加强它;过多的与过少的饮食都损害健康,适量的饮食才造成和加强健康。

所以第二,伦理德性自然地倾向于被不及与过度所毁灭,为适度状态所保存:在经受可怕事物方面,所有事情都害怕而不能坚持就成为懦夫,所有事情都不害怕而迎面而上就成为莽汉,适度的状态一个人成为勇敢的人;在快乐方面,所有快乐都躲避使人变得冷漠,所有快乐都沉溺则使人变得放纵,适度状态使一个人成为节制的人。

i 从"但是,不仅它们的产生、成长与它们的毁灭都出于这同样一些事情,……"(1104a27)到这里,亚里士多德继续借助与体力和健康的类比,表明养成习惯的伦理德性也造成同样的行为。他阐述了两点。

首先,我们通过适合的锻炼与饮食而保持和加强体力和健康,我们变得有体力和身体健康就最能够(μάλιστα δυνάμεθα)做保持和加强体力和健康的事情。

所以第二,我们通过避开两个极端而命中适中状态的实践而养成伦理德性,我们养成的伦理德性也让我们最能做出同样的行为。我们通过在快乐方面做到节制而成为节制的人,成为节制的人我们最能做出节制的行为;我们通过培养自己经受可怕的事物而成为勇敢的人,成为勇敢的人我们就最能经受可怕的事物。

3

a 从"然而,跟随着活动的快乐或痛苦……"(1104b4)开始,在表明是怎样的实践造成和毁灭伦理德性之后,亚里士多德这一章讨论为什么"[伦理]德性与快乐和痛苦相关"。在这个部分,亚里士多德提出这一著名论断,并给出论据以及支持其论据的观察示例。他做了三件事。

首先,他阐述这个论点:我们是否已经具有伦理德性,可以通过跟随着活动的快乐或痛苦来识别和判断。

其次,他给出做出这一论断的理由:"依照德性的"实践活动与快乐和痛苦密切相关。

因为,既然我们要通过这样的实践获得伦理德性,我们是否具有伦理德性也就可以通过跟随着实践活动的快乐或痛苦来识别。阿奎那(Aquinas, *Notes*, comm. 265)解释说,我们通过伴随"依照德性的"实践活动的快乐与痛苦识别伦理德性是否已经形成。

第三,他给出支持他的论据的两个可观察的例子。

a)在面对快乐的事物方面,通过"远离"过度的快乐养成"节制"品性的人在做出"节制的"行为时是快乐的,没有这样地养成"节制"品性的人则感受不到这类快乐,而是感到烦恼。因此,在做节制的事情时感到快乐的人是节制,感到烦恼的人是放纵的。

b)在经受可怕的事情方面,通过经受住可怕事情的实践养成"勇敢"品性的人在经受这样的事情时是快乐的或不感到痛苦的,没有这样地养成"勇敢"品性的人则感到痛苦。因此,在经受可怕的事情时感到快乐或不感到痛苦的人是勇敢的,感到痛苦的人是怯懦的。

亚里士多德以这种方式表明,"伦理德性是相关于快乐和痛苦的"。

因为,伦理德性作为灵魂生成的"品性(ἕξις)",是在一个人"自身之内的作为另一物"的"能(δύναμις)",是人的最高阶的"能",它 a)让人"依照德性"行动,并且 b)由于这种品性,一个人在这样做时会感到愉悦。而一个还没有养成这样的品性的人,由于那种"逻各斯"的力量似乎是外在的,在"依照德性"去做一件事时不会感受这种愉悦,相反会感到烦恼。我们因此可以依据所伴随是快乐还是痛苦识别德性的品性是否已经形成和确立。

b 从"因为,我们由于快乐而去做那些卑贱的事,……"(1104b10)到这里,亚里士多德给出"[伦理]德性与快乐与痛苦相关"论点的第一个理由——正确的教育就在于通过实践习惯培养正确的快乐与痛苦感受。他表明两点。

首先,在养成伦理德性之前,我们由于快乐而倾向去做卑贱的事,由于经受可怕事物的痛苦而远离高尚的事。

因此第二,正确的教育是养成对应该感到快乐的事感到快乐,对应当感到痛苦的事感到痛苦,并且像柏拉图所说(《法律篇》653a-c),从小养成这样的倾向。

c 从"其次,如果德性是相关于实践与感受的,……"(1104b14)到此处,亚里士多德给出该论点的第二个理由——德性相关于所有实践与感受,而所有这些都相关于快乐与痛苦。他表明两点。

首先,既然德性相关于实践与感受,快乐与痛苦又跟随所有感受与实践,德性的培养就相关于快乐和痛苦。

其次,正因为伦理德性与快乐与痛苦的密切相关,人们也用快乐与痛苦来作为对做错的行为的惩罚手段。

因为,不仅最初的正确教育通常包含使用某些惩罚作为引导,而且养成的恶性总体地必须以惩罚的实践来矫正。因为,当快乐使一个人去做了错事时,人们通过惩罚,即通过对他施加痛苦,才能使他认识到那是错误的并在以后努力去改正。这类似于身体疾病的"治疗(ἰατρεῖαι)"。治疗是为着一个生病的身体去除那种疾病并恢复到健康状态的特殊实践。疾病的治疗以施加相反物来发挥作用。例如在治疗发热时,用冷来降温治疗。品性的矫正也是为着矫正灵魂的一种恶性而使其回复到正常状态的实践。与疾病的治疗一样,品性的矫正也是要通过施加与造成那种恶性的原因相反的事物来起作用。所以,如果一种恶是由于沉迷过度的快乐造成,矫正的手段便是施加痛苦。人们这样地使用快乐与痛苦,由此可知它们与德性有关。

d 从"第三,如我们前面说过的,……"(1104b19)到此处,亚里士多德给出该论点的第三个理由——自然的快乐与痛苦倾向的发展将毁灭德性。他表明三点。

首先,伦理德性相关的事情都是人自然地(τὴν φύσιν)会倾向于去追求,并且因为他们追求的方式而自然地会变得更好或更坏的事情。一个基本见证就是,坏人都是由于追求不应当的快乐,躲避不应当的痛苦,或者以不应当的方式等等追求或躲避那些快乐或痛苦,而成为坏人的。

因为,灵魂的品性,伦理德性作为其中一部分,是在那些事情"总体上不承受或不易受到损害或不易被引至恶化"(《形而上学》1019a28-29)的"能(δύναμις)",是灵魂的最高阶的"能"。但是由于人的自然倾向,它不易于培养。灵魂能实现(获有)伦理德性,也能相反地去形成恶性。

第二,由于灵魂可能因为那些事情向坏变化,有人因此就错误地把德性笼统地界定为"某种不动心"和宁静。

阿奎那(Aquinas, *Notes*, comm. 272)认为,"某种不动心(ἀπαθείας τινὰς)"指的是斯多亚学派的观点。罗斯(Ross 1925[Brown1980],32)和莱克汉姆(Rackham[1926],80)认为此处是指斯彪西波(Speusippus),斯图尔特(Stewart[1892],I,180)和韦尔登(Welldon[1902],39)认为是指昔尼克学派。这里指斯彪西波及其追随者的可能性较大些。斯彪西波以不动心为善(στοχάζεσθαι τοὺς ἀγαθοὺς ἀοχλησίας)。不过这的确是希腊时代许多哲学家的观点,例如德谟克利特(Democritus),以及昔尼克学派、斯多葛学派,等等。

第三,我们则从具体的应当方式方面表明德性是能伴有快乐与痛苦的那些事情方面做出最好行为的品性。

我们不应当笼统地主张"不动心",而应当在所说那些事情上培养应当的快乐与痛苦感受,并警觉那些自然的快乐倾向的发展。

e 从"此外,对于我们,……"(1104b29)开始,亚里士多德转而从实践者培养伦理德性的困难方面说明为什么伦理德性与快乐和痛苦相关。到此处,他举出第一个主要的困难——德性的培养涉及到我们在非常广泛的事物上的快乐倾向。他表明三点。

首先,人们追求的事物有三种:高尚的事物、有利的事物、快乐的事物;人们躲避的事物也有三种:卑贱的事物、有害的事物、痛苦的事物。

其次,所有这些事物都显得愉悦,并且基于人与动物共有的自然倾向,人们因为它们显得愉悦而去追求它们。这种倾向也因此形成习惯,成为灵魂中根深蒂固的生成物。

因为,多数人并不去研究显得快乐的事物自身的性质。他们只追求显得愉悦快乐的事物。因而,"显得快乐"成为一事物被欲求的原因。

第三,因此在这些事情上,好人做得正确,坏人都做得错误。

f 从"第五,快乐从儿时就伴随我们所有人一起成长;……"(1105a2)到此处,亚里士多德举出第二个主要的困难——这种基于自然倾向的快乐习惯是从人儿时就形成的,因此难于克服。他表明三点。

首先,这种对待显得愉悦快乐的事物的习惯从儿时起就根植于我们的生命之中,成为我们难以摆脱的内在倾向。

其次,这个困难还因为人们只能以快乐与痛苦来衡量实践,来矫正错误的行为(尽管程度因人而异),而得到加强。

因而第三,一个人是以好的还是坏的方式感受快乐和痛苦绝非小事,因为它与我们是否能够培养伦理德性密切相关。

g 激情(θυμός,也译怒气、脾气)是亚里士多德从柏拉图接受来的一个概念,是他的灵魂论与伦理学的重要概念。

柏拉图将激情作为灵魂的三个主要构成部分之一,认为激情是基于感觉的,既具有反逻各斯性质,又具有听从逻各斯的特点。亚里士多德采用了这个术语。但是,尽管激情在《论灵魂》中被作为人的灵魂的欲求(ὄρεξις)的三种形式(欲望、激情、愿望)之一而得到阐发,它在《尼各马可伦理学》并不具有重要地位。在《尼各马可伦理学》中,感受(πάθη, πάθος)似乎替代了"激情",但同时,感受又被明确地表明了它的受动性来源,这使它作为欲求的性质暗淡了。同时,激情作为欲求的主动性质被转交给欲望(1102b30-31)。这似乎表明亚里士多德对柏拉图的说明方式持有保留。

引语指向赫拉克利特(Heracleitus)《残篇》(*Fragments*)105。原话是:困难的是战胜激情(莱克汉姆说,激情(θυμῷ)在荷马(Homer)史诗的意义上也就是欲望)(Rackham [1926], 82),无论你想从这种胜利中获得什么,都要以灵魂的损失为代价。这在亚里士多德的时代可能是流传甚广的名句。亚里士多德在《欧台谟伦理学》(1223b23)和《政治学》(1315a30)中都引用了赫拉克利特的这句话或类似的话。

h 从"第六,战胜快乐比战胜激情更难,……"(1105a8)到此处,亚里士多德引证赫拉克利特,举出培养灵魂的伦理德性的第三个主要的困难——战胜快乐比战胜其它事物更为困难。他阐述了三点。

首先,战胜快乐比战胜激情更难。战胜激情所以困难,是因为它力量强大。我们不可能战胜激情而让灵魂无损,赫拉克利特这样认为。但欲望更经常、更自然,并且更持久(Aquinas, *Notes*, 278)。因而战胜欲望显然比战胜激情更困难。

因而其次,德性与技艺共有一个特性:它们都与比较困难的充满变化的事情相联系。此外,由于这一特性,由于不是由自然造成的,德性与技艺都是要通过某种训练,通过先去那样去做那些事情,才能学得。

因此第三,对德性的整个研究都必然与快乐与痛苦相关,并且也因为这样德性必须联系快乐和痛苦而得到研究。因为,一个人在运用这些事情方面[做得]好就将是好人，[做得]坏就[将是]坏人。

i 从"所以，这样说吧：……"（1105a14）到此处，亚里士多德总结他在这一章的讨论的两个要点，以及在上一章讨论的一个相关要点：a）德性相关于快乐和痛苦；b）德性在相关于快乐和痛苦的事情上生成、加强，但同样也在这些事情上——如果做得相反的话——毁灭；c）从"依照德性"的实践产生的德性也反过来造成同样的活动。

4

a 从"但有人可能困惑，……"（1105a17）到此处，在表明伦理德性生成并毁灭于实践以及这个实践与快乐和痛苦密切相关之后，亚里士多德在这一章从"德性是什么"主题岔开，举出普通人的一个疑问，并澄清这个疑问。在这个部分，他给出这个疑问。它包括两个相关要点。

首先，疑问在于：我们在何种意义上可以说，做正义的事就成为正义的人，做节制的事就成为节制的人？

因为其次，通常的理解是：一个人是正义的/节制的人，才能做出正义的/节制的事，是正义的人在先，做出正义的事是其效果。所以，一个人如果做出正义的/节制的事，他就已经是正义的/节制的人。这就像一个人说出正确的语句就已经是（εἰσί）文法家一样。

但如果这样，我们就没有理由说，一个人要通过做正义/节制的事而"成为（γίνεσθαι）"正义的/节制的人。

b 从"或者，技艺方面的情形并不是这样？……"（1105a22）到此处，亚里士多德反驳这一质疑，并指出德性与技艺的第一个区别。他表明两点。

首先，我们不能说，一个人说出正确的语句就成为文法家，尽管我们在某种意义上可以说，一个人做正义的/节制的事就成为正义的/节制的人。

因为其次，一个人可能通过碰巧或经别人指点而说出正确的语句，但他并不会因此就成为一个文法家；而一个人不可能通过碰巧或经别人指点而做正义的/节制的事，因此也不可能因此就成为一个正义的/节制的人。

c 从"其次，基于技艺的东西也与基于德性的东西不同；……"（1105a26）到此处，亚里士多德继续指出德性与技艺的第二个主要区别。他表明三点。

首先,"由技艺生成的东西(τὰ ὑπὸ τῶν τεχνῶν γινόμενα)"不同于"依照德性生成的东西(τὰ κατὰ τὰς ἀρετὰς γινόμενα)"。因为,"由技艺生成的东西"有"那个好(τὸ εὖ)",通过好的制作,进入其中,从而,使一个被制作物具有了"那个好"就使它成为"由技艺生成的东西";"依照德性生成的东西"则没有"被实践者","那个好"只在于"实践者"是以特定的样式那样做的,即只在于实践者自身具有某种性质。

进一步地说,"好实践"的"那个好"仅在于实践者自身的三个特性:即他是 a)知道地(εἰδώς), b)出于选择且因为那件事自身之故而出于选择的,且 c)以一种稳定的和不变的方式,那样去做的。"好实践"的实践者自身要具有的这三个特性,就是"先去努力实现"(1103a32)也即"像有德性的人那样地"去行动或实践(1105b8-9)的三个原理。

第三,对于技艺品性的获得,这三个特性唯有"是知道地"是需要的,其他两条都不起作用或作用很小;对于德性品性的获得,则"是知道地"是需要的但作用较小,其他两条则起主要的甚至全部的作用。

d 从"因此,所做的事被称为正义的和节制的,……"(1105b5)到此处,亚里士多德引出这一章的讨论的结论。他表明三点。

首先,正义的/节制的人是知道地,但更重要地是因其自身之故而出于选择地,并以一种稳定不变的方式去做正义的/节制的事的。

其次,一个尚未养成正义/节制品性的人要先这样地去做正义的/节制的事,坚持去做并养成习惯,就成为正义的/节制的人。

所以,的确可以说"做正义的/节制的事就成为正义的/节制的人",因为不这样地开始去做这些事就没有人能成为一个好人。

这个结论意味,"像有德性的人那样[地行动或实践]"是伦理德性的原因。

e 从"但是,多数人不是这样去做这些事,……"(1105b13)到此处,亚里士多德批评空谈"爱智慧"的人对待像有德性的人那样去行动或实践的态度。他表明两点。

首先,多数人在这件事上停止于空谈德性而不去实践。他们的做法就像倾听医生教导而不按医生的嘱咐去做的病人。

所以其次,正如那样的病人不可能恢复健康一样,这样地空谈德性的人也不可能养成德性的品性。

5

a 关于灵魂中的这三种"生成的东西(τὰ γινόμενα)",格兰特(Grant 1885 I 496)非常恰当地说道,是亚里士多德做的一个没有说明过他的根据的假设。亚里士多德在这里把这三者挑选出来,作为人们可以直接经验地察觉到它们的相互区别的东西,作为讨论的出发点。但亚里士多德的这一区分的前提无疑是他的性质学说。因为,我们的确没有在例如他的《论灵魂》中看到相关的阐释。

灵魂中这三种"生成的东西"亚里士多德是指灵魂生成的三种性质状态。"性质(τὰ ποιότημα, τὸ. ποιὸν)"亚里士多德的形而上学的基本范畴之一,是"是者"因其质料而原本具有的,以及在其质料载体的活动中实现和生成的属性。

在《范畴》(8b25-9a33)中,"性质"被区分为 a)品性(ἕξις)与置性(διάθεσις);b)能与不能的性质(ὅσα κατὰ δύναμιν φυσικὴν ἤ ἀδυναμίαν);c)感受的性质(παθητικαὶ ποιότητες);d)广延与形状(σχῆμα και μοφή)。

在《形而上学》(1020b13-1022b22)中,性质(τὸ. ποιὸν)被概括为两种——

a)事物的实是(实体)性的区分(ἡ διαθορὰ τῆς οὐσίας)。包含 i)置性(διάθεσις),置性中又容纳了 x)能(δύναμιν)与不能的性质,以及 y)形式(εἶδος),后者被界定为对能力与属于一个个体的形式(作为其目的)的一种置放(τάξις);与 ii)品性(ἕξις),品性一方面被区分地限定为 x)获有者与获有物间的一种实现(ἐνέργειά, τις τοῦ ἔχοντος καί ἐχομενου),另一方面被界定为 y)一个受置放者(τὸ. διακείμενον)是被以好或坏的方式被置放的性质,整体的或部分的(διάθεσις)。在置性与品性两者中,置性更优先和根本。

b)事物在其运动着的运动中的感受(承受)(τὰ πάθη τῶν κινουμενῶν ἢ κινούμενα)。感受(承受)性(πάθος)被归于事物在其运动着的运动中的那些性质,这类性质以此方式被与置性和品性区分开,并被界定为由于它而容许另一些东西发生了的那种性质(ποίητης καθ' ἥν ἀλλοιοῦθαι ἐνδέχεται)。

如果采纳《范畴》《形而上学》中的解释,把灵魂的"承受/感受(πάθη)"理解为不断变化的生成着的东西,把灵魂的一部分"能力(δυνάμεις)"理解为不仅基于自然,而且已经通过运用而生成了的东西——因为,一个人从原来不能感受某种事物变得能感受了,把作为灵魂的最高阶的"能(δύναμις)"的"品性(ἕξεις)"理解为已经通过教导与运用(理智方面)和习惯培养(伦理习性方面)而实现了或获有了的东西,我们应当把能力、感受和品性理解为灵魂中的三种"生成的"性质状态。

b 从"在这些问题之后,我们必须来讨论德性是什么。……"(1105b19)开始,也从这一章开始,在表明伦理德性的最终原因是"像有德性的人那样[去行动或实践]"之后,亚里士多德界定德性。在这一章,亚里士多德界定德性的属。在这个部分,亚里士多德区分灵魂在"依照德性的"实践中生成的三种东西(γινόμενα)并表明德性属于其中一种。他表明三点。

首先,在岔开主题地澄清了为什么说"我们通过做德性的事就成为有德性的人"之后,现在要回过来研究德性是什么。

其次,在"依照德性的"实践或行动中灵魂生成有三种东西:a)感受[性](πάθη,πάθος)、b)能力(δυνάμεις)、c)品性(ἕξεις)。

第三,伦理德性属于这三者之中的一个。

c 把几种主要的英译本对亚里士多德的感受词表的译名加以对照也许对于读者有些帮助:

ἐπιθυμίαν	appetite, desire	欲望(阴性)
ὀργὴν	anger	忿怒(阴性)
φόβον	fear	恐惧(阳性)
θράσος	confidence, courage	胆大(中性)
φθόνον	envy	妒忌(阳性)
χαρὰν	joy	愉悦(阴性)
φιλίαν	friendly felling, love	友爱(阴性)
μῖσος	hatred, hate	仇恨(中性)
πόθον	longing, yearning, regret	渴望(阳性)
ζῆλον	emulation, jealousy	嫉妒,攀比,仿效,竞争(阳性)
ἔλεον	pity	怜悯(阳性)

这些感受被赋予的性(阴、阳、中)与希腊神话塑造的文化传统有关。在希腊神话中,如人们熟知的,许多品性都被以神的名字命名,并因此被赋予了某种性。

亚里士多德所列的感受种类,同中国传统的喜怒哀乐爱恶欲七分法,既有一些相同点,又有很大的区别。就相同点来说,χαρὰν 相当于喜,ὀργὴν 相当于怒,φιλίαν 接近于爱,μῖσος 接近于恨(恶),ἐπιθυμίαν 相当于欲。不过其中的涵义又有些相异之处。就不同点来说,亚里士多德,大概也是西方人对感受的区分传统,也把一些其他的感受,例如胆大、妒忌、怜悯等等列入主要的感受之列。这些希腊语在汉语中还大致地可以找到接近的对应语。在汉语中,主要困难在于表达希腊词 πόθον 与 ζῆλον 的意义。

πόθον，本义是指一个人对于某种善事物的渴望、期求、向往等等，因而不同于完全不分有逻各斯的、盲目追求快乐的欲望，亚里士多德使用它的阳性宾格形式，表明这是他的用法的重点，所以英译者多译为 longing 或 yearning（渴望）；但是 πόθον 中又同时包含着某种对由于没有做到正确的选择而未能实现愿望的悔恨，韦尔登（Welldon［1902］）因之将 πόθον 译做 regret（悔恨）。ζῆλον 的原义极为复杂，有热情、激情、嫉妒、仿效、崇拜等意义，与 φθόνον 有接近的意义。φθόνον 指对于他人的善的妒忌感受，ζῆλον 则有出于此种妒忌而不甘示弱、起而竞争、意欲超过的感受。不过译作竞争可能会带来更大的误解，因为它在汉语中主要被理解为一种活动而不是一种感受，在文中姑且译做嫉妒。

d 从"感受我指的是欲望、忿怒……"（1105b21）到此处，亚里士多德基于灵魂中存在这三种"生成的东西"这一事实，初步界定感受、能力、品性这三种在灵魂中"生成的东西"。

感受是灵魂所承受的那些运动变化着的东西，包括通常所说欲望、愤怒等 11 种感情，它们是正在让人快乐或痛苦的东西。

从其区别于感受的方面来说，能力是灵魂"能"去感受这些感情——例如能被激怒、被痛苦，能去怜悯等等——的那种力量，那种运动变化本原。

品性是灵魂已经实现地获有的性质，依据于它我们可以说我们是以好的或坏的方式承受那些感受的，例如是被过强还是过弱地，还是以适合的程度地，被激怒的，等等。

e 从"所以，德性与恶不是感受，……"（1105b29）到此处，亚里士多德在分别界定了感受、能力和品性之后，论证德性与恶不是承受／感受。他阐述了四点理由。

首先，我们被说成是认真的人还是荒嬉的人（σπουδαῖοι ἢ φαῦλοι）不是因为我们的感受，而是因为我们的德性与恶。

其次，我们也不是由于我们的感受，而是由于我们的德性与恶，而受到称赞或谴责。

因为，承受／感受是变化着的当下感觉到的东西，不是我们被称为、被称赞为认真的人还是荒嬉的人的原因，因为它们的发生是自动的、自发的。这些感受是过强、过弱，还是适当的，即适合我们的正常（自然）本性，则在于我们是否通过"依照德性"的实现培养了灵魂的品性。我们被称为、被称赞为认真的人还是荒嬉的人是由于德性与恶。德性是"认真的人"通过"依照德性"的实践实现的品性。

第三，承受／感受不出于选择，德性与恶则出于选择。

因为,承受/感受是自动发生的,未经考虑。德性则 a)从其内在性质来说是"出于选择的";b)从外部行为说是"不无选择的",因为那个行为是从行动者内心状态而来。

第四,谈到感受,我们"被说成是被感受运动"了(κατὰ τὰ πάθη κινεῖσθαι λεγόμεθα)的,然而谈到德性与恶,我们则不被说成是被德性与恶运动了,而"被说成被德性与恶以某种方式置放了"(κατὰ τὰς ἀρετὰς καὶ τὰς κακίας διακεῖσθαί πως)的。

因为,承受/感受是被运动着但也引起运动的东西,例如恐惧让我们身体的肌肉紧缩甚至颤抖。但是,我们并不认为我们被德性与恶"运动"了。

"被……置放(διακεῖσθαί)",动词 διακεῖσθαί 由介词 διά + 动词 κεῖσθαί 构成,动词 κεῖσθαί,被置放,动词 τίθημι 的被动式不定式。

斯图尔特(Stewart 1892 I 186)、罗斯(Ross 1925 36)、莱克汉姆(Rackham 1926 89)将 διακεῖσθαί 译作 be disposed 是比较妥当的。首先,按亚里士多德,一个既被运动又自己运动的事物在自己运动时不被看作是由偶然的外部影响偶因运动的。因此,这个动词的被动语态并不必然表明一个受置放者(τὸ. διακείμενον)在自己运动时是被某个其他事物运动的,在英语中也同在古希腊语中相类似。进而,在人的例子中,它涵入了一个人被自己以往的行为塑造的那种受到置放的性质的意义。亚里士多德尤其在这点上说一个人的与德性相关 ἕξις 的具体的以好或坏的方式获得的那种 διάθεσις(置性)。

另一方面,被运动(κινεῖσθαι),动词 κινεῖσθαι 是动词 κινέω 的被动形式,在意义上与 διακεῖσθαί 十分不同。κινεῖσθαι 通常是指被某个其他事物影响而运动,如被移动,而被运动不是一事物自己的运动。亚里士多德在这里指出这个区别:我们似乎是以身体被移动的方式来说我们的感受(πάθη)的,因为我们在感受时,我们的身体的尤其是面部的肌肉与组织似乎被某种外部刺激"移动"着的;然而,我们不这样地说我们获有的德性品性。因为,我们把所获得的或高或低的德性品性看作是我们通过以往的行为与感受而令自己以好或坏的方式置放了而获有的。亚里士多德此处以这种对比说明,德性与恶在于我们自身,不同于感受。我们的品性不是受动而致的"运动着的"感受,而是因以某种方式对待感受而形成的品性倾向。所以他的理论认为,一个人不等同于他的感受,他的"品性"标识着他作为一个人的"是其所是"。

f 从"由于相同原因,[德性与恶]也不是能力;……"(1106a7)到此处,亚里士多德论证德性与恶也不是能力。他阐述了两点理由。

首先,我们不是因为能去承受/感受,而是因为我们的德性与恶性,而被称为好人或坏人,而受到称赞或谴责。

第二,我们因自然而有能力,但我们并非因自然而变得善或恶。

g 从"所以,如果德性既不是感受也不是能力……"(1106a12)到此处,亚里士多德引出结论。他表明两点。

首先,结论是,德性不是感受,也不是能力,而是品性。

其次,这是对德性的属的界定。

6

a 从"但我们不仅应当以这种方式说出[德性是]品性,……"(1106a14),在将德性界定为"品性"之后,亚里士多德在这一章界定德性的"种差"(Auinas, *Notes*, comm. 317-318; Stewart[1892], I, 192)。

亚里士多德对德性的"属"的界定诉诸性质的范畴,他对德性的"种差"的界定诉诸数量与关系的范畴。斯图尔特(Stewart[1892], I, 194-195)认为,亚里士多德从诉诸性质的界定转向诉诸数量的界定是"不幸的",不仅因为对实践性的题材的"连续的(συνεχεῖ)"限定没有对问题的说明带来任何帮助,而且他所说的"对于我们而言的适中"事实上仍然是"在性质意义上适合那些环境下相关的伦理品性"的。

斯图尔特的这个看法是有道理的。在第5章表明伦理德性属于灵魂的品性之前,亚里士多德已在第4章中表明它存在于实践者自身的造成他/她的好实践的那三种特性之中。那三种特性因此构成"依照德性"的实践的三条原理。这三条原理中,"因其自身之故而出于选择地"原理诚然与实践或行动相关,然而正如亚里士多德在那里指出的,它不是作为"被实践者",而是作为实践者自身的活动,被选择的。并且,作为实践者自身的活动,实践或行动"自身的性质"是以在一个"认真的人"那里显现的样子(我们将在第7章中看到)判断的。

但是如我们熟知的,亚里士多德的确在这一章坚持从"被实践者"即实践的题材作为"连续可分"的事物的数量关系中引出对伦理德性的"种差"的说明。

按照亚里士多德,从数量说,德性是人的能够在数量上连续而可分的那些感受性和那种实践事务上,选择以一种特定数量或程度来感受来实践的那样一种品性。在这些感受性或这种实践事务上也有较多、较少与中间。既然存在这些差别,因其灵魂的这个与伦理德性相应的部分具有能听从逻各斯的性质(1102b25-26),人能够在这些事情上做选择。实践的理智标识出这个"适中",德性是选择它并且能命中它的那种品性。然而,实践理智所标识的、德性所欲选择的又不简单地是等距于过多或过少这两个端点的算数的中间值,而是在这两者之间的,相对于一个感受者和实践者的、几何比例的中间(关于亚里士多德的几何比例的概念,见第 V 卷第 3 章的讨论)即适中。

从关系说,德性所欲选择的这个相对于我们的适中状态,始终是与这些事物上的过多与过少这两个极端之间的某处的一种适中状态。这一适中状态,因对于甲和对于乙不同,对于同一个人,也于此时此地和于彼时彼地不同,因而是"多"之中的唯一的一个"一"。因而,德性作为能命中它的那种品性,始终都处于与这两者的一种特定的关系之中。

第 5 章与第 6 章一道,按照亚里士多德,构成对德性的"是其所是[τὸ τί ἦν εἶναι]"的说明。

b 从"所以必须说出这一点:……"(1106a15)到此处,亚里士多德表明他在这一章的意图。他表明三点。

首先,关于德性,我们还要进一步说明它是怎样的品性,并基于此来表明它的种差。

所以其次,我们就要来说明,所有德性都具有一种特性,即它 a)使得它是其德性的那事物状态良好,并 b)使得那事物的活动展现得好。例如,眼睛的德性既使得眼睛状态好又使得眼睛的活动展现得好;马的德性既使得马的状态好又使得马的活动展现得好。

第三,关于人的德性,由此可以引出一个结论:德性是 a)使一个人状态好,并 b)使他的"人特有的活动"展现得好的那种品性。

c "连续而可分的事物(συνεχεῖ καὶ διαιρετῷ)",这可能如彼得斯(F. H. Peters [trans.] *The Nicomachean Ethics of Aristotle*, 5th ed., London, Kegan Paul, 1893, p.44)所说,是亚里士多德学派内部对事物的数量方面的一种划分。在数量上连续而可分的事物不同于在数量上间断的事物。前者如线、面、体、时间、地点等等,后者如数目、语言。前者不可数,后者可数。连续而可分的事物在任何部分都可以分割,分离的事物则只在那些可以分离的地方才可以分割,例如语言中可以自然地分割的是音节,在音节之中不能再加以分割。参见《范畴》第 6 章。亚里士多德学派的观点是,对连续而可分的事物,我们可以根据意愿取较多或较少,对分离的事物则不可能这样做。

斯图尔特(Stewart [1892], I, 193)对照《范畴》《论天》《形而上学》《欧台谟伦理学》对亚里士多德这里使用的 συνεχεῖ καὶ διαιρετῷ 做了缜密的研究。他认为亚里士

多德这里的 συνεχεῖ καὶ διαιρετῷ 应当译为"连续并同时可分的"。

d 莱克汉姆（Rackham［1926］,90-91）解释说,取相对于事物自身的中间,意思是使取走的部分相等于留下的部分,即一半；取相对于我们的中间,意思是取相对于我们的正确的数量（因为已经假定在任何一点上都可以分割）,不过这个数量必定是处在过多与过少之间的那个正好。

e 从"可是,这一点将是怎么样的我们已经说过了,……"（1106a24）到此处,亚里士多德从实践的题材方面讨论并界定伦理德性的适中特性。他表明三点。

首先,关于伦理德性如何使一个人状态好并使他的"人特有的活动"展现得好,已经在前面（参阅1104a11-33）谈过,无需重复,但我们需要从"依照德性"的实践的题材方面对伦理德性做出更为清晰的说明。

其次,在所有连续而可分的事物中,都可以取较多、较少和中等。

但第三,中等有两种：a）事物本身的中等,即距离两个端点都相同的那个数量,这个中等是一,且对所有人都相同,取这个中等就要使它距离两端的距离相等,例如 6 距离 10 和距离 2 这两端的差相等；b）相对于我们的中等,这个中等不是一,且不是对所有人都相同,取这个中等就不是取两端相等的中等,而是去相对我们是适合的中等。

f 在某个范围之内,亚里士多德认为,我们的感受（πάθη）,同时,我们的实践（πράξεις）,都存在过度、不及和适中状态。亚里士多德在这里并没有像说明感受方面存在过度、不及与适中状态一样,进一步地以示例来说明在实践方面也存在,以及如何地存在过度、不及与适中状态,也没有清楚地表明实践之可分与感受之可分两者间是否具有一些不同,以及,实践题材之可分性在其所涉及的不同环境要素方面,例如在一项行动所针对的对象、所为着的原因或目的方面（1106b20）,是否存在什么不同,是否有些要素是属于德性的本质性质。例如,我们可能不清楚,除开实践的程度上的区别之外,实践的方式与对象上的区别是属于区别不同实践的性质,还是仍然属于实践的程度方面。因为,正如他在后面（1107a15-18）所表明的,有些行动,不论是对于什么人的,做出行动本身就是恶的。对这个要素的实践的掌握不大可能只是与实践的程度相关的。

斯图尔特（Stewart［1892］,I,193）的那个批评有些道理,συνεχεῖ（连续的）一词并未对说明实践事务的性质有多大帮助。

g μεσότης（适中状态），来自名词 μέσον（适中），在意义上密切相关。亚里士多德通常中性地使用 μέσον，阴性地使用 μεσότης，赋予了它比较具体的含义。

h 从"所以，所有讲科学的人都避免过度与不及，……"（1106b5）到此处，亚里士多德比较德性与技艺在连续而可分的事物上追求适中方面的第一个相同／相异之处。他表明三点。

首先，德性与技艺一样，都要在连续而可分的事物上命中那个适中。

但其次，德性比技艺更好，因为它 a）不是寻求事物自身的适中，而是寻求相对于我们自身的感受与实践行动上的那种适中。在 i）感受方面，德性寻求在感受快乐和痛苦方面既不多一些也不少一些的那个适中（例如，既不过多地也不过少地被吓到；既不过多地也不过少地去欲望或去愤怒）。在 ii）实践行动上也是同样。而 b）那个适中又总是在 i）应当的时间，ii）应当的场合，iii）对应当的人，iv）为着应当的目的，v）以应当的方式，去感受、去行动的适中。

所以第三，德性即像技艺一样是在追求适中上"做得对"的品性，但德性更好，因而得到称赞，技艺则得到"技艺"性的"肯定"（例如我们说一个作品"既不能贬损一分也不能增美一分"）。

i πεπερασμένου（有限定的），这个分词来自动词 περαίνω（划出界限），并呈现它的被动完成状态。这个动词和形容词与 ἄπειρος（无限的）有词源的关联，都联系于名词 πέρας 和 πεῖραρ（终点、界限）。περαίνω 就是动词 πειραίνω，只是在字母上有变化，二者也引申出动词 πειράω（尝试、经验，比较英语的 experience 和德语的 die Empirie）。而 ἄπειρος 在构词上就是否定前缀 ἀ- 加上名词 πέρας（终点、界限）转化而来的形容词。πέρας 就是 περαίνω 的名词。

毕达戈拉斯学派从一种神秘的数的意义出发，认为有界限的事物是善的，无界限的事物是恶的。格兰特（Grant [1885]，I, 254）这样说明毕达戈拉斯学派的这种观点——

他们谈论的是相对于他们自己的心灵的善。有限是可计数的，是心灵能够把握的；无限是不可计数的，心灵无法把握的，无法还原为法则的，不可知的。在这种意义上，无限对毕达戈拉斯派是一个厌恶的对象。所以，他们举出善的与恶的两种对立事物，把奇数算在善的一边，把偶数放在恶的一边。［因为］他们把无限的概念同偶数、同变化联系起来。

j 从"其次，做错有多种多样的方式……"（1106b29）到此处，亚里士多德讨论德性与技艺的第二个相同/相异之处。他表明两点。

首先,在德性上也如在技艺上一样,做错容易做对难,因为做对只有道路一条,做错则有多种多样的方式。所以,正如说过的,德性与技艺都是与比较困难的事情相关的(1105a9)。

但其次,在技艺上做错只是错误,不是恶,我们也并不因为一个人在技艺上做错而称他是坏人。但一个人在相关于德性的事情上做错,即偏向过度或不及,则被称为坏人。

k "是其所是"(τὸ τί ἦν εἶναι),是亚里士多德的一个固定表达,属于他的范畴论形而上学,表示事物自身或它的实体意义上的所是。这是这一术语在《尼各马可伦理学》中第一次出现的地方。

在亚里士多德的形而上学体系中,作为一事物的属于它自身的本质的东西,一具体事物的"是其所是"是它的"实是(实体)[οὐσία]"的基本意义。亚里士多德关于事物的"是其所是"的讨论见于亚里士多德《形而上学》第Ⅶ卷第4—6章。格兰特(Grant [1885], *The Ethics*, I, 502)将亚里士多德《形而上学》对事物的"是其所是"的讨论概括为四个要点:

a)"是其所是"蕴含一事物的本质属性;
b)"是其所是"是一事物的逻各斯(定义);
c)"是其所是"不是一个抽象,而是与"这个""那个"联系在一起的;
d)知道一事物的"是其所是"就拥有对于一事物的知识。

从形式看,短语 τὸ τί ἦν εἶναι 有两个重要特点。一个是,"是其所是"中的"一向所是(τί ἦν)"是一个限定前置冠词 τὸ 的从句,其中的系动词 ἦν(是)不是现在时的,不同于"所是([τὸ]τί ἔστι)",在后者中,系动词是现在时的。第二个是,τί ἦν 和 τί ἔστι 是疑问句形式的,分别表达"一向所是的那个什么"和"所是的那个什么"。由于这两个语言学事实,格兰特(Grant 1885 I 502-3)在这里批评亚里士多德的注释者阿弗洛狄西亚的亚历山大(Alexander of Aphrodisias)把动词 ἦν 看作与 ἔστι 意义相同的,认为他忽视了下述两个重要之点:首先,亚里士多德在 τὸ τί ἦν εἶναι 这个短语中从不用 ἔστι 替换 ἦν;尽管 τί ἔστι(所是)被单独使用,τί ἦν(一向所是)却不被单独使用,而是后面加上不定式 εἶναι。其次,亚里士多德的 τί ἦν 的意义有别于 ὅπερ ἦν(那个一向是),因为后者并没有问询的意味。

在严格意义上,应当区别"所是(τί ἔστι)","一向所是(τί ἦν)"与"是其所是(τὸ τί ἦν εἶναι)"。但鉴于短语 τὸ τί ἦν εἶναι 中的 τί ἦν 是与 τὸ...εἶναι 联系在一起而不分离的，也为使这个短语的中文表达不显得冗赘，这里把它译为"是其所是"，而不是"是其一向所是"。

1 从"所以，德性是选择的品性，……"（1106b36）到此处，亚里士多德做了两件事。首先，他基于上述讨论引出德性的定义——德性是 a）选择 b）相对于我们的，c）按照逻各斯确定的，d）以明智的人那样的方式确定的适中状态的品性。其次，他基于这个定义对德性的所是做出解释。他阐述了两点。

第一，从它的实是，从那个界定即我们关于德性所说出来的它的"是其所是"来看，德性是适中状态。因为，它在两种恶之间，这两种恶是由于不同的原因，一个是由于过度，另一个是由于不及，而是恶。

但第二，从幸福，从它所包含的"那个好"来看，德性仍然是与两种恶对立的另一个极端。

格兰特（Grant［1885］, I, 502）在此处评论道，这段话是对于德性的一个意义深刻的阐述，说明"德性是适中状态"是基于德性的实是（实体）和那个定义的对于德性的法则的形而上学的表述，这唯有通过对亚里士多德形而上学的理解来把握；另一方面，从幸福和"那个好"的观点来看，德性又仅仅是距离两种恶都最远，即要离开恶或要与恶对立的另一个极端；亚里士多德的这段阐述表明他始终在一种抽象的形而上学观点和一种具体的伦理学观点之间寻找平衡。

斯图尔特（Stewart［1892］, I, 208-209）赞同格兰特这则出色评论，并且认为，借助幸福和"那个好"的"德性只是'要离开恶'"的表达是一个"科学的表述（scientific formulae）"，这种表述欠缺对德性的某种肯定性的说明，因为它不能说明"德性为什么要……'奋力地逃离致命的错误'"。他（ibid., 209）认为亚里士多德的看法是，德性之所以要奋力摆脱恶，是因为它自身"是一个美好而出色的事物"。他因此赞同普鲁塔克拒绝将德性与恶的区别看作数量的区别的意见。

格兰特与斯图尔特的评论很重要。按照亚里士多德，德性要奋力对立于两个极端确有它自身的"肯定性"的原因，在亚里士多德的实是（实体）论形而上学上，这原因是德性是品性，是最好的品性，而品性是实现了的、不容忍向恶变化的最高阶的"能（δύναμις）"。由于德性在"能"-"实现"方面的意义被作为已经在形而上学中阐明了的，所以在伦理学的阐述中，德性仅被从消极方面呈现为不容忍恶，要奋力逃离恶的。亚里士多德在第6章的讨论表明，我们需要把这两种审视德性的观点综合起来，并需要在它们之间把握一种平衡。

m 从"但并不是所有实践和所有感受都容有适中状态;……"(1107a9)到此处,亚里士多德反驳一种错误意见——"所有实践与感受都容有适中状态"。他表明三点。

首先,一些行为和感受,例如,在通奸、偷窃、谋杀等等,由于其名字就被看作与恶联系在一起的,而不是由于它的过度或不及。在这样的行为与感受中也不存在适中状态或某种正确,而是只要做,就是做错了,就是恶。

其次,在这些事情上寻找适中状态就像在不正义、怯懦和放纵之中寻找适中状态、过度与不及一样荒谬。因为,这样就要假定在过度中和不及中都有适中,以及在过度中还有过度,在不及中还有不及,等等。

第三,在适中状态中(例如在勇敢与节制中)并不存在过度与不及,所以,在过度与不及中(例如在不正义、怯懦和放纵中)也不存在适中状态。

亚里士多德的确在这里表明,德性与两种恶之间的区别不是纯粹数量上的差别,而是原理上的区别。

7

a 实践的逻各斯(τὰς πράξεις λόγοις),即以语言说出的关于实践事务的真实的陈述与说明。亚里士多德很少使用这个术语。实践的事务,在亚里士多德的用法上主要是与伦理的、政治的目的性的行为和活动相关的事务。实践的事务都是具体的、个别的事情,关于实践事务所说出的真实必须首先是具体的、个例性的真实。但是按照亚里士多德,总体的逻各斯如果是真实的,必定在具体的逻各斯上得到证验,总体的逻各斯也必须落实到具体的实践事务上来谈,成为具体的实践的逻各斯。

b 下面列出的德性表见于《欧台谟伦理学》第 II 卷 1220b37-21a12,亚里士多德所指的可能是这份表格,或本书第Ⅲ卷第 6 章至第Ⅳ卷依次讨论的德性表:

不及		德性		过度	
麻木	ἀοργησία	温和	πραότης	愠怒	ὀργιλότης
怯懦	δειλία	勇敢	ἀνδρεῖα	鲁莽	θρασύτης
惊恐	κατάπληξις	羞耻	αἰδώς	无耻	ἀναισχυντί
冷漠	ἀναισθησία	节制	σωφροσύνη	放纵	ἀκολασία

续表

不及		德性		过度	
无名称	ἀνώνυμον	义愤	νέμεσις	妒忌	φθόνος
失	ζημία	正义	δίκαιον	得	κέρδος
吝啬	ἀνελευθερία	慷慨	ἐλευθεριότης	挥霍	ἀσωτία
自贬	εἰρωνεία	诚实	ἀλήθεια	自夸	ἀλαζονεία
恨	ἀπέχθεια	友爱	φιλία	奉承	κολακεία
固执	αὐθάδεια	骄傲	σεμνότης	谄媚	ἀρεσκεία
柔弱	τρυφερότης	坚强	καρτερία	操劳	κακοπάθεια
谦卑	μικροψυχία	大度	μεγαλοψυχία	虚荣	χαυνότης
小气	μικροπρέπεια	大方	μεγαλοπρέπεια	粗俗	δαπανηρία
单纯	εὐήθεια	明智	φρόνησις	狡猾	πανουργία

c 从"然而,这一点不应当只是总体地谈,……"(1107a28)到此处,在对德性做出界定之后,亚里士多德在这一章把他的定义用于说明具体的德性。在这个部分,他陈述他在这一章的意图。他表明三点。

首先,实践的逻各斯不能只从总体上谈,还要依照具体事情来谈。

因为第二,总体地谈的逻各斯虽然有较大的适用性,但具体地谈的逻各斯却更真切。

第三,由于实践是关于具体事情的,所以实践的逻各斯必须与它们相符。

d 对于亚里士多德从这里开始讨论的德性,阿奎那(Aquinas, Notes, comm. 335-339)不同意塞涅卡与西塞罗,因为他们从普遍性方面,把勇敢、节制、正义、明智看作"总德",把慷慨、大方、大度、温和等等看作具体的不同种类的德性。阿奎那认为亚里士多德对这四种德性和其他德性的讨论是依据感受相关的对象来进行的,他把亚里士多德从这里开始讨论的勇敢和节制看作肉体生活感受方面的主要德性,而把亚里士多德接下去讨论的其他德性看作与外在善以及与交往有关的感受方面的次级的德性。借助这种层级区分,他把亚里士多德讨论的勇敢、节制、正义和智慧-明智看作四种"主德"而不是"总德"。阿奎那又区分亚里士多德讨论的其他德性(同上,340-341)为相关于a)外在善方面的:慷慨、大方、大度;b)荣誉方面的:大度;相关于c)外在恶所引起的忿怒的痛苦方面(但是更适于被称为灵魂的气质或性情方面)的:温和;以及d)交往方面的:诚实、友爱、机智。

e 从"所以,恐惧与胆大方面的适中状态是勇敢:……"(1107a33)开始,亚里士多德讨论肉体生活方面的(Aquinas, *Notes*, comm. 340)德性。在这个部分他讨论勇敢。他表明三点。

首先,勇敢是在 a)恐惧感受和 b)胆大这两个方面的适中状态。

可是其次,过度的情况在这两个方面不一样。在 a)恐惧方面,人们所说的是在无恐惧感方面的过度。这种情形,由于很少见到这样的人,所以没有名称。在 b)胆大方面,过度的倾向被称为鲁莽。

而第三,在不及方面,在 a)恐惧方面,人们所说的其实是在感受恐惧上的过度,这种情形,同时也就是在 b)胆大方面不及,所以被称为怯懦。

斯图尔特(Stewart 1892 I 212)引证米奇莱特(Michelet)对亚里士多德此段陈述的要旨做了如下说明:

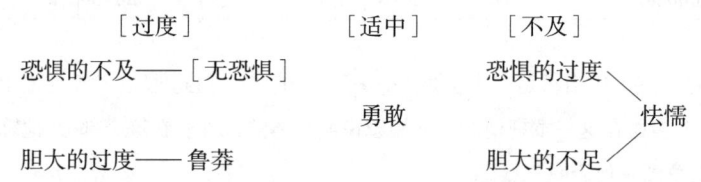

[过度]	[适中]	[不及]
恐惧的不及——[无恐惧]		恐惧的过度
	勇敢	怯懦
胆大的过度——鲁莽		胆大的不足

斯图尔特说,在这两端中存在一种不同:恐惧的过度和胆大的不足两者总是不可分,它们构成同一种恶——怯懦;然而恐惧的不及和胆大的过度则可能分开而构成两种恶。恐惧的不及,米奇莱特称为无恐惧,一种消极的恶,胆大方面的过度即亚里士多德所说的鲁莽,是一种积极的恶。他说,由于怯懦通常被看作一种不及的恶,亚里士多德便把"无恐惧"与"鲁莽"都作为过度来说明。

f 从"快乐和痛苦——不是所有的,在痛苦方面尤其不是所有的——方面,……"(1107b5)到此处,亚里士多德讨论肉体生活的快乐方面的德性——节制。他表明两点。

首先,节制是肉体快乐和痛苦而不是所有快乐和痛苦方面的适中状态,但在快乐与痛苦两者中节制尤其与快乐相关。痛苦只是就快乐的缺乏而言与节制相关的。

其次,因此,相对照的过度是快乐上而不是痛苦上的过度,这种过度被称为放纵,相反的方面,在肉体快乐上不及的情况是罕见的,因此没有名称,亚里士多德说姑且称它为冷漠。

很难在汉语中对译希腊词汇 σωφροσύνη,它意味着明智、适度、谨慎、自制、高雅、体面,包含了伦理德性的所有这些与明智相关的含义。据格兰特(Grant [1885], *The Ethics*, II, 47)研究,尽管柏拉图在《克拉底鲁斯》(*Cratylus*)(411e)中"不很恰当地"把 σωφροσύνη 解说为健全的明智（σωτηρία φρονήσεις，或健全的实践智慧），但 σωφροσύνη 在那里很快就获得了与快乐相关的意义。所以，柏拉图在《共和国》中（430e）在这种意义上把 σωφροσύνη 解说为对快乐与欲望的控制。亚里士多德对 σωφροσύνη 的讨论是界定从它所相关的那种特殊的即肉体的快乐来进行的。但是，柏拉图与亚里士多德的讨论都显然是把 σωφροσύνη 看作是由一个健全的灵魂，即一个由理智来主导，欲求在其三个层面都均衡协调发展的灵魂，对这种快乐的控制。这种观念是希腊生活观念的反映。仅仅把 σωφροσύνη 理解为节制欲望的行为是片面的。因为它意味着对感受的调整（Aquinas, Notes, 336）。所以韦尔登（Welldon [1902], 49, n.2）说，在英语中以 temperance 转达 σωφροσύνη 的意义是不全面的。但由于 temperance 是英语中对 σωφροσύνη 的通常的译法，我仍然沿用它。并且，在汉语中也已有"节制"这一俗成的译名，我将仍然沿用这个译名。

g "置性（διαθέσις, διαθέσεις）"，亚里士多德形而上学性质范畴的重要术语，其基本意义来自对一包含部分的事物的"置放（θέσιν）"。在《形而上学》第 5 卷第 19 章"置性"被界定为"包含部分的事物的依据空间、依据能或依据形式的置放"（1022b1-2），含有部分的事物由于这个"置放"而被说成是被放置得好或坏的，而获有了"品性"（1022b11）。这表明"置性"具有比"品性"更普遍、更单纯的意义。在此处及以下，亚里士多德将所讨论的一些适中状态与两端的状态称为"置性"。

h 从"给予和接受钱财方面的适中状态［是］慷慨，……"（1107b9）开始，亚里士多德讨论相关于外在善的感受方面的德性。在这个部分，他"概要地"讨论了相关于对财富的感受方面的两种德性，因为所有这里简要说明的德性及其两端的情形都在后面第 4 卷得到详尽讨论。

　　首先，在小数额的钱财方面，适中状态是慷慨。慷慨意味着在接受尤其是给予上的适中状态。由于有接受与给予两个方面，两端的倾向都各有对立的两个方面。过度的人在给予上过度而在接受上不及，这种情形被称为挥霍，不及的人则在给予上不及而在接受上过度，这种情形被称为吝啬。

　　其次，在大数额的钱财方面，适中状态是大方。大方意味着在需要使用大数额钱财来做适当的事情方面的感受上的适度。过度的状态是粗俗，因为这样的人做事的方式是粗俗的、没有品味的；不及的状态是小气，因为这样的人做事的情形是小气的。

i 1108b11-26, 1123b14-18。

j 从"在荣誉与耻辱方面,适中状态[是]大度,……"(1107b23)到此处,亚里士多德讨论对荣誉的感受方面的德性。与钱财方面的情形相同,他分别讨论了对重大荣誉与对微小荣誉的感受方面的德性。

首先,在重大荣誉方面,适中状态的感受是大度。大度意味以应当的方式欲求和接受适合的重大荣誉。过度地追求和接受不适合的重大荣誉的情形是某种形式的虚荣,不及的倾向被称为谦卑。

大度(μεγαλοψυχία)在希腊语中的意思是"伟大的灵魂"。与它对照,谦卑(μικροψυχία)的字面意义是"渺小的灵魂"。我在此处译为谦卑而不是谦虚,因为谦虚在汉语中被看作一种美德。不过在基督教的道德中,谦卑也被视为一种德性。这里讨论的某些德性观念显然只在希腊时代有较大的适用性。

其次,在小荣誉方面,适中状态的感受并没有名称,过度追求荣誉的情形被称为爱荣誉,在追求荣誉上不及的情形则被称为不爱荣誉。但由于适中状态没有名称,一方面,适中状态的人有时被称作爱荣誉的,有时又被称为不爱荣誉的;另一方面,人们在肯定追求荣誉的倾向时把爱荣誉称赞为德性,在肯定不追求荣誉的倾向时又称赞不爱荣誉为德性。

k 从"在忿怒方面也存在过度、不及与适中状态,……"(1108a5)到此处,亚里士多德讨论由外在的恶引起的忿怒感受方面的德性。他表明两点。

首先,那种适中状态可以称为温和,因为我们把表现忿怒和其他感受适中的人称为温和的。

其次,两端的状态其实也没有名称,但可以把过度的状态称为愠怒,把不及的状态称为麻木。

l 从"还有其他三种适中状态,……"(1108a9)开始,亚里士多德讨论交往生活的感受方面的三种德性。在这个部分,他阐述讨论这三种德性的分别以及讨论它们的必要性。他表明三点。

首先,这三种德性都相关于对共同生活中的语言行为的感受,一种与语言行为的真实性有关,另两种与语言行为的愉悦性有关。在后两种愉悦性中,一种是与娱乐有关的愉悦性,另一种则是与所有生活事务有关的愉悦性。

其次,要看清德性的性质,尤其需要在这些相关事务方面来表明,适中状态都是值得称赞的，两种极端都应受谴责。

但是第三，由于在这些事务上，适中状态与那些极端都没有名称，为明白也为讨论容易进行，我们需要给出这些名称。

m 从"所以，在真实性方面，……"（1108a20）到此处，亚里士多德讨论交往生活的语言行为的真实性方面的德性。他表明两点。

首先，那种适中状态可以称为诚实，因为人们都把那种适中的人称为诚实的人。

其次，过度的状态可以称为自夸，也是因为这个极端的人都是夸夸其谈的；不及的状态可以称为自贬，因为具有这种置性的人都习惯于以这种自贬自嘲的语言行为方式说话。这两种极端的情形都是虚伪。

n 从"而在愉悦性即在娱乐中的那种愉悦性方面，……"（1108a23）到此处，亚里士多德讨论交往生活的以娱乐为目的的语言行为的愉悦性方面的德性。他表明两点。

首先，那种适中状态可以称为机智，因为具有那种置性的人被称为机智的人。

其次，过度的状态可以称为滑稽，也是因为具有那种置性的人都举止滑稽；不及的状态可以称为呆板，因为具有这种置性的人被称为呆板的。

o 从"而在余下那一种即生活中的那种愉悦性方面，……"（1108a27）到此处，亚里士多德讨论交往生活中与各种生活事务相关的语言行为的愉悦性方面的德性。他表明三点。

首先，那种适中状态可以称为友爱，因为以适度方式让人愉悦的人被称为友爱的人。

其次，过度的状态有两种情形，一种可以称为谄媚，因为具有那种置性的人不为着什么目的也以谄媚的方式说话；另一种可以称为奉承，因为为着得到某种好处而讨好地说话的人被称为奉承者。

第三，不及的状态可以称为乖戾，因为具有这种置性的人在所有事情上都好争吵、让人不愉快。

p 从"还有一些适中状态是存在于感受之中或相关于那些感受的。……"（1108a31）到此处，亚里士多德讨论存在于感受之中或相关于感受的两种适中状态。

第一种适中状态可以称为羞耻。它是在应当感到羞怯的事情上感到羞怯的适中状态。过度一端的情形可以称为羞怯，因为羞怯的人在不应当感到害羞的事情也害羞;不及一端的情形则可以称为无羞耻,因为这样的人在应当害羞的事情上也不感到害羞。

第二种适中状态可以称为义愤。它是在应当感到忿怒的痛苦的事情(例如对不属于邻人的好作为以及他的不应得的好处等等)上感到忿怒和痛苦的适中状态。过度一端的情形则可以称为妒忌(φθόνου),因为这样的人不仅对这些,而且对不应当感到忿怒的事情(例如应属邻人的优点和他应得的好处)也感受到忿怒和痛苦。不及的一端的情形则可以称为幸灾乐祸(ἐπιχαιρεκακίας),因为这样的人即使对邻人不仅不应当的,而且是以邪恶手段获取的好处也不感到忿怒和痛苦,反而感到高兴(χαίρειν)。

格兰特、斯图尔特和罗斯都认为亚里士多德此处说的是幸灾乐祸者对邻人经受的坏事感到高兴。罗斯(Ross 1925 [Brown 1980], 43)说,亚里士多德的意思必定是,妒忌者对邻人的所有好事,不论是否应得,感到痛苦;幸灾乐祸者则对邻人的所有坏事,不论应得与否,感到高兴,而如他把话说完整,他必定会看到这两者间没有对立:一个妒忌的人也非常可能会幸灾乐祸,反之亦然。这种意见与格兰特的是一致的。格兰特(Grant [1885], I, 508-509)认识到,亚里士多德在此处有一种混淆,因为一个人可能同时既妒忌又幸灾乐祸。而且,妒忌的人对好人的成功感到痛苦,但幸灾乐祸的人也并不对好人的成功感到高兴,而只是对他的坏运气感到高兴。所以,格兰特指出,说这两者构成对立的两极端似乎是个错误。另一方面,斯图尔特(Stewart [1892], Notes, I, 216)建议把亚里士多德指出的分别看作一个逻辑的(而不是经验观察的)区别。

以许多人的感受经验来说,我认为格兰特与罗斯说明的经验可能是真实的。妒忌与幸灾乐祸的确可能发生于同一个人的感情中,并且事实上,它们非常可能是一对恶感情伙伴,如影随形。既然亚里士多德在这里不是在做一种单纯逻辑上的讨论,而是在做具体的实践的逻各斯式的讨论,很难设想亚里士多德会忽视这种基本观察。解释可能在于:在他的时代,妒忌与幸灾乐祸这两种恶的感情还没有像在今日的社会生活中这样结合一体,对德性的欣赏与赞许还强过对这两种倾向于一道生长的恶感情的关注。所以,他观察到这样的可能情形:有人不存在妒忌而只怀着幸灾乐祸的感情。

q 从"但关于这些我们后面还有其他机会[讨论], ……"(1108b7)到此处,亚里士多德提到对已经概要的提到的这些德性的后续讨论,以及对正义德性的讨论的安排。他表明两点。

首先,对上面提到的德性将在后面部分(第Ⅲ卷第6—12章与第4卷)做详尽讨论。

其次，对正义德性，由于它不是在单一意义上的德性，将在讨论了上面提到的德性之后（第 V 卷）再专门讨论。

"但对于那些相关于逻各斯的德性［我们也将］这样［来说明］"，如格兰特（Grant [1885], I, 509）、莱克汉姆（Rackham [1926], 106）所说，可能是后面的人加上的。格兰特认为这句话为后人缀入的主要理由有二：首先，亚里士多德在《尼各马可伦理学》和《欧台谟伦理学》的其他地方从未将"逻各斯的"这一限定语用于德性之前，其次，亚里士多德也不可能说他将表明理智德性是"适中状态"。格兰特的看法有道理。所以，其中"这样［来说明］"应当理解为，在讨论了这些德性和正义德性之后再做讨论。这里使用的"相关于逻各斯的德性"如我们所知指的是"理智的德性"，在这个概念下亚里士多德包含了智慧与明智。

8

a 从"所以，有三种置性：……"（1108b11）开始，在概要地说明具体德性之后，亚里士多德讨论两个极端与适中这三种置性相互间的对立。在这个部分，他讨论这些对立的第一个特点。他阐述了四点。

首先，这三种置性之间"全体对立于全体（πᾶσαι πάσαις ἀντίκεινταί）"；每两者之间都存在一种对立。

因为其次，a）两个极端相互对立，b）它们也分别与适中对立。

但第三，反之亦然，b）适中也分别与两个极端对立。适中状态与两个极端都对立的原因在于，它相对于不及显得过度，相对于过度又显得不及。例如勇敢的人相对于怯懦的人显得鲁莽，相对于鲁莽的人又显得怯懦。在节制方面的情形也与此类似。

从这里引出第四，每种极端的人都把适中的人推向另一极端。例如，怯懦的人把勇敢的人说成是鲁莽的，鲁莽的人则把勇敢的人说成是怯懦的。在节制方面的情形也与此类似。

b 从"这些极端与适中都这样地相互对立，……"（1108b27）到此处，亚里士多德讨论这些对立的第二个特点。他表明两点。

首先，两个极端之间对立是这些对立之中最大的对立，它们因此被说成是相反者。

因为第二，a）两个极端之间的区别比它们各自与适中之间的区别更大，正如大与小之间的区别比大与中和小与中之间的区别更大；b）在某些极端那里似乎有某种东西相似于那个适中,例如在鲁莽那里有某种东西相似于勇敢,在挥霍那里有某种东西相似于慷慨,而两个极端之间存在最大的不相似。

相反(ἐναντία)与对立(ἀντίκείμενα)是亚里士多德的一对与性质和关系范畴相关的重要概念。亚里士多德在《形而上学》第V卷第10章讨论了这一组概念。亚里士多德在这里关于"相互远离的事物被规定为相反者"(1108b33-34),关于在两个极端与适中三者之中,"最大的相反是那些极端相互之间的"(1108b27-28)相反,和关于"越远离的事物就越相反"(1108b35)三个密切相关的论点的讨论的前提是他在《范畴》(13b36-14a26)和《形而上学》(1018a26-32)阐释的"相反"——作为同种、同形式的两种对立的性质,和作为承载两种对立的性质的同种、同形式的两个事物——是"最大的对立(差别)"论点。

c 从"在某些场合[是]不及,……"(1108b36)到此处,亚里士多德讨论从第二个特点引出的第三个特点:在两个极端各自与适中之间,在某些场合是不及,在另一些场合是过度,更与那个适中对立。例如,相对于勇敢,不是鲁莽,而是怯懦,更与之对立;相对于节制,不是冷漠,而是放纵,更与之对立。

d 从"这种情况发生于两个原因,……"(1109a5)到此处,亚里士多德分析这第三个特点的两个原因。

第一个原因是出于事物自身的:两个极端之中有一个相对地更接近、更相似于那个适中。由于这一点,我们就不把 a)这个极端,而把 b)那个与它相反的极端,当作与那个适中对立的另一端。例如,我们把怯懦当作与勇敢对立,把放纵当作与节制对立的另一端。

第二个原因是出于我们的:我们自身出于自然而更倾向的东西更与那个适中对立。例如,我们出于自然更倾向于快乐,因此我们更容易放纵而不是"体面有序(κοσμιότητα)"。所以,我们把这样的一端称为与德性相反的东西,例如我们把放纵称为与节制相反的东西。

格兰特(Gran[1885], I, 511)和斯图尔特(Stewart[1892], I, 218)倾向于认为,亚里士多德在这里是把"体面有序(κοσμιότητα)"用作与放纵(ἀκολασίαν)相反的另一个极端,并且,使用它是为避免用冷漠(ἀναισθησία)来说明那个"不怎么"与节制(σωφροσύνη)对立的极端。格兰特(Grant[1885], I, 512)并且注意到,这是亚里士多德第一次把"体面有序(κοσμιότητα)"作为不及的一端与节制对照着使用,他似乎是要赋予"体面有序(κοσμιότητα)"一种与节制有区别但非常接近的"苦行主义

（asceticism）"的意义，他在《尼各马可伦理学》的任何其他部分都没有再这样使用"体面有序（κοσμιότητα）"。

9

a 从"这样，关于德性即伦理德性是以及在何种意义上是适中状态，……"（1109a20）到此处，在对伦理德性做出一般性的简要说明之后，亚里士多德在这一章讨论"像有德性的人那样[地行动或实践]"的困难。在这个部分，他首先概括第6至8章的讨论的三个主要结论，这些结论构成本章讨论的出发点。

首先，伦理德性是适中状态，是相对于我们的，按照以明智的人那样的方式来确定的适中状态（第6章）。

其次，伦理德性是在过度的恶与不及的恶之间的那种适中状态（第7章）。

第三，伦理德性因在感受方面与实践方面都指向那个适中而是这样一个适中状态（第8章）。

b 从"所以，做个认真的人是困难的；……"（1109a25）到此处，亚里士多德基于前面的讨论，表明何以做个认真的人是困难的。

首先，做个认真的人，即要在每件事情都把握住那个适中，是困难的。

试回想，在第I卷（1098a7-20），亚里士多德界定幸福即那个善为"依照德性的实现"，界定"依照德性的"为以认真的（σπουδαῖος）人的方式实现灵魂的实践的生命活动，正如一个认真的竖琴手（σπουδαίου κιθαριστοῦ）演奏竖琴，因为幸福的"那个好"唯有存在于这样地实现的活动之中。在第II卷前面的部分，亚里士多德表明实践方面的事情充满变化，且必须由实践者自己在具体场合中去把握细节（1103b36-1104a11），在这些事情上，做对只有道路一条，做错则有多种方式，因此做对很难，做错容易（1106b29-33）。我们据此便可理解亚里士多德在这里所说"在每件事情"都做到正确的困难程度，这不仅意味在一件事情把握那个适中的困难，而且意味它的频繁以及日常性质。

亚里士多德在此处举例说，例如寻找圆心，只有少数懂得几何学的人能够找到，许多人都找不到；同样，许多人都会生气、花钱，但是却做不到以应当的方式生气、花钱。韦尔登（Welldon[1902]，*The Nicomachean*, 55）在此处不无公正地说，亚里士多德在这里还似乎忽略了他在前面区分的相对于事物的（即数学与几何学的）中间与相对于我们的适中之间的区别。因为依照他的那个论点，他本应表明，在实践的事情上寻求相对于我们的适中或正确比以几何学的复杂方式确定圆心更加困难。

所以第二,在每件事情上做到"那个好"是难得的、高尚的、值得称赞的。

c 卡吕普索(ἡ Καλυψώ),希腊神话中提坦巨人之一阿特拉斯(Atlas)的女儿,奥巨吉亚岛上的仙女。所引诗句见《奥德赛》,12.219。这句话亚里士多德认为是卡吕普索奉宙斯(Zeus)之命放奥德赛(Odysseus)回乡时提醒他的,实则这句原话是奥德赛对他的舵手转达埃埃亚岛的仙女客耳刻(Circe)预先提出的警告的话。

d "依照次好的航行(κατὰ τὸν δεύτερον πλοῦν)",希腊时代的航海者的一句谚语。斯图尔特(Stewart [1892], *Notes*, I, 220)认为来源于斯托贝乌斯(Stobaeus, ?-?)保存的古希腊剧作家米南德(Menander,约前342—292)的残篇。格兰特(Grant [1885], I, 513)说,对这句谚语有许多不同的解释:一个解释是,若不是在出航,就回航(on the voyage home, if not on the voyage out);另一个他认为更好的解释是,若用不上帆,就操桨划船(with oars, if not with sails)。此处亚里士多德应当是在引申了的意义上使用这一谚语,其意义很可能接近于:若无法做"最好的航行"(不遭遇危险地航行而获利),就让我们来做"次好的航行",即在面对危险时择其小者,在那些恶[或可借他在1110a8-10所举的例子,解释为丢弃货物与丧失生命两恶]中取其轻者。

e 从"因此,要命中那个适中的人首先就要避开更[与适中]相反的那个[极端],……"(1109a30)到此处,亚里士多德就我们如何在具体事情上不因这类困难止步不前给出两点劝告或建议。

首先,要像卡吕普索指点的,首先要避开更[与适中]相反的那个[极端]。因为,在那两个错误的极端之中有一个比另一个更加错。

因而第二,既然我们不能直接命中适中,既然我们只能参照这两个极端来接近那个适中,就让我们做"次好的航行":两恶之中权其轻。这将使我们更有把握远离两个极端之中更错误的那个极端。

f 从"同时,还应当研究我们自身容易倾向的那些事情,……"(1109b2)到此处,亚里士多德给出就怎样做"次好的航行"提出一个进一步的劝告或建议。

首先,要研究我们自身容易倾向的那些事情,并把自己拉向相反方向。每个人自身容易倾向的错误是不同的,但一个人可以借助生长在自己身上的快乐与痛苦识别自己容易倾向的错误。

这样,通过较大程度地远离犯错,我们将走近那个适中。这也就是矫枉过正的道理。

g《伊利亚特》3.156-160:
> 他们望见海伦来到望楼上面,
> 便彼此轻声说出有翼飞翔的话语:
> "特洛伊人和胫甲精美的阿开奥斯人
> 为这样一个妇人长期遭受苦难,
> 　　无可抱怨;
> 看起来她很像永生的女神;
> 不过尽管她如此美丽,还是让她
> 　　坐船离开,不要成为我们和后代的祸害。"
> ——(罗念生译,《罗念生全集》第5卷[上海人民出版社,2004年第1版],第72页)

h 从"而在所有事情上,最要警惕愉悦的事情和快乐;……"(1109b8)到此处,亚里士多德就做"次好的航行"给出第二个劝告或建议。他表明两点。

首先,在所有事情上,最要警惕愉悦的事情和快乐。

因为,我们不是不带偏私地判断它的。这又是因为,快乐是我们从儿时就形成的倾向(试想婴儿对奶水的倾向),因而不可能根除。

所以第二,在面对让我们可能失去自制力的快乐事物时,牢记那些长老在看到海伦时所说的那些话,把快乐打发走,我们就将最能触碰到那个适中。

i 从"但这也许[是]困难的,尤其是在那些具体场合;……"(1109b14)到此处,亚里士多德讨论依照这两个劝告去实践以触碰那个适中仍然会碰到的困难。他表明了三点。

首先,我们在那些具体场合难于正确地掌握我们自己,尤其在例如以应当的方式发怒等事情上,而总是不免偏离。

其次,如果能够,努力做到偏离得较小,对于接近德性的努力来说,这已经足够好了。所以,人们通常不谴责偏离得较小的人。

但是第三,我们又很难界定如何才是偏离得较小,以便我们掌握自己不致偏离过多,因为这些事情的判断在于具体感觉。

j 从"那么,这么多材料已经表明,……"(1109b14)到此处,亚里士多德概括本章讨论的两个要点。

首先,适中的品性在所有事情上都值得称赞。

但其次,我们要有时向过度有时又向不及偏离一些,以避开两个极端中更错误的那个,因为这样我们才最容易触碰到那个适中。

卷 III 1—5

1

a 从"既然德性是相关于感受与实践的，……"（1109b30）开始，也从这一章开始，在对德性做总体的讨论之后，亚里士多德引入并讨论实践的"意愿"的概念。在这一章，他通过分析地阐释"意愿"的相反者——"违反意愿"——的意义，表明实践是"出于意愿的"的基本意义。在这个部分，他对于与"意愿"有关的事情做了划分。他阐述了三点。

首先，与德性相关的行动或实践可分为两个基本范畴：a）出于意愿的事情（ἐπὶ τοῖς ἑκουσίοις），即出于意愿的行动或实践。出于意愿的事情如果是德性的，引起称赞，如果是恶的，引起谴责；b）违反意愿的事情（ἐπὶ τοῖς ἀκουσίοις）。一个人违反意愿地去做的与德性相反的事情引起原谅甚至怜悯。

第二，由于出于意愿的事情与违反意愿的事情具有上述重要区别，研究德性的人必须研究两类事情各自的性质。

因为，我们必须首先确定一件事情是行动者出于意愿而为还是违反其意愿地做出的。仅当它是行动者出于意愿地做出的，我们才能去区分它是德性的还是恶的。

德性（ἀρετή）在希腊人的概念中是与意愿联系在一起的。斯图尔特（Stewart [1892]，I, 224）说，ἀρετή 是可称赞的和选择的品性；按照亚里士多德，我们只称赞出于意愿或出于选择的感受和行为。与动物不同，人因为被赋予了努斯（νοῦς，思想），灵魂具有逻各斯，灵魂的实现具有双向性：灵魂由于其努斯的恰当的培养与运用而指向一个人生命整体的充实与繁荣的那些感受与实践（行动）被看作自然的和良好的，灵魂朝向这个方向的发展将生成德性。指向其生命整体的败坏的感受与实践（行动）被看作是恶的，也是造成灵魂的恶性的原因。然而，它们出于逻各斯或不无逻各斯，所以都出于意愿。德性的行为与恶的行为都属于出于意愿的事情。

第三，对这两类事情的性质加以研究也对立法者运用荣誉与惩罚有帮助。

b 从"被迫或出于无知而发生的事情似乎都是违反意愿的；……"（1109b35）到此处，亚里士多德首先来讨论"违反意愿的事情"。他做了两件事。

首先,他区分"违反意愿的事情"为 a)被迫的事情(τὰ βίᾳ),和 b)出于无知的事情(τὰ δι' ἄγνοιαν),把前一类看作严格意义上的"违反意愿的事情"。

其次,在做出这一区分后,他对"被迫的事情"做出初步界定。他表明两点。

第一,"被迫的事情"是这样一些事情:其 a)本原是在外部的,且 b)承受那个本原的行动者对于它不起任何作用。

第二,这个初步的界定通过一个人被飓风裹挟的例子得到明确说明。在这个例子中,那个本原是外部的,那个人(作为承受一个外部本原的行动者)在物理的意义上对于那个本原不起任何作用。

c 从"但是,[一个人]由于惧怕更大的恶或由于某种高尚的目的而做出的那些事情,……"(1110a4)到此处,亚里士多德对照初步界定了严格意义的"违反意愿的事情",讨论介于"出于意愿的事情"与"违反意愿的事情"之间的"混合型的事情(μικταί)"。他阐明了四点。

首先,存在着这种"混合型的事情":它们在一种意义上是"违反意愿的",在另一种意义上又是"出于意愿的"。

第二,混合型的事情包含两种容易被观察到的类型。a)一种是为着一个高尚目的或一种较大的善而被迫做耻辱的事,例如一个人被僭主劫持家人,并以伤害家人的生命安全为威胁迫使(προστάττοι)他做耻辱的事;又如,船长在海上遇风暴,为挽救自己与全船人的生命而被迫抛弃货物。b)另一种是只为着躲避某种较大的恶而做的本不愿意做的事情。

第三,这样的事情之所以可以称为"混合型的",是因为它们都具有一个被普遍观察到的特征:它们都是行动者在还能够为着某种东西而决定去做还是不去做的情况下决定那样去做的,但是又没有人会出于意愿地那样去做。

但第四,既然一件事情是"出于意愿"还是"违反意愿"必须在一个人在做那件事的那个具体场合和时间来确定,既然在那个时刻和场合那个本原是在行动者自身的,我们应当把"混合型的事情"归于"出于意愿的事情"范畴。

亚里士多德通过上述论证表明,在那个行动场合,行动者还有可以去"选取(αἱρεταὶ)"的"实践(行动)的目的(τὸ τέλος τῆς πράξεως)",因而"更像出于意愿的"。以这种方式,亚里士多德给出了对"混合型的事情"中的那种最弱意义上意愿性的那个原因或本原的两个构成要素——它在那个时刻是 i)那个行动者可以选取的,并且是 ii)他可以决定选取还是不选取它——的说明。这个说明与前面对"被迫的事情(τὰ βίᾳ)"(1110a1-4)的两个基本的构成要素——其 i)本原是外部的,且 ii)行动者对于他承受的那个本原起不了任何作用——的说明构成对照。

d 欧里庇德斯(Euripides)的一个已佚失的戏剧中的故事。厄里费勒(Eriphyle)，阿尔克迈翁(Alcmaeon)的母亲，因接受一条项链贿赂而引诱她丈夫安非阿拉俄斯(Amphiaraus)，阿戈斯的国王，参加征讨忒拜的战争。临行时，由于预见到自己将丧命疆场，安非阿拉俄斯要求儿子阿尔克迈翁和安非洛斯科(Amphilochus)在他死后向厄里费勒复仇，并咒他们如不服从就将遭饥馑和无子之报应。阿尔克迈翁害怕遭到报应，按父亲的遗嘱杀死了母亲厄里费勒。他为此发了疯，并被复仇女神厄里倪厄斯(Erinyes)追杀。

e 从"在这些即这样的实践中，……"(1110a20)到此处，亚里士多德讨论在这类"混合型的事情"中是否存在可称赞的行为。他阐述了三种情形。

首先，在这样的事情中，一个人仍然可能受到称赞，如果他是为着高尚目的或一种较大的善而被迫痛苦地忍受了耻辱的事情。但如果他不是为着这样的目的，而是为了区区小利而忍受了耻辱的事情，就会受到谴责，因为这正是坏人的特点。

但是其次，一个人如果仅仅由于惧怕较大的恶而忍受了耻辱的事情，他得到的就不是称赞，而只是原谅。

但是第三，又有一些耻辱的事情是一个人宁可死也不肯去做的，在这样的事情上，一个人不会真正受到逼迫(ἀναγκασθῆναι)，因为他如果被逼迫了，就会宁愿去死。因为这样的事情只要做了就是错的，就受到谴责(试回想前面关于通奸与谋杀的讨论以及这段文本中关于阿尔克迈翁弑母的讨论)。

f 从"但要确定应当为着何种东西而选取何种东西，……"(1110a29)到此处，亚里士多德讨论要在这类"混合型的事情"上要"像有德性的人那样地"做出正确的行动的一些复杂问题。他做了两件事。

首先，他讨论了要在这类"混合型的事情"上做出正确的行动的两个主要困难。

第一，要确定这种境况下应当做什么有时是困难的。

因为，这意味着一个人要向自己明确表明a)所为着的东西是什么，这有时是困难的，并且要判断b)为着它必须在当下去忍受什么时，这些并不总是一个人容易向自己明确表明的。

第二，即使一个人就这些做出了明确判断，坚持那个明确判断却是比做出那个判断更加困难的事。

因为，a）所预见的东西是痛苦的，而 b）一个人"受到逼迫的（或必然的）事情（τὰ ἀναγκάσαντα）"又是耻辱的。因此，一个要"像有德性的人那样地去实践"的人在这样的场合将经受最困难的考验。

其次，基于对这两个困难尤其是第二个困难的说明，亚里士多德讨论一个进一步的复杂问题：在这类"混合型的事情"上，称赞与谴责与在那些事情上是否受到了"逼迫"相关。接续他在前面一段的讨论，他表明两点。

第一，在这类"混合型的事情"上称赞与谴责与是否受到逼迫的关联可以分析为三种情形。a）如果一个人被逼迫去做他"不能被逼迫去做的事情"，而选取了宁可死也拒绝做那样的事，他将受到称赞。b）如果一个人受到受逼迫，但因为忍受不住超出寻常的巨大痛苦折磨，做了耻辱的事，他就得不到称赞，而仅仅得到原谅。而 c）如果一个人没有受到任何逼迫，仅仅因为忍受不住常人能够忍受的痛苦折磨而做了耻辱的事，他就将受到谴责。所以，称赞看来仅仅是对于在"混合型的事情"中的那类行动者受到了逼迫，但像有德性的人那样做得正确的行为的，谴责则是对没有受到逼迫就忍受不住应当忍受的事情的行为的。

"受到逼迫的事情（τὰ ἀναγκάσαντα）"或"必然的事情"是亚里士多德在伦理学中的一个具体的实践范畴的概念。《欧台谟伦理学》（1225a17-18）界定"受到逼迫的事情"为为着较大的善或为着避免较大的恶而做出的恶的行动。《欧台谟伦理学》（1225a2-19）没有把"受到逼迫的事情"区别于"被迫的事情（τὰ βία）"，而把它们视为同一类事情。在《大伦理学》（1188a19-24）中，"受到逼迫的事情"则被解说为原因在外部但已经在行动者身上呈现为紧迫的动机的事情，一方面对照于仅以外部因素为本原的"出于强力的事情"或"被迫的事情"，另一方面也对照于原因在人自身的"快乐的事情"。斯图尔特（Stewart [1892], II, 232）认为，区别于这两者，"受到逼迫的事情"可以被理解为由于"外部景象"而产生的"让人非常痛苦地感受到紧迫压力的动机（very painfully cogent motives）"。

因此第二，"受到逼迫"是"混合型的事情"区别于作为严格意义的"违反意愿的事情"范畴的"被迫的事情"的一个特征。

在"混合型的事情"中，德性的行动是那些存在"外部"原因的"逼迫"，但这种外部原因未能胜过行动者自身为着高尚目的或较大的善，或为避免较大的恶，而依照"正确的逻各斯"做出的行为，尽管这种"正确的逻各斯"是难于确定的，且坚持依循它去行动也更加困难。

g 从"那么，什么样的事情才应当说 [是] 被迫的？……"（1110b2）到此处，亚里士多德基于对"被迫的事情(τὰ βίᾳ)"与"混合型的事情"的对照的讨论引出关于这两类事情的界定与结论。他阐述了四点。

首先,严格意义上的"被迫的事情"是 a) 本原单纯地是外部的, b) 当事者对于那个本原起不了任何作用的那些事情。

其次,"混合型的事情"则是 a) 在总体上存在一个"逼迫性"的外部本原,但 b) 在那个时刻和场合行动者仍然可以去选取某种东西,且去还是不去选取它就取决于他自身。

因此第三,"混合型的事情"就事情本身来说是违反意愿的,但是就在当事者自身的那个本原来说又是出于意愿的。

但是第四,它们"更像出于意愿的"。因为, a) 实践的原理是依据个别,而在那个时刻和场合,在当事者身上存在那个本原。但 b) 又很难确定在那个时刻和场合的那个"应当",因为具体的事情存在很多变化。

因为,伯尼特(J. Burnet, *The Ethics of Aristotle*, London, Methuen & Co., 1899, p.116) 对此解释说,像行为这样的事物没有不是发生在这种具体情境中的,所以,说某一类行为是违反意愿的是不真实的,只能说这个或那个行为是违反意愿的,在这里不可能找到科学的规则。斯图尔特(Stewart [1892], I, 233) 说,我们应当这样理解亚里士多德,即在讨论痛苦的环境下的行为的意愿性时,我们必须把行为本身看作一个"个别事物",一定不要提出关于它的善的一般问题。

h 从"但如果有人称快乐的和高尚的事情也是被迫的……"(1110b9) 到此处,亚里士多德讨论"快乐的事情"。他阐述了四点。

首先,所有的人做所有的事都是为着追求快乐和获得某种善,如果追求快乐与做高尚的事是"被迫的",那么所有的事就都是被迫的,这样说显然荒谬。

第二,"被迫的事情"因为是违反意愿的,都伴随着痛苦,而追求快乐与做高尚的事则伴随着快乐。

第三,针对提出"快乐的和高尚的事情也是被迫的"的人隐含着的一个更进一步的论点——快乐的、高尚的事情的原因是外部的:那个外部的原因使我们把它看作愉悦的,迫使我们去追求它;那个外部的原因使我们把它看作高尚的,迫使我们去努力实现它,亚里士多德做了两点反驳。a) 把我们将一个事物、一件事情看作愉悦的或高尚的这一点仅仅看作是一种在作用于我们的外部原因是错误的:我们由于缺乏而欲求一些事物,由于思想的活动而关注、愿望、欲求,并努力去获得一些高尚的、善的事物。b) 提出这个论点的人事实上是想说,快乐的事情的原因是外在于我们的,高尚的事情的原因是内在于我们的,他由于被外部的快乐的事物的力量征服做了错误的事,他由于自身的原因而做了高尚的事。但是这同样是荒谬的。因为,快乐的事情与高尚的事情都是某种外部性的因素与我们灵魂的某种主动性因素相互作用才产生的。事实上,上述说法只是一个人在快乐的事情做错了而做的辩护。更真实的说法是,快乐的事情与做高尚的事都不是被迫的,但我们由于缺乏而太容易被一些特定的外部事物俘获并把它们视为快乐,由于思考而倾向于把那些自身就值得追求的事物与活动确定为高尚的、善的事物。

最后,在做出这个反驳之后,亚里士多德回到并再次陈述前面界定的(1110b2-3)严格意义上的"被迫的事情"的概念:"被迫的事情"是 a)本原单纯地是外部的,b)当事者对于那个本原起不了任何作用的那些事情。

i 从"然而,所有出于无知的事情都不是出于意愿的,……"(1110b18)开始,亚里士多德转入对意愿与"像有德性的人那样"行动或实践的第一个即"知情"原理的关联性的讨论。从这里开始,他首先讨论"违反意愿的事情"范畴的第二种情况——"出于无知的事情"的概念。在此处,亚里士多德讨论"出于无知的事情"之中含有的第一个区别。他阐述了两点。

首先,"出于无知的事情"有事后没有悔恨的和事后陷入悔恨的两种,只有后面一种才是"违反意愿的"。

因为,在出于无知而做了一件事情的人之中,只有 a)在事后知道了他是出于无知而做了那件事情时感到悔恨的人才具有那种被违反了的意愿,因为由于他具有那种意愿,假如他知道那件事情,他就不会那样去做。另一方面,b)在事后知道了他是出于无知而做了那件事情时不感到悔恨的人则不具有那种意愿,因为由于他不具有那种意愿,假如他知道那件事情,他也不会别样地去做。

所以第二,我们可以据此判断一件"出于无知的事情"是否是违反意愿的做出的:陷入悔恨的人是违反意愿的;不感到悔恨的人既然是另一种,可以称为无意愿的(οὐχ ἑκών)。

j 从"出于无知做事情似乎也和使自己处于无知[状态]不同;……"(1110b25)到此处,亚里士多德讨论"出于无知的事情"中含有的第二个区别。他阐述了两点。

首先,"出于无知做事情(τὸ δι' ἄγνοιαν πράττειν)"与"使自己处于无知[状态](τοῦ ἀγνοοῦντα ποιεῖν)"做事情不同:前者的原因或本原是无知,后者的原因或本原是某种生理性因素——喝醉酒或被激怒,这种"无知"是由于这类因素而发生的。例如，喝醉酒的人是因为喝醉了酒而变得无知，而不是因为他的无知，而做了错误的事情的。

关于亚里士多德对这两种行为的区别，斯图尔特（Stewart[1892]，I, 234-236）说，出于对具体的环境因素的无知的事情是那个人"无从避免的"，而使自己处于无知状态的情形则是"可以避免的"。因为，出于无知做了一件事情的人只是对个别（ἡ καθ᾽ ἕκαστα, mere particulars）环境因素不知道，而使自己处于无知状态做事情的人则是在那个时刻对整个事情全然不知（ἡ καθόλου ἄγνοιᾰ，试设想一个喝醉酒的人）。

不过，斯图尔特（Stewart[1892]，I, 236）认为，亚里士多德关于"出于无知的事情"也能区分是"无意愿的"还是"违反意愿的"的观点会造成混乱。因为严格地说，那种（偶然的）对行为的具体环境因素的无知的行为的当事人是不能对行为的结果负责任的，因为他没有能力预见这种后果，但是不能依据他事后悔恨说他在行动时是违反其意愿的，就像"被迫的事情"那样，尽管他事后悔恨。按斯图尔特的看法，对于"出于无知的事情"可以有意义地区分的是那种无知是"可以避免的"还是"无从避免的"——如果是前者，则当事人对这种"无知"负有责任，如果是后者，则当事人并不负有责任，而不可能真正区分它是"无意愿的"还是"违反意愿的"。斯图尔特指出"事后悔恨"的"出于无知的事情"与"被迫的事情"不很相同是有些道理的。不过，斯图尔特的观点似乎依赖于较强意义的"预见后果"的"知道"原理，而不是亚里士多德在前面强调的"依照德性的行动"的那个"作用很小"的弱意义的"知道"（"第一条"）原理（1105b1-5）。依据在德性上而不在技艺上的那个弱意义的"知道"原理，亚里士多德在这里要区别的是当事人在"出于无知的事情"之中的意愿上的区别。至于依据"事后悔恨"设定的"当事时的"可能的"违反意愿"的情形，由于直接事实的缺场，只有凭借人们的普遍经验证据来推测，也是可以理解的。亚里士多德的观点是，这种意愿性是对那件事情本身做出判断的充分依据。亚里士多德与斯图尔特的意见分歧涉及伦理学中的一个重要问题：一具体的实践的性质是依据它本身（做出那个行动的当事者做出它时的那种原因或本原）还是依据它的效果来确定。

其次，"出于对某种具体环境因素的无知的事情"并不会使一个人成为坏人，但是"'使自己处于无知[状态]'的事情"会使一个人变坏。所有的坏人，都是由于这样地——由于喝醉酒或由于被激怒而变得对所做的事情全然无知——变成坏人的。

这个讨论具有一种"苏格拉底背景"。亚里士多德以此方式表明，他在一定程度上赞成苏格拉底的"做恶出于无知"的观点，因为做恶的人在最开始都是像喝醉酒或被激怒的人那样"全然无知"地做了错误的事情。但他同时表明，这种情形并不是具体意义上的"出于无知"，因为一个人在那样地做错时不是由于对具体的环境因素的

"不知晓",故而不是在"违反意愿"地,而是在"故意"地做恶。因而,他不同意苏格拉底"无人故意做恶"的论点。

k 从"但是,如果某个人不知道那些有利益的事情,……"(1110b30)到此处,亚里士多德讨论"出于无知的事情"中含有的第三个区别。他阐述了三点。

首先,根据对所知道和不知道的对象,"出于无知的事情"又要区分为 a)对"应当的事情"的无知,即"在选择上无知(ἡ ἐν τῇ προαιρέσει ἄγνοια)",和 b)对一个行动的具体环境因素的无知。

其次,在这两者之中,对"应当的事情"的无知不属于"违反"当事者的"意愿"的。

因为,联系于前面阐述的第二个区别,一个人通过惯常地"使自己处于无知[状态]"地做错事情成为不知道"那些真正有利益的事情",不知道自己应当去做的事情的人,而把最初做错的事情当作他应当做的事情的人,而成为坏人。所以,正如一个人"使自己出于无知[状态]"而做错的事情不是"违反"他的"意愿"的,一个人由于在"应当的事情"上的无知而做的事情也不是"违反"他的"意愿"的原因,而是他变坏的原因。

因而第三,只有在行动的具体环境因素方面的无知或疏忽,才是那个行动"违反"行动者的"意愿"的原因。

因为,只有一个人想把一件事情做好,但由于疏忽了做那件事情的某个重要细节而没有把它做好甚至把它做错了时,他才在事后感受到那样地做那件事情是"违反"他的"意愿"的。因此,也只有这样的事情才得到人们的怜悯和原谅。

l 奥斯沃特(Ostwald[1962],56)引证克雷芒(Clement of Alexandria,公元2—3世纪基督教哲学家)《斯特罗麦忒斯》(*Stromateis*)第2卷第14章:埃斯库罗斯(Aeschylus)在阿雷奥帕古斯(Areopagus)被控在其悲剧中泄露了得墨忒尔(Demeter,希腊古神,传说她女儿把她的宗教密仪泄露给埃勒夫西斯人)的密仪,埃斯库罗斯以不知道那是秘密请求赦免并被判无罪。剧中的一句话,"它到了我嘴边",成了谚语。亚里士多德此处所指的可能是这句话。

m 墨罗佩(ἡ Μερόπη, Merope),希腊神话中赫拉克勒斯后裔、墨塞尼亚王克瑞斯丰提斯(Cresphontes)的妻子,被篡夺者波吕丰忒斯强娶为妻,她的儿子埃皮托斯得以逃脱,后在墨罗佩同意下,杀死波吕丰忒斯并夺回王位。墨罗佩曾认为她的儿子埃皮托斯是敌人,险些误把他杀死。欧里庇德斯戏剧《克瑞斯丰提斯》以这个故事为题材。

亚里士多德在此处以及在《诗学》(De Poetica)(第14章)提到这个故事。

n 从"所以,弄清这些[具体]事情……"(1111a4)到此处,亚里士多德讨论与一个具体实践的环境因素相关的知识。亚里士多德做了两件事。

首先,他划分了这些具体知识所相关的环境因素:a)做事的人(who);b)所做的事(what);c)所做的事是对于什么或相关于什么的(to what or with what);d)做这件事借助于什么(by what);e)做这件事为着什么(for what);f)做这件事的方式(in what way)。

其次,他讨论了这些具体知识的性质。他表明了四点。

第一,除非是疯子,几乎没有人会对所有这些具体因素无知。因为,一个人在做一件事时至少会知道他a)在做。

但第二,一个人在做一件事时却可能不知道b)他所在做的事,不知道c)这件事相关于什么,d)做这件事要借助什么,或弄错e)做这件事是为着什么,或弄错了f)做这件事的方式。

第三,疏忽或弄错这些细节中的任何一个,尤其是在那些做重要的细节b)、e)上,做那件事情就不是出于意愿的。

但第四,只有这样地做了一件事的人事后感到了悔恨,做那件事情才是违反他的意愿的。

o 从"而[既然]违反意愿的事情是被迫的和出于无知的,……"(1111a22)处,亚里士多德基于上面的讨论,对照违反意愿的事情,界定"出于意愿的事情"。他做了两件事。

首先,他界定了"出于意愿的事情"。对照于违反意愿的事情,"出于意愿的事情"就是a)那件事的本原就在那个做事的人自身,且b)他知道那件事情由以构成的那些具体的环境因素细节的事情。因为,前面的讨论(1110b9-17)已经表明,出于欲望与激情的事情不适合说是"违反意愿"的。

其次,亚里士多德反驳把出于欲望与激情的事情说成"违反意愿的事情"的意见。他阐述了五点。

第一,如果出于欲望与激情的事情都属于"违反意愿的事情",那么所有儿童的与动物的行为就都是违反它们的意愿的了。这是荒谬的。

第二,按照这种意见,假如出于欲望与激情的事情不是"违反意愿的",我们就需要思考其他三种可能性。我们先来思考a)它们既不属于"违反意愿的事情",也不属于"出于意愿的事情"。但是,这种意见 i)已经在所提到的上面那段讨论所否定,而且 ii)说"[追求]应当欲求的事情违反意愿"是荒谬的,而且 iii)我们"[应当]去欲望一些事物",例如健康与学习。

我们接着来思考 b)我们必须从中做出区分:i)将出于欲望与激情而做出的高尚的事情归于"出于意愿的事情", ii)将出于欲望与激情而做出的卑贱的事情归于"违反意愿的事情"。但是,这种意见不仅也已经在那段讨论中被拒绝,而且它自身就显得荒谬,因为这两种情形都出于同一个本原。

那么唯一的真实可能就是余下的 c)出于欲望与激情的事情属于"出于意愿的事情"。

第三,"违反意愿的事情"都是痛苦的,合于欲望的事情则是快乐的。所以出于欲望的事情是"出于意愿的"。

第四,出于激情而做错事与出于推理地思考而做错事都是"出于意愿"的恶,都同样受到谴责。

因为,出于这两种本原而做错事都是可以避免的:出于推理思考而做错一件事情的人本应了解那件事情的有关重要细节,出于激情而做错一件事情的人也本应当运用理智来驾驭那种激情。

第五,仅仅根据我们的激情与欲望具有反逻各斯的性质这一点来推论它们是不属于人的本原,并依据这个错误的推论引出出于激情与欲望的事情不出于人自身,不属于"出于意愿的事情"的进一步推论,是完全错误的。

因为,前面的讨论(1102b12-28)已经表明,属于人的欲望与激情具有反逻各斯与在"服从"逻各斯的意义上"有逻各斯"双重性质。

2

a 从"在对出于意愿的事情和违反意愿的事情做出说明之后,……"(1111b4)开始,在澄清实践是"出于意愿的事情"之后,亚里士多德讨论"选择"作为实践的"出于意愿的"本原的性质与意义。在这个部分,亚里士多德界定"选择"属于"出于意愿的事情"。他讨论了两点。

首先,在讨论"出于意愿的事情"之后讨论"选择"是适合的,因为,它是 a)最内在于德性的东西(οἰκειότατον... τῇ ἀρετῇ),并 b)比实践更能判断一个人的习惯(μᾶλλον τὰ ἤθη κρίνειν τῶν πράξεων)。

在第Ⅱ卷第4章得到阐明的"像有德性的人那样[地行动或实践]"的三个原

理(1105a29-b5)中,亚里士多德在这里表明,"选择"原理是最内在于德性的即最重要的,比"稳定一贯"原理更能表现人的伦理习性,而"知情"则是三个原理中作用最小的。

其次,"选择"属于"出于意愿的事情",但后者范围比选择更广。

因为,a)儿童与动物分有意愿,但不分有选择。b)突发的行为出于意愿,但不出于选择。

亚里士多德的"选择(ἡ προαίρεσις)"概念意味着经过对实现一个目的的可能且必要的实践步骤的考虑而自主做出的一个当下行为决定,是同时包含着意图与能力的追求目的(善)的实践的本原。

一些英译者鉴于其相关于目的或意图的含义,用 intention 或 purpose 来译解 ἡ προαίρεσις。但是,intention 或 purpose 似乎不足以表达关于"当下必须去做"的事情这层意义。参见莱克汉姆(Rackham [1926])第 128 页注。在汉语中,对译这两个英语词汇的通常是"意图"或"目的",这两个汉语词汇似乎也与当下的实践或行为决定有很大距离。"意图"在汉语中可能指一个并未准备付诸实施的想法,而 ἡ προαίρεσις 则同时意味一个决定要去实行的想法。"目的"在亚里士多德的伦理学中指那个最终的目的,即"那个善",而亚里士多德明确说明,那个目的是伦理德性已经确立的东西而不是它要去区别和挑选出来的东西。所以他说,προαίρεσις 不是对于目的而是对于手段的。προαίρεσις 是为着那个目的而对于当下要采取的行动的一个决定。基于这种认识,我在这个文本中在英语上将以 choice,在汉语上以"选择"来译解 ἡ προαίρεσις。

田书峰副教授提出将用 προαίρεσις 汉译为"抉择",认为"选择"这个译法容忍了过多的任意性。用"抉择"来翻译亚里士多德的 προαίρεσις 的确有一些好处,但是我们可能损失与日常实践的密切关联的性质。因为,"抉择"这个词在汉语中更适用于在那些命运有关的重大事情上的考虑决定。而且,如果解释清楚了亚里士多德所说的"选择"是在伦理德性确立了那个目的的前提下使用的表明一个关于行动的推理思考过程的终点的东西,它应当不会被理解为是"随意性的"决定。

b 从"但有些人把选择说成是欲望、激情、愿望或某种意见,……"(1111b11)到此处,亚里士多德讨论选择与其他意愿因素的区别。他做了两件事。

首先,他指出,有些哲学家把选择说成是欲望、激情、愿望和意见是错误的。

其次,他讨论欲望与选择的区别。他表明四点。

第一,选择不为无逻各斯的动物所共有,欲望则为动物所共有。

第二,不自制者的行动出于欲望而不是选择,自制者的行动出于选择而不是欲望,可见欲望不是选择。

第三,选择的东西与欲望的东西相反,欲望的东西却不与欲望的东西相反。

莱克汉姆(Rackham 1926 130)说,这就是说,你无法同时感觉两种相反的欲望(尽管你可以感觉到两种不相容的欲望,但是不可能既欲望着一个事物又同时不去欲望它),但是你可以同时既欲望着做一件事又选择不去做。

第四,欲望是对于快乐或痛苦的事物,但选择不必然是对于快乐或痛苦的事物的。

c 从"然而,[它]更不[是]激情;……"(1111b18)到此处,亚里士多德顺带谈到选择与激情的区别。激情似乎"最不像……选择",因为一个人在出于选择而行动时与在出于激情而行动时的样子完全不同。亚里士多德认为无需详加讨论。

d 从"但是[选择]也不是愿望,……"(1111b20)到此处,亚里士多德讨论选择与愿望(ἡ βούλησις)的区别,尽管选择显得与愿望相似。他表明四点。

首先,选择不相关于不可能的事情,愿望则相关于不可能的事情。

其次,愿望相关于那些不大可能由自己做下来的事情,选择则相关于能由自己[做下来]的事情。

再次,愿望更多地是相关于目的的,而选择则[更多地相关于]朝向目的的事情。

第四,总体地说,选择是相关于在我们能力以内的事情的,所以它不是对于不可能的事情、需要由他人做下来的事情和最终的东西(目的)的。

e 从"然而[选择]也不可能是意见;……"(1111b31)到此处,亚里士多德讨论选择与意见(δόξα)的区别。

意见(δόξα),关于事物、事情的观念、看法、见解等。δόξα 的动词形式是 δοξαζω,意思是想、相信、认为、以为,与做、实践、行为等等相对立而言。所以,在希腊语中,δόξα 不是就"做什么"而言的,而只与"是什么"有关,是在无法做出一个真实判断时在谈话中就所说事物的"是什么"说出或表达的一种看法或观念。所以,δόξα 与知识有题材上的相关关系:知识是对于充分了解的事物的"是什么"提出的认识或见解;意见则是对于还不充分了解的事物的"是什么"提出的看法或观念。

亚里士多德关于选择与意见的区别的讨论分为三个部分。

首先,对于选择与一般意义的意见的区别,亚里士多德从两个方面做了说明。

第一,意见可以涉及所有事情——可能的和不可能的事情,选择只是对于在我们能力以内的事情的。

第二，对意见的区分在于真和假，对选择的区分在于善和恶。

其次，对于选择与某种具体意见（δόξη τινί）的区别，亚里士多德从五个方面做了说明。

第一，我们是一个好人还是坏人取决于我们选择了做善的还是恶的事情，而不是我们关于善的或恶的事情是否持有一种意见。

因为，在对于善的或恶的事物持有的意见中不含有对那种善事物的愿望，以及一种去做、去实现那种善事物的品性。

第二，我们选择的是去抓住还是避开某个事物，我们就它是什么、对谁有益、以何方式有益，持有意见。

第三，选择受称赞的是由于它是应当选择的，或选择得正确；意见受称赞是由于它是被真实地持有的。

第四，我们选择的是我们知其为善的事物，我们对我们并不完全知道的事情持有意见。

第五，善于提出意见的人并不一定选择得正确，选择得正确的人不一定持有最好的意见。

因为，一个人可能对善的或坏的事情持有很好的意见，但做得不好。

再次，亚里士多德提出了一个疑问：我们是先持有意见尔后做出选择还是相反，既然具体意见与选择都是关于具体事情的？亚里士多德表明，是先持有意见尔后做出选择还是相反这并不重要，因为，我们在伦理学里要研究的是选择是否就是某种意见。

阿奎那（Aquinas, Notes, comm. 452, 456）在此评论说，亚里士多德不认为在这两者间确定次序在这里具有重要性；我们并不总是为弄清真实去寻求对具体事情的具体知识或具体意见，因为具体事情是短暂的、流逝的；但是，我们需要理解，意见既然与理智相关，就先于既含有认识能力又与欲求相关的选择，尽管在偶然的情况下——例如一个人改变先前持有的意见时——意见跟随着选择。

f 从"那么，[选择]是什么或怎样一种事物，……"（1112a13）到此处，亚里士多德表明"选择"不是欲望、激情、愿望和意见之后，给出了对选择的两点基本界定。

首先，选择是"出于意愿的"，并且是"预先考虑过的（τὸ προβεβουλευμένον）"的一个行动决定。

它是预先考虑过的，因为 τὸ προβεβουλευμένον 这个词从构词法上表明它经过"预先（προ-）"的"考虑（βουλεύω）"并且"考虑过了（βεβουλευμένον）"。

其次，"选择"先于其他事物而要抓住某一事物的欲求。

因为,选择(προαίρεσις)这个名词本身又意味着,所选择的东西是先于(προ-)别的事情(ἑτέρων)而选取的(αἱρετόν)。

所以最后,选择是"出于意愿的""预先考虑过的",对某一事物的超过其他事物的行动欲求。

所以,选择一方面是经过预先考虑的,因而像知识与意见一样包含着逻各斯与理智的运用的东西,另一方面,它又在本质上是灵魂对于某一事物(事情)的选取(αἱρεσις)。这个两重性的本质的意义在后面第Ⅵ卷中被表述为"理智的欲求"(1159b5)。

3

a 从"人们是对于所有的事情都考虑,……"(1112a18)开始,基于刚刚澄清的选择是"预先考虑过[的东西](τὸ προβεβουλευμένον)"的说明,亚里士多德在这一章讨论选择概念所预含的"考虑(ἡ βουλή)"的概念,并通过表明考虑与选择都是对"朝向目的"的、在我们能力之内的事物的,表明选择意味一个人把实践的本原归于自身,完成对"选择"原理的讨论。

考虑(ἡ βουλή),或译考量、思虑、思量、审议,是亚里士多德政治学、伦理学的重要术语,是人的理智的思考活动,是为着某种事物的实践性的、推理的思考活动,指向为着那个事物所要着手去做的事情。

在这个部分,亚里士多德提出了"我们应当考虑哪些(以及什么样的)事情"的问题。他表明两点。

首先,我们应当考虑的是有理智的人会去考虑的事情,而不是一个疯子可能会考虑的事情。

其次,有理智的人只考虑某些事情,而不是所有的事情。

b 从"然而,没有人去考虑永恒的事物,……"(1112a22)到此处,亚里士多德讨论我们作为有理智的人不需要去考虑的那些事物。亚里士多德做了两件事。

首先,他分析地说明了四类我们无需去考虑的事物。

第一,永远如此的事物,例如宇宙,或对角线与边长不等的事实。

第二,由于必然、自然或某种其他原因而始终以同一方式运动变化的事物,如回归与日出。

斯图尔特(Stewart[1892], I, 257, 259)指出,尽管亚里士多德一般地以必然(ἐξ

ἀνάγκης)述说无机界的运动法则,以自然(φύσει)述说有机界的运动法则(例如出生、生长等等),他也用自然来述说无机界的法则,例如第Ⅱ卷第1章谈到的石头的自然。所以,斯图尔特说,亚里士多德所说的必然与自然不能被看作是完全相互排除的,但是在他的用语中,自然的东西是在必然所许可的范围之内的,所以必然的东西是优先的。莱克汉姆(Rackham[1926],124-125)也认为,亚里士多德在此处和下面所使用的必然是指涉无生命世界的自然法则,而自然则指涉生命世界的自然法则。他解释说,亚里士多德是认为,这些原因以及人的原因都由于相互作用而产生了"未经设计的和不规则的偶性的"副产品:在自然世界亚里士多德把这称为"自发的偶然性",在人的世界了称为"偶然性"或"运气"。

第三,在大部分情况下以同样方式,但时而也以别样方式运动变化的事物,如干旱与降雨。

第四,出于偶然性或运气而发生的事情,例如发现珍宝。

其次,他从上述分析说明中引出初步结论。他表明两点。

第一,上述这些事物是无需去考虑的,是因为这些事物不是由于人的原因造成的。

第二,事物的原因有a)自然,b)必然,c)运气或偶然性,和d)人(的努斯与所有与人相关的因素)四种。我们需要去考虑的仅仅是由于第四种即由于人的原因而发生的事情。

c "但是,也没有人[考虑]人的所有事情,……"(1112a35)开始,亚里士多德在由于人的原因造成的事情中对于我们适合去考虑的事情做了三个"不是……而是……"的排除式论证,讨论哪些事情不需要或不适合去考虑,并同时表明相反的事物才适合考虑。在此处,他做了第一个排除式论证——

适合我们去考虑的不是那些不能由我们自身做下来的事情,例如一个斯巴达人不会去考虑怎样为西徐亚人建立最好的政体的事情,而是能够由我们自身造成的或由我们自身而发生的事情。

西徐亚人(Σκύθαι),又称斯基台人,当时生活于从南俄草原至今伊朗至叙利亚一带的一支游牧民族,曾建立他们的国家,被当时希腊民族视为野蛮人。亚里士多德这一排除的含义是,为西徐亚人建立最好的政体这件事情在斯巴达人看来是不可能做到的。

d 从"此外,考虑也不是对于属于科学的精确的和自足的事物的,……"(11112b1)到此处,亚里士多德做了第二个排除式论证——

适合我们去考虑的也不是 a) 精确的科学（知识）对象，如正方形对角线与边长不等的事实，和 b) 自足的事物，如文法，也不是适合我们去考虑的事物；而是下述事情——

c) 能够由于我们自身而发生的事情，例如例如医术、经商术上的事情；

d) 大多数情况下如此又并非总是如此的事情，因为它们 i) 充满变化，且 ii) 关于如何去掌握它们的事情没有被清楚的规定，所以我们考虑航海术多于健身术；以及

e) 我们对其有较多犹疑的事情。

所以，我们考虑技艺多于科学。所以，在重大事情上，当我们不相信能判断清楚这些复杂的事情时，我们请朋友一道来考虑。

e 从"此外，我们考虑的不是目的，……"（1112b13）到此处，亚里士多德做了第三个排除式论证——

我们需要去考虑的也不是目的，而是朝向目的的东西（τῶν πρὸς τὰ τέλη）。例如，医生不考虑是否要使病人健康，政治家不考虑是否要去建立一种好秩序，等等。

因为首先，病人的健康是医生的医疗实践所为着的东西，好秩序是政治家的治理所为着的东西，广义地说，具体的行动所为着的东西，是考虑的本原或出发点。但在考虑的当下，它们是在考虑者能力以外的、不能马上就实现的东西。考虑是从这些事物（事情）出发的，对于能够帮助实现它们的事物、事情的，并且最终要达到一件考虑者当下就能着手去做的事物、事情的思考。

所以其次，对考虑活动的恰当描述是：人们是带着一个目的来考察它将 a) 如何实现，以及将 b) 借助哪些事物来实现。如果它 i) 借助多种事物实现，就来考察它借助哪种事物最容易实现和实现得最好，如果它 ii) 只借助某一种事物实现，就来考察这种事物将如何实现，以及它将借助哪种事物来实现，直至 c) 达到那个最初的原因（τὸ πρῶτον αἴτιον），也就是那个最终的东西（ἔσχατόν），即那件事情要着手去做的地方，那个行动。

那个最初的原因就是考虑的最终的东西，进一步地说又因为，那个目的离我们最远，它是一个运动变化本原，存在于另一物那里，但一当成为我们所为着的东西，它就成为在我们自身（在灵魂）中但"作为另一物"的本原，它使我们去行动，造成我们的行动。但我们考虑是朝向它的事物、事情。在朝向它的事物的序列之中，"那个最初的原因"是距离那个所为着的东西最远而离我们最近——因为它就是我们手边的能上手的东西，即那个行动——的事物、事情。这个"那个最初的原因"因此是在考虑的序列中的"最终的东西"。

亚里士多德以这种方式表明，考虑是带有一个确定了的目的的对朝向目的的实现

的事情——对实践或行动——的思考。

f 从"(因为,进行考虑的人似乎像上面所说的那样在寻求和分析,……"(1112b20)到此处,亚里士多德讨论考虑或审议的一般方法。他阐述了三点。

首先,进行考虑的人仿佛像做几何图形分析那样地,在分析地(ἀναλύειν)寻求那个最终的可以着手去做的东西。

因为,考虑看起来也与几何分析类似,都是 a)一步步地思考,b)都寻求那最终的一步,并且 c)那个最终的东西也就是那个生成之中的最初的东西。如果这样的思考活动就是"寻求(ζήτησις)",那么考虑与几何分析一样都属于"寻求"。所以,存在"寻求"这样一类思考活动,考虑属于"寻求",但不是所有"寻求",例如几何分析,都是考虑。

正如一些校勘者指出的,亚里士多德是认为,考虑仅仅是在这三个形式性质的因素上与几何分析这种数学的广义地说科学的寻求"类似",并仅仅在"都寻求那最终的一步"上与后者相同。因为首先,科学的寻求所包含的一步步思考是严格的推理证明,考虑则只是对"在大多数情况下如此"的事情的思考。其次,尽管这两种寻求都朝向那个"最终的东西",但那个"最终的东西"对科学的思考而言是一个未曾被发现的事实或结论,对考虑而言则是最终的具体,思考的那个终点;对科学的分析而言,它是一个可以从此加以运用的定理,是一个具有普遍性的可以理论地加以运用的东西,而对考虑而言则是一个必须立即着手去做的事情。

其次,这种考察所要达到的"最终的东西"仍然可能看起来要么是 a)"不可能的(ἀδυνάτῳ)",要么是 b)"可能的(δυνατὸν)"事情:如果是前者,人们就放弃;如果看上去是后者,他们就会尝试着去做。

因为,能去做的事情也就是能够经由我们而生成的事情。不过"经由我们"的意义必须从"我们自身"做些扩展,因为"经由朋友"在某种意义上也是"经由我们"的事情。

第三,所寻求的东西 a)有时是借助的工具,b)有时是这些工具的用法。

考虑者因此 a)有时会由于所借助的工具而需要先去寻求另一样"上手的"、能造成这个工具的事物,b)有时会由于使用那个工具的方法而需要先去寻求另一种事情,例如学习。这意味,所达到的"最终的东西"作为"朝向"所为着的那个东西的事物、事情,可能是更为间接的东西。然而从当下的行动来说,它又是直接的东西。

g 从"但是,如所说过的,……"(1112b32)到此处,亚里士多德基于上述说明,对考虑的概念做了四点界定。

首先,考虑是在由作为实践的本原的实践者进行的思考活动。

就是说,考虑不是一个人对于将由另一个人去做的一件事情的思考。在思考的是那个实践者,所以,思考者就是所思考的这件事情的本原,这个本原经由这个考虑或思考而生成。

其次,考虑是由作为实践的本原的实践者进行的,对朝向他所持有的目的的、他能够去做的事情的,思考活动。

实践者要考虑的题材是朝向他所为着的事物的、对于他可能的那些事情。他考虑的不是目的:目的是那个实践指向的东西,是暂时不在他能力以内的。所以,他考虑的是朝向那个目的的、他能够去做的事情。

再次,考虑是由作为实践的本原的实践者进行的,对怎样去做朝向他所持有的目的的、能够由他自身去做的事情的,思考活动。

所以,对于他能够去做的那件事情,他考虑的是他应该怎样去做,而不是那件事情是什么,以及是什么样子的。因为,那些事情属于感觉的题材。

最后,考虑是由作为实践的本原的实践者进行的,对怎样去做那件朝向他所持有的目的的、能够由他自身去做的事情的,又必须在应该的时间结束的,思考活动。

因为,如果一个人永远考虑下去,就陷入恶的无限。

h 从"——但要考虑的和要选择的[是]同一个东西,……"(1113a3)到此处,亚里士多德讨论考虑与选择的关系。他表明两点。

首先,就它们都相关于朝向目的的东西而言,这两者是相同的。

因为,经过考虑的东西也就是要选择的东西。

但其次,就选择已经预含了在先做出的"考虑"而言,考虑又优先于选择。

因为显然,a)选择是"经过考虑的"东西,已经预含了"考虑"。b)考虑也将达到一个对所要去做的事情的判断:那个实践者一当把那个本原归于他自身,归于他自身的那个主导的部分,他就做出了判断,就不再继续考虑。例如在荷马史诗中,古代君王就是这样向人民宣布他们经过考虑而选择了的事情。

i 从"[既然]所选择的是在我们能力以内的……"(1113a10)到此处,亚里士多德再次回到选择的概念。他阐述了两点。

首先,关于选择的所是。基于第 2 章对选择的基本界定和第 3 章对选择所预含的考虑的界定与说明,选择被再次地界定为"对于在我们能力以内的事情的、经过考虑的欲求"。

因为，我们经过考虑而判断了的那个事物，就是我们要"先于别的事物去抓住"的事物，就是我们经过考虑仍然欲求着的事物。

其次，对从第2章到第3章对"选择"的讨论的主题的概括。第2章的主题被概括为"选择属于出于意愿的事情"。第3章的主题被概括为"选择相关于朝向目的的东西"。

4

a 愿望（ἡ βούλησις），亚里士多德灵魂论与伦理学的重要术语。名词 ἡ βούλησις 来源于中动动词 βούλομαι（愿意、意欲、想往）。在《论灵魂》中，亚里士多德把 βούλησις 作为与灵魂的努斯（νοῦς）部分联系在一起的那种欲求（ὄρεξις）。灵魂的欲求被区分为三个部分：愿望、感受、欲望；愿望与理智即努斯的部分相联系，感受与欲望与动物性灵魂相联系。注意 βούλησις 与 βούλομαι 是从名词考虑（βουλή，或审议）及其本原的动词衍生而来的是重要的。βούλησις 是灵魂中由努斯的思想、理智活动所产生的对于在思想、理智的考虑中所想往的某种事物——即便它在当下不可能获得——的欲求。βούλησις 与我们的动物性灵魂部分的两种欲求——欲望与感受相对。按照亚里士多德，也按照柏拉图，欲望是灵魂机体由于处于偏离自然的空乏状态而产生的对于所缺乏的对象物的欲求；感受是灵魂基于受到对象的刺激的感觉而产生的欲求或倾向。

βούλησις 在英语译本中通常译为 wish 或 will。will 在汉语中常常被翻译为意志，然而 βούλησις 的本意是所希望最终将发生的事。所以大多数英译者，例如罗斯（Ross［1925］，58）、莱克汉姆（Rackham［1926］，141）、巴特莱特与科林斯（Bartlett & Collins［2011］，50）、奥斯特沃尔特（Ostwald［1962］，65）、艾尔温（Irwin［1985］，64）、罗（Rowe［2002］，129）、克里斯普（Crisp［2000］，44）等，都把它译为 wish，这个译法的确有明显的基于基督教时代之后形成的理解的痕迹。

关于 βούλησις 的汉译方案，陈玮博士曾建议译为"想要"（她尔后在其发表的论文中又将其译为"想望"）。瞿旭彤副教授和他领导的《尼各马可伦理学》研读小组的同学曾建议译为"期许"。田书峰副教授曾建议译为"意愿"，新近又建议将它译为"愿望"。我在这里采取了田书峰副教授的后一个建议，因为这一译法也同时适用于这个词用作动词（βούλεται）的场合。我从上述三位同事以及其他一些同事与学生对于它的汉译方案提出的有益建议与意见中获益良多。

b 从"愿望,已经说过,则是对于目的的,……"(1113a15)开始,在完成对"出于意愿的事情"和选择的讨论之后,亚里士多德在这一章转向对灵魂中对于目的那种意愿——愿望——的讨论。在这个部分,他做了两件事。

首先,他再次给出在前面(1111b27)对愿望做出的陈述——愿望是对于目的的。

其次,他举出并讨论我们愿望的是真正善的事物还是显得善的事物的问题,指出这两种意见各自的困难,并以归谬方式反驳这两种观点引出的结论。

第一种观点——"对有些人[愿望]是对于那个善的"。亚里士多德对这种观点做出如下反驳。

依照这种观点,那个没有做正确选择的人愿望着他不愿望的东西。他愿望着某个东西,但那不是他所愿望的东西。因为,如果那个东西是他愿望的,那么它就是善的;但既然他没有做正确的选择,他选择的东西就是恶的。

所以,结论就是:有的人愿望他不愿望的东西。这是一个逻辑矛盾。

第二种观点——"对有些人[愿望]是对于显得善的东西的"。亚里士多德对这种观点做出如下反驳。

依照这种观点,不存在任何自然地就让人愿望的事物。因为,不同的东西,相反的东西,都对不同的人显得善。而如果这样,我们的每种自然能力,以及我们的由自然而赋予的理智,就没有它们自然地趋向的真实事物,就没有目的;同时,就没有善事物的序列,因为我们不论做什么并没有"所为着的"事物。

所以,这种观点是不恰当的。

c 从"如果这两种结论都不令人满意,……"(1113a23)开始,亚里士多德给出他对于这一疑难的解答。他阐述了两点。

首先,如果这两种观点都不让我们满意,就要寻求对这个问题的一个更好的解答。这个解答包含两个相关的方面:所愿望的东西 a)总体上和按真实来说就是那个善,b)对每个人来说就是那个显得善的东西。

所以第二,对于认真的人(好人),所愿望的就是真正善的事物,因为总体上对于他是善的事物也对他显得善。对于坏人,所愿望的就是他刚好碰到的对他显得善的东西,因为那总体上对于他是善的事物对于他并不显得善,只有他偶然地需要的东西才对他显得善。就好像在身体方面,对于身体好的人,有益健康的东西就显得好;对于生病的人,则是另外一些他偶然地需要的东西显得好。

d 从"因为,认真的人对每种事物都判断得正确,……"(1113a30)到此处,亚里士多德讨论所愿望的东西何以对认真的人和坏人如此不同。他从认真的人与坏人两个方面做了对照的说明。

首先,在 a)认真的人这里,总体上对于他是善的事物之所以也对他显得善,有两个主要原因。

首先,认真的人对每种事物都判断正确。因为,他根据努斯或思想来判断,而自然赋予人努斯就是让人理解每种事物的真实自然。

其次,真实在每种事物中都向他显现。因为,i)在事物的真实自然与人的基于自然本性的培养而充分发展的品性之间具有亲和关系,而 ii)认真的人由于他的感受跟随他的逻各斯而养成了按照每种事物的真实自然去感受事物的品性。所以事物自身的真实自然与这种品性亲近,仿佛是向他呈现着的。

所以,认真的人在每种事物中都看到真实,似乎是它们的真实的"极轴(κανὼν)"和"尺度(μέτρον)",标识出其他人们所能看到的有限真实的有限程度。

另一方面,在 b)坏人那里,总体上对于他是善的事物之所以对于他不显得善,这两者之间之所以不一致,也同样有两个主要原因。

首先,由于他追求快乐而不是追求善,并且,由于他的感受与欲望不听从并且反抗逻各斯,他对事物没有正确判断。

其次,事物的真实自然仿佛对他关闭着。因为,i)事物的真实自然与他的违反自然的恶性之间不相亲和并且相互排斥,而 ii)他养成了由于偶性的需要而追求只偶然地具有治疗性的事物带给他的偶性的快乐的品性。

所以,他由于那些对于他并不是善的事物对于显得快乐而受到欺骗。

5

a 从"既然目的是所愿望的,……"(1113b3)到此处,分别阐明灵魂对于目的的意愿(愿望)和对于"朝向目的"的事物的意愿(选择)之后,亚里士多德在这一章阐述关于德性与恶(性)同样出于意愿的思想。在这个部分,他表明三点。

首先,德性是出于我们自身的。

因为,实践(行动)作为朝向目的的东西,是考虑、选择的对象,也是其本原在我们作为实践者自身的活动,因而是出于我们意愿的。试来区分意愿之中愿望与选择。a)愿望是对于目的的,b)选择,连同它预含的考虑,是对于实践或行动(作为"最终的东西")的。所以,目的是暂且不在我们能力以内的事物,实践与行动则是在我们能力以内的。既然实践与行动在我们能力以内,那么德性就是在我们能力以内的。

但其次,恶也同样是出于我们自身的。

因为,a)如果去做高尚的事取决于我们,不去做高尚的事也取决于我们,b)如果不去做耻辱的事取决于我们,去做耻辱的事也取决于我们;正如如果去做高尚的事取决于我们,不去做耻辱的事也一定取决于我们,如果不去做高尚的事取决于我们,去做耻辱的事也自然取决于我们一样。但是,去做高尚的事,不去做耻辱的事,使我们获得德性;不去做高尚的事,去做耻辱的事,使我们形成恶性。

所以第三,基于前面两点阐述,是一个"公道的人"还是一个"坏人"都同样取决于我们自身。

b 从"那句话——无人自愿为恶,也无人不愿享福……"(1113b14)到此处,亚里士多德引述一种错误意见并反驳其中"无人自愿为恶"的部分。他阐述了三点。

首先,"无人自愿为恶,也无人不愿享福(οὐδεὶς ἑκὼν πονηρὸς οὐδ' ἄκων μάκαρ)"说得半对半不对:说"无人不愿享福"是对的,但是说"无人自愿为恶"是错的。

因为,说"无人不愿享福"说的是"愿望",就我们愿望的是幸福来说这样说是对的;但是只根据愿望来说"无人自愿为恶"却不对,因为尽管我们的愿望是对于显得善而不是显得恶的事物的,但我们可能愿望它却没有选择去做朝向它的事情;而且,我们不去做高尚的事情,去做耻辱的事情,像已经表明的,是取决于我们自己的,即出于我们意愿的。

不过其次,试来尝试另一种推理——事情不是这样,我们去做耻辱的事而成为恶人不是出于我们意愿的。如果这样地思考,我们就必须说人根本不是他自己的实践或行动的本原,就像他不是他的子女的生命本原一样(因为我们必须推翻这个普遍性的前提)。这显然是荒谬的。

所以第三,如果我们确定,不能把出于我们自身的实践或行动的本原推向我们自身之外,那么我们就必须同意:凡本原是在我们自身的那些实践或行动都是取决于我们的或出于我们意愿的。

c 从"而且,这些看法看来分别有私人和那些立法者们本身得到见证;……"(1113b22)到此处,亚里士多德举证城邦私人生活尤其是城邦政治实践的实例,支持上面做出的对"无人自愿为恶"命题的反驳。

首先,城邦中的私人与立法者都区分公民的行为是否是取决于公民自身的。a)只要那些行为不是被迫的或出于公民自己不能负责的无知的,他们就以惩罚和报复,以遏止公民做坏事。同时,他们还以荣誉鼓励公民做高尚的事。b)而如果那些行为是被迫的或出于公民自己不能负责的无知的，他们就不施加惩罚。因为，这种惩罚将没有作用，要一个公民不去做一件不取决于他自身的坏事，就像要一个人在感觉到热的时候不觉得热一样没有作用。

其次，他们还惩罚由于自身的原因而让自己处于一种无知状态的公民。所以 a) 他们加倍地处罚醉酒肇事的人：为肇事者让他自己喝醉了酒，再为他犯的罪，处罚他。这原因在于肇事者肇事的原因就是他喝醉，而他就是让他自己喝醉的原因。此外，b) 他们还惩罚不知道他们不难去了解，因此本应当知道的事情（例如某个法律条款）的人。而且，c) 他们还惩罚那些由于疏忽而不知道那些事情的人，因为是他们自己让自己疏忽了那些事情的。

d 从"但是，也许有的人就是这样的，以致不会小心。……"（1114a4）开始，亚里士多德讨论品性的性质，基于"品性出于意愿"的观点，反驳"无人自愿为恶"命题。在这个部分，他做了三件事。

首先，他举出一种意见，这种意见说，有些人生来就是这样会疏于注意的，疏忽或慵懒的品性不是出于人自身的（亚里士多德对于"醉酒"和"对普遍的东西的无知"已在前面 [1110b25-1110a2] 做了讨论）。

其次，他对这种意见做出第一个反驳。这个反驳包括两点。

第一，疏忽的、慵懒的人正是通过他们的那种生活，通过做恶或者放纵，或者通过酗酒，而成为疏忽、慵懒的人的，所以，他们的疏忽或慵懒品性是出于他们自身的原因的。

因为第二，一个人是由于反复的行为，由于那些具体的实现，而造成了那样的品性的。这可以从可见的身体品性方面的情形得到见证。因为，那些训练划船的人正是通过持续的划船训练而获得那样的身体运动品性的。

这两点反驳表明，在一个人的具体行为与品性之间存在因果关系：品性是具体的实践或行为的结果，具体的行为实现造成人的品性。根据前面的说明，具体实践、具体行为是考虑与选择的对象，是在我们能力以内的、出于意愿的事物。因此，这个反驳的真正结论是：一个人的品性从其直接原因来说是出于他的意愿的。

再次，亚里士多德从上述反驳中引出三点结论。

第一，人们是知道品性将随着那些具体实现而来的，只有全然没有知觉的人才会不知道这一点。

第二，而如果一个人知道（或至少不是不知道）这一点，却做着将造成他的疏忽或慵懒品性，将造成他的不正义品性的事情，他就是出于意愿地让自己成为一个慵懒的人或不正义的人的。

所以第三,当一个知道地在这样做的人说他不愿望自己成为一个慵懒的人或不正义的人时,他的说法是没有道理的。

因为首先,那样地行动、那样地生活,是他成为一个慵懒的或不正义的人的真正原因,而他在那样地行动、那样地生活时是出于意愿的。

其次,关于他说他不愿望自己成为一个慵懒的、不正义的人。a) 设若他的愿望的积极方面是成为一个认真的、正义的人。这个意愿元素由于未经引出考虑和选择,是一个没有起作用的意愿因素。愿望可能引起实践的考虑、选择与行动,但不必然如此。因为,一个人可能选择地去做了与他愿望不一致的甚至相反的事情。b) 由于他开始那样地行动、那样地生活,对于他显得是一个认真的、正义的人的那种样子逐步地变化,以致那种样子后来变得这样:在一个决定要"像有德性的人那样"地实践或行动的人看来它并不是认真的人或正义的人的样子。因此,c) 这种说法仅仅是当他在承认那个决定要"像有德性的人那样"地实践或行动的人的看法更有道理时对于自己成为了一个慵懒的或不正义的人的事实的一个无力的"逃逸"(它甚至不能构成一种辩护)。

e 从"[但这]并不[意味],假如那个不正义的人愿望,……"(1114a12)到此处,亚里士多德在讨论了品性的形成的原因之后,讨论生成之后的品性的性质,完成他对"有些人就是……不会小心的"的意见的第一个反驳。他做了三件事。

首先,他做出一个论断:尽管一个人是他成为一个不正义的人的原因,他却不能一旦愿望就不再是不正义的人。

因为,愿望在我们形成一种品性的过程中可以引出朝向我们愿望的事物的考虑、选择与行动。但是一个人可能出于欲望选择了错误的行动,并形成了恶的品性。但是一当那种品性形成,他却不能因那个曾经的愿望而不再是具有那样品性的人。

其次,亚里士多德以生病的人为例,见证这个否定性的论断。

这个论证包含四个彼此相关的论点。

第一,一个生了病的人不能仅仅由于愿望健康就马上重新成为健康的人。

因为,第二,他如果不愿望成为病人而愿望健康(我们有比对于一个不正义的人的更强的理由相信一个病人可能会是这样),就表明他已经由于生活放纵而生病。

因此,第三,他原本是能够不放纵因而不得病的,但是既然他已经变得放纵并因而生了病了,他就不能再像他原本不放纵因而不生病那样地,去节制地生活因而成为健康的人了,就像抛出石头就不可能再收回它一样。

但是,最后,他仍然能够再次成为健康的人,如果他不仅愿望健康,而且选择节制地生活,并通过长期的实践矫正了他的放纵习性的话。

再次,亚里士多德表明,对生病的人的"愿望自己健康"的论证适用于对不正义的人的"愿望自己正义"的情形。

由于不正义的人已经"出于意愿地"成为了"不正义的人",尽管"愿望自己正义"从其本身来说是"出于意愿的",他们并不能仅仅由于这一"愿望"的意愿性就成为正义的人。身体品性方面的真实见证着灵魂品性方面的情形。

f 从"不仅灵魂的那些恶是出于意愿的,……"(1114a21)到此处,亚里士多德对"有些人就是……不会小心的"的意见做出第二个反驳。他表明四点。

首先,甚至身体形态方面由于人自身造成的恶,例如某些种类的肥胖,也被看作是出于意愿的。因为,人们不指责天生的肥胖,但指责由于缺乏锻炼而造成的肥胖。

其次,身体的一些疾病或残疾也被看作是出于意愿的。因为,人们不指责天生的失明或由于疾病或遭受重创而造成的失明,但是指责由于酗酒或放纵而造成的失明。

因此可以引出结论:在身体方面,那些取决于人自身的恶都受到指责,反过来说,那些受到指责的恶都是由人自身的原因造成的。

第四,这个结论还可以推广到其他方面(例如他在下文中将要讨论的感觉-知觉的方面)。

g 从"可能有人会说:'所有人都追求显得善的东西,……'"(1114a31)到此处,亚里士多德引述了另一种为"无人自愿为恶"命题辩护的意见。所引述的这个辩护意见含有四个要点。

首先,辩护者借用亚里士多德的思想表达其基本观点。这个基本观点包含两个要点:a) 所有人都追求显得善的东西,但是一事物显得善却不是出于人的意愿,即不取决于人自身;相反,b) 一个人在某个时候是什么样的人,那个事物就对于他显得是什么样。

其次,由此推论(正如亚里士多德推论的):a) 如果一个人是他的品性的原因,他也是那个东西那样地(不是出于他的意愿地)对他显得善的原因。b) 如果不是如此,就 i) 没有人是他自己所做的恶的原因,而是 ii) 每个人就都是出于对那个显得善的东西的无知而做那些事情的,以为那个显得善的东西就是对于他最好的东西,通过[做]那些事那个最好的东西就将在他自己那里,而 iii) 他对那个显得善的东西的追求也就不是他出于意愿去追求的。

因此第三，一个人必须天生地具有一种像视觉似的高尚能力，才能准确地感觉-知觉那个真正的善，才能出于意愿地去追求那个真正的善。

因为第四，这个最高尚的能力不能 a）从另一个人那里 i）获得或 ii）学得，而只能 b）自然地获得，自然地生长和完善。

h 1113b6-21。阿奎那（Aquinas, *Notes*, comm. 526）将此处参照指向第Ⅱ卷第8章1108b11-26。但斯图尔特（Stewart 1892 I 281）认为，亚里士多德此处是在引反对者的说法，因为他们都承认德性出于意愿。这个看法也有一定道理。

i 从"但如果这个说法是真实的，……"（1114b13）到此处，亚里士多德反驳上述辩护意见。这个反驳包含三个要点。

首先，根据这个辩护意见，似乎没有任何理由可以说德性出于意愿，而恶不出于意愿。

因为，这个辩护意见是说，a）目的是由 i）自然或 ii）其他方式显现的，b）人们做其他事情都为着以这两种方式显现为善的目的。但这对于德性与对于恶是同样的。因为，如果目的是自然赋予的，那么，如果认真的人为着那个自然赋予的目的做其他事情都出于意愿，坏人也同样如此，一点都不少地也出于意愿。因为，他们（坏人）选择去做那些事情的本原也同样在他们自身之中。

其次，如果目的不是由自然赋予，而是也部分地取决于人自身的，因为它看来是这样的，那么，对显得善的目的的欲求与对朝向目的的其他事物的欲求对于有德性的人与坏人都是一样的，因此德性不比恶更出于意愿。

所以最后，我们还是回到了前面说过的话并重复了相同的结论：如果德性出于意愿，恶性就也是出于意愿的。

因为，情况对于德性与恶性是相同的：无论目的是 a）由自然赋予的，还是 b）不是由自然赋予，而是也部分地决定于人自身的，这个辩护意见都不能证立它想证立的东西——"德性比恶更加出于意愿"，因此也完全不能为"无人自愿为恶"的意见辩护。

j 从"这样，在有关那些德性的共同性的方面，……"（1114b26）到此处，亚里士多德对他从第Ⅱ卷开始对德性所做的讨论做了总结归纳。

亚里士多德表明，他对于德性的整个讨论包含四个主题：

a）德性的属（τό γένος）；

b）使得德性会随之生成的那些事情（τούτων）；

c）德性作为取决于我们自身并出于我们意愿的（ἐφ' ἡμῖν καὶ ἑκούσιοι）的事物、事情的性质；

d）德性的像正确的逻各斯会做出安排那样（οὕτως）的作用。

k 从"但是，实践和品性出于意愿的情况不同；……"（1114b30）到此处，亚里士多德又专门谈到他事实上刚刚结束讨论的关于德性的第五个主题——，实践或行动（作为品性的原因）出于意愿的情况与品性出于意愿的情况并不相同。他表明两点。

首先，实践（行动）的本原，只要我们了解具体情况，就始终在我们自身之中；而品性的本原仅仅在开始时在我们自身上，尔后的一步步的新发展却不为我们所知。

第二，品性是由于它们的原因，即由于我们最初的那些实践或行动"曾是取决于我们的"，而是"出于我们意愿的"，我们在这种意义上说品性是出于意愿的。

l 从"再回过头来谈［德性］，……"（1115a4）到此处的最后这一句，亚里士多德表明他接下去要做的事情是表明每种德性 a）是什么（τίνες）；b）与哪些事情（ποῖα）相关；c）怎样地（πῶς）相关；以及，d）它们各有多少种（πόσαι）。

附录一

亚里士多德著作古抄本的主要系列

1

亚里士多德著作各主要现存古抄本，根据贝克尔（I. Bekker）校勘《亚里士多德全集》（*Aristotelis Opera*）（1831版）影印本（格鲁伊特公司，1970年）编辑者的辑录（该书"重印者序"），可依四个系列列如下表（下述抄本的名称后面皆略去了"抄本"二字）：

A codex Urbinas [A 乌尔屏 35]	Aa Marcianus 208 Aa 马季安 208	Ab Laurentianus 87 12 Ab 劳伦丁 87 12	a Vaticanus 251 a 梵蒂冈 251]
B Marcianus 201 [B 马季安 201]	Ba Palatinus Vaticanus 162 Ba 梵蒂冈帕拉亭 162	Bb Lautentianus 87 18 Bb 劳伦丁 87 18	b Parisiensis 1895 b 巴黎 1859]
C Coislinianus 330 [C 考斯林 330]	Ca Laurentianus 87 4 Ca 劳伦丁 87 4	Cb Lautentianus 87 26 Cb 劳伦丁 87 26	c Parisiensis 1861 c 巴黎 1861]
D Coislinianus 170 [D 考斯林 170]	Da Vaticanus 262 Da 梵蒂冈 262	Db Ambrosianus F 113 Db 安布罗斯 F 113	d Vaticanus 250 d 梵蒂冈 250]
E Parisiensis Regius 1853 [E 巴黎皇家 1853]	Ea Vaticanus 506 Ea 梵蒂冈 506	Eb Marcianus 211 Eb 马季安 211	e Vaticanus 1025 e 梵蒂冈 1025]
F Laurentianus 87 7 [F 劳伦丁 87 7]	Fa Marcianus 207 Fa 马季安 207	Fb Parisiensis 1876 Fb 巴黎 1876	f Marcianus 206 f 马季安 206]
G Laurentianus 87 6 [G 劳伦丁 87 6]	Ga Marcianus 212 Ga 马季安 212	Gb Parisiensis 1896 Gb 巴黎 1896	g Ottobonianus 152 g 奥托鲍尼 152]
H Vaticanus 1027 [H 梵蒂冈 1027]	Ha Marcianus 214 Ha 马季安 214	Hb Parisiensis 1901 Hb 巴黎 1901	h Baroccianus 79 h 巴罗奇 79]
I Vaticanus 214 [I 梵蒂冈 241]	Ia Laurentianus 57 33 Ia 劳伦丁 57 33	Ib Coislinianus 161 Ib 考斯林 161	i Parisiensis 2023 i 巴黎 2032]
K Laurentianus 87 84 [K 劳伦丁 87 24]	Ka Marcianus append. 4 58 Ka 马季安附件 4 58	Kb Laurentianus 81 11 Kb 劳伦丁 81 11	k Vaticanus 499 k 梵蒂冈 499]

附录一

Vaticanus 253	La Marcianus 263	Lb Parisiensis 1854	I Parisiensis 1860
[L 梵蒂冈 253	La 马季安 263	Lb 巴黎 1854	l 巴黎 1860]
M Urbinas 37	Ma Coislinianus 173	Mb Marcianus 213	m Parisiensis 1921
[M 乌尔屏 37	Ma 考斯林 173	Mb 马季安 213	m 巴黎 1921]
N Vaticanus 258	Na Marcianus 215	Nb Marcianus append. 4 53	n Urbinas 39
[N 梵蒂冈 258	Na 马季安 215	Nb 马季安附件 4 53	n 乌尔屏 39]
O Vaticanus 316	Oa Marcianus 216	Ob Riccardianus	o Coislinianus 166
[O 梵蒂冈 316	Oa 马季安 216	Ob 理查德抄本	o 考斯林 166]
P Vanticanus 1339	Pa Parisiensis 2069	Pb Vanticanus 1342	p Coislinianus 323
[P 梵蒂冈 1339	Pa 巴黎 2069	Pb 梵蒂冈 1342	p 考斯林 323]
Q Marcianus 200	Qa Urbinas 38	Qb Laurentianus 81 5	q Urbinas 76
[Q 马季安 200	Qa 乌尔屏 38	Qb 劳伦丁 81 5	q 乌尔屏 76]
R Parisiensis 1102	Ra Vanticanus 1302	Rb Laurentianus 81 6	r Urbinas 50
[R 巴黎 1102	Ra 梵蒂冈 1302	Rb 劳伦丁 81 6	r 乌尔屏 50]
S Laurentianus 81 1	Sa Laurentianus 60 19	Sb Laurentianus 81 21	s Palatinus 164
[S 劳伦丁 81 1	Sa 劳伦丁 60 19	Sb 劳伦丁 81 21	s 帕拉亭 164]
T Vanticanus 256	Ta Laurentianus 86 3	Tb Urbinas 46	t Palatinus 295
[T 梵蒂冈 256	Ta 劳伦丁 86 3	Tb 乌尔屏 46	t 帕拉亭 295]
U Vanticanus 260	Ua Ottobonianus 45	Ub Marcianus append. 4 3	u Christinae reginae 124
[U 梵蒂冈 260	Ua 奥托鲍尼 45	Ub 马季安附件 4 3	u 克里斯蒂安皇家 124]
V Vanticanus 266	Va Urbinas 50	Vb Palatinus 160	v Laurentianus
[V 梵蒂冈 266	Va 乌尔屏 108	Vb 帕拉亭 160	v 劳伦丁 87 20]
W Vanticanus 1026	Wa Urbinas 44	Wb Christinae reginae 125	w Laurentianus 87 15
[W 梵蒂冈 1026	Wa 乌尔屏 44	Wb 克里斯蒂安皇家 125	w 劳伦丁 87 15]
X Ambrosianus H 50	Xa Vanticanus 1283	Xb Vanticanus 342	x Maricianus
[X 安布罗斯 H 50	Xa 梵蒂冈 1283	Xb 梵蒂冈 342	x 马季安 259]
Y Vanticanus 261	Ya Parisiensis 2036	Yb Vanticanus 1340	y
[Y 梵蒂冈 261	Ya 巴黎 2036	Yb 梵蒂冈 1340	y]
Z Oxoniensis collegii corpors Christi W. A. 2 7	Za Laurentianus 87 21	Zb Palatinus 23	z Parisiensis 2277
[Z 牛津基督学院 WA2-7	Za 劳伦丁 87 21	Zb 帕拉亭 23	z 巴黎 2277]

2

上述抄本中，Lb，巴黎抄本（Parisiensis）第1854号，据吴寿彭译《政治学》"附录四"注为莱比锡抄本[Lipsiensis]保罗堂藏本[Bibliothecae Paulinae]第1335号，但据贝克尔本影印本编者，莱比锡1335的系列代号是Ls而不是Lb。除上述四个系列外，据贝克尔校本影印本编者，亚里士多德著作还有更多的系列，这些系列可能从Ac...Zc，Ad...Zd，一直排列至As...Zs。这些抄本的失真程度大约更差些，所以很少会被引为根据。不过，这些其他系列的抄本中，有些也被校订者们参考，例如

  Ac 巴黎抄本1741；
  Bc 乌尔屏抄本47；
  Cc 坎塔布里抄本；
  Dc 梵蒂冈帕拉亭抄本165；
  O1 牛津一号抄本112；
  O2 牛津二号抄本；
  O3 牛津三号抄本；
  P1 巴黎一号抄本2023；
  P2 巴黎二号考斯林抄本161；
  P3 巴黎三号抄本2026；
  P4 巴黎四号抄本2025；
  P5 巴黎五号抄本1858；
  P6 巴黎六号抄本1857，等等。

据吴寿彭，则还有

  C4 劳伦丁加斯底里昂抄本4；
  H 汉密尔顿抄本，和
  Harl. 哈罗抄本。

附录二

《尼各马可伦理学》主要现代校订本与古抄本的关系

1

关于《尼各马可伦理学》主要现代校订本同其手稿之现存古抄本之关系，我们可以从莱克汉姆（Rackham）校译《亚里士多德尼各马可伦理学》（*Aristotle: The Nicomachean Ethics*）"导言"、贝克尔（Bekker）校勘《亚里士多德全集》（*Aristotelis Opera*）（1831版）影印本（格鲁伊特公司，1970年）之"重印者序"和"贝克尔之后之校订、翻译本概述"，以及吴寿彭译亚里士多德《政治学》（商务印书馆1996年版）"附录四"（第513—515页）看到下述的联系：

贝克尔校订本（1831）所依之古抄本为

  Kb，劳伦丁抄本（Laurentianus）第81—11号；

  Lb，巴黎抄本（Parisiensis）第1854号；

  Mb，马季安抄本（Marcianus）第213号；

  Ob，理查德抄本（Riccardianus）；

  Ha，马季安抄本第214号；

  Nb，马季安抄本附件第4—53号。

但是贝克尔看重的是前四个抄本并常常忽略Ha和Nb。

格兰特（Grant）校本（1857, 1885）所依者同贝克尔，并且比贝克尔更加忽略后两个抄本。

莱姆索尔（Ramsauer）校本（1878）以贝克尔校本为基础。

杰克森（Jackson）编辑的《亚里士多德〈尼各马可伦理学〉第五卷》也以贝克尔校本为基础。

苏斯密尔（Susemihl）校本（1880）所依抄本除上述六抄本外，还包括

  Q，马季安抄本第200号；

  Pb，梵蒂冈抄本（Vaticanus）第1342号；

O1，牛津一号抄本（Oxoniensis），基督学院（Corpus Christi College）第112号；

O2，牛津二号抄本，所存处不详；

O3，牛津三号抄本，所存处不详；

P1，巴黎一号抄本（Parisiensis），法国藏书楼（Bibliotheque Nationale）藏书第2023号；

P2，巴黎二号抄本，同上，考斯林藏本（Ms Coisliniani）第161号；

Paris 1417，巴黎抄本，法国藏书楼第1417号。

拜沃特（Bywater）校本（1894）所依者同于贝克尔本。

伯尼特（Burnet）校本（1900）兼取苏斯密尔校本和拜沃特校本。

苏斯密尔校本阿佩尔特（Apelt）修订本，在苏斯密尔校本基础上作了一些修正。

莱克汉姆（Rackham）校本（1926）以贝克尔校本为基础，兼采苏斯密尔校本、拜沃特校本和阿佩尔特修订本。

德尔梅尔（Dirlmeier）校本（1958）亦兼取苏斯密尔校本和拜沃特校本。

2

《尼各马可伦理学》目前可见到的其他校本还有（依年代排列）：

布鲁尔（J. S. Brewer）校本，1836；

杰尔特（W. E. Jelt）校本，1856；

罗杰斯（J. E. T. Rogers）校本，1865；

摩尔（E. Moore）校本，1871。

附录三
本书所参照的校订、注释、翻译文本与其他一些可见到的译本

1

本书译文与注释先后参照的现代校订、注释、译注与翻译文本包括(依校订、注释或译注责任者姓名中文拼音或西文字顺序排列)——

中文文本

北京大学外哲史教研室译,《尼各马可伦理学》第 1 卷第 1、2 章,第 2 卷第 1、2、5、6 章,第 10 卷第 7 章,载北京大学外哲史教研室编译《古希腊罗马哲学》,新 1 版,北京,商务印书馆,1961 年;

邓安庆译注,《尼各马可伦理学》,北京人民出版社,2010 年;

佳冰、韩裕文译,《尼各马可伦理学》第 1、2、3、6 卷,载周辅成编《西方伦理学名著选辑》(上卷),北京,商务印书馆,1964 年;

苗力田译,《尼各马可伦理学》,北京,中国社会科学出版社,1990 年。

西文文本

H. G. Apostle [trans. with commentaries], *Aristotle's Nicomachean Ethics* [亚里士多德《尼各马可伦理学》], Grennell, Iowa, The Peripatetic Press, 1984;

Th. Aquinas, *Notes on Aristotle's Nicomachean Ethics* [亚里士多德尼各马可伦理学注释], trans. into English by C. I. Lizinger, Oxford, Oxford University Press, ??;

R. C. Bartlett & S. D. Collins [trans.], *Arostotle's Nicomachean Ethics* [亚里士多德《尼各马可伦理学》], Chicago, University of Chicago Press, 2011;

J. Burnet [trans. with notes], *The Ethics of Aristotle* [亚里士多德的《伦理学》], London, Methuen & Co., 1899;

T. Bywater [recognovit briviqve adnotatione critica instrvxit], *Aristotelis Ethica Nicomachea*

［亚里士多德《尼各马可伦理学》］, Oxford, Oxford Classical Texts, 1894;

D. P. Chase [trans. with notes], *Aristotle: The Nicomachean Ethics* ［亚里士多德《尼各马可伦理学》］, reprinted from the English edition by E. P. Dutton & Co. 1934, Beijing, China Social Sciences Publishing House, 1999;

R. Crisp [trans.], *Aristotle: Nicomachean Ethics* ［亚里士多德《尼各马可伦理学》］, Cambridge, Cambridge University Press, 2000;

A. Grant [trans. with essays and notes], *The Ethics of Aristotle* ［亚里士多德的《伦理学》］, 4th ed. rev., 2 vols., London, Longman, 1885;

M. Ostwald [trans. with notes], *Aristotole: Nicomachean Ethics* ［亚里士多德《尼各马可伦理学》］, Indianapolis, Bobbs-Merrill Company, 1962;

F. H. Peters [trans.], *The Nicomachean Ethics of Aristotle* ［亚里士多德《尼各马可伦理学》］, 5th ed., London, Kegan Paul, 1893;

H. Rackham [trans. with notes], *Aristotle: The Nicomachean Ethics* ［亚里士多德《尼各马可伦理学》］, London, William Heinemann, 1926;

D. Ross [trans. with notes], *Aristotle: The Nicomachean Ethics* ［亚里士多德《尼各马可伦理学》］, 1st ed., Oxford, Oxford University Press, 1925; rev. J. L. Ackrill and J. O. Urmson, World's Classics paperback, Oxford, Oxford University Press, 1980;

C. Rowe [trans. with commentary by C. Broadie], *Aristotle: Nicomachean Ethics* ［亚里士多德《尼各马可伦理学》］, Oxford, Oxford University Press, 2002

T. Irwin [trans. with notes], *Aristotle: Nichomachean Ethics* ［亚里士多德《尼各马可伦理学》］, Indianapolis, Hackett Publishing Company, 1985

J. A. Stewart, *Notes on the Nicomachean Ethics of Aristotle* ［亚里士多德《尼各马可伦理学》注释］, 2 vols., Oxford, Clarendon, 1892;

J. A. K. Thomson [trans.], Aristotle's Ethics ［亚里士多德的《伦理学》］, London, Allen & Unwin, 1953; rev. with notes and appendices by H. Tredennick, London, Penguin Books, 1976; and with an introduction and further reacing by J. Barnes, 1976, 2004;

E. C. Welldon [trans.], *The Nicomachean Ethics of Aristotle* ［亚里士多德《尼各马可伦理学》］, London, Macmillan, 1902; New York, Prometheus Books, 1987.

在上述文献中，本书在《尼各马可伦理学》希腊语文本的分段、分句与标点上尊重Rackham采用的洛布（Loeb）文本，并在需要处对证Bywater；在文本的校勘上尊重Rackham, Bywater, Burnet；在注释与评论方面较多采纳Aquinas, Grant,

Stewart, Rackham 和 Ross；在英译文参照方面尊重 Ross, Rackham, Grant, Irwin, Crisp, Welldon 和 Barlett & Collins。

2

《尼各马可伦理学》目前可见到的其他主要现代语翻译、注释本还有以下几种（依首版年代排列）——

中文文本

向达译《亚里士多德伦理学》，上海商务印书馆，1933 年。

西文文本

帕吉特（E. Pargiter）译《尼各马可伦理学》[*Of Morals to Nicomachus*]，1745；

吉利斯（J. Gillies）译《〈伦理学〉与〈政治学〉》[*Ethica & Politica*] 1797, 1804, 1813；吉利斯译《亚里士多德伦理学》[*Aristotle's Ethics*] 单行本，拉伯克百书文库版，路特里奇父子公司，1893；

泰勒（T. Taylor）译《尼各马可伦理学》[*Nicomachean Ethics*]《亚里士多德全集》版（9 卷本），1812；《〈伦理学〉，〈修辞学〉，〈诗学〉》[*Ethica, Rhetorica, & Poetica*] 单行本，1818；《尼各马可伦理学》[*Nicomachean Ethics*] 单行本，1819；

柴斯（D. P. Chase）译《尼各马可伦理学》[*Nicomachean Ethics*]，达顿公司，1847；修订版，1861；刘易斯（G. H. Lewes）撰写导言之卡姆劳特古典丛书版，1890；米切尔（J. M. Mitchell）重编新世界文库版，1906, 1910；史密斯（J. A. Smith）撰写导言重印版，1934；

高尔克（P. Gohlke）编辑、翻译并注释《亚里士多德〈尼各马可伦理学〉》[*Aristoteles: Nikomachische Ethik*]，《亚里士多德学术著作》[*Aristoteles: Dielehrschrieften*] 版，费迪南德·薛宁出版公司，1847；重印版，1956；

布朗恩（R. M. Brown）翻译、注释并撰写导言《亚里士多德〈尼各马可伦理学〉》[*The Nicomachean Ethics of Aristotle*]，博恩古典文库版，1848, 1853；

威廉姆斯（R. Williams）翻译《亚里士多德〈尼各马可伦理学〉》[*The Nicomachean Ethics of Aristotle*]，1869, 1876；

柯克曼（J. H. Kirchmann）翻译、编辑《亚里士多德〈尼各马可伦理学〉》[*Aristoteles: Nikomachische Ethik*]，梅那公司，1876 年；

哈奇（W. M. Hatch）等翻译，哈奇编辑《亚里士多德〈尼各马可伦理学〉》[The Nicomachean Ethics of Aristotle] 1879 年；

罗尔非斯（E. Rolfes）翻译、撰写导言并注释《亚里士多德〈尼各马可伦理学〉》[Aristoteles: Nikomachische Ethik]，第 2 版 [以柯克曼译本为第 1 版]，梅那公司，1921；比恩（G. Bien）编辑第 4 版，1985；

周奇姆（H. H. Joachim）注释、评论《亚里士多德〈尼各马可伦理学〉》[Aristotle: The Nicomachean Ethics]，里斯（D. A. Rees）编，克莱伦顿出版公司，1955；

德尔梅尔（F. Dirlmeier）译《亚里士多德〈尼各马可伦理学〉》[Aristoteles: Nikomachische Ethik]，《亚里士多德著作全集》第 6 卷，学术出版社，1958，1960；

特里科特（J. Tricot）翻译、撰写导言并注释《亚里士多德〈尼各马可伦理学〉》[Aristoteles: Ethique a Nicomaque]，福尔林哲学文库版，1959；

戈蒂埃（R. Gauthier）、约里夫（J. Jolif）注释《亚里士多德〈尼各马可伦理学〉》[Aristote: l'Ethique a Nicomaque]，第 2 版（第 1 版年代不详），4 卷本，鲁汶大学出版社，1970；

阿珀斯托（H. G. Apostle）翻译、评论《亚里士多德〈尼各马可伦理学〉》[Aristotle: The Nicomachean Ethics]，雷德尔出版公司，1980，逍遥学派出版公司，1984。

名称索引①

(依汉语拼音排列，所标页码为中译本页码)

A

阿尔克迈翁（Alcmaeon） 267
埃斯库罗斯（Aeschylus） 280

B

毕达戈拉斯（Pythagoras） 40, 207
柏拉图（Plato） 23, 171

H

荷马（Homer） 315
赫拉克利特（Heracleitus） 178

K

卡吕普索（Calypso） 250

M

墨罗佩（Merope） 281

O

欧多克索（Eudoxus of Cnidus） 126
欧里庇德斯（Euripides） 267

P

普利阿摩斯（Priamus） 96, 113

S

撒旦那帕罗（Sardanapallus） 28
拉栖代梦人（Lacedaemonians, Spartans） 304
斯彪西波（Speusippus） 40
梭伦（Solon） 98, 99

X

西徐亚人（Scythians） 304

---

① 本索引不包含内容注释部分。

术语索引①

（依汉语拼音排列，所标页码为中译本页码）

A

爱荣誉（φιλότιμος） 223, 224, 225
爱智慧（φιλοσοφία） 34, 75, 187, 188

B

卑贱（ἰσχρός） 86, 111, 171, 176
本原（ἀρκὴ） 23, 25, 72, 73, 75, 128, 260, 264, 269, 273, 284, 312, 313, 315, 327, 331, 337, 345
病（νόσος） 21, 30, 38
病人（νόσους） 187, 308, 336,
不动心（ἀπαθείας） 174
不及（ἔλλειψις） 164, 166, 199, 202, 203, 204, 206, 208, 212, 213, 214, 215, 219, 220, 221, 223, 226, 231, 232, 234, 235, 237, 238, 242, 247, 256,
不自制（ἀκρασία） 139, 140, 290
不自制者 见 不自制
不幸（δυστύχημα） 99, 100, 110, 113, 118, 119, 121

C

财富（πλοῦτος） 4, 20, 21, 32, 53,
谄媚（ἀρεσκεία） 232
沉思（θεωρία） 27, 31
沉思的生活（θεωρητικός βιός） 27
称赞（ἔπαινος） 123, 124, 125, 126, 127, 139, 144, 145, 192, 194, 206, 225, 228, 229, 233, 249, 254, 256, 259, 265, 266, 268, 297
诚实（ἀλήθεια） 229, 230
耻辱（ὄνειδος） 100, 222, 262, 265, 266, 268, 272, 285, 325, 326
冲动（προπέτεια） 140
出于意愿的（ἑκούσιος，ἑκών） 259, 262, 263, 264, 265, 270, 273, 284, 285, 289, 290, 299, 300, 324, 328, 337, 338, 344, 345, 346, 348
聪明（δεινότης） 20
粗俗（βαναυσία） 221

---

① 本索引不包含内容注释部分。

D

大度（μαγαλοψυχία） 110, 222

大方（μεγαλοπρέπεια） 156, 217, 218, 221, 222

呆板（ἀγροικία） 231

德性（ἀρετή） 30, 37, 55, 66, 67, 77, 78, 79, 81, 82, 83, 87, 90, 91, 93, 95, 105, 106, 107, 108, 114, 124, 127, 130, 131, 132, 136, 138, 144, 145, 149, 150, 151, 152, 155, 156, 160, 161, 165, 168, 170, 172, 174, 175, 179, 180, 183, 185, 189, 191, 192, 193, 194, 196, 197, 198, 204, 205, 206, 208, 209, 210, 233, 236, 237, 247, 259, 289, 324, 343, 345, 346, 347, 348, 349

参见 伦理［的］德性；理智［的］德性

妒忌（φθόνος） 189, 211, 235, 234

E

恶（κακία, πονηρία） 99, 111, 175, 191, 192, 193, 194, 207, 208, 209, 210, 211, 226, 237, 247, 250, 261, 276, 295, 296, 298, 319, 323, 325, 326, 327, 333, 338, 339, 341, 344, 345, 346

参见 坏

F

放纵（ἀκολασία） 157, 166, 170, 213, 219, 239, 243, 245, 246, 333, 336, 337, 339

忿怒（ὀρρή） 157, 189, 226, 386

疯（μανία） 279, 301

奉承（κολακεία） 232

福祉 见 至福

G

感觉（αἴσθησις） 63, 72, 152, 255, 256, 314

感受（πάθη） 16, 17, 81, ii, 156, 172, 177, 189, 190, 191, 192, 193, 194, 204, 205, 206, 210, 211, 233, 234, 235, 238, 247, 252, 259, 274, 287, 330

高贵出身（ἀρχή） 86

高尚（καλόν） 3, 11, 12, 24, 67, 68, 71, 72, 75, 80, 82, 84, 85, 86, 92, 94, 108, 109, 111, 114, 126, 127, 171, 176, 177, 249, 261, 266, 271, 272, 285, 309, 322, 325, 326, 328, 342, 343

赞誉（ἐγκώμια） 127

公道（ἐπιείκεια） 138, 326

公道的人（ἐπιεικὴς） 138, 326

参见 好人

乖戾（δύσερις） 233

关系（τῷ πρός） 36, 37, 123, 161, 190, 191, 222

过度（ὑπερβολή） 164, 165, 166, 199, 202, 203, 204, 206, 208, 209, 212, 213, 214, 215, 217, 218, 219, 220, 221, 222, 223, 226, 231, 232, 233, 237, 238, 242, 246, 247, 256

H

好处（ὠφέλεια） 232

好人（ὁ ἀγαθός） 29, 83, 101, 124, 137, 160, 176, 179, 187, 194, 197, 326, 344

参见 公道的人；认真的人

好运(εὐτυχία) 87, 109

恨(μῖσος, ἀπέχθεια) 189, 273, 274, 283

滑稽(βωμολόχια) 231

坏(φαυλότης, μοχθηρία) 87, 105, 121, 137, 154, 155, 173, 176, 178, 179, 190, 191, 194, 203, 208, 212, 266, 275, 277, 320, 326, 328, 344, 345
参见 恶

坏人(ὁ πονηρός, οἱ μόχθηροι) 137, 173, 176, 179, 194, 266, 275, 320, 326, 344, 345

挥霍(ἀσωτία) 219, 220, 239, 241

悔恨(μεταμελεία) 273, 274, 283

活动(ἔργον, ἔργα) 3, 4, 60, 61, 62, 63, 65, 66, 70, 71, 106, 124, 137, 155, 170, 180, 196, 197, 203

J

嫉妒(ζῆλος) 189

疾病 见 病

激情(θυμῶ) 178, 285, 287, 290, 292

机智(εὐτραπελία) 231

技艺(τέχνη) 3, 4, 5, 12, 49, 51, 52, 69, 92, 153, 155, 163, 178, 182, 183, 184, 204, 306

健康(ὑγίεια) 4, 21, 50, 52, 85, 162, 165, 286, 294, 308, 321, 336

健美(κάλλος) 86

节制(σωφροσύνη) 141, 144, 153, 157, 165, 166, 168, 170, 181, 183, 185, 186, 214, 218, 238, 242, 246

经验(ἐμπειρία) 16, 149

K

慷慨(ἐλευθερία) 83, 144, 219, 221, 222, 239, 241

考虑(βουλευτικός) 119, 120, 300, 301, 302, 303, 304, 305, 306, 308, 310, 313, 314, 315, 316, 317, 324

科学(ἐπιστήκη) 4, 6, 8, 9, 10, 38, 48, 106, 202, 203, 305, 306
参见 知识

渴望(πόθος) 189

恐惧(φόβος) 156, 189, 204, 217, 218

快乐(ἡδονή) 20, 27, 43, 44, 55, 77, 81, 82, 83, 84, 85, 126, 166, 168, 170, 171, 172, 173, 174, 175, 176, 177, 178, 179, 180, 189, 205, 218, 219, 234, 245, 251, 252, 253, 271, 272, 286, 291, 323

L

冷漠(ἀναισθησια) 166, 219, 239, 242

理智(διάναοια) 64, 144, 149, 300

理智[的]德性(διανοητικὴ ἀρετὴ) 144, 149

怜悯(ἔλεος) 189, 190, 205, 259, 278, 339

吝啬(ἀνελευθερία) 219, 220, 239

灵魂(ψυχή) 46, 65, 66, 67, 75, 76, 81, 93, 127, 130, 132, 133, 134, 136, 137, 139, 140, 173, 188, 189, 338

灵魂的善(ψυχήν ἀγαθὰ) 75, 76

令人快乐的(ἡδύς) 81, 85, 176

鲁莽(θρασύτης) 218, 238, 239, 241, 242, 243

伦理习性(ἦθος) 17, 144, 149, 150, 289

伦理[的]德性（ἠθικὴ ἀρετή） 150, 170, 204, 247

逻各斯（λόγος） 16, 18, 22, 27, 33, 39, 41, 44, 48, 53, 64, 65, 66, 76, 78, 100, 115, 134, 135, 139, 141, 142, 143, 161, 162, 163, 164, 174, 209, 216, 236, 255, 287, 290, 300, 347

M

麻木（ἀοργησία） 110, 226, 227

明智（φρόνησις） 29, 44, 77, 144, 209

某种善 见 善事物（ἀγαθόν） 3, 19, 48, 124

目的（τέλος） 3, 4, 5, 6, 7, 10, 17, 29, 30, 32, 33, 35, 52, 53, 54, 60, 76, 90, 94, 115, 205, 249, 263, 294, 308, 313, 317, 318, 324, 340, 341, 344, 345, 346

N

那个善（τἀγαθὸν） 3, 8, 10, 11, 29, 32, 36, 37, 44, 45, 49, 51, 52, 61, 68, 126, 318, 320

能力（δύναμις） 5, 8, 9, 86, 91, 123, 136, 137, 152, 189, 190, 193, 194, 295, 316

努斯（νοῦς） 37, 46, 55, 263, 301, 304

P

品性（ἕξεις, ἕξις） 79, 94, 145, 158, 161, 170, 173, 175, 189, 190, 194, 196, 197, 204, 209, 224, 231, 238, 256, 322, 334, 341, 346, 347, 348

Q

谦卑（μικροψυχία） 222

强壮（ἰσχυς, ἰσχυρός） 80, 124

怯懦（δειλία） 170, 213, 218, 238, 239, 242, 244

确定（ἀκριβής） 12, 13, 15, 69, 70, 161, 162, 201, 209, 254, 255, 267, 306, 315

R

认识 见 知识（ἐπιστήμη）

认真的人（ὁ σπουδαῖος） 66, 84, 187, 248, 320, 322, 345

参见 好人（ὁ ἀγαθός）

荣誉（τιμή） 20, 28, 29, 30, 43, 44, 55, 100, 222, 223, 224, 225, 259, 328

肉体（σῶμα） 170

参见 身体

S

善的（ἀγαθός） 3, 22, 30, 43, 44, 53, 54, 56, 60, 67, 75, 80, 84, 86, 95, 100, 114, 124, 126, 128, 130, 296, 298, 318, 319, 320, 340, 343

善事物（ἀγθόν） 13, 21, 38, 40, 41, 42, 47, 59, 93, 128

善自身 见 那个善

身体（σῶμα） 46, 62, 75, 127, 132, 133, 135, 140, 188, 321, 338, 339

参见 肉体

身体的善（τὰ σώματι ἀγαθά） 75

神（θεός） 11, 37, 89, 90, 124, 125, 126, 129, 134

失（ξημία） 91, 154, 339
实践（πρᾶξις） 3, 4, 5, 6, 7, 10, 15, 16, 17, 18, 19, 28, 51, 52, 60, 61, 62, 64, 66, 75, 76, 82, 83, 95, 121, 124, 160, 162, 163, 172, 178, 204, 206, 210, 211, 216, 227, 238, 247, 259, 263, 264, 265, 270, 277, 282, 283, 284, 289, 304, 313, 315, 324, 327, 328, 333, 348
　参见 行动
实是（οὐσία） 36, 210
实现（ἐνέργεια） 3, 4, 6, 65, 66, 67, 69, 75, 76, 79, 85, 93, 95, 99, 105, 106, 107, 110, 111, 114, 130, 132, 137, 152, 153, 158, 167, 180, 324, 333, 334
适度（μεσότητος） 167
俗人（φαῦλοι） 173, 266

T

痛苦（λύπη, πόνος） 110, 170, 171, 172, 173, 174, 175, 176, 178, 179, 180, 189, 190, 205, 218, 234, 235, 251, 265, 268, 272, 273, 274, 283, 286, 291, 323
推理（λογισμός） 286

W

外在善（τὰ ἐκτὸς ἀγαθὰ） 86, 114
完善（τέλεια） 3, 30, 53, 54, 55, 56, 60, 67, 95, 128, 130, 151, 343
违反意愿的（ἀκούσιον, ἄκων） 259, 260, 262, 264, 265, 269, 270, 273, 274, 283, 284, 285, 286, 287, 289
温和（πραότης） 144, 157, 226, 254, 279

无耻（ἀναισχυντία） 211
无意愿的（οὐχ ἑκούσιον, οὐχ ἑκών） 275
无知（ἄγνοια） 21, 260, 273, 274, 275, 277, 278, 282, 283, 284, 328, 330, 331, 341

X

习惯（ἔθος） 24, 72, 149, 150, 151
习性 见 伦理习性
享乐的生活（ἀπολαύστικος βιός） 27
小气（μικροπρέπεια） 221
行动（πρᾶξις） 260, 270, 345
　参见 实践
形式（εἶδος） 34, 41, 43, 230
型式（ἰδέα） 35, 36, 38, 42, 43, 44, 46, 49
幸福（εὐδαιμονία） 19, 20, 27, 31, 55, 56, 59, 60, 68, 76, 77, 84, 85, 86, 87, 89, 90, 91, 95, 96, 98, 99, 102, 103, 104, 105, 108, 112, 113, 114, 115, 120, 121, 123, 125, 126, 128, 130, 132, 137, 294
幸灾乐祸（ἐπιχαιρεκακία） 211, 234, 235
性 质（τῷ ποιῷ） 14, 36, 37, 70, 85, 93, 106, 108, 120, 121, 123, 124, 125, 183
羞耻（αἰδὼς） 233, 234
羞怯（αἰδουμεντία） 233
虚荣（χαυνότης） 222
选择（προαίρεσις） 3, 19, 28, 52, 131, 184, 192, 193, 209, 276, 289, 290, 291, 292, 293, 294, 295, 296, 297, 298, 299, 300, 314, 315, 316, 317, 318, 324

Y

研究（μέθοδος, ζήτησις） 3, 11, 12, 18, 38,

70, 90, 128, 131, 160, 251, 259, 299, 315

义愤（νέμεσις） 234

意见（δόξα） 20, 22, 35, 75, 77, 78, 117, 290, 295, 296, 297, 298, 299

意外（ἀτύχημα）

应得（τότε φασίν ἔχειν τά αὐτῶν） 101, 235

勇敢（ἀνδρεία） 13, 123, 141, 153, 156, 165, 166, 168, 169, 170, 214, 217, 238, 239, 241, 242, 244

友爱（φιλία） 81, 82, 189, 232

有用的（χρήσιμον）

愉悦（χαρά） 189, 227, 231, 252, 322

欲求（ὄρεξις） 7, 18, 19, 142, 223, 286, 316, 317

欲望（ἐπιθυμία） 142, 157, 189, 205, 285, 286, 287, 290, 291

原谅（συγγνώμη） 259, 266, 278

愿望（βουλή） 130, 154, 290, 292, 293, 294, 318, 319, 320, 324, 335, 336

运气（τύχη） 77, 89, 91, 92, 96, 104, 105, 108, 109, 111, 113, 117, 138, 303, 304

愠怒（ὀργιλότης） 157, 226

Z

正义（δίκαιον, δικαιοσύνη） 12, 24, 81, 83, 85, 123, 126, 153, 156, 181, 183, 185, 186, 213, 236, 276, 332, 334, 335, 336, 337

知识（ἐπιστήκη） 8, 17, 19, 48, 133

参见 科学

至福（μακάριος） 68, 86, 91, 95, 99, 103, 107, 110, 111, 113, 115, 116, 121, 125, 126

自然（φύσις） 4, 12, 15, 36, 57, 62, 72, 82, 91, 94, 124, 135, 137, 138, 139, 150, 151, 152, 164, 173, 194, 204, 245, 251, 266, 302, 304, 319, 342, 343, 344, 345

自然本性 见 自然

自制（ἐγκράτεια） 18, 139, 140, 141, 290, 291

自制者 见 自制